GoldenBell
www.gbbook.co.kr

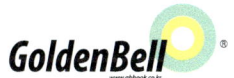

카레이싱 최후의 비밀

드라이빙 하이테크닉

Ultimate Speed Secrets

ROSS BENTLEY / 손성욱 · 이동훈 편역

"저는 고카트 드라이빙을 배우기 시작한 어린시절부터 SPEED SECRETS 책들을 읽었고, 지금도 "SECRETS"을 계속 읽고 드라이빙에 적용합니다. 이 책에는 드라이빙에 대한 수많은 조언들과 테크닉 그리고 비밀들을 알려주기 때문에 여러분이 읽고 드라이빙에 응용을 한다면 드라이버로서 더욱 빠르고 완벽해질 수 있습니다!"

- 콜린 브라운, NASCAR와 GRAND-AM 레이스 우승자

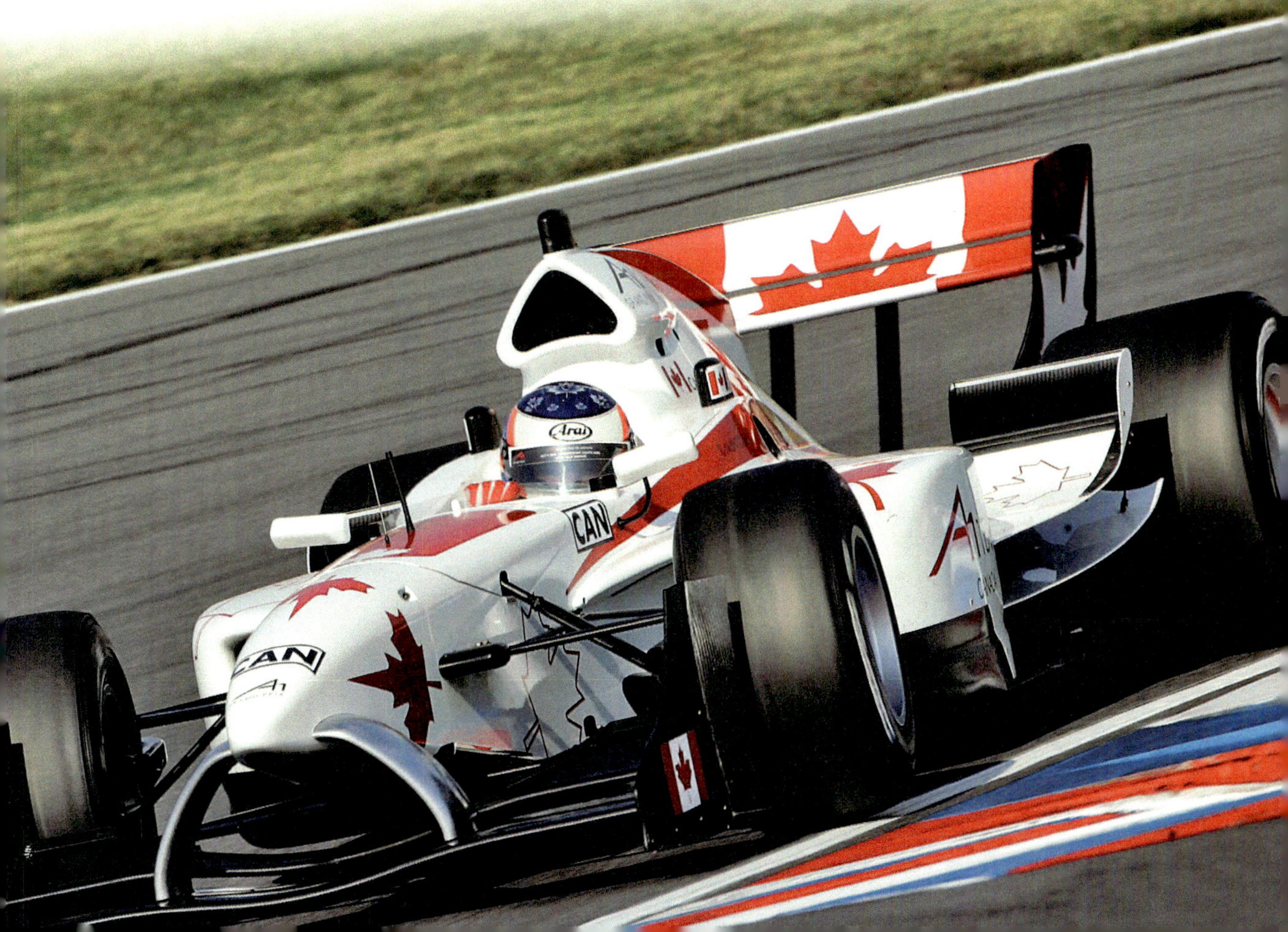

ACKNOWLEDGMENTS

감사합니다.

저의 책을 읽어 주시는 여러분과 같은 매니아들 덕분에 저는 그 동안 드라이빙과 레이스에 대해 경험하고 배운 것들을 나누게 되었습니다.

물론, 제가 레이스를 하며 함께한 많은 드라이버들과 관계자들이 없었다면 저는 이 책을 절대로 쓸 수가 없었을 것입니다. 그리고 모든 정비사, 엔지니어, 팀 대표를 포함한 팀원들, 마케터들과 PR담당자 그리고 많은 프로모터와 트랙을 관리하는 직원들, 스폰서들, 강사들, 코치들, 자동차 클럽의 회원들, 친구들, 팬들 등 제가 모터스포츠에서 몇 해 동안 만났던 많은 분들에게 감사를 표하고 싶습니다.

세계로 저의 Speed Secrets을 나누는 일을 도와준 MBI Publishing에게 감사합니다.

언제나처럼 제가 하고 싶은 일을 하게 해 주는 나의 가족들에게 감사합니다. 저는 여러분들 덕분에 매우 운이 좋은 사람입니다.

— Ross Bentley

Ultimate Speed Secrets
First published in 2011 by Motorbooks, an imprint of MBI Publishing Company, 400 First Avenue North, Suite 300, Minneapolis, MN 55401 USA
Copyright © 2011 by Ross Bentley
All rights reserved.

Korean translation copyrights©2016 Golden-Bell Publishing Co.
The Korean language edition published by arrangment with Motorbooks publishing through Agency-One, Seoul, Korea
이 책의 한국어판 저작권은 에이전시 원을 통해 저작권자와의 독점 계약으로 도서출판 골든벨에 있습니다.
저작권법에 의해 한국 내에서 보호를 받는 저작물이므로 무단전재와 무단복제를 금합니다.

CONTENTS

서문 4
시작하면서... 5
1. 운전석에서 10
2. 제어(컨트롤) 16
3. 기어 변속 22
4. 섀시와 서스펜션 28
5. 레이스카의 공력특성 36
6. 한계 상황에서의 주행 58
7. 기묘한 발놀림 72
8. 코너링 기술 90
9. 주행 라인(드라이빙 라인) 100
10. 코너의 우선순위 108
11. 다른 코너, 다른 라인 114
12. 트랙 익히기 118
13. 코너 탈출 126
14. 코너 진입 130
15. 코너 중간(미드 코너) 142
16. 시야 148
17. 빗길 레이싱 152
18. 레이스 기술 158
19. 다른 자동차, 다른 테크닉 164
20. 드라이버의 심상 166
21. 두뇌 통합 170
22. 감각 입력 176
23. 멘탈 프로그래밍 194
24. 정신 상태 218
25. 의사결정 220
26. 집중 222
27. 행동특성 226
28. 신념체계 230
29. 레이싱의 이너게임 240
30. 실수 관리하기 262
31. 불편함을 편안하게 느끼기 272
32. 자신의 장점 활용하기 274
33. 학습 276
34. 적응력 294
35. 오벌 트랙 308
36. 경험하지 못한 코너 312
37. 차량 컨트롤 316
38. 한계치 318
39. 더 빠르게 달리기 324
40. 연습과 테스트 332
41. 예선 342
42. 레이스(결승) 348
43. 레이스 드라이버의 완성 356
44. 엔지니어링 피드백 364
45. 팀 역동성 370
46. 데이터 획득 382
47. 통신 및 기록 390
48. 안전 394
49. 운동 선수로서의 드라이버 400
50. 깃발과 경기 진행 요원 404
51. 레이싱 비즈니스 406
52. 완벽한 드라이버 416
53. 진정한 승리자 422
부록 A: 리소스 425
부록 B: 셀프코칭 질문 426

서 문

누군가가 나에게 Speed Secrets 책을 통해서 얼마나 많이 배웠는지를 말해 줄 때 나는 소중한 가치를 느낀다. 그러나 Speed Secrets을 1편부터 6편까지 하나의 책으로 통합하고자 하는 생각이 처음 떠올랐을 때 내 생각은 '내가 왜 그런 일을 하고 싶을까?'였다. 하지만 이러한 생각을 하면 할수록 나에게는 매력적인 일이라는 것을 느꼈다. 내가 첫 번째 Speed Secrets 책을 썼을 때 다음 책들을 쓸 계획은 없었지만 그 과정에서 그리고 이후에도 많은 것들을 배웠다. 거의 15년 전에 내가 지금 아는 것을 그 때 알았더라면 생각하지만 Ultimate Speed Secrets을 통해 그러한 생각을 정리하게 해 준다. 물론 나는 이 책을 쓸 지식과 경험이 없었기 때문에 15년 전에는 이 책을 쓰지 못 했을 것이다. 나는 아직도 많은 것들을 배우고 있기에 이 한 권의 책에 여러분이 궁금해 하는 것이 모두 담겨 있다고 말씀드릴 수는 없다.

Ultimate Speed Secrets을 쓰면서 나는 '최고의…' 시리즈를 쓰는 것보다 더욱 노력했다. 나는 드라이버들과 독자들에게 최대한 효율적인 방법으로 통합을 시도했다. 나의 희망은 Ultimate Speed Secrets이 필자의 모든 책들을 통합한 것 보다 더 나을 것이다. (내가 만약 이렇게 통합된 책을 쓸 것이라는 것을 알았더라면) 당시에 부족했던 부분을 보완했을 것이며 순서에 맞게 내용을 구성을 하였을 것이다. 물론 책의 완성도는 높아졌을 것이고 나는 더욱 많은 것들을 이룰 수 있었을 것이다.

나는 이 한 권의 책을 더 자세히 만들 수 있고 내가 피드백 받은 것들을 명확하게 설명 할 수 있을 듯하다. 또한 최근 몇 해 동안 배운 것을 조금 더 추가할 수 있었다. 나는 새로운 내용을 쓰기 위해 노력했고 오래된 내용들은 명확하게 쓰고 과거와 새로운 내용에 대한 적절한 통합과 보완으로 여러분에게 도움이 되고자 했다.

과연 이 책은 누구를 위해서 쓰인 것일까? 목표와 열망을 가지고 있는 모든 수준의 드라이버들이다. 아마추어들과 프로들뿐 아니라 드라이빙을 즐기는 모든 연령층의 마니아들과 트랙데이 참가자들과 동호인 등, 인디카와 나스카 드라이버들, 로드 레이서들과 오벌트랙 레이서들, 랠리 드라이버들, 오토크로스에 참가하는 드라이버들, 드리프트와 드래그 레이스를 하는 드라이버들뿐 아니라 바이크 라이더 등 모터스포츠를 즐기는 여러 드라이버들까지 서로 다른 점들도 많지만 이들은 여러분이 생각하는 것보다 공통점들이 더욱 많다.

나는 이 책이 주로 운전자들을 위해서 쓰인 것이라고 말했지만 드라이버뿐 아니라 많은 사람들이 책에 나와 있는 정보를 배울 수 있다. 정비사과 드라이버의 가족들, 팀 매니저, 강사, 엔지니어, 스폰서 그리고 팬 등 – 어떻게 빠른 속도로 차를 운전할 수 있는지와 어떻게 레이스를 할 수 있는지 소개한다. 그리고 이 책의 어떤 부분은 일반도로에서도 능숙하게 운전하는 도움이 된다 (하지만 내가 이 책에서 말한 것들을 체험하기 위해서 위험한 주행이나 위법적인 주행을 하는 것은 자제할 것을 부탁한다).

시작하면서...

경주용 자동차를 운전하는 것이 '책에 있는 것처럼' 여러분이 쉽게 할 수 있는 것은 아니다. 그래서 여러분이 직접 드라이빙을 하면서 경험으로 배워야 하지만 책을 통해서 많은 기초와 이론들을 배울 수 있다. 이론을 이해하고 드라이빙을 하기 전 머릿속에서 분명하게 그릴 수 있다면 여러분의 경험에 더 세밀한 코멘트를 할 수 있게 될 것이다. 그 뜻은 한계점에서의 극한의 주행을 더욱 빨리 배우게 될 것이며 간단히 책을 읽고 이해해서 많은 시간의 시행착오를 줄일 수도 있다.

초보자를 위해서는 이 책이 오랜 기간 동안 참고가 되기를 바란다. 여러분이 기초수준을 벗어나 드라이빙 테크닉들을 발휘하기 시작하게 될 때까지 어떠한 내용들은 이해를 못 할 수도 있다. 그렇지만 필자는 여러분이 어렵지 않게 드라이빙에 대한 이해를 하도록 도와주고 추후에 다시 알아볼 수 있게 해 주었으면 한다.

경험이 풍부한 독자라면 이미 많은 것을 알고 있을 것이다. 알고 있는 많은 정보와 이론들 중에는 실제 드라이빙에 적용을 하고 있을 수도 있지만 어떠한 정보들에 대해서는 정확히 이해를 못하고 있을 수도 있다. 그렇다면 이 책을 정독하고 깊이 생각하면서 이해를 할 것을 추천하며 때로는 드라이빙 이론에 대한 새로운 접근법이 놀라울 정도로 이해를 돕고 본인의 드라이빙 실력 또한 빠르게 향상될 것이다.

특히 이 책은 드라이빙을 배워나감에 있어 더 이상 빨라지지 않고 한계에 부딪힌 초보자나 경험 많은 레이서들을 위해 쓰인 책이다.

이 책을 읽는 독자들을 향한 필자의 바람은 단순히 트랙을 빠르게 주행하는 것에 그치지 않고 빠르게 달리기 위한 드라이빙에 대한 분석과 기초지식을 알려주고자 한다. 뿐만 아니라 어떠한 차량이나 클래스에서도 빠르게 주행할 수 있도록 그 방법을 제공해 주고 싶다.

Ultimate Speed Secrets은 하나에 집중하여 쓰였다. 그것은 여러분이 어떠한 도로나 트랙에서도 차량의 한계점에서 주행을 하며 최고기록을 달성하는 것이다. 그리고 일부분은 레이스에서 이기기 위한 전략으로 써졌다. 여러분이 아무리 빨라도 레이스 상황에서 다른 차량들과 경쟁을 하고 그 과정에서의 전략이 승부수가 될 수도 있다. 빠르게 달리는 것이 중요하지만 그보다 레이스에 경쟁자들을 이기는 것도 중요하다.

그리고 어떠한 독자는 진정한 직업으로서 프로 레이서로서의 목표를 가지고 준비를 하고 있을 것이다. 그 과정에 있어 드라이버의 경력과 스폰서까지 어떠한 조건을 갖추고 준비해야 하는지도 간단히 언급을 했다.

운전에 있어 심리와 체력의 영역에 대하여 논쟁이 있었고 필자 또한 그러한 논쟁을 여러 번 했다. 하지만 드라이버의 몸은 뇌의 명령이 없이 움직이지 않기 때문에 나는 심리적 영향이 절대적이라는 생각을 하며 그 논쟁은 의미가 없다고 생각한다. 하지만 분명 체력적인 부분도 도전적이기 때문에

Ultimate Speed Secrets에서는 드라이버의 심리와 체력적인 부분에 대해서도 이야기하고 있다. 그리고 이러한 이유로 이 같은 책을 쓰는 것은 도전이다.

드라이빙과 레이스, 정신적인 기량과 체력적인 기량, 그리고 습득, 이러한 것들은 한 번에 나타나지는 않으며 보다 수준 높은 주제를 배우기 위해서는 다양한 기초이론을 배워야 한다.

나는 운이 좋아서 각 분야에서 아주 뛰어난 사람들로부터 많은 것을 배울 수 있었다. 하지만 그러한 정보들을 모두 이 책에 담지는 못했다. 하지만 필자는 몇 안되는 세계적인 드라이버들과의 레이스를 하면서 많은 경주장에서, 조수석에 앉아, 차량의 데이터와 비디오 분석, 그리고 모니터링 등을 하며 지난 40년 동안 여러 분야에서 드라이빙을 공부할 수 있었다. 또한 드라이빙 교육방법에 대하여 스포츠 심리학, 운동학, 차량동역학 및 공학 기술 등 다양한 각도에서 연구를 했다. 자신과 독자에게 드라이빙과 레이스에 도움이 될 수 있는 여러 분야를 연구했다. 궁금한 것을 참지 못하는 성격이 배움에 대한 중독자가 되었고 그것이 많은 도움이 되었다. 독자들과 이러한 배움을 함께 공유하고자 한다.

오랫동안 몇 백, 몇 천 명의 드라이버들이 드라이빙 내용들을 다시 익히기 위해 Speed Secrets을 경기장으로 가지고 간다고 내게 말했다. 본문에서 핵심적 메시지들과 유용한 팁을 제시한 것이 바로 이러한 이유에서이다. 이를 통해 독자들은 필요한 부분을 쉽게 열람할 수 있을 것이다. 하지만 한 가지 분명한 것은 이러한 중요한 내용들을 실제로 드라이빙에 적용시켜 보지 않으면 크게 도움이 되지 않을 것이다. 이 책을 읽는 것도 중요하지만 실제로 드라이빙에서 실습하는 것 또한 중요하며 이는 또 다른 일이다. 이 책이 여러분의 책꽂이에 가지런히 정리되어져 있기보다는 경기장이나 드라이빙을 하는 곳에 함께 하며 펼쳐지기를 기대한다.

필자가 쓰고 있는 내용들이 스스로의 수준에서는 정확한 내용이지만 어떠한 주제들, 예를 들면 차량동역학이나 차량섀시 등의 주제들에 대해서 엔지니어와 대화를 하게 되면 조금은 다른 방법으로 설명을 해야 할지도 모른다. 필자는 엔지니어가 아니며 전문가들이 쓰는 전문용어를 사용하지 않는다. 책에서의 설명은 많은 독자들이 쉽게 이해하고 드라이빙에 사용할 수 있는 용어로 설명했고 필자의 목적은 독자들이 최대한 많은 것을 이해하고 실전에서 사용할 수 있도록 만드는 것이다.

(아직 끝나지 않기를 바라는!) 나의 드라이빙 경력을 돌아보면 부족한 재정적 지원으로 인해서 경쟁력이 떨어지는 차량들을 주로 운전을 했다. 하지만 지금 돌아보면 그러한 조건에서의 드라이빙이 필자에게는 가장 좋은 결과를 만들어준 경험이 되었다. 이러한 경험은 당시 경쟁자들에 비해 부족한 재정적인 조건을 극복하기 위해 더 많은 공부를 하게 만들었다. 그러한 열정과 노력이 없었더라면 지금 이 책을 쓰기까지 충분한 공부를 하지 못했을 거란 생각을 한다.

또한 나는 수많은 드라이버들을 교육하는 기쁨을 누렸고 그들 중 많은 드라이버들은 전문적인 드라이버로 상위 클래스로 나아갔다. 나는 나스카(NASCAR)와 인디카(Indy-car) 드라이버를 교육하는 것만큼이나 트랙데이 참가자들과 고령의 아마추어 레이서들을 교육하면서도 많은 교훈을 얻었다. 그리고 나는 세계 12개국에서 바이크 레이서들, 랠리 드라이버, 소방관, 경찰과 군인 운전자, 10대들 등 독자들이 알고 있는 여러 분야 대부분의 운전자들을 교육했다. 이러한 활동을 통하여 쌓은 여러 지식들과 경험들이 이 책을 쓰는데 기여를 했다.

드라이빙에 대하여 어느 정도 감을 잡았다고 생각을 할 때마다 나는 또다시 그렇지 않다고 깨닫게 된다. 나의 아내가 어느 날 나에게 육아에 대해 '더 배울수록 더 모르겠다'고 묻는 것과 비슷하다. 이것이 지금 내가 하는 일을 좋아하는 이유인 것 같다.

나는 종종 이러한 말을 듣는다. '빠르게 주행을 하고 한계상황으로 일정한 드라이빙을 하기 위한 감각과 테크닉들을 기르기 위해서 필요한 것은 운전석에서 오랜 시간 머무르는 것이다.'

하지만 단순히 시트에만 앉아서 그러한 느낌과 테크닉들을 기다리는 것은 시간 낭비이다. 나에게 사람들은 참을성이 없다고 한다. 나는 어떠한 일들을 기다리는 것을 좋아하지 않는다. 기다리기보다는 그러한 일들이 일어 날 수 있도록 하는 것을 좋아하고 이는 드라이빙에서도 교육자들이 느낌을 익히도록 기다리는 것보다는 여러 가지 방법들을 통하여 테크닉을 빠르게 익힐 수 있도록 도와주고 싶다.

나를 드라이빙 교육자로서 더욱 성공하게 만든 또 한 가지는 나의 접근방법이다. 드라이버들은 코너의 정점이 어디인지, 드라이빙 라인이 어디인지 조언해 주거나 브레이킹 포인트와 가속시점, 핸들링 방법 등을 어떻게 설정하는 것까지도 교육생들에게 가르치는 강사들이 많이 있다. 그렇지만 나에게는 드라이빙의 멘탈 게임과 가장 중요한 연습전략이 효과적이었고 그 것이 이 책에 포함된 내용이기도 하다.

많은 드라이버들에게 기초과정을 가르쳤을 때 그들은 차량에서의 시간과 연습량을 많이 가지기만 하면 월드 챔피언십까지도 참가할 수 있을 거라고 생각한다. 그리고 가장 성능이 좋은 차도 포함이 될 것이다. 하지만 이 책의 전반적인 내용에서 전달하는 메시지는 같은 것을 계속 반복해서 연습하는 것은 결코 성공적인 드라이빙을 보장 할 수 없다는 것이다.

'분명한 정신이상 증세를 보이는 것은 같은 일을 반복하고 뭔가가 변할 거라는 것을 기대하는 것이다.' 라고 알버트 아인슈타인이 말했지만 많은 드라이버들은 반복적인 드라이빙을 한다.

트랙을 반복적으로 돌고 랩수와 차량에서의 시간만 보내면 드라이빙이 발전할 것이라고 기대한다. 발전이 있었다고 하면 사실 무엇보다 운이라고 할 수 있다. 이러한 생각들이 본인이 목표로 하는 실력만큼 발전하지 않는 이유이기도 하다. 어떠한 경우에는 잘못된 방법의 연습이 계속되면서 나쁜 습관으로 이어져 결국 연습의 역효과를 볼 수도 있다. 그리고 레이스를 하듯이 계속해서 트랙주행을 하는 것은 결코 효과적인 연습 전략이 아니다.

미식축구와 농구 팀들이 레이스 운전자들처럼 연습한다면 그들은 매번 게임을 해야 할 것이다. 그들이 그렇게 연습을 하지는 않을 것이다. 대신 코치들은 개인훈련이나 정해진 기술훈련 등 다양한 각각의 훈련 프로그램을 진행하고 연습 경기를 가지게 된다.

이와 같이 이 책은 여러분이 단계별로 연습 전략을 할 수 있도록 도와주고 이후에 트랙주행이나 레이스에 접목하고 응용할 수 있도록 도와줄 것이다.

나는 레이싱카를 빠르게 주행하고 경기에서 이기는 전략에 대해서는 세계적으로 최고의 드라이버들 중 몇 명의 드라이빙 스타일들과 테크닉을 언급을 하며 이 책에서는 가능한 실제의 레이스 상황들을 자주 소개하려고 한다. 하지만 계속해서 시간이 흘러 여러분이 이 책을 읽고 있을 때면 내가 소개하는 드라이버들이 성공적인 선수로 활동을 할 수도 있고 은퇴를 했을 수도 있다. 하지만 그들이 노장의 드라이버 일지라도 배울 점들은 여전히 많이 있다.

만약 여러분이 입문자일지라도 이 책을 통해 드라이빙을 배운다면 시행착오 없이 기초적인 테크닉들을 배우는 도움을 줄 것이며 그것은 나쁜 습관으로 드라이빙을 계속해서 하고 있는 여느 드라이버들보다 결정적인 우위를 차지할 것이다.

얼마 전 나는 몇 해 동안 드라이빙 교육을 한 많은 도로 레이서들과 재미난 일이 있었다. 그들은 상당히 훌륭한 오벌(타원형)트랙 레이서들이 되어 있었다. 무슨 이유였을까? 자화자찬처럼 들리겠지만, 그 이유는 그들을 교육한 바로 나이다. 물론 다른 좋은 코치일 수도 있다.

내가 교육한 많은 드라이버들은 일반 도로에서의 경험이 조금 있었지만 오벌트랙에서는 전혀 경험이 없었다. 그들이 오벌트랙에서 처음 드라이빙을 할 때 드라이빙 기초와 올바른 습관을 교육하기 위하여 그곳에 갔었다. 그들은 드라이빙에 있어 나쁜 습관이 없었고 백지의 상태였기에 나쁜 습관을 고치기 위한 소비시간 없이 올바른 방법으로 빠르게 드라이빙을 배워 나가기 시작했다. 바로 이러한 부분을 초급자들에게 강조하고 싶다. 잘못된 드라이빙 방법으로 인한 시행착오를 줄이고 여러분의 드라이빙의 발전을 돕고자 한다. 나의 주목적은 더욱 짧은 시간에 더 많은 것을 배울 수 있도록 도와주는 것이다. 이 책과 함께 드라이빙을 할 때 여러분은 스스로의 경험을 쌓게 될 것이고 여러분의 능력을 발휘하여 혼자서는 4~5년이 걸리는 것들을 한 계절에 배울 수 있을 것이다.

나는 자신의 드라이빙 테크닉보다는 차량에 대한 투자에만 집착하는 미니아들을 보면 좌절감을 느낀다. 실질적으로 자신의 최고 랩타임을 갱신하기 위해서 드라이빙 테크닉 향상 보다는 많은 비용을 들여서 타이어를 구입하는 모습들을 보게 되는데 나는 상당히 안타까움을 느낀다. 타이어는 제한된 수명을 가지고 있지만 여러분들의 드라이빙 테크닉은 절대 사라지지 않는다. 내 충고가 잔소리처럼 들리겠지만 만약 여러분의 드라이빙이 완벽하다면 이 책을 이 순간 펼치고 있지 않을 것이다. 때문에 여러분들은 드라이빙 테크닉을 더 배우고 향상시킬 수 있으며 이는 여러분에게 더욱 빠른 스피드와 큰 성취, 그리고 기쁨을 선사할 것이다. 이러한 배움의 자세를 절대 잊지 말고 드라이빙의 스피드를 즐기기는 것이 여러분들에게 대한 내 바람이다.

01 운전석에서

자동차는 편안해야 한다. 운전 자세가 편하지 않으면 불필요한 동작을 하게 되고 그로 인해 체력이 소모된다. 드라이빙에서 불편한 자세는 심리적으로도 영향을 미쳐 집중력을 상당히 떨어뜨린다.

그것이 인디카이건 포뮬러 원이건 나스카 경주이건, 아니면 경쟁하면서 그냥 재미를 느끼는 아마추어 경주이건 간에 경주용 자동차를 잘 운전하길 원한다면 운전석에 제대로 앉아야 한다. 만약에 앉아있는 자세가 불편하다면 몸이 몹시 피곤하게 되고 집중하기 어려워진다. 다시 말해 운전자가 자신과 잘 맞지 않는 운전석으로 인한 불편함 때문에 집중력을 잃어 경주에서 패배하게 될 수도 있다.

F1이나 인디카, 나스카 등에서 활동하는 탑 드라이버들은 자신만의 시트포지션을 정하는데 많은 시간을 보낼 뿐 아니라 시즌 내내 미세하게 조정을 한다. 내가 처음 레이스를 시작했을 때 드라이버에게 시트 포지션은 랩당 0.5초의 가치가 있다는 말을 들었다. 나는 수년간 레이스를 하면서 그 말이 사실이라는 것을 수없이 느꼈다. 과거 나의 레이스를 돌이켜보면, 시트포지션 때문에 경기에 상당한 영향을 받으며 고통을 받았던 두 번의 레이스가 있다.

첫 레이스는 오리건주의 포틀랜드에서 펼쳐진 트렌잼(Trans-Am) 경기였다. 경기 중 시트의 브래킷이 부러져 시트가 계속 움직여 몸을 고정하고 유지하기 위해 상당한 에너지와 신경을 써야 해서 레이스에 집중을 할 수 없었다. 두 번째 경기는 1990년 롱비치에서 펼쳐진 인디카 경주였다. 시합 전 팀에서 나의 등 아래와 엉덩이를 충분히 받혀줄 시트포지션을 만들지 못하고 레이스에 들어가게 되었다. 나는 30랩이 지나면서 엉덩이 주변에 있는 신경이 상당한 압박을 받았고, 결국 오른쪽 다리의 감각을 완전히 잃게 되었다.

시트포지션은 레이스를 처음 시작할 때 레이서들이 생각하는 것보다 훨씬 중요하다. 많은 드라이버들은 레이스를 준비하기 위한 여러 가지 일들과 빠른 레이스카를 만드는 것에만 몰두하기 때문에 올바른 시트포지션을 만드는 것을 많이 잊어버린다.

드라이버들은 시트를 통해서 차량의 많은 피드백을 전달받게 된다. 자신에게 잘 맞는 올바른 시트 포지션에 앉아 있을 때, 차량의 여러 진동과 지포스(G-force)를 더욱 민감하게 받아들이고 차량을 정확하게 분석할 수 있다. 생각해보면 우리의 몸은 시트, 스티어링 휠, 페달 이 세 가지 만으로 차량과 접촉하고 있다.

가능한 한 많이 차에 몸을 접촉한 상태로 시트포지션을 유지해야 한다. 가능하면 옆면 지지대에 최대한 밀착한 상태에서 시트 위가 아닌 시트 등받이에 밀착되도록 앉아야 한다. 그리고 팔은 자유롭게 움직일 수 있어야 한다.

앞으로 구부리지 않고 어깨를 뒤로 한 채 가능한 최대로 똑바로 앉아야 하고 턱을 숙이지 말고 반듯하게 세워야 한다. 물론 차 안에서 더 낮게 앉을수록 더 좋다. 이러한 자세가 경주용 차를 운전하

카레이싱 최후의 비밀 : 아무도 가르쳐주지 않는 드라이빙 하이테크닉

는 가장 효과적인 방법이다. 이것이 차에 대해 가장 강력하면서도 감각이 예민해지는 경우이다. 또한 가장 안전하기도 하다.

시트포지션은 어떠한 것에도 방해를 받지 않고 손과 스티어링 휠이 떨어지지 않으며 180도까지 핸들링이 가능해야 한다. 그러기 위해서는 어깨를 시트 등받이에 밀착시킨 상태에서 양손을 스티어링 휠 상단(12시 위치)에 올릴 수 있어야 하며, 이 상태에서 팔을 내려 스티어링 휠을 잡았을 때 팔꿈치가 약간 구부려져 있어야 한다. 안전벨트나 시트벨트를 확실하게 착용하고 이러한 포지션을 체크해야 한다.

많은 드라이버들은 자신의 팔을 뻗은 상태에서 스티어링과 너무 멀리 떨어져 앉아 핸들링을 하며 이러한 포지션으로 주행을 하게 되면 피로감을 많이 느끼게 되고 올바른 핸들링을 할 수 없게 된다. 다음으로 시트에 앉으면 기어 노브를 편하게 조작할 수 있는지 확인을 해야 하며 때로는 기어 노브의 시프트 레버를 조정해야 한다.

페달은 최대한 밟은 상태에서 무릎이 약간 구부려져야 한다. 이는 피로도를 최소화하며 하체가 공중에서 움직이지 않고 발목을 중심으로 발을 회전하여 페달들을 이상적으로 조작할 수 있도록 해준다.

가능하면 자신의 몸에 꼭 맞는 시트를 권장하며 최상의 방법은 자신만의 시트를 주문 제작하여 사용하는 것이다. 하지만 발포 폼을 사용해서도 간단하게 자신의 체형에 알맞는 시트를 만들 수 있다. 고체 스티로폼형 소재처럼 모양을 형성하는 2상 폼(two-part foam)을 사용한다. 이것을 여러분의 몸과 시트의 틀 또는 모노코크 사이에 있는 플라스틱 봉지 안에 붓는다. 이 폼은 뭔가 위에 놓여 있으면 빼기가 현실적으로 불가능하기 때문에, 붓기 전에 비닐 봉투가 모두 밀봉되어 있어 새는 데가 없는지 확인한다. 플라스틱 봉지들을 뺄 때 여분을 잘라 내거나, 테이프 혹은 다른 재료(가급적이면 방화 재료)로 밀봉하거나, 아니면 탄소 섬유나 섬유유리 의자를 만들기 위한 거푸집으로 활용될 수 있다.

레이스카 숍에서 만든 시트나 시트포지션은 어느 때라도 다시 만들고 수정하고 조정해야 하며, 그 기준은 트랙위에서 직접 달려보고 얻은 느낌을 기준으로 삼아야 한다는 것을 명심해야 한다. 숍에서 아무리 완벽하게 맞췄다 하더라도 트랙을 주행한 이후에는 수정이 필요하다. 많은 시간과 비용을 시트에 투자하기 전에 이것을 기억해야 한다. 그리고 트랙에서 증명될 때까지 기다려라.

부드러운 패딩을 시트에 너무 많이 넣어 감싸는 것은 G포스로부터 여러분의 몸을 쏠리게 만들어 드라이버의 몸과 시트가 정확히 밀착되지 않게 할 수 있고 시트로부터 몸도 헐겁게 만들어 준다. 게다가 차량으로부터 발생하는 진동을 느끼기 어렵게 만든다. 결국 패딩은 드라이버의 감각을 무디게

01 운전석에서

만들기 때문에 패딩 사용 시에는 고밀도 발포 고무처럼 얇은 겹으로 사용해야 한다.

시트의 임무 중 하나는 드라이버의 양 발이 페달을 정확하고 섬세하게 조작하도록 돕는 것이다. 페달 위에서 발이 춤을 춘다는 것은 여러분이 한계상황이나 고속에서 차와 함께 리듬을 맞추도록 도와준다는 것을 의미한다.

보통은 페달을 조절할 때 앞 발끝을 이용하곤 한다. 그 부분은 발에서 가장 강할 뿐만 아니라 가장 민감하다. 클러치를 밟을 때가 아니라면 왼발은 클러치에서 완전히 떼어 페달 옆 풋레스트 위에 위치해 있어야 한다. 이러한 자세는 급코너링이나 급제동시 몸의 균형을 유지하도록 도와준다. 하지만 포뮬러카 같은 1인승 레이싱카에서는 페달 공간이 너무 좁아 풋레스트를 확보하는 것이 쉽지 않으며 있더라도 아주 좁다. 만약 공간 확보가 불가능하다면 시트 벨트를 아주 잘 만드는 것이 훨씬 더 중요하다. 시트 벨트는 급제동시 몸이 앞으로 미끄러지는 것을 막아준다.

그리고 코스에 들어가기 전 차량에 오를 때는 페달과 드라이빙 슈즈의 바닥이 깨끗하고 말라있어야 한다. 많은 드라이버들이 코너에 진입할 때 브레이크 페달로부터 발이 미끄러져 나간 경험이 있을 것이다. 차에 오르기 전 반드시 팀원의 도움을 받아 자신의 드라이빙 슈즈를 깨끗하게 닦아 준다.

내가 처음으로 포뮬러 원 그랑프리를 관람한 곳은 몬트리올이었고, 주말에 비가 많이 내렸다. 한 가지 기억나는 것은 드라이버들이 자신들의 발이 젖지 않게 카트를 타고 자신들의 차량으로 이동을 하고 카트에서 레이스카 시트로 바로 옮겨 타는 장면이었다. 다른 드라이버들은 자신의 슈즈를 비닐봉지로 감싸고 이동을 했다. 그만큼 페달 조작과 직결되는 드라이빙 슈즈의 관리를 소홀히 해서는 안 된다.

레이스카에 있는 시트 벨트는 사고를 대비하는 것뿐만 아니라 드라이버의 몸을 지탱해 주는 역할을 한다. 그렇기 때문에 여러분의 차에 최고의 시트 벨트를 선택하고 그 관리 또한 최선을 다해야 한다. 항상 안전과 사용에 불편함이 없어야 하며, 사고나 충격으로 인한 손상을 점검해야 한다. 몸을 완전하고 편안하게 잡아줄 수 있도록 시트벨트를 조정한다. 그리고 기억할 것은 주행 중에는 시트 벨트가 느슨해지고 특히 어깨 벨트가 많이 느슨해지기 때문에, 드라이빙 중 여유로운 구간에서 어깨 벨트를 아래로 당겨서 조절한다. 헬멧 뒤에는 머리 지지대로 충격에 대비한다.

롤케이지(Roll cage : 운전자 보호용 철제 보강)의 모든 부분은 만약에 일어날 사고에 대비해 충격을 완화시켜주는 패딩으로 감싸 드라이버를 보호하도록 해야 한다. 롤케이지와 절대로 부딪히지 않을 것이라고 판단되어도 반드시 확인을 해야 한다. 충격을 받으면 시트벨트가 늘어나 앞으로 많이 쏠리게 된다. 어떠한 운전자들은 사고의 충격으로 스티어링 휠에 머리가 부딪히기도 한다.

카레이싱 최후의 비밀 : 아무도 가르쳐주지 않는 드라이빙 하이테크닉

운전석에서

01 운전석에서

롤 케이지의 모든 부분은 만약에 일어날 사고에 대비해 드라이버들을 보호할 수 있는 패딩으로 보완되어 있는지 확인해야 한다. 아무리 사고의 가능성이 낮거나 롤케이지와 부딪힐 위험이 적다고 하더라도 반드시 확인해야 한다. 충돌 시에는 드라이버의 몸은 큰 충격을 받으며 놀라울 정도로 많이 이완되기 때문에 드라이버의 몸이 어디에 부딪힐 줄 모른다.
Shutterstock

마지막으로 드라이빙 공간이 시원하도록 가능한 많은 노력을 해야 한다. 에어덕트(air duct)를 만들어 시원한 공기를 공급 받거나 드라이버의 컨디션을 유지하기 위한 전략을 만들어야 한다. 경기 중 레이스카의 실내온도는 매우 상승하며, 특히 여름시즌 드라이버의 체력소모는 상당하다. 이러한 부담은 결국 드라이버의 육체적 부담으로 이어져 기록에도 영향을 미친다.

카레이싱 최후의 비밀 : 아무도 가르쳐주지 않는 드라이빙 하이테크닉

02 제어(컨트롤)

레이스 드라이버는 스티어링 휠, 시프터, 측정기, 클러치 페달, 브레이크 페달, 스로틀 및 미러 등 원하는 주행 목표를 한계 내에서 달성하기 위해 많은 제어장치들을 사용할 수 있다. 이러한 제어장치로 하는 모든 것은 원활하고 부드럽고 정교하게 실행되어야 한다.

특히 아마추어 레이스에서 뒤쳐진 레이서들이 속도를 높이기 위해 팔을 마구 휘젓고 시프트를 급히 작동시키고 페달을 밟고 있는 상태에서 스티어링을 빠르게 회전시켜 급기야 차량이 크게 미끄러지는 것을 자주 목격한다. 그렇게 하면 속도감을 느낄 수 있고 빠르게 주행하는 것처럼 보이겠지만 실제로 속도가 붙는 것은 아니다. 사실, 차량은 균형을 잃어 트랙션(traction)이 상실되므로 속도는 더 느려진다. 드라이버가 감속만 하더라도 차는 더 빨리 갈 수 있다.

이는 '움직임을 행동으로 착각하면 안 된다'라는 말을 상기시킨다. 스티어링(steering), 변속 레버와 페달을 부드럽고 정교하게 작동시켜야 한다. 무턱대고 속도와 힘을 얻으려 해서는 안 된다.

SPEED SECRET

제어장치를 덜 사용할수록 실수할 확률이 낮아진다.

측정기(GAUGES)

일반적인 레이스 카에는 4개의 주요 측정기들이 장착되어 있으며, 한계에서 안전하게 주행을 원한다면 이 측정기들에 주의를 기울여야 한다. 이는 타코미터(tachometer), 오일 압력계, 오일 온도계, 수온계 등 4개의 가장 중요한 측정기들이다. 타코미터는 가속을 돕는다. 다른 측정기들은 차량이 계속 주행하는 것을 돕는다. 또한, 연료 압력, 전류계, 터보 부스트 압력, 배기가스 온도 등 다른 측정기들도 다룰 수 있어야 한다. 한 눈에 쉽게 보고 판독할 수 있도록 측정기들을 탑재하는 것이 중요하다. 측정기가 가리키는 절대적인 수치를 읽기 보다는, 바늘 위치가 변했는지의 여부를 확인하면 측정기 상태를 한 눈에 알아 볼 수 있다. 타코미터를 비롯하여 여타 측정기들은 위치가 눈에 잘 뜨이도록 탑재해 놓는 것이 가장 좋다. 적색 라인 또는 이상적인 바늘 위치는 12시 방향으로 맞춰 두는 게 편리하다. 이러한 방식으로 측정기를 재빠르게 판독할 수 있다면 시프트를 언제 전환해야 하는지 알 수 있으며 온도나 압력이 정상 상태인지도 파악할 수 있다. 또한, 눈부심 현상을 방지하기 위해 측정기가 햇빛을 반사하지 않게 해야 한다.

종종, 나는 대부분 코너링을 종료할 때 타코미터를 사용하여 그 코스에서 얼마나 잘 했는지를 판단

카레이싱 최후의 비밀 : 아무도 가르쳐주지 않는 드라이빙 하이테크닉

일부 레이스 카에서 드라이버에게 전달되는 정보의 양은 놀랄 만큼 많다. 모든 것을 한 눈에 파악할 수 있도록, 제시된 정보를 판독하고 이해할 수 있는 능력을 키우기 위해서는 연습이 필요하다. *Shutterstock*

한다. 그것은 내게 '성적표'와 같다. 나는 트랙에서 한 지점을 선택하고 엔진의 rpm을 확인한다. 이전 랩(lap)보다 50 rpm이 더 많으면, 나는 내가 했던 것이 해당 랩에서는 다르게 작용했다는 것을 알게 된다. 또한, 나는 직선 코스에서 랩을 돌 때마다 한 번씩 측정기를 재빨리 바라보려 시도한다. 그렇지 않으면, 문제가 있는지를 확인하기 위해 경고등(warning lamp)에 의존한다.

'경고등' 또는 '경보등'은 매우 중요하다. 대개 이러한 경고등 또는 경보등은 오일 압력이 40 psi 미만으로 감소하거나, 수온이 110도에 도달하는 경우 등 중요한 엔진 기능들 중 어느 하나가 허용 불가능한 수준에 도달했을 때에만 켜지도록 설정되어 있다. 이러한 라이트들을 사용하면 드라이버는 직선 코스 등 편리할 때에 측정기를 확인할 수 있다. 이 라이트는 주요한 문제가 있을 때만 드라이버에게 경고한다.

대시보드(계기판)는 가능하다면 측정기 수가 적은 단순한 레이아웃이 가장 좋다. 데이터 습득 (로깅) 시스템에 연결된 컴퓨터화된 대시보드를 사용하는 레이스 차량들이 증가하고 있다. 이러한 컴퓨터화된 대시보드는 랩 타임(lap time)을 알려 줄 수 있을 때 유용하다. 트랙의 다양한 지점에서 최저 속도나 최고 속도를 알려주는 정보를 비롯하여 개선을 원하는 부위를 결정하는 데에 유용할 수 있는 여타 정보가 제공된다. 그러나 모든 정보를 판독하는 데 열중하여 주행 집중력이 약화되어서는 안 된다.

제어(컨트롤)

브레이크 페달(BRAKE PEDAL)

제동 시 브레이크 페달을 '쥐어짜듯(squeezing)' 지긋이 눌렀다가 떼어야 한다. 브레이크는 부드럽게 밟을수록 차량의 균형이 더 많이 유지되고 한계 상황을 유지하면서 주행한다. 월드 드라이빙 대회(World Driving)에서 3회나 우승한 레이서 재키 스튜어트는 그가 우승할 수 있었던 가장 큰 이유 중의 하나가, 다른 경쟁자들보다 제동을 더 부드럽게 했기 때문이라고 주장한다.

부드러운 제동이 레이스에 그렇게 많은 영향을 끼치는지의 여부에 대해서는 의구심이 들 수 있을 것이다. 그러나 부드러운 제동으로 차체의 균형을 더 잘 유지할 수 있었기 때문에 1 마일이라도 더 빨리 코너에 진입할 수 있었다. 분명히, 이렇게 쥐어짜듯 브레이크를 눌렀다가 떼는 동작은 재빨리 이루어져야 한다. 이는 연습을 통해 매우 빠르게 이루어질 수 있다. 이처럼 부드러운 제동은 항상 중요하다. 이는 도로에서 주행하며 매일 안전하고 쉽게 연습할 수 있는 기술이다.

브레이크 페달에 발을 올려 놓을 때마다 '쥐어 짜듯'이라는 단어를 상기하고 브레이크에서 발을 뗄 때에는 '힘을 빼고'라는 말을 기억하자. 매일 연습한다면 재빨리 쥐어짜듯 브레이크를 눌렀다가 떼는 동작이 습관이 될 수 있을 것이다. 브레이크를 어떻게 사용하는가는 매우 중요하기 때문에 본인은 이 책을 통틀어 제동 기술에 대하여 여러 번 설명하려 한다. 브레이크 사용 방법은 성공적인 레이서가 되는 데 매우 중요하다는 것을 내가 언급했는가?

스로틀(THROTTLE)

스로틀(가속 페달)은 항상 부드럽게 밟아야 한다. 브레이크 페달과 마찬가지로, 가속 시에는 스로틀을 쥐어짜듯 점차 눌렀다가 감속 시에는 재빨리 힘을 뺀다. 급하게 가속 페달을 밟거나 뗀다면 차량의 움직임이 불안정해지고 트랙션이 감소하게 된다. 스로틀을 더욱 부드럽게 밟을수록 차량 움직임의 균형이 증가하고 궁극적으로는 트랙션과 속도가 증가한다.

가속을 시작한 후에 코너에서 스로틀을 풀어야 한다면 애초에 가속 페달을 너무 일찍 밟았거나 너무 세게 누른 것이 틀림없다. 스로틀은 지긋이 밟는다. 얼마나 신속하게 그리고 얼마나 많이 스로틀을 쥐어짜듯 밟을 수 있는가에 대한 느낌을 개발하는 것은 시간과 연습이 필요하다. 발을 스로틀에서 브레이크 페달로 옮기거나 그 반대로 할 때, 가능한 빠르게 해야 한다.

우측 발을 항상 스로틀에 올려 놓거나(가볍고 안정적인 스로틀일지라도) 브레이크에 올려 놓아야 한다. 발을 스로틀과 브레이크 사이에 놓은 상태로 아무것도 안 하면서 시간을 낭비하면 안 된다.

카레이싱 최후의 비밀 : 아무도 가르쳐주지 않는 드라이빙 하이테크닉

SPEED SECRET

스로틀은 켜고 끄는 스위치가 아니다.

스티어링 휠

9시 방향과 3시 방향으로 손을 가져가 스티어링 휠을 단단히 잡되 느긋하게 잡아야 한다. 휠(wheel)의 바퀴살에 엄지 손가락을 가볍게 거는 것이 편안하면 그렇게 해도 된다. 휠을 항상 동일한 위치에서 잡아야 회전을 얼마나 했고 직선 방향이 어디에 있는지 알 수 있다. 이는 차량이 스핀되기 시작하지만 직선 코스가 어디에 있는지 알 수 없을 때 특히 중요하다. 9시 방향과 3시 방향으로 손을 가져가 스티어링 휠을 잡으면 그 위치에서 손을 움직이지 않고도 거의 모든 코너를 주행할 수 있다.

그러면 더욱 부드럽고 제어가 가능한 조향(steering)이 가능해진다. 일부 시판용 대형 레이싱 차량들의 경우 스티어링 휠을 이렇게 잡더라도 타이트한 급커브에서는 충분히 급격하게 회전할 수 없을 수도 있다. 그런 경우, 코너 앞에서 양손 위치를 약간 재조정(우측 코너에 대해서는 8시 방향과 2시 방향으로 재조정)하면 손이 휠 주위에서 미끄러지는 일이 없이 수월하게 조향할 수 있다. 스티어링 휠을 꺾을 때 양손이 동일한 양의 일을 하게 해야 한다. 한 손은 스티어링 휠을 아래로 당기고 다른 한 손은 스티어링 휠을 부드럽게 민다.

변속할 때를 제외하고 항상 스티어링 휠을 양손으로 잡아야 한다. 또한 기어 변속한 손으로 다시 스티어링 휠을 잡는다. 사소한 조향 교정(steering corrections)은 팔이 아니라 손목으로 한다. 스티어링 휠을 사용하는 모든 움직임은 부드럽고 점진적으로 이루어져야 하며 급작스럽게 꺾으면 안 된다. 부드러운 아크 형태로 코너를 통과할 수 있도록 요구되는 조향 정보를 입력한다.

이것에 대해서 생각해보자. 앞 타이어가 도로에 대하여 비스듬한 각도에 있으면 감

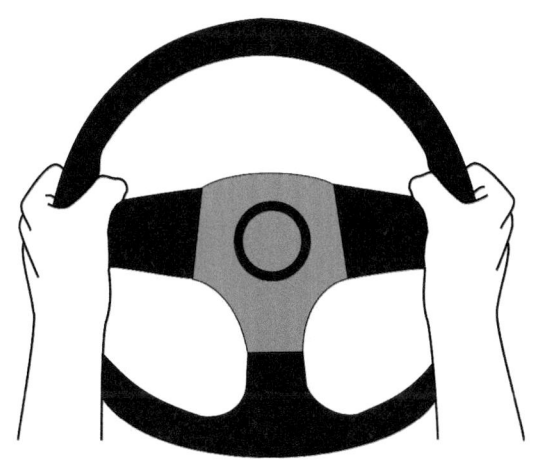

스티어링 휠을 올바르게 잡는 방법은 손을 9시 방향과 3시 방향 위치에 놓는 것이다.

02 제어(컨트롤)

속이 이루어지고 있는 것이다. 그것은 확실하지 않은가? 그러나 이것이 실제적으로 의미하는 것은 무엇인가? 스티어링 휠이 꺾지 않고 어떻게 코너를 돌 수 있는가? 스티어링 휠은 가능한 적게 돌리고 코너를 가능한 직선처럼 주행할 수 있도록, 멀리 바라보고 앞을 보고 생각하면서 코너를 통하는 주행 경로나 라인을 계획하자. 선회할 때 앞 타이어에서 북북 문지르는 소리가 나거나 '끼익' 하는 소리가 느껴지거나 들리면 조향 입력(steering input)을 교정한다.

SPEED SECRET

스티어링 휠을 더 적게 돌릴 수록 속도는 더 빨라질 것이다.

코너에 진입하면, 스티어링을 가능한 빨리 풀어야 한다. 물론, 이것은 모든 도로에 사용해야 한다는 유용한 의미이다. 부드럽게 코너로 진입하거나 코너에서 탈출하고 전륜을 가능한 직선으로 유지하는 것 등을 길거리에서 (법률에 허용하는 범위 내에서) 연습할 수도 있다.

미러(MIRRORS)

미러는 레이스 드라이버가 하는 일에서 매우 중요한 역할을 한다. 드라이버들은 미러를 사용할 때 편안하게 느껴야 한다. 레이싱에서 앞에 무엇이 있는지 아는 것만큼, 뒤와 옆에 무엇이 있는지를 파악하는 것은 중요하다. 주위에 누가 있는지 뿐만 아니라 그들의 정확한 위치를 항상 파악하기 위해 미러를 충분히 사용해야 한다. 예상하지 못한 곳에서 경쟁자(예컨대 코너에 접근할 때 라인 안쪽으로 갑자기 파고드는 경쟁자)가 갑자기 나타나 여러분을 놀라게 하는 일은 없어야 한다. 충분히 시간을 들여 모든 미러를 적절하게 조절해야 한다. 또한 미러가 진동

차량에 낮게 앉을수록 더 좋다. 이는 더 낮게 앉으면 차량의 전체적인 중력(무게) 중심이 낮아지기 때문이다. 한계 요소는 가시성(전방, 측면, 미러 속)과 드라이버가 느끼는 편안함이다. *Shutterstock*

카레이싱 최후의 비밀 : 아무도 가르쳐주지 않는 드라이빙 하이테크닉

하면 들여다 볼 수 없기 때문에 미러가 진동하지 않도록 한다. 그러나 주행하는 중에 미러를 계속 바라보면 안 된다. 어떤 드라이버들은 미러를 쓸데 없이 들여다 보다가 더 많은 문제를 일으키곤 한다. 미러를 보다가 트랙을 이탈하는 드라이버들도 있다.

  나는 적절한 길이의 직선 코스를 진입할 때마다 미러를 재빨리 들여다 본다. 적절하게 조절하면(양쪽을 볼 수 있도록 미러를 약간 측면을 향하게 함), 다른 차들을 보기 위해 고개를 돌려 미러 안을 들여다볼 필요가 없다. 나는 주변 시야(peripheral vision)를 통해 다른 차들을 자동적으로 주시하는데 이는 다른 빠른 레이스카에 추월 당할 때 놀랄 가능성을 최소화한다.

  최근 수 년간 일부 현대적인 포뮬러 차량들에 장착된 미러는 크기가 더 작아지고 있다. 다행히, 미러는 작아질 수 있는 만큼만 작아진 것 같다. 작은 미러를 사용한다면 볼록해야 뒤쪽과 측면을 더 잘 볼 수 있다.

SPEED SECRET

**누군가 주변에 있는지를 항상 파악하기 위해
미러를 가능한 자주 확인해야 한다.**

03 기어 변속

적절한 변속(시프팅) 기술은 종종 간과되는 레이싱 기술 중의 하나이다. 많은 드라이버들은 가속을 위해 가능한 급히 변속해야 한다고 생각한다. 그것은 잘못된 생각이다. 사실, 급히 변속하다가 실수하여 잃어버리는 시간에 비교한다면 절약 가능한 시간은 매우 적다. 변속은 부드럽고 정교하게 이루어져야 한다

> **SPEED SECRET**
>
> 변속은 부드럽고 정교하게 이루어져야 한다.

고단 변속

가능한 부드럽게 변속 기어를 넣는다. 변속을 느끼지 못해야 한다. 여러분은 세계 정상급 드라이버들이 얼마나 부드럽고 느긋하게 변속하는지를 알게 된다면 놀랄 것이다.

저단 변속

저단 변속은 주행 시에 가장 잘못 이해되고 오용되고 있는 기술들 중의 하나이다. 또한, 저단 변속은 차량의 모든 잠재력을 끌어 내기 위해 필수적이다. 저단 변속이 항상 쉬운 것은 아니다. 저단 변속은 타이밍, 기술과 연습을 필요로 하지만 일단 숙달되면 한계에서 주행하는 데 도움이 된다.

저단 변속을 하는 실제적 이유는 무엇인가? 많은 드라이버들은 저단 변속이 엔진을 활용하여 차량을 감속시키기 위한 것이라고 생각한다. 그것은 잘못된 생각이다! 엔진은 차량의 가속을 위한 것이지 감속을 위한 것이 아니다. 사실, 엔진을 활용하여 차량을 감속시킨다면 정확한 브레이크 조절과 균형 유지에 지장이 발생한다. 레이스 드라이버들과 일반도로의 드라이버들의 경우 코너에 진입하는 동안 최적의 엔진 rpm 범위에서 적절하게 저단 변속하고 최대의 가속을 달성한다. 다시 한번 말하건대, 저단 변속을 하는 이유는 차량을 감속시키기 위한 것이 아니다. 이는 아무리 강조해도 지나치지 않다. 그것이 바로 브레이크가 장착된 이유이다. 상당히 많은 드라이버들은 엔진 압축 제동 효과를 활용하여 차량을 감속시키려 한다. 결과적으로 차량의 균형이 불안정해지고 제동 효과가 약화되며(브레이크가 잠겨지기 전에 바로 한계에 있고 후륜에 엔진 제동을 추가하면 후륜 브레이크가 잠겨짐) 엔진에 마모가 더욱 많이 발생하게 된다. 따라서, 우선 제동을 한 후에 저단 변속을 해야 한다.

카레이싱 최후의 비밀 : 아무도 가르쳐주지 않는 드라이빙 하이테크닉

SPEED SECRET
저단 변속 하기 전에 먼저 제동을 실행해야 한다.

힐앤토(Heel & Toe)

  일을 좀 복잡하게 만들자면 레이싱에서 최대 제동을 유지하면서 저속으로 변속해야 한다. 이때, 차량의 균형을 불안정하게 하지 않고 부드럽게 실행되어야 한다. 그러나 제동이 심하게 이루어지는 동안 단지 저단 변속하고 클러치를 해제한다면, 차량은 급감속으로 인하여 균형이 불안정하게 될 것이다. 추가적인 엔진 압축 제동 효과로 인하여 구동 휠을 잠근다.

  이때 우측 발로 액셀 페달을 잠깐 밟아 엔진 회전 속도를 증가시키면 저단 변속이 매우 부드럽게 이루어진다. 이를 스로틀 '블리핑(blipping)' 이라고 불린다. 이는 구동 휠의 rpm을 엔진의 rpm과 일치시키는 것이다.

  어려운 부분은 스로틀 블리핑이 이루어질 때 제동을 최대로 유지하는 것이다. 이는 '힐앤토'라 불리는 저단 변속 기술이 요구된다. 이러한 기술의 기본을 익히려면 엔진이 꺼져있는 상태에서 연습해야 한다(그림 3-1 참조). 그런 후, 도로 또는 경주 트랙에서 연습할 수 있다. 이러한 조작 시에는 항상 브레이크 압력을 일정하게 적용하는 것이 중요하다. 우측 발을 돌리면서 스로틀 블리핑과 제동을 동시에 실행할 수 있다. 이러한 스로틀 블리핑은 가장 중요한 측면들 중의 하나이다. 엔진 속도를 선택한 기어의 속도에 일치시키려 할 때 타코미터를 지켜 볼 수 없다.

  시야는 전방을 향해야 한다. 따라서, 스로틀 블리핑과 엔진 회전 속도를 정확하게 일치시키는 능력은 연습, 차체의 힘, 학

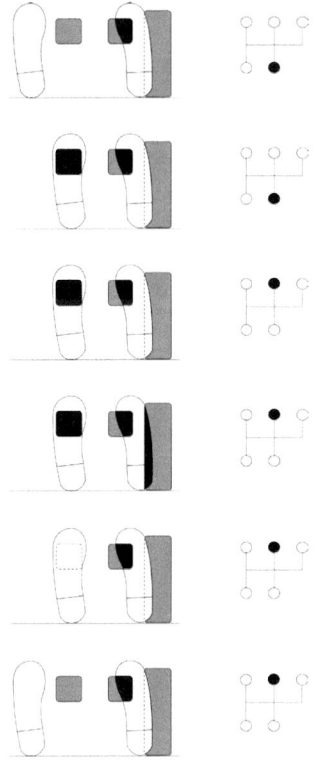

그림 3-1: 이것은 '힐앤토' 저단 변속에 대한 단계적 설명이다.
1. 발의 오른쪽 부분 약간을 사용하여 가속 페달을 누르지 말고 밟기만 한 상태에서, 우측 발의 아래쪽 동그란 부분(뒤꿈치)을 브레이크 페달에서 사용하여 제동을 시작한다.
2. 제동을 유지한 상태에서, 좌측 발로 클러치 페달을 누른다.
3. 제동을 유지하면서, 변속 레버를 바로 아래 단계의 저단으로 변속한다 (그림에서 4단에서 3단으로).
4. 제동을 계속 유지하고 클러치 페달을 누르고 있는 상태에서, 발목 부위에서 우측 발을 축으로 회전하고 스로틀을 재빨리 누르거나 블리핑 한다(엔진 회전 속도를 올림).
5. 제동을 유지하면서, 클러치에서 지긋이 재빠르게 발을 뗀다.
6. 제동을 계속 유지하면서, 저단에서 풋 레스트에 좌측 발을 다시 올려 놓는다.

03 기어 변속

습한 지식에 의해 좌우된다. 충분히 블리핑을 할 수 없는 경우, 클러치가 다시 채결되면 구동 휠은 잠길 것이다. 결과적으로 심각한 문제가 발생할 것이다.

블리핑을 과도하게 실행한 경우, 감속을 하려고 해도 차량은 가속하려 할 것이다.

가장 좋은 방법은 엔진의 회전 속도를 요구되는 수준보다 약간 더 높게 증가시키고 요구되는 기어를 선택하고 회전 속도가 감소함에 따라 클러치를 신속하게 체결하는 것이다. 이는 지속적인 연습이 요구된다. 이 모든 것을 한 번에 실행하는 것은 매우 어려워 보일 수 있다. 그러나 일단 감을 잡으면 몸에 배어 쉬워질 것이다.

'힐앤토'를 적절하게 실행하려면, 페달을 정확하게 설정해야 한다. 브레이크 페달은 완전히 밟았을 때 가속 페달보다 여전히 약간 높은 상태를 유지해야 하고 가속페달 바로 옆에 있어야 한다.

특수 레이스카의 경우, 페달이 꼭 맞도록 충분한 시간을 들여 조정해야 한다. 시판용 차량을 경주 트랙에서 주행하는 경우 필요에 따라 스로틀에 확장 장치를 추가하거나 구부릴 수 있다. 브레이크 페달을 구부리거나 페달에 추가하는 방식으로 브레이크 페달을 변경하면 안 된다. 그런 방식으로 변경하면 브레이크 페달이 약화된다.

세계적으로 성공적인 레이스 드라이버들이라면 저단 변속에서 반드시 '힐앤토'를 실행하기 마련이다. 다시 한번 말하건대, 이는 도로에서 매일 연습할 수 있다. 사실 그것 만이 항상 성공적인 주행을 위한 유일한 방법이다.

타이밍

지금까지는 변속하는 방법에 관한 이야기였다. 변속은 언제 해야 하는가? 첫째, 저단 변속. '저단 변속하기 전에 반드시 먼저 제동을 해야 한다.'는 것을 기억하라. 이 규칙을 따르지 않으면 엔진 회전 속도가 과도하게 빨라질 것이다.

4단 기어에서 rpm이 최대인 상태에서 차량을 감속시키지 않고 3단으로 저단 변속하는 경우, 엔진 회전 속도가 과도하게 빨라질 것이다. 제동을 하지 않는다면 저속 엔진은 차량을 감속시키기 위한 방법이 아니라는 것을 다시 한번 기억하자. 코너링을 하기 전에 저단 변속을 반드시 완료해야 한다. 드라이버들이 흔히 범하는 실수들 중의 하나는 코너링을 하면서 저단 변속을 완료하려 하는 것이다. 드라이버가 클러치를 해제함에 따라(대개, '부드러운 힐앤토' 저단 변속을 실행하지 않고), 구동 휠이 순간적으로 잠기기 시작하고 차량은 회전한다. 저단 변속을 완료할 수 있도록 타이밍을 맞춰야 한다. 운전대를 돌려 코너로 진입하기 전에 왼발을 클러치에서 떼고 풋 레스트(dead pedal) 위치로 옮겨 놓는다.

카레이싱 최후의 비밀 : 아무도 가르쳐주지 않는 드라이빙 하이테크닉

   고단으로 변속할 경우, 절대적인 최대 가속을 위해서는 엔진 토크와 마력의 특징을 파악하고 있어야 한다. 어떤 rpm에서 변속해야 하는지를 파악하기 위해 엔진 제조업체에 문의하거나 엔진 다이노(dyno) 토크와 마력 그래프를 연구해야 한다. 이는 커다란 차이를 가져온다. 많은 엔진들의 경우 레드 라인에 도달하기 전에 변속하는 것이 좋다. 여러분은 엔진을 최대 토크 범위에서 유지할 수 있는 rpm에서 변속하기를 원할 것이다.

   그림 3-2와 같이 엔진 rpm 그래프에 대하여 토크와 마력을 활용한 예를 살펴보자. 2,000 rpm을 기어 사이에서 분할 한다고 가정할 때(1단에서 다른 단수로 고단 변속, 엔진 속도를 2,000 rpm 감소시킴), 7,000 rpm 일 때 1단 기어에서 2단 기어로 변속한다면 5,000 rpm에서 7,000 rpm까지 가속시키게 될 것이다. 그래프에서 알 수 있는 것처럼, 5,000 rpm 일 때 토크 곡선은 하향 곡선이 된다. 그러나 6,000 rpm에서 변속하는 경우, 엔진은 최대 토크를 통해 최대 마력까지 가속될 것이다. 사실, 최대 토크와 최대 마력 사이에서 rpm이 유지될 때 엔진은 가장 효율적으로 작동할 것이다(최대 가속 달성).

   나는 마력보다는 엔진 토크에 대하여 더 많은 설명을 했다는 점에 유의하자. 사람들이 말하듯이, '마력은 차량 판매에 중요하고 토크는 카 레이스(car race)에서 승리하기 위해 중요하다.'

03 기어 변속

토크는 차량의 가속을 가능하게 하고 마력은 가속을 유지시킨다. 저단 변속을 타이밍에 맞춰 부드럽게 할 수 있다면, 저단 변속 시에 기어 건너뛰기(skipping)를 시도할 수 있다. 모든 기어를 통틀어 구동할 필요 없이(예컨대, 5단에서 4단으로, 4단에서 3단으로, 3단에서 2단으로 변속), 요구되는 기어로 직접 변속할 수 있다(5단에서 2단으로 변속). 분명히 브레이크를 사용하여 감속할 때 정확한 타이밍이 요구되며 저단 변속한 다음에 코너로 진입한다. 2개 기어를 저속으로 변속하기 전에 브레이크로 차량을 더욱 감속시켜야 한다.

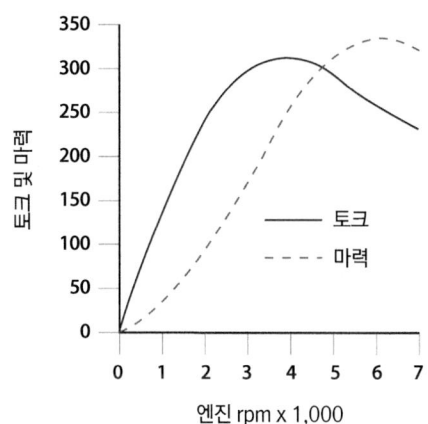

그림 3-2: 토크와 마력 vs 엔진 rpm 그래프

이는 내가 앞서 언급했던 것으로 되돌아간다. 운전하면서 조작을 덜 할수록 차량이 가속된다. 변속할 때마다, 작은 실수로 인하여 차량의 균형이 불안정해질 위험이 있다. 따라서 가능한 변속을 적게 해야 한다. 사실, 코너에 접근하는 동안 저단 변속을 덜 할수록 실수를 할 가능성이 줄어든다. 브레이크를 부드럽게 조절하는 것이 더욱 쉬워질 것이다.

몇몇 차량들의 경우 기어를 건너 뛸 때 기어박스는 그것을 그다지 반기지 않는 것 같다. 종종, 엔진 회전 속도에 완벽하게 일치시키기 어렵기 때문에 덜커덕거리는 소리 없이 매끄럽게 저단 변속하는 것은 힘들다. 분명히 이러한 유형의 차량인 경우 기어를 건너뛰지 않는 것이 좋다.

더블 클러칭

더블 클러칭은 어떠한가? 나는 더블 클러칭이 현대의 시판용 차량(최근 20~30년 사이에 생산된 차량)에서는 불필요하다고 생각하지만, 레이싱 기어박스가 장착된 몇몇 실제적인 레이스 차량에서는 유용할 수 있을 것이다. 더블 클러칭은 무엇인가? 기본적으로 각각의 변속을 위해 클러치를 2회 눌렀다가 해제하는 것을 의미한다. 저단 변속에서 더블 클러칭은 일상적으로 이루어진다. 4단 기어로 주행하다가 코너에서 감속하기 시작한다. 그런 후 클러치 페달을 밟고 변속 레버(시프터)를 중립에 넣고 클러치를 해제하고 엔진 회전 속도를 올리고('힐앤토' 기술을 사용하여 스로틀 블리핑 실행), 다시 클러치를 밟고 변속 레버를 3단에 넣고 클러치를 해제한다. 이제, 저단 변속이 완료되었다.

더블 클러칭을 실시하는 이유는 기어가 부드럽게 물리도록 '엔진 rpm'을 '선택한 기어의 rpm'에 균일하게 일치시키는 것이다. 레이싱 기어박스와 같은 비동기식(non-synchromesh) 트랜스미션에서 더블 클러칭은 기어 변경을 더욱 용이하게 할 수 있다. 이러한 이유로 동기식 물림 변속기어(synchromesh) 트랜스미션이 장착된 시판용 레이스카에서 더블 클러칭은 불필요할 수 있다. 그러나 차량의 트랜스미션에 동기식 물림 변속

카레이싱 최후의 비밀 : 아무도 가르쳐주지 않는 드라이빙 하이테크닉

기어가 마모되기 시작한다면 더블 클러칭은 차량의 수명을 약간 연장시킬 수 있으며 변속을 더욱 용이하게 할 수 있다. 여러분은 몇 년 동안 자동차경주에 참여하더라도 더블 클러칭을 실행할 필요가 전혀 없을 수 있다. 그러나 완전한 레이스 드라이버는 더블 클러칭 방법을 알고 있을 뿐만 아니라 아주 능숙하다.

내구 레이스(Indurance race)에서 드라이버는 기어박스의 마모를 줄이기 위해 더블 클러칭을 하려 할 수 있다. 그 밖의 경우 더블 클러칭은 드라이버의 선호사항이다.

클러치를 사용하지 않는 변속(CLUTCHLESS SHIFTING)

순수한 레이싱 기어박스를 사용하는 또 다른 방식은 변속 할 때 클러치를 전혀 사용하지 않는 것이다. 이는 연습이 필요한데, 그 이유는 기어박스와 엔진 회전 속도 증가가 저단 변속 시에 완벽하게 일치하는 것이 매우 중요하기 때문이다.

클러치를 사용하지 않는다면 각각의 변속 시에 아주 짧은 시간을 절약할 수 있는 장점이 있다. 반면 단점은 기어박스에 약간의 추가적인 부담이 가해져 마모가 좀 더 빠르게 진행되는 결과를 초래하거나, 레이스에서 기계적 오류가 발생할 위험이 있다. 또한, 이러한 방식으로 드라이버가 오류를 초래할 가능성이 커질 수 있다. 강조하건대, 드라이버들이 클러치를 사용하지 않고 주행하는 방법을 파악하는 것은 중요하다. 클러치에 문제가 발생하여, 클러치를 사용 못하는 상황이 언제 발생할지 전혀 알 수 없다.

순차 자동 변속기(시퀀셜 변속기)가 장착되어 제조되는 레이스카들이 점차 늘어나고 있다. 변속 레버가 항상 동일한 위치에 있다는 점에서 시퀀셜 변속기는 오토바이 변속 레버와 상당히 유사하다. 단지 뒤로 당기면 상향 변속(shift-up) 할 수 있고 앞으로 밀면 하향 변속(shift-down)할 수 있다. 이러한 유형의 변속 레버가 장착되면 저단 변속 시에 기어를 건너뛸 수 없다.

드라이버는 모든 기어 단수 전체를 사용해야 한다. 또한 클러치를 사용하지 않으면 주행이 더욱 수월해 질 수 있다. 고단 변속(upshift)시에 스로틀을 약간 해제하고(일반적인 기어박스를 사용하여 하는 것처럼) 변속 기어를 다시 다음 기어로 전환한다. 저단 변속(downshift) 시에도 동일한 방식으로 이루어지는데, 변속 레버를 밀어 저단으로 전환할 때 '힐앤토'를 실시하고 스로틀을 블리핑한다.

내 경험을 통해볼 때 나는 변속할 때 대개 클러치를 사용했다. 클러치를 사용하면 기어박스에 마모가 덜 발생하는 것을 발견했다. 그러나 나는 시퀀셜 기어박스가 장착된 레이스카를 몰기 시작할 때 클러치를 사용하지 않고도 변속이 훨씬 더 빠르고 용이하다는 것을 알게 되었다. 나는 트랙을 몇 바퀴 돌고 난 후에 클러치를 사용하지 않고 저단 변속 시에 기어를 건너 뛰는 것에 익숙해졌다. 그러나 클러치를 사용하지 않는 것에 편안함을 느낀 후, 나는 그렇게 하는 것이 시퀀셜 레버(sequential shifter)에 어울리는 유일한 방식이라는 것을 깨달았다. 그러나 일반적인 기어박스가 장착된 차량의 경우 나는 여전히 클러치 사용을 선호한다.

04 섀시와 서스펜션

 섀시와 서스펜션 조정을 이해하고 이것이 드라이버에게 무엇을 의미하는지를 이해하는 것은 매우 중요하다. 레이스카의 동역학을 매우 상세하게 다루는 책들이 많이 있다. 나는 이 책의 뒷면에 드라이버들이 의무적으로 읽어야 한다고 판단되는 책들을 열거했다. 만약 무언가가 이해되지 않는다면 이 책을 참고하거나 타인에게 설명을 부탁할 수 있을 것이다. 경주에서 이기기 원한다면 이 것을 알고 있어야 한다. 상세히 설명하려는 의도는 아니지만, 다음은 섀시와 서스펜션 조정에 관한 핵심 사항의 개요이며 성공을 달성하기 위해 알고 있어야 하는 내용이다. 희망컨대 독자들이 관심을 갖고 자세히 살펴보기를 바란다.

캠버

 캠버각은 차량의 전륜 또는 후륜에서 바라볼 때 인식되는 휠의 경사각을 의미한다. 상단에서 내부로 경사진 휠은 '부(-)의 캠버(八자 형태)'라고 불린다. 상단에서 외부로 경사진 휠은 '정(+)의 캠버(역八자 형태)'라고 불린다. 각도는 도(degree)로 측정된다. 일반적으로 매우 넓고 편평한 타이어의 전체 트레드 폭이 트랙 표면과 완전한 접촉을 유지하게 하는 것이 중요하다. 타이어가 기울어지면 트레드 부분은 더 이상 트랙과 접촉하지 않게 되어 트랙션이 급감한다. 그러므로, 서스펜션은 서스펜션이 움직이는 동안 타이어가 트랙 표면에 편평하게 유지되도록 설계되고 조정되어야 한다.

 차량은 코너를 통해 주행할 때 원의 바깥쪽으로 기울어진다. 이에 따라 외측 타이어가 바깥쪽으로 기울어 정(+)의 캠버가 더 많이 생성되는 반면에 내측 휠에는 부(-)의 캠버가 더 많이 생성된다. 그러므로, 외측 타이어(대부분의 코너링 힘을 생성함)를 가능한 노면에 편평하게 유지되도록 차량이 정지해 있거나 직선 코스를 주행할 때 서스펜션을 조정하여 부(-)의 캠버를 측정한다. 캠버각을 조정하는 목적은 하드 코너링(hard cornering) 시에 타이어의 캠버각을 0도에 가깝게 유지함으로써 코너링 접지력(cornering grip)을 극대화 하는 것이다. 최고의 정적 세팅(static setting)을 통해 최적의 역동적인 캠버각에 도달할 수 있도록 어느 정도의 조정과 시험을 실행할 수 있을 것이다.

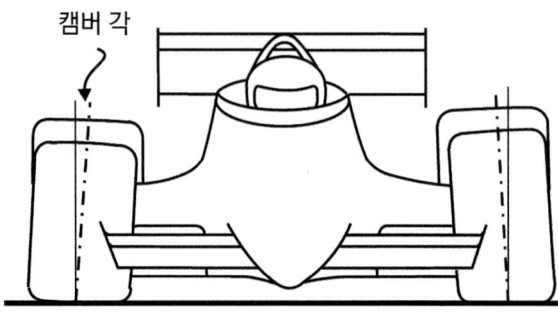

그림 4-1: 캠버는 앞 또는 뒤에서 바라볼 때 휠의 경사각을 의미한다. 이것은 부(-)의 캠버를 보여준다.

캐스터

캐스터는 스티어링의 자동 중심 조절(복원) 효과를 제공한다(스티어링 휠을 잡고 있지 않아도 차량이 직진 주행하는 성향). 이는 내부에서 볼 때 킹핀 또는 수직각의 경향이다. 정(+)의 캐스터는 킹핀 또는 수직각의 상단이 뒤쪽으로 기울 때 발생한다. 부(-)의 캐스터는 결코 사용되지 않는다.

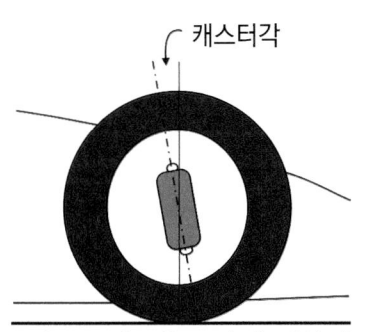

그림 4-2: 캐스터는 수직 서스펜션 기울기의 각도이다.

정(+)의 캐스터가 더 많을수록 스티어링은 자동으로 중심을 찾아가게 되는데 이는 일반적으로 바람직한 효과이다. 그러나 정(+)의 캐스터가 더 많을수록 이러한 캐스터에 대하여 스티어링을 회전시키려 할 때 더 많은 노력이 요구된다. 쉬운 자동 중심 조절과 힘든 스티어링 간에는 절충이 있어야 한다.

또한, 캐스터는 스티어링이 회전될 때 캠버에 영향을 끼친다. 정(+)의 캐스터가 더 많을수록 코너링 동안 외측 타이어에 더욱 많은 부(-)의 캠버가 발생한다. 이러한 사실은 최적의 캠버 설정을 위한 조정 시에 염두에 두어야 한다. 더욱 정적인 캠버에서 다이얼링을 하기보다는 더 많은 캐스터 내에서 조정을 하는 것이 더 낳을 것이다. 이는 코너링 동안 외측 타이어에 부(-)의 캠버가 더 많아지는 결과를 가져온다는 것을 기억하자. 이는 중요한 요인일 수 있다. 캐스터에 대하여 배우고 이해하자.

토(TOE)

토는 '토인(toe-in)' 또는 '토아웃(toe-out)'으로 구성된다. 토는 위에서 바라 보았을 때 2개의 앞 타이어 또는 2개의 뒷 타이어의 각도이다. 토인은 타이어 앞쪽이 뒤쪽에 비해 더 가까울 때 발생한다. 토아웃은 그 반대의 경우이다. 타이어 앞쪽이 뒤쪽보다 더 멀리 떨어져 있다. 토는 앞쪽에서 항상 조정 가능하며 독립적인 후측 서스펜션이 장착된 차량에서는 뒤쪽에서도 조정 가능하다.

토는 일시적인 핸들링 특성(차량이 최초 코너 진입에 얼마나 신속하게 반응하는가)뿐만 아니라 차량의 직진 안정성에도 중요한 역할을 한다. 일반적으로, 전륜 토인은 초기 언더스티어(스티어링 휠을 꺾은 각도에 비해서 차체가 덜 도는 특성)를 초래한다. 토아웃은 초기 오버스티어(언더스

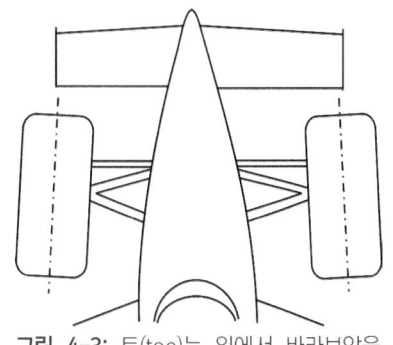

그림 4-3: 토(toe)는 위에서 바라보았을 때 휠의 각도이다. 이 경우는 토인(toe-in)이다.

티어와 오버스티어에 대해서는 다음 장에서 자세히 설명됨)를 초래한다. 후륜 토아웃은 피해야 한다. 후륜 토아웃은 불안정성과 예측 불가한 오버스티어를 발생시킨다.

애커먼 스티어링

코너를 주행하는 차량의 내측 휠은 외측 휠에 비해 더 타이트한 반경으로 달린다. 그러므로 내측 전륜은 더 급히 돌아야 스크러빙(scrubbing)을 피할 수 있다. 앞 서스펜션은 이를 달성할 수 있도록 기하학적으로 설계되어 있다. 이를 '애커먼 스티어링(ACKERMAN STEERING)'이라고 한다.

일부 레이스카는 애커먼 스티어링을 방지하도록 설계되거나 변경되었다. 이는 내측 타이어가 외측 타이어에 비해 실제적으로 덜 돈다는 것을 의미한다. 그 이유는 내측 타이어는 코너링 부하가 상당히 적기 때문에 약간의 타이어 스크럽(tire scrub)은 문제가 되지 않을 것이기 때문이다. 다른 차량들은 내경을 트래킹하기 위해 내측 휠이 필요한 수준보다 더 많이 회전하도록 애커먼 특성을 기하학적으로 강화했다. 양자는 차량의 최초 턴인(turn-in) 특성을 보조하기 위해 설계되었다.

범프 스티어

범프 스티어는 피해야 한다. 이는 범프(bump) 또는 차체 비틀림('롤 스티어'라고도 함)로 인하여 수직 서스펜션 움직임이 진행되는 동안에 전륜이나 후륜이 토인(toe-in)이나 토아웃(toe-out)을 시작할 때에 해당한다. 이는 핸들링 문제에 대한 임시적인 해결방편이지만, 일반적으로 범프 스티어는 특히 후륜에서 차량을 매우 불안정하게 한다

안티 다이브(ANTI-DIVE)

브레이크를 밟을 때, 차량은 전단(front end)이 앞으로 숙여지는 경향이 있다. 서스펜션 지오메트리(서스펜션의 구조가 형성하는 기하학적 형태)는 이러한 경향을 줄이는 방식으로 설계되어 있다. 일반적으로, 이는 차량 내에 설계되며 조정이 거의 또는 전혀 필요 없다.

안티 스쿼트(ANTI-SQUAT)

차량이 가속되는 경우, 차량 뒤쪽이 내려앉는 현상(스쿼트 현상)이 발생한다. 다이브 방지 장치가 장착된 차량의 경우처럼 서스펜션 지오메트리는 이러한 스쿼트 현상을 제한하도록 설계된다. 조정은 거의 필요 없다.

카레이싱 최후의 비밀 : 아무도 가르쳐주지 않는 드라이빙 하이테크닉

탑승 높이

탑승 높이(ride height)는 차량의 가장 낮은 지점과 노면 간의 거리이다. 차량 앞쪽에서의 탑승 높이는 차량 뒤쪽에서의 탑승 높이와 다른 경우가 많다. 이러한 차이는 '레이크(rake)'라고 하는데 대개 앞쪽 하단은 뒤쪽에 비해 차이가 있다. 탑승 높이의 조정, 특히 레이크의 조정은 핸들링을 조정하기 위해 사용된다.

탑승 높이는 섀시가 바닥을 치지 않는 상태로(또는 거의 닿지 않는 상태로) 또는 서스펜션 트래블(suspension travel)이 정지된 상태로 차량을 가능한 저속으로 주행하여 결정된다. 대개, 차량이 저속으로 주행할수록 공력 특성(aerodynamics)은 더 좋아진다. 또한, 무게중심이 낮을수록 유리하다.

스프링 레이트

최적의 탄성률(spring rate)을 선택하는 것은 가장 중요한 설정(setup) 요인들 중의 하나이다. 탄성률은 어떠한 힘의 수준에서 스프링이 튀어 오르는 것을 막기 위해 필요한 힘의 크기이며 인치(inch)당 가해지는 힘을 파운드 단위로 측정한다. 스프링 와이어(spring wire)의 지름, 스프링의 전체 지름, 코일의 길이 또는 수량에 따라 탄성률이 결정된다.

전측 및 후측 서스펜션에 대한 최적의 탄성률을 파악하기 위해 차량을 개발하는 것이 여러분의 목적이다. 일반적으로 트랙 표면에서 도로의 기복(undulation) 문제를 다룰 수 있도록 충분히 부드러운 스프링을 사용할 수 있는 반면에, 노면의 돌출된 부분에 걸려 덜컥거릴 때 차량이 바닥을 치지 않도록 충분히 강한 스프링을 사용할 수 있다. 운전 습관 또는 취향, 주행 시에 공력 특성적 다운포스(aerodynamic downforce)의 수준, 차량의 중량, 트랙 표면의 형태 및 상태 등 관여된 많은 요인들이 있다. 그러나 가장 중요한 것은 차량 앞쪽에서 뒤쪽까지의 균형이다.

일반적으로, 가속 시에 후륜 타이어의 트랙션 극대화를 위해 후륜 타이어에 가장 부드러운 스프링을 사용하고, 앞 스프링을 최적으로 사용하여 핸들링의 균형을 달성하는 것이 가장 좋다.

휠 레이트

휠 레이트(wheel rate)는 휠을 어떠한 거리로 이동시키기 위해 필요한 힘의 크기를 의미한다. 휠 레이트 또한 인치당 가해지는 힘을 파운드 단위로 측정한다. 휠 레이트는 서스펜션 지오메트리, 스프링 장착 위치, 탄성률에 따라 결정된다. 앞과 뒤 서스펜션(또는 2개의 서로 다른 차량들)에서 탄성률이 동일하더라도 '휠 레이트'에는 차이가 있는데 이는 서스펜션 장치가 스프링에 적용하는 레버리지(leverage) 힘의 크기 때문이다.

04 섀시와 서스펜션

안티롤 바

안티롤 바(가끔 '스웨이 바'라고 잘못 불려지는 경우가 있음)는 코너링 시에 차량이 좌우로 기우는 경향을 방지하기 위해 사용된다. 대개 강철관이나 견고한 막대 형태인 '안티롤바'는 앞 또는 뒤에 발생하는 비틀림 저항을 변경하기 위해 사용된다. 이는 차량의 핸들링 특성에 영향을 준다. 많은 차량은 운전석에 조정 제어장치가 장착되어 있기 때문에 레이싱을 통해 트랙 상태, 연료 부하, 타이어 마모 상태 등에 따라 변경할 수 있다.

안티롤바를 조정하는 것은 서스펜션 설정을 가장 용이하고 신속하게 변경할 수 있는 방법이다. 그러므로 어떤 효과가 발생하는지 확인하기 위해 차량을 완전 강성(full stiff)과 완전 연성(full soft) 조건으로 설정하여 시험해보는 것이 중요하다. 차량의 설정(셋업)시에 다이얼을 돌려 조정할 때, 나는 '바 스윕(bar sweep)'을 즐겨 한다. 여기에서 나는 앞쪽 바(front bar)를 완전 연성에서부터 완전 강성까지 조정한다. 그런 다음, 핸들링의 변화를 주시하면서 뒤쪽 바(rear bar)에 대해서도 동일하게 실시한다. 이는 차량의 적절한 균형 유지를 위해 어떤 방향을 지향해야 하는지에 대하여 엔지니어뿐만 아니라 나에게도 명확하게 시사해준다.

일반적으로, 차량 앞부분에서 접지력(그립)을 향상(언더스티어 감소)시키려면 앞쪽 바를 부드럽게 하거나 뒤쪽 바를 단단하게 해야 한다. 뒤쪽 부분에서 접지력을 향상(오버스티어 감소)시키려면 뒤쪽 바를 부드럽게 하거나 앞쪽 바를 단단하게 해야 한다. 그러나 항상 그렇게 해야 하는 것은 아니기 때문에(본인이 몇 번 경험으로 알게 되었던 것처럼), 반대의 경우에도 대비해야 한다.

롤 강성

롤 강성(roll stiffness)은 차량이 기울거나 비틀리는 현상에 대하여 '스프링'과 '안티롤바'로 발생한 전체 저항의 크기를 의미한다. 강성은 휠에서 스프링 트래블(spring travel)의 인치(inch) 당 가해지는 힘의 크기를 파운드 단위로 측정한다. 이는 탄성률과 '안티롤바 강성'의 함수이다.

앞 서스펜션과 뒤 서스펜션 간 차량의 롤 강성을 배분하는 것을 '롤 강성 배분'이라고 부르며, 뒤쪽에 대한 앞쪽의 비율(%)로 표현된다. 일반적으로, 롤 강성 분포는 스프링과 안티롤바를 사용하여 차량의 핸들링 균형을 미세조정하기 위해 활용된다. 뒤쪽에 대하여 앞쪽 롤 강성(스프링 또는 안티롤바 사용)을 조정하거나 그와는 역으로 조정하는 것은 차량의 핸들링 균형을 변경하기 위해 가장 흔히 사용되는 방법이다.

쇽 레이트(SHOCK RATE)

쇽업소버(완충기)의 목적은 서스펜션이 도로에서 기복으로 인한 충격을 흡수함에 따라 스프링의 진동을 느리게 하거나 제어하기 위한 것이다. 실제적으로, 쇽업소버는 댐퍼(감쇠기)이다. 쇽업소버는 스프링의 움직임을 감쇠한다. 충격은 양 방향으로 작용한다. 압축은 범프(bump)라고 불린다. 확장은 리바운드(rebound)라고 불린다. 그러므로 쇽업소버는 어떠한 샤프트 속도에서 '범프'와 '리바운드' 방향으로 왜곡률(rate of deflection)에 의해 평가된다. 차량의 스프링이 힘에 민감하다면, 충격은 속도에 민감하다. 또한 쇽업소버를 사용하여 일시적인 핸들링 특성을 변경시킬 수 있다(차량이 드라이버가 입력시킨 것에 얼마나 반응하는지의 여부). 스프링과 안티롤바가 차체 비틀림의 정도와 앞쪽에서 뒤쪽까지의 분포를 파악하면, 차체 비틀림이 얼마나 빨리 발생하는지는 완충 율(shock absorber rates)에 따라 결정된다. 따라서, 쇽업소버는 또 다른 중요한 서스펜션 조정 요소이다. 탄성율과 마찬가지로, 최적의 쇼크 세팅을 찾아내는 것은 정교한 절충 작업이다. 드라이버로서 완벽한 설정을 찾아낼 수 있는 능력은 민감함 보다는 어느 정도의 경험을 요구한다.

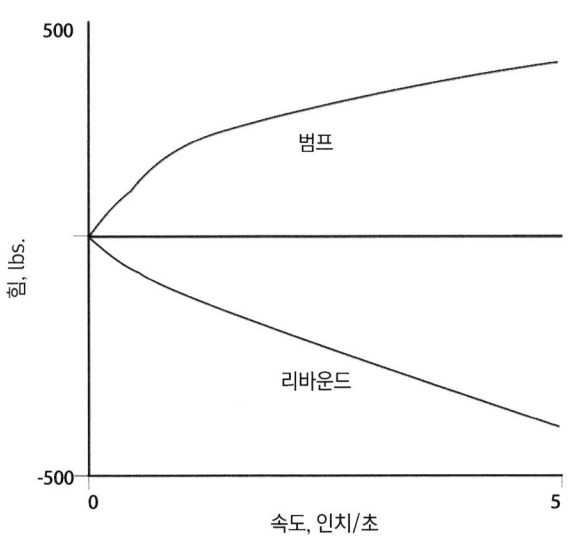

그림 4-4: 쇽업소버 다이노(dyno)는 충격 흡수를 위해 필요한 힘에 차량이 이동하는 속도에 대하여 범프(bump)와 리바운드(rebound)에서 충격 흡수를 위한 힘에 관한 그래프를 작성한다. 노면 충격에 대한 다이노 그래프를 판독하고 해석하는 방법을 학습해야 하며, 특히 주행 시에 갖게 되는 느낌에 대하여 데이터가 어떤 관련성이 있는지를 이해할 수 있도록 공부해야 한다

코너 웨이트

차량의 타이어 4개를 4개의 개별적인 저울에 올려 놓으면 차량의 각 코너 웨이트(무게)를 알 수 있다. 이에 기초하여, 차량의 전체 무게뿐만 아니라 전후 및 좌우 무게 분포를 파악할 수 있다. 도로 코스의 경우, 좌우 코너 웨이트가 동일하다면 더할 나위 없이 좋다. 실제적으로 중형 엔진이 탑재된 차량의

경우, 뒤쪽의 코너 웨이트는 앞쪽에 비해 더 무겁다. 오벌 트랙의 경우, 설정(setup)은 어느 한쪽 또는 코너로 편향되는 경우가 많을 것이다. 코너 웨이트를 조정하는 것은 가장 중요한 서스펜션 조정 방법들 중의 하나이지만, 경험이 부족한 많은 레이서들이 종종 간과하는 부분이다.

타이어

섀시 조정을 점검하고 최적화하기 위한 최선의 방법은 타이어를 읽는 것이다. 타이어 온도를 평가하면 타이어 압력과 정렬 설정이 정확한지를 알 수 있을 뿐만 아니라, 차량의 전체적인 핸들링 균형의 상태를 파악할 수 있고 한계에 얼마나 가깝게 주행하고 있는지를 어느 정도 알 수 있다.

모든 타이어는 최적의 트레드 온도 범위 내에서 작동하도록 설계된다. 이러한 최적의 범위 내에서 타이어는 최대 트랙션을 생성한다(그림 4-5 참조). 최적의 범위 이상이거나 이하이면, 타이어는 트랙 표면에 대한 접지력이 약해질 것이다. 최적의 범위를 초과하여 장시간 작동하면 트레드에 수포, 덩어리, 또는 마모가 빨리 발생할 수 있다. 도로용 고성능 레이디얼 타이어에 대한 평균 온도 범위는 약 72℃~83℃이다. 레이싱 차량의 경우 평균 온도 범위는 83℃~100℃이다.

타이어 온도를 파악하려면 타이어 고온계(tire pyrometer)를 사용한다. 타이어 고온계는 트레드 내측, 중간, 외측 등 타이어의 3개 지점에서 트레드 표면 밑으로 삽입할 수 있는 바늘이 부착된 기구이다. 차량이 피트(pit: 카레이스 도중에 급유, 타이어 교체 등을 하는 곳) 안으로 들어온 후에 측정된 온도는 코너와 직선 코스에 대한 평균이다. 긴 직선 코스 또는 속도가 느린 쿨오프 랩(cool-off lap) 후에 온도가 측정된 경우, 트레드의 일부가 다른 부분에 비해 더 많이 냉각되었을 수 있기 때문에 이때 측정된 온도에는 오류가 있을 수 있다. 따라서, 가능한 코너 근처에서 온도를 측정하는 것이 중요하다. 또한, 온도는 차량이 정차한 즉시 측정해야 하는데, 이는 타이어가 약 1분 후에 냉각이 시작되기 때문이다.

캠버각은 트레드 외측 부근의 온도가 트레드 내측 부근의 온도와 대등할 때가 최적이다. 트레드면 내측 부근의 온도가 외측 부근의 온도보다 상당히 높으면 부(-)의 캠버가 과다한 것이다. 내측은 과도하게 가열된다. 외측 온도가 내측보다 높으면 정(+)의 캠버가 과다한 것이다. 트레드 중간의 온도가 트레드 내측과 외측의 평균 온도와 동일하면 타이어 압력은 적절하다. 트레드 중간이 너무 뜨거우면, 타이어 압력이 지나치게 높을 수 있다. 중간이 너무 차가우면, 압력이 너무 낮은 것이다. 타이어 온도가 트레드 전체를 통틀어 균일하다면 더할 나위 없이 좋다.

전륜 타이어의 온도가 후륜 타이어의 온도와 대등하면, 차량의 전체적인 균형은 적절하다.

온도가 후륜에 비해 더 높으면, 전륜은 후륜보다 더 미끄러지게 되고 스프링, 쇽(shock) 또는 안티롤바(anti-roll bar) 조정이 필요할 수 있다. 그 반대도 마찬가지이다.

카레이싱 최후의 비밀 : 아무도 가르쳐주지 않는 드라이빙 하이테크닉

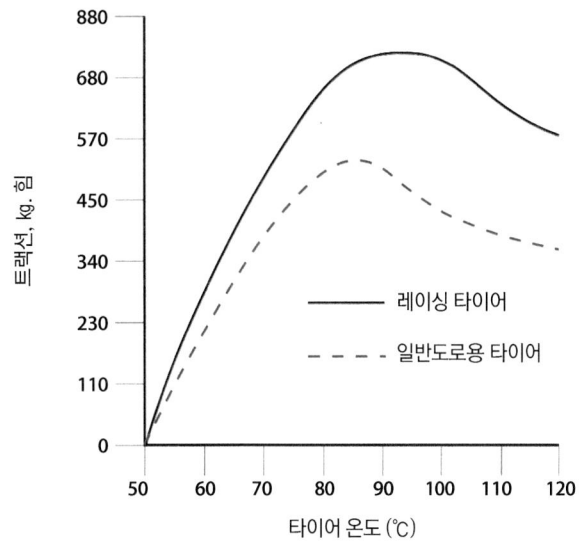

그림 4-5: 트랙션 그래프에 대한 타이어 온도의 관계.
이 그래프에서 타이어에 열이 축적될수록 타이어는 트랙션을 획득하며 이는 타이어가 트랙션을 상실하기 시작하는 지점까지 계속된다.

　주행 시에 타이어 4개 전체가 최적의 온도 범위를 벗어나면 다음 두 가지 경우 중 어느 하나가 발생했음을 의미한다: 타이어 컴파운드가 적용하기에 적절하지 않거나 주행에 관련된 어떠한 문제가 있다.
　온도가 너무 낮다면 충분히 거세게(hard) 주행하지 않은 것이다. 온도가 너무 높으면 너무 거세게 주행한 것이다. 차량을 너무 많이 미끄러뜨리고 있는 것이다. 이에 대한 자세한 설명은 다음 장에서 제공된다. 타이어를 읽는 방법에 익숙해져야 한다. 차량이 주는 느낌과 타이어 온도에 관련하여 트레드 표면을 관찰한 후에 향상을 위해 무엇을 해야 할지 파악할 수 있다면 경쟁자들을 앞질러 나갈 수 있을 것이다. 일반적으로 표면은 트레드 전체를 통틀어 칙칙한 검정색이어야 한다. 빛나는 부분이 있어서는 안 된다. 만약 빛나는 부분이 있다면, 이는 타이어의 어느 한 부분에 과부하가 걸렸다는 것을 의미할 수 있다. 또한, 차량을 충분히 거세게 주행하지 않았다면(타이어 사용), 트레드 표면에는 약간 물결 모양의 나뭇결 질감이 있다. 이러한 질감은 트레드를 통틀어 동일해야 한다.
　신품 타이어 취급에 관한 간략한 설명: 새로운 타이어로 주행할 때는 타이어를 길들이는 것이 가장 좋다. 첫째, 성형 이형제(mold release agent)가 표면에서 제거되도록 타이어를 앞뒤로 움직여 (안전하다면) 닦는다. 둘째, 차량을 코너에서 크게 미끄러뜨리고 가속 시에 차륜 공전을 상당히 증가시켜 첫 번째 랩(lap)에서 타이어가 파손되게 하면 안 된다. 대신, 천천히 가속하여 타이어 내부의 열이 서서히 축적되게 해야 한다. 이러한 방법을 따르면 전체적인 접지력이 더 오래 유지될 것이다.

05 레이스카의 공력특성

차량에 대하여 더 많이 이해할수록 더욱 성공적인 드라이버가 될 것이다. 전 세계 특출난 어느 드라이버들에게도 승리는 항상 보장되지 않는다. 차량이 작동하는 방식, 셋업, 각각의 변경에 따른 일반적이거나 필수적인 결과 등에 관한 모든 세부사항을 충분히 시간을 들여 학습하고 완전히 이해해야 한다. 자신의 차량을 스스로 정비하지 않더라도 차량 상태가 어떤지를 미캐닉에게 설명할 수 있는 능력을 함양하는 것은 차량의 최대 성능을 이끌어 내기 위한 유일한 방법이다. 레이싱의 많은 다른 측면들처럼 가능한 많이 읽고, 듣고, 배워야 한다.

차량의 셋업에 대하여 방대한 변경을 실시하기 전에, 우선 트랙을 파악하고 트랙을 편안하게 느끼고 탁월하게 주행할 수 있도록 마음의 준비해야 한다. 나는 차량 성능을 향상시켜야 한다는 생각에 갇힌 드라이버(본인 포함)들을 보았다. 그들은 운전에 대한 생각을 잊어버린 것이다. 또한, 셋업을 변경할 때는 한 번에 하나씩 조정해야 한다. 한 번에 하나 이상을 조정한다면 어떤 것이 어떤 변화가 있을 것이라는 것을 어떻게 분간할 수 있겠는가?

나는 수년 동안 레이싱을 했던 어느 드라이버로부터 나의 첫 번째 포뮬러 포드를 구매했는데, 나는 그가 차량의 셋업과 기계학적 내용에 해박하다는 것을 알고 있었다. 또한 나는 그 차량이 훌륭하다는 것을 알고 있었다. 그래서 나는 나 자신을 속이지 않기로 마음 먹었다. 나는 최소한 첫 번째 시즌에서 차량을 급작스럽게 변경시키지 않기로 나 자신에게 약속했다. 나는 단지 드라이버로서 차량의 성능을 100% 이끌어 내는 데 집중하고 서스펜션을 미세 조정할 계획이었다.

그 차량을 몰고 레이싱에 참가했던 두 번째 해에 나는 차량에 약간 중요한 변경을 실시했다. 그 때즈음 나는 나 자신이 그렇게 할 수 있을 만큼 충분한 지식을 갖고 있다고 생각했다.

타이어 트랙션

앞선 장(chapter)에서는 '타이어가 섀시 조정에 어떻게 연관되었는가'라는 관점에서 타이어를 살펴보았다. 이제 타이어로 드라이브하는 방법을 다시 살펴보자. 사실 타이어를 최대로 활용하려면 그것을 잘 이해하고 있어야 한다. 앞서 언급된 서스펜션 관련 기본지식이 그다지 없더라도 레이싱에서 어느 정도 성공을 거둘 수 있지만 타이어가 어떻게 작동하는지를 이해하고 있어야 한다. 차량과 드라이버의 주행 능력에 영향을 주는 모든 힘은 4개의 타이어를 통해 전달된다. 따라서 타이어의 작동 원리를 이해해야 하며 타이어에 대하여 민감해져야 한다.

타이어에서 얻을 수 있는 트랙션(마찰력)의 양을 결정하는 3개 요소가 있다. 첫 번째 요소는 타이어와 트랙 표면 간 마찰계수인데, 이는 노면 자체와 타이어의 고무 합성물에 의해 결정된다. 두 번째 요소는 트랙 표면을 접촉하는 타이어 표면의 크기이다. 분명히, 노면에 접촉하는 고무의 면적이 클수

카레이싱 최후의 비밀 : 아무도 가르쳐주지 않는 드라이빙 하이테크닉

록 더 많은 트랙션을 얻을 수 있다. 세 번째 요소는 타이어에 작용하는 수직 부하(vertical load)이다. 이 수직 부하는 차량의 중량과 타이어의 에어로다이내믹 다운포스로 인하여 발생한다.

> ## SPEED SECRET
> ### 타이어가 어떻게 작동하는지를 이해하지 못한다면 레이스에서 결코 승리할 수 없을 것이다.

타이어는 트랙션의 한계에 도달하지 않다가도 어느 순간 갑자기 스키드(skid)와 슬라이딩(sliding) 현상이 발생한다. 가끔 드라이버가 감지할 수도 있지만, 이러한 현상은 항상 어느 정도의 징후가 있은 후에 발생한다. 타이어가 밀착 한계나 트랙션 한계에 도달함에 따라 노면에 대한 타이어의 트랙션은 점차 약화된다.

사실 주로 고무의 탄성으로 인하여 타이어는 최대 트랙션 달성을 위해 어느 정도 미끄러져야 한다. 코너링(횡가속) 시에 타이어 미끄러짐를 설명하기 위해 '슬립각(slip angle)'이라는 용어가 사용된다. 슬립각은 도(degree) 단위로 측정된다. 코너링 포스와 속도가 증가함에 따라 타이어는 휠이 실제적으로 가리키는 방향과 약간 다른 방향을 가리키게 된다.

슬립각은 타이어가 가리키는 방향과 휠이 따라가는 경로 간의 각도이다. 가속하거나 제동할 때 타이어 미끄러짐의 양은 백분율(%)로 측정된다. 타이어의 트랙션 한계, 즉 코너링 한계는 39페이지의 '슬립각 대(對) 트랙션'에서 제시된 것처럼 최적의 슬립각 범위 내에서 달성된다.

범위는 다양한 타이어들에 대하여 다소 다를 수 있지만(레이디얼 타이어는 바이어스 타이어에 비해 미끄러짐이 덜함) 기본적인 특성은 동일하다. 최적의 슬립각 범위에 도달할 때까지 타이어는 최대 트랙션 능력을 만들어내지 않는다. 코너링 속도나 스티어링 각이 증가하면 타이어 트랙션이 다시 감소하기 시작하는 지점에 도달할 때까지 슬립각은 타이어 트랙션과 함께 증가할 것이다. 타이어 트랙션이 얼마나 빨리 최대 범위에 도달했다가 점차 감

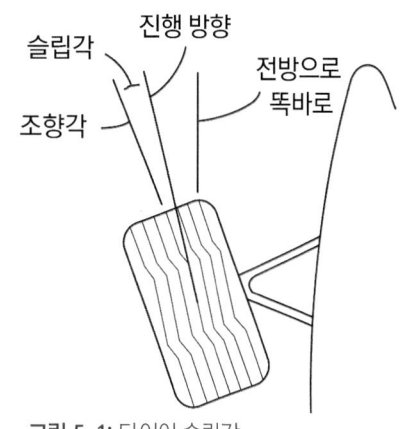

그림 5-1: 타이어 슬립각

소하는가는 타이어의 '점진성(progressivity)'을 결정한다. 과도하게 점진적인 타이어(트랙션 한계에 도달하기까지 시간이 상당히 오래 걸리고 이후 매우 서서히 감소)는 충분히 반응적이지 않다. 그러한 타이어는 엉성하다는 느낌을 준다. 충분히 점진적이지 않은 타이어는 트랙션 한계에 도달했다고 그 한계를 초과할 때 드라이버에게 충분히 경고하지 않을 것이다. 드라이버는 충분히 감지할 수 없다. 드라이버는 타이어가 트랙션 한계를 초과하는 시점에 대하여 알 수 없기 때문에 한계에서 주행하는 것은 어렵다.

일반적으로 도로 주행용 타이어는 레이싱 타이어에 비해 더욱 점진적(progressive)이다. 레이싱 타이어는 도로 주행용 타이어에 비해 더욱 철저하다. 마른 트랙에서 최대 트랙션. 따라서, 최대 가속, 제동 및 코너링(최대 슬립각)은 타이어의 유형에 따라 약 3~10%의 트랙션이 있을 때(그림 5-3의 '슬립율(%) 대(對) 트랙션' 그래프 참조) 발생한다. 이는 타이어가 실제적으로 특정한 정도의 미끄러짐이 있을 때 최대 접지력을 발현한다는 의미이다. 다행히 앞서 언급했던 것처럼 타이어가 트랙션 한계에 도달한 후에 그 한계를 초과하더라도 타이어의 접지력은 완전히 또는 즉각 상실되지 않는다. 실제적으로 타이어는 접지력을 서서히 상실한다. 타이어가 한계를 초과하여 완전히 미끄러지더라도 타이어는 트랙션을 어느 정도 보유한다. 한번 생각해보자. 브레이크를 잠그고 스키드가 발생할 때조차 '타이어가 여전히 회전하고 미끄러짐이 3~10% 정도 일 때'처럼 급감속은 이루어지지 않지만 여전히 속도는 줄어든다. 코너링에 대해서도 마찬가지이다. 차량이 미끄러지기 시작할 때 타이어는 여전히 노면에서 접지력을 유지하려 한다. 타이어의 접지력이 유지됨에 따라 타이어는 최대 트랙션을 다시 달성할 수 있는 지점까지 속도가 줄어들게 된다. 이는 안심되는 사실이다. 한계를 약간 초과하더라도 제어 능력을 완전히 상실하거나 충돌하지 않을 수 있다. 여기에 논의되고 있는 것은 주행에 관한 것이다. 한계에 대한 내용은 나중에 설명된다.

가속

가속할 때 가속 페달을 쥐어짜듯(스퀴징) 눌러야 한다는 것을 상기하자. 급작스럽게 밟으면 안 된다. 다시 한번 말하건대, 스로틀은 켜고 끄는(on-off) 스위치가 아니다. 스로틀은 점진적으로(단계적으로 나눠서) 사용되어야 하며 쥐어짜듯 눌렀다가 지그시 발을 떼어야 한다. 이는 신속하고 부드럽게 수행되어야 한다.

앞서 언급한 것처럼 타이어 트랙션에는 한계가 있는데 미끄러짐(slippage)은 마른 도로에서는 3~10%이고, 젖은 도로에서는 약간 더 낮다. 타이어가 이러한 슬립율(%)을 초과하여 휠스핀이 발생하면 최대 가속 한계는 더 낮아진다. 그 지점에서 스로틀에서 약간 힘을 빼면 트랙션이 다시 제어 가

카레이싱 최후의 비밀 : 아무도 가르쳐주지 않는 드라이빙 하이테크닉

능하고 다시 최대 가속을 하게 될 때까지 페더링(feathering)된다.

제동

　대부분의 레이스카에서 제동 장치(braking system)는 차량의 다른 장치들에 비해 더 강력하다. 즉, 차량은 가속하는 것보다 훨씬 더 빠르게 정지할 수 있다. 이러한 특성을 최대로 활용해야 한다. 가속의 경우와 마찬가지로 최대 제동은 미끄러짐이 3~10%일 때 발생한다. 이는 휠이 실제적으로 어떠한 차량의 속도에 대해 요구되는 것보다 약간 더 느리게 회전한다는 의미이다. 이러한 한계가 초과되면 브레이크는 잠기기 때문에 미끄러짐이 100%가 되고 스티어링 조정은 불가능해진다. 한계 또는 트랙션 한계점(threshold)에서 제동하는 것을 '한계 제동(threshold braking)'이라고 한다. 이는 차량을 제어하면서 가장 빠르게 감속시키거나 정지시키기 위해 가장 많이 사용되는 제어적인 방법이다. 이것은 내가 말하는 최대 제동(maximum braking)을 의미한다. 급작스럽게 제동하고 전륜을 잠그면 스티어링을 제어할 수 없게 될 것이다. 그러한 경우, 브레이크 페달에서 발을 다소 살며시 떼어 스티어링 제어 능력을 다시 획득하고 한계 제동으로 되돌아 갈 수 있다. 그렇게 하면, 타이어가 바닥을 접촉하는 부위가 영구적으로 납작하게 될(플랫 스팟) 가능성이 커질 수 있다. 이러한 문제는 타이어가 도로에서 미끄러져 더 이상 둥근 형태를 유지하지 않게 될 정도로 타이어의 일부가 마모될 때 발생한다. 드라이버는 언제 그렇게 되었는지를 정확하게 알 것이다. 타이어의 납작한 부분이 회전함에 따라 차량 내부에서 '쿵하는 소리(thumping)'와 진동을 느낄 것이다.

슬립각

　슬립각(slip angle)을 자세히 고려해보자. 그림 5-2의 '슬립각 대(對) 트랙션' 그래프와 같이 최대 트랙션 한계 또는 횡가속은 타이어의 슬립각이 6~10도의 범위에 있을 때 발생한다. 그래프의 어떠한 곳에서 운전하는 것이 가장 좋은지를 확인하기 위해 4명의 가상 드라이버들을 살펴보자.

　첫 번째 드라이버는 경험이 부족하고 다소 보수적이다. 그는 일관적으로 타이어가 2~5도의 슬립각 범위에 있는 상태에서 코너를 주행한다. 그래프에서 볼 수 있는 것처럼, 타이어는 최대 트랙션 한계에 있지 않다. 드라이버 1은 한계에서 주행하지 않기 때문에 차량은 속도가 느릴 것이다. 드라이버 2는 좀 더 경험이 있고 다소 거친 성향이 있다. 그는 일반적으로 무리한 주행을 한다. 그것이 의미하는 것은 무엇인가? 그는 항상 슬립각이 10도를 초과한 상태에서 코너를 주행한다. 즉, 그는 차량을 너무 미끄러뜨리는 것이다. 차량이 코너를 주행할 때 미끄러지듯이 달린다면 매우 좋겠지만, 그래프는 이 범위에서 타이어의 트랙션 한계는 최대치에서 떨어지기 시작하고 있음을 보여준다. 더욱이

05 레이스카의 공력특성

이러한 슬라이딩은 타이어 온도를 과열 상태로 상승시켜 타이어의 트랙션 능력을 약화시킬 것이다.

나머지 2명의 드라이버(드라이버 3 및 드라이버 4)들은 일관적으로 6~10도의 슬립각 범위 내에서 코너링을 한다. 이들은 모두 매우 빠르게 주행한다. 둘은 동일한 속도로 코너링을 한다. 또한 둘은 타이어 한계에서 주행한다. 그럼, 다른 점은 무엇일까? 드라이버 3은 6~10도의 범위 내에서 최대 각도(대략적으로 9~10도)로 코너링을 하는 반면에 드라이버 4는 6~7도로 코너링을 한다. 다시 한번 말하건대 코너링 각도는 동일하지만 드라이버 3은 드라이버 4에 비해 좀더 미끄러지듯(sliding) 주행하는데 결과적으로 타이어에 더 많은 열이 축적된다.

두 드라이버들은 레이스 초기에 선두 그룹을 형성하지만 드라이버 3의 타이어는 결국 과열되고 추

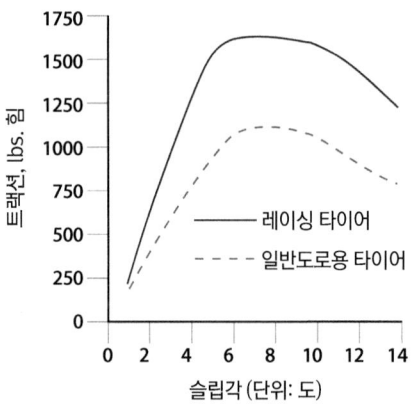

그림 5-2: 트랙션 그래프에 대한 슬립각은 타이어가 미끄러짐에 따라 트랙션을 잃게 되기 시작하는 어떠한 특정 지점까지 트랙션을 획득함을 보여준다.

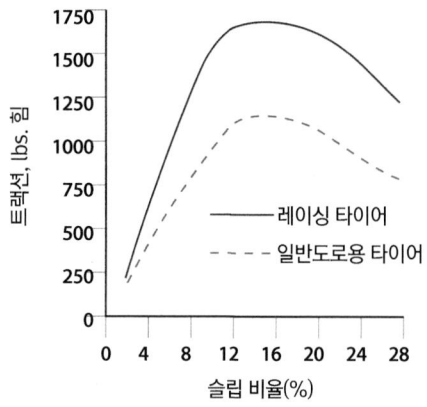

그림 5-3: 트랙션 그래프에 대한 슬립비율(%)

월등할 것이다. 그는 레이스가 종료되고 타이어가 제대로 능력을 발휘하지 못했다고 불평한다. 한편, 레이스의 승자인 드라이버 4는 일관적으로 타이어를 6~7도의 슬립각 범위를 유지하면서 주행했고 멋진 타이어를 만들어준 타이어 제조업체를 칭찬했을 뿐만 아니라, 차량의 핸들링이 좋았다고 팀 동료들에게 감사의 말을 건넸다. 이 예에서 목적은 최대의 트랙션을 유지하기 위해 가장 낮은 슬립각에서 일관되게 주행하는 것이다. 슬립각 2도에서 코너링하는 것과 12도에서 코너링할 때 속도 차이는 시간 당 1~2 마일 이하일 수 있음을 이해하자. 따라서 슬립각을 6~7도로 유지하기 위해 차량을 충분히 제어하려면 능숙한 기술과 훈련이 요구된다는 것을 알 수 있을 것이다.

이제 나는 내가 한 말에 상반되는 설명을 할 것이다. 가끔 드라이버는 이상적인 슬립각 범위의 상

한에서 주행해야 한다. 타이어가 차량에 대하여 너무 단단한 화합물로 제작되었거나(어쩌면 다른 유형의 차량용으로 제작된 타이어) 트랙 온도가 너무 낮으면 타이어를 최적의 온도 범위에서 유지하는 것이 어려울 수 있다. 이러한 경우 드라이버는 차량을 좀 더 미끄러지듯 주행시키길 원하거나 최대 트랙션을 달성하기 위해 타이어에 더 많은 열을 발생시키는 최적의 슬립각 범위의 상한에서 주행하기를 원할 수 있다. 지속적으로 레이스에서 승리하는 드라이버들은 이러한 것을 느낄 수 있는 방법을 배웠을 뿐만 아니라, 타이어 온도 측정치를 해석하여 자신의 운전 스타일을 적절하게 조정한다.

타이어 접지면

SPEED SECRET

가능한 가장 낮은 슬립각에서 주행하여 트랙션을 최대로 유지한다.

나는 드라이버들이 타이어 접지면(tire contact patch)에 대하여 잘 이해하기를 바란다. 이는 여기에서 잠시 논할 내용의 대부분에 대한 토대가 될 뿐만 아니라, 한계에서 주행하기 위해 필요한 것의 기초가 되기 때문이다. 도로에서 실제적으로 드라이버와 차량을 지탱하는 것은 4개의 작은 타이어 접지면(실제적인 타이어 접촉면 또는 어떠한 특정적인 때에 노면과 접촉하는 타이어의 면적)이다.

접지면이 넓을수록 타이어가 갖는 그립 혹은 트랙션은 더 커진다. 타이어 폭을 증가시키면 노면에 타이어 면적 (풋 프린트)이 확실히 더 커진다. 결과적으로 트랙션이 증가한다. 불행하게도 레이스 차량에 대한 타이어 접지면은 대부분 규정으로 제한된다.

수직 부하

그림 5-4: 타이어 접지면 또는 '풋프린트(면적)'는 타이어가 회전함에 따라 트랙 표면과 접촉하는 타이어의 어떠한 부분이다.

05 레이스카의 공력특성

수직 부하(vertical load), 즉 타이어에 하향 방향으로 적용되는 압력은 규칙에 따라 제한되는 요인은 아니지만 '타이어 접지면'과 '타이어 접지면으로 인하여 발생하는 트랙션'에 상당한 영향을 끼친다. 타이어에 대한 수직 부하를 증가시키면 타이어 접지면에 적용되는 압력이 증가한다. 따라서(타이어에 과부하가 걸리는 어떠한 지점까지) 드라이버는 타이어의 트랙션 한계를 끌어 올린다. 부하를 추가하여 타이어에 가해지는 압력을 증가시키면 트랙션을 강화할 수 있다는 믿음으로 900kg의 납덩어리를 차량에 추가하는 아이디어를 떠올리기 전에 다음을 생각해보자. 부하를 증

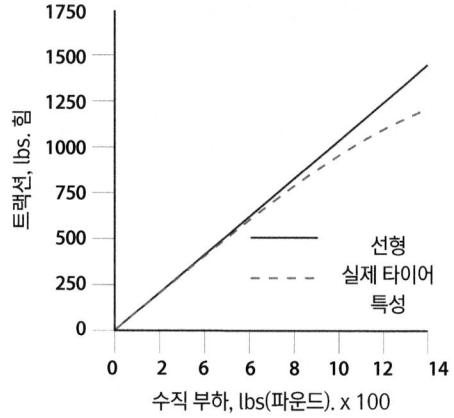

그림 5-5: 트랙션 그래프 대 수직 부하

가시키면 타이어의 트랙션 능력이 증가하지만 추가 부하를 지탱하면서 노면의 접지력을 유지하기 위해 요구되는 일의 양 또한 증가한다. 사실 일의 양은 훨씬 더 빨리 증가한다. 이것은 그림 5-5에서 알 수 있는 것처럼 선형 관계에 있지 않다.

따라서, 수직 부하가 증가하면 트랙션이 증가하지만 타이어가 수행해야 하는 일의 양은 더 빠르게 증가한다. 결과적으로 횡가속이 전체적으로 감소하고 코너링 능력도 약화된다. 그러나 공짜로 뭔가를 얻을 수 있는 방법이 있다. 즉, 공력 특성(aerodynamics)이다. 에어로다이내믹 다운포스는 타이어가 수행해야 하는 일의 양을 증가시키지 않고도 타이어에 대한 수직 부하를 증가시킨다. 이는 에어로다이내믹 다운포스가 증가하면 타이어의 코너링 능력이 항상 향상되는 이유이다.

무게 이동(WEIGHT TRANSFER)

한계에서 주행하는데 있어서 핵심적인 것들 중의 하나는 차량의 균형을 제어하는 것이다. 이러한 경우, '균형'은 차량의 무게가 4개 타이어 전체에 동일하게 분산될 때를 의미한다(그림 5-6 참조).

차량이 균형을 유지한다면 타이어의 트랙션이 극대화 된다. 차량의 트랙션이 클수록, 차량에 대한 드라이버의 제어 능력이 강화되고 트랙에서 차량을 더 빠르게 주행시킬 수 있다.

독자들은 차량이 가속함에 따라 차량 뒤쪽(rear end)이 아래로 주저 앉는 현상이 발생한다는 것을 이미 확실히 알고 있을 것이다. 그러한 현상은 차량 중량의 일부(%)가 뒤쪽으로 옮겨졌기 때문에 발생한다(그림 5-7 참조). 제동 시에 차량은 앞쪽이 가라앉는 노즈 다이브(nose dive) 현상이 발생한다. 이때는 무게가 앞쪽으로 옮겨진 것이다(그림 5-8 참조). 코너에서 무게는 횡방향으로 이동하여 외

카레이싱 최후의 비밀 : 아무도 가르쳐주지 않는 드라이빙 하이테크닉

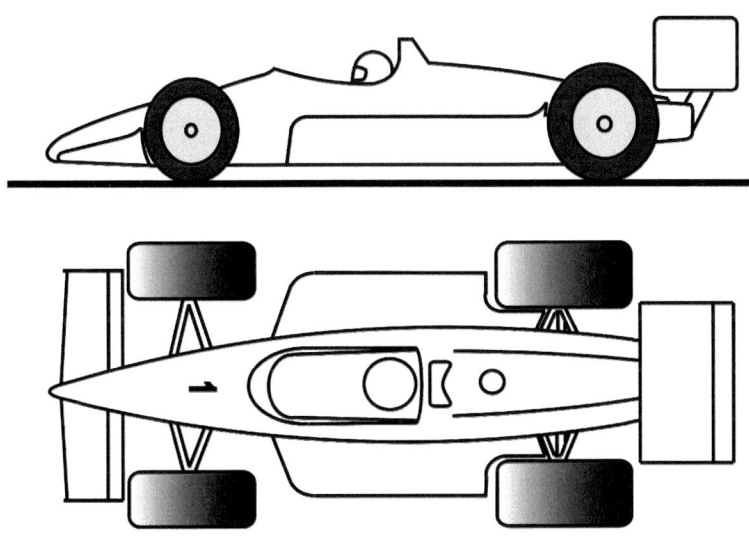

그림 5-6: 차량은 균형을 유지할 때 각각의 타이어에 동일한 트랙션 능력을 갖는다.

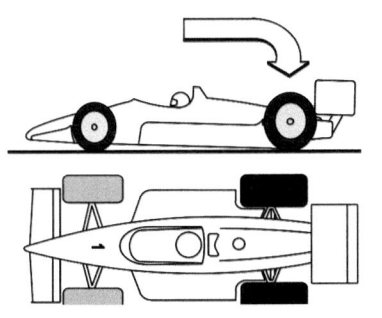

그림 5-7: 가속 시에 무게는 뒤쪽으로 옮겨져 뒤 타이어의 트랙션이 증가한다.

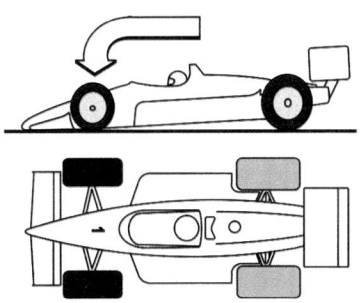

그림 5-8: 제동 시에, 무게는 앞쪽으로 옮겨져 앞 타이어의 트랙션이 증가한다.

측으로 옮겨지고 결과적으로 차량은 기울거나 차체 비틀림 현상이 발생한다(그림 5-9 참조). 차량의 전체 무게는 변하지 않고 무게의 배분만이 변한 것이다. 따라서 차량이 가속하고 무게가 뒤쪽으로 옮겨짐에 따라(뒤쪽이 주저 앉는 현상), 뒤 타이어의 접지면에 대한 압력이나 부하가 증가하고 결과적으로 뒤 타이어의 트랙션이 증가한다.

   제동 시에는 정확하게 반대의 현상이 발생한다. 차량은 앞쪽이 가라앉는 노즈 다이브 현상이 발생하고(무게가 앞쪽으로 이동한 결과) 앞 타이어 트랙션은 증가한다. 코너를 돌 때 무게는 외측 타이어로 옮겨져 외측 타이어의 트랙션이 증가한다.

   그러나 어느 2개의 타이어들로 무게가 이동하여 그 타이어들의 트랙션이 증가하면 나머지 2개의 타이어들에서는 무게가 제거되어 트랙션이 감소함을 이해하는 것은 매우 중요하다. 불행하게도 차

05 레이스카의 공력특성

량에 대한 전체적인 영향으로는 차량 전체의 트랙션이 감소한다는 것이다.

드라이버는 이러한 무게 이동을 자신에게 유리하게 활용해야 한다. 다시 한번 무게가 어느 2개의 타이어들로 이동하여 노면과의 접촉이 최대가 되면 이 타이어들은 트랙션이 개선된다. 이와는 반대로 무게가 제거된 타이어는 트랙션을 상실한다.

트랙션 단위 수

트랙션을 다음과 같이 설명할 수 있다. 각 타이어의 트랙션을 정량화하고 상응하는 수를 할당하는 경우 이러한 수는 '트랙션 단위 수(traction unit number)'라고 한다. 그림 5-10를 살펴보자. 차량이 정지해 있거나 일정한 속도로 주행할 때 도로에 대한 차량의 접지력에 관련하여 각 타이어의 트랙션은 예컨대 총 40단위에서 10단위에 상응한다. 코너를 주행할 때 무게는 외측 타이어로 이동하여 결과적으로 외측 타이어에 대한 수직 부하를 증가시키기 때문에 외측 타이어 트랙션은 15단위에 상응한다. 그러나 동시에 무게가 내측 타이어에서 다른 쪽으로 멀리 이동하여 내측 타이어의 수직 부하와 트랙션이 감소하면 각 타이어의 트랙션은 오직 3단위에 상응한다. 차량에 대한 전체 트랙션은 [15 + 15 + 3 + 3 = 36] 인데 이는 코너 회전에 따라 무게가 이동하기 전의 트랙션에 비해 더 작다.

그림 5-5에서 이미 본 것처럼 트랙션에 대한 수직 부하는 선형적인 관계에 있지 않다. 타이어에 대한 부하가 증가함에 따라 트랙션이 증가하지만, 이는 무게 증가에 따른 트랙션 증가율과는 양상이 다르다. 반대

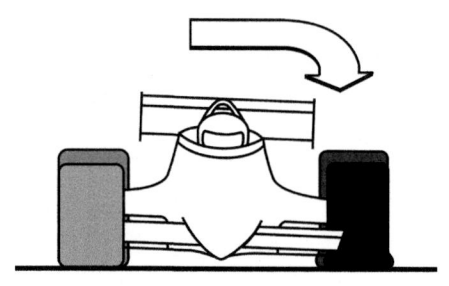

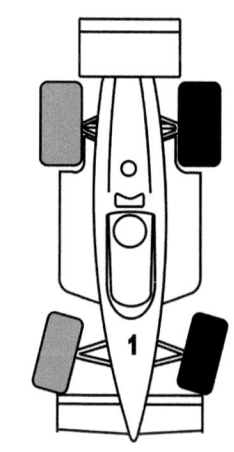

그림 5-9: 코너 주행 시에 무게는 횡방향으로 이동하여 회전하는 부분의 외측으로 옮겨지고 결과적으로 외측 타이어의 트랙션은 증가하지만 내측 타이어의 트랙션은 감소한다.

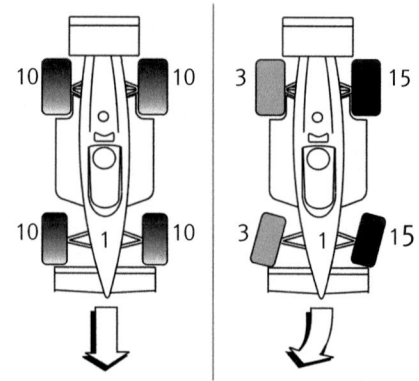

그림 5-10: 트랙션 단위 수에 관한 예는 무게 이동이 발생하면 차량의 전반적인 트랙션 단위가 감소함을 보여준다. 즉, 차량의 균형이 잘 유지될수록 트랙션이 증가하고 코너를 더 빠르게 주행할 수 있다.

카레이싱 최후의 비밀 : 아무도 가르쳐주지 않는 드라이빙 하이테크닉

쪽 타이어에 대한 부하가 감소하면 트랙션은 더 빨리 감소한다. 무게 이동이 더 많이 발생할수록 전체 차량의 트랙션은 감소한다.

균형

분명히, 어느 정도의 무게 이동을 초래하지 않고 차량을 주행할 수 있다. 제동을 하고, 코너를 돌거나 가속을 할 때 마다 무게 이동이 발생한다. 그러나 무게 이동이 적게 발생할수록 차량의 전체적인 트랙션은 증가한다.

따라서 드라이버는 가능한 차량의 중량이 전체 4개 타이어에 동일하게 분산되도록 유지할 수 있는 방식으로 주행해야 한다. 즉, 차량의 균형(밸런스)을 유지해야 한다. 어떻게 균형을 유지할 수 있는가? 부드럽게 운전하면 된다. 운전대를 가능한 천천히 조금씩 돌려야 한다. 운전대를 급작스럽게 돌리면 차체가 기울거나 무게 이동이 많이 발생한다. 코너로 부드럽게 진입한다면 차량은 그다지 많이 기울지 않는다. 브레이크와 가속 페달을 쥐어짜듯 밟고 지긋이 발을 뗀다. 제어장치를 급작스럽게 움직이면 안 된다.

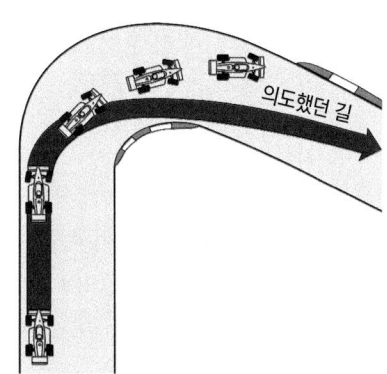

그림 5-11: 언더스티어는 의도된 경로에서 드라이버가 원하는 것보다 덜 꺾이는 것을 의미한다. 이는 '푸싱(pushing)' 또는 '타이트(tight)'라고 불린다.

이제, 여러분은 차량을 부드럽게 운전하는 것이 중요한 이유를 알 것이며, 부드러운 운전이 차량의 균형과 전체적인 트랙션에 어떻게 영향을 주는지를 이해할 수 있을 것이다. 무게 이동이 클수록 타이어의 트랙션은 감소한다. 드라이버는 무게 이동을 제어하고 트랙션을 최대화하는데 있어서 주요한 역할을 한다.

무게 이동과 균형 또한 차량의 핸들링 특성에 영향을 주며 언더스티어, 오버스티어 또는 뉴트럴스티어(neutral steer)에 기여한다.

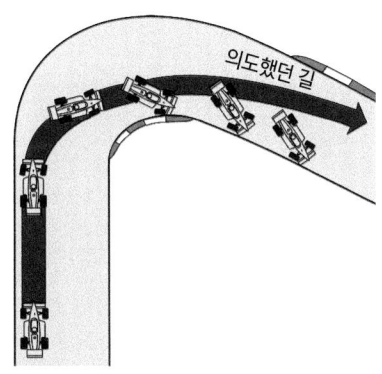

그림 5-12: 오버스티어는 의도된 경로에서 드라이버가 원하는 것보다 더 많이 꺾이는 것을 말한다. 이는 '루스(loose)'라고 불린다.

05 레이스카의 공력특성

언더스티어

언더스티어는 앞 타이어가 뒤 타이어에 비해 트랙션이 더 적은 핸들링 특성을 설명하기 위해 사용되는 용어이다. 스티어링 보정(steering correction)에 상관 없이, 차량은 턴의 외측을 향해 '플로잉(plowing)' 또는 '푸싱'을 계속한다. 차량이 원하는 만큼 꺾이지 않는다면 이때는 언더스티어 상태이다. 사실 언더스티어는 회전의 반경을 증가시킨다. 코너에서 과도하게 가속하거나 부드럽게 가속하지 않으면, 뒤 타이어 쪽으로 무게가 과도하게 이동하여 앞 타이어의 트랙션이 감소하고 언더스티어가 발생한다.

드라이버 대부분은 언더스티어가 발생하면 운전대를 더 많이 돌리는 경향이 있다. 그렇게 하면 안 된다! 운전대를 더 많이 돌리면 문제가 생기는데 이는 타이어가 극단적인 각도에서 도로 주행에 견디도록 설계되지 않았기 때문이다. 타이어는 사이드월이 아니라 프로파일(profile) 전체가 도로를 향하도록 제작된다. 따라서 타이어의 트랙션 한계는 더욱 감소한다. 언더스티어를 제어하기 위해 스티어링 입력을 약간 줄이고 스로틀에서 부드럽게 눌렀다가 지긋이 떼어 무게를 다시 앞 타이어로 이동시킨다. 이렇게 하면 앞 타이어의 트랙션 한계가 상승하고 속도가 감소한다. 앞 타이어 트랙션을 다시 획득하고 언더스티어를 제어할 수 있다면 스로틀을 다시 쥐어짜듯 밟기 시작할 수 있다. 분명히 스로틀에서 발을 지긋이 떼었다가 다시 스로틀을 밟으면 다음 직선 코스에서 속도가 줄어들고 차량의 균형이 불안정하게 될 것이다. 따라서 우선적으로 반드시 부드럽게 가속해야 한다.

오버스티어

오버스티어는 뒤 타이어가 앞 타이어에 비해 트랙션이 적은 핸들링 특성이다. 차 뒷부분(back end)은 미끄러지기 시작하고 차량의 앞부분(nose)은 턴이 내측을 향한다. 차량이 원하는 것보다 더 많이 회전한다면 이는 '오버스티어'된 것이다. 이는 '느슨함(loose)', '피시 테일링(fishtailing: 주행이나 급제동 시 차체 뒤쪽이 물고기 꼬리 지느러미처럼 좌우로 흔들려 핸들링이 나빠지는 현상)'

또는 '꼬리 매달기(hanging the tail out)'라고도 불린다. 오버스티어는 턴의 반경을 축소시키는 효과가 있다.

브레이크를 적용한 상태에서 코너를 주행하거나 코너링 시에 스로틀 리프트 오프('트레일링 스로틀 오버스티어')가 이루어지면 무게가 앞쪽으로 이동하여 뒤쪽이 더 가벼워지기 때문에 후륜

카레이싱 최후의 비밀 : 아무도 가르쳐주지 않는 드라이빙 하이테크닉

휠 트랙션이 감소된다. 결과는 오버스티어이다.

뒷바퀴굴림 차량에서 너무 심하게 가속하면 파워 오버스티어가 발생한다. 파워 오버스티어는 가속을 위해 뒤 타이어의 모든 트랙션을 소진하여 코너링을 위한 트랙션이 전혀 남아 있지 않은 결과로 초래된다. 과도한 '파워 오버스티어'를 제어하려면 스로틀을 약간 완화시키면 된다.

과도한 '오버스티어'를 제어하려면 가고자 하는 방향을 바라보고 그쪽으로 조향하면 된다. 그러면 차량은 스티어링하는 방향으로 미끄러지고 '반대 방향 잠금현상(opposite lock)'이 발생하여 턴의 반경이 증가한다. 동시에 스로틀을 약간 더 부드럽게 완화하여 무게를 뒤쪽으로 이동시켜 트랙션을 증가시킨다. 이때 급작스러운 감속은 항상 피해야 한다. 그러지 않으면 후륜 트랙션이 더 감소함에 따라 스핀이 발생할 가능성이 매우 커진다.

뉴트럴스티어

뉴트럴스티어는 앞뒤 타이어가 동일한 속도나 코너링 한계에서 트랙션을 상실하고 타이어 4개의 슬립각이 모두 동일한 상태를 설명하기 위해 사용되는 용어이다. '4륜 드리프트 상태'라고도 불리는 중립 조향은 드라이버가 차량의 핸들링을 조정하고 균형을 달성하려 애쓰는 것이다.

나는 스로틀을 사용하여 차량의 균형을 제어하면서 한계에서 빠르게 휩쓸듯 회전할 때 갖게 되는 느낌을 좋아한다. 차량이 다소 오버스티어되기 시작하면 나는 스로틀을 좀더 쥐어짜듯 눌러 약간의 무게를 뒤쪽으로 이동시킨다. 차량이 언더스티어되기 시작하면 나는 스로틀에서 발을 지긋이 떼어 앞 타이어의 접지력을 좀 더 강화시킨다. 그렇게 하면 4개의 모든 타이어는 턴(turn)을 주행할 때 완벽한 중립 조향에서 동일한 정도로 미끄러진다(차량의 균형 상태가 완벽하고 오버스티어나 언더스티어가 발생하지 않음).

그러나 차량이 어떻게 설정되었는지에 관련하여, 대부분의 드라이버들은 코너를 빠르게 돌 때 약간의 언더스티어를 선호하는데 이는 더 예측 가능하고 안전할 뿐만 아니라, 저속 코너 주행 시에 오버스티어로 타이트한 턴(turn)에서 차량을 축으로 원활하게 회전하는데 도움이 되기 때문이다.

자리 잡기

'턴할 때 자리잡기(taking a set)'는 차량이 무게 이동을 완료했을 때를 설명한다. 이는 원하는 모든 무게 이동이 발생한 어떠한 턴 내의 지점을 의미하다. 차량은 자리잡기 했을 때가 가장 안정적이고 한계까지 더욱 수월하게 주행이 가능하다.

차량이 턴에서 자리 잡기를 얼마나 빠르게 하는가는 대개 속업소버가 어떻게 조정되고 어떤 방식

05 레이스카의 공력특성

으로 주행하는가의 문제이다. 코너 안으로 들어갈 때 무게 이동이 빠르게 발생할수록 차량은 더 빠르게 자리 잡기를 한다.

차량이 더 빠르게 자리잡기를 할수록 차량은 더 신속하게 한계에서 주행이 가능하며 더 빠르게 주행할 수 있다. 그 이유는 무엇인가? 트랙션 단위 수에 관한 예를 기억해보자. 무게 이동이 발생함에 따라 타이어 트랙션은 감소한다. 모든 무게 이동이 완료되고 차량이 자리 잡기를 하면 드라이버는 트랙션을 이용하여 한계에서 주행할 수 있다.

무게 이동이 충분히 신속하게 이루어지게 할 수 없으면, 코너에서 차량이 자리잡을 때까지 기다리는데 대부분의 시간을 보내게 된다. 그러므로 트랙션 한계를 실제적으로 파악하기 전에 오랫동안 기다려야 한다. 부드럽게 주행하지 않으면(동일한 코너를 주행하는 동안 무게 이동량이 그다지 많지 않다가 나중에 상당히 많이 발생하고, 그 다음에는 무게 이동이 감소했다가 다시 많아짐) 차량은 결코 자리를 잡지 못하게 될 것이다. 한계가 계속 변한다면 한계 상황으로 주행하는 것은 어렵다.

상당히 신속한 무게 이동을 위한 아이디어를 떠올리기 전에 트랙션 단위 수에 관한 예를 다시 한번 고려해보자. 무게 이동이 빠르게 발생하도록 급작스럽게 코너로 진입하면 무게 이동이 차량 전체에서 발생하기 때문에 전체적인 트랙션은 감소한다.

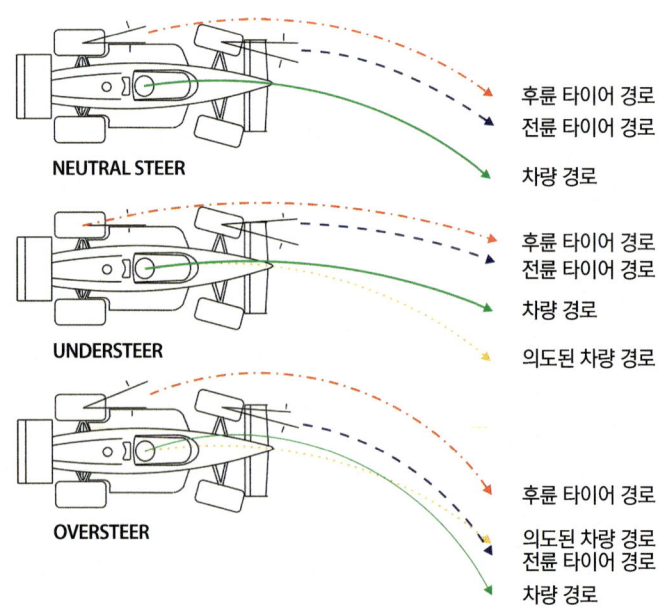

그림 5-13: 핸들링이 중립적인 차량은 전륜과 후륜의 슬립각이 동일하다. 언더스티어 차량은 후륜보다 전륜의 슬립각이 더 크다. 오버스티어 차량은 전륜보다 후륜의 슬립각이 더 크다.

카레이싱 최후의 비밀 : 아무도 가르쳐주지 않는 드라이빙 하이테크닉

따라서, 목적은 차량이 턴 주행 시에 과도한 무게 이동 없이 가능한 신속하게 자리를 잡게(무게 이동이 최대로 이루어지고 유지되게 함) 하는 것이다. 이는 제어장치를 부드럽고 정밀하고 신중히 사용해야 한다는 의미이다.

동적 밸런스

차량의 균형 유지에 관하여 다시 설명하자면 '동적 밸런스(dynamic balance)'이라는 용어가 있다. 무게 분산이 완벽하게 50:50인 차량은 거의 없다. 대부분의 특수 목적으로 제작된 레이스카들은 중형 엔진을 장착하고 있으며 무게 분산은 전륜과 후륜이 각각 40%와 60%를 차지한다. 이러한 비율은 레이스카의 경우 거의 이상적이다. 시판용 앞바퀴굴림 레이스카는 앞뒤 무게 분산이 각각 65%와 35%를 차지한다. 시판이 계획된 튜브 프레임 레이스카(Grand-Am GT, NASCAR 등)들 만이 무게 분산이 50:50을 이룬다.

이를 감안하여 드라이버는 무게 이동을 제어하여 차량의 균형을 달성함으로써 중립적 핸들링 상태(오버스티어 또는 언더스티어가 아닌 상태)를 유지해야 한다. 이를 위해 드라이버는 무게 이동시 안정적으로 전륜이나 후륜에 많은 무게가 옮겨지도록 하여 차량이 역동적으로 완벽하게 균형 상태에 있도록 해야 한다.

이러한 방식으로 살펴보자. 레이스카의 정적 상태 또는 정지된 상태에서 무게 분산이 전륜과 후륜에서 각각 40%와 60%이며 한계에서 오버스티어되도록 설정되었다(고의적으로 또는 적절한 설정을 찾을 수 없었기 때문에)고 가정하자. 코너를 시속 160km로 주행할 때 드라이버는 차량이 그다지 언더스티어 상태에 있지 않다면(뉴트럴 핸들링인 경우) 더 빠르게 주행할 수 있다는 것을 안다. 차량의 오버스티어 상태를 완화하기 위해 스로틀을 쥐어짜듯 눌러 일부 무게를 뒤쪽으로 이동시켜야 한다. 그렇게 하면 전륜과 후륜의 무게 분산이 각각 35%와 65%로 변경될 것이다. 코너를 고속으로 주행할 때 차량은 역동적으로 균형 상태에 있게 된다.

브레이크 바이어스

이러한 무게 이동을 염두에 둘 때, 제동에서 중요한 요인은 브레이크 바이어스(brake bias)를 어떻게 설정하거나 조정하는가에 관련된다. 제동력(braking force)은 4개의 모든 휠에서 동일하게 공유되지 않는다. 제동 시에 무게가 앞쪽으로 이동함에 따라, 전륜 타이어 트랙션이 증가하고 대부분의 제동은 앞 브레이크에 의해 처리된다. 따라서 제동력은 전륜을 향해 편향될 것이다. 이는 모든 차량들이 후륜보다는 전륜에 더 큰 브레이크를 장착한 이유이다.

05. 레이스카의 공력특성

실제적으로 드라이버는 전륜이 후륜보다 약간 더 먼저 잠기도록 브레이크 바이어스(brake bias)를 조정하고자 할 것이다. 이것이 더욱 안정적인 상태인 이유는 스키드에 대한 경고를 더 많이 제공하기 때문이다. 앞 타이어의 스키드가 시작된다면 드라이버는 이를 조향을 할 때에 즉시 느낄 것이다. 더욱이 뒤 타이어가 먼저 잠긴다면 차량은 횡방향으로 스키드되는 경향이 있을 것이다 전륜 제동력과 후륜 제동력의 상이한 비율 또는 바이어스(편향)는 다양한 조건에서 다양하게 요구될 것이다.

비가 올 때 앞쪽을 향해 앞 타이어로 이동하는 무게는 적은 양이기 때문에(트랙션 한계가 더 낮기 때문에 헤비 브레이킹은 잠금 없이는 불가능함) 브레이크 바이어스를 뒤 타이어에 대하여 더 많이 조정해야 할 것이다. 또한 일부 차량들은 레이스 주행 동안에 연료 하중이 감소함에 따른 급격한 변화를 겪는다. 이는 '드라이버 구동 브레이크 바이어스 조정기(driver-actuated brake-bias adjuster)'가 유용한 경우에 해당한다.

실제적으로 특수 차량인 모든 레이스카는 바이어스(편향)를 변경하기 위한 조정 가능한 메커니즘을 갖고 있다. 이를 '판독(read)'하는 방법을 배워 레이스카의 브레이크 바이어스를 조정해야 한다. 시판용 레이스카의 경우 드라이버는 공장에서 설정된 바이어스에 익숙해져야 할 경우가 많을 것이다.

공기역학

공기역학(에어로다이내믹스)은 상대적으로 고속에서 완전한 영향을 끼친다. 오직 민감하고 경험이 풍부한 드라이버들 만이 시속 60마일(97km) 이하에서 공기역학의 영향을 느낄 것이다. 시속 60마일을 초과할 때 공기역학은 레이스카의 핸들링에 상당한 역할을 하기 때문에 공기역학의 영향을 조정하고 느끼는 방법을 가능한 자세히 학습해야 한다.

가장 간단하게 말하자면 레이스 드라이버는 공기역학의 두 가지 측면, 즉 항력(drag) 및 양력(lift)-정(+) 및 부(-) 모두-에 대하여 관심을 갖는다. 항력은 차체에 대한 바람저항 또는 마찰로서 차량 속도를 실제적으로 감소시킨다. 양력은 차체의 중량에 대한 공기의 영향이다. 정(+)의 양력은 차체를 위로 뜨게 하고(비행기의 경우처럼) 부(-)의 양력은 차체에 다운포스로 작용한다. 이는 차량과 도로와의 접촉이 유지되게 한다.

공기역학은 차량의 균형에 영향을 끼치며 오버스티어 또는 언더스티어를 초래한다. 이는 차량의 '공기역학 균형'이라고 불린다. 가끔 상대적으로 저속에서 언더스티어되는 차량은 더 빠른 속도에서 오버스티어되기 시작할 것이다. 저속 언더스티어는 서스펜션 설계의 결과이다. 그러나 속도가 빨라짐에 따라 차체 설계(날개 부분 포함)는 상황에 영향을 주기 시작한다. 뒤쪽 보다 앞쪽(front-end)에 다운포스가 더 많이 작용하는 차량(스포일러, 날개 조정 등으로 인하여)은 속도가 증가함에 따라 앞

카레이싱 최후의 비밀 : 아무도 가르쳐주지 않는 드라이빙 하이테크닉

타이어에 트랙션이 더 많게 되어 결과적으로 고속 오버스티어를 초래된다. 서스펜션으로 유도된 핸들링 특성과 공기역학적으로 유도된 핸들링 특성 간의 차이를 이해하는 것이 중요하다.

서스펜션과 공기역학의 균형은 차량 설정에 대한 모든 것이다. 저속 코너에서 서스펜션 조정으로 핸들링을 개발하고 다운포스(전륜 또는 후륜)와 항력 간의 궁극적 균형을 위한 공력 특성적 특성 변경에 많은 시간이 투자된다. 불행하게도 다운포스 증가(코너링 속도 증가로 이어짐)는 항력 증가로 직선 코스 주행 속도가 떨어진다는 것을 의미한다. 항력에 대한 양력(다운포스)의 비율은 상당히 절충적이다.

드라이버에게 중요한 또 다른 요인은 앞질러 질주하는 차량이 뒤따르는 차량의 속도와 핸들링에 어떻게 영향을 주는가에 관련한다. 앞질러 질주하는 차량이 공기를 막으면 두 번째 차량에 대한 바람 저항이 감소되는데, 이는 '드래프팅(drafting)' 또는 '슬립스트림(빨리 달리는 차량 뒤의 공기 흐름)'이라고 불린다. 이것은 두 번째 차량이 더 빠른 속도로 주행하여 앞 차량을 추월할 수 있게 하거나 스로틀을 약간 해제하여 연료 절약을 가능하게 한다.

또 다른 종종 간과되는 요인이 여기에서도 작용한다. 특히 날개가 있거나 지면 효과(ground-effect)가 있는 차량은 다운포스를 위해 특정 기류에 의존한다. 앞 차량에 의해 기류가 차단되는 경우 두 번째 차량의 코너링 능력은 약화될 것이다. 이는 차량이 다른 차량을 재빨리 따라잡고 추월하려 애쓰는 이유이다. 아무 영향을 받지 않고 독립적으로 주행한다면 속도는 더 빨라질 것이다. 그러나 기류가 감소하면 차량은 앞 차에 비해 더 빠르지 않다. 드라이버는 다른 차량의 뒤를 바짝 쫓는 동안 그러한 사실을 의식해야 하고 무리한 주행을 하지 말아야 한다. 최선의 전략은 선두 차량을 따라가는 것이다. 즉, 항력으로부터 발생한 모멘텀(momentum)이 빠르게 확장되어 직선 코스로 전달될 때까지 약간 뒤에서 주행한다.

나는 오벌 트랙에서 인디카를 처음 운전했을 때 내 주변에 있던 차들이 내 차의 핸들링에 끼쳤던 영향을 믿을 수 없었다. 내 앞에 있던 차가 내 차에서 많은 기류를 빼앗아 결과적으로 내 차에 언더스티어를 발생시켰다. 내 차의 꼬리를 바짝 뒤쫓는 차는 뒤쪽 날개(리어윙) 주변에 있는 기류의 효과를 약화시켜 내 차에 오버스티어가 발생했다. 나는 다른 차들의 위치를 파악하고 다른 차들이 내 차에 끼칠 영향을 예측하는 방법을 재빨리 깨달았다. 그런데, 그런 일은 인디카에서만 발생하지 않는다. 접지력(grip)을 위해 공기역학 다운포스에 의존하는 차는 거의 대부분 어느 정도 영향을 받을 것이다.

다운포스를 위해 지면 효과(ground effect)에 의존하는 차에 대해서는 고려할 만한 또 다른 작은 기술이 있다. 차량의 속도가 빠를수록 다운포스가 증가하기 때문에 트랙션도 증가한다. 이는 지면 효과에 의존하는 차량을 주행하기 시작할 때 상황을 불편하게 만들 수 있다. 차량이 한계에 도달했다

05 레이스카의 공력특성

는 느낌을 갖게 될 때 다운포스를 얻으려면 속도를 더 높여야 할 수 있다. 일단 속도를 높이면 차량의 접지력이 증가하며 드라이버는 한계 근처에 있다는 느낌을 받지 못하는데 실제로 접지력이 거의 없다고 봐야 한다.

부드러움

앞서 (여러 번!) 언급한 것처럼 차량의 균형을 유지하는 것은 주행에서 가장 중요하고 아마 가장 어려운 측면들 중의 하나일 것이다. 그러나 다시 한번 말하건대, 차량의 균형 유지는 중요하다.

제동, 코너링, 또는 가속에 따른 무게 이동으로 인하여 하나 또는 두 개의 타이어에 무게가 없어지면 해당 타이어는 트랙션을 상실한다. 따라서 드라이버는 분명히 무게 이동을 가능한 적게 발생시키길 원한다. 어떻게 해야 하는가? 부드럽게 주행하면 된다! 브레이크를 덜 갑작스럽게 밟고 운전대를 부드럽게 돌리거나 가속 페달을 부드럽게 사용하고 부드럽게 주행하면 차량의 전체적인 트랙션이 증가할 것이다. 즉, 타이어의 트랙션을 남용하면 안 된다.

우리는 차량에서 무게 중심을 제어하는 것이 얼마나 중요한가 뿐만 아니라 제어 장치를 사용하여 무게 중심을 어떻게 제어할 수 있는지를 살펴보았지만 이러한 무게중심 제어는 차량을 매우 부드럽게 다뤄야 달성할 수 있다. 회전 시에 운전대를 갑작스럽게 돌리면 과도한 무게가 차량 외측으로 즉각 이동하여 트랙션이 감소한다. 이제, 코너링을 수행하고 가속하여 코너 밖으로 나오기 전에 차량의 무게가 안정화되고 다시 균형 상태가 되기까지(차량이 자리를 잡은 후) 기다려야 한다. 이는 시간의 낭비를 초래한다.

SPEED SECRET

부드러움은 속도이다.

차량은 항상 가능한 부드럽게 주행시켜야 한다. 일상적인 주행 시에 이것을 연습해야 한다. 가속 페달을 힘껏 밟으면 안 된다. 쥐어 짜듯 누른 다음에 지긋이 발을 뗀다. 브레이크를 세게 밟으면 안 된다. 한계 제동의 끝까지 서서히 부드럽게 쥐어 짜듯 밟아야 한다. 운전대를 갑작스럽게 돌리거나 움직이면 안 된다. 시야를 전방으로 향하여 도로를 주시하면서 요구되는 조향 입력 사항까지 부드럽게 돌려야 한다. 변속 레버를 힘껏 움직이지 말고 정교하게 변속한다.

카레이싱 최후의 비밀 : 아무도 가르쳐주지 않는 드라이빙 하이테크닉

각 타이어의 트랙션이 '특정적이고 제한적인 수준'이어야 함을 염두에 두어야 한다. 트랙션 한계를 초과하면 차량은 스키드(skid)를 만들거나 미끄러지기 시작한다. 부드럽게 운전할수록 트랙션을 트랙션 한계 내에서 유지하는 것이 더 쉬워진다. 타이어는 서서히 트랙션 한계까지 올라갈 때 더 높은 트랙션을 달성한다. 즉, 코너로 진입하여 스티어링 휠을 급작스럽게 돌려 회전하거나 긴급 정지 시에 브레이크 페달을 급작스럽게 밟으면 타이어에 트랙션이 축적될 수 있는 기회가 상실될 것이다. 타이어는 트랙션을 유지하지 못할 것이며, 결과적으로 스키드 또는 미끄러짐이 발생할 것이다. 트랙션 한계는 실을 끊을 때 필요한 힘이라고 생각할 수 있다. 실의 양쪽 끝부분을 서서히 부드럽게 당긴다면 굉장한 힘이 가해져야 끈이 끊어질 것이다. 그러나 실을 급하게 당겨 끊는 경우 실은 훨씬 더 적은 힘으로도 끊어진다. 그것은 트랙션 한계에 비유될 수 있다.

따라서 스티어링 휠을 잡고 할 수 있는 모든 것은 부드럽게 다루는 것이다. 코너를 돌 때, 스티어링 휠을 가능한 부드럽고 천천히 돌려야 한다. 그렇게 하면 회전이 부드러워진다. 제동 시에 브레이크 페달을 쥐어짜듯 부드럽게 눌러야 하다. 급하게 누르면 안 된다. 브레이크를 쥐어짜듯 부드럽게 누르면 페달을 빠르게 밟을 때에 비해 차량이 더 빠르게 정지하고 드라이버는 더 많은 제어를 할 수 있을 것이다. 따라서 브레이크나 스로틀을 사용할 때는 항상 쥐어짜듯 부드럽게 해야 한다는 것을 염두에 두어야 한다. 가속 페달을 서서히 쥐어짜듯 누르면 급하게 가속을 시도할 때에도 가속에 대하여 더 많은 것을 제어할 수 있을 것이다.

빠르게 하는 것보다는 부드럽게 하는 것이 더 좋다. 속도 향상은 연습을 통해 가능하다. 여기에서 연습은 부드럽게 주행하는 것이다. 부드럽게 주행하는 것을 배우기 전에 빠른 속도로 주행하려는 것은 실수를 범하는 것이다. 부드럽게 주행하는 방법을 배우고 속도가 자연스럽게 빨라지게 유도한다면 가장 빠른 주행을 할 수 있을 것이다. 다시 한번 강조하면 더 천천히 더 부드럽게 주행한다면 드라이버는 더 많은 제어를 할 수 있게 될 것이며 차량의 속도는 더 빨라질 것이다.

트레일 브레이킹

트레일 브레이킹(trail braking)은 회전하여 코너로 진입하는 동안 지속적으로 제동하는 기술을 설명하기 위해 사용되는 용어이다. 즉, 동시에 제동과 회전을 수행하는 것이다. 마찰원에 대한 이해에 기초하여 설명된 것처럼 트레일 브레이킹을 실행하는 특정적인 이유가 있다.

05 레이스카의 공력특성

트랙션 서클

트랙션 서클(traction circle)은 차량 드라이버의 성과를 보여주는 단순한 그래프 형식이다. 기본적으로 차량이 트랙 주위를 주행하는 동안 드라이버가 제동, 코너링, 가속을 실시할 때 g포스에 대한 컴퓨터 데이터 획득 시스템이 생성하는 X-Y 축 그래프이다. 그림 5-14를 참조하자. 우선 1 g포스는 차량의 중량의 1배에 해당하는 힘이다. 즉, 중량이 900kg인 차량이 1.0g에서 코너링을 한다면 900kg의 원심력이 차량의 외측으로 작용한다. 제동, 코너링 또는 가속 시에 타이어가 각 방향에서 트랙션이 상대적으로 동일하다고 간주하다(예컨대 1.1g).

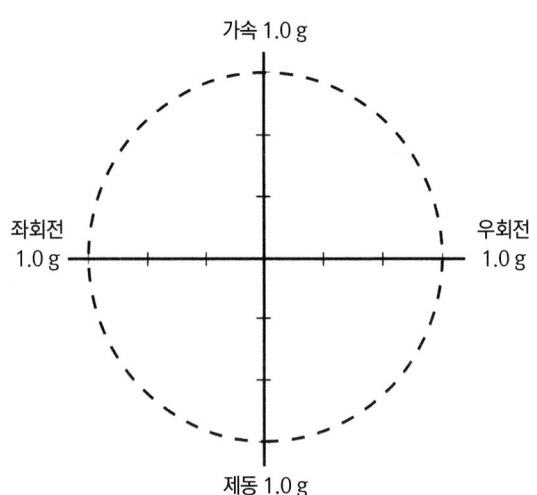

그림 5-14: 트랙션 서클은 차량이 트랙 주위를 주행할 때 발생하는 g포스를 나타내는 간단한 X-Y 그래프이다. 이 그래프에서, 원은 이론적인 한계인 1.5g에서 제시된다.

즉, 차량과 타이어의 조합은 타이어가 마찰을 시작하여 미끄러지기 전에 1.1g에서 제동할 수 있고 1.1g에서 코너링할 수 있고 1.1g에서 가속할 수 있다. 타이어의 트랙션 한계를 초과하면 타이어는 미끄러지기 시작하여 속도가 줄어든다. 이때 제어하지 않으면 스핀이 발생한다. 반면 타이어의 사용 가능한 모든 트랙션을 소진하지 않으면 속도는 느릴 것이다.

이러한 g포스는 코너를 주행할 때 측정되고 그래프로 표현된다. 적절한 주행 기술을 활용하면 그래프로 표시된 선은 트랙션 서클을 어느 정도 따르는데 이는 주행 시에 타이어의 잠재력 전부가 사용되고 있음을 보여준다. 어느 한 방향성 힘(directional force)에서 다른 방향성 힘으로 전환(예컨대 제동에서 코너링으로 전환)하는 것에 관련하여, 어떠한 트랙션 한계에서 다른 트랙션 한계로 전환할 수 있는 두 가지 방법이 있다. 제동 영역의 끝부분에 도착한 후(1.1g에서 제동한 경우) 갑작스럽게 브레이크를 '끊고(lift off)' 스티어링 휠을 돌려 코너로 진입할 수 있다(1.1g의 코너링 포스 축적).

카레이싱 최후의 비밀 : 아무도 가르쳐주지 않는 드라이빙 하이테크닉

두 번째 옵션은 점점 더 큰 조향각을 점진적으로 적용하고 제동과 코너링을 다소 중복시키면서 브레이크에서 발을 서서히 떼는 것이다. 이는 '트레일 브레이킹'이라고 불린다.

첫 번째 시나리오에서 차량은 타이어가 일을 거의 하지 않는 짧은 순간(1초보다 짧은 시간)을 거친다. 타이어의 잠재력이 완전하게 사용되지 않는다. 그 순간이 얼마나 짧은지 상관 없이 그것은 시간 낭비이다. 왜냐하면 차량이 직선 제동에서 곡선 경로로 즉각 전환할 수 없기 때문이다. 타이어와 차량을 트랙션 서클 그래프의 외측 가장자리에 유지하는 두 번째 시나리오는 레이스카를 훨씬 더 빨리 주행시키는 방법이다. 또한, 이 방법은 더 빠른 코너링 속도를 가능하게 하는 트랙션 서클의 축적을 위해 가장 원활한 방법이다. 그러므로 드라이버가 해야 할 일은(트랙션 서클에서 알 수 있음) 타이어가 코너링 포스(cornering force)를 축적하는 동안에도 여전히 제동력(braking force)에 기여하도록 코너 진입 단계까지 제동(트레일 브레이킹)을 계속하는 것이다. 또는 코너로 이어지는 직선 코스에서 트랙션 한계(1.1g)의 100%에서 제동하고 코너에 진입할 때 브레이

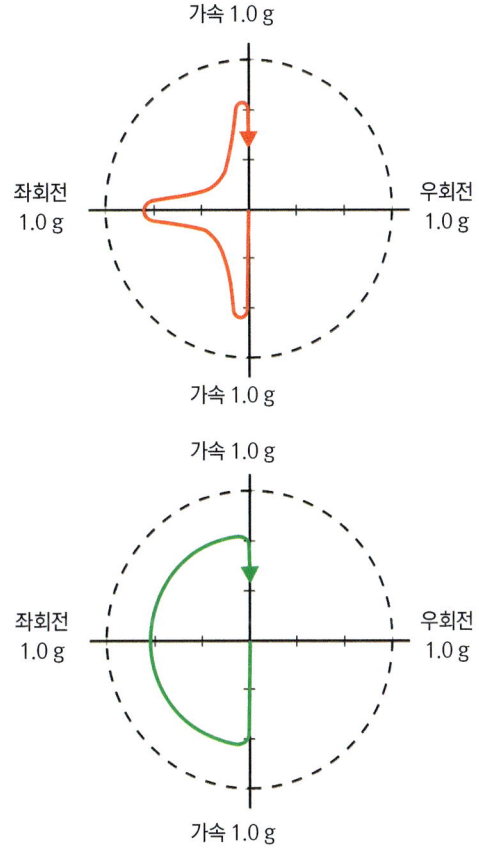

그림 5-15: 이러한 2개의 마찰원(트랙션 서클) 그래프는 동일한 코너를 주행하는 두 가지 방법을 보여준다. 상단의 그래프에서는 타이어의 잠재력이 그다지 많이 사용되고 있지 않으며 시간이 낭비되고 있음을 알 수 있다. 하단의 그래프는 코너를 주행하는 정확한 방법을 보여준다. 즉, 타이어의 트랙션 잠재력이 완전히 사용되고 있음을 보여준다.

크에서 지긋이 발을 떼기 시작하여 제동력의 일부를 코너링 포스와 교환(예컨대, 제동력 90%, 코너링 10%, 이후 제동력 75%, 코너링 25%, 이후 제동력 50%, 코너링 50%) 한 후에 한계에서 코너링을 수행한다(1.1g에서 코너링을 위해 트랙션을 100% 사용). 그런 다음 코너를 직선으로 주행하기 시작하면서 타이어가 가속 단계를 위한 트랙션 능력을 보유하도록 선회 구획에서 일찍 빠져 나온다(예컨대 코너링 90%와 가속 10%, 코너링 75%와 가속 25%, 코너링 50%와 가속 50%).

트랙션 서클에서 정말 중요한 것은 제동, 코너링, 가속을 점진적으로 부드럽게 중복시키는 것이다.

05 레이스카의 공력특성

「제동할 때는 항상 직선에서 실시하라. 최대 코너링 포스에서 코너를 주행한 후에 직선에서 가속해야 한다」라는 오래된 조언을 따른다면 차량이 가진 잠재력과 많은 랩 시간이 낭비될 것이다. 타이어를 트랙션 서클 가장자리에 있는 트랙션 한계에서 유지하기 위해 드라이버는 제동, 코너링, 가속의 균형과 중복을 통해 한계에서 주행해야 한다. 그렇게 하면 랩 시간을 최대로 단축할 수 있고 또 다른 유형의 서클, 즉 승리자의 서클이 만들어진다. 앞서 언급했던 것처럼 타이어는 트랙션에 한계를 갖고 있다. 코너링을 위해 트랙션을 100% 사용하면 가속을 위해 1%의 트랙션 조차 사용할 수 없게 된다.

트랙션 서클은 타이어의 트랙션 한계가 어떻게 사용되고 공유되는지를 보여준다. 마찰원은 타이어의 모든 트랙션을 제동을 위해 사용하고 있음을 보여준다. 따라서 브레이크에서 지긋이 발을 떼지

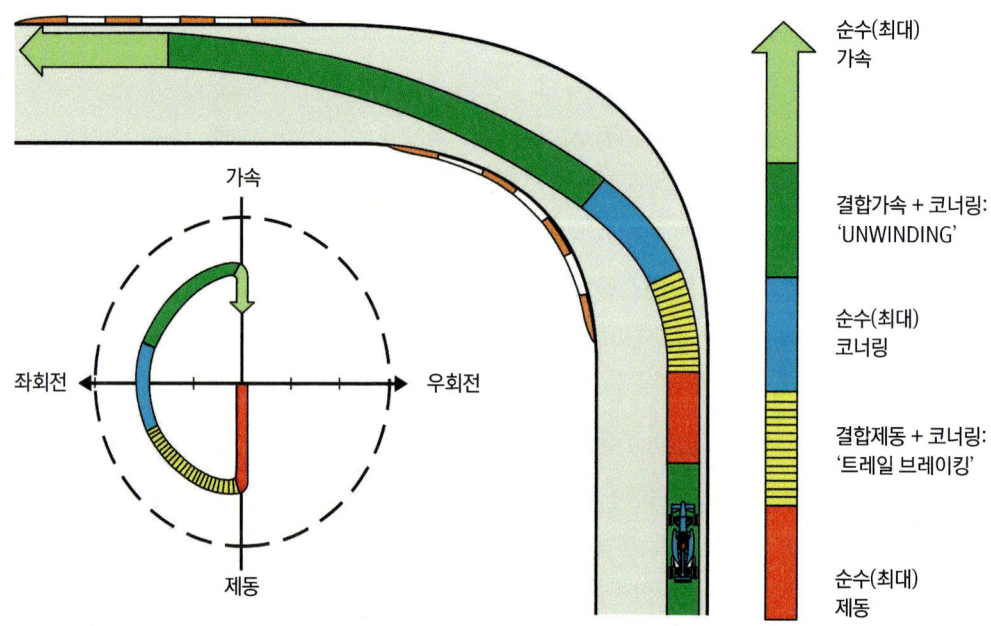

그림 5-16: 이 그림은 드라이버가 코너에서 실행하는 것과 트랙션 서클 그래프 간의 관계를 보여준다.

않고는 코너링을 위해 어떠한 트랙션도 사용할 수 없을 것이다. 코너링을 위해 모든 트랙션을 사용하면 스티어링을 풀거나 해제(휠을 직선으로 전환)하기 시작할 때까지 가속을 위해 트랙션을 전혀 사용할 수 없게 된다. 가속을 위해 모든 트랙션을 사용하면 한계 근처에서 코너링을 할 수 없게 된다.

스로틀과 브레이크 페달을 스티어링 휠에 연결된 장치로서 생각해보자. 조향각(steering angle)이 더 크다는 것은 브레이크 또는 스로틀 페달 압력이 더 작다는 의미이다. 페달 압력이 더 크다는 것

카레이싱 최후의 비밀 : 아무도 가르쳐주지 않는 드라이빙 하이테크닉

은 조향각이 더 작다는 의미이다. 조향각과 페달 압력이 모두 과도하게 크면 타이어는 트랙션 한계를 초과하게 된다.

제동이나 가속을 위해 조향각을 과도하게 사용하면(또는 그 역으로) 차량은 트랙션 한계를 초과하는데 이러한 트랙션 한계 초과는 차량의 어느 한쪽 끝부분이 다른 끝부분에서보다 먼저 발생한다(언더스티어 또는 오버스티어). 이러한 현상은 차량에 핸들링 문제가 있다는 착각을 초래할 수 있는데, 드라이버들은 대부분 앞 타이어나 뒤 타이어가 능력을 초과하여 작용하도록 조작한다.

내가 인생에서 첫 번째 레이싱 학교에서 수업을 들었을 때, 나는 코너에 접근할 때 항상 직선 코스에서 제동한 후에 코너로 진입해야 한다고 배웠다.

지난 몇 년 동안 나는 시행착오를 거쳐 트레일 브레이크하는 방법을 서서히 배워나갔다. 그러나 내가 몇 년 후에 트랜스암(Trans-Am) 차량을 몰고 레이스에서 경쟁하기 시작했을 때, 나는 트레일 브레이킹 기술을 향상시켜야 했다. 이는 이러한 차량을 가장 빠르게 주행하기 위한 유일한 방법이었다. 그래서 나는 지난 몇 주 동안 밤중에 도로용 차량을 몰고 황량한 산업공단의 코너에서 트레일 브레이킹을 연습하곤 했다. 나는 빠르게 주행할 필요가 없었다. 나는 코너 안으로 진입하는 동안 트레일 브레이킹 기술을 연습했을 뿐만 아니라 감긴 스티어링 휠을 풀어 코너에서 빠져 나오는 동안 다시 스로틀을 쥐어 짜듯 부드럽게 밟는 방법도 연습했다. 이는 기술을 향상시키는데 매우 효과적이었다.

트랙션 서클은 고속 주행에서 핵심은 페달 조작과 조향각 간의 균형을 유지하는 것이다. 제동, 코너링, 가속을 중복시키는 방법을 배워야 한다. 그러면 드라이버는 한계에서 주행할 수 있을 것이다.

06 한계 상황에서의 주행

앞 장에서 살펴 본 것처럼 레이스에서 승리하려면 타이어 트랙션 한계를 사용하는 방법을 배워야 한다. 타이어의 제동, 코너링 또는 가속력을 축적했다면 그대로 유지해야 한다. 한계에서 주행하라. 이것은 말하기만 쉬운 것 같지만 실제로는 어렵지 않다. 코너에 진입하면 트랙션 한계에서 제동하라. 그것이 바로 한계 제동(threshold braking)이다. 코너로 진입하기 시작하는 시점에 도달하면 스티어링 휠을 돌릴 때 브레이크에서 지긋이 발을 뗀다. 휠을 더 많이 돌릴수록 브레이크에서 완전히 발을 뗄 때까지 더 지긋이 부드럽게 발을 떼어야 한다(트레일 브레이킹). 이 시점에서 차량은 타이어의 최대 코너링 트랙션 한계에 있다. 코너에서 나오기 시작하면서 스티어링 휠을 풀어감에 따라 전속력으로 직선 코스에서 풀가속을 할 때까지 단계적으로 가속을 증가시키기 시작한다(그림 6-1 참조).

드라이버가 원하는 것은 트랙션에서 제동한 후에 코너에 진입함에 따라 제동과 코너링 간에 균형을 유지하는 것이다. 그런 후 트랙션 한계에서 코너링을 실시한 다음에 코너에서 스티어링 휠을 풀어 밖으로 빠져나오면서 코너링과 가속 간의 균형을 유지한다. 그리고 나서 직선 코스를 풀가속 트랙션을 활용하여 들어간다.

이처럼 힘(force)의 중복은 매우 부드럽게 이루어져야 물 흐르듯 부드럽게 코너를 한계에서 주행할 수 있다.

SPEED SECRET

제동, 코너링, 가속력을 중복시킨다.

부드럽게 이루어지지 않으면 차량은 균형을 잃을 것이며 차량의 어느 한 끝부분에서는 다른 끝부분에 비해 한계가 감소되어 결과적으로 오버스티어나 언더스티어가 발생할 것이다. 부드럽게 이루어진다면 드라이버는 더 높은 한계나 속도에서 오버스티어나 언더스티어를 자신에게 유리한 방식으로 제어하여 차량의 방향이나 '라인'을 제어할 수 있을 것이다. 나는 이것을 '발을 사용하는 운전'이라고 부른다. 즉, 차량의 균형을 제어하는 것이다.

나는 스로틀을 사용하여 차량을 운전했던 첫 순간을 지금도 여전히 기억한다. 나는 당시 레이싱스쿨에서 포뮬러 포드를 운전하면서 나의 첫 수업을 듣고 있었다. 나는 코너를 빠르게 주행할 때 스로틀에서 지긋이 발을 뗐다. 차량은 오버스티어가 나타나기 시작하여 코너 내측으로 약간 더 돌았다. 나는 스로틀을 더 적용했는데 언더스티어가 발생하여 차량의 방향은 트랙의 외측 가장자리 쪽으로 좀

카레이싱 최후의 비밀 : 아무도 가르쳐주지 않는 드라이빙 하이테크닉

더 곧 향했다. 줄 곧 내내, 나는 동일한 위치에서 스티어링을 유지했다. 짜릿한 기분이 들었다.

나는 손으로 운전대를 사용하듯 능숙하게 우측 발로 차량의 방향을 바꿀 수 있었다. 물론, 내가 배웠던 것은 한계에서 주행할 때 무게 이동이 차량에 끼치는 영향에 관한 것이었을 뿐만 아니라, 이러한 영향을 나에게 유리한 방식으로 어떻게 사용해야 하는 것에 관련했다. 나에게 그것은 주행에서 여전히 가장 즐거운 부분들 중의 하나이다.

추가적인 설명을 하기 전에 '한계에서 주행하기'의 의미를 정의하고자 한다. '한계'라는 말은 '트랙션 대 슬립각 그래프'에서 최대 트랙션이 생성되는 어느 한 점에 타이어 4개 전체가 있는 것을 의

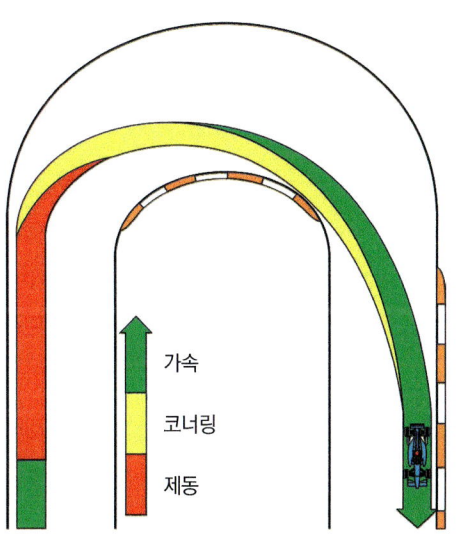

그림 6-1: 이 그림은 제동, 코너링, 가속의 중복을 보여준다.

미한다(그림 5-2). 이는 차량이 2개의 극단 사이에서 고착된 어떠한 속도로 주행될 때에 해당한다.

- 하나의 극단적인 예를 들면 차량이 충분히 빠른 속도로 주행하고 있지 않으면 타이어의 모든 트랙션이 사용되고 있는 것은 아니다. 차량은 한계 이하에서 주행되고 있다.
- 또 다른 극단적인 예에서 차량은 한계를 초과하여 주행되고 있다. 타이어, 즉 차량은 너무 많이 미끄러지고 있다.

내가 '한계'에 대하여 이야기 할 때, 나는 이론적인 뭔가에 대하여 말하는 것이 아니다. 나는 트랙에 대하여 접지력을 가진 타이어의 매우 실제적인 물리적 한계 또는 한계치에 대하여 말하고 있다.

한계는 매우 실제적인 물리적 현상이지만 변경될 수 있다. 즉, 차량을 주행하는 방식은 어떤 속도에서 타이어와 차량이 한계에 도달하는지를 어느 정도 결정할 것이다. 그러한 이유로 어떤 드라이버는 한계에서 차량을 주행할 수 있지만 또 다른 드라이버는 동일한 차량에 올라타 속도를 더 올려 주행할 수 있다. 첫 번째 드라이버는 한계에서 주행하지 않는 것인가? 그가 한계에서 주행하는 것이 당연할 것이다. 첫 번째 드라이버의 주행 기술은 두 번째 드라이버에 비해 한계를 약간 더 낮추게 할 수 있었을 것이다. 어떻게 그렇게 되었을까? 가장 큰 이유는 차량이 그다지 균형을 유지하지 않은 상태로 주행했기 때문이다.

06 한계 상황에서의 주행

물론, '한계에서 주행하기'를 정의하고 심지어 실행하는 것은 다른 사람들에게 어떻게 해야 하는지를 설명하는 것보다는 훨씬 더 쉽다. 그것이 바로 이 책에서 내가 시도하는 것이다. 여러분은 4개의 전체 타이어들이 트랙션 한계에 도달하는 속도에서 차량을 운전하고 있다는 사실을 어떻게 알 수 있는가? 먼저 스스로에게 몇 가지 질문을 해보자.

"차량이 미끄러지고 있는가?" 만약 그렇지 않다면 여러분은 더 빠르게 주행할 수 있다. '차량이 너무 많이 미끄러지는가?' 만약 그렇다면 여러분은 속도를 줄이고 있으며 어쩌면 타이어의 과열을 초래하고 있다. 과도한 미끄러짐(slide)이나 드리프트(drift)는 기분 좋게 느껴지고 멋지게 보일 수 있지만 일반적으로 트랙을 가장 빠르게 돌 수 있는 방법은 아니다. 따라서, 미끄러짐이 전혀 없으면 충분하지 않으며 (미끄러짐이) 너무 많으면 실제적으로 너무 많은 것이라면, 도대체 얼마나 되어야 충분한 것인가? 어떻게 해야 하는가? 그것은 단지 경험(즉, 운전석 시트 타임: 운전석에 앉아 있는 총 시간)이 필요하다고 말할 수 있다. 즉, 너무 적은 상태 너무 많은 상태 적절한 상태로 개선하는 것이다. 그것이 시작이라면 여러분은 운전석 시트 타임이 더 필요하다는 나의 말을 들으려고 이 책을 구매하는 게 아니다. 따라서 나는 설명하려 한다.

대부분의 드라이버들은 레이싱을 처음 시작할 때 코너를 주행하면서 차량이 충분히 미끄러지게 하지 않는다. 차량이 마치 레일 위를 달리는 것 같다. 경험이 쌓이면 드라이버들은 차량을 더 많이 미끄러뜨리기 시작하며 마침내 과도하게 미끄러뜨리는 방법을 배운다. 드라이버들은 한계를 약간 초과하여 주행하고 있다. 마지막으로 드라이버들은 이상적인 슬립각에 집중하면서 미끄러뜨리는 정도를 미세 조정할 수 있다.

앞서 말한 것처럼, 타이어를 '슬립각과 타이어 트랙션 곡선'의 정점에서 유지하는 것이 중요하다. 트랙션을 감지하는 기술과 인식이 없으면 슬립각과 타이어 트랙션이 언제 최대점에 도달하는지를 결코 알지 못할 것이며 양자 중 어느 하나가 최대점에 있더라도 알 수 없을 것이다. 우리는 여기에

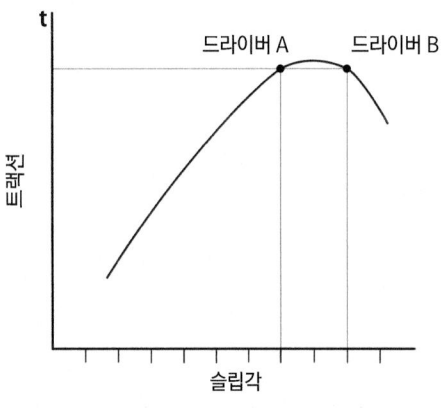

그림 6-2: 여기에 동일한 슬립각 및 트랙션 그래프에서 드라이버 A와 B가 있다. 양자는 동일한 수준의 트랙션(t)을 생성하지만 드라이버 A는 슬립각 7도에서 주행하지만 드라이버 B는 슬립각 9도에서 주행한다. 양자는 코너링 속도가 동일하기 때문에 동일한 랩타임(lap time)으로 회전하지만, 드라이버 B에게는 더 큰 어려움이 있다. 그래프에서 드라이버 B의 위치는 그다지 유리하지 않다. 드라이버 A는 작은 실수를 하면 감속하거나 실제적으로 더 많은 트랙션을 발생시킬 것이다. 드라이버 B는 작은 실수를 하면 더 많은 트랙션을 발생시키거나 타이어의 트랙션 한계를 초과하여 스핀(spin)을 하게 될 것이다.

카레이싱 최후의 비밀 : 아무도 가르쳐주지 않는 드라이빙 하이테크닉

서 코너 주행에 관련하여 어느 한 부분(예컨대 차량이 언더스티어 드리프트에 있는 상태에서 코너를 빠져나가면서 스로틀을 계속 밟고 있는 것)에 관한 이야기 하는 것이 아니라는 것을 기억해야 한다. 이제, 우리는 코너(모든 랩의 모든 코너)로 들어가는 10억분의 1초부터 탈출 지점으로 향할 때 4개의 전체 타이어들이 이상적인 슬립각에 있는 것에 관한 이야기한다.

사람들은 미하엘 슈마허(또는 재키 스튜어트, 리처드 페티, 채키 익스, 다리오 프랜치티 등)에 대하여 이야기하며 그가 어떻게 다른 모든 사람들보다 더 빨리 주행할 수 있었는지에 관하여 말하곤 한다. 그러나 사람들은 그가 그렇게 하기 위해 무엇을 했는지에 대해서는 이야기하지 않는다. 그것은 무엇보다도 그가 다른 모든 사람들보다 차량의 균형을 더 잘 유지할 수 있었고, 타이어 트랙션 곡선의 정점을 감지하고 차량을 그 정점에서 유지할 수 있었던 그의 능력에 관련한다. 나는 드라이버들이 내가 한계에서 주행하고 있는 것을 어떻게 감지하느냐고 질문할 때, 한가지가 즉시 머리에 떠오른다. 한계에 도달했다는 것을 알지 못하는 이유는 한계에서 전체 트랙이나 코너를 단 번에 주행하려 시도하기 때문이다. 드라이버는 많은 정보를 한꺼번에 흡수하고 집중할 수 없다.

어떤 드라이버가 코스에서 빠져 나갈 때와 코스를 진입할 때 '한계에서 주행'하는 데 집중한다면 그 드라이버는 '한계 상태로 주행'하는 데 더욱 성공적일 것이다. 그 질문에 대하여 몇몇 사람들은 다음과 같이 대답한다. '질문을 해야 한다면 여러분은 결코 진정한 레이스 드라이버가 될 수 없을 것이다'. 어리석은 대답이다. 그러한 사람들은 한계 근처에서 주행을 해본 일이 없거나 자신들이 하고 있는 것이 무엇인지도 모르지만 내가 제안한 전략을 우연히 어부지리로 알게 된 '운 좋은 사람들'이다. 물론, 그 질문에 대한 다른 대답은 차량에 스핀이 발생하거나 충돌할 정도로 한계를 초과하여 주행하고 거기에서부터 약간의 조정을 하는 것이다. 나는 그것이 목적을 달성하기 위한 이상적인 방법이라고 생각하지 않는다. 그것은 위험하고 고비용적인 방법이고 빨리 배울 수 있는 방법도 아닌데 이는 차량을 다시 정상 상태로 되돌리거나 수리해야 하기 때문이다.

중요한 것은 전략과 특정적인 목표를 세우는 것이다. 과제를 관리 가능한 단위로 세분하고 한 번에 2개나 3개에만 집중해야 한다.

한계 주행을 위한 4가지 요소

나는 레이스에서 경쟁했거나 내가 지도했거나 (주의 깊게) 관찰했던 수천 명의 드라이버들의 주행 스타일과 기술을 연구하는 데 인생의 대부분을 보냈으며 다음과 같은 결론을 내렸다. 레이스카를 정말 빠르게 주행(한계에서 주행)하는 기술은 오직 한가지를 토대로 하는 것이 아니다(놀랄 것이 전혀 없을 것이라고 확신함). 이제 레이스카를 기본에 충실하게 주행하는 것에서 한 걸음 더 나아가 가능한

06 한계 상황에서의 주행

빠르게 주행하기 위해 드라이버가 해야 할 4개의 개별적이지만 상호 관련된 일들이 있다.

- 레이스 트랙 주위에서 이상적인 경로나 코스를 확인하고 레이스카를 주행한다
- 탈출 단계에서, 모든 코너 탈출 시에 레이스카를 한계에서 주행한다.
- 진입 단계에서, 모든 코너에 진입할 때 레이스카를 한계에서 주행한다.
- 코너 중반 단계에서, 모든 코너 중반부에 왔을 때 레이스카를 한계에서 주행한다.

 이것은 간단하고 분명하다. 그런데 이러한 4개 단계들은 초보자부터 세계 챔피언에 이르기까지 모든 드라이버들이 한계에서 주행을 시도할 때 자연스럽게 적용하는 것이며, 대부분의 드라이버들이 코스에 접근하는 순서로 되어 있다. 누구나 레이스카를 주행하기 시작하면 제일 먼저 배워야 할 것이 이상적인 코스를 결정하고 그 코스에 따라 주행하는 것이다. 드라이버는 경험을 좀 더 쌓으면 스로틀을 더 일찍 작동시켜 코너에서 빠져 나가고 직선 코스에서 속도를 최대화하는 것에 대해 연구하기 시작한다. 대부분의 경우 클럽과 세미 프로(minor professional) 수준에서 최고의 코스를 주행하고 코너에서 빠져 나갈 때 스로틀을 작동시키는 드라이버들은 대부분 레이스에서 우승한다.
 프로 레이싱(professional racing)에서 상위권 드라이버들은 직선 및 탈출 단계 코스를 거의 완벽하게 익혔으며 현재 승자와 패자 간의 격차는 모두 시작 단계에서의 차이일 뿐이다. 인디카 레이스에서 승자가 코너 주행하는 속도를 자세히 관찰해보자. 승자는 패자에 비해 코너에서 확실히 빠르게 주행한다. 몇 년 전에 인디카를 몰던 후안 몬토야는 필드에서 피니시 라인에 늦게 도착한 드라이버들에 비해 분명히 모든 코너에 더 빠르게 진입했다. 그렇다. 나는 그것이 차량 및 차량의 설정(셋업)에 다소 관련되어 있다는 것을 알고 있지만, 최종적인 결정 요인은 드라이버이며 그 모든 것이 코너-진입 속도에 반영되어 있다. 마지막으로, 진정으로 훌륭한 드라이버와 일반 드라이버 간의 차이는 코너 회전하는 중에 보여주는 속도이다.
 이상적인 라인에서 주행하기 위한 첫 단계의 궁극적인 목표는 분명하다. 트랙을 한 바퀴 도는 데 소요되는 시간을 최소화하기 위해 트랙 주위의 라인을 주행한다. 그러나 드라이버가 특정 코너 주행하기 위해 고려할 수 있는 라인은 실제적으로 무수히 많다. 그러한 라인을 「트랙에서 각 회전을 연결하기 위해 사용되는 라인들의 수」와 결합한다면 레이스카 주행에 있어서 이러한 부분의 굉장함과 도전 과제를 확인할 수 있을 것이다.
 이상적인 라인을 선택하는 유일한 목적이 각각의 코너 주행 시에 속도를 최대화하는 것이라면 일은 쉽지 않을 것이다. 그러나 트랙 상에서 각각의 회전은 별개로 고려될 수 없다. 각각의 회전은 모두

카레이싱 최후의 비밀 : 아무도 가르쳐주지 않는 드라이빙 하이테크닉

연결되어 있으며 종종 다른 회전의 영향을 받는다. 선택된 라인은 다른 3개의 우선사항(탈출, 진입, 코너 중반 속도)들과 함께 성공을 어느 정도 결정할 것이다.

라인을 학습하는 것은 모든 레이스 드라이버들이 거쳐야 하는 첫 단계이며 종종 레이싱 경력(racing career)의 초기 단계에 성공과 실패의 갈림길이기도 하다. 드라이버가 레이스트랙에서 이상적인 라인을 확인하고 주행하는 방법을 이해하지 못하고도 승자가 될 수 있다는 것은 매우 의심스러운 말이다. 물론, 이 부분은 훌륭한 드라이버 코치가 도움을 줄 수 있는 첫 번째 영역이다.

코너를 빠져나가는 단계에 관련하여 궁극적인 목표는 가속을 가능한 일찍 시작하는 것뿐만 아니라 차량이 견딜 수 있을 만큼 거세게 시작하는 것이다. 이는 가능한 부드럽게 실행되어야 한다. 그렇지 않으면, 가속이 지연될 것이다. 강조하자면 선택한 라인은 탈출 단계에서 큰 영향을 끼칠 것이다.

실제적으로, 아마추어 레이스이든 프로 레이스이든 승리하는 모든 레이스 드라이버들은 레이스 주행 라인과 탈출 전략을 거의 완벽하게 익힌 드라이버들이다.

진정한 스타와 챔피언이 다른 선수들을 제칠 것이 분명한 장소는 코너의 진입 단계에 있다. 그러한 진정한 스타 및 챔피언들은 라인이나 탈출 단계에 부정적인 영향을 초래하지 않고 회전 시에 속도를 더 높일 수 있다. 물론 어떠한 드라이버라도 코너를 주행할 때 속도를 많이 낼 수 있다. 중요한 것은 그렇게 할 때 코너 탈출 속도를 떨어뜨리지 않아야 한다는 것이다.

진입 단계에서 중요한 것은 충분히 속도를 높여야 하지만 과도하게 높이면 안 된다는 것이다. 따라서 이 단계는 승자와 패자를 구분하는 단계이다.

진정한 슈퍼스타가 되기 위한 마지막 단계는 코너 중반 단계이다. 이 단계에서는 월드 챔피언과 여타 드라이버들이 구분된다. 그렇다. 나는 드라이버들이 전체 F1 그리드에서 챔피언처럼 훌륭하게 주행할 수 있고 턴(turn)에서 가속하며 빠져 나올 수 있다고 확신한다. 반면, 챔피언처럼 상당한 속도를 높여 코너로 진입할 수 있는 드라이버들은 거의 없다. 그러나 여기에서 챔피언과 여타 드라이버들 간의 비슷한 점은 점차 줄어들기 시작한다. 나는 이것이 비교하기에 더 수월하기를 바라지만 주의 깊게 관찰한다면 챔피언은 다른 드라이버들에 비해 코너 중반에 일관적으로 속도를 더 높일 수 있다는 것을 알게 될 것이다.

따라서 이상적인 라인을 따라 주행하고 스로틀을 가장 일찍 작동시키고 회전 구간에서 가장 거세게 빠져 나가고 회전 구간을 주행할 때 속도를 가장 높이고 모멘텀을 유지하고 코너 중반에 속도를 유지하는 드라이버가 가장 빠른 드라이버가 될 것이다. 아주 간단하다(그러길 바란다!)

앞서 언급한 것처럼 이러한 모든 단계는 서로 연관되어 있고 밀접한 관계에 있다. 단계 하나에 통달했다고 그 단계를 결코 다시 시도하지 않을 것이라고 마음먹을 수 없다. 이것은 한 번에 하나의 단계

06 한계 상황에서의 주행

를 익히고 다른 단계로 가서 변경하고 또 다른 단계로 가야 하는 지속적인 게임이다.

드라이버가 누구이든 상관 없이 이것은 재학습이나 개선을 위해 이전 단계로 되돌아가지 않아도 될 정도로 각 단계를 철저히 학습하는 것에 국한된 것이 아니다. 사실, 이것은 연속적인 사이클이다. 드라이버는 이상적인 라인을 학습하고 탈출 단계를 제어할 수 있을 때까지 파워를 일찍 얻기 위해 노력한다. 그리고 나서 드라이버는 코너-진입 속도를 최대화하기 위해 노력하며 최종적으로는 코스 중반에서 완벽한 속도를 내기 위해 애쓴다. 그 시점에서, 드라이버는 다시 되돌아가서 라인을 약간 변경시켜야 하며 이를 토대로 탈출 단계, 진입 단계와 코스 중반에 대하여 연구한다. 그러면 사이클은 다시 시작된다.

사실, 이것은 단 한번만 거치거나 단 번에 통달하고 다음 단계로 이동하는 사이클이 아니다. 오히려, 이것은 거의 연속적인 고리(loop)로서 가끔은 처음으로 되돌아가지 않고 어느 한 단계에서 다른 단계로 껑충 뛸 수 있다. 처음에 여러분은 라인을 정확하게 주행하고 코너에서 가속하여 신속히 빠져 나오고 회전 시에 속도를 높이고 코스 중반을 정확하게 주행하기 위해 노력할 것이다. 라인에 되돌아 가는 것이 가능한데 그 이유는 다른 단계들에서 가속을 위한 이러한 모든 집중은 라인을 다소 변경하는 것을 의미하기 때문이다. 또는 코너-진입 단계로 갈 수 있을 뿐만 아니라 탈출 단계에서 스로틀을 일찍 작동시키기 위해 전 단계로 되돌아갈 수 있다. 또는 코스 중반 속도가 증가하면 진입 단계에 대하여 고려할 필요가 있다. 사실 이것은 끊임없는 모색 과정이며 완벽한 코너와 완벽한 랩을 찾고 궁극적으로는 완벽한 레이스를 위한 찾는 과정이다. 그렇게 하는 것이 가능할까? 불가능 할 수 있을 것이다. 그러나 그 모색 과정은 정말 도전적이고 짜릿하다.

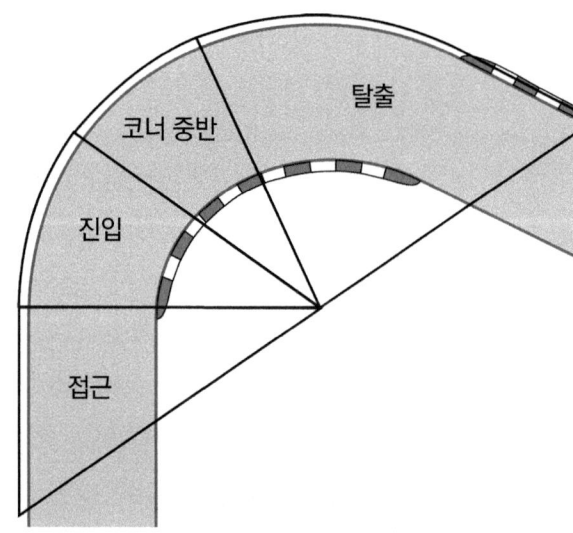

그림 6-4: '한계 주행'을 관리 가능한 부분들로 세분하면, 일관적으로 실행할 확률이 높아진다. 먼저 각각의 코너를 4단계(접근, 진입, 코너 중반, 탈출)로 세분화해야 한다. 어떻게 그렇게 할 수 있는가? 각 단계와 퍼즐 조각들을 어떻게 완벽하게 맞출 수 있는가? 나는 이러한 4단계에서 차량을 한계에서 주행하고 실적 향상을 위해 무엇을 해야 하는지를 설명할 것이기 때문에 이 책의 나머지 부분을 통해 상기 질문들에 답하고자 한다. 물론 나는 의식적인 수준에서만 그렇게 할 것이다. 나는 한계에서 주행하기 위해 무엇이 요구되는지를 독자들이 파악하도록 도울 것이다. 그러한 지식을 습득하고 프로세스를 이해하고 레이스 트랙을 어떠한 속도로 주행하면서 그러한 지식 및 프로세스를 무의식적으로 활용하는 것은 드라이버에게 달려 있다.

카레이싱 최후의 비밀 : 아무도 가르쳐주지 않는 드라이빙 하이테크닉

정말 훌륭한 드라이버들은 트랙을 돌 때마다 이 모든 것을 의식적 또는 무의식적으로 실행한다. 훌륭한 드라이버들의 경우 이러한 전체 과정은 잠재의식 속에서 발생하기 때문에 깊은 생각 없이 실행된다.

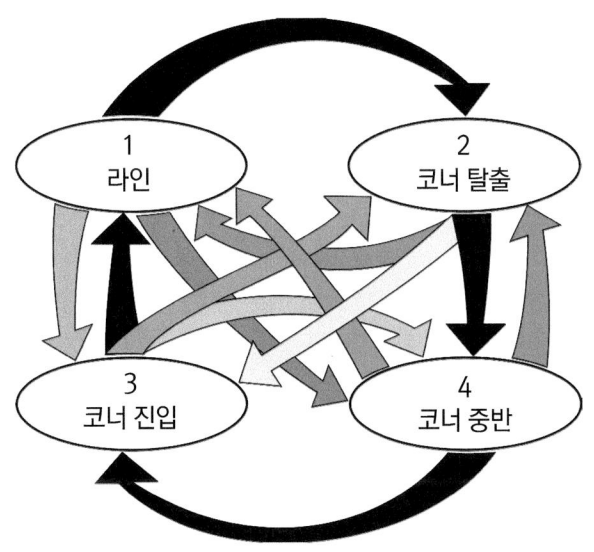

그림 6-5: 모든 드라이버들이 일관적으로 한계에서 주행하는 것을 배울 때 거쳐야 하는 4개의 단계들이 있다. 그러나 그림과 같이 각 단계를 거쳤다면 계속적으로 각 단계로 되돌아가 미세 조정하는 과정을 반복해야 한다.

랩 타임에서 지난 0.1초를 찾지만 어디에서 그 0.1초가 생기는지 확신이 없는 경우가 있을 수 있다. 이때 누군가는 그 0.1초가 어느 한 곳에서 생기는 것이 아니라 트랙의 각 코너 등 다수의 장소에서 발생한다고 시사할 수 있을 것이다. 이는 맞는 말이다.

지난 0.1초를 찾기 위해 가장 중요한 것은 트랙의 모든 회전 구간에서 차량을 반드시 한계 및 가장자리 극단에서 주행하는 것이다. 많은 드라이버들은 대부분의 코너에 대하여 1개 또는 2개의 턴(turn) 구간을 통해 한계에서 주행한다. 정말로 빠르게 달리고자 한다면 모든 코너의 3개 구간을 통해 한계에서 주행해야 한다.

SPEED SECRET

모든 구간, 모든 회전, 모든 랩에서 한계로 주행하라.

설명을 시작하기 전에, 내가 몇몇 일반적인 용어로 의미하는 것을 이해하는 것이 중요할 것이다.

06 한계 상황에서의 주행

턴인

턴인(turn-in)이라는 용어는 코너가 시작될 때 최초로 스티어링 휠을 꺾는 매우 짧은 시간 동안 차량이 실행하는 것을 설명하기 위한 용어이다. 궁극적으로 드라이버는 차량의 '턴인'이 신속하게 이루어지길 원하는데, 이는 스티어링 휠을 꺾을 때 차량이 즉시 방향을 바꾼다는 것을 의미한다. 동시에 '턴인'이 너무 신속할 수 있다. 신속 '턴인'의 반대말은 지연 '턴인'이다. 지연 '턴인'은 스티어링 휠을 꺾은 순간부터 차량이 방향을 바꿀 때까지 어느 정도 지연이 있음을 의미한다. 물론 '턴인'을 어떻게 하는가는 드라이버가 직면하는 코너의 유형에 따라 다를 것이다. 이에 대해서는 나중에 자세히 설명하기로 한다.

코너 진입

코너 진입(corner entry)은 코스 중간 구간에 도달할 때까지 최초의 '턴인' 바로 후에 이루어진다. 이 구획은 차량이 안정적인 상태에 있는 코너의 어떠한 지점과 '턴인' 지점 사이에 있는 코너 구간이라고 볼 수 있다. 코너 진입 단계에서 드라이버는 더 많은 조향 입력(steering input)을 감아 돌리는(winding in) 동작을 계속한다. 또한, 진입 단계는 턴인 직후에 시작되고 우측 발을 사용하여 스로틀을 약간 적용할 때까지 계속되는 것으로 생각할 수 있다.

코너 중간(미드코너)

대개 코너 중간(midcorner)은 차량을 한계에 도달하게 하기 위해 요구되는 모든 조향 입력을 감아 넣었지만 아직 스티어링을 풀지는 않았을 때에 해당한다. 차량은 가속이나 감속하는 것이 아니라 일관적인 반경상에 있다. 일부 코너들에는 코너 중간 구획이 없는데, 이는 드라이버가 차량이 한계에 도달하도록 충분한 스티어링을 감아 넣은 순간에 코너에서 탈출하기 위해 즉각 풀기를 시작하기 때문이다.

또한 드라이버는 코너 중간을 정의하기 위해 스로틀 적용을 활용할 수 있다. 즉 발이 스로틀에 닿는 순간부터 스로틀을 (부드럽게) 밟는 순간까지를 의미한다. 그러므로, 스로틀에 발이 닿는 순간에 스로틀을 완전히 누른다면 코너 중간 구획은 존재하지 않을 수 있다.

스로틀을 올리거나 내리는 것이 아니라 '스로틀을 유지(maintenance throttle)'하는 시간이 짧다면 코너 중간 구획은 매우 짧을 수 있다. 반면 길고 빠른 스위퍼(sweeper)에서 코너 중간 구간은 상대적으로 길어질 수 있다.

카레이싱 최후의 비밀 : 아무도 가르쳐주지 않는 드라이빙 하이테크닉

코너 탈출

코너 탈출(corner exit)은 스티어링을 풀고 차량이 주행하는 라인의 반경을 증가시키는 구획이다. 일반적으로 코너 탈출 구획은 코너의 정점(apex)에서부터 코너 출구 또는 트랙 출구(track-out) 지점에 해당한다. 다시 한번 말하건대 탈출 단계는 스로틀을 쥐어짜듯 단계적으로 밟아(스퀴징) 크게 여는 때로 정의된다.

트레일 브레이킹

제동은 '접근 제동'과 '트레일 브레이킹(trail braking)'으로 구분할 수 있다. 접근 제동은 문자 그대로 코너에 접근하면서 제동하는 것을 의미한다. 스티어링 휠을 꺾어 코너로 진입하기 시작하는 순간에 접근 제동은 종료된다. 트레일 브레이킹은 접근 제동이 종료되는 턴인 지점에서 즉시 시작된다. 트레일 브레이킹은 발을 브레이크 페달에서 부드럽게 조작하거나 브레이크 페달에서 발을 서서히 떼는 물리적 행동이다. 트레일 브레이킹을 어디에서 완료하고 얼마만큼 실행하는가는 코너 상황, 차량 유형, 운전 습관 등에 전적으로 달려 있다. 나는 트레일 브레이킹을 결코 하지 않는다고 말하는 몇몇 사람들이 있다는 것을 알고 있다. 그 사람들은 드라이버는 트레일 브레이킹을 절대로 해서는 안 된다고 말한다. 그들은 틀린 말을 하는 것이다. 모든 성공적인 드라이버들은 일부 코너들에서 트레일 브레이킹을 어느 정도 실행한다.

스로틀 차단

이론적으로 레이스카를 몰 때는 코스팅(탄력주행)을 절대로 하면 안 된다. 브레이크를 밟거나 스로틀을 적용해야 한다. 실제적으로 코스팅은 가끔 필요하다. 코너에서 가속하여 탈출을 시작하기 전에 잠깐 코스팅을 실시하는 것이 유리한 차량들이 있다(그러나 이는 규칙에서 예외적인 것임). 브레이크를 밟거나 스로틀을 적용하지 않는 순간에 드라이버는 코스팅 또는 스로틀 차단(off-throttle)을 실행한다.

스로틀 유지

이는 가속하거나 감속하지 않는 경우에 해당한다. 단지 속도를 유지하는 것이다. 스로틀 유지(maintenance throttle)는 시속 80km 정속으로 고속도로를 운행하는 맥락에서 이해할 수 있다. 모든 코너들과 차량들이 스로틀 유지를 요구하는 것은 아니다. 브레이크를 밟고 스로틀을 쥐어짜듯 눌러 코너에서 가속하여 탈출하는 동안 직접적이고 즉각적으로 스로틀을 해제 할 수 있다. 다른 차량들

06 한계 상황에서의 주행

과 코너들은 스로틀 유지를 잠깐 실행하도록 요구한다.

가속

　가속(acceleration)은 스로틀을 쥐어짜듯 나눠서 단계적으로 밟거나 밟은 상태를 유지함으로써 차량의 속도를 점진적으로 높이는 때에 해당한다.

한계 끝에서의 주행

　많은 사람들에게 완벽한 레이스 드라이버의 모델은 주행 중에 절대로 실수를 하지 않고 항상 완벽하게 부드러운 주행을 하는 드라이버이다. 이는 나쁜 모델은 아니지만 완전히 정확한 모델은 아니다. 그렇다. 나는 이것을 반복하여 강조했다. 그 이유는 많은 드라이버들이 부드럽게 주행할 필요가 있다는 것이다. 많은 드라이버들은 레이싱이 얼마나 '섬세한' 스포츠인지를 깨달아야 한다.

　그러나 그것을 잘못 깨달은 드라이버들은 '빠르게 주행할 수 없을 정도로 너무나 부드럽고 깔끔한 완벽한 드라이버'의 이미지를 떠올린다. 그들은 너무 확대하여 생각하는 것이다.

　우승자('빠르게 주행하는 드라이버')들도 실수를 한다. 우승자들도 항상 완벽하게 부드러운 것은 아니다. 우승자들은 타이어와 차량의 한계를 초과하여 주행하는 경우가 많다. 그들도 가끔 충돌한다. 레이스 승리한다면 그렇게 하더라도 잘못된 것은 아니다. 사실, 대다수의 드라이버들과는 다른 방식

카레이싱 최후의 비밀 : 아무도 가르쳐주지 않는 드라이빙 하이테크닉

으로 주행하면 레이스에서 승리할 수 있을는지는 의심스럽다.

나는 목적이 충돌(crash)하는 것이라고 말하는 것이 아니지만, 충돌은 가끔 한계에서 차량을 주행할 때 겪는 부작용이다. 일관성 있게 한계에서 주행할 수 있는 유일한 방법은 가끔 오버드라이브(증속 구동)하는 것이다. 사실, 언더드라이브(감속 구동)하는 것만큼 오버드라이브를 하게 되고 오버드라이브와 언더드라이브를 번갈아 반복하게 될 것인데 여기에서 평균이 한계에 상응한다.

일관적으로 부드럽고 깔끔하게 주행하고 실수를 전혀 하지 않는다면 평균은 한계보다 약간 더 낮을 가능성이 크다(오버드라이브와 언더드라이브를 번갈아 반복하게 됨).

가끔 차량을 오버드라이브할 때 드라이버는 오버드라이브에 익숙해지고 잘해낼 수 있을 것이다. 독자들도 가끔 오버드라이브 할 때 잘 해내지 못하는 경우가 있다는 것을 알 것이다. 그렇다 하더라도 문제는 없다. 그것은 빠르게 주행하고 승자가 되는 과정의 일부이다. 그러나 경험이 있다면 오버드라이브는 스핀과 충돌을 줄이는 효과가 있을 것이다. 약간 옆으로 주행하는 현상, 약간의 록업(lock-up) 또는 절반 회전하다가 직진하는 현상(half-spin-and-go) 등이 결과로 나타날 수 있지만 문제될 것은 없다. 즉, 구간을 벗어난 오버드라이브 경험('순간')을 훨씬 더 통제할 수 있게 될 것이며 심지어 다른 사람들에게는 실수처럼 보이지 않을 것이다. 확실히 실수를 한 것이지만 너무 사소한 실수여서 사람들이 눈치채기 어렵다.

오버드라이브와 언더드라이브를 번갈아 반복하면서 평균적으로 한계에서 주행한다는 개념은 매우 중요하다. 처음에 오버드라이브와 언더드라이브 간의 차이는 상당히 크다. 경험이 쌓이면 그 차이는 꽤 작아진다. 일부 드라이버들은 오버드라이브가 '잘못되거나 불필요'하다고 생각한다.

만약 여러분도 그렇게 생각한다면 모델에 대한 여러분의 인상을 재조정할 필요가 있다. 즉, 여러분은 지금보다 차량을 오버드라이브하는 데 시간을 약간 더 쓸 필요가 있다. 평균을 올려야 한다.

진정으로 빠른 레이스 드라이버는 가끔 한계를 초과하는 드라이버이다. 그런 드라이버는 가끔 약간 거세게 주행한다. 그는 적극적으로 돌변하고 공격적이 된다. 가끔 실수를 하지만 평균적으로 한계에서 주행하고 있음을 충분히 확신하고 있다. 그것이 그가 빠르게 주행하고 레이스에서 우승하는 이유이다. 그것은 괜찮다. 사실, 괜찮은 것보다 더 좋다. 그것이 바로 그를 승자로 만든다. 드라이버가 젊고 레이스에서 우승할 때는 특히 더 좋다. 젊은 드라이버가 부드럽고 깨끗하게 주행하고 실수를 전혀 하지 않는다면 여러분은 사람들이 그를 어떻게 생각할 것이라고 짐작하는가? 사람들은 그가 느리게 주행한다고 생각할 것이다.

왜 그럴까? 그것은 경험이 더 많고 성숙한 그 젊은 드라이버가 부드럽고 일관적으로 주행할 것이고 실수를 해도 적게 할 것임을 우리 모두가 알고 있기 때문이다. 그는 속도를 더 높이기 보다는 더욱

06 한계 상황에서의 주행

일관적으로 주행한다. 우리는 그것을 알고 있다. 드라이버가 승리할 수 있는 능력이 있고 극도로 빠르게 주행한다면, 우리는 그가 완벽한 드라이버가 될 것이라는 것을 안다. 약간 거세게 시작하고 빠르게 주행하고 실수를 두려워하지 않고 경험을 쌓고 더 성숙해진다면 완벽한 드라이버가 될 것이다. 부드럽고 깔끔하고 실수를 전혀 하지 않는 드라이버와 함께 출발하고 경험과 성숙미를 추가한다면 약간 느리게 주행하는 보수적인 성향을 갖게 되고 레이스에서 승리할 수 없는 드라이버가 되고 말 것이다. 즉, 패자가 될 것이다.

여러분의 인생에서 가장 거친 레이스 시즌에 곧 뛰어들 예정이라고 상상해보자. 여러분은 능력과 기술로 무장했고 우승하는데 필요한 것을 갖추고 있다. 여러분은 이번 시즌에 차량의 잠재력을 100% 끌어낼 수 있는 능력을 갖고 있다. 그러나 그러한 능력이 있더라도 항상 그렇게 할 수 있는 것은 아니다. 여러분은 오버드라이브와 언더드라이브를 번갈아 반복하면서 차량을 평균적으로 확실하게 한계에서 주행할 수 있다. 여러분은 그렇게 더욱 자주해야 할 필요가 있다. 항상 그렇게 하지는 않게 되는 유일한 이유는 그것을 마음 속에 그리지 않기 때문이다. 사실 그것은 매우 가까이에 있다.

가끔 한계를 초과했다가 다시 한계에서 주행 및 유지하고 가장자리에서 차량과 함께 춤을 출 수 있는 완벽한 레이스 드라이버가 바로 여러분이라는 심상을 발전시켜 보라.

앞서 제시된 모든 관련 설명을 마무리하고 이제 가장자리에서 주행하는 데 관심이 없고 재미로 주행하고 한계 아래에서 주행하기를 원하고 생애 최고의 시간을 보내는 드라이버들에 대하여 이야기할 차례이다. 그것은 문제 없다. 정말 괜찮다. 사실, 그것은 내가 이 책을 통틀어 말하고 있는 것(즉, 한계에서 주행하는 것)에 관련되어 있다. 그러나 여러분의 목표가 8/10 또는 9/10 또는 7/10 에서 주행하는 것이라면 그것은 훌륭하다. 반드시 일관적으로 한계에서 주행해야 한다는 것을 염두에 두자. 여러분의 목표가 8/10에서 주행하는 것이라면 가끔은 6/10에서 주행하거나 9/10 또는 7/10에서 주행하면 안 된다. 여러분이 스스로 설정한 한계에서 주행하자.

카레이싱 최후의 비밀 : 아무도 가르쳐주지 않는 드라이빙 하이테크닉

07 기묘한 발놀림

우리는 브레이크, 스로틀, 스티어링 휠의 기본적인 사용법을 살펴 보았다. 이제, 차량을 가장자리에서 춤추듯 하게 이끄는 고급 기술에 대하여 논할 때이다. 이러한 기술은 빠른 주행과 매우 빠른 주행의 차이를 만드는 기술이다.

제동(braking)

적절한 제동 기술은 실제적으로 '스로틀에서 발을 어떻게 떼는가'에서부터 시작한다. 많은 드라이버들은 도로에서 주행하면서 몸에 밴 습관으로 인하여 트랙에서 큰 실수를 한다. 그들은 직선 코스의 끝으로 가서 스로틀에서 서서히 발을 들고 1~2초 기다렸다가 다시 브레이크를 밟는다. 직선 코스의 끝에 이르러 스로틀에서 브레이크 페달로 즉각 전환할 수 있어야 한다. 부드럽게 해야 하지만 즉각적으로 해야 하고 그 사이에 공백(gap)이 있거나 코스팅(타력운전)이 이루어지면 안 된다.

최대 제동(maximum braking)에 도달할 때까지 브레이크를 지긋이 재빨리 누른다. 이것을 한계 제동(threshold braking)이라고 한다. 한계 제동에 대한 한계를 초과하여 잠금이 시작되면 페달에서 발을 지긋이 떼어야 한다. 발가락을 뒤로 동그랗게 말고 타이어가 다시 트랙션 한계에서 회전하기 시작하는 것을 느껴보자. 즉, 최대 제동을 달성하기 위해 타이어 소음, 몸에 전달되는 힘, 차량의 균형 등으로부터 얻을 수 있는 피드백을 사용하여 페달 압력을 약간씩 조절해야 할 수도 있을 것이다.

코너에 접근할 때, 부드럽고 확실하게 브레이크를 쥐어짜듯 서서히 누른다. 코너에 도달하면 브레이크에서 발을 부드럽게 풀고 스로틀로 옮긴다. 이때, 브레이크가 완전히 해제된 순간을 실제적으로 느끼지 못할 정도로 브레이크를 부드럽게 해제해야 한다. 무엇이 「재키 스튜어트」에게 큰 성공을 가져다 주었는지에 대해 내가 언급했던 것을 기억해보자. 그것은 재키 스튜어트가 어떻게 브레이크에서 발을 살며시 떼었는가에 관련되어 있다.

대부분의 드라이버들은 도로 주행에서 몸에 밴 습관 뿐만 아니라 부드럽게 제동을 실시하라는 조언 때문에 처음에는 브레이크를 매우 살며시 밟아 페달 압력을 서서히 증가시킨다. 내가 말하고자 하는 것은 제동을 부드럽게 하면 안 된다는 것이 아니라, 최초 제동 시에 브레이크 페달에 강한 압력을 가해야 한다는 말이다. 많은 드라이버들은 대부분의 제동 구역(braking zone)에서 제동 압력을 증가시키는데 처음에는 적당하고 부드럽게 하다가 서서히 압력을 올리고 제동 구역 끝 근처에서 브레이크에 대부분의 압력을 가한다. 이것은 거꾸로 하는 것이다. 최초 제동 시에 브레이크에 강하지만 부드럽게 압력을 가해야 하고 제동 구역 전체에서 압력을 유지한 후에 제동 구역을 빠져 나가면서 압력을 서서히 해제해야 한다.

모든 차량들이 동일한 것은 아니다. 공기역학적 다운포스(aerodynamic downforce)가 적거나 전

카레이싱 최후의 비밀 : 아무도 가르쳐주지 않는 드라이빙 하이테크닉

허 없는 차량은 최초 압력을 그다지 잘 처리하지 못할 것이다. 다운포스가 풍부한 차량은 초기에 가해지는 엄청난 제동 압력을 견딜 수 있다. 공력 특성 차량은 더 빠르게 주행할수록 타이어 트랙션이 따라서 증가하기 때문에 처음 브레이크에 압력을 강하게 가할 수 있다.

차량은 감속함에 따라 다운포스와 트랙션을 상실하기 때문에 드라이버는 제동 압력을 빼내야 한다. 그러나 어느 정도로 모든 차량들은 다음과 같다. 차량이 빠르게 주행할수록 제동압력을 더 강하게 해야 하고, 차량이 느리게 주행할수록 제동 압력을 더 가볍게 가해야 한다.

잠김 방지 제동장치

잠김 방지 제동장치(ABS)는 도로용 차량을 위해 개발된 가장 중요한 안전 장치일 것이다. 그러나 ABS는 특수 목적의 레이스카(인디, 포뮬러 원, 시제품 스포츠카 등)에서는 그다지 많이 적용되지 않고 있다. 그 이유는 무엇인가? 아마 규정 때문일 것이다. 미국의 모든 시리즈는 주로 비용 관리 방안으로 ABS의 사용을 금지한다. ABS가 특수 목적의 레이스카에 사용된 유일한 예는 포뮬러 원인데, 여기서 1992년과 1993년에 한 두 팀들이 ABS를 사용했다. ABS는 1994년 시즌부터 금지되었다.

이 사진에서 내측 앞 타이어의 경우처럼 한계에서 주행할 때 가장 놀라운 것은 브레이크가 잠기기 전에 타이어가 한계치에서 유지되도록 브레이크를 관리할 수 있다는 것이다.
가끔 이와 같이 약간의 잠김(lock-up)은 문제가 안 되는데, 이는 특히 하중이 걸리지 않은 내측 타이어를 관여시키기 때문이다. 그러나 하나 이상의 타이어가 잠긴다는 것은 페달에서 살짝 발을 떼어야 한다는 것을 의미한다. *Shutterstock*

그러나 ABS가 시판용 차량에서 표준 장비인 경우 ABS는 전시실(쇼룸) 재고품 등 특수 목적의 레이스카에서 가끔 사용이 허용된다. 여기서 ABS는 장점과 단점을 모두 갖고 있다. ABS는 드라이버

07 기묘한 발놀림

가 브레이크를 잠글 수 없게 하는 훌륭한 안전 장치이다. ABS는 일관적으로 주행하고 타이어 플랫 스폿(flat-spot: 타이어의 어떠한 부분이 손상이 나타나는 현상)을 피하는 것이 더 중요하게 간주되는 내구 레이스(Indurance race)에서 특히 유용하다.

동시에 ABS는 익숙해지기가 어려울 수 있으며 심지어 불리하게 작용할 수도 있다. 드라이버들은 코너로 진입하는 동안 후륜의 트랙션 한계치를 약간 초과함으로써 차량의 턴(turn)을 유도하고자 한다. 그러나 이는 ABS가 장착되어 있으면 불가능하다.

ABS가 장착된 차량으로 레이스를 할 예정이라면 ABS를 편안하게 느끼는 것이 중요하다. 브레이크 페달 진동(펄싱)의 느낌에 익숙해져야 하며 브레이크를 사용하여 차량을 회전시킬 수 없는 것에 대해서도 익숙해져야 한다. 그러나 포르쉐나 BMW 등 정교한 ABS가 장착된 차량을 운전하는 경우 제동 압력을 얼마나 강하게 그리고 얼마나 늦게 적용해야 하는지에 대해서도 익숙해져야 한다. 이러한 차량들의 경우 기술은 타당하게 단순하다. 마지막 가능한 순간까지 기다린 후 가능한 강하고 빠르게 브레이크 페달을 밟는다. 그런 후, 밟은 상태를 유지하여 시스템이 스스로 일하게 내버려둔다. 물론, 그러한 제동 스타일에 익숙하지 않다면 약간의 연습이 필요할 것이다.

그러한 방식으로 ABS를 사용하여 제동을 실시할 수 있다. 그러나 브레이크 해제 방법은 ABS 브레이크 이외의 여타 브레이크에 비해 다르지 않다. 브레이크 페달에서 발을 거의 떼지 않는다. 대신, 브레이크 압력을 서서히 뺀다.

트레일 브레이킹

나는 트레일 브레이킹을 하지 말라는 조언을 들은 드라이버들이 그렇게 많다는 것을 발견하고 놀라지 않을 수 없었다. 한편, 항상 트레일 브레이킹을 해야 한다는 조언을 들은 드라이버들도 있다. 트레일 브레이킹을 하면 안 되는가? 아니면 트레일 브레이킹을 항상 해야 하는가? 다소 혼란스러울 정도다.

나는 이 기술에 관련하여 드라이버들 간의 의견 불일치에 종종 놀라기 때문에 우선 트레일 브레이킹이 무엇인지를 검토하는 것이 좋을 것이다. 첫째, 트레일 브레이킹은 스로틀에 대하여 제동하는 것이 아니다.

즉, 트레일 브레이킹은 스로틀에 발을 올려 놓고 있는 동안 브레이크를 (조금이라도) 적용하는 것이 아니다. 트레일 제동은 '정점까지 제동하는 것이 아니다.' 그렇다. 정점까지 계속 트레일 브레이킹을 할 수 있을 것이지만 항상 그러한 방식이어야 하는 것은 아니다. 트레일 브레이킹은 코너에 진입하는 동안 브레이크 페달에서 발을 서서히 떼는 것이다. 제동을 완료하고 코너에 진입하기 시작한 시

카레이싱 최후의 비밀 : 아무도 가르쳐주지 않는 드라이빙 하이테크닉

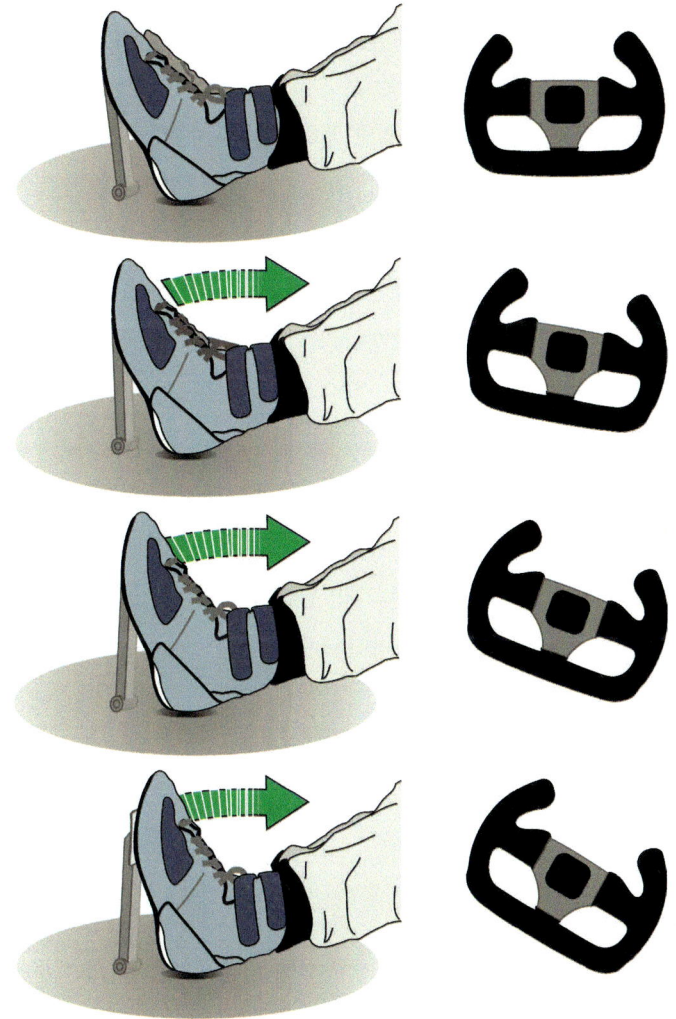

그림 7-1: 트레일 브레이킹은 코너에 진입할 때 브레이크 페달에서 발을 계속 밟고 있거나 지긋이 떼는 것이다. 트레일 브레이킹을 얼마나 해야 하는가는 차량의 핸들링 특성과 회전(turn)의 유형에 따라 다르다.

점에서 페달에서 발을 떼었다면 이는 전혀 트레일 브레이킹이 아니다. 코너에 진입하는 동안 브레이크 페달 압력을 조금이라도 적용한다면 이는 트레일 브레이킹이다. 어떤 때는 턴인(turn-in) 포인트를 지나 브레이크 페달에서 발을 완전히 떼고, 또 어떤 때는 실제적으로 정점에 도달할 때까지 발을 떼지 않는다. 이 두 가지 방식은 모두 트레일 브레이킹에 해당한다.

따라서, 트레일 브레이킹은 코너에 진입하는 동안 브레이크 페달에서 발을 떼어 제동 압력을 해제하는 것이다. 그렇게 하는 이유는 두 가지이다. 첫째, 차량이 코너에 더 잘 진입하도록 앞 타이어에 하중을 유지하는 데 도움이 된다 타이어가 더 잘 '회전'할 것이다. 둘째, 코너 전체에서 타이어 트랙션을 모두 사용하는 데 도움이 된다. 턴인 포인트로 가서 회전하여 진입할 때 브레이크 페달에서 발

07 기묘한 발놀림

을 갑작스럽게 떼면 순간적으로 타이어의 트랙션 전체를 사용할 수 없게 될 것이다. 트랙션을 더 사용해야 속도를 더 높일 수 있다.

일부 드라이버들은 트레일 브레이킹을 결코 하지 않는다고 주장한다. 그러나 그들을 관찰하거나 그들의 데이터 획득 시스템에 저장된 데이터를 분석하면 그들이 트레일 브레이킹을 했다는 것은 확실하다. 많은 드라이버들은 자신들이 깨닫거나 알고 있는 것에 비해 트레일 브레이킹을 더 많이 실시한다. 반면 다른 드라이버들은 자신들이 알고 있는 것에 비해 트레일 브레이킹을 더 적게 실시한다. 각각의 코너에서 트레일 브레이킹을 얼마나 해야 하는지에 대하여 확신이 없다면 트레일 브레이킹에 대하여 알지 못하고 있는 것이다. 그러나 트레일 브레이킹에 대해서 알게 된다면 사용 가능한 어느 정도의 속도가 더 있을 수 있다.

트레일 브레이킹이 무엇인지를 깨닫고 브레이크를 사용해 최종적으로 어디에서 완료할 수 있는지를 깨닫는 것이 좋을 것이다. 제동 완료 지점을 응시하는 것이 중요한데 코너의 제동 완료 지점에서 드라이버는 브레이크를 사용하여 완료하고 브레이크 페달에서 발을 뗀다. 모든 코너에서 제동 완료 지점이 어디에 있는지를 파악하자.

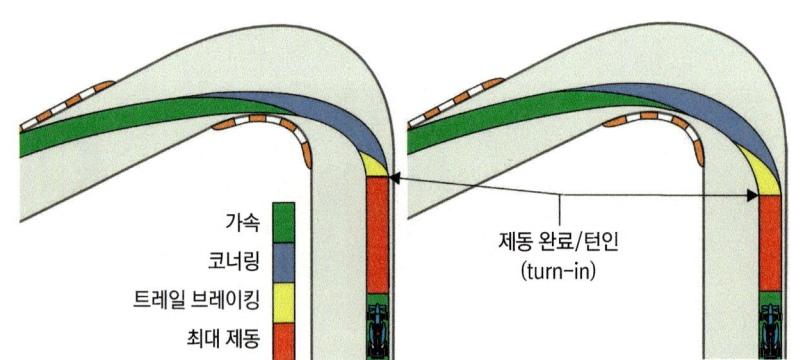

그림 7-2: 트레일 브레이킹은 코너에 진입하는 동안 차량의 회전을 돕는다. 일반적으로 (오른쪽 그림과 같이) 트레일 브레이킹을 더 많이 할수록 더 일찍 코너에 진입 할 수 있다. 트레일 브레이킹을 덜 할수록 코너에 더 늦게 진입하게 되고 진입은 더 갑작스러워진다. 코너에 더 늦게 진입하고 갑작스럽게 진입할수록 코너에 진입하는 속도는 더 느려진다.

SPEED SECRET

브레이크를 해제하는 방법과 시점은 제동을 시작하는 장소에 비해 랩 타임에 더 많은 영향을 끼칠 것이다.

카레이싱 최후의 비밀 : 아무도 가르쳐주지 않는 드라이빙 하이테크닉

모든 코너에서 트레일 브레이킹을 해야 하는가? 그렇지 않다. 턴(turn) 중에서도 특히 매우 빠른 턴에서 드라이버가 회전하여 코너에 진입할 때 즈음 스로틀을 다시 쥐어짜듯 밟으려 할 수 있다. 그렇게 하면 차량의 균형 유지와 전체적인 접지력 수준에 도움이 되기 때문이다. 일반적으로, 턴이 타이트하고 속도가 더 느릴수록 차량의 회전을 원활하게 하기 위해 트레일 브레이킹을 사용하는 빈도가 커질 것이다. 반면, 턴이 더 빠르고 더 스위핑(sweeping) 할수록 트레일 브레이킹을 사용하는 빈도는 감소할 것이다.

SPEED SECRET

속도는 브레이크 페달을 해제하는 타이밍과 비율에서 나온다.

왼발 브레이킹

지난 몇 년 동안, 특수 목적의 레이스 카(F1, 인디 카, 인디 라이트, 프로토타입 스포츠카, 포뮬러 포드)를 사용하는 어떠한 형태의 레이싱에서 승리하고자 한다면 왼쪽 발을 사용하여 제동해야 한다는 것이 분명해졌다. 그 이유는 무엇이며 그러한 굳은 믿음을 가져온 변화는 무엇인가? 한때 이러한 레이스 카들 중 일부는 클러치 사용을 보상하는 기어박스를 장착했었다.

그러나 이제는 더 이상 그렇지 않다. 현재, 많은 레이스카들은 시퀀셜 변속(sequential-shift)을 특징으로 한다. 이제 변속을 위해 클러치를 사용할 필요가 없다. 클러치가 필요 없을 뿐만 아니라 클러치를 사용하면 저단 변속이 실제적으로 느려질 수 있다. 물론 오늘날 레이스 우승자들이 사용하고 있는 이러한 기술의 변화를 촉발하는 주요 원인은 그들의 배경에 관계가 있다.

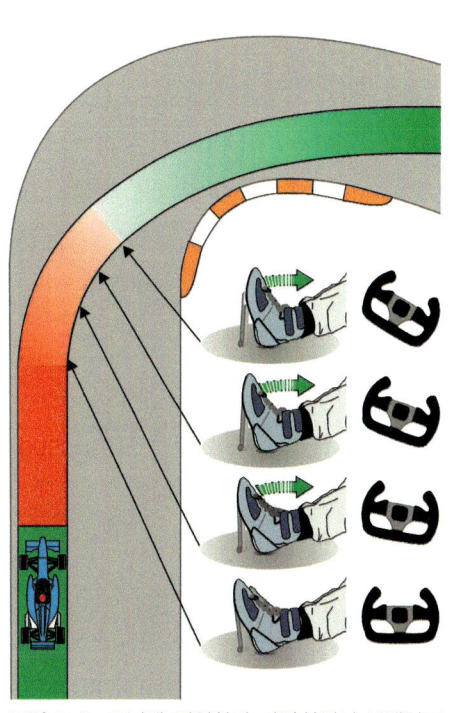

그림 7-3: 코너에 진입하기 시작하면서 브레이크 페달에서 발을 천천히 지긋이 뗀다. 이는 코너에 진입하는 타이어의 트랙션을 100% 사용하기 위한 유일한 방법이다.

77

07 기묘한 발놀림

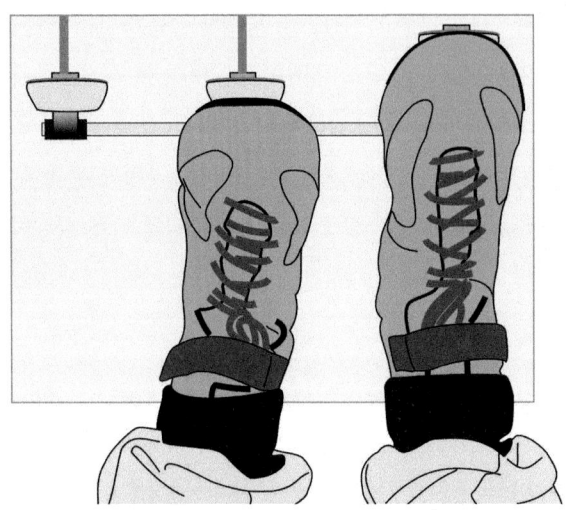

그림 7-4: 포뮬러 원, 인디카, NASCAR 및 심지어 스포츠카를 몰고 레이스에서 승자가 되려면 왼발로 제동하는 기술을 발전시킬 필요가 있다.

오늘날 대부분의 드라이버들은 카트(소형 경주용 차량)를 몰면서 몇 년을 보낸다. 카트에 탑승하여 발로 무엇을 하는가? 오른발은 가속 페달에 올려 놓고 왼발은 브레이크 페달에 올려 놓는다. 나중에 프로 레이싱 대회에서 왼발로 제동할 수 있도록 왼발의 감도를 높이는 훈련을 수년 동안 한다.

드라이버가 카트 안에서 좌측 발을 사용한 제동을 수 년간 실시하지 않았다면, 그 드라이버는 요구되는 수준에서 왼발 제동의 정확성과 민감성을 획득하지 못할 수 있다. 기술이 효과적으로 프로그램되고 무의식적으로 적용되도록 청년기에 연습을 해야 한다. 그 이유는 무엇인가? 「해럴드 클라완스(Harold L. Klawans)」 박사는 그의 저서 《마이클이 성공할 수 없었던 이유(Why Michael Couldn't Hit)》에서 마이클 조단이 농구를 그만두었을 때 메이저리그 선수가 될 만큼 충분히 타율이 좋지 않았던 이유를 밝힌다. 해럴드 클라완스 박사에 따르면 10대 중반 정도까지 신체적 기술이 어느 정도 프로그램 되지 않으면, 뇌와 몸은 가장 높은 성과의 달성에 필요한 정신 운동(psychomotor) 기술을 발전시킬 수 없을 것이다. 즉, 마이클 조단은 어린 시절에 야구공 치는 연습을 충분히 하지 않았다.

2008년 6월 8일 오토스포츠(Autosport) 잡지에 게재된 「맷 비숍」의 다음 기사는 왼발 제동 이슈를 F1의 관점에서 살펴본다.

전체 F1 시즌에서 아이와 어른을 구분 짓게 하는 1시간이 있다면 그것은 몬테카를로에서 펼쳐지는 예선전이다. 지난 토요일, 이러한 자신감에 넘치는 시간에 선두를 달리는 스타들은 바로 「미하엘 슈마허」와 「야노 트룰리」였다. 우리는 슈마허에 대하여 잘 알고 있다. 그러나 야노의 눈부신 활약으로부터 무엇을 배울 수 있는가? 좋은 질문이다. 우리는 나중에 이 질문으로 되돌아 올 것이다.

카레이싱 최후의 비밀 : 아무도 가르쳐주지 않는 드라이빙 하이테크닉

작년 레이스에서 3바퀴를 질주한 후 「데이먼 힐」은 터널을 빠져 나와 시케인(차량 속도를 줄이게 하기 위한 이중 급커브길)을 향해 제동했지만, 실수를 하여 자신의 조던 머신을 가볍게 방벽에 충돌시키고 말았다. 나는 그때 수영장 건물에 서있었는데 10분 후 심각한 표정을 지은 데이먼이 시야에 들어왔다. 그는 20야드를 걸으며 나를 지나쳤다가 멈춰 섰다. 그는 거기에서 차량들이 질주하며 지나가는 것을 보면서 조용히 10분 이상 서있었다.

다음 레이스에서 나는 무엇을 보았냐고 그에게 물었다. 그는 '나는 Tabac에 서있었지만 장벽이 너무 높아서 뭘 봤는지 정확히 말할 수 없어요'라고 대답했다. 그래서 나는 수영장 입구 쪽으로 갔다. 무엇인가 보이기 시작했다. 왼쪽에서 오른쪽으로 재빨리 훑어보니 「미하엘 슈마허」와 「미카 하키넨」이 선두에서 달리고 있었는데 특히 슈마허가 빠르게 질주했다.

"나는 수영장의 출구 쪽으로 걸어 갔을 때(우측에서 좌측) 슈마허가 차량을 가지고 뭔가 다른 것을 하고 있는 것을 봤다. 그것은 정말 분명히 다른 것이었다. 그러나 그것이 뭔지 알 수 없었다. 나는 그가 언더스티어를 했는지 아니면 오버스티어를 했는지 또는 제동을 하고 있는지 알 수 없었을뿐더러 그가 스로틀에 뭘 하고 있었는지 알 수 없었다.
단지 그가 뭔가 달랐고 더 빨랐다고 말할 수 있을 뿐이었다." 페라리 내부 관계자는 슈마허가 왼발로 제동하고 있다고 알려 주었다. 그러나 그것이 전부가 아니었다. 그에게 브레이크는 단지 감속을 위한 메커니즘이 아니다. "슈마허에게 브레이크는 기술 역동적 요소들의 정교하고 무의식적인 결합을 이루는 하나의 요소입니다"라고 관계자는 말했다.
놀란 표정을 하고 있는 데이먼 옆을 3번 페라리가 쏜살같이 지나갈 때 운전석에서 슈마허의 다리는 안보일 정도로 빠르게 움직이며, 볼리비아 소매치기의 손처럼 민첩하고 감도 높게 페달 위에서 춤을 추는 듯 하다. 요즘 정말 빠르게 질주하려면 저렇게 해야 한다고 동료는 넌지시 말했다. 그 말에 우리는 트룰리에게 다시 시선을 고정시켰다. 고전적인 카트(소형 경주용 차량) 선수에서 레이서로 변모한 「야노 트룰리」는 지금까지 오른발로 F1 차량을 제동한 일이 전혀 없다. 야노 또한 기술 역동적인 결합을 어느 정도 할 수 있다.

요즘 대부분의 F1 드라이버들은 왼발로 제동한다. 사실 드라이버들은 자발적으로 왼발을 사용하여 제동하고 있지만, 다른 많은 드라이버들은 억지로 그렇게 하고 있다. 어떤 드라이버들은 요령을 전혀 터득하지 못하고 있다.

07 기묘한 발놀림

예를 들어, 1998년 데이먼 힐의 조던(Jordan) 팀 동료는 「랄프 슈마허」였다. 그는 트룰리처럼 소년이었을 때 카트 주행을 시작했고, 좌측 발을 사용하는 제동을 걷기처럼 쉽게 실행할 수 있는 사람이었다. 나는 당시 조던의 기술 감독이었던 「게리 앤더슨」에게 데이먼이 왼발로 제동하지 않는 이유를 질문했다. '나는 이것이 이런 경우라고 생각합니다. 즉, 그렇게 하면 속도를 더 높일 수 있지만 나이가 38세이고 그것을 잘 해낼 수 없다는 거죠'라고 그 아일랜드인은 대답했다.

그 말은 올해 「루벤스 바리첼로」가 그랬던 것처럼 불길하게 들렸다. 모나코에서 루벤스 바리첼로는 '저는 슈마허와 동일한 지점에서 파워를 다시 얻기 위해 브레이크 페달에서 오른발을 더 일찍 떼야 하지만 슈마허는 왼발로 제동하여 코너의 정점 안으로 들어갑니다'라고 말했다. "저는 오른발로 제동해야 느낌을 받습니다. 왼발을 사용하여 제동을 시도해보았지만 느낌이 좋지 않았습니다. 드라이버는 자신이 가장 편안하게 느끼는 것을 해야 한다고 생각합니다"라고 말했다. 지난 토요일 루벤스 바리첼로는 자신의 최고 랩 기록에서 슈마허보다 1초 뒤졌다.

이제 루벤스 바리첼로는 가장 자신 있는 발을 앞으로 내밀어야 할 때이다. 즉, 왼발로 제동을 해야 할 때가 온 것이다. 데이먼에게 물어 보면 될 것이다.

이 이론에 따르면, 운전 면허증을 획득할 때 즈음에 카트 주행에 상당한 시간을 쓰지 않았다면 세계 챔피언이 결코 될 수 없을 것이다. 이 말은 상당히 진실이라고 믿지만 어렸을 때 카트를 주행하지 않았다는 이유로 레이스카를 주행할 수 없는 것이 아니라고 확신한다. 신체적 및 정신적 훈련을 통해 왼발을 충분히 훈련할 수 있다.

물론, 왼발로 제동하는 동안 사용되는 '시간, 집중력, 에너지'는 다른 구역에서 주행 할 때 사용되는 '시간, 집중력, 에너지'이다. 그러나 이는 여전히 가치가 있다. 이 모든 것을 염두에 둘 때, 왼발로 제동하는 것이 오른발로 제동하는 것보다 우월한 이유는 정확하게 무엇인가?

첫째, 왼발로 제동하면 차량의 균형을 불안정하게 하지 않고도 차량 속도를 변경할 수 있다. 왼발로 제동하면 부드럽게 주행하는 것이 수월해 진다. 더욱 부드럽게 주행할 때 차량의 균형은 덜 불안정해지며 트랙션 한계는 더욱 높아질 것이다. 이는 더 빠르게 주행할 수 있다는 의미이다.

둘째, 스로틀에서 브레이크로 이동했다가 다시 스로틀로 이동 할 때 시간 절약을 가능하게 한다.

카레이싱 최후의 비밀 : 아무도 가르쳐주지 않는 드라이빙 하이테크닉

그림 7-5: '스로틀과 브레이크의 관계 그래프'는 긴 직선 코스의 끝에서 2명의 드라이버들을 추적한다. 드라이버 A는 오른발로 제동하고 드라이버 B는 왼발로 제동한다. 보다시피, 오른발로 제동할 때 약간의 시간이 낭비된다. 스로틀에서 오른발을 떼어 브레이크 페달로 옮기는 데 소요되는 시간은 레이스에서 쓴 잔을 마시게 할 것이다(그래프에서 'a'점에서 'b'점까지). 왼발로 제동할 때는 시간 낭비가 없다. 발을 스로틀에서 브레이크로 즉시 옮길 수 있다.

07 기묘한 발놀림

이는 「루벤스 바리첼로」가 이야기했던 것이다. 오른발로 제동하게 되면 오른발을 스로틀에서 브레이크 페달로 옮겼다가 다시 스로틀로 옮겨야 한다. 이는 직선 코스의 끝에서 약간 일찍 제동해야 하는 결과를 가져온다. 제동에서 가속으로 전환하기 위해 오른발을 브레이크 페달에서 스로틀로 이동시킬 때 소요되는 짧은 순간은 매우 소중하다. 왼발로 제동할 때, 그러한 이동이나 전환은 존재하지 않는다.

사실, 시간 지연이 전혀 없도록 제동 완료 시점과 가속 시작 시점을 실제적으로 중복시킬 수 있다 (스로틀을 쥐어짜듯 누름). 정확하게 이루어진다면 무게 균형이 원활하게 이동될 수 있을 것이다. 이로써 시간이 절약되고 차량의 균형이 향상된다.

왼발로 제동하면 오른발을 스로틀의 바닥(floor)에 편평하게 올려 놓은 상태를 유지할 수 있고 동시에 왼발로 제동하여 차량의 속도와 균형을 다소 변경할 수 있다. 나는 이것을 자주 실행하도록 권장하지 않는다. 왜냐하면 브레이크가 결국 과열될 것이기 때문이다. 그러나 코너에서 빠른 주행을 위해 턴인 시에 차량 앞부분이 좀 더 효과적으로 '마찰력'을 얻으려 한다면 스로틀을 편평하게 유지하면서 왼발로 브레이크 페달을 쥐어짜듯 짧고 재빠르게 밟으면 효과가 있을 것이다. 또는 속도를 약간 감속해야 할 필요가 있지만, 엔진 모멘텀 상실을 원하지 않는다면 동일하게 왼발로 제동하면 효과가 있을 것이다.

오른발로 제동하는 드라이버는 경쟁력을 갖고 있는가? 분명히 그렇다. 예를 들어, 「다리오 프란치티」는 오벌 트랙에서 주행할 때를 제외하고 오른발로 제동한다. 레이스 테크(Race Tech) 잡지의 1999년 10월/11월 판은 다리오 프란치티를 다음과 같이 인용했다: "코너에서 요구되면 가끔 왼발로 제동할 수 있겠지만 저는 거의 하지 않을 것입니다. 저는 여기에서 왼발로 제동(시카고 오벌 트랙)하기 때문에 페달을 그다지 많이 느끼지 못합니다. 저는 언제 잠가야 할 것인지를 느낄 수 있지만 저의 왼발은 오른발만큼 민감하지 않습니다. 저는 전통주의자의 성향이 더 강합니다". 물론, 사람들은 "다리오 프란치티가 수 년 전에 왼발로 제동하는 것을 배웠다면 어땠을까" 하고 궁금해한다.

왼발로 제동하는 것은 오벌 트랙에서 주행할 때 요구되는 기술이다. 왼발로 제동하는 기술은 코너를 돌기 전에 저단 변속을 필요로 하지 않는 고속 회전 시에 어느 정도 이득이 될 수 있지만 많은 드라이버들은 이 기술을 도로 레이싱에서 결코 사용하지 않는다. 왼발로 제동하는 기술은 터보차저가 장착된 차량을 주행할 때에도 유용한데 이는 오른발을 스로틀에 올려 놓은 상태에서 터보 스피닝(turbo spinning)을 유지하고 스로틀 랙(lag)을 감소시킬 수 있기 때문이다. 그러나 상상할 수 있는 것처럼 제동이 어려울 수 있기 때문에 브레이크가 과도하게 일하지 않도록 주의해야 한다.

특히 오벌 트랙에서 왼발로 제동할 때 드라이버들이 공통적으로 하는 실수는 코너에서 가속하여

카레이싱 최후의 비밀 : 아무도 가르쳐주지 않는 드라이빙 하이테크닉

빠져 나가는 동안에 브레이크를 살며시 밟는 것이다. 브레이크를 이렇게 끄는 것은 시간이 낭비되고 브레이크 과열이 발생하기 때문에 확실히 피해야 한다. 이에 대하여 주의해야 한다.

제동 기술

그렇다. 여러분은 '차량을 소유한 다른 드라이버들은 왼발로 제동하는데 문제가 없지만 내 차에서는 왼발 제동이 되지 않는다'라고 말한다. 사실 많은 차량들에서는 왼발 제동이 안 된다. 이는 물리적으로 왼발을 해당 위치에 놓을 수 없거나 기어박스가 클러치리스(clutchless) 변속을 허용하지 않기 때문이다. 클러치에 대하여 왼발을 사용하고 있다면, 그 발을 브레이크에 대하여 사용할 수 없다.

그러나 여러분은 '왼발 제동' 기술에 관련하여 설명된 것으로부터 무언가를 배울 수 있다. 왼발로 제동할 때 기본적인 장점은 무엇인가? 그것은 제동에서 가속으로 가능한 부드럽고 원활하게 전환할 수 있다는 것이다. 제동을 위해 왼발을 사용해야 하더라도 그것은 여전히 드라이버의 목적이다. 회전 구간에 진입할 때 브레이크 페달에서 발을 떼는 '속도'와 브레이크를 놓는 '타이밍'은 코너 주행 시 속도를 결정하는 2개의 가장 중요한 요인일 것이다. 아시다시피, 코너에 접근할 때 감속을 위해 브레이크를 사용할 때 하중이 앞으로 쏠려 차량의 앞부분이 기우는 현상이 발생한다. 무게가 앞 타이어로 이동했기 때문이다. 이러한 기우는 현상이 발생하면 앞 스프링이 압축된다. 브레이크 페달에서 발을 떼면 스프링이 확장되어 차량의 앞부분이 위로 튀어 오른다. 무게는 차량 앞부분에서 뒷부분으로 이동한다.

스티어링 휠을 꺾어 코너로 진입하기 시작하는 시점에서 브레이크 페달에서 발을 너무 빨리 또는 갑작스럽게 떼면 차량의 앞부분에 무게가 사라지기 때문에 차량에 언더스티어가 발생한다. 적절한 속도로 브레이크를 (상대적으로) 천천히 부드럽게 떼면 다음과 같은 세 가지 장점이 있다.

- 차량의 앞부분에 하중이 유지되어 무게가 앞 타이어로 이동, 차량이 반응적으로 턴인하는데 도움이 된다.
- 스로틀에 일찍 되돌아가는 데 도움이 되는 경우가 많다. 턴인 시에 차량 앞부분은 하중이 가해지기 때문에 차량의 회전이 향상되는데, 이는 기다리거나 스로틀을 많이 조절할 필요가 없음을 의미한다. 대신, 차량이 정점을 향해 회전할 때 스로틀에 다시 발을 올려 놓고 그 상태를 유지할 수 있다.
- 브레이크 페달에서 발을 떼면 코너를 더 빠르게 주행할 수 있다. 상기 2개 포인트로 인하여, 차량은 여분의 속도를 처리할 수 있다. 브레이크에서 신속하게 즉각 발을 떼어 동일한 속도로 코

07 기묘한 발놀림

너 주행을 시도한다면 차량 앞부분에서 하중이 사라지고 차량에 언더스티어(정점을 향해 회전하지 않음)가 발생하여 차량의 속도가 줄어들고 가속을 시작하는 시점이 지연될 가능성이 크다.

물론, 브레이크에서 발을 상당히 천천히 또는 서서히 뗄 수 있다. 브레이크 페달에서 발을 너무 천천히 떼면 코너로 선회할 때 너무 많은 무게가 앞 타이어로 이동하게 된다. 결과적으로 선회할 때 차량에 오버스티어가 초래된다. 또는 앞 타이어에 과부하가 작용하여 차량에 언더스티어가 발생할 수 있다. 드라이버가 앞 타이어로부터 100% 이상을 요구하기 때문에, 앞 타이어는 포기하고 미끄러지기 시작한다.

브레이크 페달에서 발을 어떻게 떼는가에 따라 차량의 균형과 핸들링 특성이 결정된다. 대부분 드라이버는 턴인 직후에 차량에 언더스티어가 과도하게 발생하여 드라이버가 스로틀에 충분히 일찍 되돌아 갈 수 없다고 불평할 것이다. 드라이버가 해야 할 모든 것은 브레이크 페달에서 발을 약간 더 천천히 떼는 것이다.

코너 접근할 때 제동하는 것에 관련하여 자연스럽게 내릴 수 있는 결론은 가능한 늦게 그리고 강하게 제동(타이어의 한계에서)하는 것이 이상적이라는 것이다. 모든 코너에 대하여 그렇게 해야 한다. 그러나 그렇게 하는 것이 항상 맞는 것은 아니다. 너무 강하게 제동하여 차량이 앞으로 과도하게 기우는 상태에서 코너에 접근한다면 코너 턴인 시에 얼마나 접지력이 있을 것이라고 생각하는가?

회전 시에는 제동을 더 부드럽게 해야 한다. 타이어의 능력을 100% 이하로 이끌어 내야 한다. 차량이 과도하게 앞으로 기울지 않은 상태에서 가장 잘 접근할 수 있는 코너들이 있다. 이는 여러분이 실험할 필요가 있는 부분이다. 차량이 코너에 진입할 때 언더스티어 경향이 있으면, 앞 타이어에 하중을 다소 가하는 것이 도움이 되는지 판단하기 위해 트레일 브레이킹을 약간 시도해야 한다. 일부 포뮬러 및 프로토타입 스포츠 차량들은 피치(pitch)에 민감한데 이는 차량이 수평 또는 균형 상태에 있지 않을 때 에어로다이나믹스에 부정적인 영향이 끼쳐진다는 것을 의미한다. 또한, 트레일 브레이킹하는 정도는 코너 주행 시에 라인에 영향을 끼친다.

트레일 브레이킹을 많이 할수록 코너로 더 일찍 선회할 수 있다. 트레일 브레이킹을 덜 할수록 코너로 더 늦게 선회하게 된다. 그 이유는 트레일 브레이킹은 차량이 드라이버에게 유리한 방식으로 회전하도록 촉진하여 코너 탈출 시에 트랙 밖으로 나가는 일이 없기 때문이다. 선회를 약간 더 일찍 하면 속도가 더 빨라질 수 있다는 장점이 있다.

선회를 더 늦게 할수록 더욱 급격하게 선회해야 해야 하는데, 이는 약간 더 느리게 주행해야 한다는 의미이다. 분명히, 이것은 일반적인 규칙이고 고정 불변은 아니지만 대부분 효과가 있다.

카레이싱 최후의 비밀 : 아무도 가르쳐주지 않는 드라이빙 하이테크닉

일부 드라이버들이 흔히 범하는 실수는 제동을 너무 일찍 한다는 것이다. 이는 너무 이른 감속 이외의 다른 현상을 초래한다.

제동을 일찍 하면 턴인에 도착할 때 차량이 감속했다는 느낌을 받게 된다. 문제는 종종 턴인 시점보다 앞서 그러한 느낌을 받게 된다는 것이다. 따라서 선회하기 전에 차량 앞쪽의 하중이 제거되도록 브레

이크에서 발을 떼야 한다. 선회할 때 차량은 드라이버가 원하는 방식으로 반응하지 않고 언더스티어링이 발생하거나 차량이 반응하지 않는다는 느낌을 받게 된다. 드라이버의 두뇌는 '지금 한계에 도달해 있다'라는 메시지를 수신할 것이다. 그 메시지는 만약 인식되지 않는다면 드라이버가 코너를 반복적으로 저속 주행하는 결과를 초래하고 이는 급기야 프로그램화될 것이다. 많은 드라이버들은 특히 새로운 트랙이나 차량에 대해 학습할 때 그러한 경향이 있는데 이는 프로그램화된 실수이다. 나는 너무 일찍 제동하는 것에 대하여 이야기하는 것이 아니다. 심지어 1.5m나 3m도 심각한 문제를 초래할 수 있다.

브레이크에서 발을 언제 떼어야 하는지를 파악하는 것이 중요하다. 턴인을 시작하기 전에 브레이크 페달을 해제하기 시작하면 제동을 너무 일찍 하는 것일 수 있다.

제동 연습

도로에서 주행할 때 제동을 연습하라. 차량이 완전히 정지하는 정확한 시점을 느낄 수 없을 정도로 브레이크를 조절할 수 있는지 확인하라. 브레이크에 대한 실제적인 감(feel)을 개발하기 위해 노력하라. 특히 트랙션 조건이 좋지 않을 때 민감한 터치는 중요하다.

도로에서 차량 주행 시에 차량을 정지시킬 때 브레이크에서 발을 지긋이 떼면 이상적인 속도와 정교함을 유지하면서 브레이크를 정확하고 효과적으로 부드럽게 해제하기 위해 필요한 민감성과 컨트롤을 학습하게 된다. 레이스 트랙에서 제동을 위해 왼발을 사용한다면 도로에서 왼발로 제동하는 것을 연습할 필요가 있다. 이는 자동 변속 차량을 주행할 때는 더 쉽지만 자동 변속 차량이 아니면 그렇게 쉽지는 않다.

07 기묘한 발놀림

그러나 도로에서 수동 변속 차량을 주행하더라도 여전히 왼발로 제동하는 연습을 해야 한다. 저단 변속이 요구되지 않는 코너를 접근할 때 좌측 발을 사용하여 제동하라. 나는 이것을 안전한 도로 주행 전술로 권장하지 않지만 여러분은 정지할 장소로 접근할 때 중립 기어로 전환한 후에 다시 한번 왼발로 제동하기를 원할 수 있다.

여러분의 주된 목표는 가능한 부드럽게 제동하는 것이다. 제동을 위해 브레이크를 거세게 밟을 필요는 없는 것이다. 여러분은 브레이크를 (매우 빨리) 쥐어짜듯 밟고 마치 호흡하는 것처럼 자연스럽게 브레이크를 풀기를 원한다.

발을 사용하는 조향(STEERING WITH YOUR FEET)

대부분의 사람들은 드라이버들이 주로 손과 팔을 사용하여 스티어링 휠을 돌리면서 주행한다고 생각한다. 차량의 방향을 이끄는 것은 스티어링 휠이다. 정말 빠르게 질주하는 드라이버들은 스티어링 휠을 사용하는 것만큼 또는 그 이상으로 발을 사용하여 차량을 조정한다.

차량이 균형을 유지하면서 다소 선회하도록 차량을 마음껏 조정할 수 있는 능력뿐만 아니라, 발을 사용하여 차량을 다소 회전시킬 수 있는 조정 능력도 개발해야 한다. 즉, 회전 구간의 다양한 지점에서 차량이 선회하도록 브레이크와 스로틀을 사용하여 차량의 균형 상태를 바꿀 수 있다. 아이러니하게도 손을 사용하는 것보다 발을 더 사용하여 차량을 조정한다면 스티어링 휠은 브레이크의 역할을 한다(회전 할 때마다 속도를 감속 시킴).

물론 빠르게 주행하기 원한다면 언더스티어 및 오버스티어의 양을 자신에게 유리한 방식으로 제어하여 필요에 따라 차량을 다소 회전(rotation)시켜야 한다. 회전이라는 말은 무슨 뜻인가? 차량을 위에서 곧바로 내려다 볼 때를 생각해보자. 그리고 차량이 시계 바늘처럼 도는 것을 생각해보자. 회전 구간을 주행하는 동안 커브가 급한 모퉁이를 통과하려 할 때처럼 차량을 회전(rotation)시키는 것이 유리할 때가 있다. 차량이 과도하게 회전하여 상당한 오버스티어가 초래됨에 따라 드라이버가 필사적으로 견뎌야 하는 경우가 있다. 분명히 차량의 설정(셋업)은 트랙의 어떠한 장소에서 회전을 얼마나 많이 해야 하고 얼마나 재빠르게 해야 하는지에 영향을 끼칠 뿐만 아니라 무게 균형 관리에 대해서도 영향을 끼친다.

무게 관리를 정확하게 실시했다면 스티어링 휠을 거의 움직이지 않고도 원하는 방식으로 차량을 회전시키고 선회 구간을 통과하게 할 수 있다. 스티어링 휠을 적게 돌릴수록 앞 타이어는 더욱 전방을 향해 직선을 유지한다. 그런 경우 속도 감속이 덜하다. 전륜 휠을 전방을 향해 더욱 직선으로 유지할 수 있고 무게 이동과 균형을 활용하여 선회 구간에서 차량의 궤적을 관리할 수 있다면, 속도가 더 빨라질 것이다. 또한 스티어링 휠이 더 똑바를수록 스로틀을 더 빨리 조작할 수 있기 때문에 직선으로 더 빠르게 주행할 수 있게 될 것이다.

> **SPEED SECRET**
>
> **빠르게 주행하려면 무게를 효과적으로 관리해야 한다.**

실제적인 삶의 경험을 회상해보자. 1990년대 초에 나는 라구나 세카에서 인디카로 레이싱하고 있었다. 상금이 적게 걸린 레이스였다. 상금이 너무 적어 나는 엔진에 누적 거리가 추가되는 것을 피하기 위해 연습 세션을 포기해야 했다. 나는 그 세션 동안 배울 수 있는 것을 최대한 활용하고자 했다. 그래서 가능한 트랙 주변의 많은 장소에서 다른 드라이버들을 지켜 보았다.

내가 관찰했던 것에 대한 심상은 지금까지도 매우 명확하다. 서 있던 나는 시계방향으로 선회하는 3번 회전구간 외부의 펜스를 통해 지켜봤다. 나는 세션이 시작되고 약 10분 후에 그 자리에 있었기 때문에 드라이버들은 속도를 상당히 올리고 있었다. 첫 번째 8~10대의 레이스카들이 동일한 라인에서 동일한 속도로 코너를 효과적으로 선회했다. 이후 레이스카 1대가 다른 레이스카들보다 (상대적으로) 훨씬 더 일찍 접근하여 선회했고 여타의 차량들처럼 빠른 속도를 유지하고 있었다. 여러분의 머릿속에 떠오르는 생각과 같은 생각이 뇌리에 스쳤다. 즉, 선회하여 코너 안으로 일찍 진입하지만 코너를 탈출할 때 트랙에서 벗어나 충돌할 수 있다는 생각이었다. 나는 그 차량이 정점 바로 앞에서 회전할 때 충돌로 인하여 먼지나 얼굴로 날아오는 것을 피하고자 펜스에서 뒷걸음치려 했는데, 바로 그때 드라이버가 스로틀을 완전히 밟고 있다가 여타 드라이버들처럼 빠르게 모퉁이에서 쏜살같이 빠져나가. 나는 크게 놀랐다! 그는 그것을 성공적으로 해냈는데 그러한 실수를 하고도 어떻게 잘 해낼 수 있었을까? 더욱 놀라운 것은 그 드라이버의 이름이 「마리오 안드레티」였다는 것이다. 나는 같은 곳에 서 있으면서 그가 다음 랩에서 어떻게 만회하는지를 관찰했다. 어떻게 되었을까? 그는 아주 동일한 방식으로 주행했다. 그러자 마이클 안드레티라는 젊은 드라이버가 매우 유사한 뭔가를 했다. 그는 세션에서 가장 빠르게 주행하던 드라이버였다.

무슨 일이 벌어졌었는지 계속 연구한 후 나는 마리오 또는 마이클이 다른 드라이버들에 비해 차량의 조향각을 더 이상 증가시키지 않지만 일관적으로 좀 더 일찍 코너 안으로 선회할 수 있었다는 것을 깨달았다. 나는 구간 주행 시간을 측정했는데 마리오 또는 마이클이 그 코너에서도 다른 드라이버

07 기묘한 발놀림

들보다 더 빠르게 주행했다는 것을 발견했다. 물론 마리오 또는 마이클은 코너에 좀 더 일찍 진입하고 정점 바로 앞에서 차량을 회전시켜 다른 드라이버들에 비해 더 일찍 파워를 다시 얻을 수 있는 방

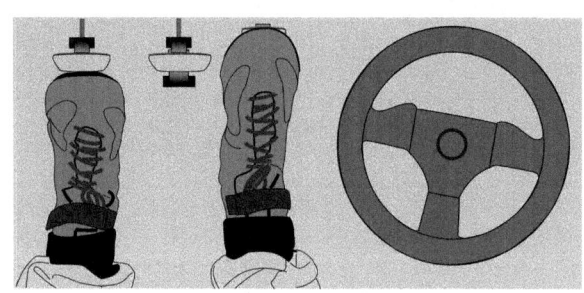

그림 7-5: 한계에서 주행할 때 발을 더 많이 사용하여 차량을 조정한다. 아이러니하게도 한계에서 주행할 때 스티어링 휠은 브레이크 역할을 한다. 빠르게 주행하기 위해 요구되는 것은 가능한 스티어링 휠을 적게 돌리고 발을 사용하여 차량의 균형을 유지하면서 발과 손의 원활한 균형을 달성하는 것이다.

식으로 차량의 균형을 제어했다. 그렇게 했을 때 유리했던 점은 최초 턴인이 그다지 급작스럽게 이루어지지 않기 때문에 코너 주행 시에 속도가 좀 더 증가했다는 것이다.

지난 한두 번 개최됐던 세션의 코스에서 나는 안드레티와 여타 드라이버들을 트랙의 측면과 후면에 집중하여 연구했다. 나는 시리즈에서 가장 경쟁적인 차량을 몰지는 않았지만 트랙에서는 항상 가능한 것을 배우는데 집중했다.

다른 인디카를 조정하는 「안드레티」, 「보비 라할」, 「릭 미어스」, 「알 언서 주니어」, 「나이젤 만셀」, 「지미 바서」, 「폴 트레이시」 등 몇몇 드라이버들을 관찰할 수 있는 기회가 있었기 때문에, 나는 다른 사람들이 거의 경험하지 못하는 것을 볼 수 있었다. 나는 그 교훈을 결코 잊지 못할 것이다. 그날 마리오와 마이클을 보면서 배웠던 것은 내가 이미 어느 정도 알고 있었던 것이었다. 나는 분명히 그것을 경험해 본 적이 있다. 그렇지 않았다면, 나는 레이싱에서 이렇게 성공하지 못했을 것이다.

레이스에서 승리하는 드라이버는 차량의 균형을 활용하여 차량의 방향을 바꿀 수 있다는 것을 알고 있다. 그러나 그날부터, 나는 그것에 대하여 더욱 집중하기 시작했다. 그것은 그날부터 내가 지도했던 드라이버들과 나 자신이 더 빠르게 주행하는 데 도움이 됐다.

몇 년 후, 나는 동일한 장소에 서 있었는데 또 다른 드라이버가 마이클과 마리오의 스타일과 동일한 스타일로 주행하는 것에 그치지 않고 한 단계 더 나아가는 것을 발견했는데, 그는 최소한 속도 측면에서 코너로 빠르게 진입하여 다른 쪽으로 나갈 수 있었다. 그는 다름아닌 「후안 파블로 몬토야」였다.

그것은 분명히 흥미로운 도전이었다. 코너를 통과하려면 차량을 돌려야 한다. 그러나 그는 속도가 떨어지는 것을 피하기 위해 가능한 스티어링 휠을 적게 돌렸다. 그렇게 하려면 차량의 방향을 바꾸기 위해 차량의 무게 이동을 변경하고 관리해야 하는데 이는 필요에 따라 트랙의 모든 코너에서 차량을

카레이싱 최후의 비밀 : 아무도 가르쳐주지 않는 드라이빙 하이테크닉

다소 회전시키기 위한 것이다.

  빠른 주행을 위해 중요한 것은 브레이크를 해제하는 타이밍과 속도이다. 이것을 정확히 이해해야 한다. 이것은 모든 차량과 코너에 대하여 다르며 조건이 변함에 따라 랩마다 다를 것이다. 그리고 차량은 최소한의 조향으로 회전하거나 선회할 것이다.

  이 주제에 대한 이야기를 마치기 전에 나는 한 가지를 분명히 하고자 한다. 랩을 도는 동안 또는 심지어 코너 하나를 도는 동안에 차량에 입력한 조향각을 감소시키기 위한 가장 쉬운 방법은 천천히 주행하는 것이다. 충분히 천천히 주행한다면 조향각을 상당히 줄일 수 있을 것이다. 분명히 그것은 여러분의 목표가 아니다. 여러분은 주행을 하는 동안 단순히 감속하여 조향각을 실제적으로 줄일 수 있는지를 파악해야 한다. 여러분은 코너 진입, 코너 주행, 코너 탈출 시에 감속하지 않고 조향 입력(steering inputs)을 늦출 수 있고 늦춰야 한다.

SPEED SECRET

스티어링 휠을 적게 돌릴수록 속도는 더 빨라질 것이다.

08 코너링 기술

모든 트랙엔 특징이 있고 다양한 레이아웃과 모습들을 가지고 있다. 오벌 트랙(숏, 롱, 슈퍼, 스피드웨이), 상설로드 레이싱 코스, 그리고 임시서킷(일반도로 또는 공항 활주로) 같이 다양한 길이와 규모가 있다. 겉보기에는 유사한 트랙이지만 다른 느낌을 가질 수 있다.

여러분의 성공적인 드라이빙에는 트랙을 얼마나 잘 알아가고 어떻게 적응해 나가는지가 큰 역할을 할 것이다. 레이싱 드라이버로서 각 코너마다 여러분의 목표는 매우 간단하다. 하지만 말하기는 간단할 수 있으나 실천하기는 그리 간단하지 않을 수 있다.

여러분의 목표는 :
- 코너에서 가능한 시간을 단축한다.
- 직선 코스에서 속도를 극대화하기 위해 액셀을 이용하여 최대 속도로 코너를 탈출한다.

보통 둘 중 하나를 극대화한다는 것은 나머지 한 가지를 희생하는 것과 같다. 다시 말해 베스트 랩 타임을 기록하기 위해서는 직선속도를 최대화해야 하고 이를 위해서는 코너의 속도를 양보해야 한다 (역자주 : 정확히 말해 탈출 속도를 높이기 위해 상대적으로 진입속도를 낮추는 슬로우-패스트 아웃의 타협이 필요한 것이다). 이것은 트랙의 정확한 레이아웃과 여러분 차량의 특성에 달려있다. 테크닉은 완벽한 타협점을 찾는 것이다.

코너가 가장 큰 도전인데 얼마나 빨리 직선 코스에 이르는가가 가장 중요한 일이다. 직선 코스에 빨리 도달할수록 다음 코너에서의 도전이 더 빨라진다.

카레이싱 최후의 비밀 : 아무도 가르쳐주지 않는 드라이빙 하이테크닉

코너링 타협

앞서 말한 내용과 같이 승리할 수 있는 드라이버가 되기 위해서는 레이스카의 트랙션 한계(마찰원의 한계에서), 섀시와의 조합, 그리고 엔진의 상태를 지속적으로 느끼고 운전할 수 있는 능력을 필요로 한다. 사실 누구나 직선구간에서 엔진출력을 한계까지 사용할 수 있지만, 승자와 패자는 결국 브레이킹과 코너링의 한계로 코너를 탈출하면서 액셀링에 의한 탈출속도에 달려 있다.

대부분의 레이스에서는 코너의 가장 느린 지점에서 추월이 결정되기도 하지만 코너보다는 직선에서의 추월이 훨씬 더 쉽다. 이렇게 직선구간에서 빠를수록 많은 차량들을 추월하고 시간상의 이익을 얻어 많은 레이스에서 좋은 성적을 낼 수 있다. 그렇기 때문에 코너에서의 제일 중요한 목표는 직선구간에서의 속력을 최대화시키는 것이다.

스킬은 한계 상황에서 코너링 스피드를 정확히 느끼고 탈출하여 직선구간에서 최대가속으로 시간을 얼마나 줄일 수 있는가에서 나온다. 이때가 진정한 챔피언으로 빛날 시점이다.

우수한 드라이버들은 항상 차량을 마찰원 한계에서 유지하고 있지만 그 한계는 트랙의 컨디션과 차량의 상태에 따라 달라진다. 예를 들어 이전의 섹션에서 언급을 했듯이 에어로다이내믹 특성이 그 한계를 끊임없이 바꿔준다. 차량의 속도가 빨라질수록 공기역학의 다운포스가 증가하고 이에 따라 코너링 포스도 증가한다. 동시에 엔진의 가속능력은 속도가 증가할수록 줄어든다 (낮은 기어와 속도에서는 가속을 위해서 높은 엔진파워를 발휘하여 타이어 트랙션의 한계까지 도달하지만 높은 속도에서는 타이어 트랙션 한계까지 도달할 만큼 엔진의 출력이 부족하다). 그러므로 마찰원은 속도에 따라 변화한다. 속도가 높아질수록 원의 최고속도 증가세는 꺾이고 코너링 포스는 증가한다. 여러분이 발전시켜야 할 기술은 주행 중 발생하는 다양한 변수들에 따라서 성능의 한계를 파악해야 하며 그 한계에 가깝게 주행해야 한다. 그리고 이러한 기술들은 대부분 경험에서 나온다.

항상 코너-마찰원-에서 접지력의 한계로 드라이빙하는 것은 빨리 가기 위함이다. 그러나 여러분이 코너를 어떻게 공략하고, 마찰원의 다양한 포인트에서 얼마나 많은 시간을 보내느냐에 따라서 달라진다. 그리고 여러분이 그것을 어떻게 알아내고 코너를 지나가는 라인을 인지하는 것이 대단히 중요하다. 이것은 여러분이 빨라지기 위한 핵심 중 하나이다.

사실 우리가 배워야할 제일 중요한 스킬은 각기 다른 마찰원의 한계에서 최적의 시간을 계산하는 것이다. 한명의 드라이버는 순전히 코너링 영역에서만 대부분의 시간을 일정한 속력으로 드라이빙하고, 다른 드라이버는 액셀링과 브레이킹으로 시간을 보내며 조금은 다른 라인으로 코너를 공략한다고 생각해보자, 두 차량은 동일한 한계의 성능을 발휘한다는 조건에서 전자는 코너에서 빠를 것이며 후자는 직선구간에서 빠를 것이다.

08 코너링 기술

 여기서 중요한 것은 어떠한 라인이 베스트 랩타임이 나오는지 판단하는 것이지, 각 코너에서 무엇이 가장 빠른지를 논의하는 것만은 아니다. 코너와 직선 중의 문제라고 한다면 코너 자체를 어떻게 공략할지에 대한 생각보다는 이어지는 직선을 어떻게 달릴지에 대해 고민하는 것이 바로 승자의 생각이다(역자주: 이것은 탈출 속도를 의미하는 것이다).

 트랙에서 최적의 라인을 끊임없이(일괄적으로) 알아내기 위해서는 트랙의 다양한 특징들을 고려해야 할 것이다. 예를 들어 코너 전후의 직선 구간의 길이, 코너의 각도, 코너 안쪽과 바깥쪽의 반지름, 트랙의 경사, 그리고 노면의 마찰계수 등을 이야기하는 것이다. 또한 차량 성능의 다양성 역시 고려해야 한다. 이것은 핸들링 특성, 공기역학의 다운포스, 액셀과 브레이킹의 성능 등 다시 말하여 각 코너와 차량에 따라서 최적의 결과는 달라진다는 것이다.

 이야기가 더욱 진전되기 전에 몇 가지 기초적인 것들을 살펴보자.

기준점

 여러분이 변함없는 일정한 드라이빙을 하기 위해서는 기준점을 활용하기 바란다. 기준점은 여러분이 드라이빙을 함에 있어 집중을 하는데 중요한 역할을 해준다. 코너를 진입하는 브레이킹 시점을 정확히 파악하는데 있어서 최소의 시간과 집중이 필요하다. 예를 들어 여러분의 움직임에 의해서 차량이 반응을 하고 이를 다시 느끼는 시간을 이야기한다.

 이러한 기준점은 무엇이든 될 수 있다. 노면의 크랙(균열), 연석, 노면의 변화, 트랙 옆 벽면의 표시,

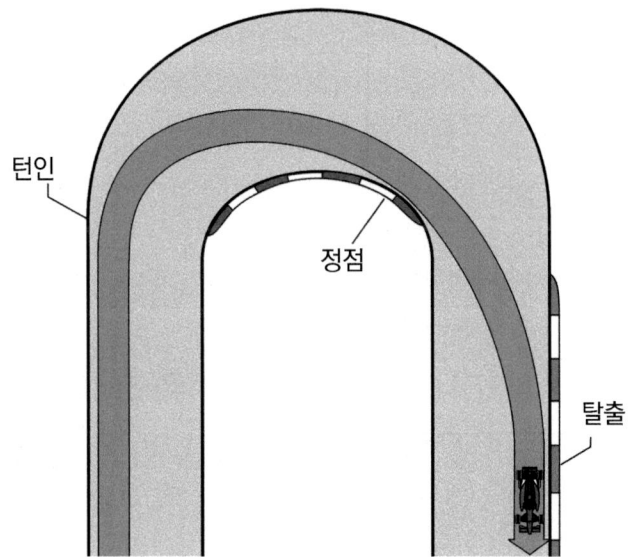

그림 8-1: 전형적인 180도 헤어핀 코너 회전시 가장 중요한 기준점 3가지 : 턴인, 정점, 탈출

카레이싱 최후의 비밀 : 아무도 가르쳐주지 않는 드라이빙 하이테크닉

오피셜 등이 될 수 있다. 레이스 중에는 오피셜과 움직이는 그림자 등도 주의해야 하지만 여기서는 언급하지 않겠다. 기준점은 꼭 시각적으로 보이거나 우리들이 보는 것만은 아니다. 여러분이 느끼거나 들을 수 있는 것들도 포함한다. 예를 들어 트랙에서 범프(bump)나 엔진 배기음이 벽에 울려 퍼지는 차이가 브레이킹의 참고가 될 수 있다.

여러분이 코너를 공략하는데 도움이 되는 가장 중요한 기준점 3가지를 순서대로 나열해 보면 먼저 턴인(Turn-in) 포인트, 정점(apex : 주로 CP라는 용어를 사용), 그리고 탈출 포인트이다(그림 8-1 참고). 각 포인트는 각기 섬세하게 다루어야 한다. 하지만 최종적인 목표는 3가지의 포인트를 먼저 시각적으로 물리적으로 점선을 이어나가듯이 부드럽고 유동적으로 병행해야 한다.

턴인은 코너에서 아마도 가장 중요할 것이다. 턴인으로 인해서 다음으로 이어지는 정점과 탈출을 얼마나 빠르게 할지 결정이 된다. 턴인 포인트는 최초로 스티어링 휠을 돌리는 영역이라 할 수 있다. 그리고 이 턴인 포인트는 코너에서 정점을 어디에 설정하는지에 따라 달라진다.

코너의 정점은 안쪽 휠을 도로 안쪽과 최대한 가깝게 붙이는 것이 포인트이다. 정점은 더 이상 코너가 아닌 직선 구간으로 나아가는 영역이라 생각할 수 있다. 다른 말로 CP(Clipping Point)라고 이야기하며 안쪽 휠이 도로 안쪽에 도달하는 지점이다.

정점은 여러분이 어디에서 어떻게 코너를 진입하느냐에 따라서 여러분이 어떻게 탈출을 하는지에 영향을 미친다.

08 코너링 기술

여러분이 정확한 정점을 알아냈는지 아는 것은 간단하다. 만약 여러분이 코너에서 탈출하면서 차량이 트랙의 아웃라인을 벗어나는 것을 막기 위해서 스티어링 휠을 더 꺾었다면 너무 일찍 정점을 잡은 것이다. 반대로 너무 늦게 정점을 잡은 것이라면 차량이 탈출에서 트랙의 아웃라인을 충분히 활용하지 못하고 코너 안쪽과 너무 가까이 있을 것이다.

만약 여러분이 코너의 정점을 지나서 스티어링 휠을 풀어주는 동작이 아니고 다른 동작을 취하고 있다면, 그것은 아마도 부적절한 라인을 타고 있는 것이다. 아마도 코너를 진입하고 정점을 너무 일찍 잡았을 것이다. 대개 정점을 지나고 나서 스티어링 휠을 타이트하게 돌리는 일은 드물기 때문이다.

정점을 완벽하게 잡았을 때 차량은 자연스럽게 탈출 포인트, 즉 트랙의 아웃라인의 끝에 최대한 붙어 주행을 하게 될 것이다. 코너를 탈출하기 위해서는 트랙의 전체를 활용해야 한다. 차량이 트랙의 아웃라인 쪽으로 넓게 탈출하도록 해주어야 한다. 이것은 차량이 부드럽고 안정적으로 균형을 잡도록 해주며 최대가속에 도달하도록 해준다. 그것은 여러분이 차량(스티어링 휠)을 풀어주도록 해준다.

나는 완벽한 정점을 잡았을 때를 알고 있다. 그것은 최대한 빡빡하게 코너를 탈출하고 트랙을 벗어나지 않고 간신히 남아있을 때다. 만약 탈출에서 트랙을 벗어나지 않기 위해서 스로틀에서 발을 떼어 속도를 줄여야 한다면 정점을 너무 일찍 잡은 것일 것이다. 반대로 탈출에서 아웃라인의 공간이 조금 남았다면 정점을 너무 늦게 잡은 것이다.

최적의 라인(THE IDEAL LINE)

코너에서 다른 라인들로 각 마찰원의 초과된 시간을 잴 수 있다. 그림 8-3은 두 가지의 가능성을 보여준다. 점선 라인은 코너의 정확한 반경인 '도로 선형(Geometric Line)'을 보여준다. 이것은 특정 코너를 가장 빠르게 주행하는 라인이다. 실선은 드라이버가 늦은 턴을 하면서 변화하는 라인을 보여준다. 이 라인은 처음에는 도로 선형보다 더 타이트하지만 직선으로 이어지는 탈출 구간이 더 넓고 회전 반경이 늘어난다.

SPEED SECRET

레이스는 코너가 아니라 직선에서 이기는 것이다.

카레이싱 최후의 비밀 : 아무도 가르쳐주지 않는 드라이빙 하이테크닉

이 두 번째 실선 라인을 바로 '최적의 라인'이라 하며, 베스트랩을 기록하는 라인이다. 이유가 뭘까? 이전에 언급을 했듯이, 어느 특정 코너의 구간을 공략하는 것만이 아니라 정확히 말하면 코너와 직선이 이어지는 구간이 중요하다. 생각해보면 빠른 탈출 속도가 코너링 속도보다 더욱 중요하지만 레이스 트랙에서 여러분은 단순히 가속하기에만 바쁠 것이다.

그 어떠한 드라이버든 코너에서 나와 먼저 가속하는 쪽이 제일 먼저 직선구간의 끝에 도달할 것이고 피니시 라인을 가장 먼저 통과한다는 사실을 잊지 말아야 한다.

코너에서 얼마나 빠르냐는 중요하지 않다. 만약 직선구간에서 모두가 여러분을 추월한다면 여러분은 절대 레이스에서 우승할 수 없다. 직선구간의 속도를 극대화하는 방법으로 코너를 주행하기 바란다.

그림 8-2의 라인을 드라이버가 주행을 하게 된다면 코너링(핸들링)만 하게 되는 구간에서 속도를 유지하며 마찰원의 한계에 다다를 것이다. 마찰원이 어떠한 것을 알려주는지 꼭 기억하기 바란다. 코너링에서 트랙션(마찰력)을 모두 사용한다면 가속을 할 수가 없다. 그러므로 코너의 끝에 도달하거나 직선구간이 보이기 전까지는 도로 선형이 가속을 허락되지 않는다.

최적의 라인은 코너가 시작되는 진입구간에서는 속도가 조금 느리더라도 남은 구간에서 부드럽게 커지는 회전반경이 가속과 빠른 탈출스피드를 허용한다. 느린 진입 속도를 수정하는 것보다 이러한 빠른 탈출 속도를 만드는 것이 이어지는 직선구간까지 빠른 속도를 유지해 준다(효과가 크게 증가하기도 한다).

SPEED SECRET

코너의 탈출 속도는 항상 진입 속도보다 더 중요하다.

최적의 라인을 주행하려 한다면 마찰원의 최대 코너링에서 너무 오래 지체하면 안 된다. 어떻게든 브레이킹과 가속 한계에 더 많은 시간을 투자해야 할 것이다.

도로 선형에서 어느 정도의 변화를 주어 라인을 달리는지 판단하는 것은 드라이버가 직면하는 아주 복잡한 문제이다. 드라이빙 라인이 너무 많이 달라진다는 것은-회전시 너무 늦고 아마 정점에도 너무 늦게 도착함- 코너의 진입에서 너무 감속을 했다는 것을 의미하며, 그 구간에서 지체된 시간을

08 코너링 기술

직선 구간에서 완전히 되찾기 어려워진다. 이것은 구간 또는 전반적인 랩타임의 결과로 나타날 것이며 이러한 라인(턴인시 너무 일찍 정점에 이르는 것)을 수정하지 않는다면, 결국 탈출과 직선 속도가 늦어지는 결과를 가져 올 것이다.

앞에서 언급을 했듯이 모든 차량과 코너에는 하나의 최적 라인만이 존재하는 것은 아니다. 동일한 차량이 다른 코너를 주행했을 때는 다른 라인을 타야만 한다. 심지어 같은 코너라 하더라도 차량의 상태에 따라 다른 라인을 주행할 수도 있다.

이러한 차이는 아주 미묘하지만, 이 모든 것으로 승자가 되거나 평범한 드라이버로 머무르거나 하게 된다.

> **SPEED SECRET**
>
> 앞 타이어가 똑바로 가도록 하는 시간과
> 스로틀을 밟는 시간이 길수록 더욱 빨라질 것이다.

일반적으로 코너가 더 짧고 타이트할수록 그리고 이어지는 직선이 더 길수록, 라인은 도로 선형으로부터 더 많이 변경될 수 있다. 다르게 이야기하면 좀 더 늦게 턴인을 하고 정점을 지정한다. 이는 차량의 가속능력이 높을수록 턴인과 정점은 늦어진다는 것과 닮았다.

많은 드라이버들을 보면 모든 코너를 똑같이 습관적으로 주행한다. 그들은 비록 한계 트랙션으로 주행하더라도 다른 조건(자동차 혹은 코너)에 적절히 맞춰 주행하는 데는 대개 실패한다. 이러한 결과는 몇몇 드라이버들이 한 차종 또는 한 트랙에서의 주행은 빠르지만 다른 트랙이나 차량을 주행하는 데에서는 서툰 모습으로 나타난다. 진정한 챔피언 드라이버는 트랙과 차에 맞춰 드라이빙 라인을 재빨리 수정할 수 있으며 항상 한계 주행을 한다.

컨트롤 단계(CONTROL PHASES)

코너링 테크닉에 대해서는 6가지의 움직임 또는 단계를 스로틀(가속 페달)과 브레이크를 조작하는 발로 알 수 있다. 6가지는 브레이킹, 트레일 브레이킹, (브레이크에서 스로틀로) 전환, 균형잡힌 스로틀, 점진적으로 진행되는 스로틀, 그리고 최대 가속이다. 각 단계에서의 시간과 타이밍은 운전하는 차량과 코너의 유형과 모양에 따라 각기 다르다. 턴인, 정점, 그리고 탈출 기준점을 공식으로 받아

카레이싱 최후의 비밀 : 아무도 가르쳐주지 않는 드라이빙 하이테크닉

들인다면 여러분은 완벽한 코너링을 성공적으로 만들어 낼 수 있을 것이다.

브레이킹 컨트롤에 대하여 좀 더 자세히 알아보자면 브레이크는 시간낭비라고 생각하기 바란다. 브레이크는 스피드를 단지 조절하는 것이지 더욱 스피드를 얻기 위하는 것은 아니다. 그렇기 때문에 만약 여러분이 평범한 서킷에서 0.1초라도 더 단축하고 싶다면 브레이킹에만 집착하지 말기 바란다.

SPEED SECRET

브레이킹 시간이 짧을수록 여러분은 더욱 빨라질 것이다.

절대 늦은 브레이킹을 하는 것이 큰 이점이 있다고 생각하지 말고, 스로틀을 더 닫는 게 아니라 열어 줘서 시간을 단축할 수 있도록 생각하고 그렇게 만들기 바란다.

레이서들은 항상 브레이크 기준점에 대해 이야기한다. 그들은 늘 코너에 진입하며 브레이킹을 얼마나 늦게 시작하는지 비교하고 자랑한다. 하지만 가장 중요한 브레이킹 포인트는 어디서 브레이킹을 시작하는가가 아니라 어디서 최대 브레이킹을 끝내는가이다. 브레이킹 포인트는 단지 참고의 개념으로 생각하고 적용하기 바란다.

대신 브레이킹을 시작할 때, 턴인 포인트에 초점을 두고 상상하면서 코너에 진입하기 위해 차량을 얼마만큼 감속하는 게 적당한지 판단해야 한다. 브레이킹 시점에서의 속도는 직선구간에서의 속도에 따라 다를 것이다. 그렇기 때문에 기준점을 계속해서 조금씩 수정할 필요가 있다. 그리고 속도를 분석하고 느껴야 하며 브레이킹 존에서 적당한 속력으로 턴인 포인트를 참고하며 안정적인 속도로 진입하는데 적응해야 한다.

나는 항상 코너에서 어느 지점이 브레이킹의 시작점인지,

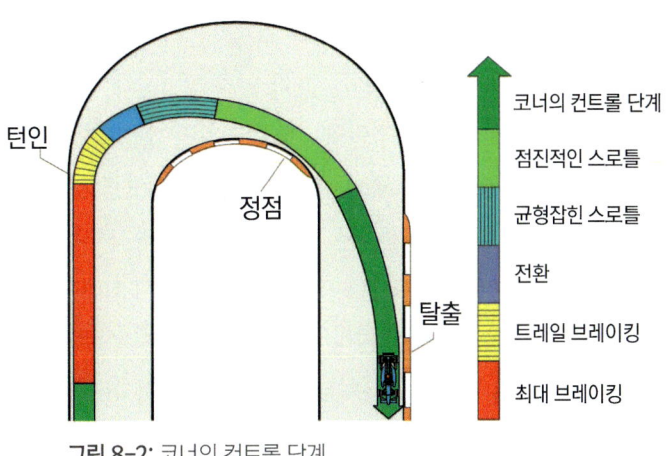

그림 8-2: 코너의 컨트롤 단계

08 코너링 기술

그리고 나의 브레이킹 포인트는 어디인지 왜 기억을 하지 못하는 가에 대하여 고민했었다. 이것은 내가 브레이킹의 시작점보다 어디서 최대 브레이킹을 끝내는지, 턴인 포인트는 어딘지, 그리고 얼마나 속도를 줄여야 하는지에 대해 더 집중함으로써 알 수 있었다. 모든 드라이버는 각자의 장점과 약점이 있다. 나의 장점중 하나는 항상 브레이킹 영역에 있었고, 나는 브레이킹이 끝나는 시점에 집중을 했다.

가장 논란이 많은 컨트롤 단계는 다름 아닌 트레일 브레이크(Trail Brake)일 것이다. 몇 몇 전문가들은 트레일 브레이크 사용을 제한할 것을 권한다. 브레이킹이 모두 끝나고 턴인 포인트에 도달할 때쯤 가속을 해주어야 하기 때문이

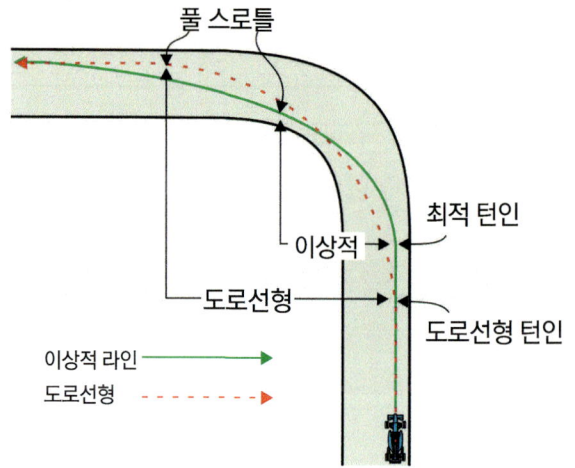

그림 8-3: 코너에서 실질적인 길이는 턴인 지점에서부터 풀 스로틀을 할 수 있는 포인트까지이다. 이 그림은 늦은 정점을 이용해서 얼마나 시간을 단축할 수 있는지 보여준다. 턴인을 빨리 했을 때 직선 구간이 얼마나 넓어지는지, 혹은 턴인을 늦췄을 때 직선이 얼마나 길어지는지에 주목하라.

다. 어떤 사람들은 모든 코너와 트랙에서 트레일 브레이크가 꼭 필요하다고 말한다. 당연하겠지만 진실은 두 의견의 중간에 있다. 어떤 차량과 코너에는 트레일 브레이킹을 많이 필요로 하지만 나머지는 약간 또는 아예 트레일 브레이킹을 필요로 하지 않는다. 이것은 코너 또는 여러분이 운전하는 차량에 따라 다르다. 여러분이 해야 할 일은 어떠한 것이 최선인지, 어떻게 트레일 브레이크를 적용할 것인지에 대해 판단할 줄 아는 능력이다.

여러분은 각 코너와 차량마다 어느 정도의 트레일 브레이크를 쓸지 어떻게 판단하는가? 스스로에게 물어보기 바란다. '차가 코너를 잘도는 걸까?' 만약 그렇지 않다면 트레일 브레이크를 좀 더 쓰며, 서서히 (트레일링) 브레이크에서 턴인을 할 때 발을 떼어낸다. 아니면 턴을 할 때 차량이 안정적이지 못하거나 불균형하게 느껴지는가? 만약 그렇다면 턴을 할 때 브레이크에서 발을 떼어 다시 스로틀로 돌아가 보도록 하라. 이러한 경우에서는 트레일 브레이크를 사용하지 않아도 된다.

브레이킹에서 액셀로의 전환은 테크닉 중 하나이며 대부분 차량의 균형에 부정적으로 영향을 미친다. 브레이크를 놓아줄 수 있어야 하며 어떻게 해서든지 최대한 빨리 스로틀로 응용 동작을 옮겨야 한다. 그러기 위해선 발을 최대한 빨리 브레이크 페달에서 스로틀로 옮겨야 한다.

이러한 연습은 되도록 승용차로 해야만 여러분이 어느 지점에서 브레이크 페달을 서서히 떼어야 하는지 그리고 스로틀을 스퀴징(미세조정)하기 시작해야 하는지 제대로 느낄 수 있다.

카레이싱 최후의 비밀 : 아무도 가르쳐주지 않는 드라이빙 하이테크닉

올바르게 실행된 브레이킹에서 액셀러레이션의 변동은 다른 무엇보다 중요하다. 이것은 완벽하고 매끄럽게 이행되어야 한다. 이것이 바로 드라이버들의 차량이 코너를 진입할 때 조금 더 높은 속도로 진입할 수 있는 한 가지 이유라고 할 수 있다. 여러분이 차량을 특정 속도로 코너를 진입하지 못한다 해서 「미하엘 슈마허」 또는 「다리오 프란치티」가 되지 못하란 법은 없다. 그 이유는 아마도 여러분이 올바른 테크닉을 사용하지 않고 차를 충분히 부드럽게 조정하지 못하거나 너무 급하게 핸들링을 해서 차량이 균형을 잃기 때문일 것이다. 다시 이야기하자면 여러분이 브레이크에서 발을 어떻게 떼는지가 매우 중요하다. 페달에서 발을 서서히 떼어야 한다. '빠르게' 차량의 밸런스를 흐트러뜨리면 안 되기 때문이다. 그리고 재빨리 액셀로 부드럽게 전환해 주어야 한다. 마치 여러분이 어느 지점에서 브레이크를 떼었는지 가속을 했는지조차 모르도록 말이다.

마찰원을 기억하기 바란다. 스티어링 포지션과 스로틀 포지션의 관계는 서로 상호작용을 한다. 스티어링 입력은 가속을 하면서 동시에 감소해야 한다. 이것은 타이어의 마찰한계가 있기 때문에 여러분은 차량을 턴할 때 타이어를 모두 쓸 수 없으며 동시에 가속을 해야 한다는 것을 예상하여야 한다. 그리고 여러분은 가속을 시작할 때 스티어링 조작과의 균형을 유지해야 한다. 그렇지 않으면 탈출 쪽 코너 안쪽으로 차량이 말려들게 되며, 종종 속도를 이겨내지 못하고 스핀의 원인이 되기도 한다.

기억하라, 비교적 동등한 차량으로 드라이버가 빠르고 강하게 가속하는 사람이 직선에서 제일 빠를 것이다. 스로틀 진행과 최대 가속 페이스, 이 모든 것들은 여러분이 꼭 알아야 하는 것들이다.

09 주행 라인(드라이빙 라인)

이번 섹션에서 나는 확실하고 합리적인(만약 아니라면, 아마도 의식적으로 눈치를 챘을 수도 있다) 물리학을 이용해 라인을 마스터하는 방법에 대하여 논의하고 싶다. 코너 스피드는 코너 반경과 비례한다.

이것이 무엇을 의미하는 것일까? 코너에서 속도를 낼수록 코너의 반경은 커진다. 반대로 코너의 반경이 타이트할수록 주행을 천천히 하여야 한다. 간단하지 않은가? 그리고 내가 언급을 했던 것처럼 만약 여러분이 의식적으로 생각하지 못했더라도 직감적으로 또는 잠재적으로 알고 있었을 것이다.

당연히 브레이킹을 풀어주기 전 타이어의 최대한계와 코너 전체에서 미끄러지기 시작하여 차량의 한계치를 느끼며 운전하는 것을 이야기하는 것이다.

지금부터 이러한 물리적인 이야기를 하나씩 논의해보도록 하자. 여러분이 직감적으로 알고 있듯이 코너반경이 타이트하거나 코너를 빠르게 주행하면 할수록 차량의 G포스가 더 생성되어 G포스를 더 많이 느끼게 될 것이다. 우리는 G포스에 대하여 직감적으로 알고는 있지만 진정으로 그것의 의미가 무엇인지에 대해서 생각해 볼 필요가 있다.

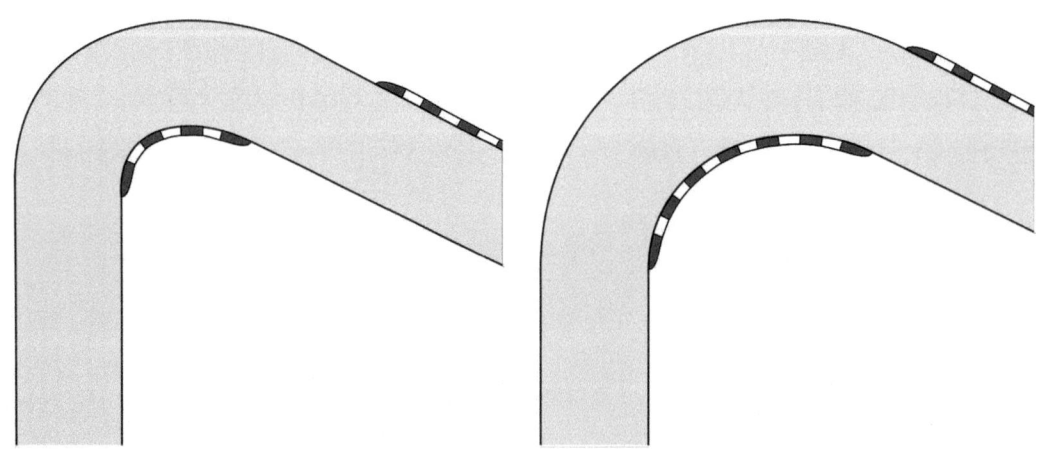

그림 9-1: 여러분은 어느 코너가 더 빠르게 주행할 수 있다고 생각하는가? 당연히 더 큰 반경을 가진 코너이다. 여러분이 주행하는 라인도 같은 이론이 적용된다. 반경이나 원호(arc)가 클수록 더 빨리 주행을 할 수 있다.

G포스는 차량에 가해지는 횡력(橫力, lateral force)인데, 코너를 돌 때 1.0G란 중력과 같은 힘이 차량을 옆(횡 방향)으로 밀어준다.

그럼 지금부터 이러한 두 가지 사실(속도는 코너반경과 비례하며 속도가 빠르거나 코너 반경이 타이트할수록 G포스 값은 높아짐)을 두고 하나의 수학식으로 서술을 하면 다음과 같다 : $S=G/R$(S=속도, G=횡방향의 G포스, R=코너의 반경). 다르게 설명을 하자면 여러분이 코너를 주행할 수 있는 속

카레이싱 최후의 비밀 : 아무도 가르쳐주지 않는 드라이빙 하이테크닉

도는 많은 양의 G포스가 발생하는 것에 비례하며 코너 반경에는 반비례한다.

다시 짚고 넘어가면 왜 이러한 것을 여러분이 알아야 하는 것일까? 이러한 이론 때문에 여러분이 정확한 물리학과 수학을 알 필요는 없다. 여러분이 정확히 알아야 할 것과 그 의미는 어떠한 코너를 지나가는 차량의 속도는 차량에서 발생하는 G포스의 양과 코너의 반경으로 알 수 있다는 것이다. 여기서 발생하는 G포스의 양은 차량이 가지고 있는 기계적이고 공기역학적 그립과 타이어 그립을 극대화하여 차량의 밸런스를 잡을 수 있는 여러분의 능력, 그리고 코너의 반경에 의해 결정된다.

여러분의 드라이빙에 관해서는 속도를 극대화하기 위한 두 가지 영역이 있다: 코너의 반경과 차량의 밸런스 유지이며 차량의 밸런스 유지는 코너의 진입, 중간, 탈출의 섹션에서 논의를 하기로 하고 먼저 코너 반경에 대해 이야기해보자.

가능한 한 가장 큰 반경을 이용해 코너를 돌아가는 것을 '도로선형(geometric line)'이라고 부른다. 이 라인은 컴퍼스로 그려지며 트랙의 모든 노면을 사용하여 바깥쪽 끝에서 안쪽 가장자리, 그리고 다시 바깥쪽으로 그려지면 변함없는 반경을 유지할 것이다. 그림 9-3을 보기 바란다.

만약 트랙을 모두 활용하지 않고 코너 반경을 줄이려고 한다면 여러분의 최대속도는 상당히 감소할 것이다. 예를 들어 트랙의 아웃라인에서 1ft(30.48cm) 안쪽에서 코너에 진입한다면 코너의 회전반경은 1%정도 감소한다. 1%가 무슨 의미가 있을까? 대부분 상설서킷에서 0.5초의 의미를 가지기 때문에 트랙의 노면을 최대한 이용하는 것이 얼마나 중요한지 충분히 느낄 수 있을 것이다.

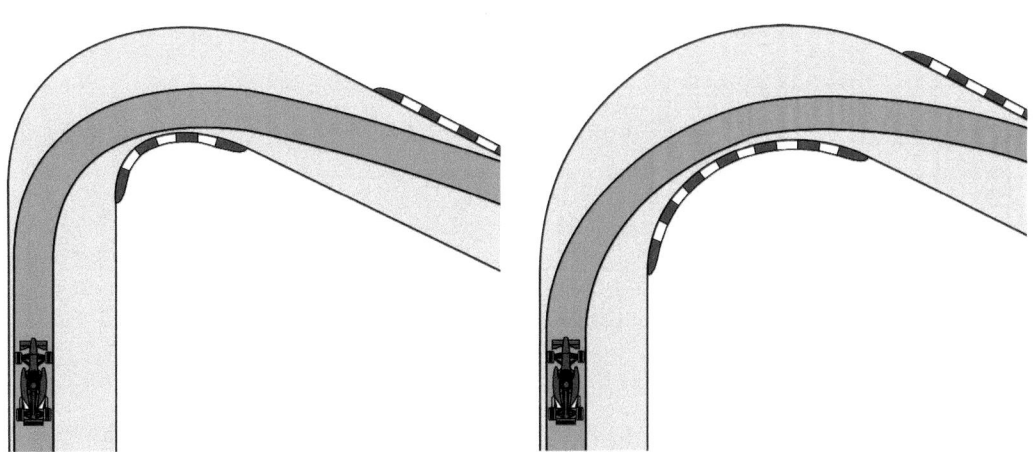

그림 9-2: 두 코너의 정점 포인트를 비교해보자. 왼쪽의 라인은 회전반경이 작고 타이트하기 때문에 반경이 넓은 코너보다 늦은 정점을 사용한다. 일반적으로 코너의 반경이 클수록 정점은 앞당겨진다. 그 이유는 반경이 클수록 코너에서 최대 속도를 유지할 수 있기 때문이며 코너를 빠져나오면서 가속에 크게 의지할 필요가 없기 때문이다.

09 주행 라인(드라이빙 라인)

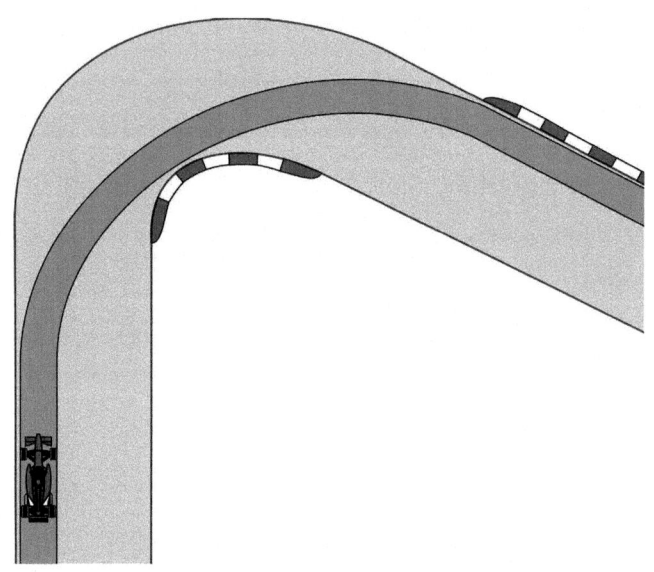

그림 9-3: 도로선형이 단독 코너에서는 가장 빠른 주행 코스일수는 있으나 트랙에서는 항상 가장 빠른 길이 되진 않는다.

　도로선형으로 돌아가 보자. 도로선형이 각 특정 코너를 가장 빠르게 빠져나가는 라인일지라도 전체 트랙에서 가장 빠른 라인이라고 할 수 없다. 그 이유는 턴을 함에 있어서 무언가 더 중요한 것이 있기 때문이다. 그것은 바로 직선구간이다. 만약 여러분이 단 한번이라도 레이스를 해 본적이 있다면 경쟁 상대를 코너에서보다는 직선구간에서 추월을 하는 것이 더욱 쉽다는 것을 이미 알고 있을 것이다. 하지만 빠른 직선구간에 의해서 랩타임이 줄어든다는 것이 결코 여러분에게 시간적 여유를 많이 준다고 확신할 수는 없다.

　정확하게 말하자면, 직선구간에서 속도를 극대화하여 드라이빙하더라도 코너에서 아주 느린 속력으로 주행한다면 의미가 없다는 것이다. 그리고 빠른 가속, 즉 최적의 라인으로 주행하기 위해서는 도로선형으로부터 여러분이 주행하는 라인을 일부 변형시켜주어야 한다. 대부분의 경우 턴인을 늦춰 정점과 탈출 라인을 잡아 주행하는 것을 의미한다. 그림 9-4를 한 예로 보자.

　늦춘 턴인, 정점, 그리고 탈출의 장점은 아래와 같다.

- 여러분은 코너에서의 시간을 최소화하게 될 것이다. 여러분이 직선 구간 또는 코너에 있을 때 언제 차량을 컨트롤해야 할까? 혹시 더 큰 반경에서 더 빠르게 드라이빙할 수 있다고 이미 결론을 내리진 않았는가? 코너에서 소요되는 시간이 줄어들수록 그만큼 직선구간 또는 직선과 가까운 구간에서 더욱 많은 시간을 벌 수 있다.

카레이싱 최후의 비밀 : 아무도 가르쳐주지 않는 드라이빙 하이테크닉

- 여러분은 가속을 조금 더 일찍 할 수 있을 것이다. 최대한 빨리 브레이크에서 액셀 페달로 돌아와 코너에서 탈출하며 가속하기 시작하여 이어지는 직선구간이 더욱 빨라질 것이다.
- 브레이킹이 약간 늦게 들어가기 때문에 직선구간에서 속도를 좀 더 길게 유지할 수 있다. 그 이유는 코너 진입을 늦게 시작하기 때문에 직선구간에서 턴인 시점까지 길어지며, 그 때문에 그만큼 속도를 더욱 길게 유지할 수 있다.
- 그리고 여러분은 코너를 좀 더 잘 볼 수 있다. 코너에서 핸들링 동작이 늦게 들어감에 따라 코너의 상태를 좀 더 잘 보고 확인할 수 있다. 대부분의 상설 로드서킷에서는 시야를 가리는 장애물이 없기 때문에 이러한 시선처리가 큰 도움이 안 되겠지만, 시가지 코스나 서킷에서 시멘트벽이나 펜스로 인한 블라인드 코너에서는 많은 도움이 될 수 있다.

물론 이러한 이점들이 있는 반면 단점들도 나타난다. 먼저 턴인이 늦어지기 때문에 턴인의 초기에는 회전반경이 타이트해진다. 이것이 무슨 뜻인지 이해를 할 것이다. 바로 속도가 감소한다는 것이다. 하지만 이러한 장·단점의 균형을 맞추는 것은 쉬운 결정이다. 이는 코너를 진입하기 전 속도를 조금 더 줄여야 하지만 대신 직선구간에서 조금 더 일찍 가속하기 위함이다.

지금 나는 코너에서 늦은 정점을 이용할 때 나타나는 이점들을 여러분에게 이해시키고자 설명을 하였다. 이러한 턴의 분석과 정점이 늦어지는 라인이 모든 코너에서 적용 가능한 것일까? 꼭 그렇지만은 않다. 지금부터 가장 일반적인 원칙에 대해 알아보도록 하겠다.

SPEED SECRET

코너에서 빠를수록 도로선형에 더 가깝게 타야하며, 코너에서 느릴수록 정점을 늦게 가져가면서 라인을 수정해야 한다.

자 그럼 이러한 사례에 대하여 살펴보도록 하자.

속도의 변화

속도의 변화. 이 말을 기억하기 바란다. 코너 진입과 탈출에서 속도의 변화는 커지며 차량이 가속하도록 라인을 최대한 직선으로 만들어 주는 것이 중요하다. 다시 말하면 코너에서 느릴수록 정점에 도달하는 것을 늦춰야 한다. 코너에서 기어단수가 1단 혹은 2단이라고 하면 4단, 5단일 때의 코너보다

09 주행 라인(드라이빙 라인)

속도의 변화를 더 만들어 낼 수 있기 때문에 저속코너에서 정점을 늦춰야 할 것이다.

여러분이 알고 있는 코너의 반경과 속도를 바탕으로 책에서 설명한 일반적인 내용에 대해서 다음과 같이 이해할 수 있을 것이다. 반경이 타이트할수록 정점은 늦어진다. 반경이 클수록 정점은 당겨지거나 도로선형과 가까울 것이다. 간단히 설명하면 속도가 느린 헤어핀과 같은 코너에서는 지나치게 빠른 턴보다 정점을 늦추는 것이 더 중요하다.

다시 한 번 이러한 이유는 여러분의 속도의 변화와 관련이 있음을 강조한다. 여러분이 헤어핀에서 탈출하면서 가속을 강하게 하면 속도의 변화는 상대적으로 높을 것이다. 하지만 한계 이상으로 빠른 속력으로 턴을 하게 된다면 여러분이 주행하면서 빨라지기 위해 가속할 수 있는 가능성은 줄어들게 될 것이다.

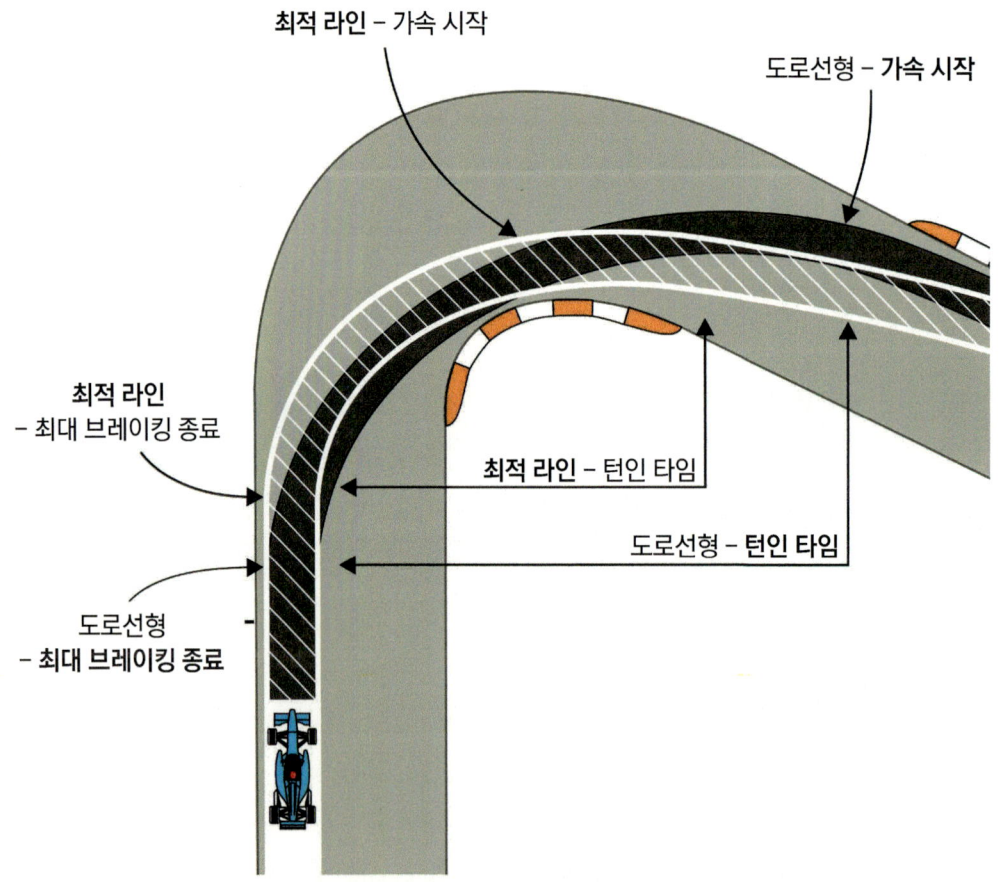

그림 9-4: 최적의 라인(백색 실선)을 주행한다는 것은 코너의 진입이 조금 느려지고 최초의 회전반경이 좁아지지만, 이것은 여러분이 가속을 조금 더 일찍 할 수 있게 해주며 이어지는 직선구간에서 더욱 빠르게 속도를 낼 수 있도록 해준다. 또한 코너링 시간을 단축하고 브레이킹과 가속에 더 많은 시간을 주게 된다.

카레이싱 최후의 비밀 : 아무도 가르쳐주지 않는 드라이빙 하이테크닉

만약 이해하기가 어렵다면 여러분 스스로에게 질문해보기 바란다. "내 차가 과연 시속 80km에서 100km까지 도달하는 것만큼 시속 160km에서 180km까지도 빠르게 가속할 수 있을까?" 질문의 답은 당연히 "아니다" 이다. 그 어떠한 차라도 엔진 토크나 출력에 관계없이 높은 기어 단수보다 낮은 기어 단수에서 가속을 좀 더 빨리할 수 있다.

이와 같이 일반적으로 느린 코너에서의 목표는 턴인과 정점이 늦어지고 강한 액셀링을 필요로 할 때 회전반경을 크게 만들어 주행하도록 한다. 고속 코너처럼 가속하는 것이 제한이 될 때는 턴인과 정점을 빨리 가져오고 코너에서 속도를 조금 더 끌어올리도록 유지해야 할 것이다.

여기서 고려해야 하는 또 다른 요소는 어떻게 최초의 턴인을 날렵하게 할 것인가이다. 분명 코너에서 턴인과 정점이 늦어지면 보다 날카로운 회전반경으로 드라이빙을 해야 한다. 이 정도면 여러분도 무슨 의미인지 이해를 했을 것이다. 바로 느린 속도이다.

반면 빠른 코너에서는 최초 턴인이 날카롭게 이루어지기보다는 속도를 좀 더 끌어내도록 해주어야 한다.

턴인과 정점을 늦게 가지고 간다는 것은 빠른 코너의 턴인 테크닉보다 속도에 따른 스티어링 휠의 조작과 트레일 브레이킹의 양과 타이밍 등에서 차이가 난다는 것을 의미한다.

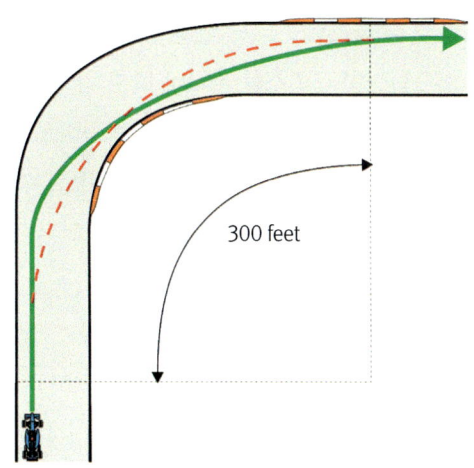

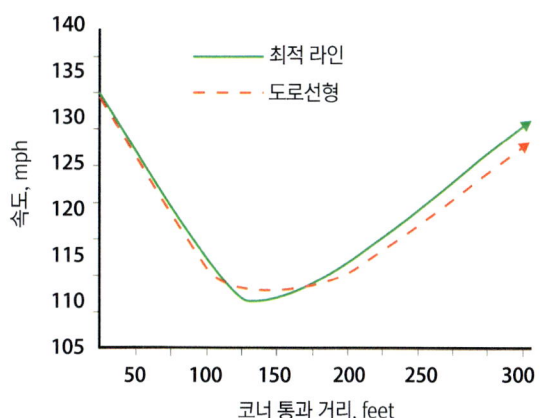

그림 9-5: 그래프는 코너에서 주행 중인 차량의 속도와 거리를 나타내고 있다. 빨간 점선은 도로선형이며, 실제 코너를 빠르게 지나갈 수 있는 라인이다. 초록색 실선은 최적의 라인이며 적색 라인과 비교해 보면 코너진입 전 속도를 좀 더 감속하지만 가속을 빨리할 수 있고 탈출 속도는 더욱 더 빠르다는 것을 알 수 있다. 탈출에서 가속이 이어져 증가하고 직선까지 나아갈 수 있을 것이다.

09 주행 라인(드라이빙 라인)

G포스의 중독자들

나를 포함하여 레이스를 하거나 다른 퍼포먼스 드라이빙에 관련된 사람들을 나는 'G포스 중독자들'이라 부른다. 우리들은 G포스에 중독되어 있다. 이것은 한 방향으로 쏠리는 것을 말한다. G포스가 더 클수록 좋으며 서킷에서 경주를 하는 이들은 이러한 것이 좋은 현상이다. 이유는 앞에서 언급을 하였듯이, G포스가 크다는 것은 그만큼 빠르다는 것이다. 하지만 그것이 항상 사실만은 아니다. 실제로 G포스를 느낄 수 있는 두 가지 방법이 있다.

- 속도를 높여라 (내가 마지막으로 체크한 레이스 드라이빙의 목표 중 하나이다!).
- 코너의 반경을 줄여라 (코너의 라인이 타이트할수록 G포스를 더 느낄 수 있다. 하지만 여기서 오류는 여러분이 코너의 반경을 줄일 때마다 속도를 감소시켜야만 하며 첫 번째 목표와는 거리가 멀어지게 된다는 것이다).

카레이싱 최후의 비밀 : 아무도 가르쳐주지 않는 드라이빙 하이테크닉

  그러므로 여러분은 G포스 중독에 만족하기 위해서는 의식적으로 알고 있는 것을 제외하고 코너의 반경을 더욱 타이트하게 해주어야 할 것이다. 그렇지 않다면 G포스를 최대한 줄이지 않는 주행을 해야 할 것이다. 이러한 주행은 코너를 탈출하면서 스티어링 휠과 차량을 풀어주지 않는 것으로 볼 수 있다.

  최종적인 목표는 증가하는 속도에 의한 G포스만 올려주는 것이다. 실제로 최적의 라인을 주행하는 목표중 하나는 G포스를 최소화하여 속도를 높임과 동시에 속도에 따른 G포스를 함께 올리는 것이다.

  다시 한 번 타협으로 돌아가 보자. 턴의 반경을 넓히고 코너를 빠르게 빠져 나간다. 하지만 늦은 턴인과 정점으로 수정(코너 전 타이트한 회전반경)할수록 가속을 빨리 할 수 있고 직선구간에서 보다 빨라질 수 있다. 여러분이 레이스를 하는 모든 트랙의 각 코너는 도전이며 레이스 드라이빙에서 있어 제일 큰 도전은 최상의 타협으로 최적의 라인을 찾는 것이다.

10 코너의 우선순위

레이스 트랙에서 일부 코너들은 다른 그 무엇보다 더욱 중요하다. 빠른 랩타임과 레이스를 이기기 위해서는 어느 구간에서 빠르게 달리는지 그리고 (비교적) 느리게 달리는지를 정확하게 알고 있는지에 따라서 결정된다. 어떠한 트랙에서도 배움에 있어서 우선순위에 따라 가장 중요한 것을 먼저 배우는 것에 집중하기 바란다.

코너의 우선순위

레이스 트랙의 다양한 코너에서 우선순위를 정하는 중요한 이유가 3가지 있다.

- 트랙을 알아가고 공략함에 있어서 한 번에 모든 코너를 알아간다는 것은 쉽지 않다. 한 번에 한 개 또는 두 개의 코너를 공략하는 것이 가장 쉬우며 여러분이 어느 정도 공략이 된다고 판단이 되면 다음 코너로 넘어가면 되는 것이다. 그리고 여러분이 최종적으로 가장 어렵고 취약하게 느껴지는 코너가 어떤 코너인지 느꼈을 때 그 코너를 어떻게 제대로 공략할 수 있을지 좀 더 집중하도록 한다.
- 차량의 셋업(setup)을 타협하여 다른 코너보다 한 코너에 집중하여 맞춰야 할 때가 있다. 이러한 경우는 가장 중요한 코너에 맞춰 차량 세팅을 하는 것이 최상이다.
- 여러분이 레이스 트랙을 잘 안다고 하더라도 지속적으로 여러분의 드라이빙 테크닉을 새롭고 다양한 각도로 접근하여 더 빠르게 달릴 수 있는 결과가 나오도록 노력해야 한다. 그것을 이행할 때 여러분은 다른 코너를 위하여 어느 한 코너의 속도를 종종 타협해야 할 때가 있다. 만약 어느 코너가 가장 중요한지 알고 있다면 다른 어떤 코너를 타협해야 하고 또 타협하지 않아도 될지 알 수 있을 것이다.

트랙에서 어느 코너가 가장 중요한지 알아보기 위해서는 두 가지 방법이 있다. 첫 번째는 어느 코너가 가장 빠른 랩타임을 만들어 줄 수 있는 이점을 가진 코너인가이다. 두 번째는 어느 코너가 여러분에게 가장 도전적인 코너인지이다.

오래전 정석은 가장 긴 직선으로 향하는 코너가 랩타임에 가장 중요하다고 여겼다. 하지만 새로운 정석은 긴 직선을 향하는 코너들 중에서 가장 빠르게 이어주는 코너가 가장 중요하다는 것이다. 일반적인 트랙에서는 대부분 비슷한 길이의 직선 구간을 가지고 있다. 그렇다면 어떠한 코너가 가장 중요한 코너일까? 시속 60km로 주행하는 헤어핀 코너가 직선과 이어져 있다고 해도 시속 120km로 주행하는 다른 코너보다 조금 더 오래 걸린다. 고속코너에서의 개선은 속도에서 최대의 이득을 볼 수 있는 결과를 만들어 낼 것이다. 이것은 어느 코너가 가장 긴 직선과 이어져 있는지 알아내는 것만큼 간단하지 않다.

카레이싱 최후의 비밀 : 아무도 가르쳐주지 않는 드라이빙 하이테크닉

SPEED SECRET
가장 중요한 코너에 제일 먼저 집중하고 가장 중요도가 낮은 코너는 마지막에 공략하도록 한다.

가장 도전적이거나 어려운 코너는 중요한 코너를 결정짓는데 있어서 중요한 요소이기도 하다. 일반적으로 가장 어려운 코너가 여러분의 랩타임에 가장 큰 향상을 줄 것이다. 그 이유는 간단히 말해 그 코너에서 가장 완벽하지 않기 때문이다. 그리고 당연하겠지만 그것이 여러분에게 있어 도전적이라면 여러분의 경쟁자들에게도 그러할 것이다. 즉, 그것을 완벽히 공략만 한다면 다른 경쟁선수들보다 더욱 큰 이득이 될 것이다.

여러분이 트랙을 분석할 때 단지 3가지 유형의 코너를 찾을 수 있을 것이다.
1. 직선을 향하는 코너
2. 직선의 끝에 오는 코너
3. 두 코너가 연결된 코너

일반적인 사람들은 랩 스피드에 관해서 가장 중요한 코너가 직선 구간과 연결된 코너라고 믿고 있다. 다음으로 중요한 것은 약간의 직선구간이 있는 직선의 끝과 가까운 코너이다. 이러한 코너의 우선순위를 정하는 것은 1971년 「앨런 존슨」이 쓴 《경쟁하는 드라이빙(Driving in competition)》으로 인해 유명해졌다.

이러한 추론은 직선을 달리는 것이 더 쉽고, 대부분의 트랙에서 코너보다 직선에서 가속하는데 시간을 더욱 소비하

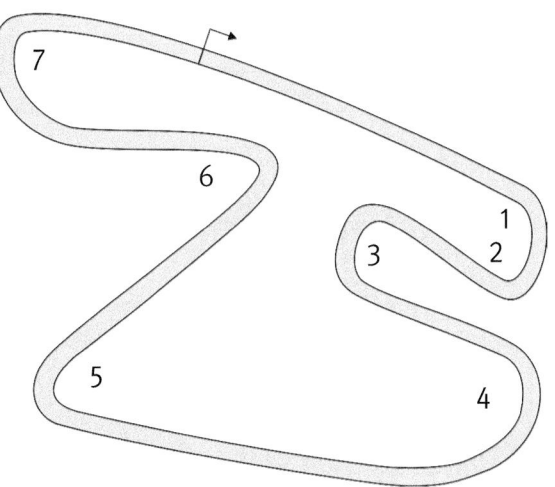

그림 10-1: 그림의 트랙에서 가장 중요한 코너는 어느 것일까? 가장 긴 직선구간이 연결된 7번 코너일까? 아니면 긴 직선구간과 연결된 가장 빠른 고속코너 4번일까? 답은 4번 코너이다. 그럼 제일 중요도가 낮은 코너는 몇 번일까? 아마도 2번과 3번 코너일 것이다. 이유는 이어지는 직선 구간이 길지 않기 때문이다.

10 코너의 우선순위

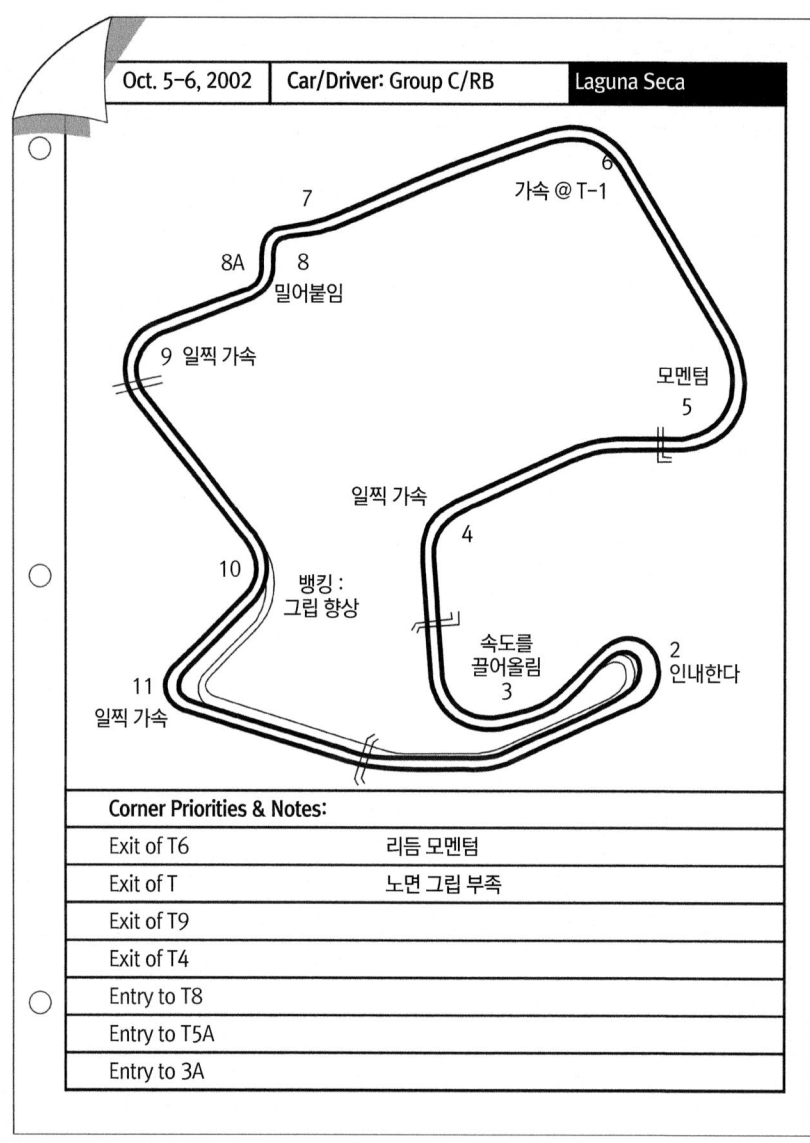

그림 10-1: 트랙에 가기에 앞서, 앉아서 트랙 코너의 우선순위와 그 외 중요한 포인트들과 트랙 주행에 있어 필요한 준비사항들을 생각하고 정리하며 적어보자.

기 시작하면서 생겨났다. 가장 중요한 것은 직선구간의 속도를 극대화시켜 가속시간을 최대한 가져가는 것이다.

직선 구간을 향한 코너는 직선 구간에서의 속도를 결정짓는다. 만약 가속을 일찍 하지 않는다면 직선에서 느려지는 것은 당연하다.

카레이싱 최후의 비밀 : 아무도 가르쳐주지 않는 드라이빙 하이테크닉

이러한 분석과 코너별 우선순위를 정하는 것은 나쁘지 않은 스타트이다. 하지만 만약 레이스에서 우승을 하고 싶다면 이것보다 더 많은 것들이 필요하다.

SPEED SECRET

여러분은 어떤 구간에서 빨라져야 하는지 알아야만 우승할 수 있다.

트랙에서는 저속코너보다는 고속코너에서 훨씬 더 많은 차이를 가져온다. 고속 코너에서는 여러분이 시속 1km의 적은 양의 가속일지라도 저속코너에서 보다 감소한 속력을 되찾기가 더욱 어렵다. 예를 들어 약 시속 80km의 속도로 주행이 가능한 코너와 약 시속 190km로 주행이 가능한 코너에서 여러분이 시속 10km를 감속해야 하는 실수를 했다고 가정하자. 이때 재가속을 통해 감속한 시속 10km를 되찾는 것이 시속 70km에서는 비교적 쉽게 이루어지지만 시속 180km에서는 빠르게 가속을 할 수 없다는 것이다.

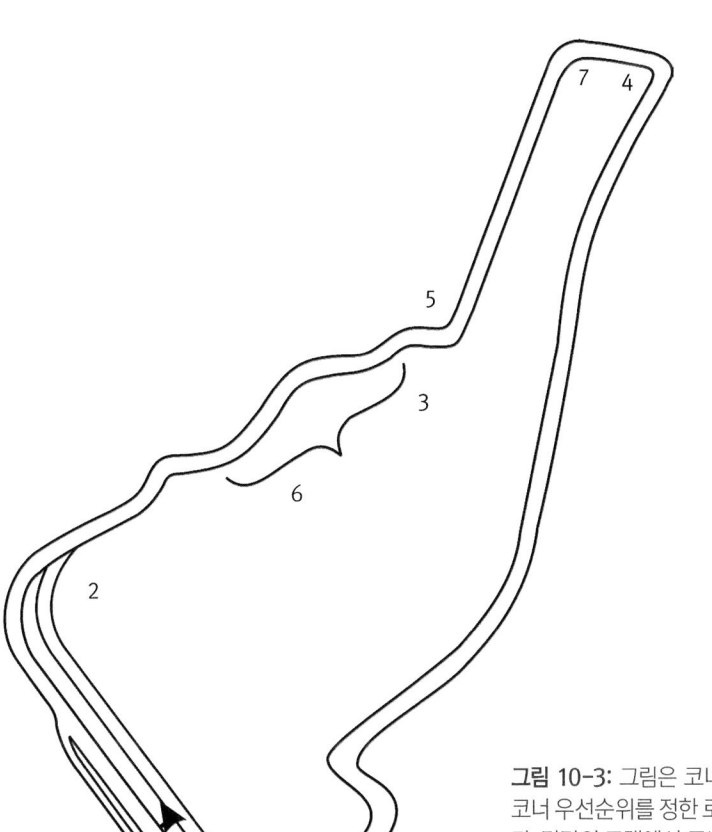

그림 10-3: 그림은 코너의 속도와 직선구간의 길이를 바탕으로 코너 우선순위를 정한 로드 애틀랜타(Road Atlanta)의 코스도이다. 각각의 트랙에서 코너 우선순위를 정하는 것은 여러분이 가장 먼저 집중해야 하는 드라이빙과 차량의 셋업이 무엇인지 이야기하고 정리하여 적어보자.

10 코너의 우선순위

　가장 빠른 고속 코너가 제일 중요한 또 다른 이유는 많은 드라이버들이 위축되기 때문이다. 대부분의 경우 저속 코너를 배우고 공략하기는 쉽지만 고속 코너는 그렇지 않기 때문에 고속 코너를 빠르고 완벽하게 공략한다면 레이스에 상당한 이득을 볼 수 있을 것이다. 이러한 이유로 트랙에서 가장 중요한 코너는 직선구간을 향하고 있는 제일 빠른 고속코너이다. 두 번째로 중요한 코너는 직선구간을 향해있는 그 다음으로 빠른 고속 코너일 것이며 이렇게 직선 구간을 향한 각 코너의 속도에 따라 중요도가 정해진다.

　그 다음으로 중요한 것은 직선구간의 끝에 있는 코너이다. 즉 가장 빠른 코너를 시작으로 느린 코너 순으로 공략을 하면 된다.

　마지막으로 코너와 코너가 연결된 구간에서의 속도에 집중하기 바란다.

　어느 구간에서 여러분의 차량이 최상으로 움직이는지 분석하라. 이것으로 더욱 중요한 코너에서 차량을 적당히 변화시키거나 그렇지 않게 타협할 수 있다. 다시 한 번 정리를 하자면 우선순위를 정하는 것은 직선구간을 향한 고속 코너에서 차량 핸들링을 잘하는 것이다.

SPEED SECRET

가장 중요한 코너는 직선구선을 향하는 고속 코너이다.

카레이싱 최후의 비밀 : 아무도 가르쳐주지 않는 드라이빙 하이테크닉

11 다른 코너, 다른 라인

직선 구간을 향한 코너(그림 11-1)의 최적의 라인은 정점이 코너의 2/3 정도로 늦다. 이것이 코너에서 가속을 빨리 할 수 있도록 해준다.

직선을 향한 그 어떠한 코너에서도 브레이킹을 일찍 시작하고 차량의 밸런스를 유지하면서 턴인을 하고 직선구간에서 강하게 가속하는 것이 최고이다.

직선구간을 지나 나오는 코너 그림 11-2(이어지는 직선구간이 짧아 추월을 하거나 추월당하지 않는)에서는 빠른 정점을 필요로 한다. 그 이유는 여러분이 코너의 탈출에서 많은 이득을 볼 수 없기 때문에 직선 스피드로 진입의 이득을 최대한 끌어내고자 할 것이다. 이것을 위해서는 최대한 브레이킹을 늦게 하고 정점은 일찍 가져가며, 코너를 들어가면서 브레이킹을 유지하면서 다음 코너를 준비하고 차량의 자리를 잡아주어야 한다.

나는 여러분이 '직선구간 끝에서의 많은 코너들은 또다시 직선을 향하고 있다'라고 말할 수도 있을 거라 생각한다. 그 말도 맞다. 만약 이러한 경우라면 직선을 향하고 있는 코너라고 생각하고 정점을 늦게 설정한다. 다시 말하면 직선 스피드가 중요하다는 것이다. 직선 구간을 향하는 코너는 항상 직선 구간의 끝을 넘어서 우선권을 가진다. 이러한 유형의 코너를 많이 경험 해보지 못했겠지만 분명 존재하고 있으며 중요한 것은 이러한 경우를 인지하고 어떻게 다룰 수 있는가이다.

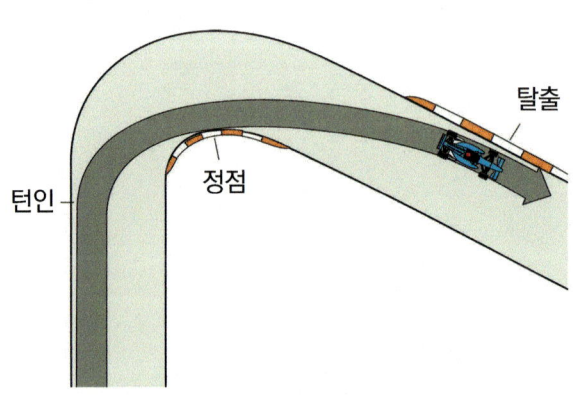

그림 11-1: 직선을 향하는 코너를 공략하기 위해 여러분의 우선순위는 직선 구간을 향하는 코너의 탈출 속도이다. 즉, 상대적으로 늦은 턴인과 정점(코너의 약2/3 지점), 빠른 가속, 그리고 탈출시 트랙의 노면폭 전부를 사용해야 한다. 상대적으로 같은 차량이 주어졌을 때, 가속을 일찍 하는 드라이버가 직선구간에서 가장 빠를 것이다.

마지막 유형의 코너는 복합(연속) 코너이다. 즉 코너가 두 개 또는 그 이상 연결되어 있는 것이다. 그림 11-3과 같이 'S'자형 굴곡을 의미한다. 여기서 중요한 것은 직선 구간과 연결되는 마지막 코너를 대비하여 준비한다는 것이다. 마지막 코너는 직선 구간을 향하는 코너로 항상 늦은 정점으로 공략을 해야 한다. 연속 코너에서 첫 번째 코너는 그리 중요하지 않으며 마지막 코너에 집중해야 한다. 이러한 복합 코너는 리듬을 타듯이 부드럽게 주행을 해야 한다.

카레이싱 최후의 비밀 : 아무도 가르쳐주지 않는 드라이빙 하이테크닉

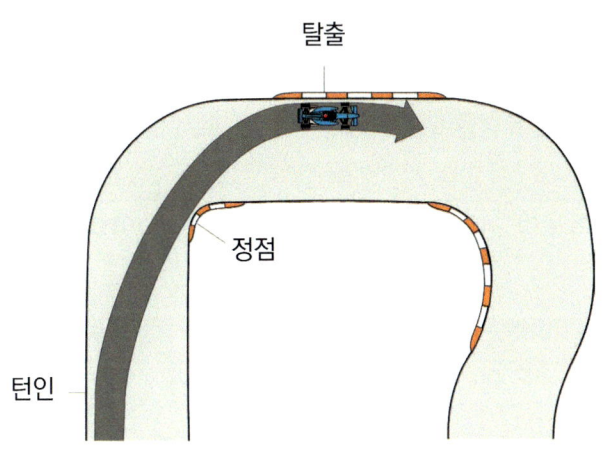

그림 11-2: 직선 끝 코너에서 여러분의 목표는(이어지는 코너가 또다시 직선구간을 향하지 않는다면) 턴할 때 브레이킹으로 직선구간을 최대한 길게 만들어주는 것이다. 여러분이 정점을 지나 충분히 차량의 속도를 줄였다면 반경을 좁히고 탈출 포인트를 향하기 바란다.

복합 코너를 탈 때, 여러분의 주된 고민은 가장 마지막 코너일 것이다. 다시 한 번 정리하자면, 직선을 탈출하여 최적의 속도를 유지해 나가는 것에 집중하자. 코너들은 직선 구간과 연결되는 마지막 코너를 향하여 퍼포먼스를 극대화시키는 드라이빙이 필요하다.

코너링 속도

각 차량마다 최적의 속도와 코너를 조합해서 계산을 해주는 첨단장비가 있었으면 하지 않는가? 그것은 존재한다. 타이어회사와 F1, 일부 인디카 팀들은 코너링 스피드를 바탕으로 섀시의 셋업 그리고 타이어 구조와 컴파운드 등을 측정하는 정교한 컴퓨터 시뮬레이션 프로그램을 사용한다.

차량과 트랙에 대한 수백 가지의 변수들을 입력하면, 컴퓨터가 차량이 주행할 수 있는 한계치 내에서 정확한 이론적인 속도를 결정해 줄 것이다. 여기서 놀라운 것은 뛰어난 드라이버들은 컴퓨터가 산출해내는 기록보다 더욱 더 빠르다는 것이다. 그렇기 때문에 트랙에서 특정 코너를 어떠한 속도로 주행하는지 알아내는 것은 컴퓨터가 아닌 드라이버의 몫이다.

아주 간단한 수학공식을 이용하여 코너에서의 이론적인 최대 속도를 대략적으로 계산할 수 있다. 단, 기본적인 정보는 알아야 한다(코너의 경사가 없다는 가정 하에 코너의 반경과 트랙노면, 그리고 타이어의 마찰 등). 이러한 수학적 계산은 실상에서는 그 가치가 적다. 여러분이 이렇게 계산된 속도로 정확히 코너를 주행할 수 있을까? 이러한 연습이 과연 드라이버들에게 어떠한 의미가 있고 드라이빙 포인트를 알려줄 수 있을까?

예를 들어, 이론적으로 최대 코너링 속도가 시속 130km인 90도 오른쪽 코너를 생각해 보자. 트랙노면 전체를 사용하지 않고, 트랙의 끝에서 약 30cm 정도 떨어진 곳에서 코너를 진입하여 탈출 역

11 다른 코너, 다른 라인

시 아웃라인을 30cm정도 남기고 주행을 했다고 하자. 여러분은 코너의 반경이 줄어들어 이론적으로 최대 속도가 시속 128km 정도로 줄어든다. 속도에서 단지 1%보다 조금 더 줄어들었지만 1분의 랩타임에서 1%는 0.5초보다도 더 크다. 결국 트랙을 모두 사용하지 않음으로서 많은 시간을 허비하는 것이다.

이러한 증명은 트랙에서 사용가능한 조금의 노면도 매우 중요하다는 점과 최적의 라인이 여러분의 코너링 속도에 얼마나 중요한지 보여준다.

정확한 라인과 연결되어 코너를 공략할 때, 여러분은 마찰력과 속도의 섬세한 감각을 발달 시켜야 할 것이다. 기억할 것은 코너의 반경을 키우는 것은 여러분이 달릴 수 있는 속도증가에 영향을 미친다는 것이다.

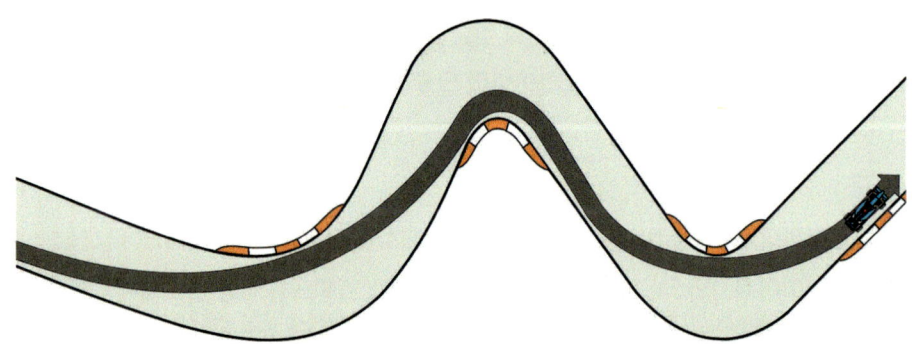

그림 11-3: 연속으로 두 개 이상의 코너가 연결되는 트랙을 통과할 때 당신이 가장 신경 쓸 내용은 이어지는 직선 코스에서의 탈출속도이다. 그것은 때론 코너에서 최대 속도를 얻기 위해 이어지는 이전 코너의 라인을 희생시키는 것이 필요하다.

승리를 위한 우선순위들

승자와 패자는 한계점에서 어떻게 드라이빙을 해야 하는지 배우고 아는가에 따라서 나누어진다.

- 무엇이 승리한 초보 레이서와 패배한 초보 레이서로 나누게 하는 것일까? 라인, 한결 같이 기본적인 최적의 라인을 선택하는 것이다.
- 무엇이 승리한 아마추어 레이서와 패배한 아마추어 레이서로 나누게 하는 것일까? 코너의 가속 페이스, 얼마나 일찍 그리고 강하게 파워를 내느냐에 따라서 나누어진다.
- 무엇이 승리한 프로 레이서와 패배한 프로 레이서로 나누게 하는 것일까? 코너 진입속도, 가속

카레이싱 최후의 비밀 : 아무도 가르쳐주지 않는 드라이빙 하이테크닉

페이스를 지체하지 않고 얼마나 빨리 코너에 진입하느냐이다.
- 무엇이 최고와 나머지를 나누는 것일까? 코너 중반(미드코너)의 속도, 얼마나 코너 중반에서 속도를 내느냐이다.

지금, 모든 코너의 중간지점에서 엄청난 속도를 가져가는 전략을 얻기 전에 중요한 것은 라인과 가속페이스 그리고 코너 진입속도가 완벽할 때 최고가 된다는 것을 깨달아야 한다. 이러한 과정은 한계에서 어떻게 드라이빙 하는지에 대한 리스트의 우선순위와 최고의 레이스 드라이버가 되는 것을 보여준다.

12 트랙 익히기

여러분은 계속해서 한계의 주행을 하기 이전에 트랙에 대해 잘 파악해야 한다. 이것은 각 각의 코너마다 어느 방향으로 주행하는 것만을 논의하는 것은 아니다. 트랙 속속들이 알아야 하는 것이 포함되며, 이러한 과정은 몇 몇 트랙에서는 시간이 오래 걸린다. 하지만 대개 적은 시간을 필요로 한다.

트랙을 '읽을 때' 트랙의 노면(아스팔트 또는 콘크리트 타입, 범프, 커브 등), 코너 반경(증가하는지, 감소하는지, 지속적인지, 타이트한지, 여유로운지 등), 도로 경사(뱅킹: 뱅크각이 있는지, 역 뱅크를 이루는지 등), 지면의 높이(오르막, 내리막, 능선인지), 그리고 직선의 길이(짧은지 또는 긴지)를 생각해야 한다.

처음 접하는 트랙의 경우, 처음에는 모든 코너들을 정점을 늦게 설정하여 주행을 해보기 바란다. 이러한 주행은 만약 여러분이 생각했던 것보다 코너가 조금 타이트하더라도 탈출에서의 여유 공간이 생기도록 해줄 것이다. 그리고 랩이 거듭되면서 정점을 조금씩 당기면서 코너의 탈출에서 아웃라인을 벗어날 때까지 주행한다. 이렇게 한계를 확인하고 벗어났다면 다시 트랙을 벗어나지 않고 가속을 할 수 있는 지점으로 이동하여 정점을 잡는다. 이것이 바로 최적의 라인이다.

코너를 진입하는 뱅킹(경사)은 여러분이 고민해야 하는 가장 중요한 요소들 중 하나일 것이다. 이전에 언급을 하였듯이, 코너를 진입하는 반경이 여러분의 속도를 결정한다고 하였다. 하지만 코너링 속도에서만큼은 코너의 뱅킹이 코너의 반경보다도 중요하다.

정(+)의 뱅크 코너를 주행할 때는 최대한 빨리 뱅크로 들어가 가능한 오래 그곳에 머물도록 시도해야 한다. 이것은 만약 뱅크가 없다면 평소보다 조금 일찍 조향각을 틀어주어야 한다는 뜻이다. 많은 드라이버들은 뱅크 코너에서 추가적으로 발생하는 마찰(traction)을 과소평가한다. 뱅킹을 여러분의 이점으로 사용하기 바란다.

부(-)의 뱅크(역 뱅크) 코너는 최대한 적은 시간을 지나도록 준비해야 한다. 그리고 뱅킹은 트랙의 위부터 아래까지 다양하기 때문에 트랙을 유심히 살펴야 한다. 이러한 뱅킹은 코너를 주행하는 동안에는 알기가 쉽지 않다. 그렇기 때문에 트랙을 주행하기 전에 트랙을 걷는 것(코스 워킹)이 중요하며 세부적인 변화들에 대해서는 기록하여야 한다.

트랙에서 업힐(오르막)과 다운힐(내리막)을 보아라. 그곳에서는 차량의 마찰한계가 엄청난 영향을 받을 것이다. 여러분은 이러한 노면의 높낮이 변화를 이용하여 그것들의 단점을 최소화시키고 싶을 것이다. 기억할 것은 차량이 내리막을 주행할 때보다 오르막 구간에서의 움직임이 트랙의 노면 쪽으로 4개 타이어가 (차량)수직 하중이 이동하기 때문에 더 좋은 마찰력이 생길 것이다. 여러분의 목표는 최대의 브레이킹, 회전, 오르막 구간에서의 가속 그리고 내리막에서의 최소한의 감속을 하는 것이다.

트랙 노면의 변화들 특히 코너 중반 부분을 기록하라. 아마 여러분은 유리해지거나 또는 불리해지

카레이싱 최후의 비밀 : 아무도 가르쳐주지 않는 드라이빙 하이테크닉

지 않기 위하여 여러분의 주행 라인을 최대 그립이 발생하는 라인으로 바꾸고 싶을 것이다. 여러분은 대부분의 터닝 포인트를 그립이 가장 많이 발생하는 지점에서 하고 싶을 것이고 그립이 적은 곳에서 직선구간을 달리고 싶을 것이다.

레코드 라인의 바깥쪽엔 타이어에서 떨어진 고무조각, 돌, 그리고 먼지들이 쌓여있다. 이것을 '마블(the marbles)'이라고 부른다. 왜냐하면 이것은 마치 대리석(마블)에서 주행하는 것과 같기 때문이다. 그곳은 매우 미끄럽기 때문에 그 구간을 되도록 피하는 것이 좋다. 만약 다른 차량이 추월하도록 여러분이 레코드라인에서 벗어나게 되면 여러분은 '마블'구간을 주행하게 될 것이며, 그 구간에 남은 타이어 가루와 돌들은 여러분의 타이어에 붙어다니게 될 것이다. 그럴 경우 다음 코너에서 그립을 충분히 활용하지 못하기 때문에 주의해야 한다. 보통 하나에서 두 개 정도의 코너를 지나고 나면 타이어에 붙어있는 이물질들은 제거된다.

트랙 걷기

트랙을 걷는 것은 드라이빙을 빨리 배울 수 있는 유용한 테크닉이다. 많은 드라이버들이 트랙을 걷는데 자신들의 주요한 사교모임으로 생각해 다른 사람들과 함께 걸으며 대화를 하는 실수를 한다. 즐거움을 느끼려고 가려는 것이 아니라면 나는 여러분에게 혼자서 걷는 것이 트랙을 통과하며 더 배우고 기억하는데 도움이 된다고 추천하고 싶다. 때론 다른 선수 한명 정도는 여러분에게 약간의 팁이나 조언 등을 해 줄 것이다. 트랙을 걸을 때는 드라이버의 시트에서 바라보고 드라이빙하는 라인을 걸어야 한다는 것을 기억하기 바란다. 심지어 트랙의 높이나 아스팔트의 변화를 보기위해 필요하다면 자세를 낮추거나 앉아서 드라이빙 포지션의 높이에서 트랙이 어떻게 생겼는지 봐야 한다.

트랙을 많이 주행하게 되면 이것은 더욱 쉬워질 것이며 새로운 트랙에 갈 때마다 코너에서 다른 트랙의 코너를 상기시켜 줄 것이다. 그리고 나서 여러분은

트랙을 배운다는 것은 모든 사소한 마크, 범프, 색깔의 변화, 그리고 모든 트랙의 모양을 머릿속에 담고 알아내는 것이다. 기준점의 데이터베이스가 많아질수록 트랙을 더욱 더 잘 알아가게 될 것이다.
Shutterstock

12 트랙 익히기

그 정보를 얻어 새로운 코너에 적용할 것이다. 이 모든 것은 경험으로 진정한 성과를 올리는 것이다.

트랙을 몇 년간 걷게 되면 나 같은 경우 최소 한 세션을 주행하기 전까지는 절대 걷지 않는다. 주행을 경험하지 않고 걸었을 때 나는 종종 어떻게 주행할지에 대해 잘못된 생각을 하고 있는 자신을 발견하기 때문이다.

트랙을 가장 잘 배우는 방법 중의 하나는 자전거를 타고 도는 것이다. 여러분은 걸을 때보다 트랙의 모양, 범프 그리고 높이의 변화를 더 잘 느낄 수 있을 것이다.

여러분이 3단으로 갈 것처럼 보이던 코너가 트랙을 걸음으로써 4단 코너라는 것을 알게 될 것이다. 그리고 트랙을 좀 더 잘 배우기 전에 첫 번째로 해야 할 것은 잘못된 생각과 아이디어를 잊어야 한다는 것이다.

지금부터 해야 할 것은 트랙의 코스 도면을 먼저 공부하고 머릿속으로 정리하는 것이다. 그리고는 첫 연습 세션 동안 답사하고 각 코너마다 다른 기어를 시도한다. 다음으로 제일 중요한 코너에 집중한다. 하루의 일정이 끝나면 좀 더 자세히 알아보기 위해 코스를 걸으면서 트랙노면, 뱅킹, 참고 포인트, 트랙 밖의 안전지대 등에 대한 나의 생각과 아이디어를 정리한다. 그리고 나서 만약 가능하다면 일반 차량으로 몇 랩 정도만 저속으로 주행을 해보도록 한다. 이러한 프로그램은 자신에게 굉장히 도움이 된다.

트랙 익히기

새로운 트랙을 배우며 지속적으로 한계의 주행이 가능하기 이전에 여러분은 두 가지의 장애물에 대면하게 될 것이다.

- 완벽한 최적의 라인을 찾는 것
- 최적의 라인을 차량의 트랙션 한계(traction limit)로 주행하기

이것은 보통 새로운 트랙을 배우며 가장 쉽게 집중하는 방법이다. 이때 라인이 먼저이고 다음이 한계 주행이다.

트랙에서 최적의 라인을 처음 배울 때는 차량이 트랙의 끝까지 밀려나더라도 모든 노면을 사용하는 것이 중요하다. 코너의 입구(턴인 포인트)에서 트랙의 끝으로부터 몇 인치 안으로 차량을 드라이빙하는 것이 쉽다. 정점에서는 안쪽 끝이나 연석에 근접해야 한다. 그리고 탈출에서는 아웃라인의 끝이나 연석에 휠이 올라가는 느낌으로 주행해야 한다(이 구간에서는 상대적으로 저속주행을 하며 느껴야 한다).

나는 많은 드라이버들이 항상 '그루브'라고 부르는 트랙위에 나타나 있는 검은 타이어 자국을 따라가면 올바른 라인을 찾을 수 있다는 이야기를 듣곤 한다. 하지만 그들의 말은 틀렸다. 검은 타이어 자국은 드라이버들이 그들의 라인을 조금 더 타이트하게 만들려거나 라인을 수정한 결과라고 할 수 있다. 핸들링 양이 많거나 언더스티어 또는 오버스티어로부터 차량의 리어(뒤)를 컨트롤하기 위한 것 중 하나일 것이다. 트랙을 걸을 때 가장 검은 타이어 자국을 따라 가보기 바란다. 대개 트랙 바깥으로 나가거나 안쪽으로 스핀할 것이다. 최적의 라인은 가장 검은 라인의 안쪽이라 할 수 있다. 여러분은 그 검은 타이어 자국을 가이드 라인으로 쓰되 절대 따라가지는 말아야 한다.

트랙을 처음 배울 때는 자신이 조금 무리해서라도 트랙을 속속들이 사용하는 습관을 기르고 프로그램을 짜서 무의식적으로 행동해야 한다. 속도가 올라가면 차량은 자연스럽게 흐르거나 트랙의 끝을 향해 나갈 것이다. 만약 최적의 라인으로 주행을 하고 있다면 차량을 너무 타이트하게 주행해서는 안 된다. 탈출에서는 차량이 '런 프리(run free)' 즉, 마음껏 달리도록 풀어주어야 한다. 만약 탈출에서 차량을 잡고 있다면 스핀할 가능성이 높아지고, 속도를 줄이거나 파워를 필요로 할 때 불가능하게 된다.

12 트랙 익히기

새로운 트랙을 배우는 두 번째 파트로 넘어가기 전에 (한계에서 주행하는) 최적의 라인이 습관이 되어야 한다. 라인을 주행하는 것은 무의식적인 행동이어야 한다. 라인과 트랙션의 양을 한계치에서 가속을 하거나 뒤늦게 또는 강하게 가속을 하는 것을 판단해야 하는 것처럼 한 번에 두 가지를 집중하는 것은 어려운 일이다.

최적의 라인이 습관이 되고나서 무의식적인 행동 또는 프로그램화 되었다면 여러분은 한계의 주행을 시작해도 된다. 여기서 핵심은 트랙션 한계(traction)의 양을 느끼는 것이다. 매 랩마다 코너에서 가속 포인트를 조금씩 당기고 강하게(코너의 우선순위를 기

그림 12-1: 몇몇 차량들은 코너를 돌며 안쪽 타이어를 연석에 올려 바깥쪽 타이어의 접지력을 높이는데 도움을 준다. 당연한 이야기지만 이것은 연석의 크기나 모양에 따라 다르다. 더불어 연석을 지난다는 것은 일반적인 코너의 회전반경을 넓히는 것이다.

억하라: 직선구간을 향한 가장 빠른 코너) 가속하면서 가능한 마찰의 양을 느껴라. 차량이 지나치게 언더스티어 또는 오버스티어가 생기거나 트랙 바깥으로 나갈 때까지 가속을 지속적으로 빠르게 하도록 한다. 차량이 미끄러져야만(언더스티어, 오버스티어 또는 뉴트럴스티어) 한다. 그렇지 않다면 여러분은 한계 상황으로 주행을 하는 것이 아니다.

(최적의 라인에서) 한계를 느끼기 시작하였다면 코너 진입 속도에 노력을 기울여본다. 가장 빠른 코너부터 가장 느린 코너 순으로 시도하여 각 랩마다 조금씩 속도를 올리며 차량이 원하는 라인을 향할 때 정점을 향하지 못하고 밀려나거나, 코너의 1/3이나 1/2지점에서 지나치게 언더스티어 또는 오버스티어가 나타나고, 파워가 생각한 것보다 빨리 돌아오지 않을 때까지 시도해보기 바란다.

가속이나 코너 진입 페이스에 노력하며 한계를 느꼈다고 해서 좀 더 빨라진다는 것이 아니라는 것을 잊어서는 안 된다. 한계에 도달할 수 있었던 것이 아마 여러분의 테크닉 일수도 있으나, 그 테크닉을 조금 더 수정함으로써 여러분은 가속을 좀 더 일찍 할 수 있거나 아니면 코너에서 속도를 더욱 올려 한계를 좀 더 높일 수 있을 것이다. 예를 들어, 코너 탈출에서 차량이 오버스티어하면서 너무 많은 언더파워가 생기기 시작하는 것을 느낄 것이다. 지금 여러분이 스로틀을 사용하는 방법으로 한계에 도달했다고 하지만 그 스로틀을 좀 더 부드럽게 사용한다면 지속적으로 차량이 밸런스를 유지하며 오버스티어를 줄일 수 있을 것이다. 또 다른 예를 들자면 코너를 진입하기 시작하면서 언더스티어가 생길 때까지 조금 더 속도를 높인다. 여러분은 지금 사용하는 테크닉으로 한계에 도달하였을 것이다. 하지만 만약 핸들링을 하고 있거나(앞 쪽 타이어에 계속 하중을 주며) 또는 스티어링 휠을 좀 더 '거칠

카레이싱 최후의 비밀 : 아무도 가르쳐주지 않는 드라이빙 하이테크닉

게' 돌리고 있을 때 브레이킹을 더 사용한다면 아마 언더스티어가 생기지 않을 것이다.

포인트는 차량이 한번 살짝 미끄러졌다고 해서 최종 한계에 도달했다고 믿지 마라. 여러분이 가속을 일찍 하거나 코너에서 속도를 더 높이는 것에 익숙해졌을 때, 여러분의 테크닉을 약간 수정하여 원하는 대로 차 상태를 만들 수 있는지 몇 랩 주행해보기 바란다.

코너의 진입 속도와 탈출 가속은 서로 연관되어 있다. 만약 코너 진입 속도가 너무 느리면 가속을 좀 더 강하게 하려는 경향이 있다. 강한 가속은 (후륜의 경우) 뒤쪽 타이어 마찰한계를 초과하여 오버스티어가 날 것이다. 만약 코너 진입속도가 조금 높으면 가속을 너무 강하게 하지 않도록 하고 오버스티어가 생기지 않도록 신경 쓴다.

당연하지만 만약 코너 진입 속도가 너무 높으면 가속이 늦게 되고 결국 직선구간 속도에 영향을 미칠 것이다.

새로운 트랙을 배우기 위한 전략:
- 라인: 약간 느린 속도에서 (주말 연습 세션에서 다른 차량들과 함께 주행할 때는 어렵다) 습관이 되고 무의식적으로 프로그램화된 행동이 될 때까지 최적의 라인으로 주행하라.
- 코너탈출 가속 : 직선 구간과 이어지는 가장 빠른 코너부터 느린 코너 순으로 순서를 정하여 마찰한계를 느낄 때까지 가속시점을 지속적으로 당겨보자.
- 코너진입 속도 : 가장 빠른 코너에서 가장 느린 순으로 마찰 한계를 느낄 때까지 서서히 속도를 조금씩 높여본다.
- 필요하다면 테크닉을 바꾸거나 평가하라 : 서서히 또는 갑작스럽게 트레일 브레이킹을 많이 또는 적게, 코너를 거칠게 또는 부드럽게 돌거나 조금은 다른 라인으로 어떻게 해서든 코너에서 가속을 좀 더 빨리하고 속도를 높일 수 있도록 한다.

주행 라인

늦은 턴인과 정점, 빠른 턴인과 정점, 또는 중간 턴인과 정점, 여러분은 어떠한 것을 사용하고 있나요? 그 누구도 이것에 대한 답변은 없다. 결국 여러분이 알아나가야 하는 것이다.

만약 여러분이 몇 번이라도 레이스 트랙을 주행해 보았다면 아마 누군가가 이야기 해주거나 스스로 올바르다고 생각하는 라인으로 주행을 했을 것이다.

만약 여러분이 앞의 것처럼 누군가의 조언으로 라인을 따라서 주행한다면, 여러분에게 드라이빙 라인에 대해 이야기를 해준 사람의 의미를 확실하게 이해하기 바란다. 그렇지 않다면 여러분은 혼란

12 트랙 익히기

에 빠지게 된다. 그리고는 또 다른 조언자를 찾아야 할 것이다. 이러한 이유 때문에 누군가의 조언을 듣고 라인을 맹목적으로 따라가기 보다는 후자처럼 스스로 올바르다고 판단하여 주행하는 방법을 추천한다. 처음 시작하는 입문자로서는 믿을만한 누군가의 조언을 얻을 수 있다는 것은 다행스러운 일이지만 최대한 빠른 시간 내에 어떠한 라인이 자신에게 맞는지 스스로 느끼고 판단할 수 있어야 한다.

그렇다면 자신의 '좋은 느낌'으로 항상 완벽한 라인을 만들어주는 방법이 잘못된 것일까? 그렇지 않다. 실제로 아주 완벽한 라인의 느낌은 적어도 여러분의 감각중 하나인 '느낌'에 의존한다면 좋게 느껴질 것이다. 예를 들어, 많은 드라이버들은 시각적으로 느낌이 좋다고 느끼기 때문에 코너에서 턴인이 빨라진다. 그들은 코너 안에서 정점을 찾고 자연스럽게 핸들링도 그쪽으로 향한다. 시각적으로는 그것이 맞는 것 같지만, 그 순간 바깥쪽 타이어가 트랙(탈출 라인)의 끝을 이탈하기 때문에 운동 감각적으로는 맞지 않게 된다. 그것을 때로는 '스트레스 지수(pucker factor : 위험상황에서의 스트레스받거나 흥분되는 수준)' 라고 이야기한다.

이것은 3가지의 감각(보고, 듣고, 느끼는 것)을 사용했을 때 차량이 어떤 라인으로 드라이빙을 하는 것이 맞는 것인지 '느끼도록' 한다. 그리고 이것은 확실한 방법으로 알 수 있다. 그리 힘들지 않다. 직접적인 감각이지만 그만큼 집중을 많이 해야만 가능하다. 집중을 함으로써 여러분은 무엇을 보고, 듣고, 느끼는지에 대해 예민해져야 한다.

리뷰

이 단원을 끝내기 위해서 새로운 트랙을 빨리 익히고 전략에 대한 계획을 세우는 방법을 다시 살펴보도록 하자.

- **준비** – 손에 잡히는 것들에서 정보를 얻어 살펴보라. 예를 들어 트랙 코스도, 주행 영상, 컴퓨터 시뮬레이션 그리고 경험이 많은 사람들이 기록을 해놓은 랩 차트나 분석표를 이야기하는 것이다. 이러한 정보들을 얻기 위한 최고의 방법은 트랙 웹사이트나 온라인 검색, 그리고 온라인 (레이스) 게임이다. 준비 과정에서의 주요 목적은 트랙의 기본적인 코스방향과

그림 12-2: 새로운 트랙에 처음 갔을 때 드라이버들이 흔히 하는 실수는 트랙을 아는 것에 너무 신경을 쓴다는 것이다. 코너가 어디고 라인은 어떠한지 등등. 만약 차를 한계로 주행하는 것에만 관심들 둔다면 그 정보는 당연할 수도 있다.

카레이싱 최후의 비밀 : 아무도 가르쳐주지 않는 드라이빙 하이테크닉

사용할 수 있는 여러 참고 자료들을 최대한 빨리 흡수해야 한다. 하지만 여기서 주의해야 할 한 가지는 주행영상들로부터 얻은 세부적인 사항들을 자신의 드라이빙에 똑같이 프로그램화해서는 안 된다는 것이다. 동일한 차량을 주행하지 않는 한 주행 영상에 있는 일부 포인트만 참고를 하기 바란다. 영상의 드라이버 턴인 포인트를 본인도 똑같이 사용하라는 뜻이 아니다. 물론 같은 포인트를 쓸 수도 있지만 그것이 어떻게 이루어지는지 알아야 하고 이를 통하여 턴인의 시점도 차량과 상황에 맞게 조절할 수 있어야 한다. 다시 한 번 말하자면 트랙을 주행하기 위한 준비의 목적은 트랙의 주행에 있어 어떠한 방향으로 주행을 하고 어떤 기준점을 잡아야 할지에 대한 많은 생각들을 최소화하는 것이다.

- **스펀지가 되어라** – 처음 몇 번의 세션 동안은 스펀지가 물을 빨아들이는 것처럼 최대한 빨리 트랙 정보를 받아들이는데 집중해야 한다. 여러분이 최대한 많은 기준점을 쓰도록 하고 그것을 사용하면서 느끼는 정확한 감각에 집중하기 바란다. 실제로 한 번 혹은 두 번의 세션을 이용하여 시각적인 정보를 완전히 흡수해야 한다. 그리고 운동성(느낌, 밸런스, G포스)과 마지막으로 청각적인 정보를 좀 더 받아 들여야 한다.

- **다운로드** – 각 세션 이후, 트랙 어디에서 여러분이 무엇을 하였는지에 대해 세부적으로 트랙 코스 지도를 기록해야 한다. : (기어변속, 브레이킹 시작점, 브레이킹이 끝나는 지점, 최대 스로틀로 돌아 온 지점 등), 그리고 여러분이 감각으로 흡수한 참고 포인트들(노면의 균열, 모든 코너의 모양, 오피셜들의 위치, 표지판, 다리, 노면의 변화, 노면의 표시 등).

- **심상** – 한 세션 또는 그 이상의 많은 세션 동안 트랙을 돌고 나면 여러분은 모든 정보들을 받아들이게 되며 트랙에서 무엇을 준비하고 또 실천해야 하는지 알게 된다. 이러한 과정을 다시 머릿속으로 되풀이하기 바란다. 여러분의 심상 세션은 더 많이 반복할수록 효과는 클 것이며 트랙을 더 빠르게 배우고 더 빨라질 것이다.

- **트랙이 아니라 차량을 운전하라** – 마지막으로 트랙에 대해서는 그만 생각하고 차량을 한계로 주행하는 것에 집중하라. 일반적으로 여러분이 차량을 한계 상태로 주행한다면 라인을 조금 벗어나더라도 완벽하게 라인을 타고는 있지만 한계를 끌어내지 못하는 차량보다는 빠를 것이다. 이 스테이지에서는 여러분이 트랙을 주행한다는 것은 잊기 바라며 여러분이 차량을 운전하는 멘탈 프로그래밍을 믿기 바란다. 여러분이 의식해야하는 것은 차량과 타이어가 얼마나 한계치에 가깝게 근접했느냐이다. 그리고 트랙에서 어떠한 방향으로 가야하는지 기준점은 어디인지에 대해 의식하는 것을 원하지 않을 것이다. 만약 여러분이 이 전 과정들을 잘 이해하고 실천했다면 트랙이 여러분의 머릿속에 잘 프로그램 되었을 것이고 여러분은 쉽게 조절할 수 있을 것이다.

13 코너 탈출

"만약 여러분이 어디로 가는지 알지 못한다면 여러분은 그곳에 절대 갈수 없다" 이 말은 잘 알려진 속담이다. 하지만 이것은 내가 왜 진입단계 이전에 탈출단계에 대해서 이야기 하는지 완벽하게 묘사하고 있다.

그 어떠한 코너에서도 탈출단계의 목표는 다음과 같은 내용처럼 압축하여 말할 수 있다. : 액셀링을 먼저 시작하는 드라이버가 대개 직선 구간의 끝부분과 피니시 라인에 먼저 도착할 것이다. 그것이 코너 탈출단계의 모든 것이며 그 다음 직선 구간에서의 가속을 최대치로 끌어낸다. 하지만 한계라는 것이 있기 마련이다.

100% 타이어 법칙

타이어 트랙션이 브레이킹, 코너링, 액셀의 3가지 조합으로 사용된다는 것에 대해 여러분은 알고 있을 거라고 확신한다. 실제로 여러분은 브레이킹을 위해서 타이어 트랙션을 100% 사용할 수도 있다. 코너링에서도 100% 사용할 수 있다. 또는 액셀에서도 100%를 사용할 수 있다. 하지만 코너링과 액셀의 트랙션을 동시에 100% 사용할 수는 없다. 코너링에서 100% 사용한다면 가속에는 단 1%도 사용할 수가 없다. 타이어의 100% 한계 그 이상은 쓸 수가 없다는 것이다.

여기서 내가 말하고 싶은 핵심적인 것은 브레이킹, 코너링 그리고 액셀을 중복해서 동시에 사용하되 타이어의 100% 한계를 벗어나지 않는 범위 내에서만 가능하며, 이러한 사용은 여러분이 빨리 달리는데 매우 중요하다는 점이다. 이것이 여러분의 궁극적인 목표이다.

한계 상태로 주행을 하기 위해서는 트랙에서 타이어의 트랙션 전부를 사용해야만 한다. 코너에 진입하기 위해 브레이킹을 시작한다면 트랙션을 100% 사용하기 바란다. 여러분이 턴인 포인트에 접근하고 핸들링을 시작했을 때, 브레이크에서 서서히 발을 떼야만 하고 이러한 약간의 브레이킹 트랙션을 코너링 트랙션을 위해 사용해야 한다. 100% 브레이킹-0% 코너링, 50% 브레이킹-50% 코너링, 0% 브레이킹-100% 코너링 같은 조합으로 교환되어야 한다. 1초 또는 100분의 1초까지 조금의 시간을 위해 여러분은 코너에서 100%의 트랙션을 이용해야 한다. 그러므로 액셀 트랙션을 위해 스티어링 휠을 풀어주며 코너링 트랙션과의 교환을 통해 균형을 잡아준다.

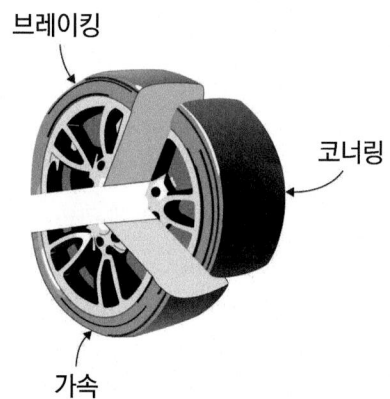

그림 13-1: 타이어는 브레이크, 코너링 그리고 가속의 3가지로 사용되어 진다. 이 중 하나를 위해 여러분은 타이어의 모든 트랙션을 사용할 수도 있고 두 가지를 함께 사용하며 한계치내에서 사용할 수도 있다.

SPEED SECRET

여러분은 타이어의 트랙션을 100% 사용할 수 있으며, 반드시 그렇게 되어야 한다.

이것이 코너 탈출단계의 핵심이다. 스티어링 휠을 풀어주며 차량을 코너에서 놓아주어 가속을 위한 타이어 트랙션을 사용하도록 해주어야 한다. 그 이유는 언급을 한 것처럼 가속을 일찍 할수록 직선구간에서는 빨라지기 때문이다.

G포스의 중독자가 되는 것에 대해 이전에 언급을 한 것을 기억하고 있는가? 보통 G포스를 충분히 느끼기 위해 여러분은 반 무의식적으로 필요 이상의 코너 각을 유지할 것이다. 달리 이야기하자면 스티어링 휠을 풀어주는 것이 아니고 차량이 더 커지는 회전반경을 따라가도록 한다는 것이다. 타이트한 반경에서 차량을 오래 유지할수록 여러분은 G포스를 더욱 많이 느끼게 되며, 주행은 더 느려진다.

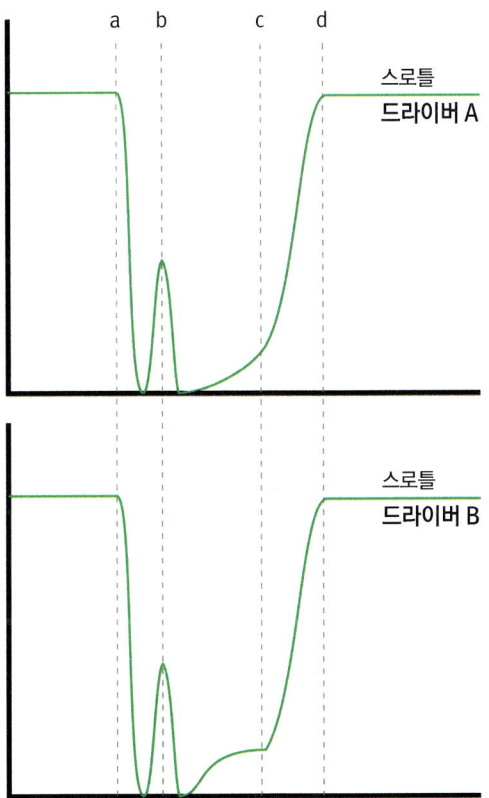

그림13-2: 이것은 같은 코너에서 두 드라이버가 스로틀을 진행한 과정을 보여주는 표이다. 두 드라이버 모두 직선 끝 같은 포인트에서 가속을 끝내고 같은 지점에서 다운시프트(기어 저단 변속)를 했다. 하지만 두 드라이버가 어떻게 스로틀로 돌아왔는지 보기 바란다. 'A'드라이버는 스로틀을 훌륭하게 스퀴징(쥐어짜내듯 미세조정)하는 방법으로 그래프의 정상까지 이어간다. 하지만 'B'드라이버는 조금 다르다. 스로틀을 약간 일찍 시작한 후 이어서 완전히 스퀴징하기 시작한다. 대부분의 경우 'B'드라이버처럼 스로틀을 조작하는 것이 랩타임이 빠르게 나온다. 스로틀을 일찍 시작하는 것이 차량의 균형을 잡는 것에도 도움이 되며 코너 중반의 속도 향상에도 도움이 된다.

13 코너 탈출

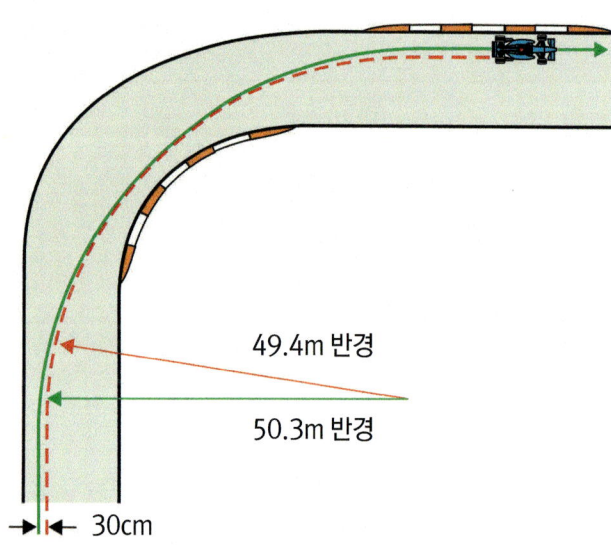

그림13-3: 만약 트랙의 모든 면적을 사용하지 않는다면 여러분은 속도를 포기하는 것이다. 턴인과 탈출시 차량을 트랙의 끝부터 약 30cm 떨어져 달린다면 코너의 반경은 상당히 줄어들 것이다. 이 예는 코너의 반경이 약 91cm가 줄었고, 즉 코너를 주행할 수 있는 여러분의 이론적인 최대 속도는 시속 0.8km 이상 줄어들 것이다. 이것이 그리 큰 수치가 아닌 것 같지만, 트랙의 각 코너를 생각한다면 아마도 많은 시간을 잃는 것이다.

그래서 스티어링 휠을 풀어주어야 한다. 차량이 자연스럽게 주행하도록 해주어야 한다. 만약 여러분이 끊임없이 이 개념과 100% 타이어 법칙에 대해 생각한다면 지속적으로 한계 주행을 할 가능성이 더 많아질 것이다.

빠르게! 하지만 오벌트랙 또는 코너에 콘크리트 벽이 있는 로드코스에서 중요한 점은 탈출에서 차량이 벽으로 가까이 가지 않도록 노력할수록 차량이 벽에 부딪히게 된다는 것이다. 스티어링 휠을 풀어주고 차량이 최대한 벽과 가까워지게 놔두어야 한다.

코너에서 언제 어떻게 가속을 하기 시작하느냐는 탈출 단계에서 아주 중요한 역할을 한다. 다시 한 번 정리하자면, 일반적인 법칙은 가속을 더 일찍 할수록 더 빠르다는 것이다. 그러나 몇몇의 차량은 파워를 다시 얻기 위해서는 약간의 인내가 필요하다. 만약 여러분이 너무 일찍 가속한다면 앞 타이어의 하중을 없애는 것 밖에 안 되며, 그로 인해서 언더스티어가 발생하고 이를 컨트롤하기 위해 스로틀을 풀어주어야만 할 것이다.

코너에서 턴을 한 순간부터 거의 대부분 스로틀을 신속하게 컨트롤할 필요가 있다. 각 코너별로 자신의 차가 어떻게 반응하는지 발견하기 위해 실험할 필요가 있다.

마음속에 기억해야 할 한 가지: 주행할 때 모서리 끝까지 남겨주지 않고 트랙 전체를 이용하여 주행하지 않는다면 속도를 잃게 된다. 만약 타이어가 최소한 연석에 걸치지 않거나, 연석 위에 올라타거나, 혹은 트랙 모서리 끝에 조금이라도 벗어나 걸치거나 한다면 원하는 만큼 빨리 달릴 수 없다. 내 힌트를 이해하겠는가?

카레이싱 최후의 비밀 : 아무도 가르쳐주지 않는 드라이빙 하이테크닉

SPEED SECRET

트랙 전체를 사용하지 않는다면 속도에서 손해를 보게 된다.
그만큼 대가를 치르게 되니 전체를 사용해야 한다.

14 코너 진입

코너의 탈출단계와 비교해보면 진입단계는 보통 훨씬 더 어렵거나 도전적이다. 언젠가 「파울 반 발켄버그(Paul van valkenburgh: 미국의 오토레이싱 저널리스트)」가 이야기하기를 "스킬은 스로틀을 쥐어짜내어 마치 줄타기 곡예를 하듯 코너에서 빠져나와 가속하는 동안 타이어의 점착력 한계를 유지하는 것"이라고 하였다. 그리고 눈을 가리고 줄타기 곡예에서 점프를 하듯이 코너를 진입할 때의 스킬은 차량의 속도를 계산하는 것을 필요로 한다.

이번 단원에서는 턴인 포인트의 진입단계에 들어가는 동안 코너진입 브레이킹과 저단변속에 대해 기술적으로 이야기해 보도록 하겠다.

입문하는 드라이버들에게 해주는 첫 번째 조언은 "코너에서 천천히 진입하고, 빠르게 탈출하는 것이 그 반대 보다 더욱 좋다는 것이다." 이 조언이 전적으로 사실이지만 일부 드라이버들에게는 거리가 있다. 이 조언은 느린 드라이버들을 위한 것이다. 그 이유는 많은 드라이버들이 코너에서 속도를 충분히 내지 못하기 때문이다.

궁극적으로 코너에서 여러분은 한계를 벗어날 때까지 계속해서 속도를 높이려 할 것이다. 만약 여러분의 코너 진입 속도가 너무 빠르다면 가속시점은 늦게 되고 진입에서도 늦어지게 될 것이다.

여러분의 코너 진입속도가 적절하지 않다면 어떠한 문제가 발생하는지 몇 가지 예를 통하여 살펴보자. 첫 번째로 코너의 진입을 최적의 속도보다 시속 1~2km 빠르게 했다고 생각해보자. 그것이 결코 많이 빠른 것은 아니지만 스로틀로 돌아와 가속을 시작할 때 시간을 분명 지연시킬 것이다. 내가 앞서 언급을 했듯이, 만약 코너 진입속도가 가속을 하기 시작할 때 부담스럽게 작용한다면 진입속도를 조금 줄여야 할 것이다. 코너 탈출 속도는 보통 진입 속도보다 더 중요하기 때문이다.

반대로 코너의 진입속도가 최적의 속도보다 시속 1~2km 정도 느리다고 생각해보자. 그렇다면 어떻게 될까? 둘 중 한가지이다. 먼저 둘 중 나은 결과지만 가속도를 잃게 되는데 이것은 매우 중요하다. 여러분이 60마력의 포뮬러Vee(1,200cc의 엔트리급 포뮬러)를 운전하든 900마력의 챔프카를 운전하든 차량의 속도를 줄일 때마다 그만큼 속도를 내기위해서 가속하는 시간이 걸리기 마련이다. 만약 여러분이 필요 이상으로 속도를 많이 줄인다면 속도를 다시 올리기 위해 그만큼 시간이 걸릴 것이며 여러분의 경쟁자들이 내 차로부터 멀어질 것이다.

그림14-1: 코너 진입은 매우 중요하다. 만약 시속 1km라도 한계보다 느리게 진입한다면 여러분의 차량이 몇 마력이든지 실수를 만회하기는 절대 불가능할 것이다.

카레이싱 최후의 비밀 : 아무도 가르쳐주지 않는 드라이빙 하이테크닉

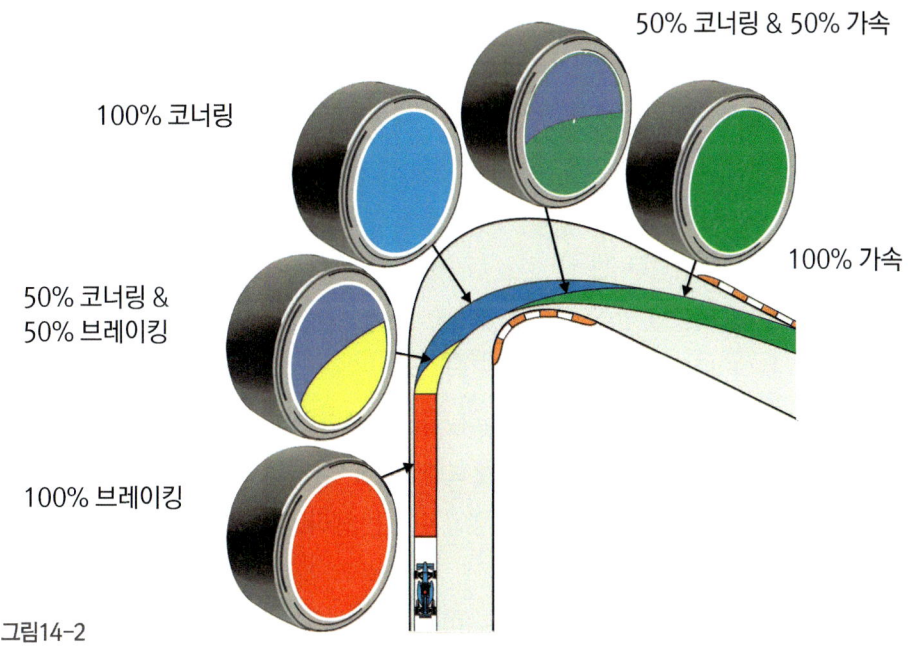

그림14-2

두 번째는 첫 번째 경우보다 더 나쁘면서 깨닫기 어려운 것으로 너무 느린 진입속도를 의미하는데, 나는 이것을 '속도 변환의 문제'라는 용어로 부르곤 한다. 조금 뒤에 이것에 대하여 자세히 설명하도록 하겠다. 하지만 기본적인 의미는 만약 여러분이 진입단계에서 지나치게 느리다면 당연히 속도를 다시 내기 위하여 가속을 강하게 하고 싶을 것이다. 가속은 종종 뒷바퀴굴림차에선 오버스티어를 만드는 결과를 나타내고 앞바퀴굴림차에서는 언더스티어를 초래한다.

이러한 예를 통해서 코너를 진입할 때 정확하고 적정한 속도를 만드는 것이 얼마나 중요한지 알 수 있다. 이렇게 하기 위해서는 정확하고 섬세한 트랙션 감각 능력이 필요하며 또한 정교하게 다룰 수 있는 스피드 감각 능력을 필요로 한다. 능력과 스킬을 좀 더 추가하자면 여러분의 코너 진입속도를 향상시키는 몇 가지 테크닉이 있다.

늦은 브레이킹

특정한 코스에서 0.3초 이상 랩타임을 줄이기 위해서 어떠한 공략이 최선인지 질문할 때 대부분 레이스 드라이버들의 대답이 무엇일까? 만약 "브레이킹을 늦게 하라"고 대답을 했다면 정답이다. 나 역시 이러한 질문을 많은 드라이버들에게 했었다.

하지만 그것이 최선의 전략일까? 자기 자신에게 간단히 질문하여 대답해보자. "난 왜 코너에서 브

14 코너 진입

레이킹을 하는 것일까?" 답은 여러분의 머릿속 또는 코너에 진입하는 시점에 어떠한 속도로 들어가야 하는지 느껴야 한다는 것이다. 여러분은 'X' 속도로 진입하고 '순간' 브레이킹을 강하게 시작하여 턴인을 위해 'Y'까지 속도를 늦춘다. 요약하면 속도를 줄이기 위해 브레이킹을 하며 여러분이 느끼는 감속은 차량이 코너를 들어갈 때 가져갈 수 있는 최대치이다.

이러한 생각을 가지고 대부분의 드라이버들(아마 여러분일수도 있다)은 코너에서 브레이킹을 늦게 가져갈 때 무엇을 해야 할까? 그렇다. 브레이킹을 나중에 하되, 강하게 하고 코너를 들어가는 순간 차량을 'Y'스피드까지 차량의 속도를 낮추어야 할 것이다. 사실, 여러분의 코너 진입속도에 대한 심상이 업데이트되기까지 브레이킹을 늦게 하는 것은 오직 브레이킹을 강하게 하는 결과를 가져 올 것이다. 여러분의 코너진입 속도는 정확하게 같을 것이다. 물론 브레이킹을 강하게 했을 때는 종종 브레이크 락(lock)이 발생한다. 최선은 차량의 길이만큼 브레이킹을 늦게 하고 그 전 랩과 정확히 같은 속도로 코너에 진입하는 것이다. 이것으로 여러분이 얻을 수 있는 랩타임의 제일 큰 기대치는 100분의 1초 이상을 넘지 않는다.

하지만 만약 여러분이 코너진입 속도의 심상을 업데이트 한다면, 「Y+3km/h」, 예를 들어 여러분은 자연스럽게 브레이킹을 조금 늦게 하고 그리 강하지 않게 할 것이다. 이것은 코너에서 속도를 조금 더 가져갔을 때 나오는 결과일 것이며 단 하나의 코너에서 랩타임을 10분의 1초 단축 할 수 있을 것이다.

SPEED SECRET

코너진입 속도는 브레이킹을 늦게 하는 것보다 더욱 중요하다.

여기가 속도에서 가장 많이 얻을 수 있는 곳이다. 그러므로 브레이킹을 나중에 하는 전략을 사용하는 것을 대신하여 코너 진입 속도에 대한 여러분의 심상을 바꾸면 여러분은 자연스럽게 브레이킹을 나중에 하고 코너에서 좀 더 속도를 가져갈 수 있다.

카레이싱 최후의 비밀 : 아무도 가르쳐주지 않는 드라이빙 하이테크닉

그림14-3: 위 그림은 빠르게 진입하는 두 차량의 비교이다. 'A'드라이버는 브레이킹을 늦게 하지만 강한 브레이킹(시속 'X'km)으로 항상 일정한 속도로 진입을 한다. 'B'드라이버도 브레이킹은 늦게, 가능한 강하게 브레이킹하지만 A보다 시속 약 3km 정도 속도를 더 가져간다. 이처럼 브레이킹을 늦게 하는 것이 조금의 이익을 가져온다. 코너에서 조금의 스피드를 더 가져가는 것으로 큰 이익을 만들어 낸다.

'로테이션 턴' 대 '세트 턴'

어떻게 트레일 브레이크를 코너에서 써야하는지 결정하는 다른 요소를 나는 '로테이션 턴(rotation turn)' 또는 '세트 턴(set turn)'이라고 부른다. 항상 그렇지는 않지만 대개 '로테이션 턴'은 짧고 타이트한 저속 코너이다. '세트 턴'은 긴 고속코너이다.

많은 고속 코너의 곡선에서 최고는 출력을 유지하며 턴인을 하고 스로틀을 여는 것이다. 다시 말해서 트레일 브레이킹을 사용하지 않는다. 그 이유는 차량의 밸런스를 잡기에는 이 방법이 더 낫기 때문이다. 차량의 운동은 복합적이다. 만약 여러분이 트레일 브레이킹을 하고나서 가속을 하는 동안 코너에 진입한다면 차량의 하중이동은 변하게 된다. 그 하중이동은 코너링을 하는 동안 앞쪽에서 뒤쪽으로 이동한다. 대부분의 경우 높은 코너링 한계에 맞게 세팅되었을 때, 그리고 한 축으로부터 다른 축으로 무게이동이 멈췄을 때 자동차는 더 많은 트랙션 혹은 그립을 갖게 될 것이다.

이것은 긴 코너의 중간단계에서 특히 중요하다. 이유는 코너에서 시간을 보낸 이후에는 최후의 코너링 그립이 매우 중요하기 때문이다. 짧고 타이트한 코너에서는 코너중간의 단계가 거의 존재하지 않는다. 차량의 방향 전환 또는 회전 능력은 전체 코너링 그립보다 더 중요하다. 이러한 경우, 트레일 브레이크를 더 사용해야한다. 트레일 브레이킹은 차량이 더 빨리 회전하고 방향 전환할 수 있게 해준다.

모든 코너에서 만약 여러분이 차량을 감속하고 회전시키기보다 계속 가속할 수 있다면 더 많은 트랙션을 가질 수 있기 때문에 그렇게 하는 게 낫다. 차량의 전체 트랙션을 증가시키는 방법이 모든 코

14 코너 진입

너를 가속하며 통과할 수 있고 더 높은 속도를 유지할 수 있을 것이다. 하지만 이 방법이 모든 코너에서 실현가능하지는 않다. 일부 코너에서의 주된 목적은 방향전환이다. 차량을 회전시키는 것이 주된 도전일 때 이것을 '로테이션 턴'이라 하며, 또 다른 코너에서 주된 목적이 높은 속도를 유지하며 턴을 하는 것이라면 이것은 '세트 턴'이라고 한다.

> **SPEED SECRET**
>
> 긴 고속코너에서는 트레일 브레이킹을 적게 사용해야 하며 파워를 일찍 낼 수 있도록 해야 한다. 반면 타이트한 저속코너에서는 트레일 브레이킹을 더 사용하여 차량이 회전할 수 있도록 돕는다.

스티어링 테크닉

분명히 코너의 진입 단계에서는 차량이 회전할 수 있도록 스티어링 휠을 돌려줘야 한다. 나는 몇 년 동안 어떻게 드라이버가 스티어링 휠을 돌려야 하는지에 대해 많은 견해를 듣고 의견을 나눴다. 많은 사람들이 여러분에게 코너 안쪽에서 스티어링 휠을 손으로 끌어 당겨야 한다고 주장하는 동안 다른 이들은 바깥쪽 손으로 밀어줘야 한다고 말했을 것이다. 여기서 오류는 이러한 두 갈등적인 조언을 언급하는 사람들은 레이싱과 높은 퍼포먼스의 드라이빙스쿨 강사들이며 그 일에 관한 전문가들일 것이다. 두 접근 방법에는 장점과 단점이 있다. 한손으로 당기는 것은 보통 힘을 더 주지만 덜 섬세하고 덜 정확하다(덜 부드럽다). 한손으로 밀어주는 것이 더 정확하지만 노력이 더 많이 필요하다.

이러한 논쟁에 대해 몇 년간 듣고, 이러한 두 방법을 스스로 그리고 나를 코치하는 드라이버들과 시도해보고 나서는 어떠한 손을 가지고 핸들링을 해야 하는지에 대한 논의는 완전히 시간낭비였다는 것을 알게 되었다. 드라이빙은 두 손으로 하는 스포츠이다! 만약 여러분이 운전의 대부분을 한 손으로 하게 된다면 힘과 정확성 두 가지 모두를 잃는 것이다. 한손이 밀어줄 때 다른 한손은 끌어당기면 된다. 한손이 끌어당길 때 또 다른 한손은 밀어주는 것이다. 이러한 것들로부터 부드러운 핸들링이 나오는 것이다.

코너에 접근함에 있어 핸들링을 하는 여러 가지 방법이 있다. 스티어링 휠을 천천히 돌릴 수도 있고 스티어링 휠을 빠르게 돌릴 수 있다. 핸들링을 천천히 시작해서 빨리 돌려도 되고 또는 그 반대로 빠르게 핸들링을 하고 이어서는 느리게 돌리는 것이다. 또한 스티어링 휠을 여러분이 원하는 곳으로 차

카레이싱 최후의 비밀 : 아무도 가르쳐주지 않는 드라이빙 하이테크닉

량이 가도록 할 때보다 약간 더 돌려준 다음 빠르게 다시 풀어 줄 수도 있다. 여러분은 코너를 부드럽게 돌 수도 있고 그렇지 않을 수도 있다. 즉 여러분은 '빠른 핸들링' 또는 '느린 핸들링'을 할 수 있다.

그럼 어느 것이 코너에서 올바른 핸들링 방법일까? 내 생각엔 정답은 없다. 어떤 코너를 여러분이 진입하는지와 여러분 차량의 핸들링 성격과 여러분의 드라이빙 스타일에 달린 문제라고 생각한다. 이것은 아마도 내가 언급하였거나 또는 그 이상의 방법들과 조합이라 생각한다.

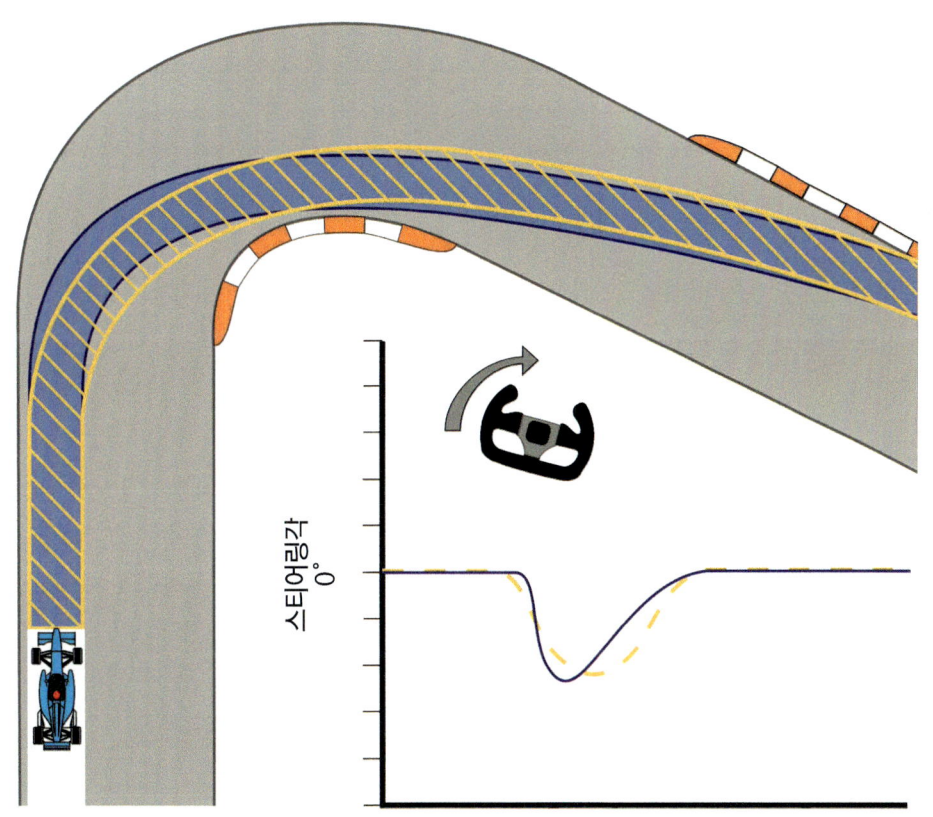

그림14-4: 두 가지의 코너 턴인 테크닉 비교이다. 한명의 드라이버는 부드럽게 핸들링을 하는 반면 다른 드라이버는 갑작스럽게 핸들링을 한다. 어느 것이 최선의 핸들링 방법일까? 이것은 차량과 코너에 따라서 좌우된다.

요점은 어떠한 코너는 빠르고 갑작스러운 턴을 요구하는가 하면 또 다른 코너들은 그렇지 않다는 것이다. 그래서 어떠한 때는 핸들링이 일정한 비율로 높아질 때가 최상이기도 하고 반대일 때는 서서히 핸들링을 할 때가 적당하기도 하다. 핵심은 특정 코너와 차량에 최상인 방법으로 핸들링을 해야 한다는 것이다. 많은 드라이버들은 하나의 특정한 방법으로 핸들링을 하고 그들의 스타일에 적응

14 코너 진입

하지 못한다. 이것이 많은 드라이버들이 저속보다 고속에서 좀 더 낫거나 또는 그 반대의 이유 중 하나이다.

이제 다른 일반적인 룰에 대해서 이야기 해보자.

> **SPEED SECRET**
>
> 코너에서 느릴수록 정점은 늦게 접근하고 핸들링은 빠르게 해야 한다.
> 코너가 빠를수록 손을 더 느리게 움직여 코너에서
> 원을 더 만들 필요가 있다.

F1 드라이버였던 「존 허버트(1964년, 영국출생 드라이버)」가 레이스텍(Race Tech) 잡지에서 코너를 진입할 때 많은 상황들과 그의 핸들링 스타일에 대해 아래와 같이 언급을 하였다.

'나는 코너에서 상당히 부드럽긴 하지만 지극히 강하게 들어가며 보통 타이어 그립을 지체 없이 잃어버린다. 그래서 나는 저속코너에서 필요 이상으로 언더스티어가 발생한다. 고속코너는 문제가 없다. 왜냐하면 다운포스가 있기 때문이다. 느리게 달릴수록 그 다운포스는 줄어들게 된다. 그러므로 정말 부드러워져야 한다. 작년에 여러분은 약간의 속도를 줄이기 위해 앞 타이어를 브레이크처럼 계속해서 사용할 수 있었다. 하지만 타이어에 그루브(groove)가 추가된다면 이러한 것을 허용하지 않는다. 이것은 단지 노면을 문지르기만 하며 언더스티어를 발생시킨다. 결국 타이어의 트랙션을 잃어버리는 것이다.

이것은 무엇이 알맞은지를 찾는 것이며 여러분이 자연스럽게 강하게 코너를 진입하게 된다면 더 많은 언더스티어를 초래할 뿐이다. 하지만 그렇게 해보라고 이야기하는 것은 매우 쉽다. 언더스티어를 멈추기 위해서 속도를 줄일 수 없다. 왜냐하면 여러분은 결국 너무 느려지기 때문이다.'

이 상황에서 진짜 핵심은 어떤 방법이 최고로 적응하기 좋은지 단지 "이게 내 스타일이야, 난 이 방법으로 계속 갈 거야"가 아니라 어떻게 핸들링을 해야 할지 주의해야 한다는 것이다. 당연히 이것은 여러분이 코너를 진입하면서 스티어링 휠을 가지고 무엇을 할지에 대한 의도적인 생각을 투자하라는 의미는 아니다.

카레이싱 최후의 비밀 : 아무도 가르쳐주지 않는 드라이빙 하이테크닉

　만약 그렇다면 코너 바깥 어딘가 벽에 충돌하는 꼴이 될 것이다. 아니다. 이것은 그저 전체적으로 여러분이 무엇을 하는지에 대한 안정적인 인식이다. 보통 그 전에는 자기 자신에게 약간의 의도적으로 질문을 하는 것으로 여러분이 무엇을 하는지 무의식적으로 받아들이게 될 것이다. 그리고 가장 중요한 것은 여러분은 거의 오류 없이 코너에서 가장 적합한 핸들링을 하게 될 것이다.

　핸들링을 정확하게 하는 비결은 여러분이 느끼는 것이 최상이라는 확고한 심상을 가지고 지금 여러분이 하는 것에 대해 인식하기 바란다. 그러기 위해서는 여러분은 도로에서 운전할 때 어떻게 스티어링을 틀어야 하는지 의식적으로 연습해야 한다. 만약 도로에서 충분히 연습했다면 레이스 트랙에 가더라도 습관이 되고 프로그램 될 것이다. 코너에 들어서는 순간 자기 자신에게 질문하라. "나는 핸들링을 부드럽게 조심스럽게 하는가? 아니면 급하게 하는가?", "내가 조금 더 핸들링을 부드럽게 해도 될까?", "코너에서 핸들링을 천천히 하거나 계속해서 빠르게 하는 것 또는 다른 방법이 있을까?", "내가 가고자 하는 차량의 방향보다 먼저 핸들링 하여 정점에서 미리 스티어링 휠을 풀어줘야 하나?", "나는 정점에서 스티어링 휠을 풀어주고 차량이 탈출방향을 향해 가도록 놓아주고 있는 것일까?"

　긍정적인 질문을 더 던지고, 파고들수록 여러분은 핸들링에 대하여 더욱 의식하게 될 것이며 그러한 인식이 긍정적이고 정확한 스티어링 테크닉으로 이끌어 줄 것이다.

　카트의 경력을 가진 드라이버들이 늘어나면서 카트와 레이스카를 드라이빙하는 차이점을 지적하는 것이 나에게는 중요해졌다. 많은 카트들은 프런트 타이어 그립을 만들어 턴인을 잘하는 테크닉 중 하나는 원하는 라인으로 핸들링을 하고 카트가 가속할 수 있도록 재빨리 스티어링 휠을 풀어주는 것이다. 이러한 방법은 카트가 서스펜션이 없는 지오메트리 타입으로 움직이기 때문에 가능하다. 그래서 이러한 테크닉은 레이스카에는 추천하지 않는다. 또한 레이스카에 입문하여 카트 드라이버들이 바꿔야하는 일종의 습관(멘탈 프로그램) 중 하나이다. 만약 그렇지 않다면 여러분은 결코 레이싱카의 완전한 잠재력을 끌어내지 못할 것이다. 그래서 만약 많은 카트경험을 가지고 레이싱 카에 입문한다면 여러분의 핸들링 테크닉에 대해서 정확히 알기 바란다.

속도의 변화

　대부분의 드라이버들이 공통적으로 가지고 있는 실수중 하나인 속도의 변화에 대한 문제에 대해 솔직하게 이야기해보자.

　핵심은 코너를 지날 때 변화하는 차량의 속도인데 여러분은 한계 드라이빙을 하고 있다고 믿고 있지만, 실제로 그것은 여러분이 인위적으로 한계를 낮춰 설정해 놓은 것이다. 이것을 입증할 예를 들어 보겠다.

14 코너 진입

여러분이 가상의 트랙에서 첫 번째 코너를 시속 130km로 진입했다고 가정하자. 그것은 스티어링 휠을 처음 트는 턴인 포인트에서 시속 130km로 주행을 하고 정점 근처나 가속을 시작하는 지점까지 그 속도를 유지할 수 있다. 이 코너 내내 차량은 트랙션의 한계에 있지만 여기서 속도가 시속 0.5km 증가하면 더 많이 미끄러지거나 스핀을 하게 될 것이다.

그럼 만약 코너를 시속 130km 이하로 진입을 하다면 어떻게 될까? 일반적인 현상을 예를 들어보면 여러분이 턴인 포인트에서 시속 125km로 속도를 줄여서 진입했다고 하면 순간 여러분의 트랙션 느낌이 차량이 한계까지 가지 않았다고 말해줄 것이다. 더 사용할 수 있는 트랙션이 있다는 것이다. 그러므로 여러분의 오른발은 스로틀 페달을 밟아 차량이 가속하도록 한다. 이러한 행동은 모두 무의식적으로 생긴다는 것을 알기 바란다. 이러한 것들은 여러분이 의식적으로 생각하는 것이 아니라 그냥 자연스럽게 나타나는 현상이다.

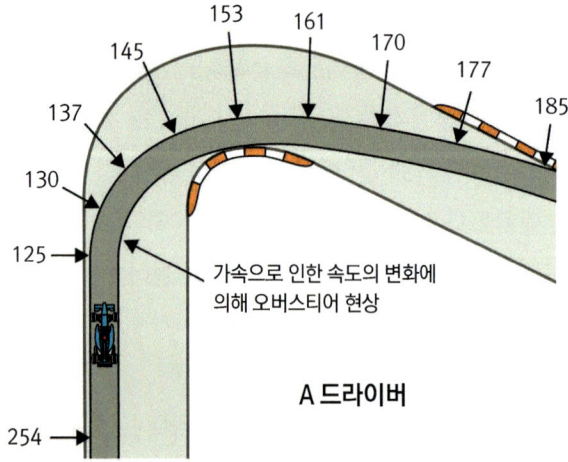

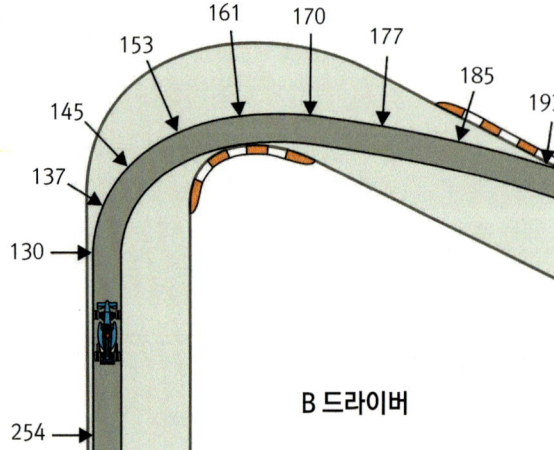

그림14-5: 드라이버 A와 B를 다시 한 번 보자. 두 드라이버 모두 같은 속도, 시속 254km로 코너에 접근한다. A드라이버는 턴인 포인트에서 차량을 시속 125km까지 속도를 줄여 코너를 들어갔지만, 곧바로 차량이 한계상황에 이르지 못한 것을 느끼고 스로틀을 밟는다. 이것은 적지만 오버스티어의 원인이 되며, 결국 드라이버는 균형을 잡기위해서 발을 살짝 떼게 되고, 나머지 코너에서 속도를 올리기 시작해 시속 185km로 탈출을 한다. 한편 B드라이버는 코너를 차량의 한계인 시속 130km로 진입한 다음 코너를 지나는 동안 속도를 부드럽게 올려 시속 193km로 탈출을 한다.

카레이싱 최후의 비밀 : 아무도 가르쳐주지 않는 드라이빙 하이테크닉

    비록 시속 125km로 코너를 진입하는 것이 한계 주행은 아니지만 그렇다고 한계에 크게 벗어나는 속도도 아니다. 타이어가 밀려나 아주 많이 미끄러지기 시작하기 직전이 트랙션의 한계에 가깝다. 그러므로 여러분이 가속을 하기 시작하면 뒤 타이어(뒷바퀴굴림차량)에 더 큰 부담이 있다는 것을 감수해야 한다. 여러분은 오로지 타이어의 성능을 그 이상도 아닌 오직 100%만을 쓸 수 있다. 만약 여러분이 코너에서 시속 125km의 속도로 뒤 타이어 트랙션의 99%를 사용하고 가속하게 된다면 1%의 트랙션 그 이상을 가속하는데 쓸 수 있는 좋은 기회가 생긴다. 사실 여러분의 오른발로 스로틀을 스퀴징하면 5~10%의 트랙션을 가속하는데 쓸 수 있는 좋은 기회가 있으며, 그렇게 한다면 뒤 타이어가 한계를 넘어서고 차량은 조금일지라도 오버스티어의 특성이 나타나기 시작할 것이다.

    여러분이 이 시점에서 알아야 하는 것은 한계 또 그 이상으로 드라이빙하는 것이다. 여러분은 시속 125km~130km 사이에서 더 빠르게 주행하기 보다는 그 한계 속도를 초과하지 않으며 주행할 것이다. 그것이 한동안 한계의 주행이라고 생각할 것이다. 하지만 여러분은 이렇게 인위적으로 낮은 한계를 만들어낸 것이다.

    이것은 시속 125km에서 130km까지 속도의 변화이기 때문에 타이어가 트랙션의 한계를 간신히 유지하며 인위적으로 낮은 한계를 만들어 낸다. 만약 여러분이 시속 130km로 코너를 진입했었다면 여러분의 트랙션 감각이 한계에 있다고 느꼈을 것이다. 여러분은 스로틀을 적당히 스퀴징하면서 코너에서 탈출하여 한계까지 가속할 수 있게 될 것이다.

    이상적인 속도 변화보다 더 주의해야하는 것은 지나친 하중이동을 초래하는 것이다. 이것은 차량의 진입속도가 한계보다 많이 느리다면 필요이상으로 차량의 밸런스를 변화시킨다는 것이다. 느린 속도로 진입 시 여러분의 트랙션 감각이 신호를 보내고 여러분은 타이어를 한계까지 쓰기위해 속도를 더 많이 필요로 하게 될 것이다. 순간 여러분은 스로틀을 강하게 밟으면 하중은 차량의 뒤쪽으로 이동하게 된다. 이것은 뒷바퀴굴림 차량의 경우 뒤 타이어가 그립을 더욱 확보하여 가속 트랙션을 높게 유지할 수 있어 편하게 느껴지겠지만 프런트 하중이 급감하면서 과도한 언더스티어를 초래할 수도 있다. 결과적으로 여러분의 트랙션 감각 다음으로 느껴야 하는 것은 앞 타이어의 한계를 넘어서는 더 빨라질 수 없다는 것이다(심지어 속도를 낮출 수도 있다).

    이것이 바로 코너 진입속도가 매우 중요한 이유이다. 만약 여러분이 코너를 (한계 이하에서) 너무 느리게 진입한다면 가속을 함으로써 부족한 속도를 복원하려 할 것이고, 반대로 여러분이 이상적인 속도로 코너에 진입했다면 그리 어렵지 않게 한계를 만들 것이다. 이러한 여러분의 이상적인 코너 진입 속도는 스피드감각 스킬이 너무도 중요한 이유 중 하나이다. 이러한 스피드감각 스킬 없이는 정확하고 일관되게 속도를 끌어낼 수 없다. 그러므로 코너에 진입할 때 정확한 속도로 주행해야 한다.

14 코너 진입

 진정으로 위대한 드라이버들은 시속 1km 이내로 한 결 같이 모든 코너와 랩을 이상적인 진입속도로 조절할 수 있는 능력을 가지고 있다. 몇 몇 드라이버들의 코너 진입속도는 시속 1~10km 또는 그 이상으로 매 랩마다 다를 것이다. 스피드감각 능력이 오차 없이 일정할 때까지 여러분은 어떤 테크닉(또는 차량 셋업)을 사용해야 하고 어떠한 테크닉이 빠른 것인지 결코 알 수 없을 것이다. 이것이 바로 내가 추천한 스피드 감각 연습이 왜 중요한지 말해주는 이유이다.

> **SPEED SECRET**
>
> **코너에서 속도의 변화가 적을수록 더 빨라질 수 있다.**

가속도(MOMENTUM)

 많은 드라이버들이 가지고 있는 일반적인 문제는 특히 고속코너를 진입할 때 속도를 지나치게 많이 줄인다는 것이다. 그 이유는 무엇일까? 여기에는 적어도 3가지의 이유가 있다.

- '슬로 인, 패스트 아웃'이란 습관 또는 프로그램이 너무 깊이 몸에 적응되어 있을 것이다. 드라이버들이 첫 번째 듣는 말은 코너를 빠르게 진입하고 천천히 탈출하는 것보다는 천천히 진입하고 빠르게 나와야 한다는 것이다. 이것은 일반적으로 드라이빙을 잘 모르는 초보자들에게 좋은 설명이다. 하지만 문제는 이러한 조언 이상의 수준으로는 드라이빙을 할 수 없다는 것이다. 여러분도 어쩌면 이러한 테크닉을 가지고 있기 때문에 진짜 빠른 드라이버가 사용하는 '패스트 인, 패스트 아웃'에 근접할 수 없다.

- 다음은 브레이킹이 끝나는 포인트보다 시작지점에 너무 집중한다는 것이다. 여러분이 어디서 브레이킹을 할지에만 전적으로 집중한다면 (특히 여러분이 브레이킹 지점을 약간 깊게 하려고 한다면), 여러분이 거기에 이르렀을 때 브레이크로 급하게 옮겨가려(점프) 할 것이다. 그리고 급하게 브레이크로 옮겨가려 한다면 차량은 '오버 브레이크' 또는 '오버 슬로' 하게 된다. 이 방법을 대신하여 여러분의 시선을 코너와 어느 지점에서 브레이크를 놓을지에 집중하라(브레이킹이 끝나는 지점). 이것이 차량을 오버슬로하지 않고 이상적인 코너 진입속도를 만들어 낼 것이다. 왜냐하면 브레이킹이 끝나는 지점에 집중했기 때문이다.

- 마지막은 여러분이 코너를 충분히 멀리 보지 않는 것이다. 만약 여러분이 트랙과 코너를 충분히 멀리보지 않는다면 마치 점을 연결하듯이 주행할 것이다. 여러분은 한 점에서 다음 점으로 가듯이

카레이싱 최후의 비밀 : 아무도 가르쳐주지 않는 드라이빙 하이테크닉

운전하게 되고 이러한 기준점을 이용하여 트랙에서 자신의 길을 찾는다. 하지만 여러분이 가야하는 곳은 이렇게 계획하는 것이 아니라 얼마나 빠르게 가는지가 중요한 것이다. 모든 것은 반응이기 때문에 계획된 것은 없으며 충분히 멀리보지 않는다면 사실 미리 계획한다는 것은 불가능하다.

이러한 이유들 중 어떠한 것(두개 또는 세 가지 모두의 조합일 수도 있다)이 오버 슬로를 초래했다면 여러분의 멘탈 프로그래밍은 옳지 않은 것이다. 여러분은 코너 진입시 어떻게 적정 속도를 설정하는지에 대한 멘탈 모델이 없다는 것이다. 여러분이 발전해 나가기 위한 유일한 방법은 여러분의 프로그래밍을 가지고 바꾸는 것이다. 일반적으로 여러분의 육체적인 변화와 함께 멘탈 프로그래밍(뒤에서 자세히 설명되는 내용)을 새겨 넣는다. 이는 자연스러운 것이며 여러분이 빨라지기 위해서 진입속도를 높이는 것을 배우고 있다면 브레이킹이 끝나는 포인트에 집중하거나 코너를 더 멀리보아야 한다. 여러분은 육체적으로 충분히 연습하고 높은 진입속도의 멘탈 모델을 만들기 시작할 것이다. 몇몇 드라이버들에게 있어서 이러한 과정은 빠르게 만들어지지만, 또 다른 드라이버들에게는 상대적으로 아주 힘들고 느리게 만들어진다.

분명한 것은 코너진입 속도를 세팅하는 것은 일반적인 것이며 차량이 오버슬로로 코너에 진입한다면 여러분은 상당히 곤란해 질 것이다. 너무 느린 진입속도는 너무 느린 탈출속도로 이어지고 코너 진입에서 너무 지나친 속도 또한 탈출에서 느려질 것이다. 여기에서 '슬로 인, 패스트 아웃'의 이야기가 나오게 된 것이다. 사실 이러한 이야기가 너무 강조된 것이 부끄럽다. 이것은 적당할 때 기본적으로 좋은 조언이 될 수 있다.

만약 여러분이 코너를 진입할 때 차량이 오버슬로 하도록 한다면 다음과 같은 상황이 발생 할 것이다. 첫째, 차량의 가속을 잃을 것이다. 차량의 속도를 늦추는 것은 매우 치명적이다. 매번 여러분이 감속을 한다면 다시 속도를 올리기가 만만치 않을 것이다. 당연하겠지만 감속을 최소화할수록 가속이 더욱 쉬워진다.

두 번째로 차량을 오버슬로하는 것은 우리가 지금까지 이야기했던 속도 변화의 문제로 돌아가는 것이다. 만약 여러분이 코너를 시속 2~3km 오버슬로로 진입한다면 본능적으로 사용가능한 트랙션이 남아있다는 것을 느끼게 될 것이고 더욱 강하게 스로틀 페달을 밟을 것이다. 이렇게 강하게 밟으면 두 가지 중 한 가지 증상은 나타나게 될 것이다. 언더스티어 또는 오버스티어인데 언더스티어는 리어로 하중이동이 지나치게 많이 생겼을 때 발생한다. 오버스티어는 (뒷바퀴굴림 차량) 뒤 타이어에 무리한 동력이 전달되면서 파워 오버스티어를 유발시켰을 때 생긴다. 따라서 만약 여러분이 오버슬로 하지 않는다면 본능적으로 스로틀 페달을 강하게 밟지 않을 것이며 탈출에서 감속하는 속도의 변화는 줄어들 것이다. 문제는 최저속도와 탈출속도의 차이이다. 물론 그 속도의 차이를 최소화해야한다.

15 코너 중간(미드 코너)

이전에 언급을 했던 것처럼, 미드코너 페이스는 위대한 드라이버 중에서도 챔피언을 가리는 중요한 부분이다. 「미하엘 슈마허」의 챔피언년도에는 코너진입과 탈출에 좋지 않은 영향을 미치는 경우를 제외하고는 그의 미드코너 속도의 장점이 승리에 중요한 요인 이었다. 사실 슈마허의 스타일, 테크닉 그리고 미드코너 페이스에서의 능력은 다른 코너 페이스에서도 도움이 된다.

슈마허는 모든 코너의 중반에서 약 시속 1.5~3km 이상의 속도를 더 가져가기 위해서 무엇을 하였을까? 나는 정확히 그의 '비밀'이 무엇이었는지 알지만 말할 수 없다. 내가 아는 것은 다른 것 보다 차량의 밸런스를 잡는 방법이다.

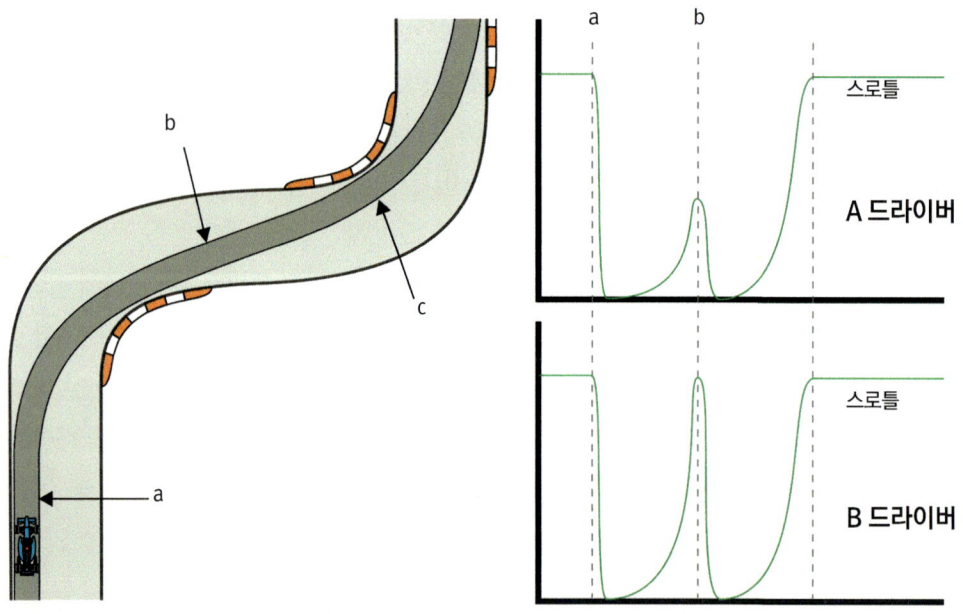

그림15-1: 작은 것들이 큰 발전을 만들 수 있다. 예를 들어, 그림의 스로틀 로깅 그래프를 비교해보자. 두 가지의 턴에서 B드라이버가 짧게 풀스로틀을 만드는 반면, A드라이버는 스로틀을 반 이하로 사용한다. B드라이버는 차량을 거칠게 다룬다. 그림과 같은 S자 형태의 트랙에서 조금 강력한 스로틀은 0.3초 빠른 결과를 가져온다.

그가 선택한 라인이 그것(차량의 밸런스)과 조금 관계가 있긴 하지만, 우리가 이미 논의했던 것처럼 그것은 실제로 F1에서 활동하는 모든 드라이버가 파악하고 있다.

만약 여러분이 슈마허를 지켜볼 기회가 있었다면 내가 이야기한 것에 대해 이해를 했을 것이다. 나는 운이 좋게도 트랙의 가장자리 근처에 서서 그를 지켜볼 수 있었는데, 여러분도 그러한 기회가 된다면 그의 차량이 다른 차량들과 달리 피치와 롤의 변화가 적고 안정적인 밸런스를 유지한다는 것을 확인할 수 있을 것이다.

카레이싱 최후의 비밀 : 아무도 가르쳐주지 않는 드라이빙 하이테크닉

그럼 다시 조금 전의 질문으로 돌아가서 그는 코너에서 어떻게 주행을 했을까? 그와 함께 운전석에 타는 것이 아니고서야 그의 발동작은 거의 완벽하다고 상상할 수밖에 없다. 오른발로 스로틀 페달을 아주 매끄럽고 완벽하게, 부드럽게 밟기 시작하는 동안 왼발로 브레이크에서 발을 뗀다. 나의 예상으로 그는 두 가지 동작 사이에 최소한의 오버랩을 가지고 있을 것이다. 즉 그는 스로틀을 밟기 시작하기 전 브레이크에서 완전히 발을 떼지 않았다는 뜻이다. 그가 브레이킹 또는 액셀링을 하지 않는 시간은 10억분의 1초조차도 발생하지 않았을 것이다. 오버랩 또한 그리 많지 않을 거라 확신한다. 잡지에 나타난 그의 드라이빙 스타일에 관련된 로깅 자료들을 보며 트랙 옆에서 유심히 관찰한다면 그것만큼 확실한 교육 방법은 없을 것이다.

슈마허의 미드코너 드라이빙 능력은 트랙 어디서든 그가 빠르다는 것과 관계가 있다. 그의 스티어링 테크닉은 그가 핸들링에 있어 너무나 가벼운 손동작을 가지고 있다. 그것은 마치 스티어링 휠에 손을 살짝 올려놓은 듯한 느낌이다. 온보드 카메라에서는 그가 스티어링 휠을 손가락으로 터치하는 듯한 장면이 보였다. 그의 손바닥은 스티어링 휠과 전혀 닿지 않아 보였다. 당연히 F1 차량을 손가락만으로 컨트롤하며 타이어 그립의 양과 피드백을 받는다는 것은 체력적으로 굉장히 많은 힘을 필요로 할 것이다. 슈마허는 스포츠역사에서 조차 세계적으로 드라이버로 가장 적합하다는 평을 가지고 있기로도 유명하다.

이렇게 가볍고 예민한 터치를 가지고 스티어링 휠을 잡는 슈마허는 이러한 핸들링으로 더 많은 피드백을 받는다. 여러분이 휠을 타이트하게 잡으면 여러분의 팔 근육에는 힘이 들어가고 휠에서부터 받는 정보(진동, 휠로부터 전해오는 느낌 등)가 여러분의 뇌신경으로 전해지는 것을 방해 할 것이다.

스티어링 휠로부터 오는 피드백은 여러분의 트랙션 감각을 제공한다. 만약 그 어떠한 각도에서든 방해를 받는다면 여러분은 타이어에 얼마나 그립이 있고 또 한계에 있는지를 느끼는데 어려움이 있을 것이다.

마이클 슈마허의 체력은 그의 핵심적인 능력들 중 하나이다. 그의 체력에 따르면 손과 팔은 스티어링 휠을 컨트롤하는 동안 훨씬 더 긴장이 풀려있다. 언제나 여러분이 근육의 긴장을 푸는 만큼 피드백은 더 많이 뇌신경으로 전해질 것이며, 여러분의 뇌신경이 더 많은 피드백을 받을수록 스킬은 더욱 좋아질 것이다. 그리고 그것이 스티어링 휠을 가볍게 잡는 두 번째 결과로 이끌 것이다. 바로 부드럽고, 정밀하며, 점진적인 스티어링 조작이다.

15 코너 중간(미드 코너)

> **SPEED SECRET**
>
> 빠른 미드코너의 속도는
> 엄청난 진입속도, 차량의 균형, 그리고 이른 탈출 속도로부터 나온다.

차량의 균형잡기

차량이 브레이킹을 하는 경우 앞쪽으로 하중이 전해지지 않을 때 밸런스가 잡힌다. 가속을 할 때도 리어로 아무런 하중이 전해지지 않고 코너링을 할 때는 횡(lateral)방향의 하중이동이 없을 때, 이것이 바로 차량의 기계적 밸런스이다.

차량의 밸런스를 잡는 것이 왜 그리도 중요한 것일까? 그 이유는 밸런스가 흐트러진 차량보다 밸런스가 잡힌 차량이 더 많은 트랙션을 가지고 있으며, 트랙션이 많을수록 여러분은 더 빠르게 달릴 수 있다.

우리는 공기역학(aerodynamic)의 밸런스 또한 꼭 고려하여야 한다. 많은 차량들이 앞쪽이 가라앉거나(nose-drive) 뒤쪽이 가라앉고(rear squat) 좌우 하중변화(roll attitude)가 생기면서 차량의 밸런스가 흐트러지며 공기학적 다운포스가 영향을 미친다. 이러한 차량들은 차량의 섀시 하부 돌출부와 트랙의 변화에 따라 프런트에서 리어 다운포스의 분배가 극적으로 바뀔 수 있다. 이것은 또한 다운포스를 모두 감소시킬 수 있고 좋은 차량의 밸런스는 다시 한 번 트랙션이 더 생기고 더 빠르게 주행할 수 있는 것이다.

그렇다면 여러분은 어떻게 다른 경쟁자들 보다 차량의 밸런스를 더욱 유지할 수 있을까? 그것은 결국 좀 더 부드럽게 컨트롤하고 밸런스가 흐트러지지 않게 갑작스런 동작은 피해야 한다. 또한 차량의 밸런스를 정확히 인지하기 위해서 개인적인 균형감각을 가져야 한다. 예를 들어, 여러분의 발동작은 중요하다. 부드럽고, 빠르고, 그리고 아주 매끄럽게 스로틀에서 브레이크까지 이어져야 하며 또한 브레이크에서 스로틀까지 이어질 때 밸런스를 유지할 수 있다.

그림15-2: 한계 드라이빙은 차량의 밸런스를 최대한 유지하는 것이며 마치 뾰족한 점 위에서 차량의 밸런스를 유지하는 것과 같다.

카레이싱 최후의 비밀 : 아무도 가르쳐주지 않는 드라이빙 하이테크닉

슈마허 자신이 가지고 있던 엄청난 밸런스 감각은 미드코너 페이스에서 빠른 스피드를 가지고 갈 수 있었던 능력의 마지막 이유 중 하나이다. 또한 그는 단지 자신의 밸런스만이 아닌 차량의 밸런스를 감지하는 뛰어난 감각까지 가졌었다.

최상의 미드코너 속도를 내도록 차량이 밸런스를 잡는 것은 코너에 접근하고 진입할 때 사용하는 브레이킹 테크닉과도 관련이 있다. 그 이유는 만약 여러분이 브레이킹을 강하게 해서 코너로 진입하는 동안 차량의 밸런스는 앞쪽으로 이동하게 되고 이것이 남은 코너를 최적의 밸런스로 만들어주지는 못한다. 진입 페이스 동안 브레이크 답력을 줄임으로서 차량의 밸런스를 되돌릴 수 있으며 여러분이 지나치게 감속하지 않고 적절한 미드 코너 스피드를 가질 것이다.

여러분은 내가 「미하엘 슈마허」가 마치 슈퍼히어로라고 여긴다고 생각할 수도 있지만, 이전에 다른 훌륭한 드라이버들도 있다는 것을 알기 바란다. 예를 들어 알렉스 자나르디는 F1에서 힘든 시간을 보냈긴 했지만 챔프카와 인디카에서 레이스를 할 때 상당히 뛰어난 실력을 보여주었다. 모터스포츠 저널리스트 「조나단 잉그램」은 그를 완벽히 관찰했었고 On Track(2000년 2월 17일)에 '인사이드 라인'이란 칼럼에서 소개했다.

챔프카에서 과도기는 홈이 있는 타이어와 카본브레이크가 심각한 문제였을 것으로 보인다. CART에서 자나르디의 속도는 브레이킹을 늦게 해서라기 보다는 코너 진입 시 브레이킹을 더 가볍게 했기 때문이었다. 이것은 팬들과 관계자 그리고 다른 드라이버들에게 평범해 보이지 않았던 이유이다 – 그는 종종 미드 코너에서 예상치 못한 속도를 가지고 갔다. 적은 양의 타이어와 카본 브레이크를 가지고 적정 온도로 끌어 올리는 능력은 설명할 것도 없이 자나르디의 미국에서의 성공을 이끌었다.

아무튼 나는 그가 F1에서의 힘겨운 투쟁이 그의 스킬이나 테크닉의 감각을 잃은 것과는 거리가 멀다고 본다. 거기에 잘 다가가지 못했기 때문일 것이다. 왜 그럴까? 나는 그것이 팀 안에서 환경에 맞춰가는 데 있어 그의 행동특성(27장에서 더 자세히 다룸)으로 적응하는 능력의 부족이 아닌가 생각한다. 환경에 적응했더라면 그는 챔프카에서 냈던 속도를 윌리엄즈 F1카에서도 낼 수 있었을 것이다.

전환(TRANSITION)

만약 여러분이 코너에서 브레이크로부터 스로틀까지 매우 매끄럽게 이어가지 못한다면 절대로 좋은 미드코너 속도를 낼 수 없다. 이것이 왼발 브레이킹이 가지고 있는 또 다른 장점이며 매끄러운 변

15 코너 중간(미드 코너)

화를 만들기 정말 쉬운 방법이다. 사실 왼발 브레이킹을 하고 오른발로 스로틀을 사용하면 약간의 오버랩이 있어 더 부드럽게 만들어준다.

    브레이크에서 스로틀까지의 매끄러운 전환은 차량 균형을 잡아주고 빠른 미드코너 속도를 내게 하는 결과를 나타낸다.

    여러분이 누군가를 태워 눈을 가리고 어디서 브레이킹이 끝나고 어디서 가속이 시작하는지 정확한 포인트를 말하지 못할 때까지 스로틀-브레이크-스로틀의 전환을 연습하여야 한다. 이것이 바로 내가 이야기하는 매끄러운 이전이다. 만약 여러분이 오른발로 브레이킹을 한다면 브레이크 페달에서 발을 떼어 스로틀로 가는 움직임이 완벽하게 부드러워질 때까지 도로에서 연습한다.⊿

카레이싱 최후의 비밀 : 아무도 가르쳐주지 않는 드라이빙 하이테크닉

코너 중간(미드 코너)

147

16 시야

자동차 경주에서 여러분의 반응과 행동 중 최소 90%는 눈으로부터 받아들여 그것을 여러분의 두뇌에 전달한 피드백의 결과이다. 비록 여러분이 차를 제어하는 데 손, 팔, 다리, 그리고 발을 사용하더라도 그건 여러분의 눈이 그렇게 하라고 뇌에 이야기한 것이다. 따라서 좋은 시야를 가졌다는 것은 경주차를 운전하는 데 중요한 기술이다.

좋은 시야와 좋은 시력은 차이가 있다. 필요한 경우 시력은 측정 후 안경으로 보정할 수 있다. 시야는 눈으로 감지하는 행동이다. 좋은 시야는 훈련될 수 있다. 너무 당연하게 들릴지 모르지만 여러분이 가고 싶지 않은 곳이 아니라 가고 싶은 곳을 봐야 한다. 왜냐 하면 여러분의 자동차는 여러분의 눈이 보고 초점이 향하는 곳으로 가려고 할 것이기 때문이다.

SPEED SECRET

여러분의 눈을 가고 싶지 않은 곳이 아닌 가고 싶은 곳에 집중하라.

여러분의 차가 가려고 하는 곳에 집중하고 그 라인을 머릿속에 그리며 이어서 코너의 빠져나가려고 하는 곳을 보려고 노력해야 한다. 많은 드라이버들이 커브, 방호벽, 그리고 트랙의 가장자리에서 떨어진 곳 같은 가고 싶지 않은 곳에 초점을 맞추며 너무 많은 시간(비록 1초 정도의 짧은 시간이라도)을 소비한다. 그리고 거기가 결국 여러분이 도달하게 되는 곳이기도 하다.

사실 이것은 이상적인 라인을 달리게 하는 핵심이다. 만약 여러분이 모는 자동차가 어떤 특정한 라인으로 주행하길 원한다면 그곳에 여러분의 눈을 집중해야 한다. 만약 여러분의 자동차가 시멘트벽 같은 곳을 향해 가고 싶지 않다면 거기에 초점을 맞추지 말아야 한다.

자동차가 특정 방향을 향한다고 해서 반드시 그곳을 가려 하는 것을 의미하진 않는다. 예를 들어 자동차가 코너에 접근할 때 자동차는 곧바로 달리고 있다. 그러나 여러분이 가고자 하는 곳은 직진이 아니라 코너이다. 그러므로 코너의 정점과 그 너머까지 코스를 관통해 봐야 한다. 그러기 위해선 의식적으로 여러분의 머리를 그 방향으로 돌려야 할 것이다. 차가 갈 방향으로 말이다. 그래야 차가 그 방향으로 따를 것이다.

여러분이 가고 싶은 곳을 보는 것이 유일한 일이다. 나는 이것을 학생들을 가르치면서 알게 되었으며 그들에게 가고 싶은 곳을 먼저 보라고 말하곤 한다. 그들은 턴인 포인트에 이르러서야 코너를 봤

카레이싱 최후의 비밀 : 아무도 가르쳐주지 않는 드라이빙 하이테크닉

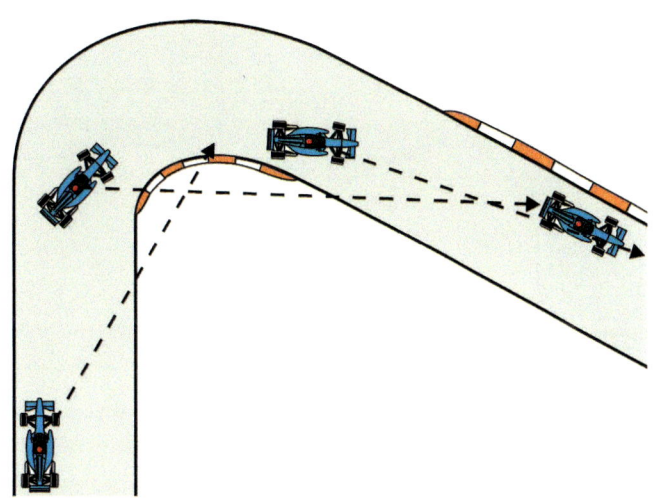

그림16-1: 코너에 진입할 때 턴인 포인트에 이르기 전에 정점과 이후 통과할 곳을 보고 있어야 한다. 여러분은 턴인 포인트에서 스티어링 휠을 얼마나 많이 돌려야 하는지 알기 전에 어디로 가고 있는지부터 알아야 한다. 가능한 한 코너를 멀리 봐야 한다.

고 스티어링 휠을 코너 안쪽으로 급격하게 꺾었다. 내가 놓쳤던 부분인데 지금 설명하자면 여러분이 가고자 하는 곳에서 거기에 이르는 길을 따라 마음속의 시야나 라인을 보라는 것이다. 그것은 회전하는 동안 부드러운 원을 만드는 것이다.

여러분이 코너 레이아웃을 알면 알수록 준비를 더 많이 할 수 있다. 항상 바로 보고 코너를 통과할 경로를 미리 그려봐야 한다. 만약 라인을 잘못 탔다면 빨리 잊고 남은 코너를 보면서 상태를 유지하려고 노력해야 한다. 현재 레이스 트랙에서 일어나고 있는 일은 여러분이 그 전에 했던 일에 의해서 결정된다. 여러분이 가고자 하는 곳을 지금 보고 지금 계획 세워라.

SPEED SECRET

가능한 멀리 보고 생각하라.

지금보다 편안하게 멀리 보는 연습을 하는 것은 일반 도로에서부터 먼저 시작된다. 그 훈련이 얼마나 도움이 되고 승자들이 얼마나 멀리 보는지 깜짝 놀라게 될 것이다.

코너에 들어갈 때 머리를 똑바로 든 상태를 유지해야 한다. 종종 드라이버들이 코너 안쪽으로 머리를 기울이는데 잘못된 것이다. 코너 안쪽으로 기울어진 머리 무게는 코너링에 도움을 주지 못한다.

16 시야

그림16-2: 대부분 코너에 진입할 때 여러분이 실제로 보는 것은 제한되어 있고 보는 시야도 앞쪽을 향해 있다(왼쪽). 그러나 마음속의 눈으로 코너를 지나 커브 지점을 봐야 한다(오른쪽). 마음 속으로 차가 가고자 하는 길을 형상화하고 그려야 한다.

유명한 모터사이클 레이서들을 보라. 코너 안쪽으로 몸을 기울이더라도 머리는 가능한 한 똑바로 세운다. 그것은 머리가 기울어지지 않고 수직일 때 그들의 뇌가 눈으로부터 정보를 얻는데 유용하게 사용된다는 것을 알기 때문이다. 그러므로 운전석에 앉아있을 때 머리를 바른 상태로 유지한다. 코너를 돌 때 머리를 좌우로 움직일 순 있지만 기대거나 기울어지지 않도록 한다.

여러분의 앞이나 뒤에 있는 차에 주의를 빼앗겨서는 안 된다. 앞을 잘 보고 여러분의 전체 가시 범위 안에 들어오는 모든 것을 주시해야 한다. 항상 주의를 기울여라. 그렇지만 너무 멀리 있는 앞쪽을 보지 말고 너무 먼 미래를 생각하지 말아야 한다.

최고의 드라이버들은 보지 않고도 그 주변에서 일어나는 일들을 알아내는 능력이 탁월하다. 그것을 육감 혹은 특별한 주변시야라고 부르기도 하지만, 드라이버가 빠른 속도로 달리는 중에 경험으로 알아낸다는 것은 놀라운 일이다. 사람의 가시범위(field of vision)처럼 나는 그것을 인식한다는 것에 착안해 '드라이버들의 인식범위(field of awareness)'라고 부른다.

처음으로 속도를 내 운전하거나 산 아래로 스키를 탔던 때를 기억하는가? 아마 망원경을 통해 보듯이 가시범위나 인식범위가 무척 좁았을 것이다. 그러나 빠른 속도로 운전하거나 스키를 타면 탈수록 시야는 넓어지고 주변을 여유 있게 돌아보게 된다.

육체적으로는 잘 모르지만 개인적으로 내 옆이나 뒤에 있는 것에 신경 쓰는 때가 있다. 그러나 아드레날린이 흘러나옴에 따라 내 감각들이 너무 예민해져서 내 뒤의 차가 어디에 있는지, 심지어 거울에 그 모습이 보이지 않아도 알게 된다.

내가 처음 인디카를 몰게 되었을 때 주행 중 나의 인식범위는 (포뮬러 포드와 포뮬러 애틀랜틱을 처음 몰았을 때처럼) 일어나고 있는 모든 상황에 대해 무척 좁았다. 그러나 그 속도에 적응되면 될수록

카레이싱 최후의 비밀 : 아무도 가르쳐주지 않는 드라이빙 하이테크닉

나의 시야 및 인식 범위는 점차 확대되어 갔다. 빠른 자동차나 속도를 경험하게 되면 그 속도에 적응하는데 도움이 되며 인식범위도 증가하게 된다.

  높은 속도로 달리는 빠른 차를 경험하게 되면 그 속도에 적응하고 인식범위를 증가하는데 도움을 준다. 그러나 그것도 역시 도로에서 운전하면서 연습할 수 있는 것이다. 항상 여러분 주변의 모든 것을 보고 느끼기 위해 노력하라. 트랙에서 옆이나 뒤에 있는 차를 파악하고 유지하기 위해 거울이나 주변시야를 이용하며 그들이 어디로 가려는지 예상하려고 노력해야 한다. 여러분 주변에 일어나고 있는 일을 잘 알아내는 능력은 레이서가 성취해야 할 가장 중요하고 놀라운 솜씨중 하나이다. 만약 드라이버가 운전하는 동안 그것에 대해 생각해야 한다면, 그것은 바람직하지 않을 것이다.

  그러나 그러한 능력을 갖고 있다면, 그것은 대단한 느낌일 뿐 아니라 성공의 핵심이다. 만약 여러분이 그것을 받아들인다면 그 모든 것은 경험으로부터 온다. 여러분이 가려는 곳에 눈을 집중하고, 멀리 보고, 주변시야를 이용하는 이 모든 것들이 좋은 시야 테크닉을 얻는 최고의 방법이다.

17 빗길 레이싱

비 오는 날 레이스를 하는 것은 맑은 날보다 분명히 더 위험하다. 부드럽게 운전하고 절대 집중하는 것이 매우 중요하다. 그것은 아무리 강조해도 지나치지 않다. 그러나 연습과 올바른 마음가짐을 갖는다면 경쟁자에 비해 많은 이익을 얻게 될 것이다.

개인적으로 나는 비오는 날 레이스를 사랑한다. 경쟁자보다 성능이 뒤지는 차로 몇 년을 보냈던 나로서는 오히려 비가 동등한 조건을 제시해주었다. 비오는 트랙에서는 휠스핀이 주요 한계 요소가 되기 때문에 경쟁자의 차가 더 높은 마력을 가졌더라도 그 성능을 충분히 발휘할 수 없게 되어, 내 차와 동등한 조건이 되는 것이다. 과거 퍼시픽 노스웨스트(Pacific Northwest)에서 몇 년간 레이스에 참여하면서 나는 점차 빗길 운전에 적응되어 갔다. 나의 경쟁자들이 비에 대해 부정적이었지만 당시 비에 대한 나의 정신자세는 긍정적이었다. 내가 그것을 즐기는 반면 그들은 싫어했고 그것이 나에게 정신적인 이익을 가져다주었다.

젖은 라인

빗길 운전의 일반적인 규칙은 다른 사람들이 가지 않은 곳을 달리는 것이다. 즉 이상적인 라인을 벗어난 길을 말한다. 가장 그립이 좋은 노면을 찾아 활용하는 것이 중요하다. 오랜 기간 트랙에서 이런 저런 주행이 거듭되면서 노면은 매끄럽게 잘 연마되어졌고 노면의 파인 구멍은 고무와 오일로 메워졌다. 실제로 빗길에선 원치 않는 노면이 된 것이다. 그러므로 비오는 트랙에서는 약간 오톨도톨하고 거친 노면을 찾아서 주행해야 한다. 이것은 때때로 코너 바깥쪽을 따라 주행하거나 아니면 극단적인 안쪽, 혹은 코너를 왔다갔다 크로스해서 주행하는 것을 의미한다.

빗길에 강한 레이서는 그렇게 태어나지 않았다. 그들은 한계를 감지하고 부드럽게 운전하며 가장 많은 그립을 제공하는 트랙 노면을 찾아 달리는 연습을 통해 빗길에서 빨리 달리는 기술을 발전시켰다. *Shutterstock*

물론 실제로 주행할 때 이상적인 라인을 통과해야 할 것이다. 그렇게 하기 위해서는 차가 가급적 직선으로 가게끔 노력해야 한다. 그래야 차가 스핀을 할 수 있는 기회가 줄어든다. 코너에서의 트랙션(마찰력)은 빗길에서 가속이나 브레이킹할 때 훨씬 더 감소하기 때문에 차가 조금이라도 직진 상태가 되도

카레이싱 최후의 비밀 : 아무도 가르쳐주지 않는 드라이빙 하이테크닉

록 라인을 만들어 달리도록 노력해야 한다. 좀 늦더라도 정교한 턴인(turn in)이 필요하며 정점에 좀 더 늦게 이르도록 한다.

종종 레이스 도중 비가 멈추고 노면이 말라가기 시작할 때가 있다. 그럴 경우 그 중에서도 좀 더 마른 노면을 찾아 달리도록 한다. 이것은 랩 기록을 확 바꿔놓을 수도 있다. 트랙이 말라감에 따라 레인 타이어가 오버히트되고 심하면 찢겨질 수도 있다. 그런 상황이 되면 직선 코스에 고인 물웅덩이 위를 지나 타이어를 냉각시켜볼만 하다.

물이 내리막으로 흘러가기 때문에 뱅크 코너의 윗부분으로 운전하는 것이 가장 좋은 방법일 수도 있다. 다시 말하지만 더 많은 트랙션을 제공하는 노면을 선택해야 한다. 또한 노면의 변화와 코너의 페인트칠이 된 연석에 주의해야 한다. 이곳들은 종종 아스팔트 주변보다 더 미끄러울 수 있다.

SPEED SECRET

가장 그립이 좋은 노면을 찾아 주행하라.

레인 타이어

젖은 노면에서 타이어의 가장 최적의 슬립각은 마른 노면보다 적다. 마른 노면에서 최적의 슬립각은 6~10도 범위이나 젖은 노면에서는 3~6도 정도이다. 이것은 마른 노면보다 젖은 노면에서 타이어를 덜 미끄러뜨리며 운전해야 한다는 것을 의미한다.

이 최적의 슬립각 범위가 감소되었다는 것은 그립이 있을 때보다 없을 때의 라인이 좀 더 정교해야 한다는 것을 의미한다. 또한 타이어가 통제를 벗어나 미끄러지기 시작하면 타이어의 그립을 복원하는 시점까지 그 차의 속도를 낮춰줄 마찰력도 거의 없어지게 된다. 이것은 젖은 노면에서 스핀하기 시작할 때 종종

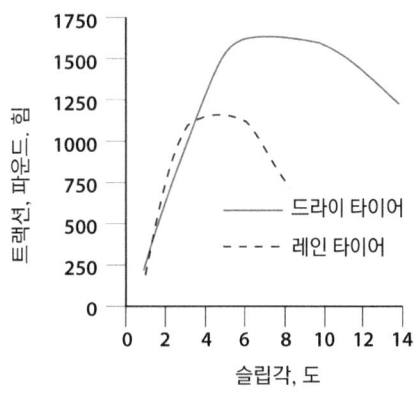

그림17-1: 레인 타이어와 슬릭 레이싱 타이어 사이의 슬립각과 트랙션 그래프는 레인 타이어가 덜 '점진적(progressive)'인 것을 보여준다. 레인 타이어는 한계에 더 빨리 도달하고 더 빠르게 한계를 벗어난다. 확실히 그 트랙션 한계는 트랙 표면의 그립이 떨어지기 때문에 드라이 타이어보다 낮다.

17 빗길 레이싱

차가 속도를 회복하는 것처럼 느껴지게 하는 이유인데 이는 감속률이 거의 없기 때문이다.

레인 타이어는 일반적으로 슬릭보다 덜 '점증적'이다. 즉 레인 타이어가 최대 트랙션 한계에 도달했을 때(적정 슬립각), 그리고 도로에서 그립이 풀리기 시작했을 때 점증적인 드라이 타이어보다 더 빠르게 작용한다. 다시 말해 레인 타이어는 한계를 벗어나려 할 때 경고를 조금 더 적게 준다(그림 17-1을 보라).

이들 두 요소-슬립이 너무 많이 일어나서 마찰력의 부족으로 속도가 느려지는 것과 레인 타이어의 점증성 부족-가 중요한 이유는 비올 때 턴하려하는 시점부터 차를 슬라이드시키기 때문이다. 만약 슬립 없이 운전하려 노력하더라도 타이어는 노 슬립(no slip) 범위를 넘어서는 시점에서 미끄러지게 된다. 그런 일이 일어나면 드라이버는 놀라게 된다. 드라이버가 컨트롤을 충분히 한다고 생각했는데 타이어가 어느 순간까지는 잡아주는 듯하다가 갑자기 한계를 벗어나 버리기 때문이다.

슬라이딩과 밸런스

그 대신, 비록 처음에는 트레일링 브레이크가 거의 혹은 완전히 없을지라도 가능한 한 여러분이 생각한 것보다 조금 더 빠르게 턴을 해서 차에 언더스티어를 만들어라. 일단 슬라이딩이 일어나면 스로틀을 스퀴징하여 차의 속도를 유지하도록 한다. 만약 차가 올바르게 셋업되면 언더스티어에서 항상 타이어가 슬립 상태를 유지하는 상태인 약간 오버스티어로 차가 부드럽게 옮겨가도록 만들 수 있다. 약간의 연습만으로 여러분은 트레일링 브레이크를 배울 수 있다(초기 턴인 스피드 증가). 그리고 스로틀을 컨트롤하여 밸런스를 언더스티어에서 오버스티어로 만들어 턴하는 내내 네 개 타이어 모두를 똑같이 미끄러지도록 만들 수 있다. 그리고 차의 방향을 반대로 전환하려 할 때 스로틀 오프(액셀 페달에서 발을 뗌)로 쉽게 컨트롤한다.

턴하는 동안 네 개의 타이어가 전부 슬라이딩하게 되더라도 더 이상 여러분을 놀라게 만들지 않을 것이다. 그 게 슬라이딩이란 것을 아니까. 사실 자동차는 거의 항상 슬라이드 된다. 단, 항상 기억할 것은 그 양이 너무 많지 않아야 하고 부드럽게 그 양을 조절해서 슬라이딩해야 한다는 점이다.

SPEED SECRET

만약 자동차가 레일을 달리는 느낌이라면
여러분은 아마도 너무 느리게 운전하고 있는 것이다.

카레이싱 최후의 비밀 : 아무도 가르쳐주지 않는 드라이빙 하이테크닉

젖은(wet) 트랙에서의 자동차는 건조한 트랙(dry)에서와 마찬가지로 세팅한다. 세팅은 코너링 포스가 일어나기 때문에 모든 무게 전달이 일어나려 하는 시점이라는 것을 기억하자. 다른 말로 차가 턴할 때 기울거나 롤이 생긴 상태로 나아갈 때에 맞춰 세팅되었을 때이다. 이것은 건조할 때 일어나는 것처럼 비가 올 때도 일어날 것이다. 단지 코너링 포스의 양이 더 적기 때문에 무게 전달의 전체 양이 더 적어질 뿐이다. 차가 세팅된 것을 느끼기 위해 좀 더 민감해져야 한다.

슬라이딩이 항상 일어나야 한다고 하면 이왕이면 가는 길을 따라 점진적으로 작용토록 해야 한다. 코너링하는 동안 처음부터 자동차가 많은 슬라이드를 일으키지 않도록 해야 한다. 그러나 랩을 돌면서 기차가 레일을 돌듯이 자동차를 같은 코스로 반복적으로 주행해서도 안된다. 매 랩마다 슬라이딩이 너무 많다고 느껴질 때까지 코너를 조금씩 조금씩 더 빨리 진입하려고 노력하라. (시속 1km라 할지라도 많은 양의 슬립은 컨트롤할 수 없다는 것을 의미한다).

SPEED SECRET

비가 올 때는 천천히 시작하고 빠르게 반응한다.

스티어링은 처음엔 (타이어가 점차로 코너링 포스를 구축해갈 수 있도록) 가능한 부드러우면서 조심스럽게 그리고 천천히 돌려야 한다. 그러나 자동차가 슬라이드되기 시작하면 지체하지 말고 스티어링을 이용해 신속하게 자세를 잡는다.

여러분도 아시다시피 마른 노면에서 스로틀과 브레이크 페달을 어떻게 이용하는가 하는가는 매우 중요하다. 심지어 빗길에선 훨씬 더 중요하다. 코너의 아웃에서 가속을 할 때 항상 마른 노면에서 할 때보다 느리게 페달을 스퀴징하면서 스로틀을 밟는다. 만약 코너에서 스로틀을 끊어야 한다면 그와 호흡하고 서서히 멈추며 가볍게 한다. 갑자기 발을 들어올리지 말아야 한다. 그것이 아마도 빗길에서 스핀하는 가장 주요한 원인일 것이다. 부드럽고 조심스럽고 교묘한 조작만이 빗길에서의 중요한 비결이다.

빗길에서의 스로틀은 더 부드러워야 하며 스로틀을 스퀴징하면 아주 적당한 양의 휠스핀을 얻게 된다. 너무 양이 많으면 자동차가 느려지거나(과도한 휠스핀 때문에 가속을 하지 못한다) 아니면 스핀하게 된다. 반대로 너무 적으면 속도가 느려진다.

빗길 레이싱

만약 아주 조금이라도 슬라이드 혹은 스핀을 하게 되면 그 트랙션 한계를 기억해야 한다. 항상 하는 충고인데 슬라이드나 스핀은 가능한 적게 해야 한다. 그것은 공도용 자동차로 얼어있는 다리 위를 달리는 것과 같다. 실제로 아무 곳에도 트랙션이 존재하지 않아서 여러분이 무엇을 하더라도 효과적이지 않다.

기어 변속은 천천히 한다. 2단 기어를 사용하는 코너에서 3단을 사용하듯이 사람들은 회전시 자신이 보통 사용하는 것보다 한단 높은 기어를 사용하길 원한다. 이것은 구동바퀴에 전달되는 토크의 양을 감소시켜 심한 휠스핀을 감소시켜준다.

수막현상(아쿠아플레이닝)

수막현상은 비오는 날 레이스에서 가장 까다로운 부분 중 하나이다. 기본적으로 트랙 표면의 물의 양을 빼낼 수 없거나 물 위를 가로질러 지나갈 때 일어난다. 이것을 설명하는 세 가지 요소는 물의 양, 타이어 트레드의 깊이와 효율성(effectiveness), 그리고 자동차가 달리는 속도인데, 비가 심하게 내린다면 이에 대비해야 한다.

수막현상을 컨트롤하는 요령은 가능한 한 그 양은 적으면서 부드럽게 조작하는 것이다. 수막현상은 빙판길에서 운전하는 것과 같다. 그 양을 더 적게 하면 할수록 여러분의 생존능력은 더 커진다. 액셀 페달에서 발을 완전히 떼지 말아야 한다. 그럴 경우 엔진 브레이크와 같은 효과가 나서 무게가 앞쪽으로 쏠리게 되어 뒤 타이어 슬립의 원인이 된다. 어떠한 상황에서도 브레이크를 강하게 밟아서는 안 된다. 그것이 차가 더 빠르게 미끄러지는 원인이 될 수 있다. 가속을 너무 강하게 하는 것도 좋지 않다.

수막현상이 일어나는 동안 스티어링휠을 돌리는 것도 역시 위험할 수 있다. 코너를 돌고 있을 때처럼 물웅덩이 위를 지나갈 때 앞 타이어가 일정 각도 꺾여있다고 상상해보면 이해가 쉬울 것이다. 물웅덩이의 건너편에 다다를 경우 앞 타이어는 그립을 얻게 되는 반면 아직 뒤 타이어는 물 위에 트랙션 없는 상태로 남아있을 것이다. 자동차의 앞부분은 앞 타이어를 따라 가려고 하고 뒤 부분은 옆으로 미끄러져 스핀 아웃의 원인이 된다. 그러므로 수막현상이 일어나기 시작할 때는 스티어링을 똑바로 유지해야 한다.

빗길 대비

섀시 및 서스펜션 세팅은 비오는 날 바뀌어야 한다. 보통 드라이버들은 더 부드러운 자동차: 더 부드러운 스프링, 쇽업소버, 그리고 앤티롤바(실제로 많은 드라이버들이 비올 때는 앤티롤바의 연결을

카레이싱 최후의 비밀 : 아무도 가르쳐주지 않는 드라이빙 하이테크닉

끊는다)로 달리길 원한다. 이러한 세팅은 타이어 전체 그립을 향상시켜줄 뿐 아니라 드라이버가 자동차의 움직임을 더 많이 느끼게 해준다. 가능하면 브레이킹을 할 때 앞으로 가는 무게 이동을 줄여 뒤 브레이크 바이어스(브레이킹시 앞뒤 힘의 배분, 브레이킹시 자동차의 트랙션과 매치되어야 한다)를 조정해야 한다. 또한 윙으로부터 더 많은 다운포스를 얻어 타이어에 가해지는 공기압을 조정하길 원한다. 수막현상을 피하기 위해서 작은 비에는 적은 압력을 많은 비에는 좀 더 강한 압력(타이어 트레드에 걸쳐 작은 크라운의 원인이 된다)을 사용해야 한다.

아마 비오는 날 레이싱에 있어 가장 어렵고 위험한 것은 시야가 나쁘다는 것이다. 다른 차를 따라가야 할 때 앞 차에서 뿌리는 물보라를 피하고 시야를 확보하기 위해서 바로 뒤에 붙지 말고 양 사이드 쪽으로 좀 어긋나게 비켜서서 따라가야 한다. 사실 좋은 시야를 확보하기 위해선 할 수 있는 모든 방법을 동원해야 한다. 경기 전 헬멧 바이저를 깨끗이 닦고 김서림 방지제를 발라야 한다. 요즘엔 시중에 많은 김서림 방지제가 나와 있다.

빗속에서의 드라이빙은 즐길만한 것이다. 왜냐하면 변화하는 조건에 집중하고 부드럽고 정교하게 운전하는 한 그것은 또 다른 도전이기 때문이다. 난 몇 년 전 자신이 바이저 안 김서림을 방지하는데 선천적으로 타고났다는 니키 라우다의 이야기에 대해서 읽은 적이 있다. 왜냐 하면 그는 뻐드렁니를 가져서 그가 헬멧 안에서 숨을 쉴 때 그 숨이 바이저 아래쪽으로 빠져나가기 때문이다. 그 점에 착안해서 나는 바이저 안에서 숨을 쉴 때 의도적으로 숨을 바이저 아래쪽으로 내보내려고 노력하곤 했다.

또 하나 비오는 날 경기에 앞서 난 항상 헬멧에 새 바이저를 부착하곤 했다. 오래된 바이저는 실제로 시간이 지남에 따라 습기를 머금고 나아가 김서림이 더 많이 생기곤 한다. 새 제품이 오랜 된 것보다 얼마나 더 좋은지는 그 차이를 알면 놀라울 정도이다.

18 레이스기술

추월하기, 추월당하기, 순위경쟁 모험. 이것이 레이싱에 관한 전부이다. 드라이버 중에서 빠르게 운전할 수는 있지만 레이스는 할 수 없는 사람들이 있다. 어떤 사람들은 레이스를 할 수는 있지만 특별하게 빠르진 않은 드라이버가 있다. 분명한 것은 승리하기 위해서는 둘 다 좋아야 한다는 것이다. 그리고 테크닉은 둘 다 좋아져야 하는데 항상 서로 보완되지는 않는다.

그것이 말하는 것은, 우선 여러분은 빨리 운전하는 것을 배워야하며 그런 다음 레이스를 시작할 수 있다는 것이다. 많은 드라이버들은 그들이 너무 레이스하는데 바빠서 결코 빨리 운전하는 법을 배울 수 없다. 다른 사람들은 빠르긴 하나 정말로 레이스를 어떻게 하고 어떻게 추월하고 그들의 포지션을 방어하는지 등을 알지 못한다.

도전자

난 다른 경주차들도 트랙의 한 부분이라고 간주한다. 그러므로 레이스 트랙은 여러분이 변화함에 따라 그들의 위치도 끊임없이 바뀐다. 만약 여러분이 경쟁보다 자신의 능력에만 집중한다면 여러분은 훨씬 더 성공적인 레이스를 할 수도 있다. 만약 여러분이 경쟁자의 차를 단순히 트랙 레이아웃에서의 변화 정도로만 생각한다면 훨씬 더 마음이 여유로워지고 자신의 최고 성능을 더 얻어낼 수도 있다.

다른 차를 따라잡는데 가장 중요한 것 중 하나는 여러분이 트랙을 컨트롤하기 위해 여러분 자신을 나타낼 수 있는 위치에 여러분 자신을 위치시키라는 것이다. 다른 드라이버들이 여러분을 쉽게 볼 수 있고 여러분이 그 라인을 가져갈 수 있도록 해주는 자리에 여러분의 자동차를 위치시켜야 한다. *Shutterstock*

카레이싱 최후의 비밀 : 아무도 가르쳐주지 않는 드라이빙 하이테크닉

여러분 주변의 모든 것과 모든 사람들, 특히 무리지어 달리는 자동차들을 인지하는 게 중요하다. 여러분 주위에 있는 다른 것들에 대해 주목하고 집중할 수 있도록 여러분 자신을 훈련시켜야 한다. 이것은 도로에서도 훈련이 가능하다. 여러분이 가고자 하는 곳에 집중하되 여러분 주변의 다른 차들, 특히 여러분 거울에서 직접적으로 볼 수 없는 것까지 모두에게 주목하도록 노력한다. 이 능력은 단순히 빠른 드라이버가 되느냐와 위대한 레이서가 되느냐 사이의 차이를 만들 수 있다.

추월

어쨌든 간에 여러분은 추월하거나 추월당할 때 여러분의 라인을 바꿔야 할 것이다. 그것이 레이싱의 한 부분이다. 행운이 있다면 여러분은 이것을 불리한 게 아니라 여러분에게 유리하게 바꿀 수 있다. 목표는 따라잡거나 따라잡히는 순간에 가능한 한 이상적인 라인에서 적게 벗어나는 것이다.

연습 시간 동안 얻게 되는 좋은 습관은 추월 라인, 즉 여러분이 레이스에서 경쟁자를 추월할 수 있다고 생각하는 라인으로 달리는 노력을 하는 것이다. 연습은 트랙에서 '오프 라인'의 그립을 테스트하기 위한 시간이다.

따라잡는 연습에서 일반적인 레이싱 규칙은 앞지르는 차가 깔끔하고 안전하게 추월할 책임이 있다는 것이다. 만약 추월하는 차가 거의 중간 혹은 느린 차보다 앞서갔거나 코너에 진입할 때 안쪽에 있다면 그것이 경주차의 라인이다. 반복하건데 이것이 일반적인 규칙이긴 하다. '거의 중간'이라는 것은 이도 저도 아닌 좀 어중간한 지점을 말한다.

다른 차를 추월하는 세 가지 방법 혹은 장소가 있다.
- 코너에 접근하는 동안 돌발적으로
- 직선 구간에서 추월(여러분의 차가 더 빠르기 때문에 여러분이 스트레이트에서 시작하여 코너로 이어지는 구간에서 더 많은 가속을 가져가거나 다른 차를 슬립스트림한다)
- 코너에서 추월(가장 어렵지만)

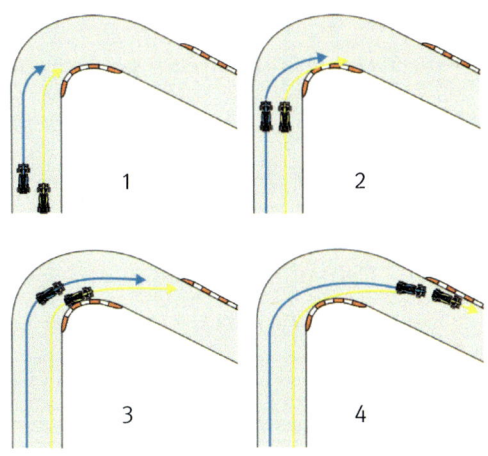

그림18-1: 코너에서 경쟁자를 제압하는 올바른 방법: 그림에서 보듯이 여러분이 하고자 하는 모든 일들이 안쪽으로 향하는 시점 그 순간에 경쟁자의 바로 옆에서 진입한다. 그러면 그 코너는 여러분의 것이 된다. 여러분의 경쟁자가 할 수 있는 유일한 일은 여러분 뒤를 따르는 것이다.

아마도 추월에서 가장 중요한 요소는 여러분 자신을 드러내는 것이다. 즉 경쟁자가 여러분을 볼 수 있는 위치에 확실하게 위치해 있어야 한다.

18 레이스기술

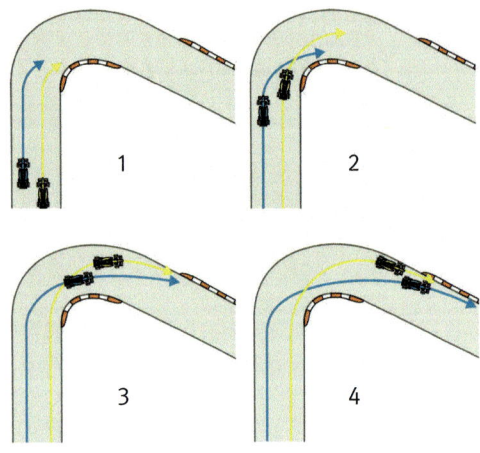

그림18-2: 경쟁자를 제압하는 나쁜 방법: 흥분한 나머지 경쟁자를 지나 너무 깊이 들어가게 되면 코너 탈출 지점에서 그에게 다시 추월할 수 있도록 문을 열어주는 것이 된다. 대개 이런 상황은 쉽게 일어나곤 하는데 코너에서 너무 빨리 진입했기 때문에 상대를 블로킹할 수 있는 라인으로 되돌아올 수 없게 된다. 또한 경쟁자만큼 쉽게 가속을 시작할 수 없다.

만약 코너에서 그 차의 옆으로 파고들어 간다면 그를 완전히 추월할 필요는 없다(그림 18-1을 보라). 만약 코너에서 다른 차보다 확실하게 너무 깊이 들어가려 한다면 오버하는 것이 되며, 종종 세 가지 중 하나의 일이 일어난다: 스핀하거나 그래서 적절한 턴을 할 수 없도록 만들거나, 혹은 코너 밖으로 너무 멀리 밀려나가 속도가 줄어들어 직선 코스에서 다른 차에 재추월당하게 된다(그림 18-2를 보라). 여러분이 진정으로 해야만 하는 것은 경쟁자 옆으로 붙는 것인데 그리하면 코너를 통과하는 라인이 여러분의 것이 된다. 여러분의 브레이킹을 다른 드라이버의 브레이킹과 일치시키면 경쟁자는 그 시점에서 할 수 있는 일이 아무 것도 없다.

코너 근접 안쪽 지점에서 경쟁자를 추월할 때 여러분은 똑같은 턴인 포인트에서 코너를 돌아나가는가? 아니다. 만약 그랬다면 훨씬 더 일찍이었을 것이다. 대신 여러분이 가로지를 때까지 안쪽으로 속도를 낮춰 들어가고 나서 그 다음 이상적인 라인을 만들어간다. 그것이 여러분을 경쟁자보다 더 일찍 가속을 시작하는 위치에 두게 해준다.

한 그룹의 차를 따라 코너에 들어갈 때 여러분이 평소 하는 것처럼 늦게 브레이크할 수 없게 될 가능성이 높다. 앞에 있는 각각의 차들이 브레이크하기 시작하면 다른 차들도 여러분 앞에서 줄줄이 브레이킹하기 시작한다. 만약 여러분이 평소처럼 깊이 들어가려 한다면 누군가의 차 뒷범퍼와 추돌하게 될 것이다.

다른 차를 추월하려고 할 때 대개는 조금 뒤에 있어야 한다. 그래야 여러분이 추월하기 쉬운 트랙의 어떤 지점에서 그와 경쟁할 수 있다. 종종 빠르면서도 느린 차를 추월하지 못하는 드라이버를 보곤 한다. 왜냐하면 끊임없이 차머리를 코너 안쪽으로 밀어 넣지만, 그 양이 다른 차보다 아주 적기 때문이다. 물론 느린 차의 드라이버가 턴할 때 라인을 취하면 빠른 차는 당연히 속도를 줄여야 하는데 그럼 가속도를 잃게 된다. 드라이버는 턴할 때 조금 일찍 진입해 그와 느린 차 사이에 공간을 만든 다음 먼저 가속을 하고 이어지는 직선 코스에서 가속도를 얻어 코너를 더 힘차게 드라이빙을 했더라면 추월이 쉬워졌을 것이다.

카레이싱 최후의 비밀 : 아무도 가르쳐주지 않는 드라이빙 하이테크닉

다른 차를 추월할 때는 항시 살짝 속도를 낮추어야 더 이상 한계에 이르지 않는다는 것을 명심해야 한다. 그럼 여러분은 스핀에 신경쓰지 않고 아마도 트랙의 어느 쪽이든 간에 라인을 변경할 수 있다.

SPEED SECRET

추월할 때는 항상 너 자신을 나타내라.

만약 여러분과 여러분 앞에 있는 자동차가 동시에 다른 차를 추월하고 있다고 했을 때를 생각해보라. 추월당하는 차의 드라이버는 아마 첫 번째 추월하는 차만 보고 그 뒤에 있는 여러분의 차는 보지 못할 수도 있다. 그것에 대비해야 한다.

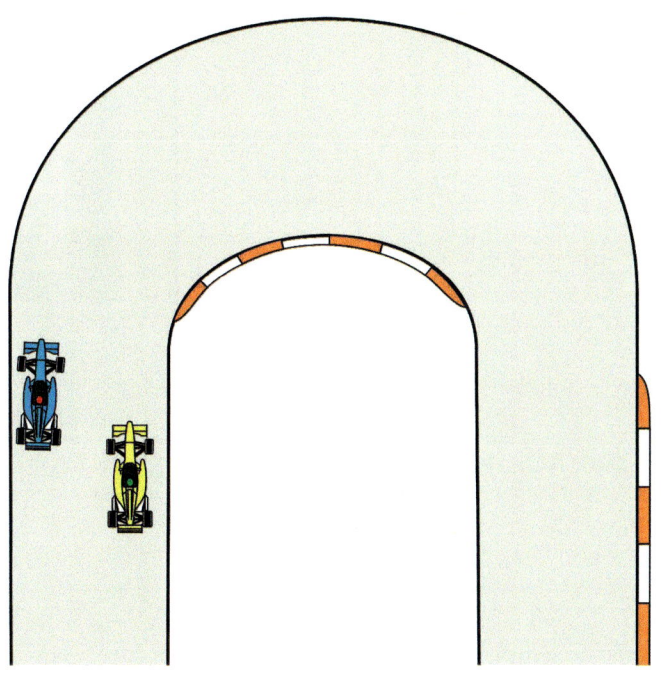

그림18-3: 안쪽에 있는 자동차의 드라이버는 바깥쪽에 있는 차에 대해 문을 닫을 자격이 있다. 이유는 두 가지 인데 첫째, 드라이버는 그로부터 충분히 떨어져 있음에 따라 다른 차에게 그 자신을 드러내지 않는다. 두 번째, 그는 트랙의 안쪽 가장자리에 너무 가까이 있어서(바깥쪽에 있는 차로부터 너무 멀리 떨어짐) 다른 드라이버가 그를 보는 게 매우 어렵게 만든다. 대신 그는 다른 차로부터 좀 더 떨어지기 위해 브레이크를 조금 늦추고 당연히 그것에 더 가깝게 달린다(다른 차에 근접해서 달릴 때 얻어지는 이익은 혹시라도 두 대의 차가충돌하게 되면 그 충격이 적어질 것이기 때문이다).

18 레이스기술

　만약 여러분이 여러분 뒤에 있는 차보다 분명히 느릴 때는 그 차를 옆으로 통과하도록 해주어야 한다. 그러나 직선 코스에서 그렇게 하란 것이지 코너에서 그러라는 것은 아니다. 만약 여러분이 이미 코너에 진입했다면 그 라인에 전념한다. 이미 그곳은 여러분의 코너이다. 만약 여러분이 그것에 전념한 이후 코너에서 라인을 바꾼다면 여러분은 뒤에 있는 더 빠른 차와 엉킬 수도 있으며 때론 위험한 상황에 이르게 될 수도 있다. 예상하라! 코너 밖으로 나와 직선 코스에 이를 때까지 기다려라. 그리고 여러분의 차가 가고자 하는 지점을 정해 그대로 나아가라. 그 지점을 정하는 것은 매우 중요하다. 단 한 군데 혹은 두 군데 지점만 빨리 정하며 그 다음 손은 스티어링 휠을 잡고 드라이빙에만 집중한다.

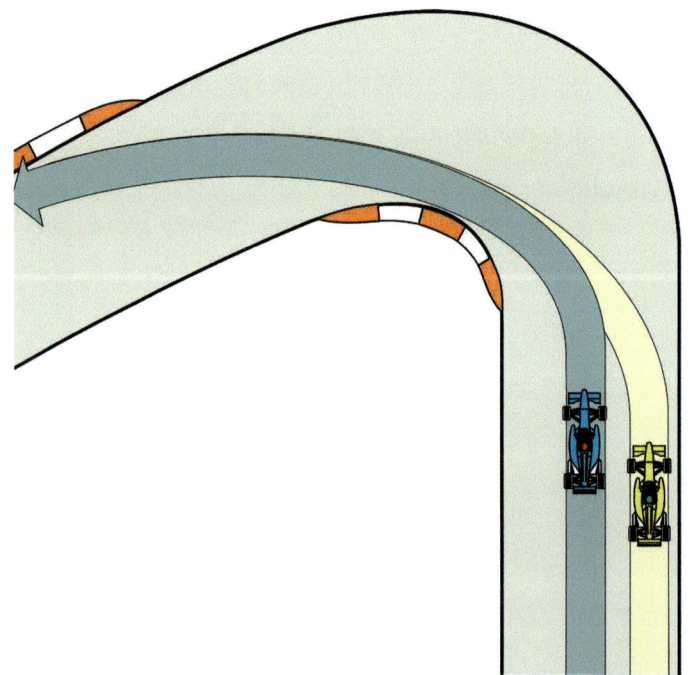

그림18-4: 경쟁자를 추월하는 라인을 수정할 때는 가능한 한 빠르면서 단순하게 이상적인 라인을 조합하라.

블로킹

　블로킹은 논란이 많은 주제이다. 일반적인 규정은 여러분이 라인을 변경하여 여러분의 위치를 지키는 것인데 변경은 단 한번만 허용된다. 만약 여러분이 직선 코스에서 좌우로 흔들거나 코너에 도달하는 동안에 두세 번 라인을 변경하거나 한다면 그것은 블로킹이라 부르곤 한다.

　나는 블로킹이 옳다고 생각하지 않는다. 위험할 뿐 아니라 경쟁자를 뒤에 계속 잡아두고자 하는 것

카레이싱 최후의 비밀 : 아무도 가르쳐주지 않는 드라이빙 하이테크닉

이라면 여러분은 앞에 있을 자격이 없다. 물론 레이스의 마지막 몇 랩을 남겨두고 경기에서 둘이 충돌하여 승리하는 게 어렵다고 판단이 드는 상황이라면 어느 것이든 상관없다. 훌륭한 공격적인 레이서가 되느냐 아니면 블로커가 되느냐의 차이는 명확하다. 공정하나 터프한 드라이버로 명성을 얻게 된다면 대단한 것이다. 반면 지저분한 드라이버 혹은 블로커로 오명을 얻게 되면 항상 여러분이 그만한 대가를 치르게 된다.

 여러분은 레이스를 하면서 누굴 믿을 수 있는지 배우게 될 것이다. 일반적으로 이러한 드라이버들은 예상치 못했던 행동으로 여러분을 놀라게 만들지 않는다. 그들은 여러분이 추월하려고 할 때 갑자기 라인을 급변경하지 않을 것이다. 그들은 예측 가능하다. 그들은 추월하려고 애쓰는 여러분의 용기를 꺾지 않도록 조금씩 예측할 수 있는 수준으로 자신의 라인을 바꾼다.

 레이스 트랙에서 추월을 하는 데 있어 진정 엄격하고 빠른 규칙은 없다. 그리고 레이스카에서 보험이란 건 없다(사고가 나면 누구 잘잘못을 따지지 않고 스스로 수리비를 지불해야 하며 그 비용이 꽤 높다). 우리 모두가 안전하게 플레이하기 위해서 경쟁자에 대한 존경과 배려가 필요하다.

19 다른 자동차, 다른 테크닉

다른 자동차란 게 무엇인가? 앞바퀴굴림 대 뒷바퀴굴림을 운행하는데 필요한 서로 다른 테크닉이 존재하는가? 미드십 오픈휠 자동차 대 앞쪽에 엔진이 있는 경주차는 어떠할까?

대답은 예스와 노다. 그것이 앞바퀴굴림이든 뒷바퀴굴림이든 네바퀴굴림이든 미드십이든 혹은 프런트 엔진이든 아무 상관이 없으며, 레이스카는 레이스카일 뿐이다. 기본 테크닉은 같다. 유일한 차이라면 타이밍과 테크닉을 적용하는 양. 그리고 전에도 얘기했지만, 이상적인 라인에서의 미세한 차이 뿐이다.

사실 앞바퀴굴림과 뒷바퀴굴림 사이만큼이나 두바퀴굴림 자동차(예를 들면 포뮬러 포드와 GT카) 사이에도 차이는 있다.

앞바퀴굴림차의 가장 큰 차이는 이것이다: 앞 타이어가 스티어링, 가속, 그리고 대부분의 브레이킹까지 모든 일을 한다. 그러므로 앞바퀴가 과부하(오버로드) 혹은 혹사당하기 쉽다. 만약 앞바퀴를 혹사시키게 되면 오버히트하여 트랙션을 잃게 될 것이다.

앞바퀴굴림차는 코너에서 가속시 조심스럽게 해야 한다. 만약 여러분이 스로틀을 너무 심하게 가져가면 앞바퀴의 트랙션 한계를 넘게 되어 뒤쪽으로 무게가 많이 옮겨가게 되는데, 이는 심한 언더스티어의 원인이 된다. 스로틀을 부드럽게 가져가면서 미세조종(스퀴즈)해야 한다.

앞바퀴굴림차는 언더스티어 성향을 갖고 있기 때문(모든 무게가 앞쪽에 몰림으로 해서)에 코너에 들어갈 때 트레일 브레이크가 조금 더 중요하다. 이 트레일 브레이크를 보조하기 위해 왼발 브레이킹이 앞바퀴굴림을 모는 드라이버들에 의해 많이 사용된다. 또한 롱 코너의 중간에서 언더스티어를 컨트롤하기 위해 '트레일링 스로틀 오버스티어'를 사용해야 할 수도 있다. 이것은 앞쪽으로의 무게 전이를 유발시키고 언더스티어를 감소시키기 위해 코너 중에 재빨리 스로틀을 완화시키거나 트레일링을 끊는 것을 의미한다.

뒷바퀴굴림에서는 많은 양의 스로틀을 빠르게 적용하여 오버스티어를 일으켜 타이트한 코너를 힘차게 돌아나갈 수 있다. 그러나 앞바퀴굴림차에서는 할 수 없다. 만약 앞바퀴굴림차에서 이렇게 한다면 언더스티어가 증가할 것이다.

어떤 사람들은 앞바퀴굴림 차로 레이싱할 때는 실수(에러)를 저지를 여지가 적은 편이라 더 정확해진다고 말한다. 분명한 것은 앞 타이어에 과부하를 주기 때문에 실수를 극복하기 위해서는 스로틀을 거칠게 조작해서는 안 된다.

앞바퀴굴림차로 코너를 빠져나갈 때 턴하는 동안 여러분이 줄 수 있는 스로틀 양의 한계가 얼마냐에 따라 앞 타이어에 추가로 힘이 가해지기 때문에 앞바퀴가 조금이라도 빨리 똑바르게 되길 원할 것이다. 항상 정점(apex)에 좀 더 늦게 도달하는 것이 요구된다. 그리고 좀 더 늦은 정점에서 드라이브하는 것이 어떠한지를 알게 된다.

카레이싱 최후의 비밀 : 아무도 가르쳐주지 않는 드라이빙 하이테크닉

다재다능한 드라이버가 되는 비결은 서로 다른 유형의 자동차의 아주 작은 변화에도 자신의 스타일 혹은 테크닉을 가장 잘 맞추고 수정할 수 있게 되는 것이다. 그러나 차량의 유형을 다른 타입으로 바꿀 때 꽤 미묘하나 마음속에 간직해야 할 중요한 것이 있다. 다행스럽게도 그것은 한마디로 요약 가능하다.

이것은 무엇을 의미하는가? 양쪽 끝에 4.5kg 무게가 달려있는 약 120cm 길이의 바벨을 머리 위에 한 손으로 들고 있다고 상상해 보자. 바벨을 한 쪽 방향으로 비틀어 돌리기 시작하면 반대 방향으로 돌게 된다. 무슨 일이 일어날까? 돌리는 방향으로 팔이 꼬여 그걸 멈추고 방향을 바꾸는 것이 어려워진다.

이번엔 4.5kg 무게 원반 두 개를 가운데 손 가까이까지 당긴다고 가정해보자. 바를 다시 반대 방향으로 비틀거나 돌린다. 방향을 바꾸기가 훨씬 쉬워지는 걸 알 수 있을 것이다.

같은 일이 자동차에서도 일어난다. 자동차(양산차처럼)의 무게가 차의 중앙으로부터 분산될수록, 그리고 관성 모멘트가 더 높을수록 방향을 바꾸는 것이 더 어려워진다. 차의 무게가 중앙으로 가까이 몰릴수록(오픈 휠 차처럼) 반응은 더 빠르고 조종능력도 더 좋아진다.

그러므로 자동차를 높은 관성 모멘트로 드라이빙하게 되면 초기 턴인하는 반응 시간이 더 길어지게 된다. 이를 보완하기 위해 턴인을 조금 더 빨리 하기 시작하고 스티어링휠 돌리는 것을 더 공격적으로 한다. 만약 그렇게 하지 않으면, 속도를 많이 줄이지 않고는 차를 정점쪽으로 가깝게 붙여 돌아 나가는데 어려움을 겪게 될 것이다.

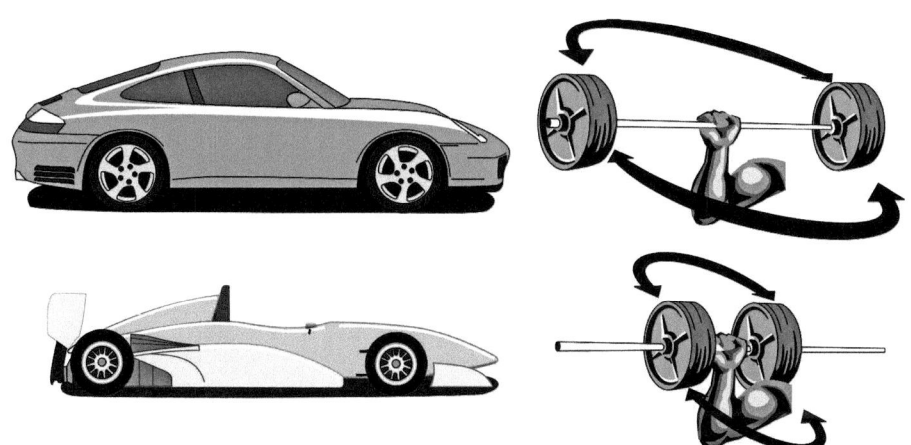

그림19-1: 자동차의 '극관성 모멘트(polar moment of inertia)'는 바벨에 비교될 수 있다. 자동차의 무게가 가운데로 집중될수록 그 방향으로의 변화에 대응하는 것이 더 쉽고 빨라진다. 드라이빙 테크닉을 (여러가지 요소 중에서) 초기 턴인 타이밍과 움직임을 변화시킴으로써 여러분 자동차의 극관성 모멘트에 맞추는 것이 필요하다. 항상 차의 극관성 모멘트가 더 높을수록 반응시간이 더 길어지기 때문에 선회를 시작할 필요성이 더 빨라진다.

20 드라이버의 심상

레이싱카를 모는 육체적 행동은 정신적인 측면과 비교해볼 때 비교적 간단하다. 다시 말해 그 결과는 주로 여러분의 정신적인 활동에 달려있다. 야구에 대한 거지만 요기 베라가 한 코멘트는 레이싱에도 잘 어울린다. "레이싱은 90%가 정신이고 5%만이 육체이다."

만약 승리하길 원한다면 여러분의 마음 움직임이 유일한 이익이 아니라는 것을 기억하는 것이 중요하다.

지금 나의 목표는 여러분에게 충분한 정보를 주어 내가 활용하길 원하는 개념과 도구들을 믿을 수 있도록 하는 것이다. 이러한 기본적인 지식 없이는 그 개념들을 이해할 수 있을지, 그래서 그것들을 사용할 수 있을지가 걱정스럽다. 이것을 기본 뼈대로 갖고 드라이버의 마음속으로 들어가 보자.

퍼포먼스 모델

퍼포먼스 모델은 나의 친구 「론 랭포드」에 의해 발전된 것이다. 그것은 인간인 우리가 어떤 행동에 어떻게 반응하는가를 설명하고 이해하는 데 사용된다. 이 모델은 다음의 것처럼 작용한다. 정보는 주로 감각들로부터 오는데 우리의 뇌로 입력되고, 거기에서 컴퓨터처럼 작동되는 것을 볼 수 있다. 이 바이오 컴퓨터에서 정보는 우리의 소프트웨어 혹은 프로그래밍에 기초해서 처리된다. 레이스카를 운전하게 될 때 이 출력은 행동 혹은 반응의 형태가 되는데 페달 혹은 스티어링휠의 조작, 사물 관찰, 결정, 행동, 자신감 갖기, 혹은 수많은 다른 동작들 등을 의미한다.

여러분의 소프트웨어 혹은 멘탈 프로그래밍 안에는 심리 상태, 결정, 행동 특성, 그리고 신념체계, 심리운동 기능(psychomotor skills : 생각하지 않고 할 수 있는 육체적인 행동과 움직임)이 있다.

여러분은 최고의 소프트웨어 혹은 프로그래밍을 가진 가장 큰 최신식 슈퍼 컴퓨터였을 것이다. 그러나 만약 질이 떨어지거나 입력이 적었더라면 여러분이 본 것을 출력해내지 못했을 것이다. 역으로 만약 여러분이 느린 프로세서에 많은 입력 정보값을 가진 오래된 컴퓨터였다면 여러분이 봤던 것에 대한 출력값을 아직 얻지 못했을 것이다. 다른 말로 여러분 뇌의 처리 속도와 소프트웨어(프로그래밍)는 당연히 출력을 결정한다. 그리고 여러분의 출력은 드라이빙 성능이 된다.

뇌 전체 사용하기

어떤 날은 신나서 높은 수준의 힘을 내고 또 어떤 날은 자신의 방법에서 빠져나올 수 없는 것처럼 느껴질 때가 있지 않았는지? 이러한 이유 중 일부는 여러분의 뇌 전체를 얼마나 잘 이용하는가에 달려있다. 신이 나서 최선의 힘을 끌어낼 때 여러분은 뇌의 전부를 사용하고 있다. 그래서 정보를 빠르고 효율적으로 처리하게 된다. 실력을 충분히 발휘하지 못할 때는 마치 뇌의 절반만 사용하는 것과 같아서 정보를 빨리 처리하지 못한다.

카레이싱 최후의 비밀 : 아무도 가르쳐주지 않는 드라이빙 하이테크닉

놀라운 것은 많은 드라이버들이 자신의 뇌의 속도 능력을 끌어올려 정보를 처리하고 더 빠르고 스마트하게 운전하는데, 실제로 몇 가지 훈련만을 하고 있다는 사실이다. 나는 뇌의 통합하는 능력과 여러분이 뇌의 기능을 어떻게 향상시킬지를 다음 장에서 주의 깊게 살펴볼 것이다.

감각정보

컴퓨터와 친한 사람이라면 GIGO, 즉 '불필요한 정보(garbage)를 입력(in)하면 불필요한 정보(garbage) 밖에 출력(out)되지 않는다'는 슬로건을 들어봤을 것이다. 우리 마음도 상황은 같다. 불필요한 정보를 입력되면 불필요한 정보가 출력된다. 물론 반대의 상황도 존재한다. 필요한 정보를 입력하면 필요한 정보가 출력된다.

뇌에 입력되는 정보를 어디서 얻게 될까? 주요 근원(source) 두 가지는 감각 입력과 생각이다. 감각 입력은 시각, 운동 감각, 그리고 청각 등 세 개의 카테고리로 나눌 수 있다. 후각은 드라이빙 중 트러블을 찾아낼 때 사용(예를 들어 브레이크나 엔진 등의 과열)되는 것이지 운전능력을 향상시키지는 않기 때문에, 이 책에서 따로 다루진 않을 것이다. 물론 우리는 트랙에서 드라이빙하는 동안 미각을 사용하지도 않는다.

드라이빙하는 동안 뇌로부터 오는 대부분의 정보는 시각으로부터 온다. 분명하지 않은 것은 실제로 시각자료가 의미하는 것이다. 많은 사람들에게 정상시력을 가졌다는 것은 좋은 시각 입력을 보유한 것을 의미한다. 시력 측정과 연관있는 중심시력학이 중요하긴 하나 그것이 시각 입력에 있어서 가장 중요한 부분은 아니다. 예를 들면 시공간적 인식, 주변시, 거리지각, 그리고 초점을 빨리 바꾸는 능력들이 레이스카를 모는데 더 중요하다. 이것은 일부 드라이버들이 정상시력을 가졌음에도 불구하고 더 나쁜 시력을 가진 사람들보다 잘 보지 못하는 이유이기도 하다.

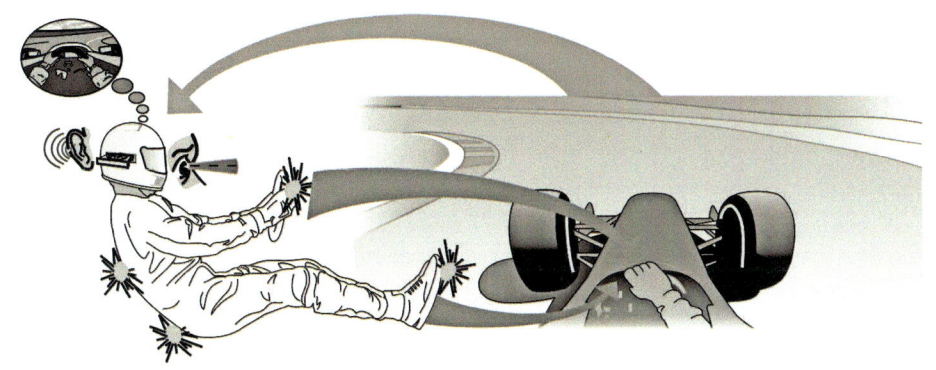

그림20-1: 드라이버의 감각(시각, 운동 감각, 청각)으로부터의 정보와 생각이 뇌로 입력되어 컴퓨터처럼 작동한다. 뇌 안에 있는 소프트웨어 혹은 프로그래밍에 기초하여 심리운동 기능(psychomotor skill)이 작동된다. 이것이 행동이다. 그리하여 행동으로 다시 반응하면서 곳곳에서 행동의 연결고리가 시작된다.

20 드라이버의 심상

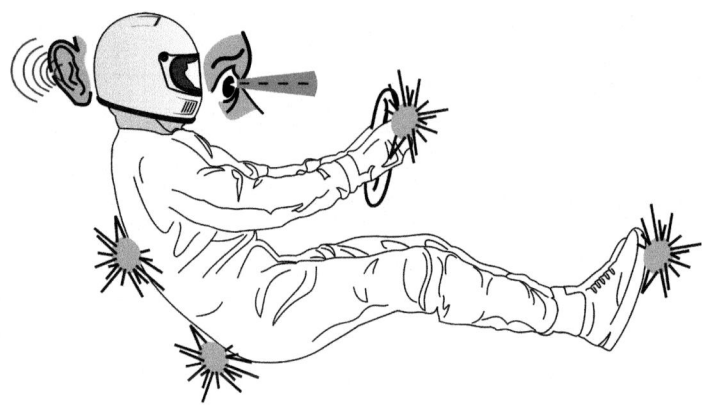

그림20-2: 드라이버는 시각, 운동 감각, 그리고 청각으로부터 감각 입력(input)을 받는다. 정보가 좋을수록 뇌에 입력되는 감각 입력의 양도 더 많이 작용한다. 출력(output)이 좋을수록 드라이빙도 더 좋아진다.

운동 감각은 촉감보다 훨씬 더 많이 관여된다. 그것은 또한 고유수용계(proprioceptive system: 육체에 대해 반응하는 감각 능력)와 전정계(vestibular system: 평형감각)가 포함된다. 여러분의 평형감각은 레이스카를 모는데 중요할까? 몸에 가해지는 G포스를 느끼는 능력이 중요할까? 스티어링 휠, 페달, 시트 등을 통해 오는 진동과 피드백을 느끼는 능력이 중요할까? 물론이다.

어떤 사람들은 청각 입력이 레이싱카를 운전할 때 중요하지 않다고 생각하는 것 같다. 그건 틀린 생각이다. 위대한 드라이버들은 들리는 것으로부터 많은 입력 정보를 얻는다. 드라이버들은 주로 그들이 만든 소리로부터 트랙션의 한계에 대해서 감을 얻게 된다. 그들은 헬멧이나 자동차를 스쳐 지나가는 바람 소리에 의해 감을 잡고 코너 진입 속도를 정하게 된다. 그들은 스티어링각, 변속 시점, 트랙션, 그리고 기타 등등에 대해서 알아내기 위해 주로 엔진 소리를 활용한다.

여러분이 이것으로부터 얻게 되는 총 메시지는 여러분이 여러분의 뇌로 들어가는 감각 정보의 질과 양을 향상시킬 수 있으며 여러분의 성적도 더 향상시킬 것이다. 추후 감각 입력 장에서 이 내용에 대해서 더 구체적으로 다룰 계획이다.

여러분의 소프트웨어

여러분이 운전석이나 자동차의 바깥쪽에서 행하는 것 모두는 여러분의 뇌에서 프로그래밍한 결과이다. 내가 프로그래밍에서 하고자 한 것은 무엇일까? 여러분이 어떠한 일을 하려고 할 때마다 그러한 행동과 관련있는 뇌 안의 신경 접합부(synapses)가 바이오 전류를 이쪽에서 저쪽으로 발사한다. 이 경로는 이 행동을 하도록 프로그래밍된다. 행동이 완성되어질수록 프로그래밍도 더 단단해진다.

그것은 흙으로 흘러 들어가는 물의 경로와 유사하다. 처음엔 물이 흐르기 시작하다가 경로를 찾아 낸다. 물이 흐르면 흐를수록 경로는 점점 더 깊어지고 강해진다. 이와 같은 내용이 뇌 안의 신경 통로

카레이싱 최후의 비밀 : 아무도 가르쳐주지 않는 드라이빙 하이테크닉

에 해당된다. 우리가 어떤 것을 연습하면 할수록 프로그래밍은 더 깊어지고 강해지게 된다.

한 가지 더 확실하게 만들어 보자. 사실상 레이스카는 의식 수준이 아닌 무의식 수준에서 운전된다고 봐야 한다. 왜냐 하면 레이스카는 너무 빨라서 의식 수준에서는 효과적으로 운전되어질 수 없기 때문이다. 드라이버는 일반 사람들이 자동차를 운전하는 것처럼 모든 기술과 테크닉을 생각해 낼 수 없다. 만약 직선 코스의 끝에서 드라이버가 '이제 발을 브레이크 페달로 움직여 브레이크를 조정하고, 왼발로 클러치 페달을 밟고, 오른손을 기어박스로 옮겨 단을 낮추고, 엔진 회전을 순간적으로 올리고 스티어링휠을 돌려야지'라고 생각한다면 과연 그 차가 제대로 갈 거라고 생각하는가? 기껏 하위권에 있거나 현실적으로는 방호벽과 충돌하고 말 것이다.

무의식 수준에서의 드라이빙의 중요성을 강조하기 위해 이 사실을 생각해보자: 무의식이 초당 4십억 비트의 데이터를 처리하는 데 반해 여러분의 의식은 초당 2천 비트의 속도로 정보를 처리한다.

우리는 자동차를 운전하기 위해 무의식 프로그래밍을 믿고 따라야 한다. 그 프로그래밍은 어디에서 오는 걸까? 대부분 경험과 육체 프로그래밍에서 온다. 그러나 그것은 당연히 멘탈 프로그래밍에서 올 수 있다. 이것은 종종 시각화 혹은 심상으로 그려지곤 한다.

대부분의 드라이버들은 자신들은 시각화를 사용한다고 말할 것이다. 진짜로 그들 다수는 원하는 것에 눈을 집중하고 생각한다. 효과적인 멘탈 프로그래밍은 그보다 더하다. 지적 심상은 사실 '실현(actualization)'인데 거기서 사람은 자신의 시각 뿐만 아니라 모든 감각을 사용한다. 사람들은 시나리오가 어떻게 보일지 뿐만 아니라 어떻게 느끼고 어떻게 들리는지도 상상한다. 더 많은 감각을 지적 심상에 사용할수록 사람은 더 많은 현실을 만들 수 있으며 더 효과적인 도구를 만들어낼 수 있다.

드라이빙 퍼포먼스를 향상시키는 세 가지 요소

퍼포먼스 모델에 기반하여 여러분은 드라이빙 퍼포먼스를 향상시킬 수 있는 요소 세 가지가 있다는 것을 알게 된다.

- 좀 더 빠른 처리 : 더 빠르고 더 효율적으로 뇌 속의 정보를 처리할수록 여러분의 성과는 더 좋아진다.
- 양질의 정보 입력 : 양질의 정보가 더 많아질수록 그리고 감각으로부터 더 많은 내용이 입력될수록 출력도 더 좋아지고 여러분의 성과도 더 좋아질 것이다.
- 양적인 정보 입력 : 멘탈 프로그래밍과 소프트웨어가 더 좋을수록 여러분의 성과는 더 좋아질 것이다.

이것들은 여러분의 퍼포먼스에 매우 중요하기 때문에 나는 이들 구성 요소들에 대해서 다음 장에서 다루려고 한다. 또한 더 상세한 초점, 정신상태, 의사결정, 행동 특성, 그리고 신념체계 등에 대해 토론할 것이다.

21 두뇌 통합

뇌는 두개의 반구로 구성되어 있다. 각 반구는 그 자체로 주요 반응 능력을 갖는다. 좌뇌는 논리, 수학, 언어, 그리고 디테일 등을, 우뇌는 창조, 직관, 예술, 그리고 전체상 등을 관장한다.

여러분은 여러분 자신을 어떻게 묘사할 것인가? 좌뇌가 발달한 사람이라면 그 사람은 논리적이고 사실적이며 디테일한 것에 집중한다. 반면 우뇌가 발달한 사람이라면 창조적이고 직관적이며 전체 그림을 볼 수 있다.

레이스 드라이버라면 어느 쪽이 이상적이라고 생각하는가? 만약 여러분이 '양쪽'이라고 대답한다면 그 말이 맞다. 디테일한 것과 전체적인 것도 볼 수 있어야 하고 창조적이고 사실적이면서 직관적이어야 한다. 속칭 '통합형'이어야 하는데 뇌의 양쪽이 모두 정점에서 함께 작용하도록 해야 한다.

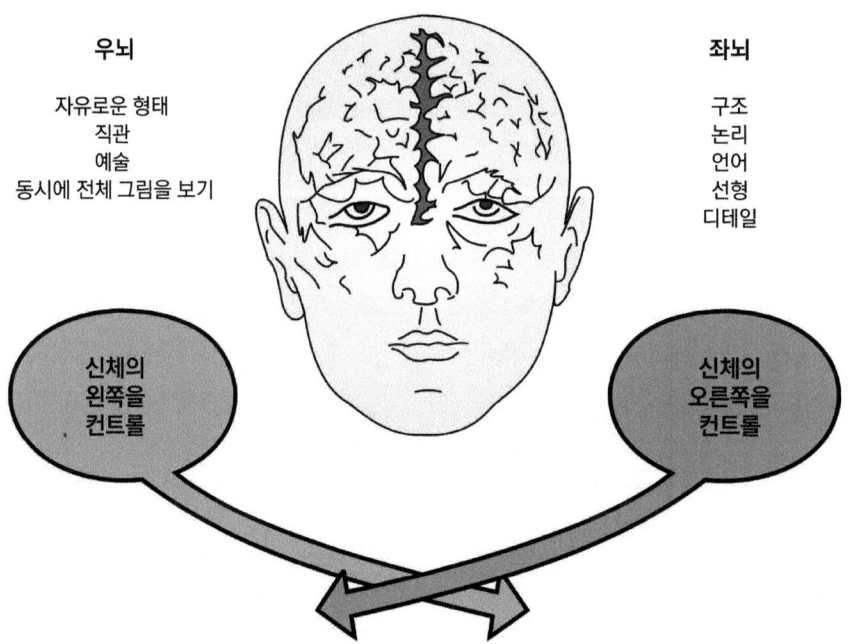

그림21-1: 뇌는 두 개의 반 혹은 반구로 구성되어 있으며 각각은 그 자신의 소임을 가지고 있다. 최선을 다해 최상의 상태에 이르면 뇌의 양 사이드는 완전히 통합되어 함께 작동된다.

사실 스포츠 연구가들은 가장 중요한 요소 중 하나로 '어떤 지역 안에서' 혹은 '흐름 안에서' 운동 실행 능력을 이끌어가는 것이 완전히 통합된 마인드라는 것을 꼽는다. 뇌의 두 개의 반구 사이에 뇌들보(좌우 대뇌반구 사이에 위치해 두 반구를 연결하는 활꼴의 신경다발)라 불리는 한 묶음의 신경섬유가 있다. 이것은 링크끼리 통신하고 반구 사이의 생체전기 흐름을 옮기는 일을 한다. 다시 말해 컴

카레이싱 최후의 비밀 : 아무도 가르쳐주지 않는 드라이빙 하이테크닉

퓨터와 프린터의 케이블과 같다. 그것은 통신 링크 안의 밝기조절 스위치처럼 존재하면서 두 반구 사이의 생체전기 통신의 양을 올리거나 내려주는 일을 한다. 통신이 제한되게 되면 사람들은 좌뇌 혹은 우뇌 중 하나를 더 활용한다. 통신의 양을 높이면 통합형이 된다. 그것이 바로 최상의 성능으로 이끌어주며 그때가 최상의 상태로 드라이빙할 수 있는 순간이다.

또한 좌뇌는 신체의 오른쪽을, 우뇌는 왼쪽을 컨트롤한다. 적어도 그것은 그렇게 되어야 한다. 그런데 종종 균형이 잡히지 않았다고 언급되는 그러한 사람들이나 레이서들은 종종 이런 식으로 움직이지 않는다. 대신 그들의 우뇌는 반대로 좀 부분적이긴 하지만 신체의 오른쪽을 컨트롤한다.

완전히 통합되면 그 사람은 한층 더 균형잡힌 방법으로 뇌 전체와 성능을 더 많이 생각하게 될 것이다.

두뇌 통합 훈련

통합 수준을 향상시키도록 도와줄 세 가지 방법이 있다.

두뇌 체조법(Cross Crawl)

앞에서 언급했던 것처럼 우뇌는 반대 방향인 신체의 왼쪽을 컨트롤한다. 몸의 한쪽 부분에서 뇌의 반대 방향으로 옆을 가로질러 통신하도록 해야 한다. 이것은 덜 통합적일 때(산산조각 났다고 하기도 한다)가 아니고 뇌를 통합형으로 사용할 때 높은 수준에서 나타난다.

신체의 한쪽에서 다른 쪽으로 연결되는 육체 운동의 거의 대부분은 두뇌 통합 수준 향상에 도움을 줄 것이다. 하지만 단순한 두뇌 체조 운동이 가장 효과적이 될 수 있다. 여기에 그 방법이 있다.

서있는 동안 오른다리를 들고 무릎을 구부린 상태에서 왼쪽 손을 오른 무릎에 댄다. 다시 서있는 자세로 돌아온다. 그런 다음 왼쪽 무릎을 든 상태에서 오른 손을 왼쪽 무릎에 댄다. 다시 서있는 자세로 돌아온 후 바꿔가면서 반복한다. 반대쪽 손으로 교차해서 무릎에 대다 보면 어느 한 곳을 향해 행진하는 자신을 발견하게 될 것이다.

첫째로 여러분에게 편안한 속도로 시작하라. 즉 여러분이 할 수 있는 페이스만큼 느리게 해야 한다. 느린 페이스로 하면서 시간을 늘려 가면 균형 감각엔 더 스트레스를 준다. 그리고 나서 손으로 반대편 다리에 댈 때 제자리에서 거의 달리는 것처럼 속도를 높인다. 속도를 높이면 차에 타는 것에 앞서 몸을 덥혀주는데 좋은 운동이 된다.

이 운동이 '크로스 크롤(팔다리 엇갈리기, 기어가기)'이라고 불리는 이유가 있다. 아기들이 처음엔 기기 시작하는데 종종 한쪽 움직임만으로 시작한다. 즉, 그들은 오른손과 오른다리를 앞으로 움직이

21 두뇌 통합

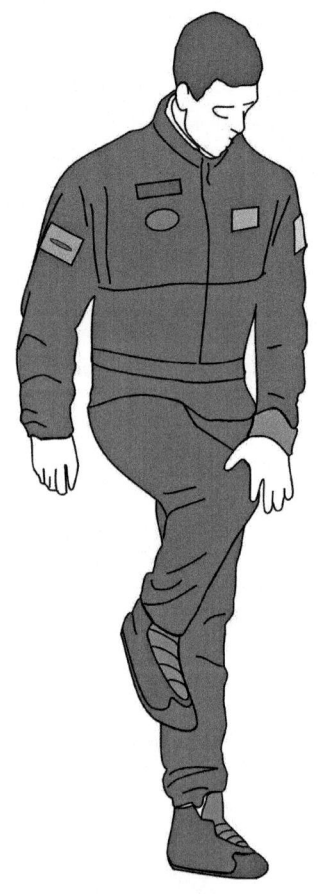

그림21-2: 두뇌 체조법(크로스 크롤)은 정보를 빠르게 처리할 수 있는 능력을 향상시켜 마음을 활성화시키거나 통합시킬 수 있도록 해준다. 차에 오르기 전이나 트랙으로 나가기 전 두뇌 체조법을 조금이라도 하라.

고 다음엔 왼손과 왼다리를 움직인다. 한쪽을 움직이고 다음에 다른 쪽을 움직인다. 일주일 혹은 그 이상이 지난 후 대부분의 아이들은 오른손과 왼다리, 왼손과 오른다리를 교차로 움직이면서 기는 것으로 바뀐다. 이처럼 교차로 기는 동작이 두뇌 통합 발달의 첫 단계이다.

(종종 한쪽으로 기기 시작해서 걷는 데까지 거의 곧바로 가기 때문에) 크로스로 잘 기지 못하는 아이들은 이른 나이에 완전히 통합되는 것을 놓칠 수 있다. 많은 경우에서 이것은 아이가 조직화되어 있지 않거나 신체장애(무능)가 되도록 이끈다. 간단히 말해 '두뇌 체조 훈련'을 이용하면 많은 아이들이 어려운 것을 더 잘 배울 수 있도록 해주고, 육체적으로도 훨씬 더 통합형이 될 수 있도록 해준다. 이 훈련은 매우 강력하다.

매일 아침저녁에 각각 한번씩, 그리고 레이스카에 오르기 전에 특별히 30초에서 2분 정도 두뇌 체조를 하라. 몇 주 동안 이 체조를 한 후에 여러분은 두뇌체조를 하는 것으로 인해 더 통합형이 되어가는 것을 깨닫기 시작할 것이다. 통합되어질 때 – 그 자리에서 더 – 자신이 좋아진 것을 느끼게 될 것이다.

레이지 8s(Lazy 8s)

두번째 통합운동은 시야를 통합하는 데에 매우 효과적이다. 뇌와 신체 사이에 반대 방향으로 엇갈린 연결이 있듯이 뇌와 눈 사이에도 유사한 연결이 있다. 이런 경우엔 오른쪽 눈으로부터 온 정보는 주로 좌뇌로 보내지고 왼쪽 눈으로부터의 정보는 주로 우뇌로 보내진다. 한번 뇌 안으로 들어가면 그 정보는 우리가 본 것에 대해 과정을 거쳐 축척해 간다.

만약 눈으로부터 뇌까지의 통신이, 그리고 뇌의 반구로부터 다른 반구로의 통신이 어느 정도 제한받는다면 영상의 한 조각을 잃게 된다. 레이스카가 달리는 속도에서 정보의 가장 작은 조각들이 끊겨나가 불연속의 사상이 될 것이다. 심지어 가장 높은 수준의 프로페셔널 레이싱에서도 많은 비율의 드라이버들이 불완전한 사상을 초래하는 시야 처리과정의 문제를 갖고 있다.

방법은 간단하다. 서서 한쪽 팔을 앞으로 뻗는데 팔꿈치는 살짝 구부리고 엄지손가락은 위를 향한

카레이싱 최후의 비밀 : 아무도 가르쳐주지 않는 드라이빙 하이테크닉

다. 머리는 똑바로 세워 고정하고 엄지손가락 끝으로 8자를 그리는데 이때 눈은 엄지손가락을 따라간다. 그리하여 눈은 8자를 추적하는 형태가 된다.

각각의 손으로 20~30초 정도 연습을 한 후 이번엔 두 손으로 한다. 두 손으로 할 땐 두 개의 주먹을 만들고 각 손을 함께 연결하여 두 개의 엄지손가락으로 열십자를 만든다. 팔과 어깨를 부드럽게 움직이고 두 개의 엄지손가락 열십자에 집중하면서 레이지 8을 따라간다. 역시 머리를 고정해야 한다.

첫 번째로 여러분이 이것을 하는 동안 누군가가 가까이 다가가 여러분의 눈을 지켜본다. 눈동자는 부드럽게 움직이는가 아니면 V자가 되는가? 그것들은 어떤 지점으로 나아가면서 건너뛰는가? 즉 8자의 일부분을 건너뛰는가? 만약 그렇다면 여러분은 여러분이 봐야 하는 특정 지점에서 정보를 놓치는 수가 있다. 여러분의 눈은 동일하게(함께) 움직이는가?

만약 눈이 추적하는 중에 V자를 그리고 건너뛰고 부조화를 이룬다면 분당 약 30초 동안 레이지 8s를 하면 아마도 향상되기 시작할 것이다. 만약 여러분의 눈이 트랙에서 어떠한 문제점을 알아채지 못했다면 이 연습이 도움이 될 것이다. 또한 이것은 두뇌 통합, 특히 시각적 통합에 도움이 된다.

이 연습은 최소한 하루에 두 번, 특히 차에 오르기 전에 반드시 해야 한다. 많은 드라이버들이 이 연습을 한 후 즉각적

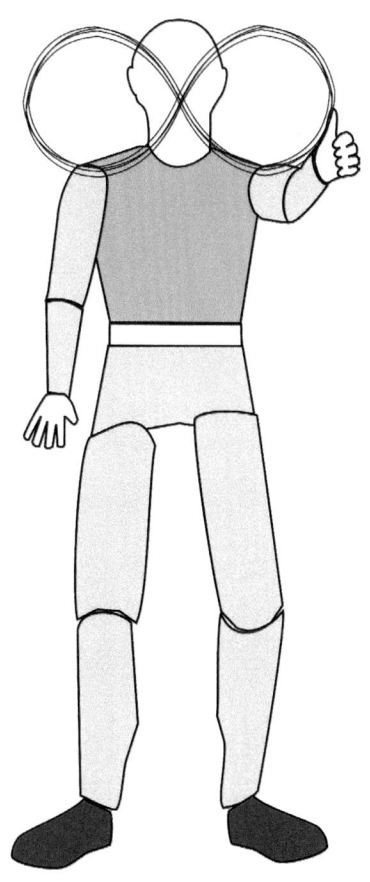

그림21-3: 레이지 8s(천천히 무한대 모양 그리기)는 두뇌에 양질의 시각 정보를 공급하여 시각 처리 능력을 향상시킨다. 차에 오르기 전에 반드시 레이지 8s을 하라.

인 효과를 봤다고 말해줬다. 그들이 말하길 그들 주위에서 어떤 일이 일어나 고 있는지 깨닫게 되었고 지각력도 더 많이 좋아졌다. 이것은 분명히 뇌로 입력되는 시각 정보의 질을 향상시키는 데 도움을 준다.

대부분의 사람들은 좋은 시력은 타고난 것일 수도 있고 아닐 수도 있으며 나이 때문이라고도 생각하는 것 같다. 그리고 사람들은 만약 우리가 육체적 운동을 한다면 몸이 오랜 기간 건강한 상태로 남아있을 거라는 것을 인정할 것이다. 같은 내용을 사람의 시력에 적용해보기로 하자. 만약 연습을 한다면 시력의 건강과 성능수준이 더 향상되고 유지될 것이다.

21 두뇌 통합

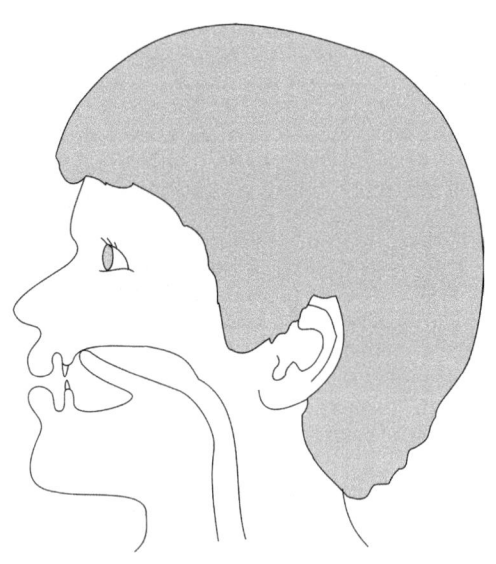

그림21-4: 스스로를 중심을 잡고 평온하게 하기 위해서뿐만 아니라 균형감을 향상시키기 위해서 치아의 뿌리 위 지압점, 바로 앞니 위쪽 뒤에 혀를 부드럽게 갖다 대라.

센터링(중심 맞추기)

레이스카의 전체 성능에 있어서 균형을 맞추는 것이 얼마나 중요할까? 당연히 매우 중요하다. 그러나 레이스카가 완벽하게 균형을 맞췄다 할지라도 만약 사람의 균형감이 완벽하지 못하다면 그 차를 한계까지 운전할 수 있을까? 혹은 만약 그 차가 완벽하게 균형잡히지 못했고 또한 여러분도 마찬가지일지라도 그 차가 필요한 것을 정확히 읽어내는 것을 얼마나 효과적으로 할 것인가?

물론 포인트는 균형감이 레이스카의 그것만큼 아니 그 이상으로 중요하다는 것이다. 그것이 향상될 수 있을까? 그렇다. 어떻게? 한 가지 방법은 센터링(중심 맞추기)이다.

센터링은 무술에서 사용된다. 우리가 할 일은 거기에 땅콩버터 스틱이 있는 것처럼 치아 위부분 뒤 앞쪽 치아의 뿌리를 혀끝으로 가볍게 누르는 것이다. 사람 입 안의 이 지점은 두뇌 통합을 유도하고 균형감을 향상시켜주는 강력한 지압점이다. 완벽하게 효과를 보려면 배꼽 아래 지점을 한쪽 손의 두 개 손가락으로 눌러야 한다. 그리고 몸의 여기 중심점 위의 에너지에 집중해야 한다. 무술에서 이 지점을 '극'이라고 부른다.

분명히 배꼽 아래를 누르고 있는 동안은 운전을 할 수 없다. 그러나 특히 트랙의 스트레스를 많이 받는 지점에서 혀끝을 입 뿌리에 둘 수 있다. 예를 들면, 트랙의 가장 빠른 회전 지점에 다다르거나 코너에서 브레이킹을 늦게 하려 할 때 (혀를 입 안의 뿌리에 두고) 중심을 잡고 숨을 쉰다. 이 방법은 레이스카가 여러분에게 말하려 하는 것을 여러분이 통합하거나 예민하게 대처할 필요가 있을 때 중심을 잡고 진행한다.

또한 이 센터링 테크닉은 스트레스를 풀어주거나 긴장을 완화시켜 주는 효과가 있다. 긴장하거나 스트레스가 쌓인 드라이버는 좀처럼 최고조의 능력을 발휘하지 못한다. 센터링에 의해 긴장이 더 풀리고 더 빠른 속도를 배우며 한층 더 지속적으로 최상의 상태를 유지할 수 있게 된다.

만약 센터링을 정기적으로 연습하면 레이스카의 안과 밖의 차이를 알아내게 될 것이다. 피트레인에서 트랙으로 나가기 직전에 중심을 잡아라. 짧은 기간이라도 이것은 평온함과 집중력, 그리고 통합된 두뇌를 만들어 줄 것이다.

카레이싱 최후의 비밀 : 아무도 가르쳐주지 않는 드라이빙 하이테크닉

22 감각 입력

> **SPEED SECRET**
>
> 뇌로부터 오는 감각 정보가 더 많고 수준도 더 높을수록
> 출력되는 양이 더 많아지고 드라이빙도 더 좋아진다.

이렇게 설명해보기로 하자. 감각(주로 레이스카를 드라이빙하게 될 때 얻는 시각, 느낌, 청각 등등)으로부터 뇌로 들어오는 모든 정보 조각들은 결정 혹은 육체적 움직임으로 나타난다. 그리고 회사의 재무성과에 대해 더 많은 정보를 가지면 투자 결정하는데 더 도움이 되는 것처럼, 코너에서 주변 여러 대와 함께 있는 상태에서 자신의 자동차의 위치, 타이어 트랙션의 양, 주행하는 자동차의 정확한 속도, G포스 그리고 진동, 엔진과 타이어로부터 들려오는 소리 등에 대해서 더 많은 정보를 가질수록 올바른 결정과 육체적 행동을 하는데 도움이 된다.

대부분의 사람들은 손과 눈의 동작을 일치시키는 능력(hand-eye coordination)이 레이스카를 모는데 있어 매우 중요하다는 것을 인정할 것이다. 그러나 어떻게 향상시키는지에 대해서 단서를 줄 수 있는 사람은 그리 많지 않다. 바로 이것이 눈손 협응이라는 것이다. 정보는 눈을 통해 뇌에 전달하게 되는데 거기에서 과정을 통한 다음 손(혹은 신체의 다른 부분)이 적절한 조치를 취할 수 있도록 알려준다. 이러한 간단한 설명으로도 눈으로부터 뇌까지 가는 정보의 양과 질의 향상이 한층 더 협조된 동작의 결과여야만 한다는 이유를 쉽게 보여준다.

사실 우리는 또한 손과 귀의 협응에도 의존한다. 거기서 청각 정보는 적절한 행동으로 처리된다. 그리고 몸뿐만 아니라 손과 손의 협응, 운동 감각, 혹은 뇌에 입력되고 전달되는 느낌 등에 의해 구현된다.

시야가 90퍼센트나 제한받고 있는 상태에서 이상적인 코너링 라인을 따라 레이스카를 운전하려고 애쓰는 상황을 상상해 보라. 혹은 만약 우리 몸이 자동차로부터 완전히 격리되어 진동, G포스, 혹은 롤링이나 피칭 등을 느낄 수 없게 된다면? 혹은 청각장애인이 된다면 자동차로부터 아무런 소리도 듣지 못할 것이다. 그러한 한계상황에서 레이스카를 드라이빙하는 능력에 영향을 미칠 것인가? 당연히 절대적이다.

카레이싱 최후의 비밀 : 아무도 가르쳐주지 않는 드라이빙 하이테크닉

시각 입력

　지금껏 여러분이 본 것이 다른 사람이 본 것인지 아닌지 의문을 가져본 적이 있는가? 여러분이 본 것 혹은 예를 들어 빨간색으로 인지한 것이 다른 사람이 보고 빨간색으로 인지한 것과 같은지 의문을 가져본 적이 있는가?

　지금껏 다른 드라이버들이 여러분이 본 것만큼 혹은 그 이상 봤는지 의문을 가져본 적이 있는가? 다른 드라이버들은 보지 못하는데, 어떤 드라이버들은 그들 주변에서 일어나는 모든 것을 보고 인지하고 알고 있는 것은 왜일까?

　우리가 본 것을 뇌가 구축하는 것은 대부분 사실이다. 다시 말해 우리 눈이 뇌에 적은 양의 데이터를 보내면 거기서 많은 양의 유용한 정보로 바뀌는 것이다. 대부분의 사람들이 생각하길 우리가 본 것을 갖고 우리에게 정보를 전달하는 것은 바로 눈이지만, 사실은 뇌에서 더 많은 정보를 준다. 시력 연구가들은 이 점을 입증해 왔다. 그것이 정상 시력을 가진 몇몇 사람들이 똑같은 정상시력을 가진 다른 사람보다 더 많이 보는 이유이기도 하다. 일부 나이 많은 드라이버들은 젊은 드라이버들만큼 시력과 정보 소화능력이 좋지 않을 수도 있다.

　어떤 드라이버들은 거울 속에 비친 아주 작은 장면을 갖고도 그게 무엇인지 알아낸다. 다른 사람들은 눈으로부터 같은 양의 데이터를 받고도 마음속에 영상을 구축하지 못해 적은 결과만을 얻어낸다. 정보 없인 이해도 하지 못한다. 물론 그것은 몇몇 드라이버들이 사고를 피할 수 있는 것처럼 보이는 이유이다. 반면에 다른 드라이버들은 사고에 끌려 다니는 것처럼 보인다. 즉 이들 드라이버들은 눈에서 뇌로 보내지는 아주 적은 양의 데이터로부터 벗어나서는 유용한 감각을 만들 수 없다는 것이다.

　나쁜 결정을 많이 하는 걸로 유명한 드라이버들은 사고를 많이 낸다. 드라이버가 그렇게 빠르고 재능있는 데도 실수를 많이 하기 때문에 가능성 많은 챔피언십 도전자 정도로 평가절하된다는 것은 창피한 일이다.

　실수를 자주 하는 드라이버에

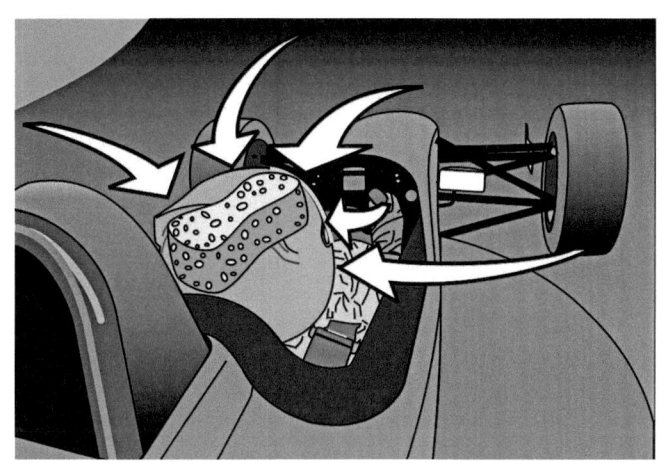

그림22-1: 뇌를 스펀지라고 생각하면 그것이 하는 업무는 트랙과 차가 움직이는 것에 대한 정보를 흡수하는 것이다. 더 많은 정보를 가질수록 신체와의 통신은 더 좋아질 것이다. 다른 말로 뇌가 고품질의 정보를 더 많이 가질수록 여러분의 성과는 더 좋아질 것이다. 스펀지가 되어야 한다.

22 감각 입력

게 있어 문제의 근본 원인은 종종 고품질 감각의 입력, 특히 시각 입력의 부족이 되곤 한다. 예를 들어 한 무리의 자동차들과 코너에 진입한 드라이버 중 상당수는 추월할 공간이 충분치 않고 사고가 일어날 수 있다는 것을 알게 될 것이다. 그 이유는 아주 순식간에 일어나 드라이버가 전체 장면을 볼 수 없기 때문이다. 여러 가지 이유로 드라이버의 시각 정보 입력은 제한된다. 잘 아시다시피 레이싱 스피드에서 생기는 실수라는 것이 아주 작은 퍼즐 조각을 놓쳐도 일어나곤 한다는 것이다.

마음속으로 이것에 대해 생각해보면 몇몇 드라이버들이 다른 사람보다 더 많은 실수를 저지르는 이유, 그들이 문제에 더 관심을 갖게 되는 이유, 그리고 보통 사람들과 달리 잘못된 결정을 매우 많이 하는 사람에 대한 이유를 알게 될 것이다.

다행스럽게도 시각 처리는 발전시킬 수 있는 것이다. 어떻게? 첫째, 앞 장에서 언급했듯이, 레이지 8s를 사용함으로써 가능하다. 정기적으로 이들 훈련을 실시해왔던 드라이버들에게서 내가 발견한 발전량은 아주 놀라운 것이다. 둘째, 순간적인 감각 상실을 통해 섬세한 감성을 향상시키도록 유도할 수 있다.

잠시 동안 눈이 먼 사람을 생각해보자. 시력이 없음에도 불구하고 다른 감각들(촉감, 청각, 미각, 후각)은 시력이 있는 사람들보다 대부분 더 좋다. 왜 그럴까? 그들은 그들이 가진 감각들을 발전시키기 위해 집중해왔기 때문이다.

우리는 짧은 시간 동안 감각을 제한함으로써 우리의 다른 감각들을 발전시키는데 집중할 수 있다. 물론 의식적으로 그렇게 시작하라는 것은 아니다. 우리 마음이 자동적으로 스스로 해야만 한다. 나는 때로는 눈을 가리고 레이스 트랙을 들어가라고 농담을 하곤 한다. 만약 살아남는다면 우리의 다른 감각들은 발전될 것이다.

같은 방법으로 시야 구축 과정을 발전하는데 사용될 수 있다. 만약 눈으로부터 뇌로 보낼 수 있는 정보의 양을 제한하면서 뇌한테 그만큼의 정보 출력을 원한다면, 그 차이를 만드는 것은 우리의 뇌에 달려있다. 다른 말로 하면, 뇌에 소량의 데이터를 보내고 다량의 정보가 출력되기를 기대하는 것과 같다. 다소 제한된 시야를 갖고 레이스 트랙에 나가는 것은 위험하다. 그러나 만약 눈으로부터 평상시처럼 같은 양의 정보를 얻는 것을 연습하면서, 한편으론 입력된 적은 양의 데이터보다 더 많은 정보를 뇌에게 출력하도록 요청한다는 것은 어떤 의미일까? 사실대로 말해 더 많이 깨닫도록 연습하는 것이고, 뇌의 시야 구축 능력을 사용하는 것을 연습하는 것이고, 시야 데이터에 더 민감해지도록 연습하는 것이다.

이러한 것은 단지 트랙에서만 연습할 수 있고 또 해야만 하는 것은 아니다. 일상생활에서 해야만 하는 다른 행동처럼 도로에서 운전하는 동안 충분히 연습할 수 있다. 예를 들면, 고속도로에서 운전하

카레이싱 최후의 비밀 : 아무도 가르쳐주지 않는 드라이빙 하이테크닉

는 동안 평소처럼 시야를 활용하여 뇌에 가능한 많은 정보를 요청한다. 도로 주변에 있는 모든 것을 인지하도록 뇌에 요청한다. 통과하면서 가급적 자세하게 땅, 잔디, 그리고 나무 등에 집중한다. 단지 그것만이 아니다. 색상, 유형, 그리고 수많은 나무의 잎들, 나무껍질의 상태, 땅이 주로 비포장 혹은 바위 등인지 아닌지, 차가 달리는 속도 등에 집중한다.

이 연습을 할 때 땅, 잔디, 그리고 나무 등을 직접 보지 않는다. 보통 하는 것처럼 도로를 내려다보되 뇌가 더 많은 정보를 접할 수 있도록 한다. 실제로 눈이 뇌에 제공하는 데이터보다 더 많은 정보를 구축하게 된다. 뇌가 더 많은 정보를 제공하도록 요청한다. 눈이 취합할 수 있는 양에는 육체적인 한계가 있지만 뇌가 그 정보를 가지고 할 수 있는 일에는 사실상 제한이 없다.

우리가 하는 것은 우리의 눈에 의해 공급되는 같은 양의 시각 데이터를 이용하여 우리 주변에 있는 모든 것을 더 많이 깨닫도록 연습하는 것이다. 매일 이것을 연습하게 되면 레이스 트랙에서 여러분의 능력을 대단히 향상시킬 수 있다.

거리 위 많은 교통량 속에서 운전하면서 모든 자동차, 트럭, 보행자, 그리고 그 밖의 모든 것들을 인지하도록 연습한다. 이런 연습을 하면 할수록 트랙에서 여러분 주변의 다른 차들을 더 많이 인지하게 될 것이며, 만약 그것이 어느 것이라 할지라도 힘을 더 들이지 않고도 그것에 집중하게 된다. 경쟁자들이 주변의 것에 덜 집중하면 할수록, 여러분은 트랙 조건, 기준, 그리고 속도와 트랙션 감 등 중요한 것을 더 많이 얻을 수 있어야만 한다.

우리가 만나는 시야도전 중 어려운 것 하나는 코너 주변을 보는 것이다. 종종 코너를 회전하는 동안 우리의 시계는 제한된다. 이때 해야 하는 것은 코너 주변을 쳐다보는 것이다.

SPEED SECRET

매일 깨닫는 연습을 하라.

1990년대 중반쯤, 「알 언서 주니어」가 정상의 선수였을 때였다. 시가지 서킷에서 레이싱할 때 코너에 접근하면서 나는 그의 머리가 어떻게 돌아가고 젖혀지는지 주목했다. 그것은 마치 그가 목을 늘려 회전 지역 안쪽에 있는 시멘트벽을 슬쩍 훔쳐보는 것 같았다. 나는 언서가 목적을 갖고 그렇게 했는지, 혹은 그렇게 하긴 한건지에 대해선 확신할 수는 없으나 그렇게 보인 건 사실이다. 나는 그

22 감각 입력

것이 그가 머리나 목이 아니라 시야를 늘리려고 노력하는 과정에서 의식하지 못하고 나온 행동이라 생각한다. 나는 이것이 언서가 몇 년 동안 시가지 서킷에서 압도적이었던 주요 이유 중 하나라고 추측한다.

만약 의식적으로 시야를 넓히려 한다면, 코너 주변에서 가능한 멀리 보려고 노력해야 한다. 심지어 연습할 때 반복해서 상상력을 활용하는 것을 의미하는데 결국엔 습관 혹은 정신적 프로그램이 될 것이다. 그럼 그것은 알 언서 주니어가 했던 것처럼 여러분도 어떤 의식적인 생각이 없이 하는 행동이 될 것이다. 그것은 이미지 안에서 빠진 부분을 채워 넣기 위해 마음속의 영상을 만드는 것과 같다.

운동감각의 입력

느낌과 청각 입력은 대부분의 정보가 뇌 안에 구축되는 시각 입력과 유사하다. 만약 손에 느껴지는 느낌들을 반복해서 연습한다면 더 민감해질까? 그럴까, 아닐까? 실제로 손 그 자체는 더 민감해지진 않지만 뇌는 자신에게 보내오는 같은 양의 데이터로도 느낌을 더 잘 구축하게 된다. 그래서 결국엔 더 민감해져서 그렇다고 대답해야 한다. 그러나 그것은 뇌가 더 민감해지기 때문이다.

나는 스피드 시크릿 세미나에서 이것을 극적으로 시연해보였다. 일종의 중요한 감각 입력의 시연으로서 그리고 가볍게 즐기는 차원에서 나는 레이스에서 경쟁하는 두 명의 참가자에게 요청했다. 경쟁은 눈을 가리고 두꺼운 스키 장갑을 낀 상태에서 가장 빠른 시간에 여성용 팬티스타킹을 입도록 했다. 예상했듯이 시각적 입력과 운동신경이 없으면 이것은 정말 어려운 일이다(우리 나머지는 웃음을 터뜨렸다).

카레이싱 최후의 비밀 : 아무도 가르쳐주지 않는 드라이빙 하이테크닉

나는 앞선 세미나로부터 사람이 이 경쟁을 얼마 만에 달성하는지에 대해 매우 익숙해져 갔다. 그런데 어떤 세미나에서 한 참가자는 보통 걸리는 시간보다 절반 이하에서 이 경쟁을 끝마쳤다. 마치 장갑을 끼지 않고 나일론을 당겨 입는 것처럼 보였다. 그는 자신이 외과의사로 장갑을 끼고 잘 보이지 않는 상황에서 오랫동안 정교한 수술을 해왔다고 해명했다. 그는 두꺼운 장갑을 끼고도 세심함을 유지했다. 그 세심함은 시야가 제한된 상황에서 장갑을 끼고 오랜 기간 동안 작업을 통해 발전되어 온 것이었다.

만약 두꺼운 장갑을 끼고 드라이빙을 연습한다면(예선 혹은 레이스처럼) 실제 경쟁의 시간이 되었을 때 우리를 더 섬세할 수 있도록 바꿔줄 것이며 운동감각의 섬세함도 증진시켜 줄 것이다. 그러하여 능력도 향상되게 된다.

다시 요점으로 돌아와 감각 입력은 향상되고 발전되어질 수 있다. 감각이 더 발전될수록 한계 상황에서 레이스카를 컨트롤하는 세심함도 더 향상된다. 비결은 인지하도록 훈련하는 것이다. 많은 사람들이 그들 주변에서 일어나는 것, 즉 보고 듣고 느끼고 냄새 맡고 맛볼 수 있는 것들을 진정으로 깨닫지 못하고 일생을 보낸다.

청각 입력

청각 입력도 같다. 이는 청각 입력을 완전히 제한할 수 있는 튼튼한 귀마개를 이용하여 연습한다. 그런 다음 보통 귀마개로 돌아가 여러분이 받아들이는 청각 입력이 얼마나 더 많아졌는지 확인한다. 주변의 모든 소리를 거의 완전히 차단해주는 매우 효율이 좋은 귀마개를 하고 레이스카를 모는 상상을 한다. 트랙에서 주행하는 동안 기어를 이용해 변속을 하고, 엔진은 고회전시키며, 타이어는 비명을 지르고, 브레이크는 연마된다. 그러나 여러분은 이 모든 소리를 가까스로 듣게 되는데, 그 소리는 기어 변속시 알아내는 것보다 타코미터에 더 의존하여 엔진 소리를 듣기 위해 애쓴다. 평상시만큼은 아니지만 여러분의 뇌엔 청각 데이터가 전달된다. 그리고 여러분은 가능한 그 소리를 많이 듣기 위해 애쓴다.

시즌이 끝날 때쯤이면 여러분은 여러분의 드라이빙 리듬을 되찾곤 한다. 그리고 부족한 청각 입력에 적응하는 것을 배우게 된다. 사실은 뇌가 극도로 적응하는 것이다. 짧은 시즌에서는 청각 입력을 제한받기 전과 거의 같은 수준에서 능력을 발휘하는 것을 배우게 된다. 더 섬세하게 되는 것을 배우게 된다.

다음 세션 동안 차로 돌아가되 일반 귀마개를 착용한다. 이것들은 피해(damage)로부터 소리를 충분히 막아주긴 하나 아직 청각 입력을 어느 정도 허용해줄 정도로 소음을 제한한다. 사실 여러분은 이전에 얼마나 많은 감각 입력(감각 유입)을 소리를 통해 받아들였는지 깨닫지 못했을 것이다. 그

22 감각 입력

러나 이제 그렇지 않다. 여러분이 듣고 있는 것은 전엔 결코 듣지 못했던 뚜렷한 엔진의 스로틀 반응 소리다. 코너 중간을 통과하여 콘크리트 패치 위를 지나갈 때 전에는 타이어 소리를 결코 알지 못했다. 그것이 타이어 그립 상태에 대해 여러분에게 하고자 하는 이야기는 무엇일까? 그것은 전과 달리 바뀌었다는 것이다.

와우! 레이스카에서 여러분의 능력은 마술처럼 향상되었다. 마치 그러한 일이 막 일어난 것 같았다. 여러분은 빠르게 달리려고 노력할 필요가 없었다. 그러한 일이 쉬웠으니까. 그것은 여러분이 감각 입력 중 단지 한 가지만 수준을 높여도 일어나는 일이다.

또한 여러분은 자신의 뇌가 제한된 감각 입력을 갖고도 일을 하도록 집중한다. 적은 데이터로도 정보를 구축하는데 익숙해지면 중요한 시기에 할 수 있는 모든 감각입력을 되돌려 준다.

여기서 중요한 경고 한마디를 하겠다. 소음에 대한 보호장비 없이 레이스카를 몰거나 트랙을 주행하는 것은 큰 실수이다. 짧은 시간이라도 여러분의 청력을 망치는 수가 있다. 그리고 만약 청각 입력이 제한된다면, 여러분의 드라이빙 퍼포먼스에 얼마나 많은 영향을 끼칠지에 대해서 알아야 한다. 소음에 대한 보호장비 없이 트랙에 나간다는 생각을 하기 전에 중단해야 한다.

감각 유입 세션

감각입력의 질과 양을 늘리는 비교적 간단한 방법이 있다. 나는 그것을 감각 유입 세션이라고 부른다. 내가 드라이버들을 가르칠 때 사용하곤 했던 방법 중의 하나이자 가장 효과적인 것 중 하나다. 그것은 어떻게 하는 것일까?

첫째, 더 많은 감각 입력을 갖도록 하나의 목표를 갖고 트랙으로 나간다. 이렇게 하는 최고의 방법은 얼마나 오랫동안 이 연습을 해야만 하는가를 결정하는 것이며 이후 이것을 세 개의 세션으로 나눈다. 이 세션들은 최소한 10분 이상이 되어야 하며 15분을 넘지 않아야 한다.

첫 번째 세션에서는 단순하게 들을 수 있는 모든 것에 집중한다. 집중해야 할 것은 엔진 회전음, 타이어로부터 들려오는 소리, 브레이크 소음, 바람 소리, 기타 등등이다. 들을 수 있는 모든 것, 즉 청각으로 모든 것을 흡수한다.

두 번째 세션에서는 느낄 수 있는 모든 운동 자극에 집중한다. 스티어링 휠, 페달, 그리고 시트의 진동, 차량 피치, 롤, 그리고 스쿼트(squat)의 양 등에 집중해야 한다. 코너에서 타이어가 한계에 이르렀을 때 스티어링 휠이 가벼워지는지 혹은 무거워지는지, 혹은 코너에서 한계에 이르렀을 때 타이어의 진동 혹은 채터링 여부, 그리고 신체에 작용하는 G포스 등이다.

세 번째 세션에서는 시각으로 모든 것을 흡수한다. 볼 수 있는 모든 것에 집중하는데 이는 시각적으

카레이싱 최후의 비밀 : 아무도 가르쳐주지 않는 드라이빙 하이테크닉

그림22-2: 감각 입력 세션은 한계를 느끼고 그 한계까지 드라이브하는 능력을 향상시키는데 사용할 수 있는 최고의 도구중 하나이다. 이러한 짧은 세션 동안 여러분은 하나의 단순한 목표를 갖게 되는데 가능한 많은 감각 자극을 흡수하게 된다. 이들 세 가지 세션을 자세하게 설명해주자면 시각 정보, 운동 세션, 그리고 더 청각적인 정보를 흡수하는 것 등이다.

22 감각 입력

로 모든 것을 더 많이 인지하게 해준다. 트랙 노면의 이상 유무, 지평선 위로 보이는 것, 스티어링 휠과 자동차의 다른 부분에서의 진동과 움직임, 주변시 안에서 더 많이 흡수하기 위해 시야를 확장하는 것, 앞 타이어의 표면에서의 변화 등에 집중한다.

이것을 더 효과적으로 만들기 위해, 각 세션이 끝난 후 피트에 들어오면 누군가에게 방금 수행한 내용에 대해 보고를 한다. 여러분이 들었던 것, 느꼈던 것, 그리고 눈으로 봤던 것들을 자세하게 표현해야 한다. 여러분 자신에게 질문을 해가며 가능한 더 많은 정보와 피드백을 쏟아내도록 한다. 만약 여러분이 각 세션 후에 보고를 하러 들어올 시간이 없다면 청각으로부터 운동신경이나 시각적으로 변한것을 알기 위하여 통신 수단을 활용한다. 이것은 라디오나 혹은 랩보드 시그널을 이용하여 수행할 수 있다. 어떤 방법을 선택하든 세션이 끝나면 여러분이 듣고 느끼고 봤던 것을 앉아서 적도록 한다.

이것은 단 한번으로 될 수 있는 일이 아니다. 이 연습은 수시로 행해져야 하는데, 특히 새차로 바꾸거나 차가 셋업된 후에 필요하다. 새로운 트랙을 접할 때는 완전히 일상생활의 한 부분이 되어야 한다. 궁극적인 목표는 모든 감각 자극이 더 섬세해지는 것이다. 이것은 새 트랙을 더 빨리 배우게 해주고, 한계 상황에서 드라이빙할 때 더 섬세해지며, 자동차의 셋업을 발전시키기 위해 여러분에게 더 많은 피드백을 제공해줄 것이다.

궁극적으로 감각입력 세션에는 3가지 주요 이익이 있다.

첫째, 내가 전에 언급했던 것처럼 감각정보의 질과 양이 더 많고 좋을수록 여러분이 내는 성과의 질은 더 좋아진다. 여러분이 어느 때 하나의 특정한 감각입력에 집중하게 되면 거기에 더 예민해지게 될 것이다. 그것은 마치 시력을 잃은 사람과 같다. 하나에 집중하고 다른 감각들을 분리함으로서 그들은 훨씬 더 감각이 예민해진다.

감각입력 세션의 두 번째 이익은 그들이 빠르게 주행하도록 노력하는 것에서, 그리고 너무 많이 생각하게 만드는 것에서 여러분을 멈추게 만드는 것이다. 빠르게 가려고 노력하는 것은 결코 작업이 아니다. 레이스카는 너무 빨라 의식적으로 수준을 정해가며 운전할 수 없는 것이다. 그들은 관찰과 인지 같은 의식적 마인드를 갖기도 하지만 잠재의식적인 수준에서 운전되어진다.

종종 여러분이 필요로 하는 것은 빠르게 드라이브하려는 것으로부터 여러분의 의식적인 마인드를 다른 곳으로 돌리는 방법이다. 그럼 무엇이 뇌에 질높은 감각자극을 전달하기 위해 노력하는 의식적 마인드보다 더 주의를 딴 데로 돌리는가?

나는 한번은 오벌 트랙에서 드라이버를 가르친 적이 있다. 그는 전날보다 연습에서 랩타임을 거의 0.4초나 앞당긴 상태였다. 안좋은 것은 그것이 자동차에 많은 변화를 주어 더 잘 만든 뒤였다는 것이었다. 엔지니어와 라디오 송신으로 대화를 나눈 후에 그가 가진 가장 빠른 자동차로 10분의 몇 초인

카레이싱 최후의 비밀 : 아무도 가르쳐주지 않는 드라이빙 하이테크닉

가를 단축했다. 그 팀의 오너는 그에게 턴3 지점에서 더 속도를 올려보라고 얘기했고 그 드라이버는 더 빨리 달리려는 노력을 했다. 그러나 그는 그러지 못했다. 최종적으로 턴2 지점에 이르렀을 때 나는 라디오 송신기를 들고 그에게 지난 4랩 동안 차에서

느꼈던 것처럼만 집중하라고 요청했다. 2랩 안에 그는 그가 전날에 기록했던 시간으로 돌아왔다. 그리고 차에 대해서 엔지니어가 차를 잘 발전시킬 수 있도록 엄청난 피드백을 전달했다.

나는 드라이버에게 전날 저녁 무엇을 먹었는지 물어보곤 한다. 그러면 십중팔구는 같은 결과가 나오곤 한다. 그렇지 않다면 두뇌에 고품질의 감각입력을 전달한 게 아니라 마음이 빠르게 주행하려는 노력이 아닌 다른 것에 가있었을 수도 있다. 드라이버가 너무 열심히 하고 있고, 또한 모든 드라이버가 때때로 이렇게 열심히 하고 있다는 것을 알게 되었다면, 여러분은 이 기술을 사용해 좋은 효과를 볼 수 있다. (비록 드라이버가 어제저녁 무엇을 먹었는지보다 감각적 인풋에 집중하는 것을 추천할지라도) 더 큰 영향이 되도록 사용할 수 있다.

셋째, 감각 자극 시간은 단기간이든 장기간이든 실수의 수와 양을 감소시킨다. 어떻게?

자동차를 모는데 있어 잘못된 결정을 내리는 유명한 드라이버를 생각해봤는가? 종종, 드라이버가 잘못된 결정을 내리는 이유는 결정을 내릴 정보가 부족하기 때문이다. 그것은 지난 재무재표나 연례 보고서도 없이 주식에 투자하려고 결정하는 것과 같다.

만약 여러분이 코너 진입시에 다른 두 대의 차량 안으로 파고들어 사고를 일으킬 수 있는 지경에 처해있다면, 여러분과 다른 사람들은 여러분이 잘못된 결정을 했다고 말할 것이다. 여러분은 고민할 것이다. "내가 무슨 생각을 한거지?"

만약 여러분이 왜 사고를 냈는지 이유를 알기를 원한다면 문제의 핵심을 파고들어가야 한다. 여러분은 그 핵심이 잘못된 결정을 만든 원인이라고 생각할 수 있다. 그러나 잘못된 결정을 내리게 만든 이유와 원인은 좋은 정보와 고품질 감각 입력이 부족했기 때문이다.

이 예에서 보듯이 여러분이 통과하기에 충분히 넓은 틈이라고 봤던 것이, 실제론 그렇지 않았고 여

22 감각 입력

러분은 모든 정보를 갖고 있지 않았을 수 있다. 최근 여러분이 적절한 결정을 내렸든 아니든 간에 고품질 감각 입력을 많이 갖는다면 여러분이 결정을 만드는 과정은 향상될 것이다.

감각 입력 시간은 또한 실수를 최소화할 수 있다. 경험 많은 챔피언 레이스 드라이버들이 경험이 적은 드라이버들보다 실수를 적게 저지른다고 생각해본 적이 있는가? 난 그렇게 생각하지 않는다. 유일한 차이는 경험이 많은 드라이버는 실수의 결과를 최소화하는데 더 뛰어나다. 나는 이것을 내 스스로 완벽하게 목격하고 경험했다.

경험 많은 드라이버가 코너를 너무 일찍 돈다든지 하는 실수를 하게 되면, 그 드라이버는 그 사실을 즉시 깨닫고 최상의 상황을 만들어낸다. 경험이 적은 드라이버는 같은 실수를 했을 때 정점을 지나칠 때까지 그 사실을 깨닫지 못한다. 그 지점까지 가게 되면 정정해야 할 부분이 훨씬 더 많아지며, 때로는 더 큰 문제를 야기하거나 랩타임에서 아주 부정적인 결과를 가져오게 된다.

어떻게 경험 많은 드라이버는 곧바로 결과를 최소화할까? 실수를 바로 깨닫기 때문일까? 아님 기준점이 더 많아서일까? 대부분의 드라이버들은 각 코너당 세 가지의 기준점(턴인. 정점. 탈출)을 갖는다. 그것을 의식하든 안하든 위대한 레이스 드라이버들은 그 세 가지 사이에 또 여러 개의 기준점을 둔다. 위대한 드라이버가 되기 위해서 여러분은 트랙으로부터 더 많은 정보를 받아들일 필요가 있다. 그래야 각 코너별로 3가지 기준점보다 더 많이 볼 수 있게 된다. 여러분은 거의 계속 반복되는 기준점을 가진 경로가 필요하다. 그리고 이것들은 무의식적인 수준으로 여러분의 마음속에 자리할 필요가 있다. 만약 여러분이 코너를 너무 늦게 돌게 되면 여러분이 정점에 이르게 될 때까지의 과정보다 무의식적으로도 오히려 이미 한발 더 늦었음을 깨닫는다. 그 사실을 더 빨리 깨달을수록 더 섬세하고 효과적인 교정을 할 수 있을 것이다. 그 상황에서 많은 드라이버들은 심지어 그들이 실수했다는 것을 깨닫지 못하곤 한다.

이미 아시다시피 질과 양적으로 풍부한 감각 정보를 뇌에 많이 전달할수록 여러분의 성과도 향상될 것이다. 전에 이야기했듯이 이것은 비슷하긴 하지만 컴퓨터 슬로건, GIGO-불필요한 정보를 입력하면 불필요한 결과가 나온다-와 반대가 된다. 이러한 경우에 따르면 수준높은 정보가 입력된다 하면 결과도 수준이 높아진다.

여러분은 언제 감각 입력 세션을 사용하는가? 종종 내가 드라이버들에게 이 연습을 하라고 제안하면 그들은 대개 시간이 없다고 대답하곤 한다. 결국 그들은 단지 한 번의 연습 세션을 갖고 예선에 나가게 되며, 감각 입력을 위해 시간을 낭비하는 것을 원하지 않는다. 그것은 실제로 감각 입력에 집중하는 시간이다. 목적은 가능한 빨리 배우는 것이며, 그것에 이르게 하는 최고의 방법 중 하나이다.

카레이싱 최후의 비밀 : 아무도 가르쳐주지 않는 드라이빙 하이테크닉

속도 감응

　레이스 드라이버가 만들어내는 가장 놀라운 것 중 하나가 차가 코너에 진입할 때 실제 속도로 낮추면서 주행하는 속도를 결정하는 것이다. 우리는 이러한 유형의 일들을 늘 하는데 빨간 신호등을 보고 멈추는 것이 이에 해당한다. 우린 앞을 보고 브레이크를 밟을 때와 어느 정도 힘으로 밟을 것인지를 결정한다. 그러면 차는 원하는 지점 바로 앞에서 멈춘다. 어느 누구도 브레이킹이 시작되는 때를 이야기해주지 않는다. 내가 지금껏 봐왔지만 도로에서 브레이크 기준점이란 것은 없다.

　우리가 완전 정지를 하지 않으려 할 때 한층 더 어렵다. 우리는 단지 여러분의 본능적인 직감이 여러분에게 이야기하는 것 중 하나인 트랙션의 한계 혹은 근처인 특정 속도로 감속한다. 위대한 드라이버들은 끊임없이 한계상황에서 차를 유지하면서 시간당 1마일의 분수 안에서 그렇게 한다. 만약 드라이버가 코너를 도는 동안 속도계를 볼 시간이 있다면, 그렇게 어렵거나 놀랍지 않지만 애석하게도 드라이버는 그렇게 할 시간은 없다.

　만약 여러분이 어떤 코너에 진입하는 한 무리의 드라이버들의 속도를 측정하기 위해 레이더건을 사용한다면 매우 놀랄 것이다. 내가 이야기했듯이 위대한 드라이버들은 시속 1마일(1.6km) 보다 편차가 더 적은 속도로 계속해서 코너에 진입한다. 그렇지 않은 드라이버들의 진입 속도는 시속 5마일(8km) 혹은 그 이상으로 편차가 난다.

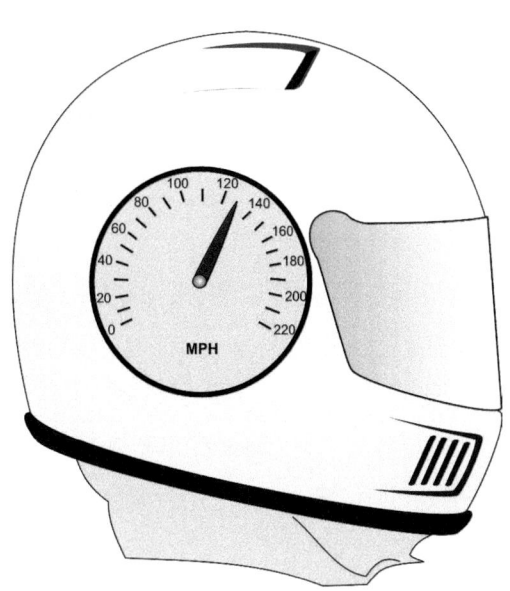

그림22-3: 여러분은 달리고 있는 속도와 각각의 모든 코너를 대비하는데 있어 바뀌는 속도에 대해서 선천적인 감각을 가져야만 한다.

　물론 나는 천천히 그리고 자동차가 한계 혹은 그 근처에 이르도록 정확하고 지속적으로 진입 속도를 유지하라고 이야기하고 있다. 어떤 사람은 진입속도를 거의 한계 이하인 시속 10 혹은 20마일로 지속적으로 유지할 수 있다.

　여러분이 지속적으로 시속 1마일 혹은 0.5마일 안으로 진입 속도를 유지할 수 있을 때가 되어야 여러분의 랩타임에서 10분의 몇 초 혹은 100분의 몇 초를 나누기 시작할 수 있을 것이다. 그래서 감각 속도에 대한

22 감각 입력

여러분의 능력은 중요하다. 트랙에서의 연습 시간이 별로 없이 이것을 얻는 것은 쉽지 않지만, 속도 감응 능력을 미세 조정할 수 있게 되기까지는 두세 번의 연습만으로도 가능하다.

특히 코너의 진입 페이스에 적용했을 때 속도감응은 두 가지 영역을 커버한다. 첫째, 코너에 들어갈 때 자동차를 이상적인 속도로 감속시키는데 있어 정확하게 판단하는 타고난 능력을 가진 것이다. 이것이 자동차가 턴인 포인트에 이르렀을 때 시속 88.3마일(142km)로 주행하고 있어야만 된다고 알고 있는 것을 의미하지 않는다는 것을 이해하자. 분명히 그것으로 여러분이 코너에 진입할 때 속도계를 볼 수 없기 때문에 여러분이 잘하고 있다고 말할 순 없을 것이다. 그것이 내가 선천적으로 타고난 감각을 가져야만 된다는 이유이다.

두 번째 영역은 코너에 진입할 때 적절한 수준으로 지속적으로 차의 속도를 조정하는 능력이다. 단지 얼마나 빠르게 코너에 진입해야만 하는지 속속들이 깊은 곳까지 아는 것은 여러분이 시속 88.3마일(142km)과 82.1마일(132km)의 차이에 대해서 설명할 수 없는 것처럼 도움이 되지 않는다. 슈퍼스타들은 그것보다 훨씬 더 감각적이다. 그리고 그들은 그 속도 안에서 지속적으로 자동차를 조정할 수 있다.

속도 감응 능력을 발전시키는 것은 트랙에서 계속해서 주행하지 않고서는 얻기 쉽지 않은 것이다. 그러나 나는 두 번의 연습만으로도 그것들을 발전시킬 과정을 알아냈다.

첫째는 거리의 스트릿 카에서 일어난다. 여러분이 하는 모든 것은 속도계가 아닌 단순히 감각 자극에 의해서 속도를 추정하는 연습을 한다. 판지 조각을 잘라 속도계를 가릴 준비를 한 후 주행을 나간다. 여러분은 말하는 데로 시속 90km로 달리다가 판지 커버로 슬쩍 가린다. 그리고 나서 속도를 올리기도 하고 내리기도 하면서 몇 번 바꾼 뒤 차를 다시 시속 90km로 되돌린다. 그리고 마지막으로 판지 커버를 당겨서 얼마나 정확히 해냈는지 확인한다. 그것을 반복해서 한다.

또 다른 방법은 단순히 판지 커버를 그 자리에 둔 채로 여러분이 주행하길 원하는 속도를 골라내는 것이다. 그런 다음 여러분이 느낌대로 정확하게 속도를 올린다. 그런 다음 커버를 치우고 얼마나 정확히 해냈는지 확인한다.

만약 여러분이 이러한 연습을 계속해서 반복한다면 여러분은 매우 정확해질 것이다. 그리고 더 중요한 것은 일관성있게 특정 속도를 판단하고 추정하게 될 것이다. 그것은 여러분이 트랙 위에서 만들어내려는 속도와 같지 않다고 해서 전혀 문제 될 것은 없다. 주 목적은 단순히 감각 자극을 여러분의 가이드처럼 이용하여 지속적으로 반복해서 여러분이 차의 속도를 시속 1마일(1.6km) 이하로 맞출 수 있도록 하는 것이다. 그것이 지속적이고 정확한 속도 감응이다.

속도 감응 능력을 향상시키는 또 다른 테크닉은 레이더건을 필요로 하는데 그것을 이용하여 레이

카레이싱 최후의 비밀 : 아무도 가르쳐주지 않는 드라이빙 하이테크닉

스카의 속도를 측정한다. 트랙의 가장 중요한 코너를 골라 도우미에게 코너를 돌 때 속도를 측정해 달라 부탁한다. 이때 기준점에 파일런을 세우거나 포장도로에 표시를 하는 게 좋다. 2~3랩의 웜업 주행을 한 후 10랩을 주행하는데 정해진 코너에서 목적을 갖고 정확히 같은 속도로 코너에 진입하도록 노력한다. 물론 이 연습에서 속도를 낮춰 주행하는 것은 좋지 않다. 여러분의 베스트 랩타임의 0.2초 안에 들어야 한다. 도우미는 여러분이 코너를 도는 속도를 무전으로 알려준다.

물론 목적은 코너를 돌 때 같은 속도를 지속적으로 유지하는 것이다. 만약 코너 진입 속도가 시속 1마일 이상 차이가 나면 이 연습을 더 많이 할 필요가 있다. 궁극적으로 트랙에서 적어도 10랩 동안 연속해서 시속 1마일 이하의 동일 속도로 모든 코너에 진입할 수 있어야 한다.

여러분의 도우미는 그때 여러분에게 시속 2마일까지 코너 진입 속도를 높이라고 요청해야 한다. 조금의 증가가 어떤 느낌으로 와 닿는지를 여러분이 알아내는지 보자. 시속 1마일 이하로 도전한다. 그 느낌은 어떨까? 목적은 여러분의 속도 감응을 진짜로 측정하는 것이다. 만약 여러분이 턴3 코너 진입 속도를 시속 1마일까지 증가시키기로 결정하는 것은 바람직하다. 그럼 여러분은 그것을 어떻게 느낄지 더 좋은 아이디어를 갖게 될 것이다. 여러분은 시속 4마일(6.4km)까지까지 진입속도를 증가하지 못하지만 여러분이 원한 시속 1마일까지는 접근할 더 좋은 기회를 얻게 될 것이다.

물론 이것은 피드백이 늦긴 하지만 데이터 수집 장치를 갖고도 할 수 있다. 즉각적인 피드백의 부재는 단점이다. 즉각적인 피드백으로 여러분은 더 빨리 배우게 된다. 도우미로부터 받는 실시간 피드백이 더 효과적이다.

22 감각 입력

트랙션 감지(Traction Sensing)

트랙션 감지 실력은 진정 위대한 드라이버와 나머지 모든 드라이버 사이의 주요한 차이 중 하나이다. 한계 상황으로 주행할 수 있기 위해서, 그리고 타이어의 트랙션을 모두 사용하기 위해서는 타이어가 가진 트랙션이 어느 정도인지를 느끼고 감지할 수 있어야 한다.

소리를 아주 분명하게 듣는다는 것은 트랙션 감각인데 그것은 트랙에서 자동차가 트랙션을 실제로 얼마만큼 갖고 있는지 감지하는 능력을 말한다. 또 다른 방법은 자동차가 트랙션 한계에 있을 때를 감지하는 능력이다.

난 거기서 그치지 않고 새로 시작하는 레이스 드라이버들에게 다른 질문을 하기도 한다. '한계 상황에서 주행하는 것을 실제로 어떻게 설명할 수 있을까?' 이것은 아마도 한계 상황에서 주행하는 것을 정확히 알고 있더라도 대답하기 가장 어려운 질문일 것이다. 나는 그것이 그 사람의 능력이 선천적으로 타고난 건지 아닌지에 대해선 중요하게 생각하지 않는다. 그렇다. 어떤 드라이버들은 그런 능력을 선천적 혹은 본능적으로 갖고 있는 것처럼 보인다. 그러나 다른 드라이버들은 그 능력을 발전시킬 수 있도록 노력하거나 그렇게 해야만 한다.

타이어 트랙션이 얼마 만큼인지 감지하는 능력은 어디서 오는 것일까? 주로 감각인데 자세히 말하자면 느낌, 시야, 그리고 청각이다.

도로에서의 운전까지 포함하여 항상 타이어의 트랙션을 인지함으로써 트랙션 감지 실력은 더욱 발달될 수 있다. 트랙션 감지 실력을 향상시킬 수 있는 특별한 연습 몇 가지가 있다.

아마도 여러분의 다듬어지지 않은 트랙션 감지 실력을 발전시키기 위한 최고의 연습은 아직까지

SPEED SECRET

**여러분을 훌륭한 트랙 드라이버로 만들어줄
스트릿 드라이빙을 활용하라.**

스키드 패드(skid pad)이다. 드라이버와 팀들이 훈련과 테스트에 소비하는 비용 전액을 놓고 볼 때, 만약 그런 비용이 있다면 스키드 패드 훈련처럼 간단하고 효과적인 것에 거의 사용하지 않는다는 게 말이 안 되는 것처럼 보인다.

카레이싱 최후의 비밀 : 아무도 가르쳐주지 않는 드라이빙 하이테크닉

포뮬러 애틀랜틱 드라이버를 위해 1년간 일하면서 내가 개발한 프로그램 중 일부로서 스키드 패드 세션을 수행했다. 비록 짧았지만 내가 했던 가장 성과가 많았던 훈련 중 하나였다. 언더스티어와 오버스티어를 컨트롤하는 법을 드라이버에게 이해시킴으로써, 트랙션 감응 감각에서처럼 정말 그들의 실력이 좋아졌다. 그들은 언더스티어와 오버스티어를 컨트롤하는 법을 이미 알고 있다고 생각하고 있을지도 모르며 그것이 사실일 수도 있다. 그러나 그들이 육체적으로 반복해서 스로틀과 스티어링을 조정하는 훈련을 하면서 진정으로 그것을 이해하게 되었다. 전반적으로 나는 한번의 스키드 패드 세션 이후에 적어도 50%는 자동차를 컨트롤하는 스킬이 향상되었다고 추측한다.

보통 사람들은 이러한 유형의 훈련을 하기 위해 능숙한 스키드 패드를 필요로 하지 않는다. 내가 애틀랜틱 드라이버와 함께 했을 때 이야기다. 크고 잘 포장된 주차장에서 그곳 일부에 물을 뿌리고(우리는 물차를 임대해 수시로 물을 뿌렸다) 콘을 세웠다. 최소한 50피트(약 15m) 지름으로 콘을 둥글게 세우고 드라이버들에게 레이스카로 가급적 앞 혹은 뒤 타이어가 트랙션을 잃게 될 때까지 빠른 속도로 그 콘 주위를 돌게 했다. 이처럼 스키드 패드에서 그들은 최소한 원을 3~4랩 만에 레이스카를 안정된 언더스티어 혹은 오버스티어로 잡을 수 있게 되었다. 다른 말로 그들은 랩을 반복함에 따라 차 뒤가 바깥으로 밀려나가는데도 스로틀과 스티어링 만으로 컨트롤하면서 오버스티어 드리프트로 그 차의 자세를 유지할 수 있게 되었다. 언더스티어 상황도 같다.

이 훈련을 더 효과적으로 만들기 위해서 차를 조금 만지작거릴 필요가 있다. 나는 앞에는 레인 타이어를 뒤에는 반대로 슬릭 타이어를 끼고 주행해봤다. 거기에 앤티롤바를 조정하거나 연결하지 않았다.

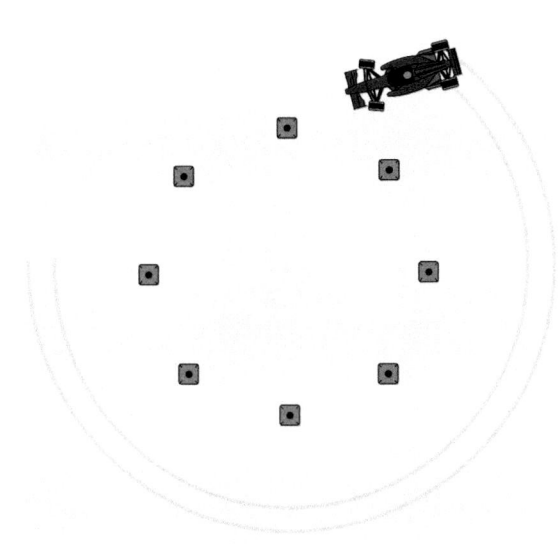

그림22-4: 우리는 트랙션 감응과 자동차 컨트롤 스킬을 발전시키기 위해서 크고 포장된 주차장에서 임시변통으로 스키드 패드 연습 코스를 만들 수 있다. 지름이 최소 15m 원을 8개 혹은 그 이상의 콘을 이용하여 만들고 거기에 물을 뿌린 후, 원 주변을 달리는 연습을 한다.

22 감각 입력

그들의 목표는 차의 언더스티어와 오버스티어 성능을 과장하는 것이었다.

나는 여러분의 레이스 드라이빙 스킬을 발전시키기 위해 스트릿 드라이빙을 활용하는 것에 큰 믿음을 가지고 있다. 그렇다고 레이스 트랙에서처럼 속도를 내며 드라이빙할 필요가 없다. 사실 빠르게 운전하게 되면 종종 여러분이 얻고자 하는 목적이 무너지곤 한다. 여러분이 한계 상황에서 빠르게 운전하지 않는 한 도로와 트랙 사이의 상관관계는 없다. 그리고 단지 멍청이만이 도로에서 그처럼 빨리 운전할 것이다. 여러분이 하려고 노력하는 것은 편안하고 서두르지 않는 분위기에서 행하는 특정한 스킬과 테크닉 프로그램이다. 즉 여러분이 트랙에 있을 때 의식적으로 생각하지 않고도 이들 스킬과 테크닉이 자연스럽게 나온다.

> **SPEED SECRET**
>
> 한계 상황에서의 주행 능력을 향상시키기 위해
> 트랙션 감응 세션을 규칙적으로 활용하라.

첫 번째 것 중 하나는 트랙션 감응 기술을 발전시키기 위해 도로에서 드라이빙하는 것이, 단순히 타이어의 트랙션을 기억하게 만들 수 있다는 것이다. 타이어로부터 오는 노이즈와 스티어링 휠을 통해 오는 느낌에 관심을 기울이면서 차를 탄다. 직선 코스에서 코너링으로 들어갈 때 이 두 가지 요소들이 어떻게 바뀌는지 주목한다. 도로에서 이 노이즈와 느낌은 작고 미묘한 것이 될 것이다. 그러나 만약 여러분이 이 단계에서 타이어 트랙션을 읽을 수 있다면 속도가 나는 레이스 트랙에서 그것을 감지하는 것은 쉬워질 것이다.

나는 여러분이 나를 위해 실험을 해주길 바란다. 거리에서 운전하는 동안 스티어링 휠을 꽉 움켜쥐고 손 전체로 휠 림 주위를 감아쥐고서 손바닥이 휠에 닿도록 한다. 휠을 통해 감지되는 진동에 집중한다. 다음에는 스티어링 휠을 단지 손가락만으로 가볍게 부담없이 잡는다. 그리고 휠에서 느껴지는 진동에 집중한다. 어느 쪽이 가장 많은 피드백을 전달했는가? 어느 쪽에서 더 많은 진동과 떨림을 느낄 수 있었는가? 스티어링 휠을 손가락만으로 가볍게 잡은 쪽이라면 그 대답이 맞다.

스티어링 휠을 어떻게 잡아야 하는지에 대해서 이것이 우리에게 이야기하는 것은 무엇일까? 나는 이렇게 희망한다. 만약 여러분이 도로에서 운전할 때 손가락으로 가볍게 스티어링 휠을 잡도록 연습

카레이싱 최후의 비밀 : 아무도 가르쳐주지 않는 드라이빙 하이테크닉

한다면 그것이 습관이 될 것이다. 나는 몇몇 레이스카들은 손가락이 지원하는 것보다 더 많은 그립을 요구한다는 것을 안다. 그러나 만약 가볍게 잡는 습관을 들인다면 여러분은 레이스카 스티어링 휠을 가능한 가장 가볍게 잡을 수 있게 될 것이다. 그리고 그것이 세심함과 트랙션 감응 능력을 향상시켜 줄 것이다.

   내가 해왔던 모든 코칭에서 나와 함께 해온 드라이버들과 가장 큰 향상을 가져왔던 트랙션 감응 세션이라는 훈련이 있다. 여러분이 이 훈련과 함께 할 수 있는 모든 것은 훈련의 전부 혹은 일부의 테스트 세션에 집중하거나, 아니면 단순히 타이어의 트랙션 감지에만 집중하는 것이다. 레이스 트랙을 운전하는 동안 스티어링 휠을 통해 전해지는 진동과 피드백에 집중한다. 타이어가 많이 슬라이드될 때 스티어링은 더 가벼워지는가 아니면 더 무거워지는가? 타이어로부터 오는 소리에 주목하라. 타이어가 더 미끄러짐에 따라 소음이 더 많아지는가 아니면 더 적어지는가? 전반적으로 타이어가 점점 더 미끄러지기 시작함에 따라 차가 어떻게 느껴지는가? 너무 많이 미끄러지기 시작하기 전에 타이어는 얼마나 많은 경고를 하던가? 그 밖의 거의 모든 것이 기억나지 않는다면 – 특히 랩타임 – 타이어가 트랙 곳곳에서 얼마나 많은 트랙션을 갖고 있는지 읽는 훈련을 한다.

   여러분은 심지어 1부터 10까지 평가척도를 만들 수도 있다. 10은 타이어가 미끄러지기 시작하기 전의 트랙션 한계이고 1은 직선 코스를 달리는 동안 타이어가 갖는 그립이다. 그리하면 트랙을 주행하는 동안 여러분은 실제로 타이어가 가진 트랙션의 양을 여러분 자신에게 이야기해줄 수 있다.

   만약 여러분이 규칙적으로 이 기술을 활용한다면 나는 여러분의 트랙션 감응 능력이 향상되고 한계에서의 주행 능력이 지속적으로 나아질 것이라고 확신한다.

23 멘탈 프로그래밍

주행 중 여러분이 하는 모든 것은 여러분이 가진 멘탈 프로그래밍이거나 아니면 무엇인가를 해보려는 멘탈 프로그래밍이 부족하거나 중의 결과이다. 같은 것은 우리가 우리의 생에서 하는 모든 것이라 말해질 수 있다.

한 예로 공을 던진다고 하자. 어린 나이 때는 다른 사람이 공을 던지는 것을 관찰한다. 그리고 대개 부모님 중 한명이 우리에게 볼을 던지고 나서 다시 자신에게 던져보라고 시킨다. 서툴고 서로 호흡도 맞진 않지만 우린 공을 원하는 방향으로 던지려고 노력한다. 그런 과정에서 신경 통로가 뇌에 형성되고 던지는 육체적 행동이 기억된다. 우리가 공을 다시 던지면 그 통로가 좀 더 강화되고, 또 던지면 강화되고 이런 과정이 반복된다.

공을 처음 던질 때는 어떻게 할지에 대해서 의식적으로 생각해야 한다. 신경 프로그래밍이 어느 수준까지 강화되지만 어떤 순간이 오면 더 이상 생각하지 않고 던지게 된다. 단지 자동적으로, 무의식적으로 멘탈 프로그래밍을 가동시키면서 공을 던진다.

레이스카를 몰기 위해 요구되는 기술도 실제론 같다. 우선 테크닉을 배우거나 프로그래밍할 때 우리는 어떻게 할지에 대해서 의식적으로 생각한다. 그리고 반복을 통해서 우리의 뇌는 신경 통로 혹은 프로그램을 형성하는데 이것이 우리가 트랙에 갈 수 있도록 해주고 적당한 시간에 적당한 프로그램을 만들게 해준다.

이런 방법으로 생각해보자. 물 한 컵을 가지고 흙더미 위에 부어 물이 아래로 흘러내리게 내버려 둔다고 상상해보자. 이렇게 한 초기에는 물이 최소한의 저항을 받으며 길을 따라 흘러가려고 하면서 좁은 소로를 만들기 시작할 것이다. 이것은 처음 무엇인가를 한 후에 우리 뇌에 신경 통로가 생기는 것과 유사하다. 생기긴 하는데 아직 잘 만들어지지 않은 상태로 말이다. 두 번째 또 한 컵의 물을 흙더미 위에 부으면 그 물은 같은 통로를 따라 흐르거나 아니면 더 쉬운 길을 찾으려 하는데 신경 통로도 이것처럼 더 커진다. 만약 같은 길을 따른다면 같은 것을 두 번 한 뒤 우리 뇌의 신경 소로처럼 그 통로는 점점 더 넓어지고 깊어질 것이다. 만약 그것이 또 다른 길이라면 그러면 그것은 처음부터 다시 통로 구축 과정이 시작된다.

자 이번엔 흙더미 위에 1년 동안 수천 번씩 20년간 물을 퍼붓는다고 상상해 보자. 그 소로를 따라 루트가 제대로 구축될 것이다. 물이 다른 길을 따라 흐른다는 것은 거의 상상하기 어렵다. 이것은 나만의 신경 소로가 기어를 시프트업할 때 오른발에 작용하는 멘탈 프로그램과 같은 것이다. 기어를 변속하기 위해 발을 가속 페달에서 떼기를 수십만 번 이상 한 후에 처음으로 전자 제어식 '노 시프트 리프팅'(변속시 가속페달에서 발을 떼지 않아도 자동으로 연결되는 기능) 레이스카를 몰게 됐을 때 나는 프로그램을 바꿔야만 했다. 내가 전에 했던 것처럼 기어 변속을 하기 위해 순순히 스로틀을 늦추

카레이싱 최후의 비밀 : 아무도 가르쳐주지 않는 드라이빙 하이테크닉

는 대신에 나는 내 발을 플로어와 수평이 되게 유지하면서 시퀀셜 시프트 레버를 뒤로 당겨야 했다.

말할 필요도 없이 나는 처음엔 발을 들어 올리지 않는 것이 어렵다는 것을 발견했다. 결국 반복을 거듭한 끝에 멘탈 프로그램이 강해졌는데 그것은 신경 소로를 깊게 만들었으며, 거의 숨쉬는 것처럼 자연스러운 몸의 움직임 그대로였다.

좋은 소식은 몇 년 동안 이 프로그램이 아주 잘 발전되어 왔다는 것인데, 그것이 심지어 아주 짧은 순간의 의식적인 생각일지라도 결코 하지 말아야 했다. 그것은 코너링 라인을 어떻게 변경해야 하는지, 쇽업소버의 조정이 얼마나 차의 핸들링에 도움을 주는지, 혹은 나의 경쟁자가 어디서 나와 연관이 있는지 등을 생각하는 것처럼 더 중요한 것에 이용되도록 나의 의식적인 생각을 열린 채로 놔두었다. 그것이 기본 드라이빙 테크닉에 너무 중요해서 습관 혹은 멘탈 프로그램이 되어야 하는 이유이며 여러분의 마인드가 더 중요한 것에 집중하도록 도와준다.

SPEED SECRET

트랙을 주행하기에 앞서 먼저 여러분의 마음속에서 주행하라.

이번엔 나쁜 소식이다. 뇌에서 프로그램되어진 테크닉들은 내가 스로틀을 들어올리지 않고 시프트업을 배웠을 때 발견했던 것처럼 바뀌는데 어려울 수 있다. 레이스카는 바뀌는가? 트랙 조건이 바뀌는가? 그럼 다른 테크닉을 요구하는가? 모든 레이스카들은 동일하게 반응하고 같은 드라이빙 테크닉을 요구하는가? 물론 이 질문에 대한 대답은 그렇다, 그렇다, 아니다인데, 그 의미는 우리가 멘탈 프로그램을 빠르고 효율적으로 변경할 수 있어야만 한다는 것이다.

더 좋은 소식은 멘탈 프로그래밍이 바뀔 수 있다는 것이다. 어떻게 하면 그렇게 될까? 대부분의 사

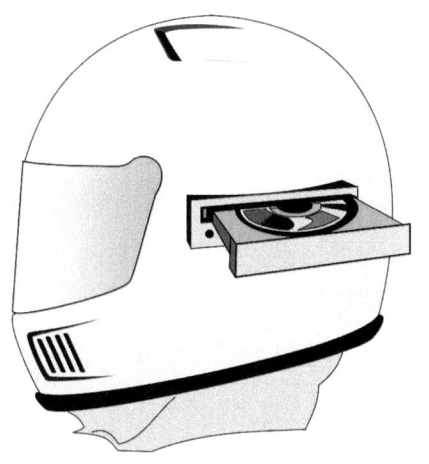

그림23-1: 여러분이 레이스카의 운전석에서 행하는 모든 것은 여러분의 마음 안에 있는 셀 수 없이 많은 프로그램들 중 하나의 결과이다. 핵심은 그 과제를 위하여 올바른 프로그램을 선택하고 미세조정(fine-tuning)하는 것이다.

멘탈 프로그래밍

람들이 신중하게 설명할 때 시각화(visualization)라고 사용하긴 하나 실제로는 심상(心象, mental imagery)이다. 시각화와 심상의 차이가 있는 이유는? 단어의 정의에 따르면 시각화는 여러분의 상상한 경험 중에서 단지 한 가지 감각(시각)만을 사용하기 때문이다. 반면 심상은 상상한 시각, 청각, 운동감각 자극을 사용한다.

「쟈크 빌르너브」는 2000 시즌 윌리엄즈 BMW F1팀과 계약할 당시 20세였던 「젠슨 버튼」에 대해 코멘트 해달란 요청을 받고 흥미로운 대답을 했다 (On Track, February 17, 2000):

F1은 10번 이상을 직접 참가해봐야 안다. 처음 레이스카를 운전하면 모든 것이 매우 빠르게 일어난다. 심장박동이 그로 인해 20~30bpm 올라간다. 그것은 적응되는 과정이다. 단순히 그렇게 하지 말고 무엇을 할지에 대해서 생각하는 것에 더 많은 시간을 소비해라. 거기에 즉시 적응할 수 있어야 한다. 그러나 자연스럽게 되기까지는 주행 거리가 필요하다. 누구나 빠른 랩을 기록할 수는 있다. 그러나 자연스럽게 되지 않는다면 여러분은 셋업에 적절히 대응할 수 없고 진정한 레이스를 할 수 없게 된다.

빌르너브가 '자연스럽지 않다면'이라 표현한 것은 드라이빙을 무의식적인 수준으로 끌어올리라는 의미일 것이다. 한계에서 드라이빙하는 행동이 무의식적으로 되어야 비로소 더 중요한 것들을 깨닫게 되기보다는, 의식적인 마인드의 일부가 여러분이 하고 있는 것에 대해서 생각하는 데에 사용될 것이다.

잠재의식 주행(Driving Subconsciously)

각각의 움직임, 조종, 그리고 테크닉에 대해서 의식적으로 생각하면서 레이스카를 효과적으로 몬다는 것은 가능하지 않다. 레이스카는 너무 빨라서 각각의 기능에 대해 생각할 시간을 주지 않는다. 의식적인 생각을 해서는 달리는 레이스카의 컨트롤에 육체적으로 충분히 대응하거나 반응할 수 없다. 무의식적인 행동이 되어야만 한다.

이렇게 하기 위해서 우리의 마인드를 컴퓨터처럼 프로그램해야 한다. 어떻게? 정신과 육체, 이 두 가지 훈련에 의해서이다. 첫째로 그것은 의식적인 행동이다. 여러분의 의식적인 마인드는 여러분의 오른발에게 가속 페달로부터 브레이크 페달로 옮기고 팔은 코너에서 스티어링 휠을 돌리라고 이야기한다. 그러나 이러한 특정 기능을 반복하다 보면 무의식적인 마인드 안에 프로그램된다. 그러면 요구받을 때 그러한 행동을 생각 없이 자동으로 하게 된다.

그것은 물을 마시기 위해 냉장고에 가는 것과 같다. 우리는 냉장고 앞에서 오른다리 앞에 왼다리를 둘지, 왼다리 앞에 오른다리를 둘지 곰곰이 생각하지 않는다. 그냥 무의식적으로 행동한다.

카레이싱 최후의 비밀 : 아무도 가르쳐주지 않는 드라이빙 하이테크닉

　무의식적 상태로 운전을 할 때 만약 테크닉을 향상시킬 수 있는 현명-차를 핸들링할 때 현명하거나 감각적이거나-한 방법이 있다면 우리의 의식적인 마인드가 우리가 하는 것을 지켜보도록 허락한다. 여러분이 자신의 프로그램에 의해 무의식적으로 주행할 때 여러분의 의식적인 마인드는 여러분과 자동차가 무엇을 하고 있는지를 지켜보고 감지하고 이해한다. 그리고 프로그램을 (무의식적으로) 향상되도록 변화시킨다. 만약 여러분의 프로그램이 여러분을 한계에서 주행하도록 의식적인 마인드는 여러분 마인드의 프로그램, 즉 여러분의 잠재의식이 항상 재프로그래밍하거나 혹은 업데이트되도록 작동되고 있다.

　그것이 새 트랙 혹은 레이스카를 알아가기 시작할 때 천천히 시작해 속도를 점차 올려가는 게 중요한 이유다. 무의식을 프로그램하는 동안 의식적인 마음이 자동차의 속도를 유지하는 것을 허락한다.

　나는 트랙에 나가서 주행할 때 무엇을 할지에 대해 정말로 아무 생각도 없이 나간 게 몇 번 있다. 나는 돌아와서 내가 무엇을 했는지 실제로 아무 것도 기억할 수 없었다. 분명히 차는 잘 달렸거나 아니면 내가 너무 많은 생각을 했을 것이다. 그러나 나는 차의 움직임에 더 집중해야 하며 그리하여 차의 움직임에 더 예민해져야 할 것이다. 내가 앞에서 언급했던 것처럼 이 프로그래밍은 실제 육체적 훈련이나 혹은 시각화에 의해 해낼 수 있다. 그러나 그것은 하는데 시간이 걸린다.

멘탈 훈련

　뇌는 실제와 상상에서 일어난 일을 구분할 수 없다. 운 좋게도 마치 그것들이 실제인 것처럼 모든 이미지를 보고 받아들인다. 그러므로 그것은 시각화하거나 상상하거나 혹은 마음속으로 드라이빙을 연습하는 것과 통한다. 그것은 자유로울 뿐만 아니라 여러분이 실제로 완벽한 랩을 주행할 수 있는 유일한 곳이기도 하다.

　마음의 눈으로 실제로 여러분이 원하는 길-완벽한 라인 주행, 한계에서 차량을 부드럽게 균형잡기, 기가 막힌 추월 등-로 가고 있는지 여러분 자신을 반복해서 보라.

　마음속으로 레이스카를 운전하되 성공적으로 몰아야 한다. 드라이버의 마음속 랩 주행 시각화가 얼마나 자주 현실에서 일어나는지 놀라울 것이다. 그래서 여러분 자신이 올바르게 달리는 것을 시각화해라.

　시각화 혹은 멘탈 훈련은 많은 이유로 너무 효과적이다. 첫째, 그것은 완벽하게 안전하다. 자동차나 여러분 자신 어느 쪽도 결코 상하게 하지 않는다. 둘째, 어디든 시각화할 수 있다. 레이스 트랙이나 차가 필요하지 않다. 그리고 그 때문에 자유롭다. 나는 이것이 얼마나 중요한지 여러분에게 상기시킬 필요는 없다.

멘탈 프로그래밍

다음으로 실패에 대한 두려움이 없다. 항상 여러분이 원하는 데로 완벽하게 주행한다. 심지어 여러분이 원한다면 매번 승리할 수도 있다.

슬로 모션으로 시각화할 수도 있다. 이것은 여러분에게 트랙에 나가기 전에 그것을 완벽하게 살피고, 각각의 아주 상세한 테크닉까지 깨닫게 해주는 시간을 준다.

여러분은 일단 한 시즌쯤에 한번 일어날 수 있는 사건에 대해서도 정신적으로 준비할 수 있다. 그러나 그렇게 되면 여러분은 그것을 미리 준비하고 가능한 최선의 방법으로 대응할 수 있다. 예를 들어 여러분은 다른 시나리오를 보면서 레이스의 출발을 시각화할 수 있다. 시나리오는 누가 여러분 앞에서 스핀하는 지, 그리고 여러분은 그것에 대해 어떻게 대응하는지, 드라이버들이 여러분이 추월하는 것을 블로킹하기 위해 코너 안쪽으로 움직이고 여러분은 코너 탈출 시에 가속을 일찍 하고 그를 추월하려는지 등이다.

내가 포뮬러 포드를 몰 때 동료 경쟁자와 나는 좋은 친구였다. 우리는 정말 좋은 친구였기에 다른 경쟁자들보다 더 심하다 싶을 정도로 트랙에서 서로 정말 열심히 경쟁을 했다. 그리고 경기 후 다음 경기 전에 우리는 우리와 다른 사람들이 했던 다양한 추월과, 만약 다른 상황이었다면 어떻게 했을 지에 대해서 서로 많은 이야기를 나누었다. 그때는 느끼지 못했지만 우리는 서로 레이싱 전략과 테크닉을 시각화하는 것을 돕고 있었다. 우리는 말 그대로 수천 번의 추월을 연습했다. 우린 그 시즌에 마음속으로 수백 번의 레이스에 참가했다. 레이스에 참가했을 때 그 결과는 우리를 빠르고, 공격적이고, 정확하게 추월하도록 만들어 주었다. 그리고 우리가 여러 번 연습했기 때문에 더 쉬웠다. 우리는 많은 레이스에서 승리했다.

그리고 마침내 트랙에 나가기 전 시각화에 의해서 자동적으로 여러분의 집중력을 강화시켜 준다.

나는 나의 랩을 시각화시키며 시간을 재기 위해 스톱워치를 사용하곤 한다. 만약 그 트랙을 잘 알았다면 나의 마음속의 랩 타임은 실제 랩 타임과 오차가 1초 안에 있곤 했다.

그림23-2: 만약 마음속으로 무엇인가를 할 수 없다면 그것을 결코 육체적으로 해서도 안 된다. 트랙에서 주행하기 전에 몇 분 동안 여러분이 하고자 하는 것 중에서 할 수 있는 모든 것을 상상하라.

카레이싱 최후의 비밀 : 아무도 가르쳐주지 않는 드라이빙 하이테크닉

그것은 내가 정확하게 시각화하고 있고 내가 매우 빨리 달리게 되었다는 것이라고 내게 알려주었다.

물론 시각화하기 전에 여러분은 여러분이 하고 있는 것을 좀 느껴야만 한다. 여러분이 전에 실제로 보지 못했던 차와 트랙을 주행하는 것을 시각화하는 어떠한 포인트는 없다. 사전 지식이나 어떤 배경 정보 없이 사람들은 잘못된 방법으로 연습하는 수가 있다. 기억하라. 잘못 시각화하면 훈련도 잘못된다는 것을. 잘못된 연습은 계속 그렇게 여러분을 반복하도록 만드는 확실한 방법이다.

코너를 돌아갈 때 어디쯤에서 탈출을 할지 머릿속에 그리게 된다. 만약 어디로 갈지 알지 못한다면 탈출지점도 정할 수 없다. 앞에서 언급했던 것처럼 실제 가장 일반적으로 하는 실수-코너에서 일찍 선회-는 항상 우리가 어디에서 탈출하려 하는지 모르는 데서 기인한다.

시각화는 프로그래밍이다. 마음속으로 프로그래밍하는 것은 컴퓨터와 유사하다. 그리고 프로그래밍은 우리를 의식적이 아닌 무의식적인 상태로 주행하게 해준다.

심상(Mental Imagery)

심상을 통해 멘탈 모델을 만드는 일은 다른 스포츠의 슈퍼스타들이 모두 하는 일이다. 여러분도 슈퍼스타가 되길 원하는가? 여러분도 단지 여러분의 능력을 향상시키고 더 즐겁게 하길 원하는가? 어느 쪽일지라도 심상은 여러분이 어떻게 해야 할지, 언제 해야 할지, 그리고 왜 해야 하는지에 대한 모델을 제시해준다.

심상은 멘탈 프로그램의 발전을 가능케 한 매우 강력한 테크닉이다. 이 멘탈 프로그램들은 그것들에 대해 의식적으로 생각하지 않고서도 할 수 있도록 해준다. 습관이 되어 자동으로 하는 것이다. 컴퓨터에 깔려있는 소프트웨어 프로그램처럼 멘탈 프로그램은 이미 몸 안에 깔려있어서 우리가 필요로 할 때 튀어나온다.

우리가 걷는데 멘탈 프로그램을 갖고 있어 어떻게 걸을지 생각하지 않는 것처럼, 차를 운전하는 행동을 위한 멘탈 프로그램을 발전시키고 나아가 차를 운전하는 프로그램에 의존할 수 있다.

사실 레이스 드라이버가 어디서 운전을 위한 동작을 하거나 프로그램화되는지 포인트를 찾는 게 목표인데, 그 포인트에서 여러분은 해야 할 필요가 있는 동작에 대해 더 이상 의식적으로 생각하지 않고 일단 해보게 된다. 그리고 '일단 해본다'는 이유는 여러분의 무의식 속에 자리잡고 그것을 활용하면서 멘탈 프로그램을 발전시켜 왔기 때문이다.

물론 육체 훈련을 통해 무엇인가를 하기 위한 멘탈 프로그램을 만들어 낼 수 있다. 그것은 시트 타임을 얼마나 갖느냐에 있다. 그것은 그것에 대해 생각하지 않고도 무엇인가를 해내는 습관 혹은 프로그래밍으로 발전한다.

23 멘탈 프로그래밍

그러나 멘탈 프로그래밍을 만들기 위해 단지 육체 훈련에만 의존하는 것에도 문제가 조금 있다.

- 여러분은 돈을 많이 소비할 것이다.
- 여러분은 시간을 많이 사용(그리고 아마도 낭비)할 것이다.
- 여러분은 프로그래밍 과정에서 일부 실수할 것이다. 여러분이 실수할 때마다 여러분은 멘탈 프로그램의 일부를 실수하는 것이다. 훈련이 완벽하게 만들어주지 않는다는 것을 기억해라. 완벽한 연습만이 완벽하게 만들어준다. 만약 여러분이 실수를 하도록 만들어주는 훈련을 한다면 결국 실수를 만드는 결과에 시간을 더 많이 낭비하게 될 것이다.
- 여러분은 그것이 여러분의 주행을 육체적으로 변화시키기 어렵다는 것을 발견할 것이다. 만약 여러분이 전에 해보지 못했던 무엇인가를 하려 한다면 그것을 육체적으로 하는 게 거의 불가능하게 될 수 있다. 증거로서 지금껏 풀 스로틀을 할 수 있는 코너에서 여러분이 마음먹은 대로 오른발이 따라주지 못했던 적이 있었던가? 풀 스로틀로 코너를 돌 수 있는 프로그램을 개발하거나 변화시킬 수 있는 유일한 방법은 트랙이 아닌 여러분의 마음속에 있다.
- 위험이 있을 수 있다. 새로운 기술을 실험하는 것은 계산 착오 혹은 큰 실수를 유발할 수 있다.

심상을 활용하여 마음속으로 같은 테크닉을 연습하는 것은 비용이 들지 않는다. 많은 시간이 걸리지도 않거니와 완벽하게 모든 것을 연습할 수도 있다. 이는 트랙에서 완벽하게 운전할 수 있는 능력을 향상시켜 준다.

많은 사람들이 질문할 것이다. '그러나 내가 전에 그것을 한 번도 해본 적이 없는데 어떻게 상상하고 심상을 창조해낼 수 있단 말인가?' 그것은 맞는 말이다. 그것을 보고 아이디어 없이 그것을 진짜처럼 보고 느끼고 듣는 것은 상상하기 어렵다. 그것이 내가 이 책을 쓴 이유 중 하나이다. 여러분에게 완벽하게 보고 느끼고 들은 것처럼 도움을 주기 위해서.

그러나 심상이 무엇을 하는데 있어서 실질적이고 육체적으로 비교해 얼마나 효과적일까? 심상 파워의 한 예로서 나는 여러분에게 아래 글을 적어도 세 번 읽으라고 권하고 싶다. 그 글을 읽은 후에 눈을 감고 숨을 깊고 천천히 들이마신 후 여러분이 방금 읽은 시나리오를 상상해보라.

시작하기에 앞서 마음을 편안하게 하고 두 손을 앞에 가지런히 놓는다. 눈을 감는다. 숨을 깊게 천천히 들이마신다. 몸을 편안하게 한다. 근육도 긴장을 푼다. 몸이 의자에 가라앉는 느낌이 든다. 몸이 무거워지고 긴장이 풀리는 느낌이 온다. 심장이 천천히 뛰는 것을 듣는다. 천천히 깊이 숨쉬기를 계속한다. 만약 잠이 들기 시작할 것 같은 느낌이 오면 빨리 깊게

카레이싱 최후의 비밀 : 아무도 가르쳐주지 않는 드라이빙 하이테크닉

두세 번 숨을 쉬면 다시 편안하고 깨어있는 상태로 되돌아올 것이다. 천천히 숨을 쉰다. 근육에서 긴장을 푼다.

숨쉬어라. 긴장을 풀어라.

여러분 앞 테이블 위에 놓여있는 밝은 노란색 레몬을 상상하라 - 밝게 빛나는 노란색 레몬. 자 밝은 노란색 레몬을 양손에 든 것을 상상하라. 레몬의 모양과 껍질의 질감을 느껴라. 노란색이 얼마나 밝은지 주목하라.
레몬을 여러분 앞에 있는 테이블에 다시 갖다 두는 것을 상상한다. 테이블엔 칼이 놓여있다. 그것을 들어 레몬에 날을 대고 반으로 자르는데 그 자르는 소리를 듣는다.
테이블 위에 방울져 떨어진 레몬즙을 본다. 칼날 위에 있는 레몬주스를 본다. 두 개로 나눠진 레몬과 그 주변에 있는 주스를 보라.
레몬의 잘라진 반쪽을 들고 짠다. 여러분이 레몬을 짜는 걸 느낄 때 테이블 위에 방울져 떨어져있는 레몬 단면의 과즙에 주목하라.
그것을 코로 가져와 레몬 냄새를 맡는다. 레몬의 향기를 빨아들이는 것처럼 깊이 숨을 들이마신다.
자 레몬을 입으로 가져와 혀를 내밀고 그리고 천천히 레몬의 단면을 핥는다. 주스의 맛을 본다.
계속해서 입으로 레몬주스 맛을 본다.
다 됐다. 여러분이 편안해지면 정신적으로 방안으로 되돌아온 것처럼 천천히 눈을 뜬다.

다시 이 글을 세 번 읽었으면 눈을 감고 마음속으로 상상해본다. 여러분이 읽었던 것 중에서 가급적 자세하게 많은 것을 상상하라. 그 시나리오를 보고 느끼고 듣고 냄새 맡고 맛봐라.

어떤 일이 일어났는가? 뭘 경험했는가? 입으로 갖다 댄 것처럼 어떤 것을 경험했는가? 입 안에 침이 고였는가? 그렇다고? 만약 여러분이 대부분의 사

23 멘탈 프로그래밍

람들처럼 입안에 침이 고이기 시작했다면 그 이유는 왜일까? 여러분의 뇌가 실제와 상상의 차이를 구분할 수 없었기 때문이다. 왜냐하면 여러분의 뇌는 진짜 레몬이 여러분의 입으로 들어왔다고 생각했고 레몬의 구연산을 희석시키기 위해 침이 나온 것이기 때문이다.

이것은 심상 파워의 간단한 예이다. 그것은 슈퍼스타 운동선수(사실 높은 수준에서 퍼포먼스를 발휘해야 하는 사람)가 왜 그것을 사용하는가를 보여준다, 만약 여러분이 여러분의 행동을 변화시키길 원한다면 혹은 기술을 향상시키거나 발전시키길 원한다면 심상을 사용하는 것은 중요한 단계, 그 중에서도 아마도 가장 중요한 단계이기 때문이다.

심상의 배경을 좀 살펴보자.
심상의 효과 중 많은 연구조사와 실례 중에서 나는 세 가지를 선택했다:

- 헌터대학 농구 선수 연구: 한 무리의 농구 선수들에게 자유투를 쏘게 한 후 성공률을 측정했다. 그들은 세 그룹으로 나눠졌다. 첫째 그룹은 정신적이든 육체적이든 어떤 것도 훈련받지 않았다. 두 번째 그룹은 실제로 매일같이 자유투 연습을 했다. 세 번째 그룹은 실제 접촉은 하지 않고 마음속으로만 매일 자유투를 완벽하게 쏘는 훈련을 했다. 일주일 후 그 선수들의 자유투 비율을 점검했을 때 결과는 흥미로웠다. 첫째 연습을 하지 않은 그룹은 실력이 향상되지 않았고 그 결과가 놀랍지도 않았다. 매일 자유투 연습을 했던 두 번째 그룹은 슛 정확도가 23% 증가했다. 그런데 농구공을 만지지 않고 매일 마음속으로만 연습했던 마지막 그룹은? 당연히 그들의 자유투 성공률은 22% 향상됐다. 농구공을 만지지 않고도 실제 연습한 그룹과 거의 비슷한 22%나 향상된 것이다.
- 소련 올림픽 연구: 1980년대에 당시 소련 올림픽팀은 여러 가지 훈련 과정을 실험했다. 다양한 스포츠 종목 선수들은 네 그룹으로 나눠졌다. 첫째 그룹은 시간 전부를 완전히 육체적인 훈련으로만 채웠다. 두 번째 그룹은 시간의 75%를 육체적인 훈련에 나머지 25%는 정신 훈련으로 채웠다. 세 번째 그룹은 훈련을 50-50으로 나눴고, 네 번째 그룹은 시간의 25%는 육체적 훈련에 나머지 75%는 정신 훈련에 소비했다. 멘탈 트레이닝 방법은 그들이 심상(mental imagery)을 이용하여 마음속으로 매일 자기 종목을 연습하도록 하는 것이었다. 연구 결과를 보면 가장 큰 성과를 낸 그룹은 시간의 25%만 육체 훈련을 하고 75%는 심상을 이용한 네 번째 그룹이었다. 흥미로운 것은 시간 전부를 육체적 훈련에 투입한 그룹이 가장 적은 향상을 기록했다는 것이다.
- 이것은 공식적인 연구 조사는 아니지만 다음 실제 이야기는 심상 파워의 위대한 실례를 보여준다. 5년 동안 감금된 미국의 전쟁 포로는 골프를 좋아했다. 이것은 그의 열정이다. 전쟁 전 골프

카레이싱 최후의 비밀 : 아무도 가르쳐주지 않는 드라이빙 하이테크닉

는 그의 취미였다. 포로로 갇혀 있는 동안 그는 매일 같이 마음속으로 골프 라운드를 돌았다. 그런데 그는 플레이를 완벽하게 했다. 그린을 보고 공을 쳤다. 스윙을 할 때도 볼과의 연계성을 느꼈고 그가 코스를 걸을 때 발밑의 잔디 느낌까지도 살폈다. 나무 위에서 지저귀는 새소리, 바람 소리, 클럽이 볼을 때리는 소리, 페어웨이에서 날아가는 소리도 들었다. 그는 골프를 치면서 보는 거, 느끼는 거, 들리는 거 모두를 너무나도 자세히 상상했다. 마침내 감옥에서 풀려나 그가 했던 첫 번째 일 중 하나가 골프를 치는 것이었다. 5년 이상을 골프 클럽을 손에 쥐지 못했음에도 불구하고 그리고 그 기간 동안 마음속으로만 골프를 쳤음에도 불구하고 그는 그가 예전에 했던 최고의 라운드 기록을 냈다.

많은 드라이버들에게 시각화는 그들 자신을 트랙과 익숙하게 만들고 트랙에 나가기 전 특정 테크닉을 사전 연습할 수 있게 해준다. 그들은 심상을 최상으로 사용하는 것을 일부 놓치고 있다. 전반적으로 심상은 다음처럼 사용될 수 있고 그래야 한다 :

- **성공을 보기 위해:** 여러분은 과거의 성공과 미래의 이벤트에서 미리 경험해보는 성공을 회상하는 것에 의해 신념 체계를 발전시킬 수 있다. 여러분의 능력에 대한 신념은 성공에 가장 중요한 핵심이 될 수 있다. 그 성공은 타고나거나 혹은 개발된 기술보다 더 중요하며 심상으로 향상될 수도 있다.
- **동기부여를 위해:** 과거의 성공을 되새기고 미래의 이벤트를 상상함으로써 여러분은 레이싱에서 주로 즐기는 것들을 스스로 머릿속에 떠올릴 수 있다. 그러한 것들이 잘 떠오르지 않으면(모든 드라이버들이 그들의 드라이빙 경력의 어떤 시점에서 종종 하는 것처럼) 여러분이 진짜로 레이싱에서 벗어나는 것이 우수한 성과를 이끌어낼 수 있다는 것에 초점을 맞춘다.
- **완벽한 기술을 위해:** 만약 여러분이 기술을 발휘하는 데 있어 보고 듣고 느끼는 것을 선명하게 구현해낸다면 트랙에서 그것을 수행할 가능성이 향상된다. 이들 기술들은 인간관계에서 일어나는 기술 혹은 그 밖의 다른 기술, 테크닉, 혹은 여러분에게 필요한 행동 등이 포함된 특별한 드라이빙 테크닉일지도 모른다.
- **익숙해지기 위해:** 여러분은 처음으로 그것을 배우기 위해 트랙에서 많은 랩을 주행하기 위해, 그것에 대한 기억을 새롭게 하기 위해, 혹은 그것에 대해 자세하게 미세조정(fine-tune)하기 위해 심상을 사용한다. 그것은 또 모임, 연설, 미디어 인터뷰, 혹은 다른 활동 등을 선행(preplay)하는데 사용될 수 있다.
- **마음 속 성과를 끌어내기 위해:** 지난 성공의 느낌을 선명하게 회상함으로써 실로 커다란 정신 상태에 빠지지 않을 수 없다. 시간이 지나서 그리고 말 혹은 행동이 계기가 되어 구축함으로써 여

23 멘탈 프로그래밍

러분은 정말로 말할 수 있고 최고의 성능을 위한 이상적인 상태에 접어들게 된다.
- **행동을 프로그램화하기 위해:** 다른 상황에서는 다른 방법으로 행동할 필요가 있다. 이러한 상황을 선행하고 자신의 행동에 적응함으로써 여러분은 이상적인 방법으로 행동하도록 능력을 향상시킨다. 이상적인 방법이란 필요할 때 더 공격적이거나 더 끈기 있거나 혹은 더 외향적인 태도를 말한다.
- **미리 계획하기 위해:** 레이스에서 일어날 수 있는 무한한 가능성이 있더라도 할 수 있는 것만큼 많이 선행함으로써 더 빠르고 더 정확하고 더 자신있고 더 쉽게 행동하도록 여러분을 도와줄 것이다. 예를 들면 레이스 출발시 일어날 수 있었던 많은 시나리오를 선행함으로서 여러분은 '일어나봐야 별거 아냐, 난 준비됐어'라는 태도를 갖게 된다.
- **초점을 다시 맞추기 위해:** 만약 여러분이 트랙에서 문제를 해결하기 위해 마음속 이미지를 형성해야 한다면, 특히 그 문제가 집중력을 잃고 그 즉시 초점을 다시 맞추고 계속 진행해야 하는 거라면 문제를 더 키우게 될 수도 있다. 트랙에서 그러한 일이 일어나면 초점을 다시 맞추는 것이 더 쉬울 것이다.

스포츠 심리학자들은 두 개의 다른 유형의 심상을 정의한다: 인식과 동기부여.

인식(cognitive)은 본질적으로 테크닉과 전략의 심상을 형성하는 것에 집중한다. 예를 들면 라인, 브레이킹존, 트레일 브레이킹, 자동차의 한계를 느끼는 감각, 레이스 기술, 기타 등등을 의미한다. 동기부여는 여러분의 신념체계, 정신상태, 시합하는 동안의 집중력, 필드에서 랩타임이 떨어질 때 밀어붙이는 것, 정신의 강건함, 컨트롤 혹은 정서, 그리고 스킬이나 테크닉이 잘 수행되었을 때 오는 보상 심리 등에 집중한다. 둘 다 중요하다. 사실 심상을 할 때 항상 인식(테크닉)과 동기부여(여유, 균형, 자신감, 즐기기) 사이에 균형이 존재해야 한다.

이 두 가지 유형은 다음처럼 더 세분화된다.
- 일반적인 인식
- 특별한 인식
- 일반적인 동기부여
- 특별한 동기부여

카레이싱 최후의 비밀 : 아무도 가르쳐주지 않는 드라이빙 하이테크닉

여러분이 심상의 각 유형을 어떻게 이용할지에 대한 아이디어를 주기 위해 이 차트를 보라.

	동기부여	인식
특별함	목표와 목표달성: 경기나 연습에서 정신적인 목적과 목표를 설정하고 여러분이 의식적 수준 하에서 생각했던 것보다 더 갖게 된다면. 그것들이 여러분의 멘탈 프로그래밍의 일부가 될 것이다.	특별한 스킬(라인, 브레이킹 포인트, 스로틀 적용, 여러분이 섀시 셋업변경 후 자동차에서 느꼈던 것을 적용)을 예행 연습한다
일반적	각성조절(arousal control), 자신감, 강한 정신력: 여기서 신념(자신감), 정신상태, 행동특성 뿐만 아니라 잘 행해진 일에 대한 보상 심리 등의 정신적 프로그래밍이 발전된다.	레이스 전략 예행연습: 출발을 어떻게 할지, 레이스 중의 핸들링, 피트스톱 등등

심상은 서로 연관(associated)된 것일 수도 있고 분리(dissociated)된 것일 수도 있다. 연관되었다는 것은 행동하는 바로 그 시점에서 여러분이 보고 느끼고 듣는 것을 의미한다: 즉 여러분은 운전석에 있고 여러분의 시야는 이 관점에서 나온다. 분리되었다는 것은 마치 여러분 자신을 운전석이 아닌 위로부터 혹은 카메라 시야로부터 보는 것처럼 하는 것을 의미한다. 그런 이유로 다른 사람들이 서로 분리된 관점으로부터 그것을 하는 동안 몇몇 사람들은 당연히 연관된 관점으로부터 심상을 한다.

연관된 것과 분리된 것 어느 쪽이 최상인가? 어떤 사람들은 여러분에게 어느 한쪽도 다른 쪽보다 더 낫지 않다고 말할 것이다. 그러나 난 이 말에 동의하지 않는다. 분리된 심상으로도 잘못된 것이 없긴 하지만 운전석에 앉아 주행할 때 여러분이 경험할 시각으로부터 여러분의 마음을 프로그램하는게 최상이다. 그렇게 얘기했다면 여러분이 TV 카메라의 뷰포인트로부터 여러분 자신을 수행하는 것을 보는 것이 역시 가치있는 것처럼 분리된 관점으로부터 심상을 하는 것이다(여러분이 여러분 자신을 TV카메라 뷰 포인트를 통해 수행하는 것을 지켜보는 것처럼 그렇게 이야기듣고 분리된 관점으로부터 심상을 만드는 것도 가치있다). 핵심은 콕핏에서 전방을 보듯이, 시트로부터 차와 움직임을 느끼듯이, 그리고 운전석에서 모든 것을 듣듯이 가능한 한 진짜처럼 여러분의 심상을 만드는 것이다. 내가 반복해서 여러분에게 해줄 이야기는 여러분이 심상을 만들 때 더 진짜처럼, 그리고 이 모든 과정을 더 효율적으로 만들라는 것이다.

여러분이 심상에 감각을 더 많이 포함시킬수록 효과도 더 좋아진다. 오감 모두를 사용했던 레몬의 예를 주목해보라. 여러분은 레몬을 '봤고'(시각) 그것을 '느꼈고'(운동감각) 레몬을 칼로 자르는 소리

23 멘탈 프로그래밍

를 '들었고'(청각) 레몬주스의 '냄새를 맡았고'(후각) 그리고 레몬을 '맛봤다'(미각). 그러나 여러분이 진짜로 보고 느끼고 듣고 냄새 맡고 맛본 것이 레몬이었나? 단지 마음속으로 만이었다. 단지 여러분의 상상이었다. 오감을 모두 동원함으로서 여러분은 상상 속에서 경험을 진짜로 만들었다. 만약 여러분이 단지 레몬을 보기만 한 채로 시각을 이용했더라면 여러분이 그것을 마음속에 충분히 진짜처럼 만들지 못했기 때문에 입 안에 침이 고이지 않았을 것이다.

분명히 여러분의 후각과 미각은 자동차를 모는 데는 거의 관련이 없다. 그러나 시각과 운동감각과 청각은 분명 많은 관련이 있다. 심상을 하라고 주장하는 사람들도 대부분은 사실 시각화만 한다. 즉 그들은 단지 마음속으로 시각적 장면만을 상상한다. 그들은 그들이 느끼고 들은 것은 상상하지 않는다. 그리고 그것이 심상과 시각화의 차이가 된다. 심상은 시각보다 더 많이 포함되어 있으나 시각화는 그러지 못하다.

시각, 운동감각, 그리고 청각 뿐 아니라 여러분이 할 수 있는 정서와 느낌 모두를 경험하라. 여러분이 정서와 느낌을 각 심상 시간과 많이 묶을수록 그것은 여러분 마음속에서 더 진짜가 될 것이다. 더 중요할수록 때때로 미래에 트랙에서 심상을 더 발전시키는 게 쉬워질 것이다. 이 동기 부여된 심상 조각들이 성공을 이루는 데에 중요하다.

심상 시간을 갖기에 앞서 여러분이 성취하고자 하는 것을 정확히 알아야 한다. 심지어 그것이 중요한 목록이라 하더라도 이것은 자세히 묘사하여 기록하는데 좋은 경우이다. 시작하기 전에 이 일을 함으로써 여러분을 이미지 시간동안 더욱 집중해서 머물러있게 해줄 것이다. 이 책은 아주 완벽하게 묘사한 예이다. 여러분은 내가 여기에 했던 것처럼 자세하게 작성할 수 있다. 혹은 여러분이 프로그램하기 원하는 키포인트를 기억하기 쉽도록 짧은 항목으로 나눠 만들 수도 있다.

카레이싱 최후의 비밀 : 아무도 가르쳐주지 않는 드라이빙 하이테크닉

많은 드라이버들이 그들이 상상하고 프로그램하고 싶어하는 특별한 시나리오에 오랫동안 집중한 상태로 머물러있을 수 없다고 나에게 이야기한다. 몇몇 드라이버들은 1 혹은 2분보다 더 오랫동안 특정 심상 시나리오를 만드는 것이 어렵다고도 한다. 만약 여러분도 그러하다면 여러분이 사람이기 때문이다. 내가 지금껏 심상에 대해서 이야기했던 모든 사람들도 비슷하다. 심상을 계속 연습했던 사람들은 점점 좋아져서 한 시간 혹은 그 이상을 집중한 상태로 유지할 수 있게 된다. 처음에 완벽하게 되지 않아 실패한 드라이버들은 그만두는 수가 있으며 당연히 기술이 향상되지도 않는다.

인디애나폴리스 500에서 우승을 차지했던 그 해, 「에머슨 피티팔디」는 레이스 전날 정비고 안의 그의 머신에 세 시간이 넘도록 앉아있었다. 그는 만약 그가 오랫동안 차에 앉아서 상상하지 않았다면 집중력을 잃지 않고 레이스 전체를 주행할 수 있는 방법이 없었을 거라고 설명했다.

심상은 연습이 필요하다. 즉각적인 결과를 기대하진 말아야 한다. 적어도 하루에 두 번 심상을 연습하는 게 바람직하다. 아침에 한번 저녁에 한번, 트랙에 있을 때는 특별히 시간을 더 늘린다. 더욱이 여러분이 하려고 하는 스킬 혹은 테크닉의 유형에 따라 계획을 세워라. 월요일엔 특별한 드라이빙 스킬을 프로그래밍하고, 화요일엔 여러분의 능력에 대한 신념을 세우며, 수요일엔 레이스 전략을, 목요일엔 전체적인 정신상태 점검 등등. 그 어떤 스킬처럼 심상도 스킬이다. 조급하게 생각하지 말아야 여러분의 능력이 향상된다. 그것은 습득되는 기술이다.

대개의 경우 공통적으로 갖는 오해가 있다. 차를 운전하는 것에 대한 생각은 멘탈 프로그래밍이 아니다. 그것은 심상이 아니다. 무엇인가에 대한 생각은 의식 수준에서 행해지는데 그것은 여러분의 마음이 진짜로 무엇인가를 배우는데 있어 가장 효과적인 상태는 아니다. 왜냐하면 그것은 여러분의 멘탈 프로그래밍의 일부분이 되기 때문이다. 여러분이 두뇌에 올바른 멘탈 프로그래밍을 심어줘야 비로소 무의식을 프로그램하기 위한 심상을 사용할 수 있다.

그런데 무엇이 여러분의 마음을 프로그램하는데 이상적인 정신 상태인가? 약간의 배경 혹은 이론을 살펴보자. 의사와 연구원은 네 개의 뇌파상태로 정의하는데 뇌파전위기록장치(EEG)에 의해 측정된다. 머리에 몇 개의 탐색기를 부착하면 EEG는 여러분의 머릿속에서 일어나는 생체전기활동을 읽을 수 있으며 그렇게 뇌파를 측정할 수 있다. 이 뇌파들은 네 개의 수준 혹은 상태로 나눠진다.

- 베타는 주로 뇌가 13~25헤르츠(초당 사이클) 범위 안에서 뇌파를 생산하는 곳이다. 여러분이 이 책을 읽고 있을 때처럼, 의식하고 생각하고 행동하는 상태에 있을 때 여러분의 마음은 베타 범위 안에 있다.
- 알파는 주로 뇌가 7~13헤르츠 범위 안에서 뇌파를 생산한다. 알파는 여러분이 눈을 감고 긴장

멘탈 프로그래밍

을 풀고 마음을 느긋하게 먹을 때이다. 이 상태에 이르게 되면 여러분은 몸이 풀리고 근육이 이완되며 몸이 의자나 시트 안으로 가라앉는 느낌을 받게 된다.

- 세타는 주로 뇌가 4~7헤르츠 범위 안에서 뇌파를 생산한다. 여러분이 잠이 들기 바로 직전에 여러분이 스스로 잠이 든다고 느끼나 이것을 하고 있다는 것을 간신히 느끼는 상태에 이르는 시점이다. 또한 마음 안에 이상한 이미지들이 불빛처럼 번쩍인다. 이것이 세타이다.
- 델타는 주로 뇌가 0~4헤르츠의 범위 안에서 뇌파를 생산한다. 여러분이 잠들 때 여러분의 마음이 주로 델타파를 생산한다.

나는 결코 여러분의 뇌가 뇌파를 한 번에 한 단계씩만 생산한다고 말한 적이 없다는 점에 주목하라. 아니다. 뇌는 항상 네 개 모두를 얼마만큼씩 생산한다. 그러나 문제가 되는 건 집중력이다. 의식적으로 깨어있고, 대화하고, 생각하고, 읽고, 차를 운전할 때 여러분의 마음은 주로 베타파를 생산하고 알파와 세타는 조금만, 그리고 델타는 아주 조금만 생산한다. 잠이 들 때는 여러분은 주로 델타를 생산하고 세타와 알파는 적게, 베타는 아주 적게 생산한다. 다른 말로 하면 여러분의 뇌는 실제로 항상 네 가지 단계를 어느 정도씩 생산하고 있다. 그러나 다양한 단계에서의 집중력은 여러분이 어떻게 하느냐에 따라 변화한다.

이 모든 건 무엇을 의미하는 걸까?

뇌가 가장 잘 수용하고 효과적인 프로그래밍 상태가 되기 위해서는 우리는 마음이 충분히 여유로워지길 원한다. 그 때를 알파-세타 상태라고 부르는데 뇌가 주로 6~12헤르츠 범위 안에서 뇌파를 생산하는 상황이다. 이 상태를 표현하는 최상의 표현은 여러분의 마음이 바쁘지 않고, 여유롭고, 아직 잠이 들지 않았으나, 만약 여러분이 하려 하면 마음을 훨씬 더 여유롭고 느긋하게 만들 수 있는 상황을 말한다.

만약 여러분이 눈을 감고 뭔가를 의식적으로 생각한다면 여러분의 마음은 베타 상태가 될 것이고 심상의 효과는 더 감소될 것이다. 여러분의 마음과 몸을 느긋하게 함으로써 알파-세타 상태로 만들게 되면 여러분이 상상하는 모든 것이 여러분의 뇌에 더 깊고 강하게 각인될 것이다. 이것이 마음속에 프로그램시키는 방법이다.

심상 시간을 시작하기에 앞서 알파-세타 상태가 되도록 몇 분 동안 마음을 느긋하면서도 여유롭게 만들도록 한다. 만약 여러분이 그렇게 한다면 여러분이 집중하는 것이 무엇이든 간에 여러분의 무의식적인 정신세계가 더 진짜인 것처럼 될 것이고 트랙에서 재생산해내는 능력도 더 커질 것이다.

물론 집에서 침대에 누워 마음을 알파-세타 상태로 만드는 것은 상대적으로 쉽다. 그러나 여러분

카레이싱 최후의 비밀 : 아무도 가르쳐주지 않는 드라이빙 하이테크닉

의 트레일러 혹은 트랙의 레이스카에 앉아서 그렇게 만드는 것은 더 어렵다. 왜? 트랙 위의 집중을 방해하는 요소들과 스트레스 때문이다. 다행스럽게도 일상생활의 일들처럼 그것도 연습할수록 더 쉬워질 것이다.

지금껏 컴퓨터에 소프트웨어를 설치해본 적이 있는가? 그리고 그 프로그램을 시작하기 위하여 클릭할 아이콘의 위치를 정확히 찾아낼 수가 없었던 적이 있는가? 그 실망감을 상상해보라. 아이콘 혹은 그것을 설치하지 않고 컴퓨터 프로그램이 얼마나 유용할까? 아주 좋지는 않을 것이다. 같은 상황을 멘탈 프로그램에 적용해 본다.

만약 여러분이 심상을 반복해서 시도하고 여러분이 전엔 한 번도 풀 스로틀을 시도해보지 못했던 빠른 코너를 완벽하게 돌파할 프로그램을 개발했다고 상상해보라. 여러분은 그것을 여러분의 머릿속에서 정확하게 보고 느끼고 들을 수 있다. 실망을 상상해보면 그것 또한 같을 것이다. 이 프로그램을 시작하기 위한 계기로 발전시키는 게 중요한 것처럼 심상도 그렇게 하는 것이 중요하다. 한 예로서 여러 번 반복해서 그것을 하는 것을 상상하는 것처럼 여러분은 마음속에 단순히 '수평(flat)'이란 단어를 말함으로써 이것을 할 수 있었다. 여러분이 이것을 하면 할수록 여러분의 마음속에 '수평'이라는 단어가 떠오르면 그 프로그램이 연상될 것이다. 실제로 그 프로그램의 핵심은 여러분이 그것을 말할 때 거의 도움이 될 수는 없으나 여러분의 발을 풀 스로틀 상태에 두도록 해준다는 것이다. 이것은 파블로프의 개실험과 유사하다.

심지어 여러분의 자신감 혹은 동기부여를 발전시키기 위해서 성공을 선행할 때에도, 행동 혹은 퍼포먼스에 여러분의 심상을 집중해라. 자, 여러분이 스스로 성공해내는 모습을 보되 성공을 이끄는 것이 무엇인가에 집중해라. 여러분이 느꼈던 방법, 여러분이 해냈던 방법, 여러분이 품었던 정신 상태, 그리고 거기서 했던 실제적인 스킬과 테크닉 같은 성공 말이다.

심상에 대한 마지막 요점 한 가지는 지식이 부족하거나 일과 연습을 열심히 하지 않고 보상받길 기대하지 말라는 것이다. 그것은 성과에 있어서 큰 차이를 만들 수 있으며 기적을 수행할 수도 없다.

실행

컴퓨터에 가장 최신판이면서 가장 강력한 소프트웨어 패키지를 설치했으나 데스크톱에 아이콘이 없거나 그것에 접근할 시작 메뉴가 없다고 상상해보자. 만약 여러분이 이상적인 드라이빙 프로그램을 가지고 있더라도 그것을 '실행'할 수 없다면 어떤 느낌이 들 지와 같다. 실행은 여러분이 멘탈 프로그램에 접근하거나 작동하도록 허락해주는 행동이나 말이다. 그것이 없다면 여러분은 세상에서 모든 멘탈 프로그램을 가질 수 있으나 결코 그것을 작동시키지 못할 것이다.

멘탈 프로그래밍

실행이란 말 혹은 행동은 총의 방아쇠처럼 작동한다. 한번 사용되면 그것은 적절한 프로그램으로 불붙는다. 실행이란 말 혹은 행동은 특별한 의미를 갖고 있거나 뚜렷한 마음속 이미지를 구현한다. 한 예로서 감각 입력을 흡수하는 프로그램을 실행하기 위하여, 여러분은 모든 것을 흡수하는 스펀지 같은 사람으로 표현하는데 있어 여러분 자신에게 '스펀지(흡수하는 사람)'라는 용어를 사용할 수도 있다. 내가 내 자신 혹은 다른 드라이버에게 사용했던 실행의 또 다른 말은 '춤추는 자동차' '이것을 지켜보다' '파티 타임' '노는 시간' '시간 죽이기' '능률향상' '수준 향상' 등이다. 실행 행동은 대시보드 상에서 특정 사인이나 메시지를 보았거나 진행요원(crew)으로부터 수신호를 받고 스티어링휠을 빠르게 조정하는 것을 포함한다. 실행이란 말을 사용하는데 있어 정확한 단어, 문장, 혹은 행동을 이해하기 위해 시간을 들일 필요가 있을 수도 있다.

그러면 여러분이 심상을 어떤 프로그램에 사용했을 때 그것이 특정한 실행이란 말이나 행동으로 연결된다. 그와 같이 여러분이 대결이 한창일 때, 여러분이 실행이란 말을 하거나 행동을 하자마자 그 프로그램은 효과가 나타날 것이다.

계획

자 그럼 그러한 배경을 갖고 여기에 여러분이 따라야 할 계획을 제안해본다.

일주일에 7일(만약 여러분이 원한다면 하루를 뺄 수도 있다. 비록 경쟁자들은 그러지 않을 것이지만, 만약 여러분이 하루를 빼먹으면 그들에게 그만큼 유리해진다) 여러분은 심상을 하는데 있어 하루에 두 번 최소한 20분의 시간을 투자할 필요가 있다. 여러분은 아침에 한번 하고 잠자리에 들기 전에 한번, 오후에 한번 하고 잠자리에 들기 전에 한번, 혹은 저녁 먹고 한번 하고 자기 전에 한번 중에서 선택할 수 있다. 그러나 두 번의 시도 사이에 최소한 한 시간 간격은 두어야 한다. 여러분은 또 그것을 할 일관된 장소 한 군데를 선택해야 한다. 가급적 이것은 침대에 누워서 하지 않는다. 하는 도중에 잠이 들어버릴 수 있기 때문이다. 만약 잠이 들려고 하면 깊고 빠르게 숨을 두세 번 들이마신다. 의자에 앉아서 하는 것이 좋다. 그리고 여러분의 차에서 하는 것도 괜찮다. 여러분은 안락하고 여유롭기를 원한다. 조용하면 방해받지 않을 것이다.

만약 여러분이 그것을 레이스카에서 할 수 있다면, 그리고 그 차가 잭 스탠드에 올려있어도 한층 더 좋을 수가 있다. 거기서 스티어링휠을 자유롭게 돌릴 수 있기 때문이다. 여러분이 몸을 더 많이 사용할수록 여러분이 트랙에 있을 때 근육이 기억한 것을 그만큼 올바로 프로그램할 수 있도록 해준다. 만약 여러분의 차를 사용하지 않는다면 가능한 진짜처럼 만들 수 있는 '소품'을 많이 사용하라. 헬멧을 쓰고 진짜 스티어링휠을 가져올 수 있다. 다른 사람에게 앞에 앉아달라 요청한 후 그 사람의 발을 페

카레이싱 최후의 비밀 : 아무도 가르쳐주지 않는 드라이빙 하이테크닉

달로 사용할 수 있다. 적용하는 기쁨과 도전하는 즐거움의 양을 다른 사람이 여러분에게 피드백해줄 수 있기 때문에 이것은 매우 효과적인 테크닉이다. 가장 최신식 드라이빙 시뮬레이터중 하나에 앉아서 트랙 주행을 시작하고 심상 시간을 갖는 것도 환상적이다. 물론 당연히 시뮬레이터 안에는 스티어링 휠과 페달도 갖춰져 있다. 또한 여러분이 심상을 진짜처럼 만들어낼수록 효과는 더 좋아질 것이다.

심상 시간을 시작할 준비가 되면 여러분이 준비한 내레이션을 꼼꼼하게 읽는다. 여러분의 내레이션을 위한 계획을 쓰는 이유는 여러분이 그 일을 하는 것에 확신을 주기 때문이다. 그 때 내가 의미하는 것은 여러분이 완벽한 드라이버가 되거나, 한계상태로 주행하거나, 특정한 트랙 위나 테크닉을 발휘하거나 그 외 모든 작업을 하는 것에 집중하는 것이다. 이 프로그래밍을 진짜 효과를 보기 위한 유일한 방법은 그것을 충분한 시간을 갖고 반복하는 것이다. 반복이 중요하다. 만약 여러분의 내레이션에서 만들어진 개요를 벗어나기 시작하면 여러분은 그 세션 동안에 충분한 시간을 들여 반복 연습하지 않을 것이다.

여러분이 내레이션을 읽고 20분 동안 그것을 반복해서 따를 수 있도록 충분히 기억한 후에 심상 시간을 준비하기 시작한다. 자리를 잡는다. 눈을 감고 깊고 느리게 숨을 쉰다. 느긋해져야 한다. 근육도 풀리도록 해준다. 몸이 의자나 시트에 가라앉는다는 느낌이 든다. 심장이 느리게 뛰는 것을 듣는다. 숨 쉬는 것을 천천히 하고 더 느긋해진다. 의자 혹은 시트에 푹 파묻혀있는 아주 여유로운 사람이 여러분이 되는 모습을 그려본다. 숨 쉬고 근육을 풀고 다시 숨을 쉰다.

그림23-3: 궁극의 효과를 보기 위해서 심상을 사용하기 전 느긋한 상태로 들어가고 가능한 진짜처럼 되는 것이 중요하다. 헬멧을 쓰고 스티어링휠을 잡고 엔진 소리를 듣고 차를 느끼는 것이 이상적이다.

여러분의 목적은 알파-세타 상태로 들어가는 것이다. 그것은 여러분의 마음이 느긋해지고 받아들이려는 상태이다. 여러분은 마음속에 이상하면서 관련이 없는 형상들이 섬광처럼 떠오르는 것을 느낄 수 있다. 그것은 여러분이 잠이 들기 직전이지만 주변에서 일어나는 일을 인지할 정도로 아직 잠

멘탈 프로그래밍

이 들지 않은 상태에 가까워진 것이다. 이 상태에 들어가기 위해 2~5분 걸릴 수 있다(아마도 연습하는데 점점 더 적은 시간이 걸릴 수 있을 것이다).

그 중요성을 다시한번 더 강조하자면 여러분의 감각이 심상에 더 많이 연루되면 될수록 프로그래밍은 더 효과적이 된다. 손을 사용해서 스티어링휠을 잡는다(심지어 그것이 상상일지라도). 발을 움직여 페달을 느낀다. 엔진 소리, 바람 소리, 브레이크와 타이어 소리를 듣는다.

숨을 쉬고 느긋해져라. 이러한 각각의 심상 시간을 갖고 숨쉬고 느긋해지는 과정을 계속 진행한다. 여러분이 프로그래밍하는 것들이 이들 시나리오를 통해 일반적으로 느긋해지고 숨을 쉬는 것을 느끼는 능력이 된다.

숨을 쉬고 느긋해진다.

여러분은 지금 심상 시간을 시작할 준비가 되어 있다.

컴퓨터 시뮬레이션

과거 쟈크 빌르너브는 대부분의 사람들보다 컴퓨터 게임과 시뮬레이션을 더 많이 했다. 그가 포뮬러 원을 처음 시작하던 해에 컴퓨터 게임이 도움이 많이 되었다는 기사를 읽은 적이 있다. 일반적으로 가장 어려운 그랑프리 트랙으로서 알려진 스파프랑코르샹에 가기에 앞서 그는 컴퓨터로 트랙 주행을 반복해서 연습했다. 그가 레이스를 위해 그곳에 도착했을 때 무슨 일이 일어났을까? 몇 번 연습을 하지 않았음에도 그는 예선 폴(1위)을 차지했다. 그 시간 이후 전 세계 레이스 드라이버들 간에 컴퓨터 게임을 하는 열풍이 불었다.

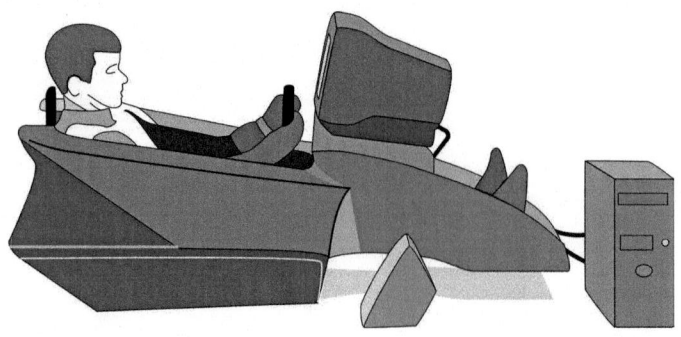

그림23-4: 컴퓨터 게임과 시뮬레이션은 점점 더 사실적이 되고 있으며 유용한 훈련 도구가 된다. 여러분은 그것들을 활용하여 테크닉을 발전시키고 미세 조정할 수 있다. 또한 오랜 시간동안 집중하는 능력을 개발해주고 멘탈 프로그래밍을 구축해준다.

나는 특히 최신작의 경우 더 많이 했어야 함에도 불구하고 그러지 못했다는 것을 인정한다. 사실 이들 컴퓨터 게임들, 그리고 더 진짜 같은 시뮬레이션은 심상에 유용한 부가물이 될 수 있다.

카레이싱 최후의 비밀 : 아무도 가르쳐주지 않는 드라이빙 하이테크닉

나는 비록 몇 가지 제한이 있긴 하지만 이들 시뮬레이션들이 드라이버들이 가상현실 시각화를 개발하는 것을 도와주는 데 가치가 있을 수 있다고 믿고 있다. 첫째, 레이스 드라이버가 의존하는 세 가지 감각 입력(시각 · 청각 · 운동감각) 중에서 시뮬레이션은 운동감각이라는 한 가지는 제한되지만 두 가지(시각 · 청각) 부분에서 훌륭한 역할을 한다. 둘째, 스파프랑코르샹에서 F1카를 얼마나 많이 주행해야 선더힐(캘리포니아에 있는 레이스 트랙)의 포뮬러 포드 드라이버에게 도움이 될까? 한 종류의 레이스카를 특정 트랙에서 주행하는데 마음속으로 하는 리허설이 다른 것에는 별로 적용되지는 않는다.

앞에서 언급했듯이 드라이버가 시뮬레이터로 연습하는 것이 실제 트랙에서도 도움이 된다. 일정 시간동안 집중하는 능력을 훈련할 수 있다. 또한 훌륭한 감각 능력과 스티어링휠의 컨트롤을 발전시킬 수 있다. 전에 이야기했듯이 여러분이 900마력 챔프카를 몰든, 실내에서 6마력 카트를 몰든, 혹은 컴퓨터 시뮬레이션을 하든 중요하지 않다. 무엇을 할지, 변화가 테크닉을 향상시키는데 무슨 효과가 있는지, 혹은 변화가 필요한지 등을 결정하는 과정이 다른 사람들로부터 위대한 레이스 드라이버들을 분리해주는 것 중 하나이다.

이미 오래전에 나는 드라이버가 이상적인 정신 상태를 유지하고 빠르고 적절한 결정을 내려야 하는 등 다양한 상황에 맞추기 위해서 성격과 행동 특성을 어떻게 적응할 수 있어야 하는지에 대해서 이야기했다. 만약 정확하게 사용된다면 레이싱 시뮬레이션은 드라이버가 정신적으로 프로그램을 만들고 이들 능력을 발전시키는 데 확실히 도움이 될 수 있다.

나는 시뮬레이션이 레이스 드라이버가 그들의 트랙에서의 기록을 발전시키고 극대화시키는데 사용할 수 있고 사용해야 하는 또 다른 도구라고 전적으로 생각한다. 레이스 트랙에서 육체적인 훈련만 하는 것처럼 단순히 트랙 지도(track maps)만 공부하고, 오로지 심상에만 의존하고. 카트만 연습하는 것은 여러분의 배우고자 하는 능력을 제한하며, 시뮬레이션만 사용하는 것은 여러분이 차세대 세계 챔피언이 되는 걸 막을 것이다. 그러나 모든 다른 도구들을 결합해서 훈련한다면 레이스 드라이버에게 시뮬레이션은 가치가 있다.

기대와 가능성

기대는 위험한 것이 될 수 있다. 가능성과 잠재력은 기적같은 것이 될 수 있다.

기대는 어떤 방향도 갖지 않는다. 그것은 나에게 '나는 뉴욕시에 갈 기대한다'고 말하는 것과 같다. 그것은 확실히 나를 뉴욕으로 데려다주지 않는다. 거기엔 어떠한 계획도 방향도 전략도 없다. 만약 내가 '나의 목표는 뉴욕시에 가는 것이다'라고 이야기한다면 그것은 당연히 나를 거기에 데려가려는

23 멘탈 프로그래밍

계획을 세우도록 이끌 것이다.

만약 여러분이 특별한 결과를 기대했는데 그러한 일이 일어나지 않는다면 여러분은 좌절하거나 실망할 것이다. 어떠한 느낌도 여러분이 바라던 결과에 더 가까이 가도록 도와주지 않는다. 만약 여러분이 최상의 상태에서 성과를 내는 것 같은 특정 목표에 집중한다면 여러분은 추구해야 할 방향을 갖게 되는데 원하는 결과를 향해 더 다가갈 수 있도록 만들어준다.

기대는 또 제약이 될 수가 있다. 예를 들어 예선을 한다고 할 때 여러분은 만약 1:20.5의 랩 기록을 낸다면 앞줄에 설 수 있다고 생각한다. 그리고 트랙에 나가 1:20.8, 1:20.6, 그리고 마침내 1:20.5를 기록한다. 여러분이 더 빨라진다는 것이 얼마나 좋은 일인가? 그러나 좋은 것만은 아니다. 무엇보다도 먼저 여러분은 자신의 기대치가 현실과 맞아떨어져야 한다. 의식적으로 여러분은 그 기록에 만족하지 못할 수도 있으나 만약 여러분이 기록을 무의식적으로 가둬둔다면 여러분의 마음은 거기에 맞추어지고 그 이상으로 올라가지 않게 된다. 그러나 만약 트랙 조건이 바뀌면 더 좋아질 수 있을까? 어떤 트랙은 레이스 주말 동안 많이 변화하며 각 세션 기록이 더 빨라진다. 아마도 1:20.5는 전 세션에 기초하여 여러분을 앞줄에 올려놓을 것이나 예선에서 여러분은 4위 혹은 5위로 밀릴 수도 있다.

1994년 모나코 그랑프리에서 자우버 F1 머신을 몰고 큰 부상을 당했던 칼 벤들링거는 「크리스토퍼 힐튼」의 《그랑프리 드라이버의 마음 안에서》란 저서에서 이것에 대한 완벽한 실례를 설명해 주었다. 1995년 그가 자우버팀에 테스트하러 돌아갔을 때 거의 1년 동안을 콕핏으로부터 떨어져 있었다.

나는 훈련을 위한 준비 시간을 조금밖에 가지지 못했기 때문에 연습에 많은 집중을 했다. 그리고 나는 무겔로(이탈리아 무겔로에 있는 레이싱 경기장)에 도착했다. 연습은 2.5일이었다. 전날 저녁 나는 '좋아. 1분 30.4초면 좋은 기록일거야.' 나는 집중했고 나의 눈은 스톱워치가 기록을 시작한 이후로 랩에서 라인을 타는 것에만 집중했다. 나의 머릿속은 랩기록으로만 가득찼고 그것만 보려 했다. 스톱워치는 1:30.4를 가리켰다. 다음날 트랙에서 내 기록은 1:30.4였다.
그리고 내 자신에게 이야기했다. '그것은 너무 쉽다. 내일 너는 1:29.3를 기록해야만 한다. 하인츠 하랄트(프렌첸, 벤들링거의 팀메이트)가 시즌 동안 무겔로에서 기록했던 베스트랩은 1:29.0이었기 때문에, 나는 1:29.3이면 경쟁력이 있다고 생각했다. 나는 호텔로 돌아와 앉아서 다시 눈을 감고 계측을 시작했다. 나는 랩을 주행하면서 살펴봤다. 기록은 1:29.3이었다. 다음날 나는 1:29.3을 기록했다, 내가 기록한 건 오직 1:29.3이었는데 그것도 실수를 해서 0.3초를 잃었기 때문이었다. 이것은 뇌로 할 수 있는 것이라는 점에서 나

카레이싱 최후의 비밀 : 아무도 가르쳐주지 않는 드라이빙 하이테크닉

를 흥분시켰다. 만약 내가 실수를 저지르지 않았다면 나는 1:29.0을 기록할 수 있었을 것이다. 그러나 전날 저녁 나의 두뇌는 1:29.0이 아닌 1:29.3에 기록을 맞췄고 기록은 그대로 나타났다. 만약 내가 1:29.0에 맞췄더라면 아마도 나는 실수를 저지르지 않았을 것이고 시간도 쉽게 당길 수 있었을 것이다.

SPEED SECRET

**기대를 지워라.
여러분의 가능성에 집중해라.**

내가 이야기한 것처럼 기대는 제약이 있다. 그리고 여러분은 그 기대를 거의 극복하지 못한다. 벤들링거는 심상의 힘과 마찬가지로 그것을 증명했다. 기대 프로그램은 여러분의 마음의 결과이며 여러분의 마음은 그 프로그램을 구현하는데 매우 효과적(때론 너무 효과적)이다. 벤들링거의 경우에서처럼 만약 그가 1:29.0으로 랩을 주행하는 것을 기대했다면, 그는 실수로 아까운 0.3초를 잃지 않았을지도 모른다는 소리로 들린다. 그것은 작업에서 기대의 (부정적) 효과이다.

생각

여러분의 레이스카의 운전석에서 '바보처럼 그렇게 움직이다니' 혹은 '왜 코너를 그렇게 빨리 돌았을까?' 하면서 지금껏 여러분 자신에 대해 생각해본 적이 있는가? 여러분이 했던 그러한 생각들 중 좋았던 것이 있는가? 난 아니라고 본다. 사실 나는 그것들이 좋은 쪽보단 나쁜 쪽이 더 많다고 본다. 만약 여러분이 주행 중 어떠한 생각을 하게 된다면 가급적 개인적 판단을 피하는 게 좋다.

지난 일을 생각하는 게 위험한 것일까? 확실히 그럴 수 있다. 과거에 일어났던 것에 주의를 돌리는 것이 아주 찰라일지라도 그만큼 현재 일어나고 있는 일에서 주의를 낭비하는 것이다.

과거에 일어났던 일에 대해 무엇을 할 수 있겠는가? 아무 것도 없다. 만약 여러분이 턴2에서 실수를 저질렀다면 턴3을 향해 달리면서 생각하는 것이 도움이 될까 아니면 방해가 될까? 턴5를 진입하는 데 경쟁자가 가로막아 흥분을 하게 될 경우 도움이 될까? 안될 것이다. 내가 이야기했듯이 실수를 저지른 순간을 잊어라. 여러분이 했든 다른 드라이버가 했든 지금은 중요하지 않다.

미래에 일어날 일에 대해 할 수 있는 게 있을까? 그렇다. 어떻게 하냐고? 여러분이 지금 당장 하려

멘탈 프로그래밍

는 것에 의해서다. 여러분이 현재에 집중하면 여러분이 설정한 목표만큼 결과를 만들어낼 수준으로 성과를 이룰 기회가 증가한다.

생각이 전혀 없는 게 마음속에 생각으로 가득 찬 것보다 훨씬 더 낫다. 선종(일본식 불교)을 수련할 때 여러분은 마음을 비우거나 혹은 초심으로 돌아가는 것에 고무된다. 생각으로 가득 찬 마음은 순간적으로 자연스럽게 반응하지 못하게 만든다.

그림23-5: 여러분이 여러분 자신에 대해 믿는 것은 여러분의 성과를 제한하는 유일하고 가장 큰 일이다. 마음속이지만 여러분이 폴을 차지할 수 있다고 정말 믿을 수 있을 때가 되어야 비로소 그 일이 그렇게 될 것이다. 다행히 여러분은 심상을 사용하는 동안 여러분 자신에 대하여 신념을 강화시킬 수 있다.

「스즈키 로시」는 그의 책 《선의 마음, 초심》에서 이렇게 썼다. '만약 여러분의 마음이 비어있다면 항상 어느 것으로 채울 준비가 되어 있다. 모든 것에 열려 있는 것이다. 초심엔 전문가의 마음엔 거의 없는 많은 가능성이 있다.'

같은 것을 심상 혹은 시각화의 사용에 적용한다. 심상에서 여러분은 여러분 자신의 마음이 열려있고 어떤 일에도 준비되어 있는 것처럼 발휘되길 원한다. 많은 드라이버들이 다른 사람들은 레이스 출발 전에 어떻게 시각화하고 일어날 수 있는 모든 시나리오에 대해 어떻게 예측하는지를 나에게 묻는다. '여러분은 할 수 없어'가 나의 대답이다. 마음속으로 준비하려고 노력하는 것과 시각화를 사용하는 것은 결코 운전해보지 않은 차를 운전하는 것과 같다. 여러분은 실제로 일어날 수 있을 것 같은 어떠한 아이디어도 없는데 어떻게 시각화할 수 있단 말인가?

대신 여러분은 일종의 제약을 두지 않고 어느 것에도 여러분이 준비가 되어있는 것처럼 보이게 하는 심상을 사용할 필요가 있다. 예를 들면 레이스 출발 시 마음속으로 여러분 자신을 본다. 만약 여러분이 안쪽으로 갈 수 없다면 여러분은 바깥쪽으로 빠져서 추월을 한다. 만약 필드에서 앞지르지 못한다면 여러분은 그것을 첫 랩의 후반전에서 만회한다. 그것은 여러분이 상상했던 모든 가능성 있는 시나리오는 아니지만 무슨 일이 있든지 간에 준비가 되어있고 올바르게 대응하게 만든다.

역사상 가장 위대한 운동선수 중 한명인 마이클 조던은 심한 압박을 받는 상황에서 과거 성공했던

카레이싱 최후의 비밀 : 아무도 가르쳐주지 않는 드라이빙 하이테크닉

이미지를 떠올리곤 했다. 조던이 속했던 시카고 불스의 필 잭슨 감독은 그의 저서 《성스러운 골대 (Sacred Hoops)》에서 이렇게 설명했다.

"조던은 특별한 상황을 시각화하려는 것을 믿지 않는다. 조던은 '나는 내가 원하는 것을 극복하려는 것을 안다.' '그러나 이 전에 내 자신이 그러한 슛을 쏜 것을 보려고 하지 않았다'고 말한다. 1982년에 나는 그 슛(NCAA 챔피언십에서 노스캐롤라이나 대학팀이었을 때 그가 쏘았던 마지막 순간의 슛)을 넣길 원한다는 것을 알았다. 나는 내가 하려는 슛이 어디서 쏴야 하고 어떤 종류의 슛을 쏴야 하는지 알진 못했다. 나는 단지 내가 할 수 있다는 것을 믿었고 그렇게 했다고 말했다."

그것은 개방형 형상으로 기대가 하나도 없이 마음을 비우고 초심을 갖는 것을 의미한다.

24 정신 상태

여러분의 퍼포먼스 수준에서 정신 상태는 얼마나 중요한가? 당연히 중요하다. 불행하게도 대부분의 드라이버들에겐 그들의 정신 상태가 막 일어난 일이고 그것들을 거의 통제하지 못한다. 다른 말로 그들은 커다란 정신상태 안으로 들어오거나 그렇지 못하거나 하는데 그 모든 것이 거의 완전히 우연이다. 드라이버에게 있어 정의된 과정을 갖고 있거나 이상적인 성과를 발휘하는 정신 상태를 유발하는 의식을 갖고 있는 사람이 거의 없다.

여러분의 정신 상태는 많은 영역: 흥분 수준, 행복, 화, 지루함, 두려움, 열정, 공감 등을 커버한다. 내가 확신하건데 이러한 정신 상태는 여러분의 성과를 내는데 있어 많은 역할을 하게 된다.

정신 상태는 주로 어디에서 오는 걸까? 주로 밖으로부터 온다. 그것이 긍정적이든 부정적이든 우리에게 일어나는 것, 사람들이 우리에게 이야기하는 것, 외부에서 일어나는 일 등이다. 그러면 정신 상태가 좋지 않을 때 우리는 주로 무엇에 집중하는가? 우리는 형편없는 정신 상태에 놓여있을 때 '난 오늘 느낌이 좋지 않아. 오늘 기분이 나빠'라고 이야기한다. 그리고 당연히 그러한 정신 상태는 더 많이 거부하게끔 만든다. 다른 말로 통제불능 상태로 접어든 것이다.

누구나 레이스할 때 정상적인 정신 상태에 놓이길 원하지만 그 희망이 실질적인 전략이 되진 않는다. 아니면 정신 상태가 성과를 발휘하는 것을 배울 수도 있다.

정서적이고 정신적인 마음 상태는 여러분이 성공하길 원할 때 통제된다. 만약 흥분하거나 지루하거나 스트레스를 받거나 화가 나거나 등등에 처한다면 정신적으로 효과적이지 못하게 될 수 있다. 여러분이 내리는 결정은 겉으로 드러나고 마음은 집중이 되지 못할 것이다.

그렇다고 너무 기쁘고 들뜰 필요는 없다. 평온하고 여유있으며 집중해야 한다. 들뜨게 되면 사람은 흥분하게 되고 그로 인해 효과가 반감된다. 깨끗한 마음으로 주행하길 원한다면, 생각하지 말고 어수선해지지 말아야 한다.

일단 차에 올라타게 되면 자동차 밖에서 일어나는 일에는 신경을 꺼야 한다. 여러분이 신경 써야 할 모든 것은 여러분과 자동차, 그리고 트랙과 경쟁자들뿐이다. 그 밖의 모든 것은 잊자. 나는 이것이 많은 드라이버들이 레이싱에서 여유를 찾아야 되는 이유라고 생각한다. 그들은 그들 삶에서 일어나고 있는 모든 것을 깡그리 잊어야 한다.

그림24-1: 과거 성공했던 기억을 다시 되새기는 것은 미래의 성공을 만드는 데 도움이 될 수 있다.

카레이싱 최후의 비밀 : 아무도 가르쳐주지 않는 드라이빙 하이테크닉

정신 상태의 성과

여러분은 정신 상태의 성과를 어떻게 유발할 것인가? 최고의 테크닉은 여러분 스스로 과거의 성과를 회상하고 마음속으로 되돌려 보는 것이다. 흥미로운 것은 이 크나큰 성과가 레이싱 중에 일어난 것은 아니라는 것이다. 그것은 다른 스포츠에 참여하거나 비즈니스를 진행하는 과정, 혹은 취미생활이나 다양한 인간관계 경험에서 얻어진 것이다.

매우 긍정적이고 행복하며 또한 역동적이면서 조용하게 얻어진 결과는 속임수다. 나는 이 테크닉을 특히 예선을 앞둔 드라이버들을 가르칠 때 종종 사용한다. 나는 드라이버가 과거 이뤄냈던 큰 성과를 알아보기 위해 예선을 앞두고 나에게 이야기해달라고 요청한다. 과거에 했던 하키나 축구 경기, 레이스에서 예선이나 결승 성적, 혹은 잘 됐던 비즈니스 경험 등 드라이버와 관련된 이야기 등이 해당된다. 매번 나에게 그들의 성공담을 이야기하는 동안 그들의 얼굴에서 정신상태가 긍정적이고 성과가 있었다는 것을 표정으로 읽을 수 있었다.

SPEED SECRET

정신상태의 성과를 이끌어내기 위해 과거 성공을 되새겨라.

내가 드라이버들에게 사용하기 좋아하는 또 다른 테크닉은 그들이 챔피언이 된 것처럼 상상하며 자신의 자동차까지 걸어가게 하는 것이다. 다른 말로 하면 「슈마허」, 「존슨」, 「피티팔디」처럼 행동하는 것이다. 나는 여러분이 어떤 드라이버들은 그들이 승리한 것처럼 보이고 다른 드라이버들은 그렇지 않은 것처럼 보이는 것에 대해 스스로 깨우쳐야 한다고 생각한다. 그 대부분이 그들 스스로를 나타내거나 그들이 걷는 방법에 달려 있다.

예를 들어 만약 여러분이 슈마허 뒤에서 걸음을 따라 걷는다면 정신적인 도움 없이도 이상적인 워킹에 가깝게 걷게 될 것이다. 과거 경험과 관련이 되어 함께 사용되면 그것은 매우 효과적인 도구이다.

25 의사결정

　차 안에서 여러분의 결정은 의식 수준에서 만들어질 수 없다. 만약 그러하다면 여러분은 잘못된 결정을 많이 내리게 될 것이다. 물론 그 이유는 의식 수준에서 결정을 내리기에 충분한 시간이 없기 때문이다. 그런 일들은 수시로 일어나고 무의식 수준에서 결정나게 된다.

　얼마나 빨리 -의식수준에서는 초당 2,000비트, 무의식 수준에서는 초당 40억비트- 여러분의 두뇌가 정보를 처리하는지 내가 일찍이 설명했던 것이 기억날 것이다. 의문이 드는 것은 레이스카에서 행해졌던 결정과 그 밖의 모든 것들이 왜 무의식 수준에서 이루어지는 가이다.

　만약 여러분이 훌륭한 투자 결정을 하게 된다고 가정하면 핵심중 하나는 가능한 한 많은 양질의 정보를 가졌을 것이다. 그 양질의 정보가 더 많고 수준이 높을수록 더 좋아질 것이다. 좀 와 닿는가? 많은 잘못된 결정은 양질의 정보가 부족한 레이스 드라이버에게서 만들어진다. 그 정보는 어디서 오는 것일까? 시각으로, 운동 감각으로, 그리고 청각부터 입력된다.

　만약 여러분이 그의 머리로 향하는 감각 입력의 양을 늘리고 질을 향상시킬 수 있다면 여러분은 레이스 트랙에서 더 좋은 결정을 하게 될 것이다. 다행스럽게도 그것은 가능하다. 어떻게? 감각 입력 세션을 통해.........

카레이싱 최후의 비밀 : 아무도 가르쳐주지 않는 드라이빙 하이테크닉

감각 입력 세션은 무엇보다도 트랙에서의 의사결정을 더 향상시켜 줄 수 있다. 기분의 양을 더 많이 가질수록 여러분은 더 빨리 조절할 수 있으며, 조정할 필요성도 더 적어진다. 감각 정보가 더 많을수록 일어날 화상이 더 선명해지고 나아가 여러분의 반응도 더 좋아진다.

26 집중

이 글을 읽으면서 핑크색 코끼리에 대해서 생각하지 마라. 다시 말하지만 핑크색 코끼리를 생각하지 마라. 그래서 여러분은 무엇을 생각하고 있는가? 핑크색 코끼리가 맞는가? 사실 무엇인가를 생각하지 않는다는 것은 불가능하다. 여러분의 드라이버가 원하지 않는 것을 생각하지 못하게 하거나 집중하지 못하게 하는 유일한 방법은, 그 혹은 그녀가 원하는 것만 생각하거나 집중하게 하는 것이다.

예를 들어 한번은 '이번엔 사고내지 마!' 또는 '걱정하지 마! 사고 나도 내가 고칠 수 있어'와 유사한 말을 종종 하는 감독이 있는 팀의 드라이버를 가르치는 난처한 경험을 한 적이 있었다. 그는 이런 말을 드라이버가 피트레인을 벗어나 주행을 하기 전에 하곤 했다. 이것이 극단적인 예처럼 보일지 모르나 여러분이 상상하는 그 이상으로 일어나곤 한다. 이런 경우 드라이버의 뇌가 무엇에 집중한다고 생각하는가? 바로 사고이다.

만약 여러분의 드라이버 주변의 모든 사람들이 그들이 말하는 것들이 드라이버의 능력 발휘하는 데 영향을 미칠 수 있다는 것을 알고 있다면 이상적일 것이지만, 이것이 항상 현실적이지는 않다. 여러분의 드라이버들은 누가 뭐라 하든 행동하든 간에 통제할 수 있는 계획이나 전략을 갖고 있어야 한다.

누군가가 말한 것에 대해 생각하지 않는 경우라면 전략을 상당히 간단하다. 이해를 돕기 위해 파란 코끼리를 상상하라. 누군가 핑크색 코끼리를 말할 때마다 파란색 코끼리를 상상하라. 여러분이 해낸 것은 미리 준비한 생각을 떠올리는 것이다.

그림26-1: 주행하는 동안 '코끼리'를 생각하지 않기 위해서 전략 또는 프로그램이 필요하다. 미리 계획한 생각을 개선하고 프로그램해두면 주행하는 동안 아무 때나 여러분이 재빠르게 시작하게 하고 집중하도록 해줄 것이다.

카레이싱 최후의 비밀 : 아무도 가르쳐주지 않는 드라이빙 하이테크닉

이제 내가 '핑크색 코끼리를 생각하지 마라'고 할 때 여러분은 무엇을 생각하는가? 난 여러분이 파란색 코끼리를 생각하길 바란다. 만약 그렇지 않다면 이것을 좀더 연습해야 할 것이다.

요점은 고의적이든 아니든 여러분에게 던져진 그 어떤 원치않는 생각에 대해 미리 계획되고 준비된 생각을 갖고 있고 또 대비해야 한다는 것이다. 미리 계획된 생각(PPT)을 개선시켜 그것을 사용할 연습을 해야 한다. 아마 여러분의 미리 계획된 생각은 나의 것과 비슷할 것이다. 나는 '카 댄싱(car dancing)'을 이용한다. 그 누구든 내 집중력에 방해되는 말을 한다거나 내가 원치 않는 것에 집중하게 만든다면 내 스스로에게 '카 댄싱'이라고 말한다. 내가 그 말을 할 때 난 즉시 젖은 트랙 위(내가 가장 좋아하는 순간)를 한계치로 주행하는 이미지를 떠올린다. 몇 년간의 연습을 통해 이 이미지는 내게 그 만큼 강하고 선명하며, 실제로 그 누가 하는 말과 행동을 대신하는 것이다.

SPEED SECRET

미리 계획된 생각을 개발하고 사용하라.

그런데 미리 계획된 생각이 여러분에게 더 많은 의미를 가질수록 그 효과는 더더욱 커진다. 그것이 왜 '카 댄싱'이 나에겐 잘 작용되고 여러분에게 그렇지 않을 수 있는 이유이다. 나에게 있어 카 댄싱은 레이스 트랙에서 코너에 들어갈 때 나와 차가 부드럽고 정확하게 흘러 들어 가는 이미지를 제공한다. 마치 차와 춤추는 듯한 그런 이미지 말이다.

이와 동일한 이론은 여러분이 주행할 때 어디를 보는 지에도 적용될 수 있다. 특히 만약 여러분이 오벌이나 시가지 트랙에서 주행하고 있다면, 스스로에게 트랙에 이어진 벽을 생각하지 말거나 보지 말라고 생각하게 하는 것은 별로 도움이 되지 않는다. 자기 자신에게 '벽을 생각하지 말자'라고 말하는 순간 여러분의 생각엔 정말로 메시지의 한 부분으로서 '벽'이란 글자만 각인된다. 생각에 대해 놀라운 사실은 만약 여러분이 그 이미지를 떠올리거나 생각한다면 그런 일이 일어나도록 상황이 만들어 진다는 것이다. 그것이 벽으로 돌진하라는 의미일지라도 말이다.

그래서 '벽을 보지 마라'고 생각하는 것 대신에 '차가 가고자 하는 방향을 바라보라'고 생각해야 한다. 여러분이 생각하기 싫거나 보기 싫은 것을 하지 않을 수 있는 유일한 방법은 여러분이 원하는 것을 생각하고 보는 것이다. 이것이 말로 하기 어렵다는 것을 알고 있지만 전적으로 사실이다.

26 집중

돌아가서 다시 읽어보라.

집중력

집중력은 일관성이 핵심이다. 집중력을 잃었을 때 랩타임이 달라지기 시작한다. 내가 젊었을 때, 나는 언제나 레이스가 끝나고 랩타임을 체크하여 얼마나 기록이 어떻게 변했는지 살펴봤다. 내가 만약 포뮬러 포드 레이스 내내 각 랩을 0.5초 이내 차이로 달릴 수 있었다면, 아마 내 정신집중 수준에 만족했을 것이다.

육체적으로 피곤하면 집중력 수준도 떨어질 것이다. 만약 여러분의 랩타임이 레이스가 끝날 때쯤 느려지거나 불규칙하게 된 것을 알게 되면 여러분은 육체적으로 피곤해졌고 집중력을 잃기 시작한 것이다. 많은 드라이버들이 이 시점에서 차를 탓하고, 타이어가 다 됐다고 항의하는데 실제로는 그들의 집중력 수준이 저하된 것이다.

혼자 달릴 때는 그저 피니시까지 가는 것에만 노력을 기울이는데 이 순간이 레이스에서 많은 드라이버들이 집중력을 잃을 때이다. 이때가 집중해야 하는 가장 중요한 순간이다. 보통 레이스에서 이 시점에 나는 트랙을 돌며 내 자신에게 말을 할 수 있는 최고의 시점이라는 것을 발견한다. 내가 정작 하는 행동은 나의 마음을 다시 리프로그래밍하는 것이다. 항상 내 자신에게 말을 하면서 트랙을 두 바퀴 돈 후에, 나는 무의식적으로 주행으로 되돌아간다.

미리 계획된 생각을 사용하는 것은 나의 집중력에 도움이 된다.

하지만 드라이버가 집중하는 데에는 한계가 있다. 두 가지 혹은 세 가지 영역에 넓게 집중을 해야 할 때 여러분은 어렵지 않게 한가지의 특정한 영역에 많은 집중을 할 수 있다. 그러나 좀 더 빨리 가려 할 때는 한번에 한가지 집중 영역에만 공을 들여야 한다. 모든 곳에서 빨라지려고 트랙에 나가지 마라. 대신 많아 봐야 두 가지 또는 세가지 영역으로 정하고-여러분을 더 빨라지도록 해주는 가장 중요한 거 두세 가지-공을 들인다.

이것은 무언가가 일어나도록 하는 것보다 그렇게 일어나는 것을 방지하도록 하기 위해서 더 많은 집중력을 필요로 한다. 실수하는 것에 대해 신경쓰지 마라. 오히려 실수를 하려고 해야 할 것이다(물론 원하는 것은 아니지만). 여러분이 그것에 저항하려 집중할수록(코너의 탈출에서 차량을 벽 혹은 트랙의 모서리로부터 떨어지도록 하는 것 같은) 더욱 더 그렇게 될 것이다. 마음을 편히 가져라.

실수로 인해 여러분의 집중력이 떨어지지 않도록 하라. 누구나 실수를 한다. 그것으로부터 배우고 잊어라. 여러분이 트랙에서 실수를 할 때 왜 그렇게 되었는지 빨리 이해하는 것은 중요하다. 그러므로 반드시 다시 같은 실수가 반복되지 않도록 할 수 있고 그 다음엔 어떤 일이 생길지 집중한다.

카레이싱 최후의 비밀 : 아무도 가르쳐주지 않는 드라이빙 하이테크닉

　사실 가끔은 더 빨리 가는 것이나 실수하는 것에 대한 생각을 하지 않고 그냥 나가서 운전하라. 마음을 편하게 먹고 흘러가는 데로 놔두어라.

27 행동특성

사람들이 말하길 모두에게 동등하게 대해야 한다고 한다. 나는 그 말에 동의하지 않는다. 내가 동의하지 않는 이유는 모든 사람이 다 같지 않기 때문이다. 사실 그 말의 의미가 무엇인지 안다. 그리고 실제로는 모든 사람들이 동일한 가능성을 갖고 있다는 것에 대해 동의한다. 그러나 모두가 서로 다르기 때문에 서로 소통하고 다르게 관리해야 한다. 그 이유는 모든 이들이 다른 성격 특성을 갖고 있기 때문이다.

성격특성 자료수집 방법은 여러가지가 있다: 가장 대중적인 것들은 PDP(Professional Dyna-Metric Programs), 퍼포맥스(Performax), 버크만(Birkman), 그리고 마이어스 브릭스(Meyers-briggs) 등이다. 이것들은 각각 수 백만 명의 사람들이 사용되고 세밀하게 조정되었으며 개개인의 성격 프로파일을 제공하면서 매우 정확하게 다듬어졌다. 비록 각 방법은 약간 다른 종류의 특성을 사용하더라도 이들 모두는 비슷한 결과를 도출할 것이다.

이것이 레이스 드라이버들에게 가지고 왔을 때, 가장 유용한 성격특성 자료수집 방법 중 하나는 어떤 사람의 성격을 4가지 카테고리로 나누는 것이다:

지배력(Dominance) : 이것은 아주 지배적이지 못한 것부터 아주 지배적인 것까지의 스케일에서 사람이 얼마나 지배적인지 또는 아닌지 측정하는 것이다.

외향성(Extroversion) : 누군가가 얼마나 외향적인지 또는 사람들과 어울리길 좋아하는지, 매우 내향적인 것에서부터 매우 외향적인 것까지 등급으로 평가한다.

속도/인내심(Pace/Patience) : 사람이 어떤 속도로 일하는 것을 선호하는지, 또는 그들이 얼마나 인내심이 있는지, 아주 인내심이 없는 것부터 인내심이 많은 것까지를 등급으로 평가한다.

순응(Conformity) : 무언가를 할 때 책으로부터 얼마나 따르는지를 측정한다. 레이스 드라이버들의 경우 이것은 사람이 규칙을 따르는지 여부, 혹은 그들이 얼마나 꼼꼼한지 여부와 더 관련이 있으며, 매우 '꼼꼼하지 못하다' 부터 매우 '꼼꼼하다'까지를 등급으로 평가한다.

연습 삼아 여러분 자신에게 각 등급들 중 어떤 것을 원하는지 물어보아라. 여러분은 매우 지배적이 되고 싶은가, 아니면 그렇지 아니한가? 여러분은 외향적이고 싶은가, 아니면 내향적이고 싶은가? 인내심 혹은 성급함? 꼼꼼하고 싶은가 혹은 그렇지 않은가?

각각 가지고 있는 장점은 무엇이며 단점은 무엇일까? 만약 여러분이 매우 지배적인 성향인데 인내심의 등급은 매우 낮은 상태라면 여러분이 매우 공격적인 성향을 가질 수 있으며 억지로 순위를 지키려 하기 때문에 충돌이 많아질 것이다. 반대로 여러분이 충분히 지배적이지 못하다면 다른 드라이버

카레이싱 최후의 비밀 : 아무도 가르쳐주지 않는 드라이빙 하이테크닉

들이 여러분을 밀어붙이도록 놔두는 경향이 있기 때문에, 레이스에서 승리할 기회가 많지 않을 것이다. 여러분은 매체로부터 사랑받게 되고 스폰서를 위해 최대한 노출이 되기 위해서 자기 자신이 외향적이 되길 바랄 것이다. 그러나 매우 외향적인 사람의 특성들 중 하나는 사랑받는 것을 좋아하고 미움을 받는 것을 싫어한다. 만약 여러분이 지나치게 외향적이라면 트랙 위에서 여러분은 다른 경쟁자들이 여러분을 좋아하지 않을까 두려워서 그들에게 매우 친절할 것이다.

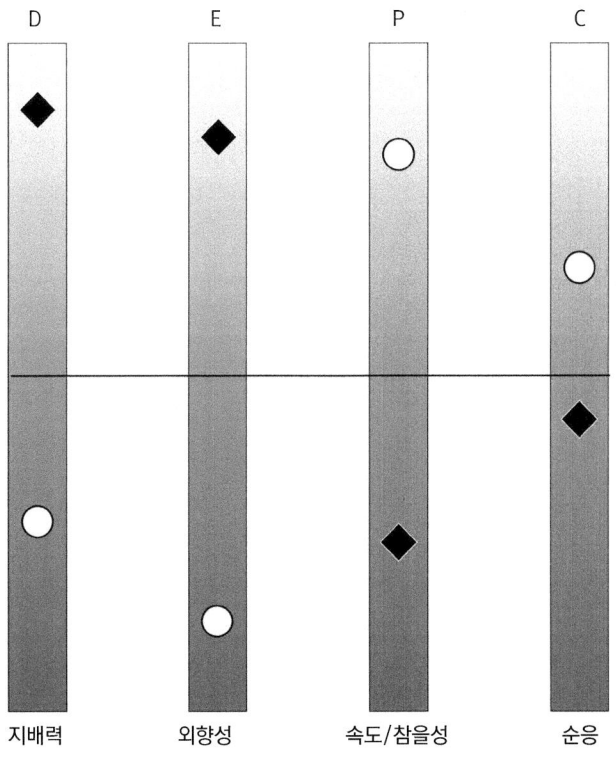

그림27-1: 개성 등급이 높을수록 집중력이 높아진다. 여기 두 가지 예가 있다: '검은 다이아몬드' 드라이버는 지배적이고 외향적이지만 인내심이 약하다. 이 드라이버의 순응력 또는 꼼꼼함은 중간 정도이다. 두 번째 '하얀 원' 드라이버는 지배력이 훨씬 낮고 내성적이지만 인내심이 강하며 사소한 것에도 집중을 잘한다.

여러분이 만약 인내심이 지나치게 강하다면 우승할 기회가 많지 않으며, 반대로 인내심이 충분하지 않다면 자주 사고를 일으킬 것이다. 그리고 여러분의 꼼꼼함은 어떤 수준인가? 만약 여러분이 전혀 꼼꼼하지 않다면 훌륭한 테스트 드라이버가 될 수 없거나 일관성이 없을 것이다. 하지만 만약 여러분이 지나치게 꼼꼼하다면 거의 느려질 것이다. 어떤 드라이버들은 자신이 지나는 코너의 모든 라인을 1cm 이내로 완벽하게 도는 것에 관심을 가진다. 비록 완벽하게 하기 위해 속도를 늦춰야 함에도 불구하고 말이다.

27 행동 특성

실제로 완벽한 레이스 드라이버는 한번은 지배할 수 있고 다음 번엔 덜 지배할 수도 있는 사람, 경쟁을 피할 때와 지배자가 되어야 할 때를 아는 사람, 혹은 더 나은 기회를 위해 한발 물러날 줄도 아는 그런 사람이다. 완벽한 레이스 드라이버는 매체와 후원사를 위한 시간에는 외향적이 되었다가 운전할 때는 내향적이고 자주적이 될 수 있다. 완벽한 레이스 드라이버는 최선을 다해야 하는 상황이 되었을 때 인내하고 필요할 때 절박감을 갖는다. 완벽한 레이스 드라이버는 또한 어느 정도 꼼꼼하게 주의를 기울이고 언제 그것들을 놔버리고 가까이 있는 일에 신경 써야 할지 알고 있다.

보시다시피 완벽한 레이스 드라이버는 마치 카멜레온 같다. 그들은 상황에 맞게 적응한다. 만약 여러분이 진정으로 위대한 챔피언을 보게 된다면 그들이 그렇게 했던 것을 알게 될 것이다. 릭 미어스는 지배적이었는가 아니면 그렇지 않았는가? 그는 외향적이었는가 또는 내향적이었는가? 그는 인내심이 있었는가 없었는가? 그는 꼼꼼했나 아니었나? 그렇다면 아일톤 세나는 어떠했는가? 알 언서는? 데일 언하트는? 미하엘 슈마허는? 지미 존슨은?

사실 언하트 시니어는 그 누구보다도 적응하는 방법을 더 잘 배웠을 것이다. 한 때 그가 레이스를 하던 초창기에 그는 지배적이고 내성적이고 참을성이 없었던 적이 있다. 경험을 통해 그는 적응하는 방법을 배웠다. 그는 지배적인 수준을 낮추고 그의 외향적(매체 인터뷰나 후원사 행사일 때)으로 바꿨으며, 인내심도 향상시키는 방법을 배웠다. 그것이 그가 위대한 드라이버였던 이유 중 하나이다. 그는 상황에 맞추기 위해 그의 성격을 적응시켰다.

여러분도 동일한 것을 하기 위해 배워야 한다. 나는 여러분의 멘탈 프로그램을 바꾸기 위해 심상(멘탈 이미지)을 사용하길 권한다. 멘탈 프로그램엔 여러분의 행동 특성이 놓여있다. 그것들은 여러분의 프로그램의 일부이다. 그러나 여러분의 프로그램은 바뀔 수 있다. 사실 여러분의 프로그램은 바뀔 수 있다. 다시 말해 여러분의 프로그램의 일부는 여러분이 여러분의 성격 특성에 적응할 수 있도록 해 줄 수 있다. 만약 여러분의 가슴에 4개의 손잡이를 갖고 있다고 상상해보자. 하나는 D(지배적), 하나는 E(외향적), 하나는 P(속도/인내심), 그리고 나머지 하나는 C(순응)일 때, 그렇게 한 후에 여러분의 마음이 더 지배적이 되고 싶은 순간에 여러분은 D를 끌어올리면 될 것이다. 만약 그 상황이 더 외향적인 것을 원한다면 여러분은 역시 E를 끌어올리면 된다.

많은 드라이버들에게 그들의 행동 특성을 배운다는 것은 챔피언 레이스 드라이버가 되기 위한 비결이다. 이것은 단지 심상을 거쳐 리프로그래밍한 결과로서 생긴다.

카레이싱 최후의 비밀 : 아무도 가르쳐주지 않는 드라이빙 하이테크닉

28 신념체계

여러분이 성적을 내는데 한가지 가장 큰 한계는 스스로를 얼마나 믿는 지이다. 드라이버가 그 스스로를 믿는다는 것-고질적인 것, 내면의 자신감-은 그 어떤 것보다 성적에 더 많은 관계가 있을 것이다. 요점은 만약 여러분이 스스로 빠르다고 믿지 않는다면 빨라질 수 없다는 것이다.

> **SPEED SECRET**
>
> **여러분이 믿는 것이 여러분이 얻게 되는 것이다.**

우리 세계, 특히 스포츠의 세계는 셀 수 없는 신념체계의 힘에 대한 예들이 있다. 한때는 과학자들, 연구원들, 그리고 나아가 운동 선수들은 만약 누군가가 1마일(약 1.609km)을 4분 이하로 달린다면 현실적으로 그 누군가는 급사할 거라고 생각했었다. 그리고 나서 이 물리의 법칙을 믿지 않았던 로저 배니스터는 1954년 처음으로 1마일을 4분 이내로 달렸다. 그 다음 12개월 내로 다른 4명의 달리기 선수들이 1마일을 4분 이내로 달렸으며, 그 한계는 10년 동안 불가능해 보였다. 일단 그것을 해내겠다는 지식과 신념으로 무장했다면 그것은 상대적으로 쉬웠다.

어느 세계 챔피언을 봐도 여러분은 그들의 기술보다 더 감동받는 것은 어쩔 수 없을 것이다. 그것이 그들의 변함없는 원칙이자 신념체계의 강점으로 가장 인상적이다. 그것이 그들을 성공적으로 만들어준 것이다.

만약 드라이버가 진정으로 마음 속 깊이 자신이 사고를 피하는 특별한 재주를 갖고 있다고 믿는다면, 승산은 드라이버의 의지일 것이다. 그 반대 또한 참일 것이다. 이것은 거의 자기 만족적 예언이다. 우연찮게 드라이버가 다른 차와의 사고에 휘말릴 수도 있다. 그리고 얼마 후에 그런 일이 또다시 일어날 수도 있다. 그러면 드라이버는 '왜 항상 나에게만 그런 사고가 일어나는 걸까?' 라고 생각하기 시작한다. 그 드라이버는 언제 어디서든 문제가 있다고 믿기 시작하고, 그리고 모든 일을 그것에 연관되는 쪽으로 몰고 가게 된다.

다른 드라이버는 비슷한 상황이 발생하더라도 운 좋게 피할 수가 있다. 그 드라이버는 자신이 사고를 피하는 재주가 있다고 생각하기 시작할 것이다. 그리고 앞에서 다른 차들이 충돌하더라도 그 드라이버는 피할 것이다. 이제 드라이버는 자신이 다른 차량들과의 사고를 피하는데 뛰어나다고 믿게 된다. 그로 인해 드라이버로 발전하게 된다.

카레이싱 최후의 비밀 : 아무도 가르쳐주지 않는 드라이빙 하이테크닉

   드라이버의 신념체계는 드라이버 자신에 대해 무엇을 믿는지가 레이싱에서는 아주 중요한 소임을 담당한다. 내가 한 사람의 신념체계의 놀라운 힘을 목격할 때, 나는 종종 드라이버의 내공이 레이스카에 적용되는 물리학의 진짜 한계를 뛰어넘을 수 있는지 궁금해 한다. 그렇다면 드라이버는 자기 능력으로 물리학이 가능하다고 말하는 한계를 넘어서, 그의 레이스카가 성능을 발휘하게끔 만들 수 있다고 강하게 믿을 수 있을까?

   이것에 대한 완벽한 예는 1993년 도닝톤에서 열린 유러피언 그랑프리에서의 아일톤 세나였다. 만약 여러분이 그것을 놓칠 만큼 충분히 운이 없었다면 어떤 일이 있었는지 알려주겠다. 이것은 그가 몬 맥라렌이 매우 경쟁력이 없어 5등을 차지했던 보기 드문 순간 중 하나였다. 레이스 시작부터 많은 비가 내렸지만 세나는 미하엘 슈마허, 칸 벤들링거, 데이먼 힐, 그리고 알랭 프로스트를 두고 첫 랩에서 코너 바깥쪽으로 달렸다. 그리고 승리를 쟁취했다. 물리학적으로는 지켜보는 나와 그 밖의 모든 사람들이 그렇게 하는 것이 불가능하다고 했지만, 그는 그 한계를 넘어서는 운전을 했다. 분명한 것은 어느 누구도 세나에게 그런 법칙을 말해주지 않았다. 그것은 마치 그가 그저 차량이 무엇을 하길 의지했던 것처럼 하지 않았더라면 불가능했었다. 그는 해낼 수 있다고 믿었고 그렇게 되었다.

   드라이버의 신념체계가 물리학의 법칙을 넘어설 수 있을까? 난 그렇게 생각하지 않는다. 하지만 우리는 물리학의 모든 실제 한계를 알고 있는가? 오늘날 우리가 배우는 양자역학이 무엇인지 보게 된다면 우리가 정말 알고 있는 것이 얼마나 적은지 이해하기 시작할 것이다. 아인슈타인이 입증한 몇 가지는 이미 못쓰게 되었다. 마치 아이작 뉴턴이 수백년 훨씬 전에 입증했던 물리학 법칙의 일부처럼 말이다.

   가끔은 무지한 것이 좋을 수도 있다. 지식은 가끔 한계로 이끌 수 있다. 만약 여러분이 어느 특정한 시점 또는 특정 랩타임에 차량의 한계를 믿는다면, 여러분이 그것을 넘어설 수 있는 확률이 얼마나 될까? 가능성이 희박하다.

   아마 드라이버의 신념체계는 물리의 법칙을 넘어설 수는 없겠지만, 오늘날에 우리가 물리의 법칙이라고 생각하는 것들은 극복할 수 있을 것이다. 내가 확실하게 아는 한가지는 이거다: 드라이버의 기록을 제한하는 한가지는 자기 스스로에 대한 신념이다.

28 신념체계

나이젤 뢰벅은 2000년 6월 8일자 오토스포츠 다섯번째 컬럼에서 2000년 시즌 데이빗 쿨사드의 주행을 두고 신선한 접근에 대한 논평을 했다.

1월, 다가오는 시즌에 대해 이야기하면서 그는 이제 '좋은 사람' 이미지를 벗어버리고 세계 챔피언십에 집중하는 것 외에 신경 쓰지 않기로 했다고 했다. 의심할 여지가 없이 만약 그가 2000년 이후에도 그의 맥라렌 시트를 지키려 했다면 그는 더 끊임없이 약속을 지켜야 할 필요가 있다는 느낌이 들었다. 하지만 나는 그 스스로 다른 이미지를 보여주려 노력하는 현명함에 감탄했었다.

사실 나는 그가 그렇지 못하다 생각했었다. 만약 그 어떤 것이라도 그 이전 어느 때보다도, 그리고 스페인 그랑프리 직전 라이온스 공항에서의 끔찍한 사고(비행기 추락으로 조종사와 부조종사가 사망함)에도 불구하고 그는 나에게 더 침착하고 평온한 것처럼 보였다.

그런 종류의 경험을 이행하기 위해서, 무엇이 중요한지, 무엇이 중요하지 않은지를 날카롭게 정의하기 위해서 여러분 인생의 관점을 바꿔야만 할 것이다. 내가 틀릴진 모르겠지만 나는 DC(데이빗 쿨사드의 애칭)가 최근 그의 모터 레이싱이나 그의 드라이빙, 그리고 그의 직업에 대한 접근에 대해 덜 치열해졌으며 혜택을 누리고 있다는 인상을 받았다. 요즘 그에게는 전에는 없었던 엄청난 태평스러움이 있다.

나는 뢰벅과 다른 사람들이 쿨사드를 지켜본 것이 그의 신념체계가 바뀐 것이었다고 믿는다. 그것은 그의 팀메이트였던 미카 하키넨이 컨디션이 별로 좋지 않았던 2000년 시즌 상반기 내내 뚜렷했었다. 실제 드라이버의 신념은 다양한 방법으로 성장한다. 때때로 쿨사드의 경우에서 보는 것처럼 그것은 약간 의도적인 작업(멘탈 프로그래밍)과 '우연찮은 일'(하키넨의 성과 수준이 약간 감소)이 겹치며 일어난 일이었다. 종종 그 우연찮은 일은 엄밀히 말해 무작위로 일어난 일이며 운종은 사건이다. 다른 어떤 때에 그것은 일어나야 할 우연찮은 일이다. 사실 일어나야 할 우연찮은 일은 매우 흔하다. 다시 말해 쿨사드의 발전이 하키넨의 문제에 도움이 되었을까?

뢰벅이 쿨사드에 대해 알아내고 쓴 다른 하나는 그의 여유있는 품행이었다. 대부분의 운동 선수들이 자신의 최고 기록을 낼 때 그런 모습을 보여주는 것이 우연이 아니다. 드라이버를 혼자 내버려두었는데 혼자 시도해서 최상의 결과를 이끌어낸다는 것은 거의 어렵다. 시도는 의식적인 행동이지 최대성과로 이끌어주는 것은 아니다.

토니 도진스는 2000년 6월 8일 온트랙의 그랑프리 이해란 컬럼에서 프랭크 윌리엄스와 패트릭 헤드가 랄프 슈마허에 대해서 이야기한 말을 인용했디:

카레이싱 최후의 비밀 : 아무도 가르쳐주지 않는 드라이빙 하이테크닉

윌리엄스팀은 앨런 존스나 나이젤 만셀 같은 거친 드라이버를 좋아한다. 슈마허는 완벽하게 꼭 들어 맞는다. 윌리엄스에게 랄프 슈마허의 강점이 무엇이라 생각하는지를 묻자 바로 대답을 했다.

'그것은 말 그래도 힘이다,' 윌리엄스는 설명했다. 엄청난 육체적인 힘에 엄청난 정신력까지 겸비했다. 랄프는 머릿속으로는 매우 거칠다. 마치 자크 빌르너브처럼 말이다. 그는 그 누구도 두려워하지 않는다. 자만하지는 않지만 그는 그 누구에 비해 두 번째라는 것을 믿지 않았다. 당연히 그는 자신이 세상에서 최고라고 생각하지만 스스로 그렇게 처신하지는 않았다. 그는 총명하고 경험 또한 많았으며 매우 빨랐다.'

이 책에 표현된 전략들-계기, 행동, 센터링, 그리고 통합 연습-은 이중고 효과를 갖고 있다: 그것들은 두 가지 방법으로 작용한다. 첫째, 그것은 생리학적으로 그리고 심리학적으로 '여러분을 바꾼다.' 그리고 두 번째, 만약 여러분이 그것들이 여러분의 성과가 더 나아지도록 돕는다고 믿는다면 그렇게 될 것이다. 이것이 바로 신념체계의 힘이다.

여러분의 생각-의도적으로 마음을 생산적인 방식으로 사용하는 생각이라고 해야 할까?-은 현실을 구체화하는 능력이다. 다시 말해, 여러분이 믿고 마음 속으로 보는 것이 만약 그것에 집중한다면 현실이 되고 이루어질 것이다.

SPEED SECRET

**만약 자신이 할 수 없다고 믿는다면 할 수 없다.
만약 할 수 있다고 믿는다면 할 수 있다.**

드라이버의 신념은 어디로부터 오는 것일까? 그것은 세가지 다른 방법으로 무의식 안에 프로그램된다.

- **육체적으로/경험적으로** : 여러분이 빠른 것을 경험하게 되면 여러분의 신념체계는 여러분이 빠르다고 믿도록 프로그램된다. 만약 여러분이 빠르지 않다면 여러분은 빠르지 않다는 신념을 만들게 될 것이다. 이것이 여러분의 신념체계가 어떻게 발전되는지 보여준다.

신념체계

- **정신적으로** : 여러분은 심상을 통해 빠른 것을 머리 속에 재현함으로써 빨라지는 것에 대한 여러분의 신념에 영향을 줄 수 있다.
- **외면적으로/내면적으로** : 여러분 혹은 다른 사람들은 여러분의 신념체계에 큰 영향을 미칠 수 있다. 만약 누군가가 여러분에게 계속해서 빠르다고 말한다면 일정 시간의 기간 동안 여러분은 자신이 빠르다고 믿기 시작할 것이다. 당연히 그 반대 또한 사실이다. 그리고 혼잣말 또한 여러분의 신념에 영향을 미칠 수 있다. 만약 여러분이 스스로에게 빠르다고 계속 말한다면 약간은 영향을 받게 될 것이다.

만약 여러분의 신념 프로그램의 대부분이 과거의 경험으로부터 왔다면 여러분은 빨라지기 전에 여러분이 어떻게 빠르다고 믿기 시작할 수 있을까? 그것은 닭이 먼저냐 달걀이 먼저냐 하는 것과 같은 상황이다. 어느 것이 먼저 올까? 빠르다는 신념일까? 아니면 빠르다는 신념에서 나올 결과로 정말 빠른 것일까? 당연히 이 질문에 정확한 답은 없다.

흔히 자신의 능력과 빠름에 대한 드라이버의 신념은 레이스카에 발을 들여놓기도 전에 온다. 만약 드라이버가 자신의 인생에 있어 다른 영역, 특히 다른 스포츠에서 성공을 했었다면 그 드라이버는 자신이 무엇이든 잘한다고 믿기 시작할 것이다. 드라이버가 다른 영역에서 성공을 더 많이 거두면 거둘수록 드라이버의 신념은 더 강해질 것이다.

카레이싱 최후의 비밀 : 아무도 가르쳐주지 않는 드라이빙 하이테크닉

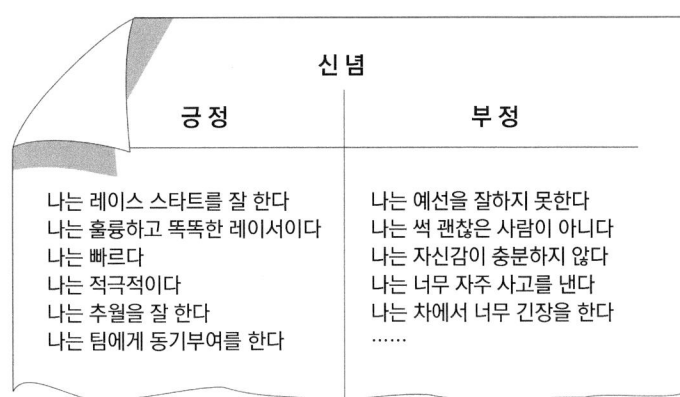

그림28-1: 여러분의 신념 리스트는 이처럼 생겼을 것이다. 이 리스트를 갖고 여러분은 자신이 원하는 신념을 재교육하고, 다시 짜고, 프로그래밍할 수 있다.

좋은 소식은 여러분 자신에 대한 신념을 바꿀 수 있다는 것이다.

여러분의 신념체계를 바꾸는 데 있어, 첫 번째 단계는 여러분의 신념이 무엇인지 의식하는 것이다. 여러분의 긍정적인 신념과 부정적인 신념, 두 가지 리스트를 가장 솔직하게 작성해야 한다. 그 리스트는 신체적 테크닉 측면과 정신적인 부분 양쪽 모두로부터 스스로에 대해 믿는 것을 포함해야 한다. 그 누구와도 그 리스트를 공유할 필요는 없다. 이것은 단순히 자기 자신을 좀 더 의식하도록 하는 것이다. 어쨌든, 만약 여러분이 무엇을 바꿔야 할지 모른다면 어떻게 바꿀 수 있을 것인가?

한번 여러분의 신념이 무엇인지 정말로 인지하는 순간 여러분은 그 어떤 부정적인 것들을 골라서 다시 프로그램할 수 있다. 그것이 하루 아침에 일어나는 경우는 드물 것이다. 이것은 보통 하루에 여러 번의 심상 세션을 하는 것, 육체적인 향상 신호 백업, 더 많은 정신적인 프로그램, 더 많은 육체적 증거와 프로그래밍 등등을 필요로 한다. 멘탈 프로그래밍 없이는 여러분의 신념은 바뀌지 않을 것이다. 약간의 요행으로 인해 여러분이 그것을 경험하는 경우가 아니라면 말이다.

나는 여러분이 이러한 것을 여러 번 목격했으리라 확신한다. 승리하는 능력이 있는 것처럼 보이는 드라이버들은 지는 방법을 끊임없이 관찰한다. 지는 사람들은 레이스의 뒤쪽에 있거나 사고를 일으키는 부류들이다. 그런데 갑자기 요행으로 그 드라이버 앞에 있던 차들이 사고로 모두 사라지고 그 드라이버가 우승하게 되면 어떠할까? 그 드라이버는 눈 앞의 모든 경기에서 이기기 시작한다. 무엇이 달라진 걸까? 그 드라이버에게 갑자기 많은 재능이 생긴 걸까? 아니다. 단지 한가지만 변한 건데 바로 승리할 수 있다는 드라이버의 신념이 생긴 것이다.

28 신념체계

과거 성공의 영향

작은 성공처럼 여러분의 자신감을 키워주거나 개선시킬 수 있는 것은 없다. 이러한 성공이 레이스카 운전에 항상 필연적으로 이어지지는 않는다. 그러나 다른 분야에서의 성공이 여러분의 자신감 수준을 자극할 수는 있다. 그러니 과거의 성공에 집중하라. 그것들을 마음의 눈으로 선명하게 보아라. 여러분이 그 성공으로부터 경험한 감정, 느낌, 성과를 기억해내라.

심상을 이용하여 여러분이 다른 스포츠, 학교, 사업, 사람 관계, 취미 등에서 얻었던 과거 성공을 생각해내라. 테크닉 관점, 여러분이 느낀 것, 여러분의 감정, 그리고 여러분의 전, 중간, 후의 심리상태로부터 이들 성과에 관한 모든 세부사항을 재현하라.

학습에 관해 전에 이야기했던 것처럼 자신감은 성공을 만들고, 성공은 자신감을 만든다. 이것은 고리이다. 여러분이 자신감을 가지면 가질수록 성공을 더 많이 이루게 될 것이다. 불행하지만 그 반대 또한 그러하다.

장단기 목표를 설정하고 그것을 성취하는 것은 자신감에 있어서 중요하다. 그것을 하기 위해서는 목표들이 반드시 현실적이어야 한다. 레이싱 경력을 사다리를 타고 지나치게 빠르게 오르려 애쓰지 말아야 한다. 만약 정신적으로 또는 육체적으로 준비가 안된 상태로 레이스카에 오른다면 자신감을 잃기 쉽다.

이것은 코너를 지나며 속도를 끌어올리는 것과 마찬가지이다. 만약 여러분의 당장의 목표가 코너를 지날 때 속도를 시속 2마일(약 3.22km) 올리는 것이라면, 그것은 성취할 수 있으며 자신감을 쌓는데 도움이 되어 여러분이 더 향상될 수 있게 해준다. 만약 여러분의 현재 목표가 시속 10마일(약 16.1km) 속도를 올리는 것이라면, 그것은 너무 큰 도약일 것이다. 만약 여러분이 그 도약을 성공하지 못한다면 여러분은 자신감을 잃고 더 이상의 향상을 이루지 못할 것이다.

SPEED SECRET

여러분의 성공을 재현하라.

여러분의 인생에 그것들이 언제 어디에 있던 성과를 얻어라.

1997년 월드스포츠카 시즌 때 내가 첫 두 랩 동안 앞당긴 순위가 평균 6이었다. 첫 레이스는 세브

카레이싱 최후의 비밀 : 아무도 가르쳐주지 않는 드라이빙 하이테크닉

링에서 열린 12시간 레이스로 10위를 차지했다. 레이스에 앞서 드라이버 미팅에서 오피셜들은 레이스를 텔레비전 방송 때문에 시간에 맞춰 시작해야 한다고 설명했다. 레이스 랩 동안 기계적인 문제가 생기더라도 두 번째 페이스랩 때 달려야 한다는 의미였다. TV 시간 제약 때문에 나는 무슨 일이 있어도 녹색기가 두 번째 페이스 랩 끝날 때 나온다는 것을 바로 알았다. 첫 번째 페이스랩이 끝날 때 두 번째에 있다고만 말해두자. 다음 레이스에 앞서 나는 세브링에서의 출발을 여러 번 되풀이하며 계속 머리 속에 재현했다. 나는 또 다른 멋진 출발법을 갖고 있었다. 사실 시즌 내내 나는 그 레이스 스타트를 머리 속에서 그렸었고 그러면서 더 좋은 스타트를 하게 되었다. 나는 모든 레이스의 출발에 앞서 첫 랩에서 적어도 4대 혹은 5대를 추월할 것을 알고 있었다. 머리 속에서 재현한 그 심상은 나를 더 많은 성과로 이끌었다.

바로 지금 몇 분 동안 여러분이 다음 레이스에서 그리드 위에 있는 차량 안에 앉아있다고 상상하자. 최대한 많은 세부 사항을 상상하라: 다른 차량들, 트랙, 날씨, 소리, 기타 모든 것들. 이제 여러분이 스타트하기 전에 페이스 또는 포메이션 랩을 한다고 생각하자. 그만 읽고 이것을 해봐라.

여러분의 다른 사람의 자신감 레벨을 어떻게 알아내는지 본 적이 있는가? 누군가가, 특히 스포츠에서 얼마나 강한 신념을 갖고 있는지 알 수 있다는 것은 흥미롭다. 여러분은 드라이버들이 자기 차로 걸어가는 것을 볼 수 있는데 종종 누가 승리할지 느끼게 된다. 나는 아무 생각 없이 마치 신경 쓰지 않는 것처럼 보이며, 진지하지 못하고, 자기가 우승할 거라고 마음 속 깊이 믿지 않으면서, 자기 차를 향해 가볍게 걸어나가서 승리한 드라이버를 단 한번도 본 적이 없다. 지속적으로 우승하는 드라이버들은 자신들이 우승할 것처럼 보인다. 여러분은 그들의 눈과 모습에서 신념을 볼 수 있다.

이제 다시 그리드에 있고 페이스랩 혹은 포메이션랩을 주행 중인 여러분의 이미지로 돌아가 보자. 여러분은 어떤 그리드 포지션에 있는가?

만약 여러분이 폴(예선 1위로 출발선 맨 앞 위치를 차지함)을 잡은 것이 아닌 다른 위치에 있는 자신을 상상했다면 여러분이 폴을 잡을 가능성은 적다. 여러분이 폴에 있는 모습을 상상할 수 있기 전까진 여러분은 폴에 있을 수 있다는 것을 믿을 수 없을 것이며, 거기까지 간다

28 신념체계

는 것은 거의 요행일 것이다. 다시 말해 여러분이 폴을 차지할 수 있을 거라고 믿기 전까진 그렇게 되는 것은 믿기 어렵다.

여러분의 신념체계의 힘은 놀랍다. 이 사실은 세계 챔피언들과 아마추어들로 인해 몇 번이고 계속해서 입증되었다. 여러분은 미하엘 슈마허가 그의 챔피언십 시절 동안 그의 경쟁자들이 가진 신념보다 끊임없이 자신에 대한 더 강한 신념을 가지고 있었다고 생각하는가? 그것은 의심할 여지가 없다. 여러분은 그의 경쟁자들에 대한 소식을 들을 수 있을 것이다: 그들은 그를 이기는 것에 대해 말했다; 슈마허는 대부분 자기 자신과 팀에 대해 이야기했다. 페르난도 알론소에 대한 신념은 어떠할까? 여러분은 그가 슈마허를 이길 수 있다는 것에 대해 알고 있다. 그는 자신이 슈마허 못지않게 잘하거나 또는 더 낫다는 것을 알고 있다. 여러분은 그것을 그의 걸음걸이에서 볼 수 있고, 여러분은 그것을 그의 눈에서 볼 수 있으며, 여러분은 그것을 그에 대한 뉴스로부터 들을 수 있다. 그리고 끝으로 여러분은 그것을 트랙 위에서 볼 수 있다.

슈마허나 알론소처럼 강한 신념을 어떻게 발전시킬 수 있을까? 여러분의 신념은 어디에서 오는 걸까? 그렇다. 그것들은 과거의 경험으로부터 온다. 그러나 만약 여러분이 폴을 차지하지 못해본 것처럼 과거에 어떤 것도 이루지 못했다면 여러분이 할 수 있다는 것을 어떻게 믿기 시작할 수 있겠는가? 만약 여러분이 우승을 경험하지 못했다면 여러분이 이길 수 있다고 믿을 수 있는가? 그리고 만약 여러분이 우승할 수 있다고 믿지 못한다면 여러분이 이길 수 있는 확률이 적다는 것을 증명하는 것이다.

이 질문에 대한 대답과 여러분이 실제로 경험하기 전에 무엇인가를 할 수 있다는 신념을 발전시키는 문제에 대한 해답도 모두 여러분 정신에 달려있다. 그렇다. 여러분은 심상을 이용해 폴을 잡을 수 있다는 신념을 발전시킬 수 있다. 사실 머리 속으로 무언가 재현하는 것으로 여러분은 할 수 있다는 신념을 발전시킨다.

여기서 잠시 동안 여러분이 예선에서 10위보다 잘하지 못했다고 가정해보자. 만약 여러분이 엄청난 예선 성적에 대한 심상을 시작하고 여러분 자신이 현재 폴에 있다고 생각한다면, 다음 번에는 여러분이 충분히 폴을 차지하도록 신념을 바꿔줄 것인가? 아마도 그럴 수도 있고 그렇지 않을 수도 있다. 문제는 당시의 정신과 현재의 신념체계가 대단한 발전을 가져오지 못할 수도 있다는 것이다. 여러분도 아시다시피 여러분은 다른 사람을 속일 수 있지만, 여러분 자신은 속일 수 없다. 여러분의 신념체계는 어느 정도 고무 밴드와 비슷하다. 그것을 늘릴 수도 있지만 너무 잡아당기면 끊어질 수도 있다. 10위에서 1위로 너무 많이 순위를 당기는 것을 보게 되면 여러분의 신념체계는 당연히 망가질 것이다. 여러분은 그것을 가져오지 못할 것이다.

여러분의 신념체계를 늘리는 한가지 방법은 그것을 늘리는 이유를 갖는 것이다. 만약 여러분이 기

카레이싱 최후의 비밀 : 아무도 가르쳐주지 않는 드라이빙 하이테크닉

술이나 접근에서 어떠한 변화를 만들지 못했다면 여러분의 신념을 왜 바꿔야 하는지를 알기 어렵게 된다. 그러나 만약 여러분이 무엇인가 새로운 것을 알게 되거나 새로운 섀시 셋업이나 새로운 팀원을 갖게 된다면 여러분은 신념을 늘릴 수 있는 원인이 존재하게 된다. 드라이빙 코치가 많이 도움이 될 수 있다는 것도 한가지 이유이다. 좋은 코치가 여러분의 테크닉이나 정신 준비자세를 향상시키도록 돕는 동안 종종 향상을 위한 큰 이유가 여러분의 신념체계가 향상을 위한 이유를, 이유가 있다는 것을 받아들일 수 있게 한다. 그리고 만약 여러분이 발전할 수 있고 그래야만 한다고 믿는다면 여러분은 발전할 것이다. 단순히 코치 혹은 새로운 엔지니어나 새로운 쇽셋업 및 기타 등등만으로도 여러분의 신념체계가 10위로부터 폴까지 앞당겨지는 이유가 될 수 있다.

SPEED SECRET

여러분의 신념을 자기 대화와 심상을 통해 조금씩 늘려가라.

29 레이싱의 이너게임

레이스카를 운전한다는 것은 타협의 연속이다. 특정 코너에서의 이상적인 라인은 드라이빙 라인에 고무가 쌓이거나 오일이 있고, 주변 경쟁자들의 위치 또는 연료가 부족하여 여러분의 핸들링이 어떻게 바뀌는지에 따라서 매 랩마다 조금씩 달라진다.

여러분은 타이어 상태가 최상이 되도록 지속적으로 모니터하고 여러분의 주행을 조절해야 할 것이다. 거의 모든 랩에서 무엇이 여러분의 레이스 전략이 될지 고려하고 또 생각해봐야만 한다. 수 백 가지 아마도 수 천 가지 이상의 타협안과 판단이 모든 랩에서 생긴다.

최고의 타협안을 선택한 드라이버는 대부분 많은 우승을 한다. 생각이 잘 정리되고 준비되어 있는 드라이버는 거의 최상의 타협안을 만든다.

퍼포먼스 VS 경쟁

만약 여러분이 경쟁보다 여러분만의 퍼포먼스에 집중한다면 여러분은 더욱 성공적일 것이다.

SPEED SECRET

경쟁보다 여러분만의 퍼포먼스에 집중하라.

많은 드라이버들은 그들의 경쟁자들이 무엇을 하는지에 대해 지나치게 집중한다. 그들의 경쟁자들이 코너에서 차량을 어떻게 주행하는지와 그들을 뒤에 머무르게 하기 위해서 끊임없이 거울(mirrors)을 본다.

만약 그들이 그 지나친 집중을 자신의 차량과 드라이빙에 쓴다면 경쟁자들을 걱정하지 않아도 될 만큼 저만치 멀어져 있을 것이다.

여러분 자신과 차량에 100% 노력하고 집중하라. 경쟁자는 걱정하지 마라. 만약 여러분이 차량의 성능을 100% 끌어낸다면 경쟁자들이 할 수 있는 것이 없다. 그래도 여러분이 우승을 하지 못한다면 여러분 차량의 퍼포먼스를 향상시키거나, 자신의 기량을 100% 더 끌어올리는 방법밖에 없다. 결국 오늘 여러분 기량의 100%는 6개월 후 90%의 기량일 것이다. 그 이유는 여러분의 드라이빙 테크닉은 향상되었을 것이고 앞으로도 항상 개선되어 갈 것이다.

카레이싱 최후의 비밀 : 아무도 가르쳐주지 않는 드라이빙 하이테크닉

그림29-1: 스티어링 휠을 잡을 때, 여기서 여러분이 컨트롤할 수 있는 것은 오직 여러분의 퍼포먼스뿐이다. 여러분의 한결같은 퍼포먼스의 핵심 중 하나는 바로 결과가 아닌 드라이빙의 행동이다. 만약 언제라도 여러분이 결과에 집중하는 자신의 모습을 발견한다면, 그 대신 다음 코너를 진입하기 위해 얼마나 빨리 핸들링을 하는지와 같은 특정 드라이빙 테크닉에 대해서 생각하기 바란다.

'경쟁자'라는 단어의 정의는 우리가 다른 이들과 경쟁하는 것이다. 만약 여러분이 경쟁에 집중한다면 여러분은 퍼포먼스의 기회를 잘 끌어올리기 때문에 우승할 수 있는 기회 역시 올라간다. 아이러니 하지 않는가? 어쩌면 '경쟁자들' 대신에 우리는 우리들 자신을 선수라고 생각해야 한다.

결과 보다는 여러분의 퍼포먼스와 실행에 집중해라. 역설적이지만 여러분이 마음을 비우고 여러분의 퍼포먼스에 집중할 때 여러분은 최고의 결과가 나온다. 이것이 '이너(inner)' 컨셉들 중에서 받아들이기 가장 어려운 것 중 하나일 것이다. 결국 레이싱카는 경쟁이 전부이고, 경쟁에서 이기는 것이다. 그럼에도 불구하고 결과를 자신으로부터 분리시켰을 때 여러분의 스트레스는 감소할 것이고 더 안정적일 것이다. 여러분의 뇌신경은 통합되고 흘러서 결과는 알아서 나올 것이다.

만약 여러분이 그것에 대해 생각한다면 여러분은 경쟁자들을 어떠한 방법으로도 컨트롤할 수 없다. 여러분은 경쟁자들에게 조금은 직접적인 영향을 미치며, 여러분이 할 수 있는 것은 여러분의 퍼포먼스를 컨트롤하는 것이다. 그러니 여러분이 할 수 없는 것이 아니라 할 수 있는 것에 집중하기 바란다.

SPEED SECRET

여러분의 퍼포먼스에 집중하면 결과는 알아서 나올 것이다.

29 레이싱의 이너게임

연구에 따르면 선수들은 퍼포먼스(테크닉)가 그들의 결과에 집중하기보다 예리한 시력과 빠른 반사 작용을 가지고 있는 것에 집중한다고 한다.

다른 사람들의 이야기에 걱정하지 마라. 자신을 남들과 비교하지 말고 자신의 과거 퍼포먼스와 비교하며 개선하려고 노력하기 바란다. 몇 년간 내가 코치한 모든 드라이버들은 끊임없이 자기 자신을 가장 힘들었던 경기와 비교하고 생각한다. 자기 자신에게 집중하고 다른 이들을 신경 쓰지 않는 드라이버들이 자주 우승을 하곤 한다.

자신을 판단하거나 평가하는 것은 다름 아닌 여러분이다. 여러분의 성과지 다른 사람이 무엇이라 말하고 생각하는지가 아니다. 여러분에게 맞다고 생각한 것을 실행하여 결정한 목표를 이루기 바란다. 여러분만이 무엇이 본인에게 적합한지 정확하게 알 수 있다.

오늘날 우승자들은 자기 자신에게 집중한다. 그들은 작은 시간을 할애할 줄 안다. 만약 그렇지 않다면 그들은 무엇을 했는지, 과거에 성취한 것이 무엇인지 또는 미래에 무엇을 할 것인지에 대해 이야기하거나 살피지 못할 것이다. 그들의 과거를 되짚어 보는 것은 스스로 배우고 개선하기 위함이다. 그렇다 그들은 단기 목표와 장기 목표가 있고, 이것은 그들이 이러한 목표들을 이루도록 하게 해주는 오늘날의 퍼포먼스인 것을 알고 있다.

이것은 무엇을 가지고 있는지 또는 어떤 일이 생길지가 아니라, 여러분이 현재 손에 주어진 일에 완전히 집중했을 때 여러분은 잠재의식의 퍼포먼스 프로그램을 효과적으로 활성화 시킨다.

특정 랩타임에 대해 생각을 하고 가두거나 레이스 결승 순위와 같은 예상들은 여러분의 퍼포먼스에 제한을 두도록 할 수 있다. 보통 이러한 예상들을 가지면 여러분은 레이스 순간과 테크닉에 집중을 못하게 되는 여러분의 퍼포먼스 결과이다.

여러분이 기대하는 것들이 없다면, 여러분은 자신에 대한 통제도 없고 목표를 향한 생각들도 없을 것이다. 결국 여러분은 집중을 하지 못한다. 반대로 기대하는 것들이 있다면 여러분은 정신적 압박이나 스트레스 그리고 불안감이 생겨 여러분의 퍼포먼스에 부정적인 영향을 미칠 것이다. 나아가 여러분은 그 기대를 져 버리기가 좀처럼 힘들 것이다.

내가 지도한 많은 드라이버들에게 가장 먼저 한 것 중 하나는 바로 스톱워치를 꺼내는 것이다. 나는 드라이버를 당장 데리고 나가 주행을 하는데 랩타임이나 어떤 기대심에 대한 생각이나 걱정이 없이 말이다. 무엇보다도 정말 왜 그렇게 랩타임이라는 것에 신경을 쓰는가? 만약 어떤 기록에 도달하면 더 빨라지기 위한 노력을 멈출 것인가? 난 그런 걸 원하지 않는다. 여러분의 목표는 더 빨라지기 위해 항상 노력하는 것이다.

나는 지금 여러분이 어떤 생각을 하고 있을지 짐작한다. 다름 아닌 여러분의 경쟁자들과 랩타임의 경

카레이싱 최후의 비밀 : 아무도 가르쳐주지 않는 드라이빙 하이테크닉

쟁과 비교이다. 중요한 것은 여러분은 경쟁자들과 지나치게 기록을 비교하는 것에 집중하는 것이다. 만약 여러분이 그 집중과 관심을 퍼포먼스에 쓴다면 경쟁자로부터 훨씬 멀어져 비교할 사람이 없을 것이다.

안정영역

여러분이 처음 레이싱을 시작했을 때 여러분이 어떤 차량을 선택하든 빠르다고 느낄 것이다. 하지만 이것은 지속되지 않을 것이며 경험을 통하여 조금씩 차량과 속도에 익숙해지고 편안함을 느낄 것이다. 나는 이것을 안정영역이라고 부른다.

여러분이 더욱 빠른 차로 업그레이드할 때, 여러분은 또다시 여러분의 안정영역(comfort zone:불편하지 않은 영역)의 한계를 더 끌어 올려야 한다. 그러나 또 경험을 가지고 여러분의 안정영역은 확장되고 새로운 속도에 자신감 있는 레이싱을 하게 될 것이다.

몇 몇 드라이버들은 상대적으로 빠른 적응력을 보인다. 이것은 결코 그들이 더 나은 드라이버라는 의미라기보다는 그들의 안정영역 한계를 더 빨리 확장시킬 수 있다는 것이다.

내가 처음 지면효과차(ground-effects car)를 운전 했을 때 나의 안정영역을 확장시키는 것과 자신감을 키우는 것에 노력해야했다. 지면효과차를 가지고 여러분이 더 빨리 갈수록 공기역학의 다운포스가 더 발생할 것이다. 이것이 여러분에게 더 빨리 갈 수 있는 그립을 준다. 빨리 가기위해서는 자신감이 필요하지만 곧바로 나타나지는 않을 것이다.

내가 처음 인디로 갔을 때 속도에 적응하는 데는 그리 오랜 시간이 걸리지 않았다. 나는 절대 시속 320km 이상으로 달리지 않았고 난 안정영역에 그 속도가 서서히 도달하도록 노력해야 했다.

여러분은 무언가가 급하게 너무 빠르게 일어나는 것처럼 느낀다면 그것은 여러분이 충분히 멀리 보고 있지 않다는 것이다. 여러분의 시야를 넓히면 안정영역 또한 확장될 것이다.

빨리 달리고 레이스에서 우승하기위해서는 차량의 한계주행에 대한 자신감을 가져야 하며 그 의미는 여러분의 한계이다. 안정영역 이것은 차량의 한계와 최소한 같아야 한다. 사실 여러분의 안정레벨은 차량의 퍼포먼스 레벨과도 동일해야한다. 그렇지 않다면 그 다음 레벨의 차량을 100% 드라이빙할 수 없을 것이다. 다시 정리를 하자면 이것은 경험이 필요하고 지속적으로 안정영역의 한계를 끌어 올려야 한다.

드라이버들은 보통 그들의 안정영역에서 드라이빙하며 가끔 한계를 초월한다. 더 빨라지기 위해서는 드라이버로서 개선되어져야 하고 여러분 차량의 한계를 넘어서서 안정영역을 확장시켜야만 한다. 다르게 이야기하면 만약 여러분이 차량이 빠르게 갈 수 있는 것에 비하여 그리 안정적으로 드라이빙을 할 수 없다면 여러분은 절대 여러분의 퍼포먼스를 극대화 시킬 수 없을 것이다. 만약 여러분

29 레이싱의 이너게임

이 앞으로 한계를 조금 넘어서더라도 안정적인 드라이빙을 할 수 있어야하며 그렇지 않다면 절대 그 한계의 주행을 지속적으로 할 수 없을 것이다.

여러분의 퍼포먼스 레벨을 개선하고 안정영역의 한계를 늘리기 위해서는 지속적으로 그 한계를 조금씩 상승시켜야 한다. 몇 몇 드라이버들은 절대 그들의 안정영역을 넘어서지도 개선하지도 못한다. 또는 너무 빨리 그 한계를 벗어나 버린다. 만약 여러분이 너무 빠르게 한계를 넘어서면, 그것이 최선이더라도 개선하기 힘들 것이며 최악의 경우 큰 사고로 이어질 것이다.

여러분은 한계를 조금 벗어난 속도감에 완전히 적응하며 편안해야 하고 자신감을 가져야 한다. 항상 현실성이 있는 것은 아닐지라도 가장 좋은 방법 중 하나는 레이스를 하는 것보다 더 빨리 드라이빙하는 것이다. 여러분의 레이스카 속도로 돌아왔을 때 빠른 속도에 적응하더라도 느리다고 느낄 것이다. 이것은 실제 목적은 바로 속도감을 늦추는 것이다.

여러분보다 훨씬 빠른 레이스카의 스티어링 휠을 잡을 수 있는 기회가 별로 없다면, 이미지 트레이닝만이 여러분의 안정 존을 발전시켜나갈 수 있는 비결이다. 이 전에 이야기를 했던 것처럼, 이것은 여러분 머릿속에서 트랙을 주행할 수 있고 머릿속으로 빠른 모션으로 스피드를 가속한다.

일관성

위대한 레이서의 특징은 일관성이다. 만약 여러분이 한계에서 일관성있게 트랙을 주행할 수 있다면 불과 0.5초 이내의 랩타임 변화로 여러분은 승자가 될 수 있는 기회를 얻을 것이다. 랩타임이 그 이상 바뀐다면 여러분이 얼마나 빠르든지 우승의 기회는 줄어들 것이다.

여러분이 처음 레이싱을 시작할 때 일관성을 유지할 수 있도록 집중하기 바란다. 속도에 지나치게 걱정하지 말고 매 랩마다 여러분이 구사하는 테크닉이 부드럽고 일관될 수 있도록 노력하기 바란다.

그렇게 하기 위해서는 한계의 주행을 하고 있을 때 여러분은 매 랩마다 계속해서 무엇을 하고 있고 또 유지하는지 반드시 기억해야 한다. 하지만 이것은 말처럼 쉬운 것은 아니며 여러분이 0.1초 또는 0.01초를 줄이기 위하여 노력하며 일관성 있는 드라이빙을 하기 전까지는 아니다.

만약 여러분이 차량 셋업이나 드라이빙 테크닉을 바꾸고 싶다면 먼저 일관성 있는 드라이빙이 전제되어야 한다. 그렇지 않다면 둘 중 하나가 변화되고 0.1초의 랩타임이 단축되어도 어디서 개선되었는지 알 수가 없다.

노력

가장 흔한 정신적인 실수 중 하나는 드라이버가 만드는 '노력'이다. 우리가 노력하는 것은 의식적

카레이싱 최후의 비밀 : 아무도 가르쳐주지 않는 드라이빙 하이테크닉

인 행동이다. 자동적이고 프로그램된 행동을 하지 않으려 노력하는 것뿐만 아니라, 여러분이 노력하는 순간 여러분의 몸은 긴장하고 결국 부드럽지 못한 수행을 하게 될 것이다. 노력은 실수의 첫 번째 원인이며 특히 압박을 받게 만든다. 여러분은 반드시 안정을 취하는 것을 배워야 하며 여러분의 몸과 차가 자연스럽게 흐르도록 해야 한다. 반 무의식적으로 자연스럽게 드라이빙하기 바란다.

말했던 것처럼 여러분의 목적 중 하나는 더 빨라지는 것이어야 한다. 하지만 유감스럽게도 많은 드라이버들은 그 단계에서 더 빨라지려고 노력한다. 그 결과는 드라이버가 원하지 않는 것이다. 내가 이야기하는 노력에 대해서 이야기한 것을 기억하는가? 시도는 드물게 대신 강요하지 말아야 한다. 안정을 취하고 그냥 자연스럽게 이루어지도록 하고 여러분의 퍼포먼스에 치중하기 바란다.

요다가 말하기를 "끝내든지 그만두든지 결론을 내려야한다. 시도만 하는 것은 없다"고 했다. 무언가를 하든지 아니면 아무것도 하지 마라. 무언가를 하기위한 노력에는 의미가 없다. 단어의 명확한 정의에 따르면 노력은 해결책을 준다. 노력의 의미는 '시도하기'이다. 우리에게는 그것이 긍정적으로 들리지 않으며 정신적으로도 그러하고 신체를 점검하는 것을 기억하기 바란다. 여러분이 무언가를 시도할 때면 여러분은 긴장하게 된다. 여러분이 긴장하게 될 때, 여러분의 퍼포먼스는 나빠지게 될 것이다.

여러분이 아는 것처럼 레이스카를 원활하게 드라이빙하는 것(여러분의 100%를 끌어내 선보이는 것)은 반 무의식적으로부터 나온다. 이것은 여러분 머릿속에 있는 '프로그램'에서 비롯된다. 빨리 운전하려 노력하는 것은 마치 소프트웨어가 없는 컴퓨터를 구동하고 무언가를 하려는 것과 같다. 하지만 이것으로는 아무 것도 할 수가 없다. 시도는 의식적으로 드라이빙하는 것이다. 대신 여러분의 바이오컴퓨터에 다 많은 것을 입력하도록 집중하라. 여러분이 보고, 느끼고, 들을 수 있는 것에 집중하고 이것들을 깨닫고 드라이빙의 활동을 상상하기 바란다.

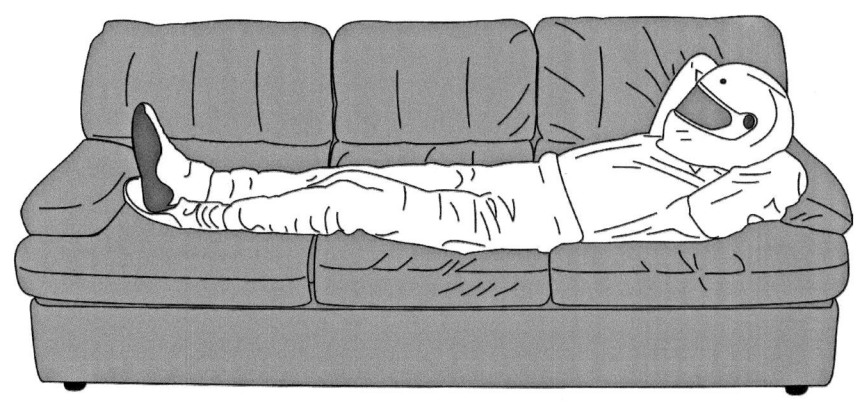

그림29-2: 레이스카의 스티어링 휠을 잡고 여러분의 안정영역(comfortzone)을 절대 넘기지 않으며 '편안해지는 것'은 매우 쉽다. 하지만 당연히 이것은 절대 멋진 퍼포먼스(성과)를 이끌어내지 못할 것이다.

29 레이싱의 이너게임

실질적으로 뛰어난 경기 퍼포먼스는 상당히 쉬워 보이고 힘이 들어 보이지 않는 것을 여러분을 알고 있는가? 위대한 퍼포먼스는 적당한 노력이 알맞은 장소에서 쓰였을 때 항상 최상의 결과를 가져온다. 이 적당한 양의 노력은 보통 여러분이 필요하다고 생각하는 것에 못 미친다. 내가 언급을 하였던 정신운동 기술에서 여러분이 사용하는 불필요한 노력이 적을수록 여러분은 성공할 것이다. 핵심은 바로 불필요한 노력이 적고 효율적인 움직임이 필요하다는 것이다.

필요 이상의 많은 노력으로 잘못된 것을 하는 것은 좋은 퍼포먼스를 발휘하기 어렵다. 위대한 레이스 드라이버들은 뛰어난 퍼포먼스와 결과를 만들기 위해 노력을 덜 한다. 경쟁이 더욱 치열할수록 더욱 느긋해지고 그러한 것들을 자연스럽게 받아들인다.

> **SPEED SECRET**
>
> **긴장을 풀고, 적당히 노력하고, 자연스럽게 받아들여라.**

여러분의 인생에서 스포츠나 다른 상황에서 뛰어났던 퍼포먼스를 다시 생각해보기 바란다. 여러분이 긴장하고 공격적으로 시도하여 자신이 억지로 더 잘하도록 하였는가? 아니면 느긋하게 보이게 행동하였는가? 비록 여러분이 반무의식적인 프로그램을 알지 못하고 있지만 그 답은 후자였을 것이라고 확신한다.

다시 한 번 여러분이 컨트롤할 수 있는 것에 집중하라. 여러분이 원하는 것에 집중하라. 여러분이 가고자 하는 곳에 집중하라. 얼마나 더 가야하는지, 얼마나 더 빨리 가야하는지 또는 어떤 포지션에 있는지 보다 그 순간 여러분의 수행, 방식, 테크닉에 집중하라.

압박

나의 불만 중 하나는 종종 어린 선수들이 미디어들로부터 압박을 받는 것을 지켜보는 것이다. 이것은 그들이 거의 스트레스를 달고 다니고 선수들에게 퍼트리는 것과 같다. 이것은 올림픽과 같은 곳에서 볼 수 있다. 미디어는 올림픽 참가 선수들이 과거의 실패와 잘못에 대해 물으며 그들이 머릿속에서 실패 경험을 지울 수 있는지 생각하게 만드는 것을 좋아한다. 만약 우리가 올림픽 선수들의 퍼포먼스를 생각한다면 미디어로부터 그들을 떼어 놓아야 한다. 물론 그것은 있을 수 없는 일이다.

카레이싱 최후의 비밀 : 아무도 가르쳐주지 않는 드라이빙 하이테크닉

그림29-3: 많은 팀 오너들, 스폰서들, 친구들 그리고 가족들이 여러분에게 주는(뿌려대는) 스트레스를 어떻게 다루는지를 배우는 것은 여러분이 해야 할 중요한 일이다.

많은 레이싱 팀과 레이스 미디어들도 마찬가지이다. 만약 팀 감독이 모든 사람, 특히 드라이버에게 압력을 거의 가하지 않고 팀과 드라이버의 퍼포먼스를 향상시킨다고 믿는다면, 아마도 팀 감독은 정말로 퍼포먼스를 더 끌어올릴 전략을 더 깨달아야 할 필요가 있다.

레이스 드라이버에게는 스트레스를 컨트롤 하기 위한 전략을 이해하는 것이 중요하다.

많은 드라이버들의 퍼포먼스 레벨은 실패를 두려워하거나 지는 것을 두려워하는 것이 한계이다. 그들은 집중의 많은 부분을 '패배하지 않기(다시 말해 결과)', 그리고 패배는 보잘 것 없는 것(최소한 그들은 패배는 보잘 것 없다고 생각)에 투자해서 거의 대부분 그들은 패배에 걸게 된다. 드라이버들이 가지고 있는 내부적 외부적 많은 스트레스는 참 불운한 일이다.

내부적 압박은 옳은 방향으로 집중하고 있기만 하면 꼭 나쁜 것은 아니다. 사실, 가끔 이러한 것이 드라이빙하는데 도움이 되거나 동기부여를 한다. 하지만 결과만을 바라는 대부분의 압박은 긴장감, 스트레스, 그리고 화만 증가시키는 결과를 만들고 퍼포먼스는 감소할 것이다. 그 어떠한 내부 압박도 결과가 아닌 여러분의 퍼포먼스에 집중하도록 해야 한다.

외부적 압박은 드라이버의 퍼포먼스 레벨을 올리지 못하게 하고 우승에서 멀어지도록 이끈다. 외부 압박은 그들 앞에 있는 사람을 이기기 위해서 또는 다른 사람들의 기대에 부응하기 위해 생기는 스트레스이다. 또한 드라이버가 우승하도록 하기위해 가족, 친구, 스폰서, 또는 팀원이든 다른 요인들로부터 받는 스트레스이기도 하다.

여러분에게 외부적 압박을 주는 사람들은 그들의 기대로 인해 얼마나 부정적인 영향을 미치는지 알아야 한다. 여러분이 갖는 자신감과 큰 기대와 보여주는 것에는 차이점이 있다는 것을 알아야 한다. 자신감을 갖는 것은 퍼포먼스와 연관되어 있고 큰 기대는 결과와 연관되어 있다. 어느 것이 최고

레이싱의 이너게임

인지 여러분은 알 것이다.

여러분이 만약 사람들이 여러분에게 기대하는 것이 무엇이며 뭐라고 여러분에게 말할지에 대해 생각한다면 여러분은 우승과 멀어질 것이다. 하지만 여러분이 퍼포먼스에 집중하고 패배하는 것을 잊어버린다면 그 결과는 우승의 기회를 높여줄 것이다.

긍정적인 대화

무엇이든 긍정으로 바꿔라. 예를 들어, 빗속에서 레이싱을 하는 것이 좋다고 이야기하는 것만으로도 여러분은 빗속에서 좀 더 나은 드라이버가 될 것이다. 만약 여러분이 다른 드라이버들이 걱정하거나 반가워하지 않는 모든 상황들을 감수하며 그것들을 긍정적인 도전으로 바꾼다면 여러분은 더욱 좋은 경기를 할 것이다. '지켜봐라'라는 태도로 그것들을 기회로 바꿔 도전하고 똑바로 맞서 여러분이 진짜 할 수 있다는 것을 보여주어라. 그것은 간단히 말해서 부정적인 생각과 질문을 긍정적인 대화로 바꾸는 것이다.

연구에 따르면 일반적인 사람들이 대략 66,000개의 생각을 매일하며 그 중 70~80%는 부정적인 것들이라고 한다. 나는 이 연구에서 챔피언 드라이버가 얼마나 포함되어 있을지 의심스럽다. 내가 지켜본 바로는 뛰어난 레이스 드라이버들은 대부분 무엇이든 긍정적으로 바꿀 수 있는 것처럼 보인다. 난 그들의 70~80%가 긍정적인 생각이라 말하고 싶다.(몇 몇 사람들은 레이스 드라이버들이 하루에 66,000개는 커녕 드라이빙에 관해 66개 정도밖에 생각하지 못할 것이라고 농담을 하기도 한다).

더 많이 긍정적인 말을 반복할수록 그것은 더욱 더 여러분의 신념체계로 될 것이다. 만약 자신에게 "예선에서 자신이 최고"라고 계속해서 이야기 한다면 여러분은 진정 뛰어난 예선능력자라고 믿게 될 것이며 더욱 최고가 될 수 있는 기회가 된다. 이것은 정말로 자기 충족적 예언이다.

예전에 나는 빗속에서 레이싱을 많이 했었다. 북서부 지역에선 늘 있는 일상이다. 빗속에서의 경험이 적은 드라이버들과 레이싱을 하기 시작한 나는 약간의 장점이 있다는 것을 알고 있었다. 하지만 더 중요한 것은 내가 장점을 가지고 있다고 자신에게 되새길수록 그 장점은 더 커졌다. 물론 빗속에서 뛰어난 퍼포먼스를 발휘했

카레이싱 최후의 비밀 : 아무도 가르쳐주지 않는 드라이빙 하이테크닉

고 그럴수록 나는 그것을 더 즐겼다. 난 지금도 빗속에서 레이싱을 하는 것이 얼마나 좋은지, 좋은 결과를 낼 수 있는지 사람들에게 들려주는 것이 좋다. 나는 다른 드라이버들의 문제점들을 똑같이 가진다. 나는 그들이 좋아하지 않는 것을 찾아 나는 어떻게 즐기는지 반드시 알게 해주는 것이 좋다. 그리고 분명하게 경쟁력이 없는 차량을 드라이빙할 때 그것은 나에게 기대하고 있는 사람들에게 보다 나를 과시할 수 있다.

강도

여러분이 레이스카의 운전석에 앉을 때마다 레이스를 하는 동안은 같은 수준의 강도(intensity)로 퍼포먼스를 발휘해야 한다. 대충 연습을 하는 것은 의미가 없다. '이번 세션에서 내가 어떻게 하는지 별로 신경을 안 쓴다.: 이 세션은 그리 중요하지 않아'라는 태도를 보이고나서 예선 또는 레이스에서 서로 다르게 대하려는 기대를 하곤 한다. 연습은 프로그램하는 과정임을 명심하자. 만약 연습에서 약한 강도로 프로그램된다면 실제 시합에서 어떻게 제대로 된 퍼포먼스를 낼 수 있겠는가?

특히 상위 클래스로 가기위한 발판이 되는 시리즈인 포뮬러2000, 포뮬러 마쓰다, 인디 라이트, 미드젯(Midgets), 그리고 나스카 지방 투어 레이스는 치열하고 격렬하다. 여러분의 강도를 높이기 위해 내가 추천하고 싶은 테크닉은 개인 테스트 날이나 연습 세션, 예선전이든 피트레인을 나갈 때마다 비즈니스라고 생각하고 주행하기 바란다. 피트를 나가서 강하게 가속하고 최대한 빠르게 속도를 높여라. 최대한 강하게 밟고 진지해져라!(긴장하지 말고).

만약 피트레인을 천천히 나가며 서서히 속도를 높인다면 귀중한 시간을 잃는 것이다. 더불어 더욱 중요한 것은 여러분이 속도를 올리며 정신적으로 일정한 강도로 수준이 올라가기까지는 많은 시간이 소요될 것이다. 피트레인에서 나와 재빨리 가속하여 첫 번째 차량이 된다면 최대한 강하게 곧바로 드라이빙하여 분위기를 잡고 경쟁자에게 메시지를 보내라. 여러분은 이곳에 비즈니스를 하기위해 왔다. 이것이 여러분의 정신 강도를 끌어올리는 계기가 될 것이다.

적극적 대 공격적

전통주의에서는 그 어떤 스포츠에서든 경쟁자를 공격적으로 지배해야만 한다고 말하고 있다. 뛰어난 선수들을 관찰하라: 「로저 페더러」, 「미하엘 슈마허」, 「마이클 조던」, 「알렉스 로드리게스」. 그들은 공격적이지는 않지만 대부분 적극적이다. 이것은 언어에 있어서 미묘한 차이가 있는 것처럼 보이고, 많은 사람들이 'Aggressive(공격)'라는 단어를 'Assertive(적극적, 자신감)'일 때 사용하고 그 반대일 때가 있다. 하지만 여기서 적극적일 때와 공격적일 때에는 중요한 차이점이 있다.

29 레이싱의 이너게임

적극적이라는 말은 사전적으로 '자신감과 집요한 투지를 긍정적인 방법으로 표현하는 것을 강조하는 행동'이라고 의미하고 있다. 공격적이라는 단어의 의미는 "대담하고, 끝까지 정열적이고, 경멸적으로 사용하고, 지배하고자 하는 무례한 욕망이 있으면서 끝까지는 잘 나아가지 않는다."는 것을 의미한다.

공격적인 행동은 보통 드라이버가 자신의 어떠한 약점 같은 것을 숨기기 위함이다. 경쟁자들은 이것을 눈치 채고 이점으로 이용할 것이다.

공격적인 스타트는 거칠고 제어가 되지 않아 보통 실패의 결과를 초래한다. 적극적인 것은 차량을 적절하게 유지하는 것을 의미하며 이것은 항상 제어가 가능한 상태이다.

SPEED SECRET

공격적이지 말고 적극적으로

미하엘 슈마허 또는 마이클 조던이 자제력을 잃는 것을 본적이 있는가? 아마도 슈마허는 1997시즌 F1 월드 챔피언십 시리즈 마지막 레이스에서 후미에 있던 자크 빌르너브를 라인에서 막으려고 애쓸 때 자제력을 잃었을 것이다. 그것은 적극적인 움직임이었을까? 아니면 발악하는 공격적인 움직임이었을까? 나는 그가 공격적으로 분류할 것이라고 말하고 싶다. 최고도 실수를 할 수 있다(당시 상황을 놓쳤을 경우를 대비해서 슈마허는 월드 챔피언십을 따려는 빌르너브의 공격적인 추월 공격을 막으려고 애쓰다가 결국 트랙에서 튕겨져 나가버렸다).

이런 말을 들어 본적이 있을 거라고 확신한다. '사람이 좋으면 꼴찌를 면치 못한다.' 몇 몇 사람들은 '좋다'는 것을 적극적이지 못한 것과 관련시킨다. 하지만 그것이 실제로는 그렇지 않다. 여러분은 좋으면서 적극적일 수 있다. 하지만 여러분이 적극적이지 못하고서 일등이 된다는 것은 확신하지 못한다. 아마도 그 말은 '적극적이지 못한 사람이 꼴찌를 한다'일 것이다.

위험과 두려움

레이싱은 위험(risk)한 시도라는 것에 대해 전혀 의심치 않는다. 만약 여러분이 정말 성공하고 싶다면 여러분은 레이스트랙에서 뿐만 아니라 진로결정 역시 모든 위험을 감수해야할 것이다.

카레이싱 최후의 비밀 : 아무도 가르쳐주지 않는 드라이빙 하이테크닉

트랙이든 밖이던 위험이 전혀 없는 것보다 계산적이고 계획적인 위험과 실패가 더 낫다. 당연하겠지만 목표는 실패하지 않는 것이다. 핵심은 좋은 계획으로 위험을 다룰 수 있어야 한다는 것이다. 속담에서 '만약 여러분이 계획을 실패하는 것은 실패하는 계획을 세우는 것이다'라고 했다.

당연히 위험을 계산하고 계획하는 것이 핵심이다. 여러분이 약 시속 100km의 한계를 가지는 코너를 시속 120km로 돌리고 하는 것은 상당한 위험을 가지는 어리석은 행동이다. 이것은 레이싱에 막 입문하여 레이싱스쿨을 수료하고 다음 그랑프리에서 윌리엄스 F1팀을 위해 레이스를 해달라는 제안을 받아들이는 것과 같다. 어느 경우에나 차근차근 계획적으로 밟아 올라가는 것이 최고이다.

만약 누군가 레이스카에 두려움이 절대 없다고 말했다면 그것은 거짓말이거나 한계치 근처도 못 간 것일 것이다. 세상에 자신에게 겁먹지 않고 성공한 드라이버는 없다. 두려움 또는 최소한 자기보호만이 모든 코너에서 충돌로부터 막을 것이다. 만약 그 두려움이 여러분을 공황 상태로 빠지게 하거나 얼어붙게 한다면 좋은 것이 아니다. 하지만 만약 그것이 아드레날린을 흐르게 만들고 여러분의 감각들을 날카롭게 하고 시속 0.1km라도 더 빨리 가면 충돌할 것 같다는 것을 느끼게 해준다면 그것은 좋은 것이다.

정말 이것은 자기보호 본능 그 이상이다. 항상 너무 빨리 가서 그 순간 겁을 집어 먹으면 안된다. 하지만 나는 코너를 충돌 직전까지 돌고 나서 깨달을 때가 있다. 약간의 두려움도 느끼고 모든 것을 잃을 뻔한 순간도 알게 된다. 그리고 아마도 한계를 조금 극복하게 될 것이다.

두려움은 많은 형태로 나타난다. 좋거나 나쁘거나 또는 더 정확하게 유용하거나 쓸모없게 말이다. 이것은 사고로 인한 신체적 부상의 두려움이 될 수도 있다. 그 두려움은 보통 속도의 한계를 가져온다. 나는 그것이 자기보호라 생각하며 좋게 본다. 사실 여러분이 그 한계를 넘어서려는 것과 모든 코너에서 사고가 나는 것을 막는 유일한 것은 '두려움'이다.l

두려움과 욕구는 보통 동전의 양면과 같다. 몇몇 드라이버들은 무언가를 성취하고 싶어 하지만 반대로 쉽게 성취하지 못하는 것에 대하여 너무 두려워한다. 그들은 실패에 대한 두려움에 집중한다. 그것이 잘되도록 하는 욕구보다는 또 다른 두려움의 결과를 만든다. 엄청나게 빠른 코너나 어려운 진로결정에 직면할 때 그들은 만약 실수를 했을 때 어떤 일이 생길지에 대한 생각을 한다.

만약 여러분이 문제 또는 결과보다 해결책이나 목표 또는 퍼포먼스에 집중한다면 실패의 두려움은 사라질 것이다. 만약 여러분이 계속 무엇을 성취하고 싶은지 머릿속에서 상상한다면 여러분의 생각이 그렇게 발생하도록 길을 찾을 것이다.

실패의 두려움은 긴장감을 만들어 여러분의 뇌를 붕괴시키고 반사작용을 느리게 만들어 대개 퍼포먼스 수준에 지장을 준다. 당연하겠지만 그것은 보통 여러분이 가장 두려워하는 결과를 만든다.

29 레이싱의 이너게임

여러분의 퍼포먼스를 배워나가고 발전시키기 위해서는 관심과 피드백이 얼마나 중요한지 기억하라. 이것에는 실패라는 것은 없고 무언가를 하는 것에 대한 결과만이 있다. 그리고 그 결과들은 여러분의 목표를 향한 피드백 또는 고쳐야 될 부분을 알려주는 것이다. 실패는 그저 원치 않는 결과이며 퍼포먼스를 개선하도록 도와주고 배울 수 있도록 한다.

동기부여

만약 여러분이 빨라지고 싶다면, 이기고 싶다면, 여러분은 자극을 받아야 한다. 그 누구도 그들이 얼마나 타고난 재능이 있어도 동기부여가 부족하다면 결코 계속해서 승자일 수는 없다.

만약 여러분이 레이스에서 우승하고 싶다면 여러분은 승리에 대해 '배고파'봐야 한다.

여러분이 왜 레이스를 하고 싶어 하는지에 대해 아는 것은 중요하다. 그 다음 여러분이 원하는 것이 승리하는 것인가? 여러분이 즐기는 스포츠는 무엇일까? 솔직해지기 바란다. 그것이 무엇이건 상관 없다. 문제가 되는 것은 여러분이 확인한 이상 그것에 집중해야 한다. 동기부여가 되기 위해 여러분이 하는 것을 좋아해야 한다. 여러분이 좋아하는 레이싱을 다시 생각하고 기억하기 바란다. 만약 동기부여가 되지 않는다면 그 어떠한 것도 없을 것이다.

카레이싱 최후의 비밀 : 아무도 가르쳐주지 않는 드라이빙 하이테크닉

만약 여러분이 우승하고 싶다면 위험을 감수해야 한다는 것을 알아야 한다. 어느 정도의 위험을 받아들일지 결정을 해야 할 것이다. 만약 동기부여가 되지 않았다면 여러분은 위험을 감수할 준비가 되어있지 않았을 것이라고 나는 확신한다.

만약 100% 동기부여가 된 것이 아니라면 경기에서 지속적으로 100%로 경기를 할지 의심스럽다. 그 스포츠에 대해 진정으로 즐기고 좋아하는 것에 집중하기 바란다. 동기부여는 대부분 여러분이 하게 되는 것들에 대한 애정에서 비롯된다. 여러분의 규칙적인 심상 세션 중 하나로 드라이빙의 기술을 즐기는 자신을 보고 레이싱의 스릴을 경험하며 매 순간을 즐기기 바란다.

많은 비용의 테스트와 레이싱 때문에 대부분의 드라이버들이 지나치게 걱정하지 않아도 되는 것은, 절제란 동기부여의 레벨을 올려줄 수 있다. 스포츠로부터 여러분이 놓인 곳에서 잠시 휴식을 취하라: 그것이 아마도 동기부여 전문가의 조언일 것이다.

레이싱은 모두들 아우르는 열정으로 많은 드라이버들이 실제로 하루 24시간을 보내고, 한주의 7일을 먹고 숨 쉬게 하며, 스포츠로 살게 한다. 만약 여러분도 그러하다면 이제 여러분이 열정과 불타는 열망으로 레이스카의 운전대를 잡고 주행하러 가야 할 것이다.

인생에서 레이싱을 넓은 시야로 유지하고 균형을 잡아라. 그리고 왜 여러분이 레이스를 하는지 기억하라. 자기 자신과 경력, 레이싱을 절대 심각하게 받아들이지 마라. 즐겨라. 결국에는 그것이 레이스를 시작한 이유일 것이다. 그렇지 않은가? 여러분은 지금도 앞으로도 자기 자신에게 그것을 상기시켜야 한다!

SPEED SECRET

레이싱의 무엇이 좋은지 생각하라.

그것이 여러분의 몰입과 욕망-불타오르는 욕망-의 수준은 여러분이 얼마나 자주 승리하고 여러분의 프로 레이싱 경력(만약 여러분이 원한다면)을 어디까지 끌고 갈지를 다른 어떤 것보다 더 많이 결정해줄 것이다.

동기는 여러분이 어떻게 할지에 대한 기대에서 온다. 만약 여러분이 이벤트에서 잘못할 것이라고 믿는다면 여러분의 퍼포먼스를 극대화하기 위한 동기는 없을 것이다. 이러한 것을 자기 충족적 예언

29 레이싱의 이너게임

이라고 한다. 잘하기를 기대하지 않으면 결국 준비도 없을 것이며 형편없는 퍼포먼스와 결과로 이끌어 여러분의 기대에 부응하게 될 것이다.

뿐만 아니라 이것이 왜 여러분의 결과가 아닌 퍼포먼스에 집중해야 하는지에 대한 중요한 이유이다. 최고의 퍼포먼스를 발휘하지 못할 이유가 없기 때문에 동기 또한 없을 이유가 없다.

각 세션 또는 레이스 이벤트에 앞서 목표 또는 목적을 갖는 것은 동기에 영향을 미칠 수 있다. 긍정적이고 성취적이지만 도전적이고 능력에 따른 목표는 여러분을 노력하고 그것을 따르게 만든다. 반대로 현실적이지 못하거나 쉽게 성취하는 목표는 아마도 의욕을 낮추고 상실하게 할 것이다.

인내, 헌신, 그리고 전념

마이클 조던이 자신의 고등학교 대표 농구팀에서 뛸 자격이 없다고 통보받은 것을 알고 있는가? 그는 그 평가를 받고도 운동을 그만두지 않았다. 대신 그가 팀에 들기까지 매일 연습했고, 그 이후에는 역사가 되었다. 중요한 것은 그는 인내했다는 것이다. 절대 포기하지 않았다.

레이싱에서 최고가 되기 위해서는 엄청난 양의 일과 희생, 헌신, 인내, 그리고 전념이 필요하다. 자기 자신을 속이지 마라: 여러분이 충분한 재능이 있더라도 이러한 요소들이 없다면 절대 프로 레이싱(F1, 인디카, 나스카, 스포츠카 등)에서 최고가 되어 승자가 될 수 없을 것이다.

만약 누군가가 레이싱을 전문적인 직업으로 하기 위해 필요한 것을 한 가지 선택하라고 한다면 그것은 다름 아닌 인내이다. 보비 라할은 10%의 재능과 90%의 인내로 레이싱을 했다고 말한다. 나 역시 동의한다.

레이스를 하는 동안은 절대 포기하지 마라. 여러분이 얼마 뒤에 있건 그것이 얼마나 가망 없이 보이든 만약 경쟁에서 기회가 있다고 계속해서 다그친다면 방법이 생길 것이다. 그저 그 가능성에 여러분의 마음을 집중하기 바란다. 만약 여러분이 강하게 밀어붙이지 않거나 포기한다면 다른 이들의 문제를 기회로 활용하지 못할 것이다.

헌신과 인내가 함께하지 않는다면 퍼포먼스를 최대로 발휘할 수 없으며 성공을 보장할 수 없다. 물론 크게 헌신하고 인내와 희생을 하였는데도 최고에 오르지 못한 드라이버들이 많다. 하지만 역시나 헌신과 희생 그리고 인내하지 않고 최고에 오른 드라이버는 없는 것으로 알고 있다.

준비

다른 스포츠에서처럼 레이싱을 위한 마음의 준비는 핵심 요소이다. 세상의 모든 스킬과 테크닉은 정신적으로 제대로 준비가 되지 않는 한 승자로 만들어주지 않는다. 나의 경험에 의하면 대부분의 성

카레이싱 최후의 비밀 : 아무도 가르쳐주지 않는 드라이빙 하이테크닉

공한 드라이버들은 그 수준이 어떻든 다른 사람보다 더욱 많이 그리고 제대로 준비한다.

운전에 대한 심리적 접근은 성공에 가장 큰 영향을 미친다. 연습 세션 또는 레이스 전 마음의 준비를 하는 것은 다소 개인적인 것이기에 어떠한 것이 맞다고 이야기해주는 것은 어렵다. 자신의 경험에서 스스로 어떠한 것이 맞고 아닌지 알아내야 한다. 몇몇 드라이버들은 홀로앉아 그 누구와도 대화하지 않는 방법을 쓴다. 또 다른 드라이버들은 많은 긴장감 속에서 친구 또는 동료들과 대화할 수 있는 것이 다음 연습과 예선 그리고 레이스에서 압박감을 잊어버리게 해준다.

사람들은 「미하엘 슈마허」, 「마이클 조던」, 「웨인 그레츠키(아이스하키선수)」 그리고 「타이거 우즈」 같은 선수들의 '천부적인 재능'에 대해 종종 이야기한다. 만약 이 모든 위대한 선수들이 공통점을 하나 가지고 있다면, 얼마나 그들이 열심히 했는지 얼마나 연습을 했는지 그리고 그 스포츠를 위해 얼마나 많은 시간과 노력을 했는지이다.

천부적인 재능이 대부분 열심히 노력해서 만들어진다는 것은 아일톤 세나에 대한 실화가 좋은 예이다. 그는 1985년 포르투칼에서 열린 그의 첫 F1 GP에서 우승 뒤 몇 시간 후 일반 차량으로 트랙을 드라이빙하는 것을 볼 수 있었다. 이것을 기억하기 바란다. 이것은 그가 빗속에서 마법같은 퍼포먼스로 레이스 전체를 완전히 지배하고 난 뒤다. 그는 일반 차량으로 트랙에서 무엇을 하고 있었던 것일까? 그는 얼마나 더 나은 퍼포먼스를 발휘할 수 있는지 알려고 노력했다. 그것은 최고가 되기 위한 헌신이다. 이것이 종종 천부적인 재능과 혼동된다.

SPEED SECRET

준비는 단지 하나가 아니다 : 모든 것이다.

마이클 조던은 경기에 앞서 그의 동료들이 도착하기 전 종종 일찍 나와서 3점슛 연습을 하곤 했다. 조던의 연습과 준비로 재능에 대한 가치를 알지 않겠는가?

승리자들은 그들이 모든 방법으로 준비한 것을 확실하게 하기위해 자신의 갈 길을 간다. 그것에는 다이어트, 육체적인 운동프로그램, 정신적인 트레이닝 프로그램, 심지어 마음대로 여행을 계획하고 스폰서들을 위한 적절한 옷을 준비하고 올바른 대인관계 등을 포함하고 있다.

레이스 드라이빙은 컨트롤과 절제력이다. 대부분의 최고 드라이버들(세나, 슈마허, 페티, 언하트,

레이싱의 이너게임

미어스, 안드레티)은 그들의 삶과 주변 모든 것을 컨트롤하는 것은 아니다. 그들에게는 다른 무엇보다 특정한 것에 깊은 관심을 가진다. 그들이 드라이빙 장비를 관리하는 것에 헌신적인 것이 좋은 예이다. 정렬과 제어, 그리고 절제와 준비를 하는 것을 싫어하는 세계 챔피언을 종종 보았다는 것은 믿을 수가 없다.

각 세션에 들어가기 전 시각적으로 트랙을 주행하여 여러분이 계획했던 테크닉을 조절하고 변화되는 것을 인지하는 것을 강력히 추천한다. 사실, 모든 세션 전에 여러분이 무엇을 변화시킬지 계획하라. 레이스 트랙을 주행하는 랩은 소중하다. 단계별로 계획을 짠 다음 그 계획을 실행하라.

지금, 분명한 것은 드라이버로서 여러분의 목표는 더 빨라지기 위해 다른 경쟁자들 보다 지속적으로 매진하는 것이다. 그것이야말로 이기기 위한 것이다.

그러나 여러분이 더 빨라져야겠다고 결정한 순간 어떻게 해야 할지 모든 것을 고려해야 한다. 코너를 진입할 때 시속 1km가 빠르다고 해도 차량이 코너를 돌지 못할 수 있다: 불균형하고 지나친 속도로 인해 페이스 변화 동안 오버스티어가 나기 시작할 것이다: 이것이 결과를 대비해 마음의 준비를 할 수 있게 한다. 또한 여러분의 자신감 레벨에 도움을 준다. 왜냐하면 제어가 가능하기 때문이다. 이것은 여러분을 놀라게 하는 것은 아니지만 그것을 곱씹을 필요는 없다.

사실, 부정적인 생각 또는 아이디어에 얽매이다 보면 아마도 그것이 여러분을 느리게 만들 것이다. '만약 내가 이것보다 더 빨라지면 난 충돌할거야' 와 같은 생각은 집중력을 흐리게 하고, '4번 코너를 5km 더 빠르게 진입할 수 있어'와 같은 이상적이고 긍정적인 생각으로부터 주의를 빼앗는다.

빨라지기 위해 어떻게 드라이빙을 개선시키고 새로운 테크닉과 차를 빠르게 하기 위해 끊임없이 노력하고 배우고자 오픈 마인드를 가져야 한다. 이것이 세상에서 가장 즐거운 도전중 하나일 것이다.

경험이 더 많은 드라이버들과 지식이 풍부한 개인들로부터 조언을 받는 것은 좋은 연습이다. 많은 드라이버들은 여러분이 그들과의 만남과 대화에 대해 중요하게 생각할 것이고 개선을 위한 노력을 하는 여러분을 존중할 것이다.

성공한 드라이버들을 지켜보고 대화를 시도해라. 세계 최고 드라이버들의 전기를 읽는 것은 도움이 된

카레이싱 최후의 비밀 : 아무도 가르쳐주지 않는 드라이빙 하이테크닉

다. 그들이 무엇을 하고 말했는지 분석하라. 분명히 여러분은 그들이 말한 것 모두를 믿지는 않겠지만 분석하기 바란다. 그들은 고의적으로 잘못된 조언과 그로 인해 올바르지 않은 길로 가도록 만들지는 않겠지만 무엇이 그들을 성공적으로 만드는지 정확하게 모를 수 있다. 이것이 왜 자기 자신을 지켜보는 것이 중요하고 활동할 때 모든 측면에 대해서 진지하게 생각해야한다. 여러분이 문제라고 생각하는 특정 코너를 다른 드라이버들이 어떻게 주행하는지 지켜보라. 여러분이 찾지 못한 '비밀'을 그들은 찾았을 수도 있다. 하지만 주의해야 하는 것은 그들이 여러분보다 더 안 좋을 수도 있다는 것이다. 그들의 드라이빙을 확인하고 다른 경험 많은 드라이버들과 이야기해라.

다른 드라이버들을 지켜볼 때, 그들의 라인과 차량의 자세 또는 밸런스를 주목해라. 어떻게 차량과 드라이버의 반응이 나타나는지 자신에게 물어보고 사용된 전략과 테크닉을 파악해야 한다.

주의 점: 조언을 듣되, 판단은 스스로 하라. 누군가에게 듣는다 해서 여러분과 차량에도 적용되지는 않을 것이다.

흐름

경험으로 보면 -'시트 타임'- 은 흘러간다. 이것은 여러분이 반 무의식적으로 자연스럽게 노력하지 않으면서 주행할 때이다.

보통 누군가가 지나쳐 가거나 또는 지나치고 나서 여러분의 흐름을 다시 올리기는 어려울 수 있다. 다시 그 흐름으로 돌아와 여러분의 리듬을 올리는 것에 집중하는 것이 중요하다. 트랙을 도는 몇 랩 동안 혼잣말을 하는 것이 도움이 될 수 있다. 퍼포먼스 정신 상태를 위한 계기가 되는 단어를 사용하는 것도 좋다.

여러분은 자신이 좋은 흐름일 때와 그렇지 않을 때를 알고 있다. 좋은 흐름 속에 있을 때의 기분은 좋다. 하지만 너무 지나치게 열심히 하다보면 그 흐름에 있지 못한다. 결코 노력으로 그 흐름을 만들어낼 수 없다. 이것은 자연스럽게 생기는 것이며 그저 차량의 일부가 되었다고 생각하고 느껴보기 바란다 : 차와 하나가 되어야 한다. 여러분이 하는 모든 것은 자동적으로 될 것이다. 변속, 브레이킹, 그리고 코너를 들어가는 모든 것들이 반무의식적으로 될 것이다.

난 모두가 '흐름'을 언젠가 경험을 했을 거라 생각한다. 그것은 일을 하거나, 스포츠를 하거나, 악기를 연주하거나 또는 평범한 하루를 보내는 동안 생길 수 있다. 모든 것이 괜찮게 보일 때 하는 일이 완벽할 때 생각지도 못한 그런 순간이다. 아쉽게도 대부분의 사람들은 그 반대를 경험했을 것이다. 아무리 여러분이 열심히 해도 잘되지 않는 것같이 느껴진다. 그리고 보통 지나치게 열심히 하는 것이 문제가 된다.

29 레이싱의 이너게임

SPEED SECRET

도전 + 믿음 = 흐름

과거에 여러분이 이러한 흐름이나 구간에 있을 때 마다 거기엔 분명 두 가지 요소가 연관되어 있었을 것이다: 도전적인 것을 느꼈고 그 도전을 다룰 여러분의 능력에 자신감이 생겼다. 사실, 도전의 조합과 자신에 대한 믿음은 그 무엇보다 더 흘러가도록 할 것이다.

만약 도전을 느끼지 못한다면 거의 지루함을 느낄 것이다. 정점에서 흐름과 성과를 유지하면서 그 강도를 유지하기는 쉽지 않다. 물론 그 도전이 벅찬 것처럼 보인다면 역시 최상의 성과를 내기 쉽지 않을 것이다. 감당할 수 없다면 그 도전을 다룰 수 있는 내적 신념을 갖지 못할 것이다. 하지만 만약 여러분이 하는 것에 도전을 느낀다면, 그 도전을 이겨낼 수 있다는 자신감을 느껴 흐름에서 더 많은 성과를 내게 될 것이다.

레이싱을 거친 도전으로 구상하고 나아가 그것을 핸들링할 수만 있다면, 성과를 더 많이 낼 수 있을 것이다. 때때로 단지 그렇게 하고 구상을 하는 문제이다. 즉 여러분이 다룰 수 있는 것을 쉽지 않다고 보고 능력을 발휘하지 못하는 것 말이다. 그런 사고방식을 갖고 흐름과 지역에 들어가는 것이 더 쉬워질 수 있다. 거의 노력하지 않고 완전히 집중해서 성과를 내고, 시간은 느리게 흘러가는 것처럼 보이며, 그리고 그 순간을 단지 즐기는 마법 같은 상태 말이다.

승리

나는 이번 장에서 주행시 절대적으로 승리(winning)와 순위로부터 강조 혹은 집중을 떨쳐버리는 것에 대해 이야기하겠다. 성과를 내고 이렇게 해서 승리의 기회를 어떻게 끌어올릴지 말이다. 그래서 승리가 중요하지 않다는 것을 의미하는가? 물론 그럴 수도 있다. 그것은 너무 많이 문제가 된다. 그것은 레이싱이 무엇인가이다.

레이싱에서의 목표는 이기기 위함이다. 하지만 레이싱의 목적은 레이스를 하기 위함이다. 레이스를 이기는 것은 스포츠에서의 목표이지만 그것에만 집중해서는 안 된다. 이기는 것은 뛰어난 퍼포먼스의 궁극적인 결과이다. 지더라도 멋진 퍼포먼스는 형편없는 퍼포먼스로 승리하는 것보다 장기적으로는 자신의 만족도가 높다. 이 책에서 나온 전략들을 통하여 형편없는 퍼포먼스보다는 멋진 퍼포

카레이싱 최후의 비밀 : 아무도 가르쳐주지 않는 드라이빙 하이테크닉

먼스를 확실히 발휘해야 한다. 그렇게 하더라도 승리는 승리일뿐이다.

몇 년간 함께 일한 많은 드라이버들은 승리하기 위한 확고히 불타는 의욕을 가지고 있었다. 그 어떠한 것도 감수할 수 있는 사람들이다. 그들은 육체적으로 심적으로 준비하는데 시간을 보냈다. 그리고 그들은 다른 누구보다 자주 우승을 했다. 하지만 그들의 집중은 언제나 그들의 퍼포먼스를 개선시키는데 있는 것처럼 보였다. 이기는 것은 그 다음의 문제였다.

함께 했던 몇몇 드라이버들을 조심스럽게 말하자면 지는 것을 잘 받아들이지 못했다. 아쉽게도 이러한 태도는 형편없는 퍼포먼스나 좋지 않은 결과를 초래했다. 그들은 경기 결과가 좋지 않을 때 얼마나 화가 났는지 이야기해보면 너무 경쟁적이었다고 항의할 것이다. 그들은 지는 것을 매우 싫어한다. 물론 레이싱에서 지는 것을 좋아하는 사람은 없을 것이다. 하지만 실패를 곱씹으며 무엇을 배울 게 있는지 되돌아보는 드라이버들은 다음 경기에서 대부분 다시 우승한다.

경쟁하는 사람들은 그들의 실패로부터 배워야할 필요가 있다. 여러분이 경쟁하는 모든 경기에선 승자보다 패자가 더 많을 것이다. 이것은 스포츠에 있어서 당연한 것이다. 만약 여러분이 지나치게 화가 나서 실패에 집중한다면 절대 그것으로부터 배울 수 없고 계속해서 패배하게 될 것이다.

가끔 드라이버는 어떻게 하면 승리할 수 있을지에 대해 배워야 하다. 보통 그것이 완전히 운이 작용했든지 승리할만한 자격이 있든지 드라이버(팀)는 승리를 하기 위해서 반드시 이길 수 있다는 믿음을 가지는 것을 배워야 한다. 그렇게 된다면 드라이버는 레이스가 잘 풀리며 승리를 하게 되는 것처럼 보인다.

나는 이기기 위해 모든 것을 가지고 있지만, 그렇게 하지 못하는 것처럼 보이는 드라이버와 팀을 얼마나 자주 봐왔는지는 잘 알지 못한다. 거의 행운으로 승리를 한 후에 한번 지켜보라. 갑자기 여러분은 그것을 멈출 수 없다. 여러분은 눈에 보이는 모든 것에서 승리하기 시작할 것이다.

그것은 이길 수 있는 레이스를 가져가는 게 드라이버에게 왜 중요한지 내가 느끼는 이유이다. 만약 여러분이 우승하지 못할 것 같은 대회에서 레이스를 하고 있다면 다시 하위 클래스로 내려가는 것을 두려워하지 말고 더 낮고 쉬운 클래스를 선택해 이기기 위한 연습을 하기 바란다. 다음 그 승부근성을 가지고 주요 레이스에 다시 도전하라.

내가 제일 좋아하는 인용문구 중 하나로 「헨리포드」의 이야기가 있다. 그가

29 레이싱의 이너게임

말하기를 '만약 여러분이 할 수 있다고 생각하거나 또는 할 수 없다고 생각한다면 여러분의 생각이 정확할 것이다.' 여러분은 자기 자신에게 완전한 자신감을 갖고 있어야만 여러분의 팀원들에게 승리를 선물하게 될 것이다.

전략

여러분의 모든 심상에서 레이스카 안팎의 침착하고 진정한 여러분의 모습을 보아라. 특별히 경쟁자와 관련된 것이 아닌 최대한 집중하여 행동하는 자신을 보라. 차 밖에서 여러분 주변 것들과 차량의 속도에 완전히 편안해하는 자신을 보아라.

특별히 경쟁자와 관련되지 않더라도 최선을 다해서 집중하는 자신을 보아라. 차량 밖에서 주변 것들과 차량에서의 속도에 완전히 편안해하는 자신을 보아라. 경기를 하기위한 여러분의 능력에 대한 자신감과 경기에 앞서 소속감에 자신감을 가진 자신을 보아라.

반드시 여러분은 '앞으로' 갈 것이다. 여러분의 이상적인 '흥분' 레벨을 보아라. 지나치게 불안하거나 열정적이거나 또는 활기로 북돋는 것은 아니지만, 그렇다고 너무 지나치게 태평한 것도 아니다. 자신이 마치 적극적이라 보고 '현명한' 레이싱 판단을 세워라. 자신이 순수하게 좋아해서, 완전하게 동기부여가 되어 잘하기 위해서 무엇이든 감수하며 레이싱을 한다고 생각해보라. 자신이 준비가 충분히 되었다고 생각해보라: 잘 먹고 신체적으로 정신적으로도 단련이 되었다. 준비가 되었다. 여러분이 어떠한 역경에 마주쳤지만 인내로 이겨내고, 자기 자신과 다른 이들에게 여러분의 헌신을 보여준다고 생각해보라. 여러분이 다른 사람들로 이해받은 스트레스를 다루며 여러분의 퍼포먼스에 집중하고 그것을 놓음으로서 결과를 책임진다고 생각해보아라.

이 느낌, 이 태도, 이 정신상태, 신념 모두를 여유 있되 강렬하게 프로그램하라. 조용하지만 활기가 넘쳐야 한다. 정신을 가다듬되 통제를 하라. 집중하되 깨달아라.

지금껏 여러분이 한 것보다 더 잘하는 자신을 보고, 듣고, 느껴라. 그리고 결과에 집중하라. -승리- 이 세상 그 무엇보다도 여러분이 더 원하는 것이지만, 그것은 결과를 만드는 여러분의 퍼포먼스라는 것을 알아야 한다.

종이에 레이싱은 여러분에게 어떤 의미인지 적어보아라. 여러분은 무엇을 성취하고 싶은가? 어떻게 느끼고 싶은가? 몇몇 드라이버들은 세계 챔피언이 되는 것이 유일한 목표이다. 다른 이들은 어떤 유형이건 수준이건 레이스카로 보상받으려 한다. 다른 사람들은 오로지 순수하게 레이스를 즐기기 위해 하고 그들이 아마추어 클럽 수준인지 전문적인 레이싱을 하기 위함인지 상관하지 않는다.

다음엔 왜 그 수준의 성공을 성취하고 싶은지 적어라. 돈을 많이 벌기 위해서인가, 명성을 얻기 위

카레이싱 최후의 비밀 : 아무도 가르쳐주지 않는 드라이빙 하이테크닉

함인가, 자신에게 만족을 느끼기 위함인가, 자신에게 만족을 느끼기 위함인가, 성취감을 느끼기 위함인가, 부모의 꿈을 충족시키기 위함인가, 스피드를 컨트롤하는 스릴을 위함인가, 다른 드라이버를 이기기 위함인가, 아니면 여러분이 아직 잘 하는 것을 찾지 못해서인가?

중요한 것은 이러한 이유는 상관없다는 것이다. 다른 것보다 하나의 이유는 조금도 좋지 않다. 핵심은 왜 여러분의 개인적인 동기인지 알아야 하는 것이다. 자기 자신에게 솔직할수록 더욱 이러한 정보에 영향을 주어 여러분의 동기수준이 될 것이다. 여러분이 조금이라도 기운을 차리게 해주는 것이 필요할 때 여러분의 이상적인 수준의 성공과 결실을 맺고 싶은 이유들에 집중하라.

언급한 것처럼 성공과 성취감은 또 다른 성공으로 이끈다. 시간을 갖고 회상하여 여러분의 인생에서 최고의 퍼포먼스를 최소 3개는 적어보아라. 이것은 굳이 레이싱 또는 승리했던 결과 또는 높은 점수가 아니어도 된다. 학교에서 다른 스포츠, 다른 일로 성취한 것 또는 관련 분야에서 어떻게 수행을 했는지도 될 수 있다. 이들 퍼포먼스에 대해서 전에, 진행 중에, 그리고 이후에 어떻게 느꼈는지 적어보아라. 그것에 관해 모든 것을 기억하라. 그것들을 상상 속에서 다시 체험하고 적어라. 그리고는 다시 돌아가 가끔 읽거나 새로운 경험을 가지고 업데이트하라.

30 실수 관리하기

모든 레이스 드라이버는 실수를 한다. 그것을 알아차리고 그런 다음 실수를 분석 하는 것은 중요하다. 그렇게 할 수 있기 전까지 여러분이 잘못된 것을 고치는 것은 물론이고 개선을 위한 시작조차 하지 못할 것이다. 계속해서 그것들을 생각하라고 말하는 것은 아니지만, 여러분이 조금이라도 일찍 실수들을 알아차릴 수 있는 가장 공통적인 방법이 몇 가지 있다.

나 또한 많은 실수를 했었기에 이 부분을 굉장히 잘 알고 있다. 사실 내가 생각하는 좋은 드라이버와 그렇지 않은 드라이버를 나누는 것 중 하나는 좋은 드라이버는 실수를 더 많이 하고 그것들로부터 배워나갔다는 것이다. 나는 내가 경험이 적은 드라이버들 보다 지속적으로 한계에 가깝게 당길 수 있다는 것을 알고 있다. 그 이유는 나는 어떻게 살아남는지 알기위해 이미 충분히 한계치를 넘어보았기 때문이다. 나는 실수를 했을 때 어떻게 만회하는지 알고 있다. 그것은 오로지 경험에서만 나온다.

아마도 모든 레벨의 레이스 드라이버들의 공통적인 실수는 최적의 턴인 포인트에 닿기도 전에 (그림 30-1참고) 코너로 너무 일찍 꺾어 버린다는 것이다. 궁극적으로 이것은 이른 정점과 탈출에서 트랙 밖으로 달리도록 하는 결과를 낳는다. 이것은 트랙 밖으로 나가는 것을 피하기 위해 스로틀에서 발을 떼어서 코너를 타이트하게 만들고 이상적인 라인을 만들어야 할 거라는 것을 의미한다. 이러면 분명히 직선 코스에서 속도가 줄어들 것이다. 이 실수를 수정하는 방법은 턴인 포인트를 확인하기 쉽게 만드는 것이다. 실제로 어디가 정점이고 탈출점인지 알고 거기에 이르기 전에 머리 속에 그것을 그릴 수 있도록 하는 것이다.

흔히 너무 빨리 들어가는 것은 브레이킹을 너무 일찍 하기 때문이다. 드라이버가 브레이킹을 너무 일찍 시작해서 그가 생각하는 속도까지 차량의 속도를 줄이고, 턴인 포인트 약 3m 전에 코너를 돌아야 한다. 이 문제를 해결하는 가장 쉬운 방법은 분명 브레이킹 시점을 조금 늦추는 것이다.

같은 결과를 가지고 또 다른 공통적인 오류는 코너를 지나치게 빠르거나 급격하게 들어가는 것이다. 여러분이 올바른 포인트에서 진입하더라도 급격하게 코너를 돌아나간다면 결국 빠른 정점을 초래하게 된다. 수정할 것은 코너 안쪽으로 향하기 전에 정점과 탈출 포인트가 어딘지 여러분의 머릿속에서 알아야 하는 것이다. 그것과 스티어링 휠을 천천히 돌리는 것을 배워야 한다.

앞서 언급을 했듯이 탈출에서 모든 도로를 사용하는 것은 매우 중요하다. 그러나 만약 차량이 속도가 유지되지 않은 상태에서 트랙의 끝을 주행한다는 것은 실수를 일으킬 수 있다. 최적의 라인을 주행하기 위해 트랙의 끝(에지)까지 드라이빙할 때, 더 이상의 공간이 없기 때문에 더 빨리 가야한다고 자기 자신을 속이고 믿게 하라. 대신 가끔 코너에서 나올 때 차량을 최대한 타이트하게 (속도를 줄이거나 '돌진'하지 않고) 유지한다면, 여러분은 속도가 차를 끌고 가는 정확한 느낌을 갖게 된다. 그러므로 속도와 트랙을 전부 사용한다고 느끼게 되면 여러분은 다시 탈출 포인트에서 차가 자연스럽게 달리도

카레이싱 최후의 비밀 : 아무도 가르쳐주지 않는 드라이빙 하이테크닉

록 해주면 된다.

작은 실수들은 스핀, 트랙 밖으로 이탈, 또는 사고까지 초래한다. 대부분은 정신집중, 컨트롤 중 실수로 이어지거나(보통 차량의 균형이 흐트러지기 때문에 트랙션도 흐트러짐) 속도나 위치를 잡는데 잘못 판단하는 실수로 인한 것들이다. 그 오류의 결과는 보통 얼마나 여러분이 차분하게 있는지 그리고 여러분의 경험으로 결정된다. 여러분의 실수로부터 배워라.

만약 차량이 스핀(극심한 오버스티어)하기 시작해서 첫 번째 미끄러지는 것을 수정하게 되는데 그 다음엔 과도한 수정으로 인해 생긴 반대 방향의 역스핀에 대비해야 한다. 만약 그런 일이 생긴다면 여러분이 다시 제어할 수 있는 상태가 될 때까지, 여러분이 가고자하는 곳을 바라보며 스티어링을 돌리고 다시 제어할 수 있을 때까지 속도를 줄여 부드럽게 조작한다.

누구나 알겠지만 차량이 미끄러지거나 스핀을 할 때 차량의 움직임이 하중이동에 큰 영향력을 미친다. 그 하중이동을 부드럽게 제어하는 것이 스핀을 제어하는 진정한 비결이다. 이것은 오버스티어 상황이므로 그저 가고자 하는 방향으로 차량이 갈 수 있도록 시선처리를 하고 핸들링하면 된다.

만약 차량이 스핀하기 시작했는데 제어할 수가 없다면 완전히 스핀할 것이다. 만약 여러분이 침착하게 있고, 어디로 가는지 지켜보며 클러치를 밟고 브레이크를 로크업(lock up)하고 아무것도 하지 않았다면 잘못된 것이 아니다. 이것은 처음에 스핀을 막으려고 한 것에 비해 여러분이 할 수 있는 전부였다.

사실 많은 사람들이 이것이 여러분의 한계치에서 운전하는지 알 수 있는 최고의 방법이라고 믿고 있다. 만약 여러분이 스핀을 하게 되더라도 이처럼 배우기 바란다.

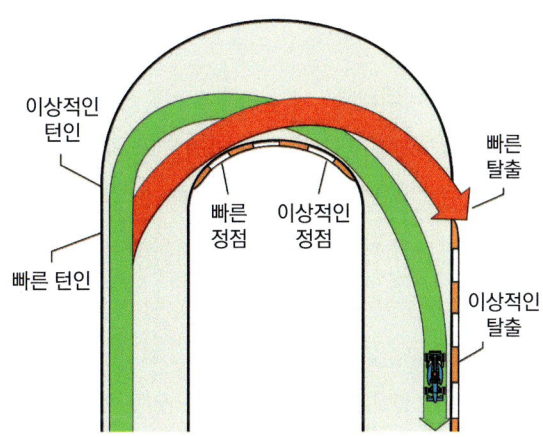

그림30-1: 코너에 너무 일찍 진입했을 때, 어떤 일이 생기는지 보여주는 예이다. 여러분은 결국 빠른 정점을 만나게 되고 다음 탈출에서 트랙 바깥쪽으로 갈 것이다. 물론 만약 여러분이 안쪽으로 들어가 정점을 일찍 잡은 것을 깨달았다면 여러분은 조심스럽게 속도를 줄이도록 하고(코너를 도는 동안 갑자기 스로틀에서 발을 떼면 어떻게 되는지 기억하라) 그리고 원래 라인으로 돌아가기 위해 반경을 줄여라.

30 실수 관리하기

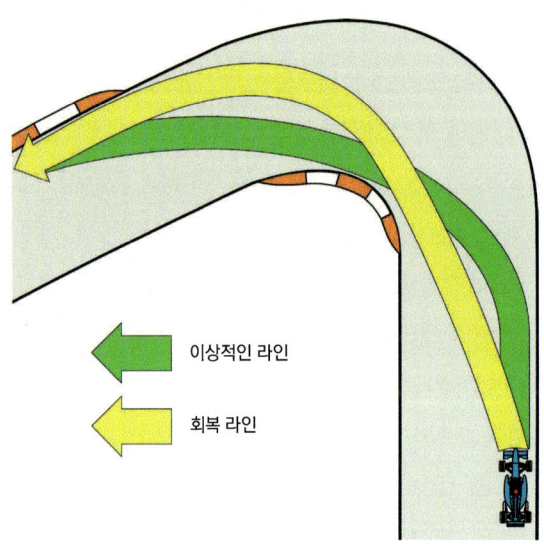

그림30-2: 만약 여러분이 브레이크를 너무 늦게 밟거나 또는 브레이킹을 완료하였는데 코너 진입이 너무 빠르다면, 차량이 매우 빠른 정점을 잡도록 설정하라. 이것이 실질적으로 느려진 차량을 위해 여러분이 가질 수 있는 거리를 늘어나게 해준다.

이상적인 라인

회복 라인

    만약 여러분이 스핀 한다면 여러분은 즉각 브레이킹을 해서 잠기게 해야 할 것이다. 이것은 속도가 줄어드는 동안 계속해서 브레이크가 잠기기 전에 원래 향하던 방향으로 가도록 할 것이다. 같은 시각에 클러치를 밟고 스로틀을 블리핑(모터레이싱에서 엔진의 회전 속도를 잠깐 동안 올리는 것을 말함)해서 엔진이 계속 작동하도록 해준다. 이렇게 해야 스핀을 하고나서 곧바로 주행할 수 있다. 이 말을 기억하라. '스핀하면 두 발을 올려라.' 클러치와 브레이크 페달 위에 있어야 한다는 말이다.

    그리고 아무리 그게 안 좋게 보이더라도 항상 여러분이 가야하는 방향으로 시선을 처리해야 한다. 절대 컨트롤을 되찾는 것을 포기하지 마라.

    스핀 상황에서 드라이버가 흥분하게 되면 재출발을 하려할 때 종종 엔진을 꺼뜨리게 만들 것이다. 시간을 가지고 충돌하는 것을 피하도록 주변을 보고(오피셜들이 보내는 신호를 보라) 엔진 회전속도를 많이 올린 후 다시 자리로 돌아가야 한다. 여러분의 타이어에 돌이나 자갈이 많이 붙어있다면 심하게 그립감을 감소시킨다는 것을 기억하기 바란다. 그렇기 때문에 이러한 이물질들이 완전히 제거될 때까지 시간을 가져야 한다. 그렇지 않으면 또다시 스핀으로 이어질 것이다.

    오벌 코스에서 여러분이 미끄러질 때 다시 차량을 잡을 수 없을 것 같은 상황에 도달한다면 브레이크를 즉시 놔버려야 한다. 만약 계속해서 바로 잡으려 한다면 벽을 향해 진행하거나 스핀할 것이다. 스핀하는 것을 받아들이는 것이 더 나을 수 도 있으니 그렇게 되도록 놔둬라. 그것은 아마도 트랙 아래까지 미끄러져 날아갈 것이다.

카레이싱 최후의 비밀 : 아무도 가르쳐주지 않는 드라이빙 하이테크닉

만약 제대로 코너를 들어갈 수 없는 포인트에서 조금 빠르게 진입을 했다면? 대부분의 드라이버들의 반응은 브레이킹을 계속 유지할 것이다. 하지만 만약 여러분이 브레이크를 서서히 뗀다면 실제로 코너링을 만회할 더 좋은 기회가 생길 것이다. 왜? 그 이유는 두 가지이다.

- 앞쪽의 타이어에 지나치게 많은 하중이 작용하는 대신 차량이 더욱 균형을 잡고(앞쪽으로 하중이 너무 많이 이동하지 않음) 4개의 모든 타이어가 차량이 코너를 돌 수 있도록 노면에 작용한다.
- 여러분의 집중과 관심을 '차량의 속도를 줄인다' 또는 '살아남아야 한다'가 아닌 트랙션의 한계치에 있는 차량을 컨트롤하는 것에 둔다.

공감을 하든 그렇지 않든 이 계획을 알고 사용하는 것은 다른 '요령'보다 여러분이 더 빨라지게 만들어주는 것 그 이상을 할 것이다. 아마도 차량이 생각한 것보다 더 빨리 코너를 돌아나가는 것을 발견할 것이다.

만약 여러분이 너무 빨리 코너에 진입한다면(아마도 브레이킹을 너무 늦었기 때문) 빠른 정점을 목표로 나아가라. 이것은 여러분이 직선에서의 브레이킹 시간을 길게 하도록 만들어 차를 느리게 만든다.

만약 코너의 탈출지점에서 밖으로 밀려난다면(아마도 빠른 턴인과 정점으로 인해) 트랙 옆 비포장에 두 개의 바퀴가 빠지게 될 것이다. 만약 그렇다면 첫 번째로 해야 할 것은 앞 바퀴를 똑바로 하고 앞쪽으로 주행하라. 심지어 그것이 몇 초 동안 방호벽을 향해 간다 해도 말이다. 이렇게 하게 되면 차의 속도를 감소시키고 다시 제어할 수 있는 시간을 벌어준다.

만약 여러분이 차를 트랙으로 즉시 되돌리려 한다면, 대체적으로 두 개의 앞 타이어와 한 개의 뒤 타이어만이 포장된 트랙 위에 놓이게 될 확률이 높다. 이렇게 되면 항상 트랙 건너로 퀵스핀을 하게 되어 종종 다른 차들의 진행을 방해하곤 한다. 혹은 만약 바퀴가 잘못된 방향으로 트랙 끝에 걸치게 되면 차가 자기 맘대로 흘러가 전복의 원인이 되기도 한다. 그러면 다시 제어할 수 있을 때까지 앞 타이어를 똑바로 유지해야 한다. 당황하지 말고 트랙으로 차를 과감히 끌어올린다. 잘 되진 않겠지만..........

또한 너무 빨리 회전하게 되면 (아마도 이것은 감속을 너무 늦게 했기 때문인데) 이상적인 라인을 타기 위한 정점을 너무 빨리 찍게 된다. 이것은 차량의 속도를 늦추기 위해 직선구간에서 더 감속해야 한다는 말이다.

만약 코너 탈출 시 트랙을 벗어나게 되면(너무 이른 회전과 정점을 찍었기 때문인데) 트랙 가장자리의 흙먼지를 날릴지도 모른다. 그렇다고 한다면, 몇 초안에 벽을 향해 돌진하는 일이 있더라도 우선은 앞 바퀴를 정렬 하고 똑바로 운전해야 한다. 이렇게 하는 것이 차의 속도를 줄이고 컨트롤을 할 수 있는 상태로 돌아오게 할 수 있는 시간을 벌어 준다.

30 실수 관리하기

그리고 차량을 즉시 트랙으로 돌아오게 운전하려 하다 보면 앞 두 바퀴는 보도에 있고 뒷바퀴 한쪽만 트랙에 있는 채로 끝날 것이다. 이런 현상은 다른 차량에서도 흔히 일어나는데, 대게는 트랙을 가로질러 빠르게 스핀 하는 경우나 혹은 잘못된 각도에서 연석 가장자리에 바퀴가 걸렸을 때 발생한다. 이것은 차를 제 멋대로 여행(trip)하게 만들고 (여행하다라는 원래 동사의 의미처럼 차가 이리저리 다니면서 컨트롤 할 수 없는 상태 /기우뚱 좌우뚱) 또한 전복의 원인이 된다. 다시 말하지만 차를 컨트롤 할 수 있는 상태로 돌아올 때까지 똑바로 운전해야 한다. 겁먹거나 트랙에서 거칠게 조작하지 마라. 그 방법은 먹히지 않는다.

실수 줄이기

이미 22장(챕터)에서도 이야기 했듯이, 숙련된 드라이버들이라고 해서 경험이 없는 드라이버들에 비해 실수를 더 조금 하는 것은 아니다. 경험이 많은 운전자들은 단지 그것(실수할만한 것들)을 감각적으로 더 빠르게 인식할 뿐이다. 그래서 기준(참조점)을 갖고 실수할만한 요소에 대해 더 빠르고 섬세하게 대응한다. 다시 말해 실수를 줄이는 것이다.

그래서 트랙에서 기준점을 더 많이 가지고 있을수록 실수를 더 적게 한다. 사실 실수를 하기도 전에 바로 잡으려 한다면 여러분은 스스로 하는 실수를 눈치채지 못할 수도 있다.

이것은 의사결정을 할 때도 마찬가지다. 여러분이 투자를 하려고 한다면 정보가 많을수록 옳은 결정을 내릴 수 있지 않을까? 물론이다. 레이싱도 이와 같다. 한 무리의 차량들이 회전하면서 충돌하려 할 때 더 많은 정보를 가지고 있다면 추월하기가 수월할 것이다. 최고 수준의 프로 드라이버들조차도 아주 작은 정보의 부족으로 인해 잘못된 판단을 하는 걸로 유명한 이들이 있다. 어째서인지 그들은 일부 감각 정보를 놓치곤 한다.

그저 드라이버가 경험이 더 많다고 해서 당연하게 더 많은 기준점을 가지고 있는 것은 아니란 소리다. 그렇기 때문에 초보 운전자들이 더 적은 기준점을 가지고도 실수를 더 적게 할 수도 있다는 이야기다. 운전자가 경험이 늘수록 대개는 정보를 더 잘 받아들이는 게 맞지만 모든 경우에 그런 것은 아니다. 나는 경력 20년차의 드라이버들보다도 정보를 잘 받아들이는 몇몇 초보자들을 봤다.

> **SPEED SECRET**
>
> 기준점이 많을수록 오류를 최소화할 수 있을 것이다.

카레이싱 최후의 비밀 : 아무도 가르쳐주지 않는 드라이빙 하이테크닉

그림30-3: 더 많은 기준점-더 많은 감각입력-을 가지고 있다면 여러분이 실수를 수정하는 것은 예상보다 빠르고 섬세해질 것이다. 트랙의 같은 곳을 접할 때 두 드라이버는 같은 수준의 기준점을 찾거나 감지를 못하기도 한다. 아래의 그림보다 위쪽 그림의 드라이버가 얼마나 더 많은 정보가 있는지 보아라.

    이 모든 것을 종합해보자. 드라이버가 어디에서 어떻게 더 많은 기준점을 얻을 수 있을까? 이것은 더 많이 시트에 앉아 있거나 많은 경험을 통해 얻을 수 있을까? 보통 그것은 도움이 된다. 하지만 드라이버는 그 과정을 빠르게 줄일 수 있다. 어떻게? 단지 집중을 하는 것만으로도 가능하다. 좀 더 세심하게 연습 하는 것, 감각을 받아들이는 질과 양을 높이는 것이다.

    감각을 받아들이는 세션을 갖는 것에 대해 한 번 더 언급을 하겠다. 대부분의 드라이버들은 이러한 과정을 가진 적이 없다. 이러한 과정을 겪지 않은 드라이버들의 평판이 어떨지 여러분은 잘 알고 있을 것이다. 그들의 섬세하고 정확한 차량의 피드백으로 매우 빠르다거나 실수를 하지 않고 뛰어난 테스트 드라이버라는 평판을 가지게 되는 것을 말한다.

    레이스 드라이버들이 범하는 가장 전형적인 실수로 돌아가 보자. 이것은 너무 일찍 또는 너무 갑자기 코너의 안쪽으로 향해 들어가는 것에서 시작된다. 어느 상황이나 마지막 결과는 탈출 지점에서 차량이 트랙 밖으로 나가게 되는 라인이 되거나, 트랙 밖으로 휠이 벗어나 트랙을 가로질러 스핀한다(드라이버가 스티어링 조작을 더 함으로써 오류를 수정하려할 때). 또는 코너 중반에서 정정하지 않으면 벽과 충돌하게 된다.

30 실수 관리하기

문제는 몇몇 드라이버들이 내가 생각한 것 이상으로 해야 하는가 싶지만 오류를 이내 알아차리지 않던 또는 어떻게 수정해야 하지 모르던 둘 중 하나이다. 놀라운 것은 그것을 알아차리고 수정하는 두 가지 모두 얼마나 쉽게 할 수 있는지 여긴다는 것이다.

만약 여러분의 차량이 정점 전에 코너 안쪽 가까이 있다면 여러분은 실수를 해서 이른 정점을 잡게 된다. 해결방법은 간단하다: 속도 조절 또는 핸들링 조절만이 필요하다. 만약 여러분이 풀 스로틀에서 스티어링을 풀어주어야 한다면, 다시 원래대로 최적의 라인으로 돌아올 때까지 스로틀을 서서히 떼어야 한다(갑자기 떼어버리면 스핀할 수도 있다). 그리고 반경을 유지하거나 좁혀야만 한다.

물론 이것은 여러분이 코너의 정점이 어디인지 정확히 알고 있다는 것을 전제로 한다. 만약 아니라면 여러분은 명확하게 알아볼 수 있는 정점 포인트를 만들어야 할 것이다. 트랙의 모든 코너에 정점 지점을 미리 갖고 있지 않다면 이른 턴인을 초래하게 된다. 이러한 경우 여러분은 정확히 어디로 가는지에 대해 모르는 것이 문제이다. 옛 속담에 '어디로 가는지 모른다면 여러분은 어디에도 갈수 없다'라는 말이 있다. 지금의 상황에 적합한 말이다.

다시 말해 이것이 왜 최대한 많고 알아보기 쉬운 기준점이 중요한지에 대한 이유이다. 그리고 그것은 연습을 하는 동안 흡수하는 것으로 시작된다.

SPEED SECRET

감각입력을 극대화시켜 실수를 최소화시킨다.

내가 본 레이스 드라이버들에게 가장 불만스러운 것 중 하나는 만약 무언가가 잘 되지 않을 때 그것이 절대 되지 않을 거라 믿는 것이다. 이것이 공통적인 '오류'이다.

코너에서 나와 좋은 가속감을 지속적으로 유지하며 6번 코너를 좀 더 (1~2km/h)빠르게 갈수 있다고 생각한다고 해보자. 이것은 여러분의 랩타임에 중요한 향상을 만들어 줄 것이라는 것을 알고 있다. 여러분은 트랙을 진입하여 몇 랩을 돌고나서 코너를 들어갈 때 조금씩 속도를 더 높인다. 차량은 언더스티어가 조금씩 발생하고 정점까지 속도를 줄이기가 쉽지 않을 것이다. 그 미세한 속도의 차이로 핸들링을 할 수 없고 원래의 코너진입 속도로 돌아가게 될 것이다.

익숙하게 들리지 않는가? 그럴 거라고 나는 확신한다. 그리고 이 결론은 의식적인 수준에서 생긴 것이 아니라 무의식적인 상태에서 발생한다.

카레이싱 최후의 비밀 : 아무도 가르쳐주지 않는 드라이빙 하이테크닉

그림30-2: 코너를 진입할 때 생기는 가장 공통적인 3가지 오류: 너무 늦게 진입한다(노란색 라인), 너무 일찍 진입한다(파란색 라인) 그리고 적당한 지점에서 핸들링을 지나치게 급하게 하면서 진입한다. 이러한 실수들을 제거하거나 줄이기 위한 비결은 턴인 포인트와 턴인 스티어링 모션의 강한 심상(멘탈 이미지)을 갖는 것이다. 또는 코너를 단순히 지나치는 것이 아니라, 코너 주변 기준점을 보는 것이다.

여러 가지 경우에서 보면 문제는 속도가 증가하면서 보다는 오히려 그 속도와 함께 필요한 테크닉 조절이 부족한 것이 더 크다. 이러한 경우 코너를 들어가며 속도를 좀 더 유지하고 트레일 브레이크를 조금 더 사용한다면, 차량은 정점을 향해 깔끔하게 회전하고 더 빨라졌을 것이다. 사실 가끔은 드라이버들이 코너를 들어갈 때 속도를 좀 더 가져가려 애쓰지만 브레이크를 너무 일찍 떼버린다. 그만큼 트레일 브레이크를 적게 쓴다는 것이다. 코너 진입 속도가 더 빠르겠지만 이상적인 양의 트레일 브레이킹이 없다면 차량은 그 속도를 감당하지 못할 것이다.

이것은 실수의 '원인'을 언급하는 경우이다.

단지 조금 더 속도를 올리지 못한다고 해서, 이러한 것을 완전히 중단하지 마라. 어떻게 트랙의 섹션에 접근했는지 다시 생각해보기 바란다. 아마 여러분의 테크닉을 조금만 수정하더라도 차량이 한층 증가한 속도로 주행을 할 수 있다.

SPEED SECRET

단지 처음에는 변화의 효과가 없더라도 다시 생각하고 다시 시도하라. 속도를 증가하기 위해 여러분의 테크닉을 수정하라.

30 실수 관리하기

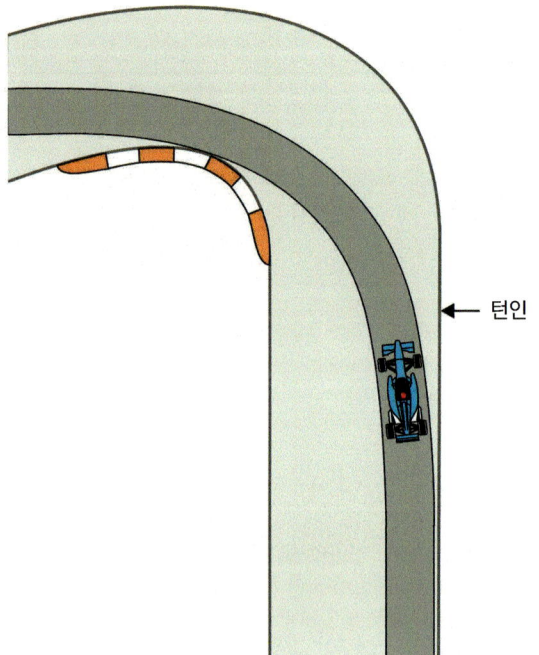

그림30-5: 많은 드라이버들이 하는 공통적인 실수는 턴인 전에 트랙의 가장자리로부터 속도를 줄이면서 코너를 게처럼 비스듬히 도는 것이다. 그것은 잘못된 행동이며 그만큼 비용이 들게 될 것이다. 여러분의 차가 턴인 포인트에서 트랙 가장자리에 가까이 붙어서 똑바른지 살펴야 한다.

← 턴인

    지난번 언급을 하였던 4가지 단계를 기억하기 바란다 : 라인, 코너탈출, 코너진입, 그리고 코너중반(미드코너). 예를 들어 코너 진입속도가 증가하면 아마도 여러분의 드라이빙 라인을 수정해야 할 것이다.

    이해를 했는가? 이것은 실수를 덜 만드는 것이 문제가 아니라 그것들을 단지 다루는 것이다. 여러분이 이것을 이해했다면, 여러분은 의심없이 실수를 적게 만들게 될 것이다. 실수를 만들지 않으려고 노력하는 것은 오히려 실수를 만드는 것을 보장하는 확실한 방법이다. 여러분의 행동이 그 실수의 영향을 최소화시키기 위한 생각이라고 믿을 때 생활은 훨씬 쉬울 것이다.

카레이싱 최후의 비밀 : 아무도 가르쳐주지 않는 드라이빙 하이테크닉

31 불편함을 편안하게 느끼기

위대한 레이스 드라이버들은 한계에서 주행하는 것이 한계치 이상의 주행을 필요로 한다는 것을 알고 있다. 이 책에서 서두에 언급을 했던 것처럼 여러분이 아슬아슬한 한계치에서 편안함이 평균이 될 때까지 주행을 조금씩 오버, 언더, 오버, 언더, 오버로 주행 하는 것이 중요하다. 당연히 부드럽고 깔끔해야 할 필요가 있지만 그 접근을 너무 멀게 잡을 때가 있다. 만약 여러분이 차가 좋다고 느꼈다면(밸런스가 좋다는 것이지 지나치게 언더스티어링 이나 오버스티어링이 발생하는 것이 아니다) 그 한계를 조금 더 밀어붙일 필요가 있다. 차량의 단점이 나타나도록 만들어라. 만약 여러분이 적정한 한계로 주행을 하거나 아주 근소한 차이라도 한계치보다 낮게 주행한다면 보통 차량의 반응으로 밸런스가 좋다고 느낄 것이다. 아마도 차량의 약점이 무엇인지 모를 것이다. 이것은 여러분이 조금 더 적극적으로 드라이빙하라는 신호이다.

만약 여러분이 엘리트 수준의 드라이버들이 전혀 혼란스러워하지 않고, 전혀 실수하지 않고 그리고 절대 차량을 오버드라이브하지 않는다고 생각한다면 오산이다. 챔피언들도 이러한 실수들을 한다. 하지만 그들 대부분은 각 상황을 대처할 수 있다. 사실 다른 이들과 그들을 구분하는 것은 오버드라이브를 하는 능력, 실수 하는 것, 너무 혼란스러워하고 엄청난 순간들이 있어도 쉬워 보이고 만족스럽게 보이게 하는 것이다.

만약 여러분이 F1, 인디카, 나스카, 스포츠카 또는 다른 드라이버가 한계까지 주행하는 인캠 비디오를 많이 보았다면, 그들은 항상 사고 직전에 있다는 것을 느꼈을 것이다. 이렇게 한계에서 주행하는 것은 연쇄적인 위기일발의 상황이다. 최고의 선수들조차도 스포츠의 일정 규율에 있어 지속적으로 실수를 반복적으로 한다. 그들은 계속해서 사소한 오류를 하나씩 차례로 찾아낸다. 이러한 몇 가지의 오류들은 눈으로도 쉽게 확인이 가능하지만 많은 것은 아무리 근접해 보더라도 잘 보이지 않는다. 분명한 것은 만약 드라이버가 실수를 절대하지 않는다면 드라이버들은 분명 느려질 것이라고 확신한다.

SPEED SECRET

차량의 단점이 보이도록 만들어라.

이 책을 통해 어떻게 한계로 주행하는지에 대해 많이 이야기했다는 의미는 조금은 거칠고, 지나치며, 아슬아슬하다는 것이다. 내가 여러분이 갖기 원하는 심상은 약간 불편해야 한다는 것이다. 이것은 중요하다. 불편한 것이 편해질 필요가 있다. 몇몇 드라이버들은 그들이 불편해야 할 필요가 있는 것을 이해하지만, 그것을 결코 편안하게 받아들이지 않는다. 이것은 마치 벼랑 끝에 있어야 하는걸 알고 있지만 마음이 편안하지 않은 것과 같다.

카레이싱 최후의 비밀 : 드라이빙 하이테크닉

일부 드라이버들은 그들의 불편한 상황들을 더욱 불편하게 받아들이며 한계로 주행하지 않는다. 그들은 한계에서 주행하는 것에 대한 심상을 가지고 있지만 좋은 것만은 아니다. 그것은 편안하게 주행하는 것이지만 빠르게 주행하는 것은 아니다.

여러분이 빨라지기 위해 필요한 심상은 불편한 것이 편해지는 것이다.

SPEED SECRET

불편해 지는 것에 편해져라.

과거에 불편하게 느꼈던 다른 상황들의 심상을 사용하라. 과거 여러분이 불편하게 느꼈던 것들은 되돌아보고 그것을 여러분이 편안하게 느끼는 수준에 맞춘다. 그리고 나서 편안함의 봉투를 찢어 열면 여러분이 느꼈던 모든 것들이 점점 더 안락하게 느껴진다. 그리고 이것이 중요한데 여러분의 갈망을 조금 더 불편한 쪽을 향하게 하라. 여러분의 몸이 불편한 느낌을 주체하지 못하는 것을 느껴라. 하지만 정상적으로 숨을 쉬고 그 느낌을 즐겨라.

편안해지는 것은 준비되어지는 것이며 그것은 그 어떤 조건이나 상황에 적용된다. 많은 드라이버들은 비구름의 시야가 그들에게 긴장감과 자기 자신의 자신감(신뢰)을 약화시킨다. 그들은 자신들이 빗길에는 약하다는 것을 '알고 있고' 그러므로 그들은 우천시에는 약한 모습을 보인다. 그럼에도 불구하고 다른 드라이버들은 비가 내리기 시작한다고 생각만 해도 활짝 웃는다. 이것은 불편한 것을 편하게 생각하는 것과 연관이 있다. 하지만 그것 중 일부는 거져 준비되었다고 느끼기만 하는 것이고 여러분이 심상을 사용할 수 있는 것은 또 다른 것이다.

다른 드라이버들이 그리 좋아하지 않는 빠른 속도에서 거친 모든 것들을 스스로 보고, 느끼고, 들어라. 여러분이 불편하다고 느낄 때 마음이 편안해질 수 있는 프로그램을 짜고, 여러분이 불편해 할 때 다른 드라이버들 역시 불편하다는 것을 알아라. 그 차이점은 그들은 그것에 대한 마음의 준비가 안 된 것이다. 그들은 준비가 되지 않았기 때문에 불편해하는 것을 편하게 할 수 없다.

최고의 드라이버들은 그 어떤 상태 또는 상황을 사랑한다. 그것은 마치 컨디션이 나빠졌을 때 그들이 더 좋아진다는 것과 같다. 컨디션이 더 거칠어지고 더 부담이 커질수록 그들은 더 편안하게 느낄 것이다. 여러분은 트랙 맨 끝단에서 제 멋대로 통제가 안되는 차량으로 인해 불편하게 느꼈던 마음을 편하게 가지고 싶을 것이다.

32 자신의 장점 활용하기

정말 재미있는 것은 드라이버들이 레이스 하는 동안에 어느 시점에 이르러 본격적으로 제대로 시작을 하려는 순간, 다른 몇몇 드라이버들은 첫 랩은 정말 잘하지만 이내 시들해진다. 확실한 것은 완벽한 레이스 드라이버는 레이스 시작부터 빠르고 그 상태를 그대로 쭉 유지한다. 내가 지켜본 봐로는 많은 드라이버들이 반대로 빠른 스타트를 해서 앞서 가려고 노력한다. 하지만 레이스가 진행되면서 점점 시들해지는 드라이버들도 많다.

이 책 앞부분에서, 내가 모든 레이스에서 첫 번째 또는 두 번째 랩만에 최소 3 또는 4포지션을 치고 올라가는 매우 성공적이었던 시즌에 대해 이야기했던 적이 있다. 내가 가장 빠른 스타터라는 것에 대한 강한 신념을 발전시키며 흘러가던 시즌이었다. 하지만 그 다음에 나는 레이스 동안 계속해서 빨라지는 나의 능력을 의심하기 시작했다. 우리 인간들이 어떻게 생각하는지는 이상하다: 만약 누군가가 한 가지에 특출하면 다른 것에는 특출할 수 없다. 그렇다. 모든 것에 다 잘 것처럼 보이는 슈퍼스타도 만들어지는 룰에는 예외가 있다. 하지만 그런 사람들은 드물다. 대부분의 사람들은 그들이 예를 들어 레이스 스타트 같은 무언가를 잘한다고 생각하면, 그들은 레이스 마무리 같은 그 밖의 다른 것을 잘하지 못할 수도 있다.

이러한 생각은 다른 모든 스포츠에서도 존재한다. 사이클 선수들(여러분이 랜스 암스트롱이 않는 이상)이 등산가이거나 스프린터인지, 농구선수가 공격을 잘하는지 또는 방어를 잘하지만 둘 다 잘하는지, 그리고 어떤 사업가들이 마케팅을 잘하고 금융에는 약한지, 혹은 다른 사람들은 그 반대일 때 여러분은 그것을 알아차린 적이 있는가? 나는 스스로 거기에 가기 시작했다. 만약 내가 스타트를 잘했다면 어떻게 하면 레이스 내내 잘할 수 있을지 고민하기 시작했다.

레이싱에서 좋은 점은 우리가 데이터를 로깅 시스템이나 그냥 랩타임으로부터 볼 수 있다는 것이다. 나는 문제의 시즌동안 레이스에 참가할 때마다 첫 랩부터 마지막 랩까지의 랩타임을 보고나면 기분이 나아지곤 했다. 첫 랩은 예선 랩의 0.5초 안이었고 경기 내내 그 속도로 유지했다. 그해의 많은 경쟁자들은 예선 랩에 근접하기 위해 몇 랩을 돌았다. 그러니 속도가 느려진 것은 내가 아니다: 그것은 경쟁자들이 최고 스피드를 내기위해 몇 랩을 그렇게 주행한 것이다. 그러므로 나는 경기 동안 지속적으로 랩을 유지하는 나의 능력의 신념과 자신감을 다룰 수 있었다.

나는 첫 랩 또는 두 번째 랩에 자신감 있고 빠른 드라이버를 가르친 적이 있는데 랩이 거듭됨에 따라 그는 자신감을 잃었다. 유감스럽게도 그의 랩타임은 그의 자신감과 일치했다. 그의 자신감 또는 신념이 시들해지면서 그의 랩타임 역시 그렇게 떨어졌다. 그를 처음 지도했을 때 나는 이것에 대한 이유는 간단하다고 느꼈다. 그는 첫 랩 또는 두 번째 랩을 도는 동안 레이싱하기에 너무 바빴고 자신감을 잃을 시간이 없었다. 하지만 레이싱이 자리잡기 시작하면서 그는 생각할 시간이 생겼고 어떠한 일들이 일어나는지 알아차리고, 그가 굳이 빠를 필요가 없다는 것을 판단했다. 그가 너무 정신이 없어 자신감이 없어지고 있다는 것조차 깨닫지 못하고 있는데, 그렇게 생각하지 말라고 얘기해주는 것만으로는 해결책이 되지는 못했다. 자신감이 없는 레이스 드라이버에

카레이싱 최후의 비밀 : 드라이빙 하이테크닉

게 더 자신감을 가지라고 이야기 하는 것은 마치 우울증에 걸린 사람에게 행복하라고 말하는 것과 같다. 그것은 전혀 소용이 없다. 멘탈 프로그래밍을 바꾸기 전까지 그 드라이버가 필요한 변화는 일어나지 않을 것이다.

결국 그를 돕는 것은 실제로 아주 간단하다. 왜냐하면 그의 문제를 치료하는 방법은 바로 그의 앞에 있기 때문이다. 그 이유는 첫 랩에서 잘했던 것을 알고 있기 때문에, 나는 그에게 계속해서 "첫 랩"처럼 주행하라고 추천했다. 듣기엔 간단해 보이지만 그에게는 이후 어느 경기에서도 첫 랩의 기록이 나타나지 않았다. 레이스를 시작할 때 능력에 대한 자신감이 100%인 드라이버에게 이야기를 하기만 해도 여러분은 그의 얼굴에서 안도하는 것을 볼 수 있을 것이다.

이 드라이버의 멘탈 프로그래밍은 첫 랩을 수백번 반복해서 계속 주행하는 것으로 구성했다. 그는 매번 첫 랩을 자세하게 듣고 보고 느꼈다. 그는 레이스의 첫 랩을 주행하는 감정들도 느꼈다. 레이스의 첫 랩을 돌 때 그의 정신 상태를 느낄 수 있었다. 마치 이것이 그가 드라이빙할 수 있는 마지막 첫 랩인 것처럼 주행했고 그 상태를 좋아했다. 그는 첫 랩이 출발하는 순간부터 첫 랩이 끝나는 순간까지, 항상 차의 마지막 남은 힘까지 끌어내는 그 느낌을 좋아했다. 그리고 그는 머릿속으로 계속 반복했다. 그가 매번 머릿속으로 첫 랩을 돌면서 그가 수백 번 혹은 수천 번 첫 랩을 자신이 한계로 아슬아슬하게 주행하는 것을 더 많이 보고 느끼고 들을 수 있었다. 그는 더 많이 자신감을 느끼게 됐다. 그는 첫 랩을 계속해서 반복해 주행하더라도 첫 랩 그 상태를 자기 것으로 만들었다.

앞으로 3주 동안, 이 드라이버는 머릿속으로 최소한 하루에 20분이라는 시간을 주행하는데 보낼 것이다. 그리고 그가 매번 스타트 라인과 피니시 라인을 지나갈 때마다 머릿 속으로 그는 "첫 번째 랩"이라고 말했다. 나는 그가 자신의 첫 랩 프로그램을 시동하는 계기를 만들어주었고, 그 다음은 트랙에 들어가는 순간 계속 달리도록 놔두었다.

드라이버가 그 다음 레이스에서 주행했을 때 너무나도 놀라운 일이 일어났다. 그가 레이스에서 매 랩마다 0.2초 내의 차이를 보이며 주행했을 뿐만 아니라, 그의 실제 첫 랩이 예선에서의 주행보다 0.5초 이상 빨랐다. 그리고 모든 랩이 첫 랩의 0.2초 이내일 때 그의 모든 랩은 예선 때의 기록보다 빨랐다. 그렇기 때문에 그가 다음 심상(멘탈 이미징) 세션에서 무엇을 했을까? 여러분의 말이 맞다. 그는 자신의 예선 랩을 마치 '첫 랩'이었던 것처럼 프로그래밍하기 시작하였다. 그리고 그 다음 레이스에서 그는 첫 폴포지션을 거머쥐게 되었다.

SPEED SECRET

여러분의 단점을 이겨내도록 프로그램하고 장점을 사용하라.

33 학습

만약 여러분이 어느 스포츠의 진정한 슈퍼스타를 구분하는 딱 한 가지만 골라야 한다면 그것은 무엇일까? 우수한 눈과 손의 조작력일까? 이기려는 욕망일까? 성실함일까? 천부적인 재능일까?

이 모든 특성들에도 불구하고, 더 많은 요소들이 있는 가운데 위대함과 그렇지 않음을 진정으로 나누는 것은 학습의 능력이다. 내 생각은 그 어떤 스포츠의 슈퍼스타들도 다른 선수들보다 천부적인 소질을 많이 타고날 필요는 없다. 이것은 그 천부적인 소질을 가지고 무엇을 하는지가 그들을 위대하게 만드는 것이다.

단지 여러분이 엄청난 소질이 있다고 마음속으로나 몸으로 생각하기보다 왜 더 배우지 않는가? 소질을 더 발전시키려 하지 않는가? 이 단원에서는 드라이버들이 어떻게 배워나가는지에 대해 학습법을 알려주고자 한다.

만약 레이스 트랙으로 향할 때 주목적이 무엇인지 질문을 한다면 대부분의 드라이버들은 우승하기 위해 "더 빨리 달리는 것", "차량을 개선하는 것" 또는 그 비슷한 대답으로 반응을 보일 것이다. 확실한 것은 이 모든 것들이 적절한 목적이 될 수 있다. 그렇지만 더 중요한 목적이 있다고 믿는다. 단 하나로 결국 다른 모든 목적들을 성취하도록 이끌어주는 것 말이다. 그것은 바로 학습이다. 만약 여러분이 계속해서 배움을 이어간다면, 더 빨라지고 자연스럽게 더욱 좋은 드라이버가 된다.

여러분에게 학습이 있을 때 여러분의 퍼포먼스는 계속해서 개선해 나갈 것이다. 퍼포먼스를 개선함으로써 차량을 개선하는 기회, 더 빨라지는 기회, 우승할 가능성을 높인다.

공식 배우기

아마도 내가 개인적으로 배웠던 가장 중요한 것은 '공식 배우기'이다. 만약 여러분이 이것을 사용한다면 가장 값진 정보 중 하나일 것이다.

배우게 될 공식은 이것이다 : MI+A=G.

MI는 심상(Mental Image)을 의미하고, A는 의식(Awareness)을 의미하며, G는 목표(Goal)이다. 만약 여러분이 이 공식을 무언가 개선하려고 할 때마다(만약 매일 매순간이 아니라면 최소한 여러분이 트랙을 향할 때 마다) 사용한다면, 여러분은 배우고 개선하는 여러분의 능력에 놀랄 것이다.

나는 몇 년 전 오벌 트랙에서 첫 경험을 하는 어린 드라이버를 가르쳤다. 모든 드라이버의 큰 도전 중 하나는 오벌 트랙을 주행할 때 최소한 첫 타임은 코너를 탈출하면서 벽까지 차량이 달려가고자 하는 것이다. 만약 스티어링 휠을 풀어주지 않고 벽 가까이 차량이 주행한다면, 여러분이 최선을 다해야 할 것은 급감속하는 것이다. 최악의 경우는 스핀을 할 것이다. 그렇기 때문에 몇 시간 넘게 트랙 위에서 연습을 하는 동안 그에게 무전을 통하여 코너를 탈출하면서 벽에 더 가까이 가도록 지속적으

카레이싱 최후의 비밀 : 드라이빙 하이테크닉

로 상기시켜 줬다.

그러나 그는 지금 이야기하고 상기시킨 그 어떠한 것도 제대로 해내지 못했다. 절대 벽에서 1.2m (4피트) 안으로 붙지를 못했다.

그리고나서야 나는 깨닫게 되었다. 나는 그에게 차량이 4번 코너 어디에서 탈출할 수 있는지 물었다. 그가 말하기를 "벽에서 약 30cm(1피트)떨어진 곳에서요" 나는 그에게 운전석에서 어떻게 보이는지에 대한 정확한 심상을 가지라고 이야기했다. 그 이유는 그날이 개인적인 테스트 날이었고 우리는 트랙을 걸을 수 있는 기회를 얻었다. 육체적으로 어떻게 보이는지에 대한 그림을 얻도록 해주었다. 그 다음으로 그는 약 10분 동안 안정을 취하며 눈을 감고 머릿속으로 1피트(약 0.3m) 벽에서 떨어진 곳에서, 4번 코너를 탈출하는 자신의 차량을 보는 것을 계속해서 반복했다.

몇 년 동안 나도 사용해왔고, 다른 드라이버들이 다양한 테크닉을 배우고 개선하기 위해 심상을 사용하도록 가르쳤다. 이것은 효과가 있다. 심상을 사용하는 것은 배우고 있는 장소(트랙)에서 속도에 대한 능력을 매우 증가시킨다. 이것이 모든 스포츠 선수들이 테크닉을 필요로 하는지에 대한 이유이다. 나는 멘탈 프로그래밍이 시간이 좀 걸린다는 것을 알고 있었다. 그래서 인내를 기르기 시작했었고, 그가 당장 벽 가까이 주행하길 원했었다.

이맘때쯤 배우는 과정에서 오는 의식의 가치를 정말로 알기 사작했다. 그리하여 이것을 적용하기로 결정했다. 드라이버에게 그의 심상 개선이 끝나고 다시 트랙으로 돌아가서 그 어떠한 것도 시도하려 하지 말고, 의식하면서 최대한 벽 가까이 가도록 주행하라고 이야기했다. 그가 4번 코너를 탈출할 때마다 벽과의 거리가 어느 정도인지 무전을 하라고 하였다. 기본적으로 나는 드라이버가 깨닫도록 강요하고 그의 A를 공식에 넣도록 하였다.

그의 첫 랩에서 무전으로 "4피트(1.2m)"라고 말했다. 두 번째 랩에서도 또다시 "4피트(1.2m)"라고 말했다. 다음 세 번째 랩에서는 "2피트(0.6m)"라고 했다. 그리고 네 번째 랩에서는 무전으로 "1피트(0.3m)"라고 했다. 그는 우리가 50 또는 60랩을 연습했던 것을 단 4랩 만에 변화를 일으켰다. 그는 내가 2시간이 넘도록 개선을 하라고 이야기한 것을 단 몇 분 만에 해결하였다. 단지 MI(심상)와 A(의식)만 더했는데, 그의 G인 목표에 도달했었다. 그는 차량을 벽 가까이 가도록 다시는 애쓰지 않아도 되었다.

여러분이 생각하는 것처럼 나는 이 테크닉을 넘어서고 이것을 대대적으로 교육하는데 사용했다. 언제든지 나의 드라이빙 테크닉을 바꾸고 싶을 때 나는 심상을 이용해 정확한 MI(심상)을 개선한 다음 트랙으로 들어가 의식하게 된다. 나는 나의 A(의식)를 자신에게 묻는 것으로 쌓아간다.

이러한 의식을 쌓아가는 질문들은 "내가 코너를 들어갈 때 속도를 더 가져가도 될까?" 또는 "나

학습

는 얼마나 적극적일까?" 이렇게 자신에게 물을 수도 있다. "내가 코너를 도는데 커브의 끝과 얼마나 떨어져 있을까?" 또는 "풀 스로틀 상태에서 코너를 얼마나 갈 수 있을까?" 적절한 MI(심상)을 사용할 때, 이 A(의식) 쌓기 질문은 나의 목표를 빨리 능률적으로 안전하고 즐겁게 성취하도록 도와준다.

어떠한 것을 배워나감에 있어 공식을 배우는 것보다 빠른 방법은 없을 것이다. 트랙 안과 밖에서 모두 이것을 이용하여 연습하기 바란다.

실제 어떻게 적용할 수 있는지 예시가 있다. 특정한 코너를 진입할 때 지속적으로 차량을 지나치게 속도를 줄이고 간다고 하자. 여러분은 마음속으로 계속해서 "코너에서 속도를 더 가져가라"고 반복할 것이다. 이러한 것이 효과가 있을까? 그렇지 않다. 여러분은 브레이킹을 조금 가볍게 하는 심상을 – 심상 또는 멘탈 프로그래밍 – 할 수 있다. 이것은 효과가 있을까? 대부분 효과가 있다. 하지만 많은 시간이 필요하다. 그리고 속도를 많이 끌어올리는 것이 아니라 시속 3~5km 더 빨리 코너를 진입하는 것이다.

효과를 보기 위해 시간이 걸리는 이유는 아마도 여러분이 원하는 것에 대한 심상만 갖고 있기 때문일 것이다. 여러분은 코너를 진입할 때 유지하던 속도에 대한 그 어떤 인식도 없을 것이다. 그렇기 때문에 여러분의 코너진입 속도를 1에서 끝자락인 10까지의 한계치까지의 범위를 가지고 급수를 매겨라. 그 다음으로 트랙으로 돌아가 자기 자신에게 각 랩마다 10과 얼마나 가까운지 얼마나 목표의 심상과 가까운지 물어야 한다. 심상과 인식이 합해지면 자신도 모르게 코너를 빠져나갈 때 더 빠른 속도를 유지하고 있을 것이다.

다시 말해 만약 드라이버가 명확한 심상과 본인이 지금 무엇을 하고 있는지 인식하고 있다면, 드라이버의 그 두 가지 생각은 하나로 가지고 올 것이다. 여러분은 드라이버가 이러한 요소들을 둘 다 갖는 것이 얼마나 드문 것인지 아마도 놀랄 것이다. 몇 몇은 그들이 무엇을 성취하는지에 대한 명확한 심상이 있지만 그들이 무엇을 하는지에 대해서는 인식하지 못한다. 다른 이들은 그들이 원하는 심상이 없는데 대부분 현재 무엇을 하고 있는지에 대해 지나치게 의식하기 때문이다. 무엇을 잘못했는지에 대해 너무 집중하다 그들이 원하는 심상을 얻을 수 없게 된다.

셀프코칭

여러분이 매번 레이스 트랙을 갈 때마다 자격이 있는 코치와 동행하여, 계속해서 여러분의 퍼포먼스를 향상시켰으면 하는 게 나의 바람이다. 여러분 역시 그것을 원하길 바란다. 하지만 이것이 쉽지는 않다. 자금에 대한 부담이나 모든 드라이버를 관리할 수 있는 자격이 되는 코치가 아마도 많지는 않을 것이다. 그렇기 때문에 자신이 코치가 되어 배워야 한다.

카레이싱 최후의 비밀 : 드라이빙 하이테크닉

 셀프코칭(Self-coaching)은 여러분이 하는 모든 것에 대해서 개선하고 퍼포먼스를 극대화시키는 데 스스로를 안내해주는 테크닉이다.

 셀프코칭은 스스로 결과를 보고하는 것이다. 스스로 결과를 보고하는 주된 목적은 여러분의 의식을 높이기 위해서이다. 의식하지 못한다면 향상을 하기 위해 무엇을 해야 할지 알아내는 것이 어렵게 될 것이다. 따라서 그 어떤 향상이나 발전을 이루거나 알아내지 못할 것이다.

 내가 알고 있는 의식수준을 높이는 최고의 방법은 자기 자신에게 묻고 다양한 분야에서 여러분의 퍼포먼스와 능력의 등급을 매기는 것이다. 예를 들어 나는 1에서 10까지의 등급으로 나의 전반적인 퍼포먼스, 부드러움, 강도의 수준, 그리고 내가 얼마나 한계치에 가까운지 등의 등급을 매기는 것을 좋아한다. 나는 원활한 사용을 돕기 위해 그림32-2의 그림과 같은 보고서를 사용한다.

 그 보고서에서 해야 할 일은 얼마나 여러분이 타이어의 한계에 가까운지에 대해 등급을 매기는 것이다. 1부터 10까지라는 등급에서 10은 완전한 트랙션의 한계이며 1은 한계상황과는 거리가 매우 멀다. 트랙의 각 세션에 등급을 매기며 브레이킹을 하는 지점, 코너의 1/3, 중앙, 그리고 코너의 끝 지점을 활용해라.

SPEED SECRET

스스로에게 보고하고 자신의 의식수준을 높여라.

 분명한 것은 이러한 서식이 없어도 스스로 자신에게 보고를 할 수 있지만, 내가 확실히 겪은 것은 이러한 정보들을 실제 기록하는 드라이버는 이와 같은 전략으로부터 더 많은 이득을 얻는다. 무언가를 사용하는 육체적인 행동은 여러분의 인식수준을 더욱 올려주고 보다 정확해지는 것 같다. 여러분이 이 보고서에 등급을 매길 때는 스스로 좀 더 솔직해져야 할 것이다.

 이 보고서와 함께 각 세션 후 스스로 몇 가지 질문을 하도록 권장한다. 부록C에 몇 가지 문항을 정리했다. 이 항목들은 각 세션 후 그리고 트랙에 들어가기 전 스스로에게 물어 봐야 한다. 만약 여러분이 그 문항들에 대해 대답하거나 심지어 답하기 위해 깊게 파고들고 생각하는 과정들을 겪는 것은 레이스카에 앉아 자신의 퍼포먼스 수준을 더욱 높이는 교육이 될 것이다. 이 문항들의 전반적인 목적은 여러분이 정확히 무엇을 하는지에 대해 더 인식하도록 돕는 것이다. 만약 여러분이 무엇을 하는지 인식하고 무엇을 하고 싶어 하는지 안다면, 여러분은 빨리 그리고 자연스럽게 필요한 부분을 개선해 나갈 것이다.

33 학습

Date:	Event:	Mid-Ohio
Driver:	Car:	
Session:	Best lap:	
Misc.:		

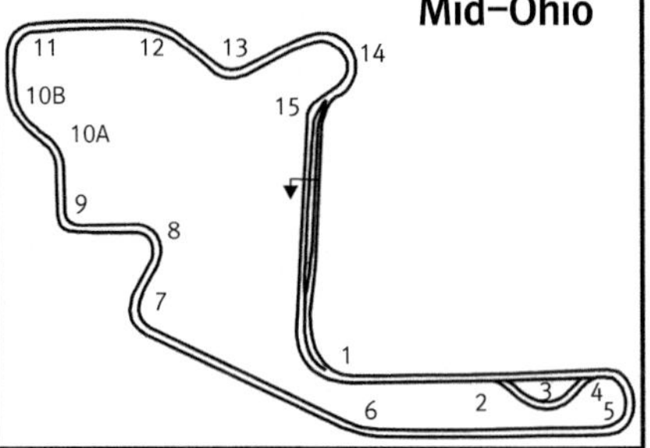

Turn	기어	브레이킹	진입	코너 중간	탈출
1					
2/3					
4/5					
7					
8					
9					
10A/B					
11					
13					
14					
15					

Comments/Areas to work on:

그림33-1: 이 보고서를 사용하여 여러분의 인식수준을 올리면서 스스로를 코치하라. 트랙의 각 세션 후, 앉아서 얼마나 차량의 한계에 가까웠는지 등급을 매겨보기 바란다.

카레이싱 최후의 비밀 : 드라이빙 하이테크닉

학습유형

　세상에 무엇을 배우는 모든 사람들(레이스 드라이버들도 포함)은 각자 다른 방법으로 배우게 된다. 우리 모두 자신이 선호하거나 우선적인 학습유형을 가지고 있다. 몇몇 드라이버들은 현재 일어나고 있거나 시각적으로 다가왔을 때 더 잘 배우고, 다른 사람들은 청강하는 것으로 제일 잘 배운다. 이러한 유형에도 불구하고, 또 다른 사람들은 그들이 무언가 운동감각적인 유형을 경험하며 가장 잘 배운다.

　여러분이 이해했으면 하는 요점은 만약 여러분의 드라이버가 선호하는 학습유형이 운동감각이라면, 여러분은 계속해서 그에게 어떻게 해야 하는지 말을 하되 만약 이해를 못해도 그를 탓하지 말아야 한다. 만약 그가 선호하는 학습유형이 청각을 통한 것이라면 여러분은 그에게 무엇인가를 그리게 하는 방법을 사용하며, 여러분은 그가 이해하지 않은 것에 책임을 물을 수 있는 단 한사람이다.

　만약 누군가 어떠한 것을 배우기를 원한다면, 그 드라이버가 추구하는 학습유형을 보여줘라. 만약 그렇지 않다면 그 드라이버가 배우는데 있어서 어려운 시간을 보낼 것이다.

　그렇다면 어떻게 드라이버가 선호하는 학습유형을 알 수 있을까? 보통 그 드라이버가 정말 무언가를 빠르고 효과적으로 배웠을 때를 관찰하는 것이다. 그리고 학습유형이 어떻게 제시되었는지도 관련된다. 하지만 가장 쉬운 방법은 드라이버에게 직접 물어보는 것이다. 그리고 만약 드라이버가 모른다면? 인생에서 무언가를 가장 빠르고 쉽게 배웠을 때를 다시 생각하라고 부탁한다. 어떻게 학습유형을 제시했을까? 그냥 드라이버에게 강의방식으로 말했을까? 또는 시각적으로 무언가를 보여주었을까? 아니면 실제로 행하거나 경험하는 운동감각이었을까? 이러한 정보들로 준비한다면 여러분은 다른 유형들로 테스트를 할 수 있어 어느 것이 가장 효과적인 것인지 확인할 수 있다.

　그렇지만 가장 영향이 있는 학습 방법은 실제로 3가지 학습유형을 모두 합치는 것이다. 드라이버가 선호하는 학습유형을 사용하고 돌아가 다른 두 가지를 사용한다. 드라이버가 진정 2번 코너의 정점이 있는 곳을 배우도록 하기 위해 다른 드라이버들이 전해주는 정점의 위치를 말해주고 그 지점이 어디인지 그림을 그려줘라. 그리고 직접 드라이빙하거나 그 코너를 걷게 한다. 아마도 이렇게 학습을 시작하겠지만 반드시 드라이버가 선호하는 학습유형을 사용하도록 해야 한다.

33 학습

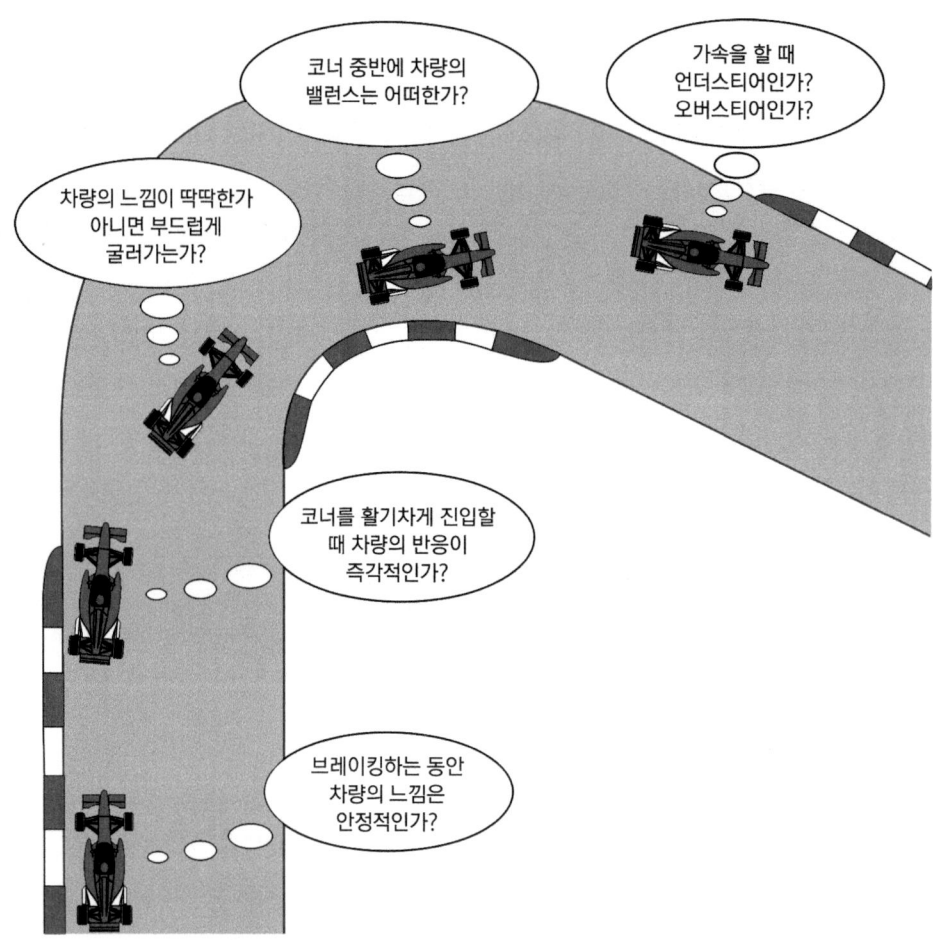

그림33-2: 인식 수준을 끌어올리기 위해 자기 자신에게 계속해서 긍정적인 질문–셀프코칭 질문–을 하라.

학습단계

걷거나 공을 던지거나 레이스카를 운전하는 것을 배우는데 있어서 모든 사람들은 4가지 단계를 거치게 된다.

- 무의식적인 무능함
- 의식적인 무능함
- 의식적인 능숙함
- 무의식적인 능숙함

카레이싱 최후의 비밀 : 드라이빙 하이테크닉

이 4가지 단계들은 아기가 걷는 것을 배워나가는 과정과 가장 쉽게 연관시킬 수 있다. 제일 처음 아기는 무의식적인 무능단계에 있다. 아기는 아직 사람들이 걸을 수 있는지에 대해 알아내질 못한다. 다시 말해서 그 아기는 무엇을 어떻게 하는지 모른다.

의식적인 무능 단계에서는 아기가 부모의 걷는 모습을 보고 그렇게 하고 싶어 하지만 할 수가 없다. 아기가 무엇을 할지 모른다.

그 다음 단계인 의식적인 능숙함은 첫 걸음마를 배우는 아이가 각 스텝에 대해 생각하는 단계이다. 이 아이는 무엇을 어떻게 해야 하는지 알고는 있지만 이것은 인식수준에서 하는 것이다.

끝으로 무의식적 능숙함 단계는 걸음마를 배우는 아이는 더 이상 걷는 것에 대해 생각하지 않는다: 이제부터는 무의식적으로 일어날 것이다. 아이는 그냥 일어서고 자기가 알고 있는 것을 생각하지 않아도 된다.

모든 드라이버들은 자신들이 배운 모든 테크닉을 다음의 4가지 단계를 하나씩 거치게 될 것

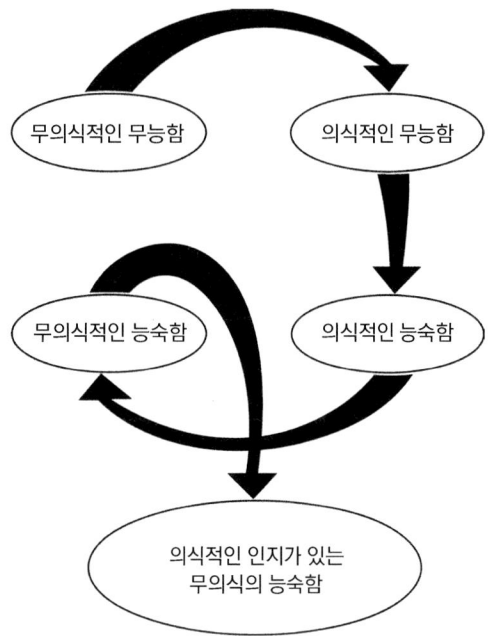

그림33-3: 모든 스킬과 테크닉을 가지고 드라이버는 배우게 된다. 누구나 이 단계를 거칠 것이다. 의식적 능숙함 단계는 드라이버가 의식적으로 모든 것에 대해 생각하는 단계이다: 무의식적 능숙함은 드라이버가 생각 없이도 자동조절 또는 무의식적 수준으로 운전하는 단계이다. 하지만 5번째 단계나 의식적인 깨달음 없이는 드라이버가 향상될 가능성은 낮다. 의식적인 수준에서 깨닫게 되면 무의식적인 수준에서의 주행은 속된 표현으로 거저먹는 것이라고 한다. 이들 학습에 대한 단계들은 대부분의 교과서 학습에서 발견될 수 있다.

이다. 예로 저단 변속을 하는 동안 스로틀을 밟아주는 것. 한편으로 드라이버가 그 테크닉이 존재한다는 것을 몰랐고 그것에 대해 아무것도 모른다면 드라이버가 왜 해야 하는지 몰랐을 것이다. 1단계: 무의식적 무능함.

그 다음 드라이버는 테크닉을 알게 되지만 어떻게 해야 하는지 모른다. 2단계: 의식적 무능함.

드라이버가 그것을 연습하기 시작하면서 각 세부사항에 대해 생각해야만 했다. 3단계: 의식적 능숙함.

마침내 계속 연습을 하고난 후 이것은 자동적으로 습관이 되어 드라이버가 더 이상 생각할 필요가 없고 그냥 하게 된다. 4단계: 무의식적 능숙함. 레이스카를 빠르게 드라이빙하기 위해서는 분명 드라이버는 이 단계에 올 것이다. 이것은 무의식적 수준에서 주행하는 것이다.

33 학습

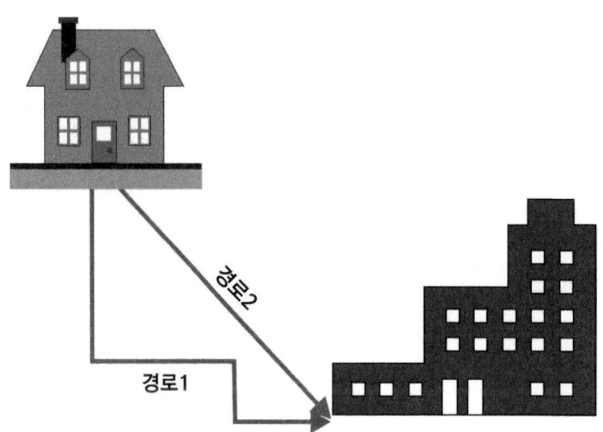

그림33-2: 여러분은 집에서 직장까지 운전해서 가본 적이 있는지 그리고 도착했을 때 거기까지의 드라이빙에 대해 기억나지 않는다는 것을 알아차린 적이 있는가? 대부분의 사람들이 경험이 있을 것이다. 위의 경로1을 보면 알 수 있다. 그리고 이것은 오로지 여러분의 무의식적 능숙함 단계에서 일어나는 현상이다. 여러분은 잘하고 있지만 더 잘할 수 있는 기회들은 아주 적다. 의식적인 인지가 없다면 여러분은 경로2의 새로 만들어진 고속도로를 알지 못할 것이다. 여러분이 정점으로 향하고 지속적으로 개선하려는 의식적인 인지를 가지고 무의식적 능숙함에 있을 때 발견할 수 있다.

무의식적 능숙함 단계는 마치 어디선가 드라이빙에 대한 경험이 있는 것같거나 또는 단지 그곳에 가본 것 같지만 실제로는 그곳에서 운전한 기억은 없는 것이다. 이러한 경험은 한번쯤 해보았을 것이라고 확신한다. 완전히 자동 주행이다: 여러분의 의식적인 마음이 다른 세상에서 차단된 동안 여러분의 멘탈 프로그래밍이 잡다한 일을 다룬다.

그렇다 이 수준에서는 여러분이 최대한 능률적이어야 하지만 의식하지는 않는다. 이렇게 생각해보라: 여러분이 같은 경로로 일하러 다닌 지 몇 년이 되었다. 여러분은 회사까지 운전을 해서 갔지만 드라이빙에 대한 기억을 하지는 않는다. 틀림없이 엄청나게 능숙하기 때문에 그것을 의식적으로 생각할 필요가 없는 것이다. 의식적인 마음이 다른 세상에서는 꺼져있고 여러분의 고속도로 경로를 건설사가 새로운 도로를 깔아 지름길을 만든다면 여러분의 통근시간은 반으로 줄어들 것이다. 하지만 여러분은 눈치채지 못하고 있을 것이다. 왜냐하면 여러분의 의식적인 마음이 알아채지 못하고 있기 때문이다.

여러분의 의식적인 마음이 무언가를 인지하지 못한다면, 여러분은 절대 그 어떤 발전을 할 수 없을 것이다. 아마도 계속해서 무의식적인 프로그램된 수준에서 운전을 잘 할 것이다. 하지만 절대 퍼포먼스의 프로그래밍을 업그레이드하지 못할 것이다. 이것이 코너를 학습할 때 여러 번 겪게 되는 정체기, 즉 무엇을 개선할 수 있는지 또는 개선해야 하는지 능숙하게 인식하지 못하기 때문이다.

그 어떠한 레이스 드라이버라도 궁극적인 목표는 의식적인 생각을 가지고 프로그래밍을 개선하기

카레이싱 최후의 비밀 : 드라이빙 하이테크닉

위해 어떤 방법을 지켜보고 알아채는 동안 무의식적 수준도 주행을 하며 그 프로그래밍을 의지하고 믿는 것이다. 이것은 마치 의식적인 생각이 드라이버의 어깨 너머로 보거나 인캠으로 보는 것처럼 소프트웨어를 업그레이드하기 위한 기회를 찾는다.

인사이드 아웃에서의 학습

드라이버들 그리고 세상 사람들 모두는 두 가지 중 한가지의 방법으로 배운다: 인사이드에서 아웃으로 또는 아웃사이드에서 인으로.

아웃사이드-인에서 배우는 것은 대부분의 사람들이 일반적으로 배운다고 생각하는 것이다. 이것이 우리가 학교에서 배우는 방법이다. 아웃사이드-인으로 학습하는 것은 여러분의 드라이버에게 무언가 '가르칠 때' 일어나는 것이다. 이것은 여러분이 드라이버에게 무엇을 하라고 말하거나 드라이버에게 정보를 주는 것을 뜻한다. 정보 또는 지식이 아웃사이드(여러분으로부터)에서 드라이버에게 전해지는 것이다.

사실 그렇게 전해지는 것이 크게 문제는 아니다: 이것은 유지하는 것이 도전이다. 그리고 유지하는 것을 뺀다면 그 드라이버는 정말 배우지 않을 것이다.

다른 한편으로는 인사이드-아웃에서 배우는 것은 코칭과 드라이버 엔지니어링에 관한 것이다. 인사이드 아웃에서 배우는 것은 드라이버들이 자기 자신을 위해 무언가 발견하거나 배울 때이다. -보통 여러분의 가르침 또는 시뮬레이션- 그저 무언가 하라고 지시받는 것이 아니다.

예를 들면 과거에 나는 다양한 코너의 라인에 대해서 드라이버들에게 무수히 많은 시간을 보내며 가르쳤다. 나는 그들에게 턴인 포인트, 정점, 탈출, 이것이 어떠한 연관성이 있는지에 대해 이야기했었다. 라인에 대해 고찰하며 지쳐서 창백해질 때 까지 이야기를 나누었다. 그럼에도 불구하고, 내가 수도 없이 이야기를 나누었던 드라이버들은 그 라인을 지속적으로 주행하지 않았다.

물론 내가 한 것은 그들이 아웃사이드-인으로부터 배울 수 있도록 시도하는 것이다. 나는 스스로 인사이드-아웃으로 배우는 것이 얼마나 효과적이고 효율적인지 배워 보았는데 그게 불과 몇 년 전의 일이다. 최근에는 드라이버들에게 왜 다른 것보다(또는 라인 없이) 코너를 돌 때 특정라인이 왜 더욱 효과적인지 이해시키려고 노력하면서 나는 완전히 다르고 특이한 접근을 하게 됐다. 그가 어디로 드라이빙해야 하는지 말해주는 것 대신 차량에 무엇이 필요한지 알 수 있도록 도와주는 도구들(나중에 알려주겠음)을 사용하였고, 그가 직접 라인이 어디인지 발견하도록 했다. 이 도구를 사용한 후 그의 코멘트는 "아, 여러분이 왜 나에게 그 라인을 주행하길 원했는지 알겠다!"였다.

이런 유형의 학습은 훨씬 빠르고 효율적이며, 오래간다. 사실, 드라이버들이 한번 인사이드에서 아

33 학습

웃으로 가는 라인을 배우게 되면 그들은 평생 그것을 알게 된다. 또한 그것을 다른 코너와 다른 트랙에서 다른 테크닉으로 적용할 수 있다.

만약 다른 사람들은 코너의 라인에 대해 고심을 하고 있는데 몇몇 드라이버들이 '본능적으로' 코너 라인이 어디인지 아는 소질을 가지고 있는 것처럼 보인다면 그것이 궁금한가? 여기에 대해 다른 사람들로부터 이야기를 들어야 하는지에 대한 이유가 있다. 드라이버들이 왜 차량이 코너에서 특정 라인으로 드라이빙해야만 하는지 진정으로 이해한다면, 그들은 그것을 느끼는 것을 배운 것이고 그들이 접하게 되는 각 코너에 적용시킬 수 있을 것이다.

물론 이 접근은 단지 코너링 라인을 배우는 것이 아니라 모든 드라이빙 측면에서 동일하게 작용하고 효과가 있다. 여러분은 드라이버에게 코너에서 속도를 가져가라고, 다운시프트를 더 부드럽게 해주고, 스티어링 휠을 계속해서 더 틀어주라고 말해줄 수 있다. 하지만 드라이버에게 어떻게 또는 무엇을 해야 할지 말해주는 한 드라이버는 완벽하게 배우지는 못하게 될 것이다.

시행착오

실수를 하는 것이 문제인가? 나도 알고 있다. 이것은 얼마나 실수를 하고 누가 그것을 감당하는지에 달려있다. 하지만 만약 여러분이 개선해 나가며 최선의 수행을 원한다면 여러분은 반드시 어느 정도의 실수는 마다하지 않아야 한다. 왜일까? 그 이유는 올바른 방식으로 보았거나 사용했다면 그 실수들은 가치있는 학습경험일 것이다.

만약 여러분이 어렸을 때를 생각한다면, 시행착오는 우리들의 가장 흔하고 효과적인 학습 테크닉이었다. 걸음마를 배우는 것을 예로 들어보자. 만약 여러분이 걷기위해 몇 번 시도하다 넘어진 후 부모들이 "우리는 더 이상 네가 걷기위해 노력하는 걸 원하지 않아: 넌 항상 넘어지는 것 같아"라고 말하거나 자신 스스로 "난 이걸 제대로 못하는 것 같아. 그러니 나는 더 이상 노력하지 않을래" 하고 생각할 수 있다.

좀 터무니없지 않은가? 그럼에도 불구하고 우리는 레이스 드라이버들로서 이렇게 이야기한다. 우리가 두 번째로 실수를 한다면 스스로에게(가끔 미묘하고, 가끔은 그리 미묘하지 않음) 다시는 그 실수를 하지말자고 말한다. 이것

카레이싱 최후의 비밀 : 드라이빙 하이테크닉

이 얼마나 자주 도움이 될까? 그리 자주는 아니다.

물론 여러분이 걷는 것을 배우는 동안 넘어져서 피해가 생기는 것보다 레이스카가 사고나는 것이 훨씬 더 많은 비용이 들어간다. 요점은 비록 여러분이 실수를 막으려 해도 더욱 더 실수할 가능성은 크다는 것이다.

위대한 드라이버들과 그리 대단하지 않은 드라이버들의 가장 큰 차이 중 하나는 위대한 선수들이 실수를 많이 하지 않는다는 것이 아니라는 것이다. 사실 그들 모두가 거의 같은 양의 실수를 한다. 그 차이는 위대한 드라이버들은 그것을 만회하고, 배우고, 어떻게 가장 많은 실수의 결과를 최소화하는지 안다는 것이다. 그것은 단지 실수를 허용하는 분위기와 그것으로부터 배울 때 발생한다.

실수는 그야말로 여러분이 열망하는 목표에 전념하도록 도와주는 피드백의 형식이다. 그것들은 실수를 알리는 신호로 여러분이 계속해서 개선하도록 도와준다.

서서히 터득하는 학습

여러분은 왜 「마이클 안드레티」와 「알 언서 주니어」 같은 2세대 드라이버들이 그렇게 잘했었다고 (그들의 3세대 아들들도) 생각하는가? 이것이 그들의 아버지들로부터 물려받은 유전자 때문일까? 그들의 아버지들이 차에 올라탔을 때 그들의 능력(재능)에 대해 아무 관련이 없다고 이야기하지는 않겠지만 나는 그것이 그들의 DNA와 크게 관련되었다고 믿지는 않는다. 하지만 그들이 레이스카에 타기에 앞서 그들 대부분의 '천부적인 재능'을 아버지들로부터 습득했다고 생각한다.

마이클 안드레티와 알 언서 주니어는 그들의 재능을 그들의 아버지들을 어릴 때부터 빈틈없이 관찰하고 레이스에 노출되었을 때 모든 것을 흡수함으로써 습득했었다. 그리고 두 가지 모두의 경우, 엄청난 양을 흡수했다. 그들은 서서히 터득하며 배웠다.

모든 레이스 드라이버들은 서서히 터득하며 배운다. 그들은 더 노출될수록 더 배운다.

영국의 테니스 코치들은 몇 년간 윔블던 TV방송과 그들 학생들의 능력 사이에 직접적인 상관관계가 있다는 것을 알아챘었다. 몇 주후 경기는 계속되어 테니스 선수들의 퍼포먼스는 상당히 개선되었다. 그들은 연습을 더했을까? 그들의 스윙을 바꿨을까? 또는 새로운 테니스 라켓을 구입한 것일까? 그들은 단지 보는 것으로 배웠다.

여러분도 다른 드라이버들을 보는 것으로 많이 배울 수 있다. 물론 이것은 여러분이 관찰하고 최대한 최고에게서 배워야 맞는 말이다. 여러분만큼 잘하지 못하는 드라이버를 보면 그리 많이 배우지 못할 것 같지만, 아직은 그런 경험으로부터 무언가 얻을 가능성이 있다.

33 학습

학습진행

여러분이 드라이버들이 천부적인 재능을 가지고 있는지 없는지 아무리 생각하더라도, 모든 드라이버는 그들의 커리어를 통해서 계속해서 발전해 나갈 것이다. 그들의 전문적인 커리어의 끝에 도달한 드라이버들도 어떤 분야(유감스럽게도 그들은 보통 다른 요소들의 결과이다 예를 들어 동기부여 부족, 욕구 부족 또는 신체 기능 악화)에서 계속해서 개선중이다. 얼마나 빨리 그리고 얼마나 지속적으로 개선될지는 여러분이 움직이고 있는 환경에 달려있다.

그렇지만 한 가지는 분명하다. 두 드라이버들은 같은 속도로 진행한 적이 – 또는 앞으로도 – 없다. 여러 드라이버들의 커브학습은 다른 것들이 모든 형태의 단계와 크기로 꽉 찼을 때 주로 안정되게 상승하는 경사를 이룬다.

공통적인 것은 정체기이다. 보통 여러분과 같이 일하는 사람들은 진행이 부족하고 정체기가 길어지면 불만스러워 할 것이다. 내가 경험한 바로는 만약 여러분이 의식을 개선하는 집중과 불만을 컨트롤한다면 정체기 순간의 대부분은 급격한 경사로 뒤이어 진행될 것이다.

많은 정체기간은 퇴보하는 것으로도 나타났다. 이것은 마치 한 스텝 뒤로 두세 스텝 앞으로 하고 한 스텝 뒤로 두세 스텝 앞으로 가는 것 등등인데, 나는 이것을 폭풍전야에 비교하고 싶다. 이 경우에 있어서 고요함은 분명히 진척의 결핍이고, 폭풍은 회오리바람 학습이다.

만약 여러분이 학습 단계를 다시 생각한다면 왜 그런지 이해할 것이다. 여러분이 진척을 보기위해서는 반드시 기계적인 방식으로 각 단계를 생각하는 의식적인 능숙함 단계로 돌아가야 한다. 그 결과 지나치게 의식적인 생각과 명백한 일보퇴각이 된다. 만약 여러분이 이것으로 불만이 생기지 않고 좀 더 참을성을 갖고 새로운 테크닉, 스킬 또는 정신적 접근을 한다면 여러분의 프로그래밍 일부가 될 것이다. 다음으로 여러분이 자연스럽게 무언가 하는 것처럼 보이게 해주는 무의식적 능숙함 단계로 발전한다. 이 시점에서 중요한 단계가 진행학습에 있다.

학습곡선

아이들에게는 무엇이든 배울만한 것을 보는 것 자체가 교육적 경험이다. 나의 딸을 유심히 관찰하면서 내가 배운 한 가지는 아이가 거치는 진행학습의 단계이다. 아무런 진척이 보여지지 않다가도 '펑!' 하고 그녀는 그것을 마스터했다. 이것은 분명히 꾸준한 진보는 아니다. 커브를 배우는 것은 걸음마를 배우는 것에 가깝다.

나의 딸을 예로 드는 것에 양해를 구한다. 그녀가 4살이었을 때 보조바퀴가 없이 두발 자전거를 타는 것을 배우는 시기가 왔다고 결심했다. 내가 말한 '결심했다'는 것을 주목해라. 그래서 난 일어나

카레이싱 최후의 비밀 : 드라이빙 하이테크닉

서 보조바퀴들을 떼어내고, 그 다음 몇 시간동안 그녀가 어떻게 균형을 유지하는지 배우도록 노력했다. 이것은 나에게는 틀림없이 좋은 운동이었다. 중요한 것은 그녀는 그 다음 스텝을 하려고도 하지 않고 준비도 하지 않았다. 두 발 자전거 연습은 계속 반복되었다.

몇 달 후 그녀는 나에게 와서 두 발 자전거 연습을 다시 하고싶다고 이야기 하였다. 그녀가 두 바퀴로 타는 것을 배울 때가 되었다고 결심한 것이다. 불과 몇 분 만에 그녀는 거의 마스터하였다. 그녀는 30분

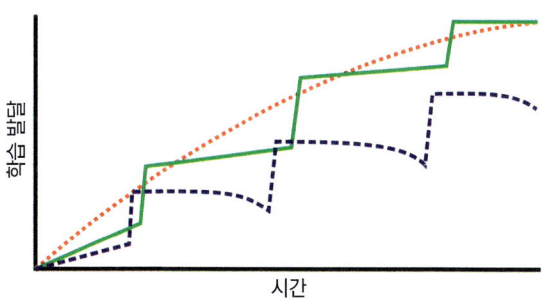

그림33-5: 누군가의 학습은 커브를 정확히 따르지 않는다. 대신 단계적으로 일어나는데 나는 이것을 학습단계(초록색 실선)라 부르며 보통 학습곡선과는 대조적이라고 할 수 있다. 여기에는 너무도 흔한 변화가 있다: 불만 단계(파란점선) 이것은 드라이버가 발전이 부족하고 정체기로 정말 열심히 많은 노력을 하지만, 실제로는 더욱 안 좋아져 불만이 생기는 단계이다. 이것은 오로지 드라이버가 '포기'하고 진정하며 다시 개선하기 시작해야 할 시기이다.

만에 핸들바를 한손으로 잡고 가파른 언덕을 어떻게 오르내리는지 보여주었다.

적어도 밖에서나 혹은 아마도 그녀의 파트를 의식적으로 관찰하지 않고서는 여기에 학습 곡선은 없었다. 이것은 그녀의 학습 곡선이 마치 완전히 평평했을 때 나타났고 그 다음에는 완벽히 수직 단계를 밟았다. 비록 실제로는 우리 둘에게 무슨 일이 일어나는지 알아채지 못했을 지라도 그녀는 계속해서 배우고 있었다.

그리고 가장 흥미로운 것이 무엇인지 아는가? 내가 지켜봤거나 함께 가까이 작업했던 모든 레이스 드라이버들은 그들이 발전 하는데 있어 같은 패턴을 따랐다.

이 패턴을 잘 따라오지 못하는 듯 보였던 유일한 드라이버들은 정체기에 들어서거나 곡선이 평평할 때 불만을 갖는다. 그들은 이 시점에서 더 나아지지 않는다고 느끼거나 화가 나거나 불만스럽고 그 수준에 계속 머무른다. 또는 더 나빠진다고 느낀다. 학습과정에 대해 내가 줄 수 있는 조언은 만약 여러분이 어느 한 수준에서 막혔다고 느낀다면 참을성을 가져야 한다. 여러분이 만약 여기에서 권장하는 전략들을 사용했다면 여러분은 곧 다음 수준으로 가는 큰 단계를 밟을 것이다. 여러분은 보조바퀴를 뗄 준비가 거의 다 되었다.

지난 몇 년간 많은 사람들이 오늘날의 최고의 드라이버들을 성공으로 이끌었던 카트의 중요함에 대해 이야기 해왔다. 그리드 앞 쪽을 보아라. 여러분은 오늘날의 로드 레이싱 형태의 탑 그리드에서도 레이싱 카트를 통해서 성장한 드라이버들을 보게 될 것이다. 그리고 레이스 중에 그들이 무엇을 하는지 살펴보면 아마도 어떤 타입의 카트 트랙에 있는 그들을 발견할 것이다.

33 학습

> **SPEED SECRET**
>
> 만약 여러분이 발전하는 것 같지 않는 것처럼 보인다면
> 곧 그렇게 될 것이다.

    대충 살펴보고 질문하는 이들의 대부분은 어떻게 30~40마력짜리 카트 드라이빙과 500~800마력 레이스카를 드라이빙하는 것이 관계가 있는지 궁금해 할 것이다. 일반적인 반응은 카트의 파워를 무게 비율, 코너링 그립이 얼마나 빨리 일어나는지에 대해 알려준다. 이 모든 것들이 드라이버가 정신적으로 육체적으로 체력을 유지하도록 돕게 되어 있다. 그리고 그렇게 그들은 유지한다. 그러나 여기에는 레이스카 드라이버를 도울 수 있는 다른 영역으로 어떤 타입의 카트 드라이빙 인지와 속도가 있다: 어떻게 더 빨라지는지 배워야 한다.

    여러분이 트랙에서 드라이빙할 때마다 끊임없이 어떻게 더 빨라지는지 알아내려고 노력 할 것이다. 최소한 그렇게 해야 한다. 만약 아니라면 여러분은 진정한 레이스 드라이버가 아니다.

    여러분이 코너를 지나가면서 그것이 700마력의 차량이든 5마력짜리 렌탈 카트이든 여러분의 생각은 차 또는 카트가 어떻게 반응할지 느껴야 한다. 여러분은 트랙션을 느껴야 하고 코너를 지날 때 더 빨라지도록 해주는 그 어떤 포인트에서 차 또는 카트가 트랙션의 여유가 있는지 없는지 알아차려야 한다(무의식적으로). 코너를 일찍 들어갈지 또는 늦게 들어갈지 반경을 좁게 또는 크게 그릴지 분석해야 할 것이며, 이로 인해 속도를 좀 더 가져가도록 해준다. 여러분은 브레이크를 밟을 때 얼마나 밟는지에 대한 변화를 테스트하고 알아내야 할 것이다. 그리고 가속하기 시작할 때 얼마나 가속을 강하게 하는지가 빠른 랩 타임을 의미한다.

    다시 말해 여러분은 어떻게 하면 빨라지는지에 대해 배울 것을 끊임없이 노력할 것이다. 그리고 이것은 배우기 위해서 어떠한 것을 드라이빙 하는지는 중요하지 않다. 나는 체력을 유지하고 준비하고 연습하기 위해 변속기 카트를 탄다. 또한 실내 트랙에서 렌탈 카트도 탄다. 가끔 어떠한 것이 배움의 효과가 있는지 궁금했다. 그렇다 변속기 카트가 나의 레이스카 속도 면에서는 더욱 관련이 깊긴 하지만 6마력짜리 카트를 어떻게 미끄러운 실내 트랙에서 도는지 배우는 것이 학습관점에서는 도전하는 것과 같다. 만약 여러분의 목적이 현지의 렌탈 카트 트랙에서 트랙 레코드를 갱신하기 위해 최후의 비결을 찾는 것을 배우는 것이라면 여러분은 더욱 훌륭한 레이스카 드라이버가 될 것이다.

카레이싱 최후의 비밀 : 드라이빙 하이테크닉

학습목표

　레이스 우승 또는 위대한 학습경험 둘 중 선택할 수 있다면 여러분은 어떤 결정을 할 것인가? 이것은 아마도 불공평한 질문일 것이다. 하지만 나는 여러분이 생각할 수 있도록 하고 싶다. 대부분의 레이서들은 우승을 위해 그 어떤 것도 하거나 줄 것이다. 하지만 여러분이라면 하나를 위해 배우는 것을 포기할 것인가?

　여러분이 얼마나 재능이 있거나 성공을 했더라도 상관없다. 여러분이 발전할수록 더 나은 우승의 기회가 앞으로 있을 것이다. 나는 너무나도 많은 드라이버들을 알고 봐왔으며 그들은 자기 자신이 너무도 재능이 있다고 생각한다. 드라이빙에 대해 아주 많이 알고 있다고 생각하여 그들이 레이스를 하면 성공할 것이라고 생각한다. 그들 한 사람 한 사람은 결국 어느 시점에 도달하는데 그것은 그들이 더 이상의 장점이 없고 더 이상 성공적이지 못하는 것(시점)을 이야기 한다. 만약 그들이 학습과 개선하는 것에 집중 했더라면 장점을 쌓고 지속적으로 성공적일 수 있었을 것이다.

　내가 알고 있는 드라이버 중 앞으로 이름을 알리지 못하는 드라이버로 남을 그에 대해 이야기해주겠다. 그는 항상 비즈니스에서도 스포츠에서도 그 어떤 것에서 경쟁적인 사람이었다. 그와 그의 친구들이 어떠한 것을 할 때를 예로 들면 집을 사는 것부터 최고의 바비큐 버거를 만드는 것까지 모든 것에 최고여야 했다. 그는 지는 것을 싫어했다.

　경쟁 본능은 그에게 좋은 것이기도 했고 나쁜 것이기도 했다. 이것은 그가 수시로 연습하도록 하고 차량들 사이에서 배짱 있게 해주었다. 하지만 이것은 또한 그가 나중에 후회할 일들을 하도록 만들었다. 예를 들자면 다른 드라이버가 트랙에서 벗어나도록 압박을 하려 애쓰는 것 같은 행동이다. 그리고 그 내재된 욕망과 경쟁 본능 때문에 처음부터 그의 레이스는 함께 하는 것보다 이기려고만 했다. 그리고 이것이 문제로 이끌고 갔다.

SPEED SECRET

여러분이 더 배울수록 더 얻을 것이고 더 얻을수록 더 많이 우승할 것이다. 학습에 집중하면 더 자주 우승할 것이다.

　그가 더욱 우승할수록 또는 우승에 가까워질수록 그는 더 우승에 집중했다. 그 자체가 나쁜 것이 아니지만 그것이 유일한 초점이라면, 같은 클래스의 다른 사람들이 발전할수록 그의 우승기회가 줄어들기 시작했다. 그가 우승하는 것이 줄어들수록 그는 이기기 위해 더 열심히 노력했다. 그가 단지

33 학습

이기는데 모든 집중을 하여 더 열심히 노력할수록 그의 드라이빙 퍼포먼스는 나빠졌고 더 많이 우승할 수 있는 기회들이 줄어들었다. 누구든 그에게 그의 접근에 대해 이야기 하려한다면 그는 "난 과거에 우승했었다: 단지 내가 더욱 더 열심히 노력만 한다면 다시 우승할 것이다"라고 받아칠 것이다.

그렇다면 여러분에게 질문하겠다: 여러분은 보통 가장 빠른 랩이 정말 열심히 노력했을 때 나오는가, 아니면 차분히 했을 때 나오는가? 나는 차분하게 하는 것이 의미없거나 집중하지 않고 여러분의 능력을 최대로 발휘하지 않는다고 이야기하는 것이 아니다. 하지만 열심히 노력하는 것과 차분하게 집중하는 것에는 엄청나게 큰 차이점이 있다. 이것은 나의 지식으로 인해서 그가 실수하도록 만들었다.

> **SPEED SECRET**
>
> 여러분의 퍼포먼스에 집중하라;
> 그 결과는 자연히 해결될 것이다.

전력과 목표 세우기

자동차 엔지니어가 어떠한 타입의 계획도 없이 차량을 개발하려 한다면 결코 성공할 수 없을 것이다. 마찬가지로 여러분이 드라이빙을 배우는 것과 발전시키는 것에도 적용시켜야 한다. 계획이 없으면 둘 중 하나는 일어난다. 변화가 없거나-그리고 향상도 없다- 또는 잘못된 변화가 생길 것이다. 그래서 모든 트랙 세션에 앞서 비록 그 목표가 그 어떤 변화를 만들지 못하고 차량의 미묘한 변화만 메모할 수 있을 지라도 목표를 세우는 것이 중요한 이유이다.

만약 여러분이 두 개 또는 세 개의 특정 목표가 없이 트랙으로 간다면 이것은 완전히 시간 낭비이다. 이 목표들이 그저 차량과 관련되었을 수 있거나, 특정 셋업 변화에 관련되었거나 또는 드라이빙 테크닉의 변화에 관한 것 일수도 있다. 핵심은 변화하지 않는 이상 차량 또는 여러분의 드라이빙이 개선될 것이라는 것은 어려운 일이다.

목표를 세우는데 있어 가장 좋은 방법들 중 하나는 세션이 끝난 후 여러분 스스로에게 어떤 질문을 할지 알아내는 것이다. 예를 들어 1번 코너 어디에서 브레이크를 밟기 시작할지, 4번 코너에서 턴인 후 스티어링을 바로 어떻게 할지, 그리고 8번 코너 탈출에서 차량이 언더스티어나 오버스티어가 나타난다면 이러한 질문들을 스스로에게 할 것이다. 이렇게 여러분은 세션을 위해 구체적인 3개의 목표를 세워 스스로 집중하도록 도왔다.

카레이싱 최후의 비밀 : 드라이빙 하이테크닉

34 적응력

세상에서 가장 위대한 드라이버들의 드라이빙 스타일은 항상 공통점이 한가지 있다. 그것이 재키 스튜어트, 알랭 프로스트, 아일톤 세나, 미하엘 슈마허 같은 포뮬러 원이거나, 마리오 안드레티, 릭 미어스, 헬리오 카스트로네베스, 다리오 프랜치티, 지미 존슨 같은 인디카 레이싱이거나, 혹은 리처드 페티, 다렐 월트립, 데일 언하트, 지미 존슨 같은 나스카이거나, 그들의 성공 핵심은 항상 부드럽고 예리하다는 것이다(비록 나스카는 늘 마구잡이로 하는 것처럼 보일 수도 있다).

사람들은 경험을 바탕으로 자신의 성격이나 차에 잘 맞는 자신만의 드라이빙 스타일을 개발한다. 실제로 사람들은 모두 그들 자신만의 드라이빙 스타일을 갖고 있다. 나는 여러분의 것도 부드럽고 예리한 것이기를 희망한다.

차가 한 명의 드라이버에게 맞춰 셋업되었기 때문에, 드라이빙 스타일이 여러분에게 맞지 않을 수도 있다. 예를 들어 만약 여러분이 운전하는 차가 저속 코너에서 약한 언더스티어가 나는데 여러분은 그것을 오버스티어로 바꾸고 싶다면, 이 상황을 해결하기 위해 여러분의 드라이빙 스타일을 어떻게 바꿀 수 있는지 생각해봐라. 보통 생기는 현상은 언더스티어에 불만을 느낀 나머지 차를 더 빨리 가도록 억지로 밀어붙인다. 그렇게 한다면 오히려 언더스티어가 더 많아지게 될 것이며, 나아가 차를 더 느리게 만들 것이다. 보통 언더스티어가 나는 차량은 인내심을 갖고 대하는 편이 더 낫다. 코너의 진입구간에서 조금 더 속도를 낮추고 여러분에게 유리하게 하중을 이동시키고, 그리고 코너 탈출과 직선에서 가속을 잘 하는 데에 집중한다.

내가 말하고자 하는 것은 차가 원하는 곳으로 조향이 되지 않을 때, 어떻게 할지를 생각해보라는 것이다. 여러분의 드라이빙 스타일을 차에 맞게 조정하는 방법이 있는지에 대해서 생각해본다. 이것이 아마 차를 조정하고 변경하는 것보다 더 쉽고 비용도 적게 들 것이다.

여러분의 드라이빙 스타일이나 테크닉이 실제로 핸들링 문제의 원인일 수도 있다. 차에 핸들링 문제가 생길 때마다 차의 서스펜션이나 공기역학을 수정하고 변경하려고만 생각하지 말아라. 여러분의 드라이빙 스타일 혹은 드라이빙 실수들을 먼저 고민해볼 필요가 있다. 핸들링 문제를 다룰 때 가장 먼저 알아내야 할 것은 여러분이 그 문제를 만드는지 여부이다. 자신의 드라이빙 스타일을 유심히 관찰하고 솔직해져야 한다.

여러분은 차와 트랙의 모든 코너에서 다양한 방법으로 차의 하중이동과 타이어 트랙션에 영향을 미칠 것이다. 만약 여러분이 코너 중간에서 스로틀을 너무 강하게 전달한다면(아마 코너 진입 속도가 너무 느리기 때문에 그것을 보상하려 하기 때문일 것이다), 차에 언더스티어 혹은 오버스티어가 발생하는 원인이 될 것이다. 언제 어떻게 컨트롤하냐에 따라 핸들링 문제가 생길 수도 있고 해결될 수도 있다.

카레이싱 최후의 비밀 : 드라이빙 하이테크닉

예를 들어 코너에 진입할 때 만약 여러분이 스티어링을 너무 빠르게 돌린다면(앞 타이어가 서서히 구동력이 생길 기회를 주지 않는다면) 초기 턴인 언더스티어를 경험하게 될 것이다. 만약 트레일 브레이크를 충분히 가져가지 않는다면 그런 상황이 될 게 뻔하다.

이 초기 언더스티어 핸들링 문제로 섀시 세팅을 수정해야 하는 걸까? 혹은 스티어링을 너무 천천히 돌리게 되면 반 정도 지나갈 때까지 코너에서 차가 제자리를 찾지 못할 것이다.

어떤 문제를 해결하기 위해 서스펜션을 조정해야 할 때도 있다. 그러나 그 밖의 다른 문제(미드코너 탈출시 오버스티어 같은)가 원인이 될 수도 있다. 대신, 여러분의 드라이빙 스타일이나 기술을 향상시키는 것이 더 좋을 수도 있다. 핵심은 그 문제를 깨닫고 분석하는 것이다.

오해하진 말아야 한다. 나는 여러분이 드라이빙을 수정하여 모든 핸들링 문제를 극복하라고 권유하는 것은 아니다. 항상 어떻게 차를 향상시킬 수 있는지 생각하되 자기 자신을 속여서는 안 된다. 그리고 자신의 드라이빙 테크닉을 살펴보길 바란다.

적응력

훌륭한 드라이버와 위대한 드라이버들을 나누는 핵심 영역 중 하나는, 차의 핸들링 혹은 한 종류의 차에서 다른 유형의 차에다 그의 드라이빙을 맞춰 적응하는 능력이다.

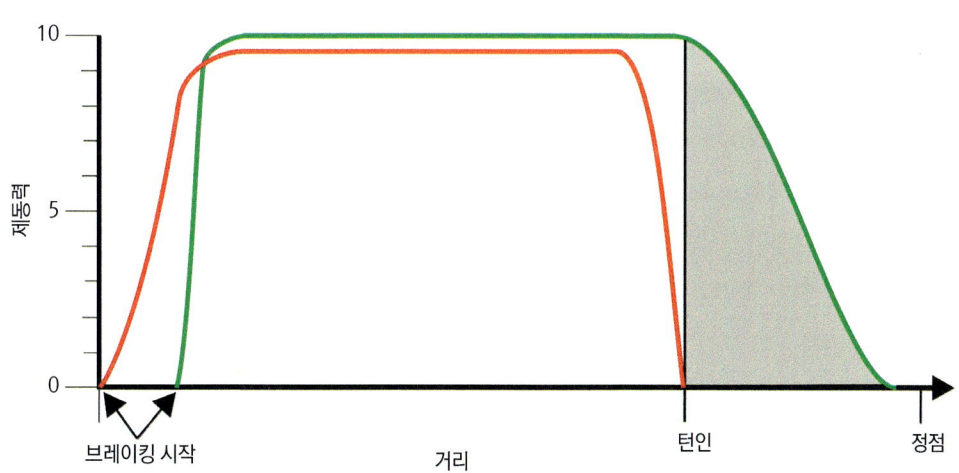

그림34-1: 만약 완벽하고 이론적인 제동력이 적용된 것을 그래프로 그린다면, 위에 있는 그래프의 녹색 실선과 같을 것이다. 색칠된 영역은 트레일브레이킹 단계이다. 적색 선은 일반적인 브레이킹 실수 세 가지를 보여준다. 첫째, 브레이크의 초기 적용이 너무 급하면서 또 너무 늦다. 둘째, 드라이버는 사용가능한 제동력을 전부 사용하고 있지 않다. 그래프에서 보면 10 이하이다. 그리고 마지막으로 아마도 가장 최악의 실수일 것 같은데, 드라이버가 너무 일찍 브레이킹을 끝낸 상황이다. 트레일브레이킹으로 차 앞쪽의 하중을 유지하지 않는다면, 차는 아마도 턴인이 시작되는 곳에서 언더스티어가 나타날 것이다. 이것이 섀시 셋업 문제일까? 아니면 드라이빙 스타일 문제일까?

34 적응력

어떤 드라이버들은 차가 어떻게 핸들링되더라도 상관없이 오로지 한가지 방법-자신만의 스타일-으로 운전한다. 그렇지만 알아두어야 할 것은 드라이버의 스타일은 모든 핸들링 특성에 결코 맞추지 못한다는 것이다. 만약 여러분의 스타일을 차의 핸들링, 트랙 조건의 변화, 기계적 문제, 혹은 다른 유형의 자동차 등에 맞추지 못한다면, 진정한 챔피언 드라이버라 할 수 없을 것이다.

1994년 미하엘 슈마허는 스페인 그랑프리에서 그의 베네통 머신이 5단에 기어가 고정되어 있었음에도 불구하고 2위로 경기를 마쳤다. 정말로 인상 깊었던 사실은 그가 그 사실을 알았을 때가 경기 초반인 2랩으로 팀원들조차도 아무도 그 사실을 모르고 있었다. 그런데도 불구하고 그의 랩타임은 거의 바뀌지 않았다. 그것은 그가 챔피언이었던 이유들 중 하나이다.

비록 레이스할 때 언젠가 만날 수 있는 모든 시나리오를 나열한다는 것은 불가능할지라도, 나는 가장 공통적인 것들을 찾으려 시도할 것이고, 그 상황에 도움이 되고 여러분의 드라이빙이 적응할 수 있도록 몇 가지 제안을 해줄 것이다.

SPEED SECRET

지식과 연습을 통해 적응력을 키워라.

다음에 나오는 제안들은 여러분이 어떤 문제로부터 받는 영향을 감소시켜줄 수 있도록 지식을 전달하는 것이 목적의 전부이다. 다시 말하면 그 문제에 대해 할 수 있는 것이 랩타임과 경쟁자와 레이스하기 위한 능력에 영향을 최소한으로 미치는 것일까? 물론 만약 모두 가능하다면 여러분은 차에 적응 – 앤티롤바, 브레이크 바이어스, 웨이트 재킷 등등 – 한 것일 것이다. 하지만 만약 여러분이 더 맞춰야 할 것이 없거나 맞추기 시작해야 하는 것이 있다면, 그것은 모두 레이스를 하는 동안 여러분의 적응력에 달렸다.

내가 언급한 것처럼 어떤 한 유형의 차에서 다른 유형의 차로 옮겨갈 수 있는 것은 위대한 레이스 드라이버가 되기 위한 중요한 요소이다. 예를 들어서, 특정한 목적을 위해 만들어지고 슬릭 타이어가 장착된 뒷바퀴굴림 레이스카와 일반 도로용 타이어가 장착된 앞바퀴 굴림 양산차까지 두 유형의 차를 스킬과 지식을 갖고 운전할 수 있다면, 팀에 고용되는 카레이서가 될 기회가 대폭 늘어날 것이다. 그러므로 나는 또 다른 유형의 차들이 요구하는 드라이빙 스타일에서의 기본적인 차이를 커버하려고 노력할 것이다.

카레이싱 최후의 비밀 : 드라이빙 하이테크닉

나는 여러분에게 의식적인 수준에서 이 정보 또는 지식을 주는 것이다. 진정으로 그것을 사용하기 위해서 여러분은 그것을 심상을 이용하여 프로그래밍해 무의식의 일부분으로 만들 필요가 있다. 그것이 무의식적인 프로그램이 되기 전까지는 그 정보는 무용지물이 될 것이다. 여러분은 레이싱 조건에서 속도를 내는 동안 효율적으로 다가가지 못 할 것이다.

코너 진입 언더스티어

그 어떤 핸들링 문제를 돕기 위해 드라이빙 테크닉을 갖고 여러분이 할 수 있는 것을 알아내려 할 때 시작하기 가장 좋은 것은 차의 무게 밸런스에 대해 생각하는 것이다. 만약 여러분의 차가 코너 입구에서 언더스티어가 생긴다면 앞쪽의 하중 이동을 유도하기 위해, 그리고 뒤쪽의 무게 이동을 줄이기 위해 무엇을 할 수 있을지에 대해 생각하라.

앞쪽으로의 무게 이동을 늘리기 위해 여러분은 코너에서 트레일 브레이킹에 소비되는 시간을 늘릴 수 있다. 그 말은 질질 끌거나 브레이크 페달에서 발을 재빨리 떼어내는 게 아니라, 페달을 조금 더 길게 밟아 답력을 유지하라는 의미이다. 그리고 만약 그 코너가 트레일 브레이킹을 필요로 하지 않는다면 가속 혹은 스로틀을 좀 더 부드럽게 스퀴징하기 전에 인내심을 갖고 좀 더 오래 기다려야 하는 문제일 것이다.

도전해야 할 것 중 하나는 여러분이 다른 차를 뒤쫓아갈 때이다. 여러분이 근접해서 코너에 진입할수록 여러분 차와 경쟁자의 차 사이의 거리는 줄어든다. 시각적으로도 여러분이 다른 드라이버를 따라잡은 것처럼 보인다(시간차가 변하지 않았음에도 불구하고 그것은 그저 여러분이 저속으로 가고 있어서이다).

그래서 경쟁자를 잡기 위해 애쓰는 과정에서 여러분은 본능적으로 브레이크에서 발을 떼고 스로틀로 조금 일찍 돌아가게 된다. 당연히 그것이 언더스티어를 크게 만들어 여러분을 오히려 더 느려지게 만든다. 그러면 여러분은 좀 더 강하게 시도하게 되고, 코너에서 속도를 더 내게 되고, 언더스티어를 더 많이 유발하고, 앞 타이어가 더 많이 열을 받게 만들며, 언더스티어를 더 유발하고, 또다시 더 노력하는 일을 반복한다. 여러분도 보시다시피 문제는 점점 더 나빠진다.

비결은 참는 것이다. 여러분은 결국 아마도 시속 1마일 혹은 그보다 낮게 코너에 진입하게 된다. 만약 여러분이 앞쪽 하중 이동을 늘리고 뒤쪽 무게 이동을 줄이는데 집중한다면 코너에서 언더스티어를 컨트롤하는데 낭비하지 않고 차를 더 빨리 돌아가도록 만들 수 있으며 스로틀로도 바로 돌아갈 수 있을 것이다. 그것은 코너를 빠져나와 직선에 접어들 때 가속을 앞당기고 경쟁자를 추월할 기회를 더 많이 얻게 만들어 줄 것이다.

34 적응력

코너에서 좀 더 일찍 들어가려는 유혹에서 벗어나라. 만약 여러분이 좀 더 늦게 코너를 돌기 원하는 그 어떤 것이 있다면, 탈출 라인을 열어 코너에서 가속에 집중할 수 있다.

트레일 브레이킹을 좀 더 하는 이익 중 하나는 실제로 여러분의 브레이킹을 조금 더 나중에 시작할 수 있다는 것이다(여러분이 진입 단계에서 속도를 더 줄일 때부터). 그

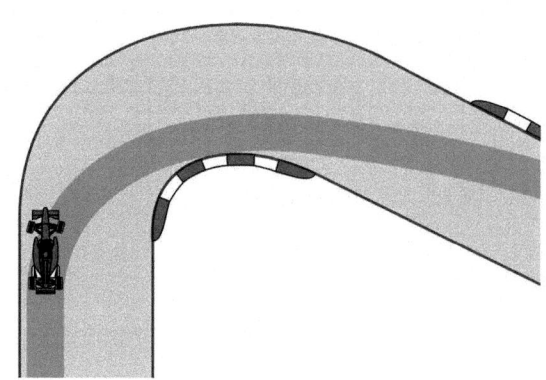

그림34-2: 코너 진입 언더스티어

러나 그것은 한편으로 앞 타이어에 부하가 걸려 언더스티어를 일으키는 원인 중 일부가 되기도 한다. 만약 여러분이 코너에서 속도를 너무 많이 가져가면서 브레이킹은 그대로 가고 차의 방향을 바꾸려 한다면, 그것은 앞 타이어에게 너무 많은 요구를 하는 것일 것이다. 이러한 경우 해결하는 방법은 브레이킹을 약간 일찍 시작하고 트레일 브레이크를 약간 적게 해주는 것이다. 인내심을 가져야 한다.

만약 차의 무게 밸런스가 언더스티어의 원인이 아니거나 회복하는 것이라면 그땐 다른 것을 고려해야만 한다. 코너 어디에서 언더스티어가 일어나는지는 중요하지 않다. 여러분이 스티어링 휠을 갖고 무엇을 하고 있는지를 생각하라. 보통 코너진입 언더스티어는 드라이버가 너무 스티어링을 너무 많이 돌리거나 너무 급하게 돌림으로써 발생한다. 스티어링 휠을 좀 더 적게 그리고 좀 더 부드럽게 돌리도록 노력하라. 이것이 맞지 않다고 느낄 수 있음을 알고 있다. 차가 충분히 돌지 못했는데(언더스티어) 스티어링을 적게 돌려야 하는 걸까? 앞 타이어가 작동할 수 있는 각도를 유지하라. 만약 여러분이 앞 타이어를 너무 많이 꺾는다면 도움이 되지 않고 그립만 잃게 되어 미끄러지기 시작할 수 있다.

다시 말해 여러분이 얼마나 스티어링을 돌릴지 알아야 하고 그것을 유지하도록 노력해야 한다. 아니면 턴인이 시작될 때까지 스티어링 휠을 조금 느리고 좀 더 부드럽게 돌려야 한다. 타이어가 코너링 그립을 구축할 기회를 주어야 한다.

코너 진입 오버스티어

오버스티어는 앞 타이어에 지나치게 하중이 실리고 뒤 타이어엔 충분치 못한 결과이다. 만약 코너 진입 단계에서 생긴 경우라면 이것은 아마도 코너 들어갈 때 브레이킹을 너무 강하게 밟았다는 의미일 것이다. 즉 트레일 브레이킹이 너무 많다는 것이다.

해결 방법은 간단하다. 그저 브레이킹을 약간 일찍 시작하고 코너에 진입할 때 브레이크를 조금 일

카레이싱 최후의 비밀 : 드라이빙 하이테크닉

찍 부드럽게 뗀다. 만약 브레이킹이 요구되지 않는 코너라면 가속을 일찍 시작하고(그러나 매우 부드럽게), 뒤 타이어로 무게를 좀 더 이동시켜야 한다.

다시 말해 다른 경쟁자를 쫓아갈 때 "브레이킹을 늦게 해서 그를 잡아야지"라는 생각에 빠지기 쉽다. 늦게 브레이킹을 하는 것보다 가속을 일찍 하는 것이 경쟁자를 따라잡고 랩타임을 줄이는데 더 유리하다는 것을 항상 기억해야 한다.

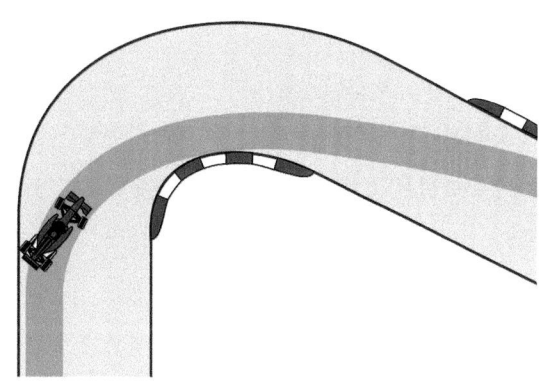
그림34-3: 코너 진입 오버스티어

코너 진입 오버스티어를 줄이는 데 도움이 되는 또 다른 한가지는, 스티어링 휠을 덜 급하게 돌리는 것이다. 차가 직선에서 코너를 향해서 조금 더 점진적으로 방향을 바꾸도록 해야 한다.

미드코너 언더스티어

보통 미드코너 언더스티어를 다루는 가장 좋은 방법은 스로틀을 부드럽게 조절하여 차의 무게 균형을 바꿔주는 것이다. 다른 말로 하면 그저 호흡하라는 것이다. 부드럽게 스로틀에서 발을 떼게 되면 앞쪽으로 무게가 옮겨가 앞 타이어에 더 많은 그립을 주게 된다.

보통 언더스티어는 차량의 셋업과는 관련이 없다. 그러나 사람들은 단지 좀 더 급하고 빨리 가속을 하기 위해 스로틀로 돌아가곤 한다. 다시 말해 무게를 앞쪽으로 옮기기 위해 스로틀과 호흡을 맞춰야 한다.

또한 진입 언더스티어처럼 여러분이 돌린 스티어링 양을 기억해야 한다. 아마도 여러분 차량의 미드코너 문제를 해결하려면

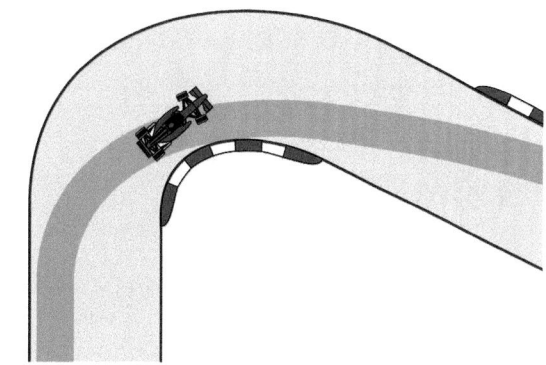
그림34-4: 미드코너 언더스티어

앞 타이어가 그립을 얻기 위해 스티어링을 살짝 풀어주어야 한다.

34 적응력

미드코너 오버스티어

미드코너 오버스티어를 다루는 것은 거의 대부분 차의 무게 밸런스를 변화시키는 것으로 해결한다. 이러한 경우 스로틀을 더 열어서 세밀하게 다루는 것을 의미한다. 하지만 차량이 오버스티어를 시작하는 이유들 중 하나는 여러분이 가져가는 속도가 뒤 타이어가 핸들링할 수 있는 속도보다 조금 더 높기 때문이다. 그래서 여러분이 마지막으로 해야 할 것은 속도를 조금 더 많이 내는 것이다. 이것이 스로틀을 약간 더 열어주는 게 중요한 이유이다.

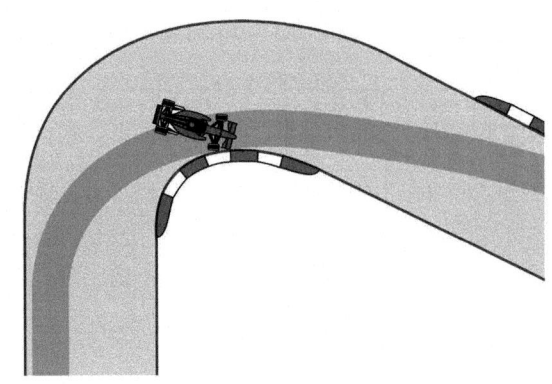

그림34-5: 미드코너 오버스티어

미드코너 오버스티어는 또한 휠스핀에 의해 일어날 수도 있는데(당연히 뒷바퀴굴림차) 스로틀을 조금 쉽게 다루기 때문이다.

만약 여러분의 차량 셋업이 휠스핀을 일으키게 되어있다면 여러분이 할 수 있는 것은 가속 페달을 최대한 부드럽게 다루고 여러분의 라인을 가능한 한 서서히 수정하도록 하는 것이다. 만약 가능하다면 차를 턴인 전에 코너에 조금 더 깊게 들어가도록 하여 초기에 코너 반경을 약간 날카롭게 만들어 정점을 더 늦게 잡도록 목표를 세운 다음 최대한 빨리 스티어링을 풀어주도록 한다. 이것은 가속 라인을 좀 더 직선으로 만들어주는데, 즉 여러분이 뒤 타이어에 요구하는 가속력과 결합시키기 위해 코너링 포스가 적게 일어날 것이라는 의미이다.

탈출 언더스티어

만약 여러분의 차량이 탈출 언더스티어 문제가 있다면 가속을 줄이지 않고 여러분이 할 수 있는 최고의 방법은 라인을 수정하는 것이다. 주된 목적은 가속하는 동안 차가 회전하는 시간을 줄이는 것이다. 그러므로 만약 좀 더 늦게 그리고 라인을 날카롭게 회전한다면(심지어 차량의 속도를 약간 줄여야 하더라도), 그리고 정점을 좀 멀리 둔다면, 그것이 스티어링을 조금 일찍 풀어주도록 도와줄 것

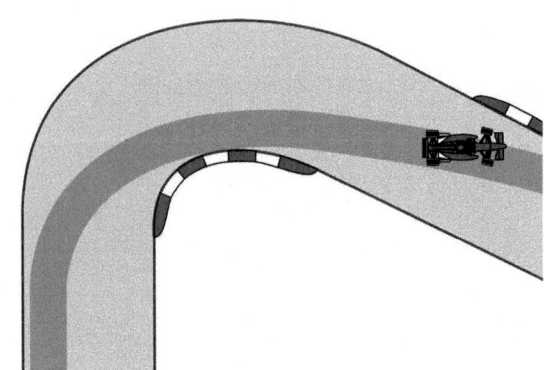

그림34-6: 탈출 언더스티어

카레이싱 최후의 비밀 : 드라이빙 하이테크닉

이다. 이것은 여러분이 언더스티어의 영향으로 속도를 줄여야 손해 없이 직선 라인에서 가속을 할 수 있다는 것을 의미한다.

그리고 한가지 더하면, 가속을 부드럽게 하면 할수록 언더스티어 양은 줄어든다. 만약 여러분이 스로틀을 급하게 늘린다면 언더스티어도 지나치게 많아질 것이다. 그래서 스로틀을 미세하게 조절하라는 것이다.

탈출 오버스티어

탈출 오버스티어는 두 가지 중 하나와 관련 있을 것이다. 즉 노면에 가속 트랙션을 가하여 차를 무능 상태로 만들기 때문에 주로 발생되는 파워 오버스티어, 혹은 하중 밸런스로 인한 것 두 가지 중 하나이다.

보통 두 가지 타입의 탈출 오버스티어를 다루는 방법은 탈출 언더스티어의 그것과 같다. 목표는 늦은 턴인과 탈출을 이용하여 가능한 빨리 코너의 반경을 증가시켜 코너의 탈출을 여는 것이다.

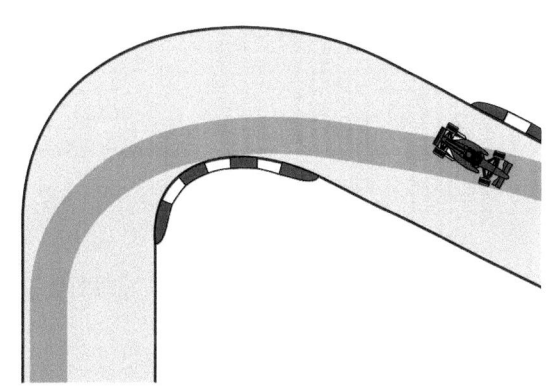

그림34-7: 탈출 오버스티어

탈출 오버스티어에서 여러분이 기억해야 할 다른 한가지는 가속 시 스로틀을 부드럽게 다뤄야 하는 것이다. 라인을 수정했음에도 불구하고 만약 여러분이 스로틀을 유지한다면 뒤 타이어에 큰 부담을 주게 될 것이다. 결국, 이것은 뒤 타이어가 열을 받게 되고 오버스티어로 인한 문제를 더 악화시키며, 심지어 코너의 다른 곳에서까지 오버스티어가 생기는 원인이 될 것이다.

코너 탈출 시 오버스티어가 생길 때, 특히 오버스티어가 너무 심하게 일어나서 거의 포기하거나 코너의 일부를 희생해야 할 때 차를 다루는 접근방법이 있다. 차의 속도를 줄이고 턴인과 정점을 늦게 잡는 대신에 거의 그 반대로 한다. 코너에 가까워지면 브레이크를 늦게 밟고 코너에 더 높은 속도로 들어간다. 그런 다음 정점을 더 일찍 잡고 이후 차가 직선구간에서 똑바로 가게 해준다. 여기서의 아이디어는 코너에서 나와 가속이 잘 되지 않을 때까지 여러분은 차량이 잘 동작하는 곳-코너 진입-의 혜택을 가져가도록 노력하는 게 좋다

이 테크닉을 사용하기 전에 모든 다른 테크닉들이 모든 상황에 똑같이 적용되지 않는다는 것을 알아야 한다. 여러분도 다른 트랙 기록을 갖고 현재 트랙에 꿰맞춰 세팅하려 하진 않을 것이다. 그것은 다소 지나치긴 하다. 그러나 레이스에서 최소한 몇 랩 동안은 여러분의 뒤에 경쟁자들을 붙잡아두도

34 적응력

록 도와줄 것이다. 아마도 이 테크닉을 사용하는데 있어서 가장 큰 도전은 그것을 위해 역발상으로 멘탈 프로그램을 사용하는 것이다. 그러므로 여러분은 그것을 준비하기 위해 아마 테스트 날이나 연습 세션 때 때때로 시도해보고 싶을 것이다.

브레이크 페이드(브레이크 파열)

브레이크 페이드는 레이스 드라이버가 겪는 일 중 가장 무서운 것 중 하나이다. 하지만 이러한 일이 발생할 때마다 그저 포기하고 싶다든가 피트로 들어가는 것이 아닌 이상 여러분은 그것을 안고 살아가야 한다.

일반적으로 브레이크 페이드가 발생하는 데에는 두 가지 이유가 있는데 둘 다 과열과 관련이 있다. 첫 번째이자 가장 일반적인 것은 반복적으로 브레이크를 사용해 열을 받아 브레이크 액이 끓기 시작하는 것이다. 브레이크 액이 끓게 되면 기포가 생긴다. 공교롭게도 브레이크 액보다 공기가 훨씬 더 압축되기 쉬워서 브레이크 페달이 부드러워지고 폭신해져 브레이크 패드에 압력을 많이 주지 않고도 페달이 바닥까지 간다.

브레이크 페이드가 발생하는 두번째 이유는 패드 스스로 과열되는 것이다. 이러한 경우 패드의 온도는 기존의 적용 범위를 넘어서는 순간부터 상승하게 된다. 그러한 일이 일어나면 패드에서 가스가 끓어오르는데 떠다니는 수준은 아니다. 이것은 패드와 브레이크 로터 사이에 막을 형성하여 윤활유처럼 작용한다. 이러한 상황에서 브레이크 페달은 좋고 단단하지만 아무리 강하게 밟아도 차는 속도가 잘 줄어들지 않게 된다.

어느 경우에서나 다뤄야 하는 문제는 브레이크 장치의 과열이다. 여러분이 할 수 있는 유일한 것은 한계 상태로 주행하는 상황에서는 쉽지 않겠지만 브레이크를 냉각시키는 것이다. 실제로 브레이크 장치를 냉각시키는 동안 한계나 최대 속도로 주행할 순 없겠지만 말이다. 그러나 여러분의 속도에 너무 많은 영향을 주지 않으면서도 브레이크를 냉각시키는 있는 방법이 있다.

전에 내가 이야기했던 것처럼 코너에서 브레이킹을 늦게 밟는다고 여러분이 얻는 게 많지 않다. 오히려 브레이킹할 때보다 가속할 때가 얻는 게 더 많을 것이다. 그러므로 브레이킹을 약간 일찍 한다고 해서 여러분의 랩타임에 그리 많은 피해를 주지 않을 것이며, 브레이크를 가볍게 밟는 만큼 여러분의 코너 진입 속도도 그 전처럼 높도록 해준다. 브레이크를 가볍게 밟는다는 의미는 브레이크 장치로 가는 열을 적게 해준다는 것이다.

목표 전체는 브레이크 장치로 가능한 공기가 많이 흘러들어 가도록 하여 냉각시킴으로써 브레이크로 가는 열이 적어지도록 하는 것이다.

카레이싱 최후의 비밀 : 드라이빙 하이테크닉

만약 레이스 트랙 어디선가 여러분이 스로틀에서 발을 떼고 아주 짧은 시간 동안 브레이킹을 하는 곳이 있다면, 그것이 브레이크를 냉각시킬 수 있는 기회이다. 브레이크를 밟는 대신에 스로틀을 좀 더 혹은 오랫동안 떼도록 한다. 만약 여러분이 순식간에(몇 분의 1초 사이) 브레이크를 사용해 왔다 하더라도 여기서 그것을 사용하지 않고 공기가 통하도록 하여 거기에 더 열이 나지 않고 냉각이 되도록 해준다.

약화된 기어박스

첫 번째로 고려해야 할 것은 왜 기어박스가 고장나기 시작하는 지이다. 다운시프트할 때(아마도 기어이빨을 깨먹을 수도) 충분히 스로틀을 쳐주지(blipping, 힐앤토) 않기 때문일까? 업시프트를 해주는가? 시프트 미스가 나서 기어이빨(dog ling)에 손상이 가서 기어 밖으로 튀어나온 적이 있는가?

만약 여러분이 시퀀셜 변속기가 달린 차량을 운전한다면 기어박스에 기어가 어떻게 들어가는지에 대해서 해야 할 것이 많지 않다. 그것은 단지 뒤로 당기거나 앞으로 미는 문제일 뿐이며 확고하고 적

34 적응력

극적으로 하면 된다. 그러나 스로틀을 사용함에 있어 컨트롤을 할 수는 있다. 업시프트를 할 때 스로틀 리프트를 과장되게 해서 다음 기어로 옮겨가지 전에 기어이빨에 무리가 가지 않도록 해준다. 그리고 다운시프트 시 스로틀을 충분히 쳐주도록 한다.

만약 여러분이 시퀀셜 시프트 기어박스를 갖고 있지 않다면 내가 스로틀의 사용(여기에도 적용)에 대해 전에 언급했던 것 외에 할 수 있는 몇 가지 다른 것들이 있다. 첫 번째로 가장 중요한 것은 기어 변속이 더 천천히 그리고 더 정교하게 하는 한이 있더라도 기어 변속시 실수를 하지 않는 것이다. 하지만 내가 시퀀셜 시프터에서 했던 것처럼 기어 변속을 확실하고 정확하게 해야 한다. 아이처럼 다루다가 기어박스가 많이 망가지는 것은 너무 거칠게 다뤄서 그런 것 같다.

골칫거리인 논시퀀셜 기어박스로 여러분은 좀 더 기어를 잘 들어가도록 만들 수 있다. 정확해야 하면서도 확실하고 정교해야야 한다. 만약 그것이 기어에서 튀어나오기 시작하면 그것은 기어박스의 기어이빨이 닳았다는 것을 의미한다. 여러분이 할 수 있는 모든 것이라는 게, 더 이상의 기어 미스를 하지 말고 문제가 있는 기어가 잘 들어가도록 노력하는 것이다.

여러분이 클러치를 사용하거나 아니면 변속을 하지 않거나 하는 것은 중요한 요소이다. 만약 클러치를 사용하지 않아, 기어박스가 변속이 어려워지기 시작하여 기어가 들어가지 않거나 기어로부터 빠진다면, 여러분은 그것을 시도하려 애쓸 것이다. 만약 여러분이 왼발 브레이킹을 사용해 왔다면 이제 왼발로는 클러치를 밟게 하고 오른발로는 브레이킹을 하도록 바꿔야 할 것이다. 만약 여러분이 그렇게 운전하도록 멘탈 프로그램을 가지고 있지 않다면 레이스 도중 바꾸는 데 있어 약간 지나치게 큰 변화일 것이다. 그것은 언젠가 여러분이 연습 또는 테스트 세션 때 시도하고 싶어하는 것일 것이다.

만약 여러분이 싱크로메시 트랜스미션이 들어간 순정 차량을 운전할 때, 기어가 들어가기 어려워지기 시작하면 여러분은 더블 클러칭을 시도하고 싶을 것이다.

다른 차량들

몇몇 사람들은 앞바퀴굴림 세단 같은 양산차를 운전하는 것은 모두 적응하는 것에 달려있고, 목적을 가지고 만든 오픈휠 차량 진정한 레이스카는 적응을 요구하지 않는다고 이야기한다. 그들의 요점은 그 목적을 갖고 제작한 레이스카는 여러분이 하고 싶은 것을 하여 최소한 여러분에게 어울리는 세팅을 하는 것을 말한다. 나는 양산차는 보통 조금 더 적응해야 하는 것에 동의하면서도, 목적을 갖고 만든 차에는 여러분의 스타일을 적응시킬 필요가 없다는 것에 동의하지 않는다.

나의 개인적인 경험을 갖고 이야기하자면, 양산차는 세상에서 가장 좋은 밸런스와 셋업을 가진 반면, 어떤 목적을 갖고 만들어진 포뮬러카는 그와는 반대이다. 그리고 물론 차량을 완벽하게 세팅하는

카레이싱 최후의 비밀 : 드라이빙 하이테크닉

것은 궁극적으로 여러분의 책임이다. 그러나 여러분이 완벽한 차량을 운전한다는 것은 드물 것이다. 사실 모든 코너에서 완벽한 차를 가질 수 없다는 의미이다. 만약 여러분이 목적을 가지고 만든 차 또는 순정 상태의 차를 갖고 어느 한 코너를 완벽하게 적응했다 하더라도, 다른 모든 코너에서 완벽하게 되는 것은 불가능하다. 물리학의 법칙을 거슬리는 것이다.

그래서 여러분은 차량과 트랙에서 어떻게 여러분의 드라이빙을 적응시킬 것인가? 여기 여러분이 할 수 있는 몇 가지 리스트가 있다:

> **SPEED SECRET**
>
> 차량이 필요로 하는 것을 주면
> 차량은 여러분이 원하는 것을 줄 것이다.

- 코너에 들어갈 때의 타이밍을 수정한다.
- 코너에 들어갈 때 스티어링 휠을 얼마나 빨리 돌리는지를 수정한다.
- 코너 중간을 통과할 때 얼마나 오랫동안 최대 스티어링 입력을 주는지를 수정한다.
- 코너를 빠져 나와서 얼마나 빠르게 스티어링을 푸는지, 그리고 타이밍을 수정한다.
- 코너에 진입할 때 브레이크에서 발을 떼는 타이밍을 수정한다.
- 코너에 진입할 때 브레이크에서 발을 떼는 비율을 수정한다.
- 브레이크에서 완전히 발을 떼고 스로틀을 밟기 시작하는 사이에 소비되는 시간을 수정한다.
- 코너에서 탈출할 때 스로틀에 적용하는 비율을 수정한다.
- 얼만큼 그리고 얼마나 갑작스럽게 스로틀을 조절하는지를 수정한다.

이들 접근방법들의 각각은 별개로 수정될 수 있을 뿐만 아니라 다른 것과 단결할 수도 있다. 그래서 여러분은 이들 테크닉들의 하나하나에 어떻게 적응하고 수정할까? 만약 이것들 중 한 가지에 여러분이 적응하려는데 그렇지 못한다면 여러분은 될 수 있는 만큼 완전한 드라이버가 아니다. 모든 코너에서 최상이 될 수 있도록, 각각의 것을 수정하는 것을 익히고 그것들을 완벽하게 결합시키도록 하라. 몇몇 드라이버들은 특정 유형의 코너에서는 최고이나 다른 곳에서는 그렇지 않다. 그 이유는 어떤 방법으로든 그 곳에서 적응할 수 있으나 다른 코너에서는 그렇지 못하기 때문이다. 그들은 적응형 드라이버가 아니다.

34 적응력

　전략적으로 테스트 세션에 참가하고 이들 각기 다른 접근방법들을 연습하라. 코너에 들어갈 때 좀 더 일찍 그리고 천천히, 혹은 늦게 그리고 뻣뻣하게 하도록 시도해보라. 코너에서 정점을 향해 가는 동안 스티어링을 서서히 감고, 그리고 나서 풀어주기도 하고, 또한 스티어링을 일찍 감고 코너의 대부분에서 그 상태를 유지하다가 코너 끝에서 풀어보기도 한다. 브레이크를 좀 더 느리게 질질 끌면서 밟다가(트레일링) 갑자기 떼도록 해보라. 브레이크에서 발을 떼는 시간부터 스로틀로 발이 옮아가기 시작하는 전까지 인내심을 갖도록 해보고, 다음엔 두 가지가 거의 중복되도록 시도해보라. 스로틀에 가하는 비율을 갖고 주행해보고 그것을 조절해보도록 해보라. 이 모든 접근방법이 어떻게 되는지 기록을 남겨두어라. 만약 여러분이 이것들 중 하나가 어떻게 될지, 그리고 차가 무엇인가 해야 할 것이 필요한 때를 안다면 여러분은 자동적으로 그리고 자연스럽게 차가 필요로 하는 것을 해 주게 될 것이다.

언더스티어-오버스티어 문제

　여러분은 코너 초반의 언더스티어와 탈출시 오버스티어에 대해서 불평을 한 게 몇 번이나 되는가? 나는 이러한 것을 경험한 경력이 없고 이러한 상황에서 레이스카를 운전해보지 않았던 드라이버에 대해 알지 못한다. 만약 드라이버들이 아직 그런 적이 없다면, 그들이 그것을 경험할 것이라는 것은 단지 시간문제일 뿐이다.

　엔지니어들은 이러한 문제를 싫어한다. 결국에는 문제의 반을 고치면 종종 나머지 반이 악화된다. 가장 큰 진짜 문제는 그것이 항상 자동차의 잘못만은 아니라는 데 있다. 문제는 종종 운전자에게 있곤 한다.

　해결책은? 자기 자신(혹은 다른 이에게 묻는다)에게 의식을 구축하는 질문들을 하라. 이러한 핸들링 문제의 공통적인 원인은 여러분이 코너 초반에 언더스티어를 경험하기 때문이다: 여러분은 스티어링 휠을 더 돌리게 된다. 한번 생각해보자. 여러분이 코너를 시속 100마일(약 161km)로 코너를 진입하면서 스티어링 휠을 돌리면 차는 트랙 바깥쪽으로 밀려나가게 된다. 이럴 때 어떻게 할 것인가? 아마도 많은 드라이버들처럼 똑같이 할 것이다: 스티어링 각을 더 꺾고 코너를 돌아가려고 애쓸 것이다. 그것이 인간의 본능이다. 그것이 바로 생존 본능이다.

　만약 여러분이 언더스티어가 발생했을 때 어떻게 해야 하는지를 실제로 스스로에게 물어본다면, 여러분은 의식 구축 과정을 시작한 것이다. 질문하라. "나는 언더스티어가 발생했을 때 스티어링 휠을 어떻게 잡고 있는가?" 스스로에게 생각할 시간을 주어라. 눈을 감고 일어날 일을 상상해보라.

　처음에 여러분은 "아니다"라고 대답할 것이다. 여러분은 그것이 "맞는" 대답이라는 것을 알고 있다. 하지만 그것을 계속 생각하고 스스로에게 질문하라. 그 답을 얻기 위해 조급해하지 말아라. 계속

카레이싱 최후의 비밀 : 드라이빙 하이테크닉

생각하고 여러분이 할 수 있었던 것을 머리 속에 완벽하게 그려보아라.

보통 코너의 초반에 생기는 언더스티어를 만나게 되었을 때, 여러분이 스티어링 휠을 더 많이 꺾는 것을 알게 될 것이다. 그리고 나서 그렇게 했을 경우 코너에서 오버스티어로 이어지는 원인이 된다는 것을 깨닫게 될 것이다. 당연히 스티어링 휠을 점점 더 꺾을수록 앞 타이어는 속도를 잃게 될 것이고, 그 다음에 갑자기 트랙션이 되살아나 차량에 오버스티어가 발생하는 원인이 된다.

질문의 결과로서 단순히 여러분이 무엇을 할지 깨닫게 되는 것만으로도, 스티어링 입력을 더 많이 주지 않아야 한다는 그 문제의 해결책을 발견하게 된다. 여러분의 다음 단계는 여러분의 심상을 발전시키는 것이다. 여러분은 스스로에게 무엇을 할지, 그리고 그것이 어떻게 보이고, 어떻게 들리며, 어떻게 느껴지는지 물어야 할 것이다. 최대한 자세히 묘사하라. 두 눈을 감고 최대한 자세히 상상하고 그것을 매일, 매주, 그리고 매달 반복해서 해야 한다.

핵심은 문제의 진짜 원인을 찾는 것이다. 차량에 전혀 문제가 없을 때가 많다: 문제를 일으키는 것은 바로 여러분이다. 수많은 팀들이 그 문제의 핵심을 파고드는 게 아니라 잘못된 길로 이끌어 가곤 했다. 차량의 셋업을 수정하기 전에, 핸들링 문제의 진짜 원인을 알아내기 위해 여러분의 의식부터 높여야 한다.

35 오벌 트랙

나는 로드 코스 드라이빙에 대해 이야기할 때 이처럼 책을 이용하곤 한다. 그러나 북미에서의 레이싱 형태는 점점 오벌 트랙 레이스로 확대되어 갔다. 여기서 전략 같은 것에 대해서 너무 자세하게 다루는 것보다는 오벌을 드라이빙하는 기본적인 테크닉과 특별한 팁에 대해서 살펴보기로 하자.

셋업

첫째, 차량 셋업. 일반적으로 차는 오버스티어가 아닌 약한 언더스티어에 맞춰 세팅되어야만 한다. 오벌 코스에서는 계속해서 빠른 속도로 달리기 때문에 오버스티어를 컨트롤하는 것은 불가능하다. 처음 몇 랩 정도는 컨트롤할 수 있을지 모르지만 결국 스핀하여 벽을 향해 날라갈 것이다. 오벌에서 여러분은 로드 코스에서처럼 차량의 뒤(리어)가 아니라 앞(프런트 엔드)의 움직임에 기본을 두고 셋업하길 원할 것이다.

오벌-특히 슈퍼 스피드웨이-에서 드라이빙할 때 아치 턴 회전에서 부드러움과 기교, 그리고 정확성 등이 더 많이 요구된다. 아치 턴 회전시 스티어링을 더 섬세하고 부드럽게 돌리는데 집중해야 한다. 오벌에서는 회전 구간에 맞추어 차를 세팅하는 것이 매우 중요하므로 너무 느리게 돌지 않도록 해야 한다.

핸들링 미숙

오벌에서 처음 인디 레이스를 하기 전 나는 몇 가지 도움이 될만한 조언을 받았다: "만약 오벌에서 차의 느낌이 좋지 않다고 여겨지면 무리하지 말아야 한다." 로드 코스에서 핸들링이 나쁘면 여러분의 테크닉을 약간 변화시켜 극복할 수 있다. 오벌에서는 이렇게 하는 것은 어렵고 위험하다. 이것은 오벌에서는 차의 세팅이 더 중요하다는 것을 의미한다. 또한 만약 차에 기계적인 결함이 있다고 느껴지면 피트로 돌아와 점검을 받아야 한다. 오벌에서 기계적 결함의 결과는 심각하다.

만약 차량의 핸들링이 잘되지 않는다면 빨리 가려고 애쓰지 말아야 한다. 오벌에서 핸들링이 나쁜 차량으로 빨리 가려고 노력하다가는 스핀되거나 최악의 경우엔 병원으로 실려갈 것이다. 이것은 특히 오버스티어 차에서 자주 일어나는 경우이다.

오벌 트랙은 관대하지 못하며 핸들링이 나쁜 차는 여러분을 부상당하게 할 수 있다. 여러분은 핸들링이 나쁜 차를 갖고 계속 달릴지 말지를 결정할 필요가 있다. 핸들링이 나쁜 차를 가지고 끝까지 운전해서 피니시 지점까지 들어오는 것보다는, 도중에 피트로 들어와 점검을 받는 것이 훨씬 더 잘하는 행동이다. 현명한 판단을 하는 것보다 차를 벽에 충돌하는 것이 체면을 구기는 것이다.

그것이 여러분의 카라이프이며 때때로 여러분의 인생이라는 점을 기억해야 한다. 그 모든 것은 여

카레이싱 최후의 비밀 : 드라이빙 하이테크닉

러분의 결정에 달렸다.

만약 여러분의 차가 오버스티어가 나는데 계속 달리기로 결정을 한다면, 핸들링을 섬세하고 부드럽게 해야 할 것이다. 다시 말해 여러분이 해야 하는 것보다 스티어링을 더 돌리지 말아야 하며, 최대한 신속하게 많이 풀어주도록 해야 한다. 오버스티어가 나는 차를 가지고 코너 탈출을 할 때 당연히 벽으로부터 차를 멀어지도록 라인을 잡을 것이다. 그것이 여러분이 할 수 있는 가장 안 좋은 행동이다. 벽으로부터 더 멀리 잡을수록 벽과 충돌할 가능성은 더 높아진다.

오버스티어 차로 코너 진입시 가능한 한 부드럽고 점진적으로 다가가야 한다.

오벌에서 언더스티어 차는 스티어링을 덜 돌리게 되어 코너를 통과할 때 아마도 더 높은 라인을 달리게 될 것이다. 차를 자유롭게 달리도록 나둬도 코너에서 탈출하게 된다.

언더스티어에 적응할 때 여러분이 스티어링으로 무엇을 하고 있는지 깨닫게 되는 과정에서 내가 전에 언급했던 동일 웨이트 밸런스 테크닉을 사용하길 권한다. 차가 밀릴수록 본능적으로 스티어링을 더 많이 돌릴 것이다. 잘 아시다시피 이것은 좋은 방법이 아니다. 일반적으로 생기는 현상은 결국 앞 타이어의 속도를 죽여 그립을 다시 얻게 되나 그 순간 스티어링을 너무 많이 돌려 리어엔드 브레이크가 느슨해지고 차는 스핀하게 된다. 오버스티어의 원인으로 나타나는 스핀이 얼마나 종종 언더스티어의 결과로 이어진 건지 놀라울 따름이다.

라인

오벌에서 이상적인 라인은 코너의 뱅킹(경사도), 형태, 그리고 차의 핸들링에 따라 변한다. 여러분은 로드 코스에서보다 더 많이 코너를 통과하는 라인을 '느낄' 필요가 있다. 차가 가고자 하는 곳으로 달리도록 놔두어야 한다. 코너링 타협, 기준점, 그리고 컨트롤 페이스 등 내가 전에 설명했던 모든 것을 당연히 오벌 트랙에도 적용한다. 그리고 로드 코스에서처럼 직선 코스 속도는 여러분이 얼마나 잘 코너 탈출을 했는지에 따라 좌우된다.

사실, 오벌에서는 가속력(탄력)이 전부이다. 아주 작은 실수를 하거나 가속 페달에서 발을 조금이라도 떼는 것이 랩 스피드에 엄청난 결과를 가져온다. 차가 코너에 진입할 때 속도를 줄이지 말아야 한다. 여러분이 가능하다 생각하는 것보다 아주 조금 일찍 브레이크를 놓도록 하고 차가 달리도록 두어야 한다. 속도를 유지하도록 말이다.

여러분은 로드 코스에서처럼 오벌에서도 스로틀을 끊고 브레이크를 시작하기 전 가능한 오랫동안 기다리길 원할 것이다. 이것은 여러분이 로드 코스에서 했던 것보다 코너에서 더 많은 브레이킹을 하려 할 것이라는 것을 의미한다. 그러나 부드러워야 한다. 마찰원을 기억하라. 코너를 도는 동안은 직

35 오벌 트랙

선구간에서처럼 강하게 브레이킹을 할 수 없다. 브레이크를 약하게 해야 한다.

멀리 보는 것은 오벌에서는 무엇보다 중요하다. 오벌에서 주행할 때 내가 할 수 있는 만큼 멀리 보려고 노력한다, 그리고 가능한 빠르게 거기에 도달하는 것에 대해 생각한다. 이것은 당연하게 들릴지 모르나 도움이 된다. 종종 드라이버들은 자연스럽게 벽을 보거나 곧 도착할 지점을 보곤 한다. 그것은 바람직하지 않다. 만약 멀리 보지 못한다면 부드럽게 흐르는 듯한 라인을 타며 주행하지 못할 것이다. 그리고 멀리 보기를 잘한다는 것은 내가 보고 있는 곳에 집중하는 것이기 때문에 정말로 나에게 도움이 된다.

다른 차량들

오벌에서 떼로 몰려 달리는 것은 로드 레이싱에서 하는 것과는 완전히 다른 경험이다. 특히 작은 오벌(1.6km 혹은 그 이하)에서 여러분은 추월을 하든 아님 당하든지 간에 끊임없이 다른 차들과 함께 몰려다닌다. 거울과 주변 시야를 사용하는 것은 오벌 레이싱에서는 무엇보다 중요하다.

오벌에서 다른 차로부터 생기는 난기류는 매우 까다로운 요소이다. 다른 차를 추월하려 할 때 더 가까워질수록 여러분이 받게 될 다운포스도 적어질 것이며(선행차가 여러분 차의 흐름을 차단시킴), 여러분의 속도도 늦추게 해 어려워진다. 약간 천천히 코너에 들어가도록 시도한 다음 일찍 가속하여 코너를 빠져나와 가속을 하여 직선에서 슬립스트림을 통과하도록 해야 한다.

특히 슈퍼스피드웨이에서 여러분을 가까이 따라오는 차는 여러분 차의 핸들링에 영향을 줄 수 있다. 차가 여러분의 리어 윙 혹은 테일에 가깝게 붙으면 뒤로부터 오는 공기흐름이 방해를 받아, 다운포스를 감소시키고 여러분의 차에게 오버스티어를 유발하기도 한다.

카레이싱 최후의 비밀 : 드라이빙 하이테크닉

오벌에서 빨리 가려면 로드 코스에서 했던 것보다 더 멀리 보고, 정확하고 부드러워야 한다. 그리고 트랙에서 차가 그립을 살릴 수 있도록 해주는 것이 필요하다. *Shutterstock*

36 경험하지 못한 코너

"내가 전에 한번도 경험해보지 못했던 코너를 접할 때 속도와 브레이킹을 어떻게 추정할까?" 그것은 랠리나 오토크로스 드라이버들이라면 모두 '비밀'이라도 대답하기 좋아하는 질문이다. 심지어 로드 코스나 오벌 트랙 레이서들도 그리 중요하지 않긴 하지만 그것을 사용할 수 있다. 레이서들이 반복해 트랙을 주행하면서 얻는 이점은 가르쳐주지 않아도, 그러한 시행착오를 통해 답을 알아내기 때문이다. 이제 한번도 경험해보지 못한 코너를 만났을 때 여러분이 대응할 수 있는 것을 살펴보고 그 '비밀'을 찾아낼 수 있는 방법을 알아보도록 하자.

'경험하지 못한 코너'에 접근하게 되면 우리가 주로 하게 되는 4가지 요소들이 있다.

- **속도 감지** : 감지하고, 결정하고, 그리고 특정한 속도에 도달하는 능력. 분명히 이것은 계기판을 보는 것이 아니라 직감 수준에서 행해져야 한다.
- **트랙션 감지(마찰력 감지)** : 타이어가 한계에 왔는지, 그리고 얼마나 가까이 다다랐는지 느끼고 감지하는 능력.
- **데이터베이스** : 여러분은 인생 동안 수백만 혹은 수천만 번의 코너 주행을 통해 얻은 정보의 데이터베이스를 갖고 있을 것이다. 여러분의 데이터베이스는 주로 결과로 초래된 속도와 트랙션 감지 정보를 토대로 해서 코너에서 봤던 시각 이미지로 만들어진다. 만약 속도 감지와 트랙션 감지 기술이 잘못되었다면(감각입력의 부족), 데이터베이스는 정확하지 못하거나 유용하지 못할 것이다. 여러분은 당연히 데이터베이스는 단지 경험 혹은 시트 타임(차를 탄 시간 혹은 횟수)이라고 주장하기도 하는데 어느 일정 부분 그 말은 맞다. 그러나 왜 몇몇 드라이버들은 적은 경험을 가지고도 많은 데이터베이스를 가진 것처럼 보이는 걸까? 여러분의 속도감각과 트랙션 감지, 혹은 감각 입력이 좋을수록 여러분의 데이터베이스도 더 좋아질 것이다. 다시 말해서 데이터베이스는 여러분이 보고 듣고 느끼는 수백, 수천, 혹은 수백만 가지의 기준점으로 구축된다. 이것은 마치 각 코너의 정보 파일이 더 두꺼워지고 깊어지는 것과 같아서 이런 식으로 감각 정보를 더 많이 얻게 될 것이다.
- **차 컨트롤** : 타이어가 한계에 도달했거나 한계에 근접한 상황에서 차가 여러분이 원하는 코너링 라인을 유지하며 갈수 있도록 핸들링을 조절하고 차와 리듬을 맞추는 능력을 말한다.

따라서 코너를 진입할 때 여러분의 속도 감지 스킬이 여러분이 주행하고 있는 순간의 속도(정확하게)를 감지하고, 여러분의 트랙션 감각이 "난 한계치에 가까워지고 있어"라고 말해준다. 여러분의 데이터베이스가 코너의 시각적 이미지와 파일 안의 다른 것들을 비교하면 가장 잘 어울리는 내용을 생각해내고, 나아가 요구되는 가장 바람직한 추정 속도를 찾아낸다. 그 다음 그 속도에 맞게 맞추는 것

카레이싱 최후의 비밀 : 드라이빙 하이테크닉

(속도를 감속)은 여러분의 속도 감지 기술에 달려있다.

이 시점에서 트랙션 감지 기술은 중요해지기 시작하여 여러분이 '얼마나 한계치에 가까운지'를 감지하게 된다. 이 순간이 여러분의 자동차 컨트롤 기술이 들어올 때이다. 만약 속도 추정치가 너무 높거나 또는 여러분의 속도 감지 능력이 추정치를 잘 맞추지 못한다면, 여러분은 가능한 최상의 속도를 찾아 컨트롤하고 관리해야 한다. 물론 만약 추정치가 너무 낮거나, 여러분의 속도 감지 능력이 여러분을 느리게 만든다면 속도를 향상시키기 위해 차량 컨트롤 기술을 연마해야만 할 것이다.

여러분이 언젠가 한번 그 코너를 주행했다면 여러분의 데이터베이스에 추가되었을 것이다. 한번 데이터베이스에 추가되어 있다면 여러분은 그것을 심상(心象)을 통해 활용할 수 있다. 데이터베이스 안에 있는 정보를 의식적으로 사용한다면, 여러분은 주행하지 않고서도 데이터베이스를 업데이트할 수 있다. 여러분 자신에게 질문을 해보아라. "한계에 얼마나 가깝게 다가갔는가?" "만약 내가 코너에서 시속 1마일(시속 1.6km)을 더 가져갔다면 어떤 일이 생겼을까?" "시속 2마일(시속 3.2km)이었다면?" 눈을 감고 긴장을 푼 상태에서 그 속도의 심상을 그려보되 단순히 머리 속에 그리는 것만으로 끝내서는 안 된다. 단순한 시각 정보보다 더 많은 것을 포함시켜야 한다. 또한 그것을 어떻게 느끼고 소리는 어떠한지를 상상하라. 그것이 진정한 심상 혹은 멘탈 프로그래밍이다.

그리고 나서 그 다음엔 두 가지-이상적인 속도에 여러분이 얼마나 가까운지에 대한 의식적인 심상-를 비교하라. 이것은 MI + A = G를 사용하는데, 내가 아는 것을 배우고 향상시키는 데 있어 가장 쉽고, 가장 빠르고, 그리고 가장 효과적인 방법이다. 여러분의 심상이 더 강하고 더 선명할수록, 그리고 여러분이 더 많이 이해할수록 더 효과가 있고 목표를 이루는데 더 쉬워진다.

그림36-1: 오토크로스 혹은 슬라럼 코스 같이 여러분이 전에 한번도 경험해보지 못했던 코너에 다가갈 때, 여러분의 얼마나 속도를 줄여야 하는지를 결정하는데 있어 놀라운 과정을 거치게 된다. 그것은 여러분의 뇌에 저장된 모든 데이터베이스를 통해 나타나는 시각적 그림을 비교하면서 시작된다.

경험하지 못한 코너

만약 내가 이야기한 모든 것을 '비밀'로 단순화시킨다면, 그것은 다음과 같을 것이다. 시각, 운동감각(균형감, 느낌, 촉감, G포스, 진동, 차의 피치와 롤 등등), 그리고 청각으로부터 오는 수많은 감각 정보를 토대로 연습하면서 속도감각과 트랙션 감지 능력을 향상시키도록 수행한다.

차에서 나는 소리를 듣는 훈련을 하라. 엔진이 말하고자 하는 것은 무엇인가? 타이어로부터 들려오는 소리는 무엇을 이야기하고 있는가? 타이어가 한계에 도달하게 되면 타이어 소리가 계속해서 점점 더 커지는가 아니면 점점 작아지는가? 그 소리는 으르렁거리는지, 울부짖는지, 끼익 소리를 내는지, 귀에 거슬리는지, 아니면 날카로운지 어떤지를 파악한다. 타이어의 그립 상태가 여러분에게 무엇을 이야기해주는가?

> ## SPEED SECRET
>
> **감각 입력과 의식은 코너가 어떻게 생겼든
> 빠르게 운전하게 해주는 핵심이다.**

차의 동역학을 느끼는 훈련을 하라. 타이어가 한계치에 도달함에 따라 스티어링이 더 무거워지는가 아님 더 가벼워지는가? 타이어가 그립을 잃기 시작하기 전에 차체에 롤이 얼마나 생기는가? 타이어가 여러분에게 이야기해주는 것을 기억하라. 여러분은 듣고 있는가?

더 많이 보도록 연습하라. 더 많은 시각 정보를 취하라. 스펀지처럼 행동하면서 감각 정보를 흡수하라. 그 다음엔 그저 의식하라. 만약 여러분이 의식한 것 혹은 감각 입력을 여러분이 성취하고자 하는 심상과 결합한다면 비록 그 코너를 처음 접하게 되더라도 여러분이 추구하는 주행 목표 혹은 한계 근처에 접근하게 될 것이다.

그리고 그것이 여러분이 전에 한번도 접해보지 못했던 코너를 어느 정도의 속도로 진입할지를 알게 해주는 비결이다. 여러분의 데이터베이스, 속도 감지력, 트랙션 감지력, 그리고 나서 여러분이 하는 것만큼 의식을 사용하고 거기에 추후 심상을 추가할 수 있다. 당연히 모든 사이클이 계속되고 여러분의 데이터베이스에 추가되어 여러분이 운전할 때마다 점점 더 좋아지게 된다. 이것이 매번 실력을 향상시켜주는 진정한 비밀이다.

내가 항상 코너 반경 30cm에서 시속 3km로 속도를 줄이고, 파일런 전 2m에서 코너를 돈다는 비밀을 제공할 것이라 생각한 사람이 있었다면 지금 사과하겠다. 그것은 (여러분이 아직 몰랐다면) 그

카레이싱 최후의 비밀 : 드라이빙 하이테크닉

렇게 간단하지 않다.

   만약 여러분이 이 관점으로부터 모든 주행, 모든 스테이지, 혹은 모든 랩을 보게 된다면 정보를 흡수하여 여러분의 데이터베이스에 추가될 것이며, 내가 장담하건대 여러분은 바로 빨라질 것이다. 여기엔 두 가지 이유가 있다: 첫째, 여러분이 더 많은 정보를 머리 속에 주입하여 수행하면 더 좋은 결과를 만들어낼 것이다. 그리고 둘째, 이러한 접근방법을 갖고, 빨리 가기 위해 애쓰기보다는 좀 더 긴장을 풀고 운전을 할 수록 더욱 잠재의식적인 수준이 될 것이다.

37 차량 컨트롤

차량 컨트롤은 아주 한계치에 있는 차를 컨트롤하는 능력이다. 이것은 드라이버가 배울 수 있는 가장 중요한 기술이다. 여러분이 원하는 대로 차를 몰아가는 능력 – 브레이크, 조향, 가속, 오버스티어, 언더스티어, 뉴트럴스티어, 기타 등등 – 은 정확한 타이밍, 과정, 그리고 적용능력을 갖고 모든 기본 기술을 함께 컨트롤하는 것에서 비롯된다.

높은 수준의 차량 컨트롤 기술을 습득함으로써 여러분은 주행을 할 수 있을뿐더러 여러분이 원하는 이론적 한계를 극복하기도 한다. 이것이 차량이 컨트롤 위기에서 코너를 통과하는 동안 균형을 잡아가면서 미끄러지는 시점이다. 그러나 차를 많이 미끄러뜨리는 것은 쉽지만 이럴 경우 실제로는 타이어의 마찰로 인해 속도가 감소된다. 5단원에서 슬립 앵글에 대한 예를 들었던 것을 기억하라.

이 많은 엄청난 차량 컨트롤은 경험으로부터 오는데 코너에서 편안하게 차를 던질 수 있게 해주고, 한계에서 자신 있게 차를 잡도록 해준다. 물론 이것은 부드럽게 수행되어야 한다.

나는 높은 수준의 기술을 가지고 있으나, 코너에서 이상적인 라인으로 주행하지 않는 드라이버가 그 반대 능력을 가진 드라이버보다 빠를 것이라고 믿는다. 그러므로 만약 여러분이 빨라지고 싶다면, 그리고 이기고 싶다면, 연습을 통해 차를 컨트롤하는 능력을 향상시켜라. 그 다음에 당연히 이상적인 라인으로 주행하도록 하며 그 과정이 쉬워질 것이다.

차와의 싸움

비록 코너링 속도를 극대화시킨다는 점에서 이상적인 라인이 중요하긴 하지만, 사실 완벽을 위해 싸우는 것은 여러분을 느리게 만드는 수가 있다. 만약 그것이 이상적인 라인을 운전하기 위한 것이라면 차와의 싸움은 하지 말아야 한다. 만약 그렇게 한다면 여러분이 약간 라인을 벗어났을 때보다 실제로 속도를 더 많이 손해보게 될 것이다.

너무 많은 드라이버들이 완벽한 정점을 고정시키기 위해 싸우며, 단지 그렇게 하기 위해서 속도를 늦추기까지 한다. 라인에서 벗어나서 운전하는 것은 변명이 될 수 없다. 그러나, 만약 코너에 진입했는데 라인을 벗어나서 달리고 있다는 걸 깨닫게 되더라도 차와 싸우려 하

카레이싱 최후의 비밀 : 드라이빙 하이테크닉

지 마라. 차가 가고자 하는 데로 놔두길 바란다. 만약 강제로 해야 한다 하더라도 차가 이상적인 라인을 유지하기 위해 싸우지 마라. 차가 맞는 라인을 달리는지 아님 그 반대인지를 여러분에게 말해줄 것이다. 그리고 다시 탈출에서 코너 안쪽으로 차를 꺾으려 하지 마라. 탈출에서 스티어링을 풀어 자유롭게 달리도록 놔두어라.

나는 내가 처음 밀워키 오벌 경기장에 참가했을 때를 기억하는데 이론적으로 이상적인 라인(코스가 평탄치 않았다)을 달리기 위해 싸우기보다는 차가 원하는 곳으로 달릴 수 있도록 나두는 것이 더 좋다는 것을 일찍 알게 되었다. 종종 코너 혹은 트랙을 주행할 때 이상적인 라인을 주행하는 것이 가장 빠른 방법이 아닐 수도 있다.

38 한계치

끊임없이 한계치로 운전하며 여러분과 자동차가 할 수 있는 가장 빠른 속도로 주행하는 것이 궁극적인 목표이다. 그런데 어떻게 해야 한계치에 도달할 수 있을까? 여러분의 한계치가 어디이고 어떻게 배우는가? 여러분은 그저 한계치 혹은 낮은 랩타임으로 달리는 결과를 바꾼다. 그리고 이들 변화들을 다음과 같이 바꾼다:

- 트랙에 가기 전에 분석하고 계획, 혹은
- 트랙에서의 시행착오 경험

두 번째가 트랙에서 진행되는 동안(비용이 든다), 만약 여러분이 잘못된 정보와 충분한 배경 지식 없이 분석하고 계획을 세운다면 첫 번째는 위험할 수 있다.

이상적인 라인을 배우기 위해 애쓸 때 트랙의 지도를 보면서 도식을 연구하는 것은 때때로 여러분을 바보로 만들 수 있다는 것을 기억하라. 고도, 경사도, 그리고 트랙 표면의 변화는 지도의 정확성이 완벽하지는 않다는 것을 언급하려는 것은 아니지만 명확하지 않다. 이것은 때때로 코너를 어떻게 주행해야 하는지에 대해 잘못 안내하곤 한다. 그러므로 트랙에서 실제로 올바른 방법을 배우기 전에 선입견을 잊어버리도록 해야 한다. 이것이 트랙 타임을 아주 제대로 배울 수 있게 해준다.

자신이 무엇을 하는지 관찰할 줄 알아야 하고 그래야 개선할 수 있다. 어떤 영향을 받았고 원인이 뭔지 문제점을 찾아내야 한다. 자신이 지금껏 저질렀던 모든 실수를 하나씩 곱씹으라는 것은 아니다. 그러나 그 실수로 이끄는 결정이나 행동을 연구해서 두 번 다시 같은 실수를 반복하지 않도록 해야 한다.

내 자신이 무엇을 하는지 관찰하는 것은 실수로부터 배우는 핵심이다. 사실 가끔의 작은 실수는 일어나도록 그냥 두도록 해라: 얼마나 다른 라인을 주행하는지 아니면 그렇지 않은지 배우게 된다. 어떠한 경우라도 실수를 했을 때, 너무 늦어 바로잡을 수 없을지도 모른다는 점을 고려해야 할 것이다. 여러분이 할 수 있는 모든 것에 있어서 그 영향을 최소화시킨다. 사실 그것이 핵심이다: 실수에 대한 영향을 최소화시키고 가능한 빨리 대처한다.

실수는 자연스러운 과정이다. 그것과 싸우지 마라. 대신 그 실수로부터 여러분이 배울 수 있는 것이 무엇인지 생각하고 프로그램을 다시 짜거나 자기 자신이 올바른 방법으로 하고 있는지 그리고 진전을 보이는지 살펴봐야 한다.

모방은 궁극적인 학습 테크닉이다. 카피는 배우는 데 있어 가장 본능적이고 간단하며, 자연스러운 과정이다. 결국 이것이 실제로 어릴 때 모든 것을 있는 그대로 받아들이는 것과 같다.

관찰, 비평, 그리고 모방을 통해 배워라. 만약 여러분이 스킬을 배우고 싶다면, 그것을 잘하는 사람

카레이싱 최후의 비밀 : 드라이빙 하이테크닉

을 찾고 그 사람을 주의 깊게 관찰하라. 그를 지켜보면서 그와 같은 방법으로 움직이는 것을 스스로 느끼고, 시각적으로 모방하면서 연습하라. 이것은 거져 드라이버가 차 안에서 하는 것만을 의미하는 것은 아니다. 차 밖에서 드라이버가 어떻게 움직이는지도 중요하다. 차 밖에서 여러분이 마치 미하엘 슈마허, 루이스 해밀턴, 지미 존슨, 혹은 다리오 프랜치티처럼 행동한다면 그들처럼 드라이빙하는 능력이 향상될 것이다.

여러분이 누군가를 완벽하게 모방할 수 없을지라도 여러분의 시도는 아직 발전시킬 수 있는 자신의 스킬, 테크닉, 그리고 정신적 접근에 대한 의식을 향상시켜줄 것이다. 물론, 여러분은 첫 번째로 누군가를 모방할 준비를 해야 한다. 하지만 기본을 마스터하기 전에 세계챔피언의 고급 테크닉을 카피하려고는 하지 마라.

그리고 기억할 것은 모든 드라이버의 학습곡선은 다르다는 것이다. 누구는 빠르게 배우고 발전해 나간다. 반면 다른 누구는 느리게 배운다. 이것은 드라이버가 얼마나 많은 재능을 가지고 있는가에 대한 말은 아니다.

한계치를 주행하기

여러분은 차로 혼신의 속도를 내어 언제 한계치에서 주행할지를 어떻게 알아내는가?

궁극적으로 간단히 말해서 여러분의 속도는 3가지로 인해 제한된다: 엔진 출력, 공기역학, 그리고 트랙션. 엔진 출력이 클수록 여러분은 직선 코스에서 더 빠를 것이다: 트랙션이 더 많다면 여러분은 코너 진입시 더 강하게 브레이킹을 할 수 있고 코너를 더 빠르게 통과하고, 탈출시 더 강하게 가속을 할 수 있을 것이다: 그리고 공기역학의 다운포스는 항력(드래그)이 여러분을 느리게 하는 반면 트랙션을 도울 것이다. 일단 여러분이 차 안에 있으면 엔진 출력이나 차의 공기역학에 대해 별로 할 수 있는 것이 없다. 그러나 여러분은 트랙션에 대해서는 무엇인가를 할 수 있을 것이다. 여러분은 차가 가진 트랙션의 양을 증가시키지는 못하겠지만 트랙션을 효율적으로 사용해서 운전하는 것은 가능하다.

내가 전에 언급했던 것처럼, 예를 들어 점진적으로 코너에 진입할수록, 만약 계속해서 그것에 대비한다면 타이어의 트랙션 한계치는 더 높아질 것이기 때문에 타이어 마찰력을 더 많이 갖게 될 것이다.

한계치로 주행하려고 노력할 때 여러분은 실제로 3개의 다른 한계치 - 자동차, 트랙, 여러분 자신(드라이버) - 를 다루고 있다. 여러분이 만약 더 빨라지려고 하면 위 세가지를 인지하고 극대화시켜야 한다. 비록 트랙의 한계치를 바꾸고 차의 성능을 끌어올리는 것에 대해서 여러분이 할 수 있는 것은 아무 것도 없고 그것이 정비사이나 엔지니어의 몫이라 하더라도, 여러분의 한계치를 극대화시키기 위해 노력해야 하며 그 또한 여러분이 전달한 정보 입력을 토대로 이뤄진다.

38 한계치

처음으로 되돌아가보자. 한계치로 주행한다는 것은 브레이킹, 코너링, 그리고 가속하는 동안 타이어가 항상 접지력(트랙션)의 한계 상황에 처해 있다는 것을 의미한다. 잠시 동안 여러분의 드라이빙을 브레이킹, 코너링, 그리고 가속까지 3가지 페이스로 나눠 생각해보자. 이제 우리는 대부분의 차를 갖고 1단 기어 이상 어디에서 가속하는 동안에 트랙션 한계치 근처에 도무지 미치지 못한다는 것을 안다(여러분은 얼마나 많은 차들을 갖고 2, 3, 4, 혹은 5단에서 끊임없이 타이어가 스핀하도록 할 수 있는가?). 그것은 가속 페이스를 매우 간단하게 만들어 준다.

그러나 세가지 페이스가 오버랩되고 있을 마찰원에 대해서 앞서 내가 언급했던 코멘트를 상기시켜 보자. 가속과 코너링, 그리고 심지어 브레이킹과 코너링이 오버랩되는 것이 스킬이 작용하기 시작하는 곳이다.

아주 한계치로 운전하기 위해, 코너의 턴인 포인트 끝까지 트랙션 한계치로 가능한 늦게 브레이크를 밟아야 한다. 그 다음에 코너링 단계를 시작하면, 코너링 한계치에 도달할 때까지 브레이크를 서서히 줄인다(브레이킹과 코너링을 병행해서 타이어가 트랙션 한계치를 유지하게 함).

만약 이 모든 것을 제대로 해낸다면, 여러분은 차를 접지력의 한계치로 운전하게 될 것이다. 그리고 한계상황에서 타이어가 실제로 어느 정도는 미끄러진다는 것을 기억하고, 만약 차가 코너를 통과할 때 미끄러지더라도 걱정하지 말아야 하며 점차 그렇게 될 것이다. 여러분이 코너를 도는 동안 차는 약간 미끄러질 것이다. 거기서 여러분이 브레이크, 스티어링, 그리고 스로틀을 아주 조금만 수정을 해서 슬립각 혹은 트랙션 한계를 최적으로 맞춘다.

하지만 여러분의 트랙션 한계치는 다음 드라이버의 것만큼 높지 않을 것이다. 왜 그럴까? 여러분이 다른 드라이버만큼 차의 밸런스를 맞추지 않았기 때문이다. 차량의 밸런스가 좋을수록 타이어의 트랙션 총량이 증가한다는 것을 기억하라(네 개 타이어에 분산되는 차의 무게가 같도록 만들어라). 그러면 여러분 차의 한계치로 운전하는 것이 가능해지고 다른 차보다 더 빠르도록 만들어준다. 혹은 여러분의 한계치가 다른 차의 것보다 더 높아질 수 있다. 그것은 한마디로 차의 밸런스라고 설명될 수 있다.

예를 들어 「아일톤 세나」와 「알랭 프로스트」(둘 다 여러 차례 F1 세계 챔피언에 등극)는 맥라렌 F1팀에서 팀메이트였다. 같은 차로 세나는 종종 더 빨랐다. 그것은 세나의 차가 더 빨랐거나, 그가 더 용감했든가, 아니면 코너에서 더 좋은 라인으로 주행했기 때문만은 아니었다. 당연히 프로스트가 그의 한계치로 운전하지 않았기 때문도 아니었다. 그것은 세나가 좀 더 정교하고 완벽하게 차의 밸런스를 유지할 수 있어서 트랙션의 한계치가 프로스트의 차보다 조금 더 높았기 때문이었다. 그것은 조금이라도 빠른 속도로 코너에 진입하고 1초라도 빨리 가속을 시작할 수 있게 해주었으며, 나아가 직선 코스에서도 더 빨리 달릴 수 있다는 것을 의미했다.

카레이싱 최후의 비밀 : 드라이빙 하이테크닉

우리는 항상 차로부터 정보를 얻는다. 우리가 그 피드백을 더 예민하게 받을수록 그만큼 한계치로 주행하는 것이 가능해진다. 사람들은 늘 드라이버들이 육감으로 받는 피드백에 대해 이야기하다. 여러분에 대해서는 잘 모르지만 나는 내 엉덩이보다 내 머릿속에 더 많은 신경 종말(nerve ending)을 갖고 있다. 여러분은 어느 다른 감각들(후각과 미각은 레이스 드라이빙과는 상대적으로 관계가 거의 없고, 청각은 한 못하며, 느낌은 매우 중요하지만 시각만큼 중요하지는 않다)보다 시각을 통해 더 많은 정보를 얻을 것이다.

차의 앞부분에서 도로를 바라보는 여러분의 모습을 상상해보라. 만약 차가 오버스티어하기 시작하면 여러분은 약간 다른 다른 방향에서 보게 될 것이다. 그러나 만약 여러분이 거의 수평선을 보듯 멀리 보고 있었다면 시선 방향에서 더 큰 변화를 알아챌 것이다. 다시 말해 더 멀리 볼수록 방향에서의 시각변화 혹은 차의 슬라이딩에 더 예민해질 것이다. 드라이빙에서 느낌의 대부분은 시각으로부터 온다.

그러나 여러분이 한계치로 주행한다는 것을 진정 어떻게 알게 될까? 진정 확실하게 알게 되는 유일한 방법은 가끔 그 이상으로 초과해 보는 것이다. 그러나 만약 여러분이 한계치를 넘어서고 차가 잔디에 처박히기 전에 잡을 수 있지 않는 한 준비가 되어도 조금 어려울 수 있다. 그것이 힘든 부분이다.

38 한계치

사실, 끊임없이 한계치로 주행할 수 있기 전에, 여러분은 한계 그 이상으로 운전할 수 있어야 한다. 5장의 슬립각 섹션에서 4명의 가상 드라이버들에 대해 언급했던 것을 되새겨보자. 두 번째 드라이버가 이상적인 슬립각 범위를 넘어서 어떻게 주행하는지, 최대 트랙션을 위한 최적의 상태보다 차가 더 미끄러지는 것을 기억하라. 그렇다. 그것은 가장 빨리 주행하는 방법이 아니나 여러분은 한계가 어디인지 진정으로 알 수 있을 때까지 그렇게 할 수 있어야 한다. 한번 한계치 이상으로 주행하고 차를 트랙 어딘가에서 이상적인 라인 근처에 있도록 유지한다면, 한계치로 되돌아와서 차를 다룰 때 훨씬 더 쉬울 것이다.

만약 여러분이 과잉 보상 혹은 과잉 주행할 수 없다면 결코 한계치로 되돌아올 수도 없게 될 것이다. 만약 여러분이 차를 과잉 주행할 수 없다면 끊임없이 한계치로 주행할 수도 없을 것이다.

모든 랩의 모든 코너에서 여러분은 브레이크를 최대한 늦게 밟고 차가 코너를 제대로 돌길 원할 것이다. 그런데 드라이버들이 자주 저지르는 실수는 브레이킹이 너무 늦어 차가 코너를 정확하게 돌 수 없도록 만든다는 것이다. 코너를 여러분이 생각하는 한계보다 조금 더 빠르게 진입하고, 직선 구간 속도를 극대화하기 위해 가능한 일찍 그리고 세게(아직은 차량의 밸런스를 유지하기 위해 부드럽게) 가속을 시작하며 코너의 남은 구간에서 차가 미끄러질 때 필요한 수정만 해서 차량의 밸런스를 잡는다. 이것은 설명 듣는 것보다는 해보는 것이 더 쉬울 것이다.

그리고 절대적으로 완벽한 이상적인 라인, 아니면 최소한 그 라인의 1cm 내에서 주행하는 것을 잊지 말아라. 드라이버들이 대부분 하나의 코너 혹은 한 랩에서는 가능하다. 그러나 랩을 끊임없이 주행하면서도 이렇게 하는 것이 목표이다. 잘못된 라인에서도 한계치로 주행할 수는 있지만 결코 승리는 할 수 없다.

느린 드라이버와 빠른 드라이버 사이의 차이는, 느린 드라이버는 트랙 전체 코스를 한계치로 계속해서 주행하질 못한다. 그리고 빠른 드라이버와 우승자의 차이는, 우승자는 이상적인 라인으로만 계속해서 주행한다는 것이다.

나는 내 자신이 한계치로 주행하는지 여부를 마음속 점검을 통해 확인한다. 만약 반경이 타이트한 코너의 한 지점에서 추가로 스핀이나 미끄러지는 일 없이 스티어링 휠을 조금 더 돌릴 수 있었다고 하면, 내가 한계치로 주행하고 있지 않다고 판단했다. 다음 랩에서 나는 좀 더 빠르게 한계치에 한층 더 가까워지도록 노력하곤 했다.

그림38-1 한계치를 운전하는 세가지 접근방식: 1번은 작은 스텝으로 천천히 슬금슬금 다가간다. 2번은 종종 한계를 넘어 큰 스텝을 선택한다. 그리고 3번은 중간 단계를 선택하는데, 한계를 살짝 넘었다고 되돌아오고, 다시 한계치로 돌아온다.

카레이싱 최후의 비밀 : 드라이빙 하이테크닉

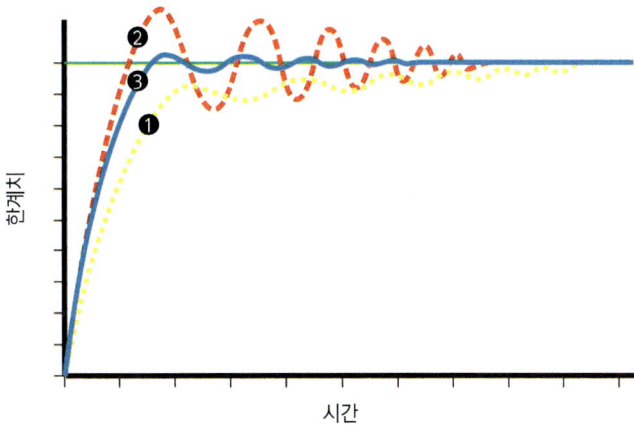

그림38-1: 한계치를 운전하는 세가지 접근방식: 1번은 작은 스텝으로 천천히 슬금슬금 다가간다. 2번은 종종 한계를 넘어 큰 스텝을 선택한다. 그리고 3번은 중간 단계를 선택하는데, 한계를 살짝 넘었다고 되돌아오고, 다시 한계치로 돌아온다.

39 더 빠르게 달리기

우리는 이제 더 경험 있는 레이서를 위한 영역에 진입했다. 한번 기초를 완벽하게 소화하게 되면 여러분 자신에게 "내가 더 빨라질 수 있을까?"란 질문을 하면서 의심할 필요가 없다. 만약 여러분이 베스트 타임을 10분의 몇 초라도 낮출 수 있다고 대답할 수만 있다면 좀 더 행복한 드라이버일 것이다. 다음의 아이디어들은 어떻게 더 빨라지는지 알아내도록 여러분을 도와줄 것이다.

내가 처음 인디에 참가했을 때 루키 오리엔테이션 내내 「릭미어(인디500에서 4번 우승한 미국 레이서)」와 시간을 보냈다. 어떻게 빨라졌는지에 대한 그의 설명은 매우 흥미로웠다: 그것은 내가 항상 접근해왔던 방법이었다. 빨라지기 위해서 여러분은 한계에서 서서히 올라가야 한다. 한꺼번에 많이 올리기보단 한계에 가까운 아주 근접한 속도를 취하면서, 여러분이 한계를 넘어서고 있다는 것을 느낄 때까지 매 랩마다 아주 조금씩 올려간다. 만약 여러분이 속도를 갑자기 많이 성큼 올리게 되면 여러분은 한 단계 올라가는 게 아니라, 반드시 한계치 이하로 떨어질 것이다.

더 빨라지려고 노력할 때는 절대 내 자신에게 "나는 그 코너를 왜 더 빨리 가지 못할까?"라고 묻지 마라. 그것은 부정적인 질문이다. 진정으로 내 자신에게 '어디' '언제' '얼마나' '무엇' 같은 긍정적이고 건설적인 질문을 해야 한다. "나는 충분히 강하게 브레이킹을 하지 못했다" 또는 "나는 그 코너에서 좋은 라인을 타지 못했어" 같은 부정적인 말도 하지 말아라. 대신 "나는 브레이크를 이러이러하게 밟았는데 나중엔 이러저러하게 브레이킹할 수 있을 거 같아"라고 말하라.

카레이싱 최후의 비밀 : 드라이빙 하이테크닉

나는 나 자신에게 "왜 나는 턴4에서 더 빠르지 못했을까?"처럼 부정적인 질문을 하는 것을 결코 좋아하지 않는다. 대신 나는 내 자신에게 "어디에서 더 빨라질 수 있을까?" 그리고 "턴4에서 얼마나 빨리 갈 수 있을까?"라고 묻는다. 이것들은 모두 긍정적인 생각들이다.

드라이버는 "나는 턴4에서 더 빨라질 거야" 보다 더 많은 계획이 필요하다. 여러분은 어떻게 더 빨리 갈지, 어떻게 턴4에서 속력을 더 낼지에 대한 계획이 있어야 한다. 각 세션을 마친 후에 앉아서 생각하라. 코스의 맵을 가지고 여러분이 방금 했던 드라이빙을 머리 속으로 상상하면서 여러분이 개선될 수 있는 영역을 기록한다.

그것을 할 때, 각 코너의 기준점과 컨트롤 단계 과정에서 여러분이 무엇을 할지에 대해 생각하라. 컨트롤 단계란 브레이킹, 턴인, 트레일 브레이킹, 무게이동, 균형잡힌 스로틀, 정점, 점진적인 스로틀, 최대 가속, 그리고 탈출 등이다. 그 다음에 더 빨라지기 위해 여러분이 하는 것들을 어떻게 변화시킬 수 있는지를 스스로에게 물어라.

코너 진입 속도는 중요하다. 만약 그것이 정확하지 않다면 여러분은 잘못된 속도로 인해 많은 시간과 집중을 허비해야만 할 것이다. 그러나 여러분은 이 포인트에서의 트랙션, 밸런스, 그리고 라인을 감지하는데 가능한 많은 집중력을 필요로 한다. 그러니 여러분의 코너 진입 속도가 정확할 수 있도록 만들어라.

다음으로 해줄 충고는 "코너 진입은 늦게 하고 탈출을 빨리 하라"인데 문제가 많다. 이것에 대해서는 전에 한번 이야기한 적이 있는데, 아직까지 이 내용은 사실이다. 사람들이 이것에 대해 너무 극단적으로 생각할 수도 있기 때문이다. 이 내용대로 사람들이 코너에 너무 천천히 진입할 수도 있다. 그리고는 적정 속도를 회복하기 위해 가속을 하면서 주행 중인 타이어의 트랙션 한계를 초과하고 휠스핀을 일으킨다. 휠스핀 때문에 여러분이 한계치에 도달해 있는 것처럼 느껴지지만 실제로 결과는 더 느리다. 더불어 여러분이 너무 느리게 코너에 진입한 것을 깨닫게 되면 다시 움직여 속도를 회복하기까지 시간이 걸린다.

코너에 접근할 때 브레이크를 밟아 차의 속도를 너무 많이 줄이지 않도록 하는 것이 중요하다. "브레이크는 변호사와 같다: 여러분이 그것을 사용할 때마다 대가를 지불해야 한다" 는 말을 기억하라. 브레이크를 이용하여 차속이 느려질 때마다 여러분은 속도 혹은 가속력을 회복하기 위해 그만큼 열심히 노력해야 한다.

예를 한번 들어보기로 하자. 만약 시속 84km로 진입할 수 있는 코너가 있다고 치자. 만약 입구에서 시속80km로 속도를 줄여 진입한 다음 다시 84km까지 가속하여 올린다고 하자. 주행 중인 타이어의 트랙션 한계를 초과하여 뒷바퀴굴림에는 파워 오버스티어를, 앞바퀴굴림에는 파워 언더스티어

39 더 빠르게 달리기

를 초래할 것이다. 만약 여러분이 그 코너를 시속 84km의 속도로 진입했다면, 굳이 모자란 속도를 보충할 필요가 없었을 것이다. 속도의 변화가 급격하지 않아도 된다.

사실, 코너 진입에서 여러분이 속도를 줄이면 줄일수록, 그리고 스로틀이 돌아오는 걸 더 오래 기다릴수록, 가속을 강하게 해서 부족한 속도를 보충하길 원할 것이다. 그러나 그 가속을 아마도 너무 강하게 할 것이다. 이것은 타이어로부터 너무 부담이 되는 결과를 초래하고, 파워 오버스티어나 파워 언더스티어로 이끌 것이다. 다시 말해 속도의 변화는 너무 극단적이 된다.

빗속에서 레이싱은 나에게 값진 교훈을 전해주었는데, 맑은 날에도 아주 잘 활용하고 있다. 만약 차가 코너에 진입하는 순간 의도적으로 미끄러지게 만든다면, 나는 자동으로 더 부드러워지고 더 침착해져서 결국 더 빨라진다는 것을 알게 되었다. 이것은 내가 차가 갑자기 미끄러지기 시작하여 나를 놀라게 만드는 것으로부터 두려움이 사라졌기 때문이다. 나는 나의 안정 영역 안에서 차량을 조작하고 있었다. 이것을 배운 뒤부터 나는 레이스에서 우승하기 시작했다.

여러분은 마찰 한계치를 따르는 것보다 코너를 빠르게 진입하는 것을 목표로 해야 하며(여러분이 차를 코너에 제대로 진입할 수만 있다면), 그래서 브레이크에서 스로틀로 넘어가 가속하기 시작하면서 차가 미끄러진다(속도가 준다). 이것은 두 가지를 성취시켜 준다.

- 차의 속도가 조금 줄어드는 동안 여러분은 속도를 손해보지 않고 스로틀로 이동할 수 있는 시간을 벌어준다(여러분이 너무 느리게 가고 있다는 것을 감지하는 순간 차의 속도를 잃는 대신 반응해서 속도를 수정하도록 노력한다).
- 그것은 정신적으로 여러분이 미끄러지는 것을 준비하게 해주며 놀라지 않도록 해준다.

실수로 여러분의 코너 진입 속도를 판단하지 말아라. 차가 시속 84km로 돌지 않았다 해서 코너 진입 속도가 지나치게 높았다는 의미는 아니다. 그것은 그저 여러분이 차량 밸런스를 맞추는 것과 코너에서 스티어링 휠을 돌리는 것이 너무 빨라서일 수도 있다. 잠시 동안은 여러분의 코너 진입 테크닉을 시도해보고 시속 84km 또는 그보다 빠르게 코너를 돌아보려고 노력해라.

가장 빠른 직선구간 시간의 대부분은 가장 빠른 미드 코너 속도에서 나온다는 점을 기억해야 한다. 빠른 미드 코너 속도를 내기 위해서는 최대한 코너 진입을 빨리(한계치로) 해야 한다.

이것은 여러분이 주행할 때 결정해야 할 타협안 중 하나인데, 진입을 조금 느리게 하고 가속을 일찍 가져갈지, 아니면 코너에서 속도를 더 가져갈지 등을 결정한다. 항상, 만약 코너 진입 속도의 증가가 코너에서 가속 시작을 늦추게 된다면, 속도를 약간 줄이고 가속을 일찍 하는 쪽으로 되돌아가는 게 낫다.

카레이싱 최후의 비밀 : 드라이빙 하이테크닉

  빨라지려고 하면 문제점은 수정하고 장점은 그대로 둔다. 한번에 한가지씩 수정한다. 랩타임을 모두 기록하고 어디서 빠르고 어디서 느린지 알아내기 위해 누군가를 데려다가 구간 타임을 잰다. 트랙을 구간별로 나눠 스스로 시간을 재기도 하고 다른 이들을 통해서도 재기도 한다. 이것은 여러분이 시간을 버는 곳과 시간을 손해 보는 곳을 알아내게 해준다.

  나는 새로운 트랙이나 차를 접하게 될 때 큰 덩어리의 시간을 찾는데 집중하고 이어서 두세 가지를 한번에 개선하려 노력한다. 트랙에 나가서 모든 곳에서 전부 빨리 가려고 노력하는 것은 의미가 없다. 한번에 너무 많은 정보를 다루는 것은 어렵다. 내 경우는 트랙에서 가장 성취할 수 있다고 생각하는 장소를 두세 개 고른다. 그리고는 아주 완벽하게 될 때까지 노력을 한다. 3개 이상을 고르면 내 머리는 과부하가 걸리는 경향이 있다. 당연히 그것은 가장 발견하기 어려운 최종의 시기일 것이다.

  차에 변화를 주는 것은 빨라지는 가장 확실한 방법 중 하나이다. 이것은 또한 가장 느려지는 방법이기도 하다. 스스로를 속이지 마라. 그렇지 않다면 섀시나 공기역학을 느끼는 척하지 말고 여러분이 무엇을 해야 할지 아는 것처럼 보이게 만들어라. 모든 변화를 알아챌 수 있는 것은 아니다.

더 빠르게 달리기

그리고 트랙을 알고 흐름을 알기 전에 차에 변화를 주려 하지 말아라. 시간을 좀 가져라. 차에 변화를 주기 전에 자신이 한계상황에서 끊임없이 주행할 수 있도록 만드는 것이 우선이다.

고속 코너 전략

로드 코스건 오벌이건 간에 어느 레이서 드라이버에게 아마도 가장 어려운 코너는 궁극적으로 최고속으로 달리는 고속 코스일 것이다. 대부분의 드라이버들에게 가장 큰 문제는 오른발에 자기 보호 프로그램이 작동(적어도 그렇게 보인다)해서 가속 페달에서 발을 떼게 만든다는 점이다. 그렇게 하는 순간 차의 밸런스는 무너지고 마치 한계치에 도달해있는 것처럼 느껴진다. 페달에서 발을 떼게 되면, 차는 한계치에 이르는 원인이 된다. 만약 드라이버가 발을 바닥에 딱 붙였더라면 차는 아마 균형을 더 좋게 유지했을 것이고 한계상황으로 코너를 통과했을 것이다.

이런 상황에서 드라이버의 오른발은 마치 그 자신의 정신을 갖고 있는 것 같다. 그리고 단지 자기 자신에게 발을 바닥에 붙이고 있으라고 요구하는 것보다 더 좋은 전략이 필요하다.

고속 코너에서의 진짜 문제는 차가 최적으로 움직이는 것인데, 여러분이 코너를 통과하는 내내 스로틀에 고정할 때 좋은 그립을 가지고 균형을 유지하는 것이다. 만약 스로틀을 열었다 닫았다 하거

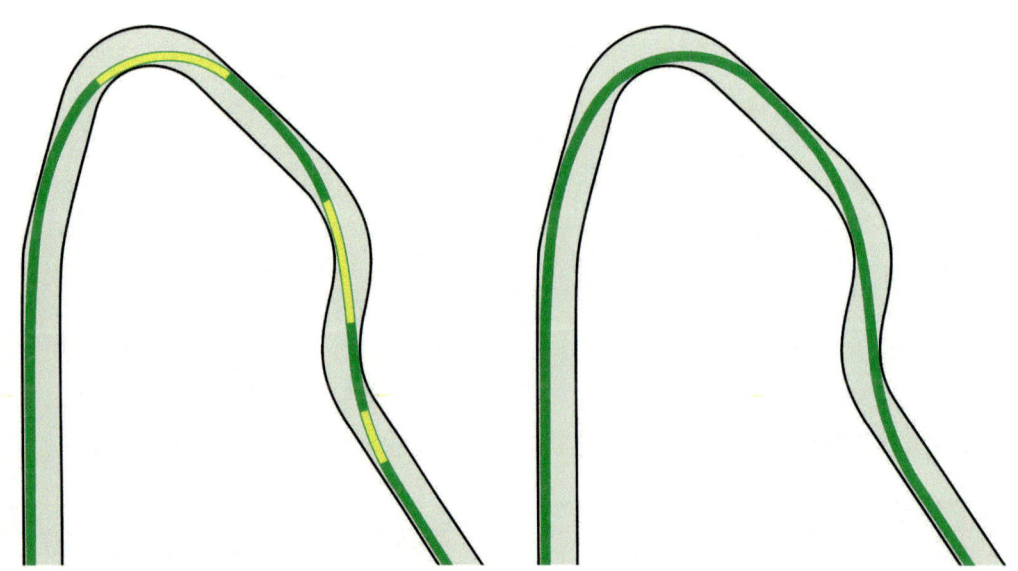

그림39-1: 완벽한 랩을 만든다는 것은 트랙 전체를 한계치로 주행한다는 의미이다. 이 그림에서 두 명의 드라이버는 트랙의 같은 부분을 주행하고 있다. 녹색으로 표시된 영역은 차가 한계치로 주행하는 것을 나타내며, 황색으로 표시된 영역은 한계치에 이르지 못한 상태를 나타낸다. 왼쪽 그림의 드라이버는 차를 충분히 재촉하지 않고 있으며, 그립을 완전히 사용하고 있지 않다. 그도 사실은 한계치로 주행하고 있긴 하지만 부분적으로만 그렇지 전부 다는 아니다.

카레이싱 최후의 비밀 : 드라이빙 하이테크닉

나 코너를 지나면서 스로틀을 한층 더 단계를 나눠 조절한다면 차는 종종 안락하지 않게 느껴질 것이다. 세팅이 되지도 않고 더불어 그립도 줄어진다. 그러나 고속 코너를 정말로 빠르게 돌기 위해서는 많은 자신감이 필요하므로 대부분의 드라이버들은 코너에 앞서 발을 뗀다. 그리고 그런 행동이 차의 균형을 흐트러뜨리기도 한다. 페달에서 발을 떼지 않고 코너를 주행할 수 있기 위해서는 많은 연습이 필요하다.

인디에서 나는 새로운 접근방법을 제시했고 이후 많이 사용되어 왔다. 첫 번째로 직선에서 코너에 진입하기 전에 자신감이 생길 때까지 충분히 속도를 감속하기 위해서 스로틀을 줄여간다. 그 다음 코너를 돌기 전에 풀 스로틀로 돌아간 후 코너를 도는 동안 계속 유지해준다. 이 방법이 차의 밸런스를 유지시켜주고 코너에서 안정되도록 만들어준다. 매 랩마다 발을 떼지 않고도 코너를 돌 수 있을 때까지 코너 앞에서 발을 들어올리는 양을 점차 조금씩 줄여간다.

이 방법은 차가 충분히 감속될 것이기 때문에 여러분이 풀 스로틀로 코너를 진입해도 안정적으로 느껴질 것이다. 그리고 여러분이 코너를 풀 가속을 하면서 주행하기 시작하면서, 차의 밸런스가 유지되고 그립도 많이 잡히게 되어 자신감도 쌓일 것이다. 그러므로 다음 랩 직선 코스에서 스로틀을 조금만 떼고, 그 다음 랩에서는 더 조금만 떼어도 여러분은 안락하게 느끼게 될 것이며, 나아가 코너를 풀 스로틀로 통과하게 될 것이다.

이러한 전략이 시간이 많이 걸리는 것처럼 들릴 순 있지만 실제로는 그렇지 않다. 내 경험을 통해 보면 스스로 해보기도 하고 다른 드라이버들을 가르치기도 하는 두 가지 모두 자신에게 그렇게 하라고 이야기하는 것보다 훨씬 더 일찍 풀 스로틀로 코너를 돌게 해줄 것이다.

SPEED SECRET

여러분은 브레이크에 발이 올라가 있든, 스로틀을 쥐어짜내든, 혹은 풀 스로틀을 하든 선택해야 한다.

핵심은 안정된 단계를 끌어올리고 유지하는 것이다. 그것 없이 여러분은 풀 스로틀로 코너에 들어갈 수 없을 것이다.

39 더 빠르게 달리기

혼신을 다하기

　대부분의 드라이버들이 시간을 많이 포기하는 영역 중 하나가, 짧지만 풀 스로틀이 가능할 때 부분적인 스로틀이라도 차가 해낼 수 있는 만큼 해내고 '아주 충분하다'고 생각하는 트랙의 짧은 섹션이다. 많은 드라이버들이 순식간에 관성으로 움직이는데 스로틀의 80%면 충분하다고 생각하곤 한다. 그들은 혼신의 노력을 다하지 않는다.

　풀 스로틀로 소비하는 시간을 늘리기 위해 여러분이 어떤 것을 하든 좋다. 두 개의 코너 사이에서 혹은 직선 구간 끝에서 천천히 스로틀을 떼는 것이 아주 짧은 시간이긴 하지만 자동차는 빠르게 연료를 차단한다(부드럽게 해야 하는 것을 잊지 마라). 그것이 차에 혼신의 노력을 다하는 것이다.

　랩타임을 10분의 1초, 또는 100분의 1초를 줄이기 위해 애쓸 때 여러분은 혼신의 힘을 다하지 않은 곳을 봐야만 한다. 이곳은 여러분이 스로틀의 80%면 충분하다고 생각하는 트랙 위의 아주 짧은 구간일 것이다. 승리하기 위해서는 충분해서는 될 게 아니다. 여러분은 100% 스로틀, 풀 가속을 사용해야 한다. 여러분은 또한 차를 가지고 공격적이 되어야 한다. 부드럽지만 공격적인 거 말이다. 트랙을 공격해야 한다.

　당연하게 들릴지 모르지만, 여러분의 발은 브레이크 위에 있든가 스로틀을 짜내든가, 혹은 풀 가속을 하든가 해야 한다. 당연히 일반화된 규정에 몇몇 드문 예외가 있긴 하지만 그것들은 예외이다.

　물론 여러분이 차에 혼신의 노력을 다하지 않는 것을 알아내는 것만으로는 충분하지 않으며, 그것은 데이터 수집을 활용하는 것만큼이나 쉽다. 스스로에게 차에 혼신의 노력을 다하라고 말하지도 않고 트랙의 주요 지역에서 풀 스로틀을 사용하지도 않는다. 종종 단점을 지적해 여러분의 기운이 빠지게 만든다. 여기가 바로 학습공식을 사용할 곳이다. 명확한 MI(심상)를 가지고, 그 다음 1부터 10까지 자신의 혼신 단계를 매겨 이상적인 심상에 얼마나 가까워지는지 확인한다.

　여러분의 혼신 단계를 매기면 여러분이 마음 속에 더 좋은 심상을 얻기 위해 시간을 투자하는 만큼, 당연히 짧은 시간 안에 1 혹은 2부터 최소한 8가지 발전해나갈 것이다. 8부터 9까지, 그리고 10으로 나아가며 100분의 몇이 조금 길게 느껴질 것이지만 결국엔 도달할 것이다.

카레이싱 최후의 비밀 : 드라이빙 하이테크닉

'더 빨리 가기' 계획

이 단원을 끝내기 위해 더 빨라지기 위한 세가지 구체적인 계획(수 천 가지가 있다)을 살펴보기로 하자.

- **늦은 브레이크** : 일반적인 레이서에게는 이것이 가장 일반적이고 가장 남용되는 테크닉이다. 대부분의 드라이버들은 브레이킹 전 코너에 조금 더 깊이 들어가고, 직선 구간 속도를 좀 더 오래 유지하는 것이 유리하다고 생각한다. 그렇게 생각하는 것은 당연하다. 결국 다른 드라이버와 나란히 달릴 때 여러분이 브레이크를 늦게 밟아야 그들보다 앞에 있게 된다.

  그러나 사실은 늦은 브레이킹을 하게 됨으로 인해 대부분의 드라이버들은 전보다 브레이크를 더 강하게 밟게 되는데, 이는 전과 같은 속도로 코너에 진입한다는 것을 의미한다. 코너에 더 높은 속도로 진입하지 못한다면 단지 늦게 브레이킹을 하는 것만으론 얻을 게 거의 없다. 이렇게 함으로써 직선 구간에서 최고 속도로 달릴 수 있는 거리가 겨우 몇 십cm 연장시킬 수 있을 뿐이다. 이것은 100분의 몇 초 정도 얻을 수 있는 정도이며 그 이상은 아니다. 코너에서 속도를 더 높일 수만 있다면(차로 코너를 돌고 가속을 할 수만 있다면) 훨씬 기록을 향상시킬 수 있을 것이다. 이렇게 생각해보자: 일반적인 로드 서킷에서 만약 여러분이 각 코너를 시속 1마일(1.6km) 더 빨리 진입할 수 있다면, 랩타임이 0.5초 정도 개선될 것이다. 그것은 엄청난 이득이다.

  늦은 브레이킹을 할 때 가장 큰 문제는 드라이버를 브레이킹에 너무 많이 집중하게 만들어 더 중요한 일에 소비할 시간이 줄어들게 만들 수 있다는 점이다. 사실 과잉반응을 보일 정도로 브레이킹에 집중을 한 나머지 브레이크를 잠기게 하기도 한다. 당연히 브레이크에서 발을 늦게 떼게 되면, 브레이킹을 정확히 하거나 브레이킹 이후에 무엇을 할지에 대해서가 아니라 오로지 생존 자체만 생각하게 된다.

- **가벼운 브레이크**: 이것은 항상 빨리 가려 시도함에 있어 제대로 된 첫 단계이다. 전과 같은 지점에서 브레이크를 밟되 전보다 약간 약하게 시도한다. 이것은 코너에서 더 높은 속도를 가져갈 수 있다는 것을 의미한다(만약 여러분이 여분의 속도를 가져갈 수만 있다면 랩타임에서 시간을 줄이는데 많은 도움이 될 것이다).

- **늦지만 정확한 브레이크**: 이것이 목표이다. 그 전보다 브레이크를 더 늦게 밟되 원래(기준점)의 브레이킹 속도로 진입한다. 그래서 이제 여러분은 직선에서 최고 속도로 달리는 시간을 벌뿐 아니라(약간의 이득), 코너에서 더 높은 속도를 얻을 수 있다(많은 이득). 당연히 브레이킹에만 온 신경을 다 쓰지도 않으며 코너 진입에 대해서도 생각하게 해준다. 이것이 어떻게 빨라지는가에 대한 것이다. 당연한 것이지만 한계가 있다는 것을 기억하라.

40 연습과 테스트

테스트와 연습에 대한 정신적 접근이 중요하다. 우린 경쟁심과 환경을 가능한 진짜처럼 모의 실험해보고 싶어 한다. 레이스에서 하는 것처럼 연습할 때 동일한 수준의 강도와 열정을 원한다. 만약 여러분이 99%로 연습한다면 레이스에서 그만큼 실력을 발휘할 것이다. 100%를 달성하기는 어렵다.

> **SPEED SECRET**
>
> 레이스에서 어떻게 할지 계획한대로 연습하라.
> 그럼 여러분은 연습한 것처럼 레이스를 하게 될 것이다.

이것이 여러분을 실제 경주 조건으로 프로그램하여 여러분이 본능적으로 반응토록 해준다. 연습과 레이스를 같은 존경심과 강도로 대하라. 연습할 때 마치 시합을 하는 것처럼 정신집중과 결정을 동일하게 해야 한다. 그러면 레이스하는 동안 마치 연습하는 것처럼 여유롭고 평온해질 것이다.

만약 여러분이 100%로 운전할 것이 아니라면 레이스 트랙에 가는 것이 별로 의미가 없다. 만약 여러분이 당장 한계치로 운전하길 원하지 않는 내구 레이스를 테스팅하거나 드라이빙한다 해도, 그래도 100%로 집중해야 하고 100% 정신집중을 해야 한다. 대충 하는 턴인을 한번이라도 충분하다고 생각하는 것도 이유가 되지 않는다. 여러분은 '충분하다'라는 습관을 만들길 원치 않을 것이다. 반드시 그럴 일이 없도록 확신하게 만드는 유일한 방법은 항상 100%로 주행하는 것이다.

우리는 종종 스킬 혹은 테크닉을 여러 차례 반복해서 연습할수록 더 많이 얻게 된다고 믿곤 한다. 이것은 결코 사실이 아니다. 경험이 사람들이 얘기하는 것처럼 항상 좋은 것만은 아니다. 사실 여러분이 매번 테크닉을 부정확하게 연습한다면 어떠한 기회에서도 잘못을 다시 반복하도록 해줄 것이다. 같은 실수를 반복하도록 경험을 쌓게 되는 것은 쉽다.

처음엔 너무 많이 연습하지 말아라. 아니면 잘못된 패턴이나 움직임만 키우게 될 수도 있다. 대신, 몇 랩으로 시작하고 강한 집중력과 동기부여를 유지하라. 집중력과 흥미가 강할 때만 연습을 지속한다. 만약 잘못을 반복하고 또는 집중력이나 주의가 사라지면서 편해지기 시작한다면 멈춰라. 머리를 맑게 하고 정신 집중과 동기부여를 다시 바로잡은 다음 재개한다.

드라이버는 공도에서 운전하는 동안 이기기 위해 필요한 많은 테크닉들을 연습할 수 있다. 부드럽고, 브레이킹은 일관되며, 스로틀을 정교하게 짜내면서 쉽게 하고, 코너의 안과 밖에서 스티어링을 부드럽게 돌리고, 코너를 통과할 때 이상적인 라인을 찾아내고, 차의 균형을 유지하도록 연습해야 한

카레이싱 최후의 비밀 : 드라이빙 하이테크닉

다. 이것을 하기 위해 빨리 운전할 필요는 없다. 이것은 그냥 육체적인 연습은 아니다. 골프 선수나 테니스 선수가 스윙을 즐기듯, 여러분의 차량 컨트롤 테크닉을 즐겨라. 여러분이 브레이크를 밟거나 스티어링휠을 돌릴 때마다 여러분의 행동은 머리 속에 프로그램된다. 여러분의 테크닉이 프로그램되면 될수록, 트랙에서 한창 시합중일 때 더 쉬워지고, 더 부드러워지고, 더 자연스러워진다.

많은 드라이버들이 공도에서 운전할 때 나쁜 습관으로 연습한다. 스티어링 휠을 제대로 잡지 않고, 기어레버 위에 손을 올려놓고, 브레이크나 가속 페달을 정교하게 다루지 않는 것 등을 말한다. 그러한 테크닉들이 머리 속에 프로그램된 상태로 레이스 트랙에서 속도를 내어 운전할 때 어떻게 다르길 기대하겠는가? 그리고 여러분이 만약 도로에서 저속으로 아무 것도 할 수 없다면 레이스 트랙에서도 당연히 결코 그렇게 할 수 없을 것이다. 그것은 다른 스포츠도 마찬가지이다. 만약 테니스 프로 선수가 한해 내내 한 손으로 백핸드를 치는 연습을 하고 나서 윔블던에 출전했을 때 두 손으로 백핸드를 친다면 어떤 일이 일어나겠는가?

연습하는 동안 여러분의 목표 중 하나는 시합과 예선을 위한 올바른 섀시 셋업을 찾는 것이다. 경주하는 동안 여러분은 편하고, 한결같고, 믿을 수 있는 셋업을 원한다. 예선을 하는 동안 여러분은 때론 덜 안락하고 적은 공기역학 다운포스를 원할 수도 있으며, 한 두 랩일 경우에는 그게 빠를 수도 있다. 좋은 레이스 셋업을 해야 예선보다 더 나은 쪽으로 나아갈 수 있다는 것을 알게 된다.

첫 연습 세션의 몇 랩은 새 브레이크 패드나 새 타이어를 길들여야 할 것이다. 일반적으로 대부분의 브레이크 패드를 가지고, 요령은 강하게 브레이킹을 해서 서서히 열이 오르게 하는 것인데(그러나 어느 순간에 마모가 되기 시작할 수 있으니 조심해야 하며, 브레이크는 강하면서 일찍 밟아야 한다), 그리고 나서는 몇 랩을 패드가 식도록 여유롭게 주행해야 한다. 이것이 패드를 길들이는데 항상 최상의 절차가 아닐 수도 있으며, 몇몇 제품은 미리 길들여서 나오기도 하니 우선 제조사부터 확인해야 한다.

SPEED SECRET

**연습한다고 완벽해지는 것은 아니다.
오로지 완벽한 연습만이 완벽하게 만든다.**

연습과 테스트할 때 차의 셋업과 여러분이 발전하기 위해 할 수 있는 것이 무엇인지에 집중해야 한다. 여러분이 해야 할 일 중 하나가 차의 상태에 대해서 민감해져야 한다는 점이다.

40 연습과 테스트

타이어 앞 혹은 뒤 중 먼저 잠기는 것을 찾기 위해 다른 위치에서 오버 브레이킹을 해서 브레이크 바이어스를 점검한다. 느린 코너에서는 핸들링이 어떠한가? 중속 코너는? 고속 코너는? 초기 턴인은 어떤가? 언더스티어 혹은 오버스티어는? 코너의 중간에서는 어떤가?

코너의 탈출에서 파워를 내려놓는가, 아니면 너무 많은 휠스핀이 일어나는가? 장애물을 넘어가면서 차 바닥이 닿는가, 아니면 그것을 낮추는 것으로 피할 수 있는가? 차가 너무 부드럽게 느껴지는가? 코너에서 롤이나 피치가 너무 많은가? 너무 딱딱한가? 너무 그립이 없어 차가 트랙을 휘저으며 마치 스케이트를 타는 느낌인가? 쇽업소버가 너무 부드러운가, 아님 너무 딱딱한가? 앤티롤바의 효과는 무엇일까?

기어비는 어떠한가? 가장 긴 직선 구간에서 최대 rpm은 얼마인가? 기어비를 좀 더 높게 혹은 낮게 가는 것이 도움이 되는 코너가 있는가?

각각의 변화가 어떻게 상호 연관이 있는지 고려하라: 즉, 만약 여러분이 어떤 특정 코너에 더 잘 맞추기 위해 핸들링을 바꾼다면, 기어비가 아직 유효한가, 아니면 여러분이 끌고 가고자 하는 추가 속도에 비해 너무 낮아지는가? 탑 기어비를 고려하라: 슬립스트림에서는 어떠한가? 슬립스트림에서 시속 몇 km를 끌어올릴 때 기어가 너무 낮을까?

보나마나 여러분은 트랙을 잘 알지 못하는 한, 차의 셋업 진전을 위해 그 어떤 것도 할 수 있는 것이 없다. 만약 여러분이 주행하면서 매 랩 발전을 이뤄내고자 한다면, 차에 변화를 준 것이 도움이 되는지 혹은 아닌지 어떻게 알 수 있는가? 이 시점에서 일관성이 나온다.

동시에 연습에서 여러분은 다른 것을 시도해야 한다. 코너에서 더 높은 기어비로 시도해본다. 코너에 들어가면서 브레이크는 늦게 밟고 속도를 더 가지고 가도록 해본다. 아니면 반대로 브레이크를 일찍 밟고 코너에서 가속을 일찍 가져가본다. 어느 쪽이 최상인가? 빠른 차를 따라가며 브레이크를 언제 밟고, 코너는 어떻게 도는지 관찰한다.

세션을 마치고 난 후 항상 엔지니어, 정비사, 혹은 여러분 자신에게라도 결과를 보고하라. 차와 주행에 관한 내용을 모두 기록하라.

여러분이 자신에게 물어야 할 진짜 질문은 이렇다: "빨라지기 위해 무엇을 해야 할까?"

카레이싱 최후의 비밀 : 드라이빙 하이테크닉

피드백 향상

전부는 아닐지 모르지만 정비책임자, 정비사, 팀 오너, 팀 매니저, 그리고 심지어 드라이버 자신들까지 대부분의 사람들에게 있어 테스팅과 연습은 한가지를 위함이다: 레이스카 개발. 나는 그것이 맡은 바 해야 할 유일한 부분이라고 주장하고 싶다. 덧붙여 차를 개발하기 위해서는 테스트와 연습을 통해 역시 드라이버도 발전시켜야 한다. 사실 이것을 「차-드라이버」 패키지를 발전시키기 위한 거라고 봐야 한다.

여러분에게는 차에 생기는 미묘한 변화에 민감하게 반응하는 것이 얼마나 중요한가? 우리는 자신에게 필요한 예민한 감각을 갖거나 그것을 발전시킬 수 있길 희망한다. 테스트와 연습의 대부분은 여러분의 감각을 발전시키는데 사용되어야 한다.

내가 전에 언급했던 것처럼, 변화에 대응하고 성과를 올리기 위해서 사용할 수 있는 가장 효과적인 도구 중 하나가 감각 입력 세션이다. 그게 개별 테스트 날이든 이벤트 연습 주행이든 간에 트랙 타임이 너무 값진 것이어서 트레이닝만으로 소비하기엔 아깝다고 생각할 수도 있다. 만약 여러분이 이기는데 관심이 없다면 그 말이 맞다.

여러분이 이기는데 관심이 있다면, 연습과 테스트가 너무 소중한 이유 중 하나가 「차-드라이버」 패키지를 개선시킬 기회를 갖는 것이다. 그 의미는 여러분도 차 만큼 발전해야 한다는 것이다.

만약 더 확실한 것을 원한다면, 그 때 이렇게 생각하라. 여러분이 감각 입력을 더 많이 받아들일수록 차에 대한 여러분의 피드백도 더 좋아질 것이다. 나는 좋은 피드백 없이는 여러분이 레이스카를 극대화시킬 수 없다는 것에 동의할 것이라 확신한다. 해야 할 일을 제대로 하기 위해서는 피드백이 필요하다.

학습

팀이 레이스를 위해 트랙에 가서 짐을 풀자마자 성급하게 주행부터 하는 것은 드문 일이다. 그것이 좋을 수도 있지만, 대부분의 경기에서는 예선과 본선에 앞서 한두 번의 연습 세션을 부여한다. 그렇다면 생각해보라. 여러분(그리고 여러분의 차)은 언제 달릴 수 있는 한 빨리 달려야만 할까? 당연히 예선에서의 1랩, 그리고 본 경기에서일 것이다.

연습 세션을 학습을 위해 사용하는데, 예선 랩과 본 경기에서 가능한 빨라질 수 있도록 학습한다. 이 전략은 레이스에서 더 많은 전략을 제공한다.

만약 테스트 기간 동안 가능하다면 하루를 마무리할 때 긍정적으로 끝낼 수 있도록 노력하라. 사람들은 대부분 자신들이 갖고 있는 가장 마지막 정보까지 선명하게 기억해내려고 하는 경향이 있다. 이

40 연습과 테스트

것을 '최종 정보효과(recency effect)'라고 부르는데, 가장 최근의 것이 머리 속에 깊숙이 프로그램 된다는 것을 의미한다. 다시 말해 여러분은 다른 어떤 것보다 트랙에서의 마지막 세션을 기억하고 정신적으로 재연할 것이다. 정신적으로 기억하고 재연함으로써 프로그래밍을 창조해낸다. 나는 여러분이 경쟁자보다 기술적으로 정확하고 긍정적인 경험으로 프로그래밍될 것이라고 믿는다.

이것은 또한 여러분이 육체적이든 정신적이든 피곤해지기 시작할 때 알아채는 것이 얼마나 중요한지 말해주며, 여러분이 실수를 프로그래밍하기 하기 전에 멈출 수 있게 해준다. 연습이 완벽하게 만드는 것은 아니라는 것을 기억하라: 오로지 완벽한 연습만이 완벽하게 만들어준다. 연습을 하며 실수를 양산하는 것에 익숙해지는 것보다 테스트 세션을 일찍 끝내는 것이 훨씬 더 낫다. 당연히 만약 테스트 날을 끝내기 전에 몸과 마음이 피곤하다면 다음에는 확실히 그럴 일이 없도록 맞춤 트레이닝 프로그램을 만들 필요가 있다.

적응력

틀림없이 여러분이 과거에 한 것처럼 똑같이 차를 운전하고 싶을 때가 있을 것이다. 일관성이 없이는 그것은 어려울 것이다. 불가능한 일이 아니라면 차 세팅 변화가 도움이 되었는지 아니면 방해가 되었는지 밝혀내야 한다. 그것이 훌륭한 테스트 드라이버의 자격이다.

하지만 차가 어떠하든 거기에 적응할 수 있는 능력이 여러분에게 중요할 때가 많다. 그것이 훌륭한 레이서의 자격이다. 예를 들면, 만약 차가 레이스 중에 코너에서 언더스티어가 일어난다면, 여러분은 어떻게 대응할지 알기를 원할 것이다. 그렇지 않으면 여러분은 난처해진 스스로를 보게 될 것이다.

여러분은 드라이버가 "레이스 중에 차가 밀리기 시작했어"라고 불평하는 말을 얼마나 많이 들어보았는가? 장담하건 데 한번 이상일 것이다. 그러나 여러분은 같은 드라이버가 "그리고 뭘 어떻게 해야 할지 몰랐다"라는 말을 하는 것을 얼마나 자주 들어보았나? 결코 없을 것이다. 그리고 이것은 흔히 있는 일이다.

여러분은 필요한 적응력을 어떻게 발전시키는가? 차의 역학에 대해 스스로 공부하고, 자신에게 테스트 세션을 통해 연습하고 학습할 기회를 주도록 한다.

차량의 핸들링 문제에 좀 더 적응할 수 있도록 배우는 게 목적의 전부이다. 대부분의 드라이버들은 핸들링이 나쁜 차를 가지고 자기가 원하는 데로 가도록 억지로 시도한다. 그것은 소용없는 일이다. 어느 누구도 차가 원하지 않는 것을 하도록 만들 수 없다. 유일한 선택은 거기에 적응하는 것이다.

적응력을 키우기 위해 다음의 일상사로 테스트 날 중 일부분을 보내라. 차를 예열로 시작하고 차가 핸들링시 주로 뉴트럴이 되도록 기준을 잡아라. 그리고 언더스티어에 적응하도록 공을 들여라. 코너

카레이싱 최후의 비밀 : 드라이빙 하이테크닉

진입, 코너 중간, 그리고 탈출하는 동안 언더스티어나 되도록 차의 세팅을 맞춘다. 그리고 적응하려고 노력하고 언더스티어의 부정적인 영향을 줄이도록 한다. 시간을 갖고 턴인 포인트와 테크닉, 트레일 브레이킹 등등의 양을 여러 가지로 변화시켜 본다.

그 후 코너를 돌 때 라인과 속도를 바꾸면서, 오버스티어에 적응하도록 해보는데, 언제 어디에서 브레이크를 풀어줄지, 그리고 나서 출력을 올릴지 등을 포함한다.

적응하기 위해 여러분이 사용하는 방법은 코너 어디에서 언더스티어 혹은 오버스티어가 시작되는지, 차가 정상상태인지 혹은 과도한 상태인지, 그리고 여러분이 무엇을 하고 있는지에 달려있다. 그러므로 차의 핸들링에 변화를 주려고 할 때는, 속업소버, 앤티롤바, 그리고 심지어 스프링과 공기역학까지 사용하여 타이밍과 핸들링 문제를 바꾸도록 노력한다.

적응할 때, 어느 것이 최상의 방법인지 알기 위해서 랩타임 뿐만 아니라, 직선 구간에서의 기준점에서도 rpm을 비교할 필요가 있다. 당연히 데이터 수집 정보를 이용해보고 싶을 수도 있다. 어떤 방법은 특정 코너에서는 잘 되다가 다른 코너에서는 안될 때가 있다. 비록 그 방법이 하나의 코너에서는 도움이 되긴 했지만, 트랙의 다른 코너에서는 손해를 볼 수 있으므로 랩타임이 모든 것을 사실대로 이야기해주진 않는다. 랩타임과 직선 구간 속도를 비교해보는 것이 중요한 이유이다.

궁극적으로 어느 방법이 최선인지는 중요하지 않다. 주된 목적은 여러분이 특정 혹은 모든 방법을 사용할 수 있어야 한다는 것인데, 어떨 때는 어느 한가지 방법이 최상의 선택이 될 수도 있다. 여러분은 각각의 방법이 어떠한지, 그것이 도움이 될지 말지, 그리고 각각의 것으로부터 기대하는 것이 무엇인지를 알고 있어야 한다. 이것은 정보와 지식을 여러분 머리 속의 데이터 뱅크에 저장하는 것이다.

이전에도 나는 한가지 방법이 모든 차와 코너에 들어맞지는 않는다고 설명했다. 오히려 위대한 드라이버는 자신의 스타일을 상황에 맞추려 한다. 연습을 통해 어떻게 하는지 여러분이 배우는 방법 중 하나이고 이 적응 연습이 여러분의 스타일을 바꾸는 최상의 방법이다.

만약 여러분이 시간이 있다면 위의 연습을 보완하기 위해서 여러분은 너무 많은 시간이 들지 않으면서도 가치가 충분히 있는 또 다른 것을 시도해보길 원할 것이다. 이번엔 차량의 밸런스를 맞추는 것으로 시작하는데, 여러분(드라이빙 포함)은 차가 코너 진입에서, 코너 중간에서, 그리고 탈출에서 언더스티어가 나도록 만들며, 이번엔 코너의 진입, 중간, 탈출에서 오버스티어가 나도록 만든다. 이 아이디어는 만약 여러분이 그것을 어떻게 만드는지를 알고 있다면 언젠가는 스스로 이것들을 하는 것을 깨닫게 될 것이다. 만약 여러분이 언더스티어 혹은 오버스티어의 원인이 될 수 있다는 것을 알게 되면, 고치기 쉬워질 것이다.

정확히 여러분은 주행시 언더스티어나 오버스티어를 어떻게 유발시키는가? 이것을 알아내는 것

40 연습과 테스트

은 여러분에게 달렸다. 여러분은 스티어링 휠을 어떻게 돌릴지(타이밍, 얼마나 갑자기 혹은 부드럽게, 돌리는 속도 등등), 코너링 라인, 하중 이동(브레이크와 스로틀을 이용해서)의 컨트롤, 그리고 차의 속도를 갖고 실험해야 한다. 만약 누군가가 여러분이 실제로 언더스티어 또는 오버스티어를 만들어내기 위해서 무엇을 해야 하는지를 이야기해주었다면, 참고만 하라. 그것은 실험-시행착오와 자아 발견-이며 자신이 깨닫도록 도와줄 것이다.

의도적으로 차가 언더스티어나 오버스티어를 일으키도록 만드는 것은 여러분이 원인을 제공하든 핸들링을 과장하든 간에 여러분이 인지하도록 해준다. 이것은 마치 끊임없이 티샷을 슬라이스나게 치는 골퍼와 같다. 보통의 해결책은 그의 몸을 틀던가 그립을 바꿔 공이 가고자 하는 방향으로 가도록 하는 것이다. 가장 좋은 해결책은 골프 연습장에 가서 의도적으로 공이 슬라이스나게 친다. 자신이 직접 볼이 어떻게 슬라이스나는지 알아냄으로써 임시로 처방하기보단 진정으로 그 문제의 원인을 어떻게 해결할지 찾게 될 것이다.

이러한 접근방법은 최대한의 한계로 MI+A=G를 사용하지만, 잠재의식적인 단계에서만이다. 이 접근방법을 사용하면 여러분은 애쓰지 않고도 그 어떤 문제도 고칠 것이다. 이것이 아이러니하게 보일지 모르지만, 아마도 실수를 하려 애쓰면 여러분은 무엇이 그 실수를 유발하는지 깨닫게 될 것이기 때문에 스스로 고치게 된다.

카레이싱 최후의 비밀 : 드라이빙 하이테크닉

Q모드와 R모드 연습하기

　만약 여러분이 연습을 못했다면 예선에서 여러분의 최고 기록을 낼 거라 기대하는 것은 불합리하다. 수많은 차와 타이어의 조합을 통해 드라이버는 세션의 여러 차례의 랩 중에서 완벽한 예선 랩이 요구되며, 그를 위해 더 도전적인 자세가 되어야 한다.

　여러분이 예선에서 배우는 기본적인 방법은 육체적 프로그래밍, 즉 연습이다. 멘탈 프로그래밍 또한 중요하며 그것도 잘해야 한다. 그러나 여러분이 한번도 혹은 거의 해보지 않았던 것을 형상화하는 것은 어렵다. 여러분은 스스로 그것을 경험하고 연습할 시간을 가져야 한다. 그리고 나서 여러분은 더 나아가 마음 속으로 주행을 프로그램하는데 내가 Q모드라 부르는 것을 이용한다.

　Q모드의 육체적, 정신적 프로그래밍의 조화는 여러분의 차를 원하는 그리드에 위치하는 결과를 낼 것이다.

　Q모드 프로그램에 덧붙여, 이번엔 다양한 R모드에 착수해야 할 것이다. 무슨 말일까? 대부분의 레이싱 형태에서 드라이버는 10분의 10이라 언급되는 형태(나는 R-1이라 부른다)로 트랙 전체를 주행할 수는 없다. R-2는 아주 조금 속도를 줄이는 대신 페이스를 종일 유지할 수 모드이다. 반면 R-1은 빠른 랩으로 예선 혹은 레이스의 첫 랩이나 마지막 랩에서 주로 사용되는 모드이다. R-1은 극단의 상태라 레이스 내내 유지하기 어려울 것이다. R-3는 R-2보다 좀 더 속도를 낮춘 단계로 아마도 타이어, 브레이크, 기어박스, 혹은 엔진 등을 보호하기 위해 사용될 것이다.

　여기서 가장 중요한 포인트는 조금 더 속도를 줄일 지, 아니면 레이스가 끝나갈 때쯤 다시 끌어올릴지를 여러분이 그것을 할 수 있는 잠재적인 프로그램 없이 시합 중간에 결정을 할 수 없다는 것이다. 아마 선두를 유지하고 충돌을 방지하기 위해서 약간 속도를 줄인 드라이버를 본 적이 있을 것이다. 반면 많은 리드를 하고 있어 속도를 줄이다가 사고를 당한 드라이버는 선두를 빼앗긴 전 구간 노란기 해제 이후 R-1 모드로 속도를 끌어올려야 한다. 아일톤 세나나 미하엘 슈마허 조차도 의식적으로 모드를 바꾸려 하다가 큰 실수를 범하기도 한다.

　이러한 서로 다른 단계, 혹은 모드는 프로그램되어야 한다. 한번 더, 그것들을 프로그래밍하는 가장 효과적인 방법은 육체적·정신적 연습 두 가지 모두를 통해서 가능하다. 그래서 R-1, R-2, 그리고 R-3 단계로만 주행하는 연습을 해서는 안되고, 그것을 유발하는 것도 배울 필요가 있다. 어떠한 육체적·정신적 프로그램을 시행하고 나서, 세션 시작 전에 스스로에게 'R-1', 'R-2', 그리고 'R-3'라고 말하고서, 즉시 그 수준으로 주행해라.

연습과 테스트

프로그램 구축

"여러분이 누구이든, 얼마나 훌륭한 선수이든, 우리는 습관의 노예이다. 여러분이 좋은 습관을 가질수록, 중압감을 느끼는 상황에서도 더 잘할 것이다." 역대 최고의 하키 선수인 「웨인 그레츠키」가 한 말이다. 연습이 가진 소임 중 하나가 더 나은 습관, 혹은 더 나은 프로그램을 구축하는 것이다.

당연히 그냥 트랙을 도는 운전연습은 가장 시간을 효율적으로 사용하는 것은 아닐 것이다. 내가 전에 이야기했던 것처럼, 단지 완벽한 연습만이 완벽하게 만들 수 있기 때문에 여러분이 얼마만큼의 트랙 타임을 갖게 될 때 지도를 받고 집중해야 한다. 만약 그렇게 하지 않는다면 잘못된 연습만 더 많이 하게 될 것이다. 그리고 이것은 여러분이 어떤 수준에 있든 상관없이 적용된다.

어느 스포츠에서도 위대한 선수들이 일반적으로 우수하면서 천부적인 재능을 갖고 어떻게 인정받는가가 항상 나를 놀라게 해왔다. 그런데 그들 모두는 경쟁자들보다 더 많이, 열심히, 그리고 더 집중해서 연습하는 것처럼 보인다. 사실 천부적인 재능을 가진 모두가 더 많이(열심히) 연습하는지는 궁금하긴 하다.

마이클 조던은 팀의 다른 선수들이 경기에 나가기 전에 코트에 나와 슛 연습을 하곤 했다. 2001년 초반 짧은 기간 동안 타이거 우즈가 승리를 모두 놓치던 때에, 그는 자신이 그 해 말의 마스터스 대회를 위해 샷 연습에 공들이고 있기 때문이라고 주장했다. 사람들은 그의 말을 의심했지만, 그는 마스터스에서 다시 우승했다. 윔블던 9승을 포함하여 테니스 단식에서 167승을 거둔 마르티나 나브라틸로바가 이렇게 말했다. "여러분이 훌륭한 샷을 친다는 것은 연습 때 자주 쳤다는 것이다." 나는 그저 모든 게 그녀의 천부적인 재능으로 이긴 거라 생각했었다.

미하엘 슈마허의 연습에 대한 헌신과 최고가 되는 이야기는 이미 그의 전설 중 일부분이다. 페라리 테스트 트랙에서 하루 종일 그랑프리 레이스 풀 코스 두 배에 상당하는 거리를 맹렬하게 연습한 후에, 그는 체육관에 가서 두 시간 동안 운동을 했다.

요점은 여러분을 포함하여 어떠한 운동 선수라 할지라도 트랙 안이든 밖이든 간에 연습하지 않고서는 최고가 되는 걸 기대할 수 없다는 것이다. 연습이야말로 더 좋은 프로그램을 구축하는 모든 과정이다. 여러분이 더 나은 프로그램을 구축할수록 천부적인 재능을 더 많이 인정받게 될 것이다.

연습에 대한 마지막 지적: 연습에서 사고가 나는 것은 멍청한 짓이다. 이 세션은 진정 트랙을 배우고 차의 정확한 세팅을 찾아서 예선과 레이스에서 더 빨라지기 위함이다. 사고로 인해 낭비하지 말아라. "사고가 나서 아쉽다. 여러분이 연습 세션에서 거의 이겼는데"라고 말하는 게 썩 만족스럽지 않을 것이다.

카레이싱 최후의 비밀 : 드라이빙 하이테크닉

41 예선

　예선은 그 자체가 하나의 기술이기도 하다. 엄청나게 빠른 랩을 기록할 수 있느냐가 전부이다. 확실히 예선을 잘해야 하는 것은 중요하다. 그리드의 앞쪽으로 가면 갈수록 추월해야 할 차의 수는 적어진다. 거기에 심리적으로 여러분이 앞선 모든 이들보다 우월감을 심어준다.

　예선을 치르는 동안 많은 차량들 속에서 확실한 틈을 기다리는 것이 가장 중요하다. 무리를 지어 운전하는 차들 속에서 요점은 없고, 단지 그 차들이 여러분의 차를 느리게 가도록 방해만 될 뿐이다. 때때로 필요한 것에 집중하기 보단, 주변의 다른 차들과 경쟁하는데 더 많은 집중을 하곤 한다.

　드라이버들 중 몇몇은 다른 차를 뒤쫓는 것처럼 어느 정도 추가 혜택이 있을 때 실제로 최상의 성과를 낸다. 더군다나 앞 차의 슬립스트림의 혜택을 얻을 수도 있다. 그러나 경쟁자가 무엇을 하는지에 지나치게 사로잡히지 않도록 조심해야 한다. 다시 말해 내 자신의 주행에만 집중해야 한다.

　내가 전에 말한 것처럼 여러분의 예선을 위해 차 세팅을 약간 변화시키고 싶을 수도 있다. 가끔은 차를 약간 루즈(오버스티어가 더 나도록)하게 셋업하거나 다운포스를 덜 받도록 하는 것이 몇 랩 동안은 빠를 수 있다. 그러나 긴 레이스에서는 컨트롤하는 것이 어려울 것이다.

　또한 예선에서 전 월드 챔피언 니키 라우다가 '혼돈 상태의 랩(chaotic lap)'이라고 부르는 것에 해당하는 시기가 올 것이다. 그때 여러분은 여분의 0.1초 혹은 0.01초를 위해 몰아붙여야 한다. 이것은 여러분이 브레이킹을 조금 늦게 밟거나, 코너를 좀 더 빠르게 진입하든가, 혹은 코너를 거의 죽기살기로 들어가든가 하는 것을 의미한다. 분명히 이것은 여러분이 하는 가장 위험한 드라이빙이 될 것이다. 그것은 당연히 가장 스릴이 넘칠지 모르지만 성공했을 때 가장 만족스러울 것이다.

> **SPEED SECRET**
>
> 한계치로 운전하는 것은 트랙의 구석구석을 전부 한계치로
> 운전하는 것을 의미한다.

　오벌 트랙 레이스의 예선에서는, 한번에 차 한대씩 예선을 주행하는데 여러분 인생에서 심적 압박이 가장 심한 순간일 것이다. 하지만 그 어느 것보다 여러분이 그것을 더 많이 경험할수록 더 쉬워질 것이다.

　오벌에 혼자 있든 로드 레이싱 서킷에 무리지어 함께 있든 예선에 집중하는 것이 중요하다. 이때는 정말 여러분 주변에 있는 모든 것을 차단해야 하고 트랙에서 완벽하게 해내는 것만 마음 속에 그

카레이싱 최후의 비밀 : 드라이빙 하이테크닉

리며 마지막 남은 속도까지 밀어붙여야 한다. 그 다음엔 트랙에 나가는 순간부터는 그저 흘러가게 나두어라. 만약 여러분이 원하는 것에 집중하고 머리 속에 그린다면 자연스럽게 일어날 것이다. 저절로 일어나게 두어라.

예선에서 함께 랩을 도는 것은 의심할 것 없이 드라이버들, 심지어 빠른 드라이버 들에게 조차 도전이 된다. 그 도전은 차가 트랙에서 한계치로 주행하도록 하는 것이다. 빠른 드라이버들은 모두 다 트랙의 대부분에서 한계치로 주행을 한다. 그러나 초 특급 드라이버들은 일부분이 아닌 트랙 전체를 한계치로 주행한다.

몇 년 전 나는 몬트리올에서 개최된 캐나다 그랑프리의 서포트 경기로 열린 포뮬러 애틀랜틱 시리즈 레이스에 참가한 드라이버를 가르친 적이 있다. 공교롭게도 내가 그날 입고 있었던 팀 셔츠가 트랙 보안 담당자들과 유사한 것이었다. 나는 연습 세션 동안 포뮬러 원 차들을 보기 위해 그랜드 스탠드 앞쪽으로 걸어갔을 때 바로 알아챘다. 내가 벨트에 부착된 라디오와 하드 카드 패스를 목에 걸고 거기에 서 있었더니, 세 사람이 나에게 티켓을 보여주면서 그들의 자리가 어디인지 물어보았다. 나는 그들에게 도움이 될 거란 생각으로 정중하게 방향을 가르쳐주고 보안 담당들이 방금 걸어서 지나간 펜스의 작은 틈을 주목했다. 그리고 나는 빠르게 달리는 중에도 포뮬러원의 콕핏이 보일 정도로 더 가까이 보기 위해 필사적인 사람들처럼 행동했다: 나는 펜스 틈으로 걸어가 차가 엄청나게 가깝게 보이는 그런 길에 자리잡았다. 그곳은 좌우 시케인 중 한 곳이었다.

41 예선

예선은 단지 한 랩을 위해 여러분 자신과 차의 속도를 남김없이 발휘하는 것인데, 마치 그 어떤 테크닉만큼이나 많은 사고방식처럼 말이다. 그 사고방식의 계기는 차에 오르기 전부터 시작된다. 심지어 차로 걸어가는 길조차 여러분의 사고방식에 영향을 준다. 미하엘 슈마허의 걸음은 자신 스스로와 다른 이들에게 그가 진심이라는 메시지를 보내고 있다.
Shutterstock

카레이싱 최후의 비밀 : 드라이빙 하이테크닉

난 그 전망 좋은 장소에서 약 30분 동안 머물며 가능한 많은 것을 알아내려고 노력했다. 어떤 드라이버들은 왜 그렇게 주행을 하고, 무엇이 빠른 사람을 빠르게 만든 건지를 내 자신에게 질문하면서 그들이 지나갈 때 차의 역학 움직임도 주목했다. 포뮬러 원 수준의 드라이버들이라 할지라도, 내가 보기엔 일부 개선해야 하는 것들이 눈에 보였다. 내가 관찰해본 결과 몇몇 드라이버들은 차가 트랙션의 95% 정도만 한계치에 있었다. 99%를 한계치로 주행하는 드라이버들도 있었다. 한 명의 드라이버는 100%로 끊임없이 그의 차를 달렸는데 그는 미하엘 슈마허였다. 그는 콕핏(운전석) 안에서 무엇인가를 하고 있었는데 다른 선수들, 심지어 하키넨이나 몬토야조차도 하지 못했던 방법으로 그의 차가 시케인의 중간 부분을 아슬아슬하게 달릴 수 있도록 해주었다. 그 수준의 운전에서는 차이가 극히 적다. 내가 그날 한 것처럼 트랙에 가깝게 갈 수 없었다면 나는 그 차이를 절대 눈치챌 수 없었을 것이다.

이렇게 만약 트랙의 한 구역을 합치는 것-한 구역을 내내 절대적인 한계치로 주행하는 것-이 어렵다면, 전체 랩을 그렇게 하는 것이 얼마나 도전적인 일인지 상상이 갈 것이다. 그리고 내가 장담하건데 여러분은 지금 절대적인 한계치로 완벽하게 한 랩의 트랙 구석구석을 합치는 것을 상상했을지도 모른다. 이것은 심상의 전부이다. 그러나 만약 포뮬러 원 드라이버조차도 트랙 구석구석을 절대적인 한계치로 달리는 것이 어려운 일이라면, 여러분에게는 얼마나 도전적인 일이 될 것인가?

SPEED SECRET
여러분이 한계치로 주행하고 싶은 트랙 구석구석을 프로그램하면 트랙 모든 곳에서 더 나아진다.

나는 여러분이 완벽한 예선 랩의 심상을 하고 있다면 당장 그만두라고 강하게 권고한다. 여러분이 거의 트랙의 거의 모든 구석구석을 보고, 듣고, 느낄 수 있는 시점이라 해도, 심지어 머리 속으로 그것을 슬로 모션으로 그린다 하더라도 그만두어라. 만약 트랙에서 작더라도 여러분의 차로 한계치로 달릴 거라 상상할 수 없는 곳이 있다면, 예선에서 그렇게 할 수 없을 것이다. 그리고 일부 드라이버들에게는 그들의 마음 속에 상상도 수 없는 트랙의 일부가 있다: 그것은 마치 트랙의 일부가 사라진 것과 같다. 어떻게 생각하는가? 만약 이것이 여러분의 경우라면 트랙의 그 지점을 잘 달릴 수 있을지 자신이 없을 수도 있다. 심지어 여러분이 트랙에서 다른 차량들 사이에 있다고 상상하면서 트랙에 나가

41 예선

다른 시야로 관찰하더라도 트랙의 그 지점을 상상할 수 있도록 할 수 있는 모든 것을 해야 한다. 때론 그날 스케줄이 다 끝난 다음 트랙을 걸으며 특정 구간에 멈춰서서 마음 속으로 사진찍고, 다음 구간으로 걸어가기 전에 눈을 감고 마음 속으로 리허설한다. 또는 인캠 비디오가 있다면 특정 지점을 슬로 모션으로 재생하고 여러분이 트랙의 모든 장소에 대한 명확한 심상이 생길 때까지 반복해서 본다.

그것이 랩을 한데 모아 준비하는 과정이다. 트랙의 구석구석을 한계치로 달리고 있는 것처럼 보고, 느끼고, 듣는 심상을 아주 선명하게 구축하고서, 그 프로그램을 정신적 계기로 만든 다음, 트랙에서 그 프로그램이 연계되도록 한다. 아마도 이 퍼즐에서 가장 어려운 부분은 마지막 조각으로 '프로그램을 신뢰하는 것'이다. 많은 드라이버들이 노력하지 않고 그저 그들의 멘탈 프로그램만 믿고 차를 운전하는 것은 올바르지 않다. 그들은 차와 끊임없이 싸우는 레이스 드라이버의 정신 모델을 가지고 있는데, 그것은 그 또는 그녀가 원하는 것을 하게 만들며, 차에서의 모든 움직임에 대해 생각하게 하며, 의식적으로 컨트롤한다.

아일톤 세나는 차를 운전하기 위해 그의 프로그램을 믿는 마스터였다. 그의 전설적인 예선 주행 중 하나는 1988년 모나코였는데, 그는 맥라렌 팀원이자 월드 챔피언을 4번이나 차지한 알랭 프로스트를 1.4초 차이로 제치고 폴을 차지했다. 나중에 세나는 말했다. "나는 내가 더 이상 차를 의식적으로 운전하고 있지 않다는 것을 갑자기 깨닫게 되었다. 나는 마치 본능적으로 운전했고, 오로지 다른 차원에 머물러 있었다. 나는 점점 더, 조금 더 달리고 또 달렸다. 나는 이미 한계를 넘어섰지만 아직 그 이상을 찾을 수 있었다. 그리고는 갑자기 무엇인가가 나를 걷어찼다. 나는 깨어나 여러분이 정상적인 데 머물러있다는 것과 다른 분위기에 내가 존재한다는 것을 깨달았다."

세나는 대다수의 드라이버들보다 더 높은 수준에 도달했는데 만약 그가 자신의 드라이빙을 어떻게 묘사하고 있는지 정말로 들었다면, 비록 그것이 그가 약간 겁을 먹도록 만들긴 했지만 세나가 차를 운전하기 위해 그의 멘탈 프로그램을 믿었다는 것을 확인할 수 있다: "그것이 나를 놀라게 했는데, 나의 의식적인 이해력이 상상할 수 없는 정도인 것을 깨닫게 되었기 때문이다." 무슨 일이 일어났는지 진정으로 이해하지 못하는 동안 그는 분명히 자기 자신이 평소

카레이싱 최후의 비밀 : 드라이빙 하이테크닉

보다 더 자주 거기에 도달할 수 있었던 것이다. 그리고 그것이 가장 중요한 포인트였을 것이다: 여러분이 거기에 가도록 허용하고 알아서 가도록 믿고 내버려두면서 여러분은 실제로 차를 모는 자신의 프로그램에 의해 더 많은 능력을 발휘하게 될 것이다.

랩을 준비하고 트랙의 구석구석을 한계치로 주행하는 것은 멘탈 프로그램을 더 확실히 발전시키고, 그것을 유발하며, 임무를 완수하도록 믿는 것이 전부이다.

42 레이스(결승)

　레이스를 하기 전 여러분이 어느 그리드에서 출발할지 생각한다. 누가 여러분 옆에서 출발하고 그들이 어떻게 레이스를 펼치는가? 여러분이 그들과 바짝 붙어 달릴 수 있을 정도로 믿을 수 있는가? 몇 랩을 빨리 달린 후에 속도를 줄이는가?

　레이스에 출전하기 전에 그 요소들을 분석하고 계획을 세워라.

　첫 페이스 랩 동안(혹은 연습이나 예선 세션의 첫 랩) 여러분의 최우선 사항은 타이어와 브레이크를 적정 온도로 올리는 것이다. 많은 드라이버들이 타이어에 온도를 올리기 위해 트랙을 주행하며 차를 좌우로 움직일 것이다. 그것은 좋지만 주의해야 한다. 종종 차가운 타이어로 라인을 벗어나 잔 모래가 붙게 될 것이다. 많은 드라이버들이 이러한 상황에서 스핀을 하곤 한다. 또한 두 명의 드라이버가 타이어의 열을 올리려 하다가 서로 휘말려 실제로 충돌로 이어진 일도 있다. 여러분 주변에 있는 다른 드라이버들이 하는 것을 유심히 지켜보아라. 누군가가 가속과 브레이킹을 강하게 한다고 놀라지 마라.

　사실 레이스 타이어는 옆으로 왔다 갔다 하는 것보다 급가속과 급브레이킹할 때 더 빨리 열이 오른다. 목적은 타이어 안으로 열이 오르는 것이다. 만약 브레이크 패드에 열이 오른다면, 그 열이 로터를 통해 허브나 업라이트, 휠, 그리고 타이어 안쪽 공기로 전달될 것이다. 타이어 표면이 아니라 카카스의 온도를 올리도록 한다.

　왼발로 브레이크를 사용하면서 좌우로 왔다 갔다 하여 열을 올리도록 한다. 직선 구간에서 급가속을 하여 휠스핀이 생기도록 한 후 브레이크를 강하게 밟는다. 만약 가능하다면 코너에 진입할 때 다른 사람들을 보내고 뒤에 남은 뒤 코너를 빠르게 돌기 위해 가속하고 나아가 스티어링 휠을 좌우로 흔들어 앞 타이어가 마찰되도록 시도해본다. 동시에 전 경기에서 떨어졌을 수도 있는 오일 또는 기타 불순물이 트랙 노면에 있는지 유심히 살핀다. 만약 비가 온다면 차를 가지고 얼마나 미끄러운지 느끼도록 노력한다. 오프닝 랩 동안 차의 느낌이 어떠한지 살피고 스스로가 편안해지도록 해야 한다.

　출발 시 주변의 차들만 보지 말고 더 멀리 내다보아야 한다. 가능하다면 다른 차들의 출발을 보면서 스타트 오피셜이 녹색기(green flag)를 어디쯤에서 흔드는지 살펴본다. 그리고 쌍방향 교신이 가능하다면 피트 크루에게 연락해 녹색기가 끝나는 시점을 가능한 빨리 알려주도록 부탁한다.

　가끔 여러분의 그리드 위치에서 조금 뒤에 머물렀다가 녹색기가 내려갈 것 같다고 생각이 들기 직전에 가속하기 시작하라. 만약 여러분이 타이밍을 잘 맞춘다면 주변의 다른 차들보다 약간의 이득이 생길 것이다. 만약 그렇지 못했다면 스로틀을 풀어주어야 할 것이다. 원치 않는 상황은 가속 페달에서 발을 뗄 때 깃발이 내려가는 것이다.

　실제로 그리드 위치에 따라, 한번 가속하기 시작했다면 발을 떼지 마라. 만약 그렇게 하고 녹색기가 내려간다면 포지션을 잃게 될 것이다. 만약 녹색기를 기대하고 가속하기 시작하면 계속 그렇게 머물러라(분명하게 합당한 범위 안에서). 만약 이렇게 하면 둘 중의 하나가 일어날 것이다.

- 가속하기 시작한 직후에 깃발이 내려가면 여러분은 필드로 뛰쳐나갈 것이다.
- 스타트 오피셜이 녹색기를 내리지 않는다면, 두 번째 페이스 랩이 이어질 것이다(뛰쳐나가 두번째 스타트를 하지 않도록 한다).

첫 랩에서 첫 코너에 진입할 때, 그 어떤 곳보다 더 많은 충돌이 일어나기 때문에 주의해야 한다. 그렇긴 해도 출발을 잘 하는 것은 중요하다. 만약 너무 보수적으로 출발하고 선두 차량 무리들과 거리가 멀어진다면 여러분은 결코 만회할 수 없을 것이다.

SPEED SECRET

레이스는 첫 코너에서 우승을 하는 건 아니다. 그러나 종종 거기서 패배한다.

항상 첫 몇 랩은 할 수 있는 한 빠르게 달리는 것이 최고이며, 그 다음엔 안정을 찾아 꾸준한 페이스로 접어들어 추월할 기회를 얻도록 준비한다. 결코 추월할 기회를 놓치지 말아야 하며, 두 번 다시 그런 기회를 얻을 수 없을 것이다.

SPEED SECRET

대부분의 레이스는 마지막 남은 10%에서 승리한다.

마지막에 열심히 달릴 수 있도록 하라. 이 의미는 레이스의 마지막을 위해 차를 아끼고 브레이크, 타이어, 혹은 그 무엇이든 쉽게 하라는 것이다. 여러분이 아무리 뒤에 있고, 여러분 앞에 있는 경쟁자

42 레이스(결승)

를 따라잡기 힘들어도 결코 포기하지 말아라. 체커기가 내려질 때까지 계속해서 밀어붙여라. 만약 경쟁자가 여러분을 막기 위해 열심히 드라이빙하다 마지막에 문제가 생겨도 알 수는 없다. 선두가 단지 몇 랩을 남겨두고 기계 결함을 일으킨 것을 몇 번이나 보았는가? 만약 선두에 가까이 있지 않다면 그러한 결함에도 불구하고 이익을 얻지 못할 것이다.

SPEED SECRET

운을 얻기 위해서는 따라붙어야 한다.

「재키 스튜어트」, 「미하엘 슈마허」, 「릭 미어스」, 「다리오 프랜치티」, 「리처드 페티」, 그리고 「지미 존슨」 같이 역대 가장 성공한 레이서들은 모두 한가지 공통점을 갖고 있다: 그들을 레이스를 끝낸다. 사실 유심히 관찰해보면 그들은 믿을 수 없는 끝내기 기록을 갖고 있다. 결코 잊지 말라. " 먼저 끝내고 싶다면, 여러분이 먼저 끝내야 한다."

대부분의 이런 드라이버들은 또한 여러분이 가능한 가장 느린 속도로 우승하려고 시도하려는 것에 동의할 것이다. 어떤 드라이버들은 단지 이기는 것만으로는 만족하지 못한다. 그들은 매 랩마다 혹은 필드 전체에서 기록을 세워야 한다고 느낀다. 이러한 드라이버들은 대부분 저조한 끝내기 기록을 가지고 있다. 사람들은 모두 누가 승리했는지만 기억한다. 어떻게 이겼는지가 중요한 것이 아니라 여러분이 우승한 것이 중요하다.

피트 작업

잘 훈련된 크루는 물론이고 경험, 연습, 그리고 약간의 생각 등이 성공적인 피트 스톱의 핵심이다. 간단히 말해서 드라이버로서 여러분이 해야 할 일은 팀이 정해놓은 표시에 정확히 차를 멈추는 것이다. 정지 상태에서는 침착하게 있으면서 팀이 요구하는 기능(연료 카운터 리셋, 브레이크 밟았다 떼기 등)들을 수행한다. 그리고 크루 작업이 끝나면 다시 나갈 준비를 한다. 피트 스톱 동안 팀이 여러분에게 기대하는 것이 무엇인지 정확히 알아야 할 것이다.

피트 레인에서 속도를 줄이면서 여러분의 피트를 보고 정확히 어디서 멈춰야 할지 결정하는 것이 어떤 트랙에서는 어려울 수도 있다. 여러분의 팀이 여러분에게 보내는 사인의 내용도 알아야 하

카레이싱 최후의 비밀 : 드라이빙 하이테크닉

고 여러분의 피트에 대한 기준점(피트를 지나면서 피트 레인 입구나 출구의 수, 스타트와 피니시 라인의 비교 등등)도 가져야 한다.

종종 피트 스톱에서 간과되는 것 중 하나가 들어오고 나가는 것이다. 많은 드라이버들이 피트 레인에 들어오기 전부터 내내 피트 스톱 모드(정신적으로 멈춤)를 클릭하고는 피트 스톱 후에 레이스 스피드로 되돌아갈 때는 미적거리는 경향이 있다. 대신 여러분은 피트 레인에 들어오기 전 마지막 순간까지 죽어라 운전하고, 그 다음에 가능한 빨리 트랙으로 돌아가길 원할 것이다(아마 타이어가 식었을 수도 있다는 것을 잊지 마라). 인디카 레이스를 보면 우승자들이 다른 드라이버들에 비해 피트인과 아웃을 얼마나 빠르게 하며 이를 통해 얼마의 시간을 벌었는지 관심있게 지켜봐라.

내구 레이스

최소한 3시간 동안 레이스를 하고 나서 드라이버 교체를 필요로 하는 것을 내구 레이스로 정의한다. 일반적으로 6, 12, 혹은 24시간 동안 진행하며, 아마추어 혹은 프로 경기로 나눠진다.

그게 어느 종류의 차일지라도 가능한 많은 내구 레이스에 참가해보는 것이 어떤 드라이버에겐 좋을 수가 있다. 시트 타임 관점에서 봐도 그것을 넘어서기 힘들다. 적어도 한 시간 반 이상부터 아마도 3시간까지 운전할 것이다. 이건 정말 엄청난 연습이며 오랜 시간 동안 집중하도록 훈련시켜 준다. 이것은 스프린트 레이스(단거리 경주)에 참가할 때 많은 도움이 될 것이다.

드라이버는 차를 아끼는 것을 배울 뿐 아니라 기계적으로 피해가 가지 않는 법도 배운다. 이 연습은 여러분의 스프린트 드라이빙 테크닉에까지 영향을 끼칠 것이다.

대부분의 내구 레이스에서는 대개 여러 클래스의 차들이 함께 참가한다. 이것이 의미하는 것은 짧은 시간에 비해서 추월을 하고 추월을 당하는 연습을 많이 하게 된다는 것인데, 이는 횟수에서 시즌 전체 동안 경험하는 것만큼이나 많은 숫자이다.

내구 레이스에서 운전할 때 스스로 리듬을 일찍 타고 여러분과 팀이 결정한 페이스를 고수하는 것

레이스(결승)

이 중요하다. 다른 차와 치열한 경쟁에 휘말리는 것을 피하는 것이 좋다. 경쟁자를 이기고 싶겠지만 페이스를 유지해야 한다. 때때로 만약 여러분이 경쟁자를 추월하거나 그로부터 벗어날 수 없다면 잠시 동안 그를 따라가는 것이 더 낫다. 종종 이것이 그들의 집중력을 잃게 만들고 실수하도록 유도하는 결과를 초래한다.

분명히 내구 레이스에서는 피트 스톱이 중요한 몫을 담당할 것이다. 팀과 이 연습을 확실하게 해두어야 한다. 더불어 드라이버 교체 연습도 한다. 종종 피트에서 연료를 보충하고 드라이버를 교체하는 데 걸리는 시간이 레이스의 결과를 결정한다.

드라이버 교체가 어려울 수 있다. 가장 큰 문제는 드라이버의 체형이 바뀐다는 것이다. 시트 위치와 편의시설이 때때로 일치하지 않는다. 그러나 전에 내가 언급했던 시트 포지션이 영향을 줄 수 있는 것에 대해 기억하고 그 불일치를 최소화할 수 있도록 할 수 있는 모든 준비를 해야 한다.

내구 레이스에서 일반적인 규칙은 "피트에서 시간을 적게 쓸수록 승리할 수 있는 기회는 많아진다"는 것이다. 이 말이 당연하게 들리겠지만 놀랍게도 이것을 무시하고 대신 트랙에서의 속도에만 의존하는 팀이 의외로 많다는 점이 놀라울 따름이다. 트랙에서 경쟁자를 이기고도 단지 피트워크와 전략에서 져서 승리를 빼앗기는 것만큼 화가 나는 일은 없을 것이다. 뿐만 아니라 차의 속도보다 피트워크 속도를 개선하는 것이 훨씬 비용이 적게 든다.

레이서

완벽한 레이스 드라이버는 빠르다. 그것은 말이 필요 없다. 말할 필요가 없는 또 한가지는 완벽한 레이서들은 나란히 달릴 때 다이너마이트 같다. 레이스 기술은 추월하거나 추월 당할 때 여러분이 누군가에게 지는 것을 최소화시키기 위해 어떤 방법으로든 여러분의 차를 원하는 곳에 위치시키는 능력(상대의 허를 찌르는 능력)이다. 다시 말해 레이스 기술은 다른 드라이버와 밀착해서 경쟁할 때 비록 경기장내 다른 차량보다 덜 경쟁적으로 차를 운전하더라도 그들을 이기는 능력이다. 완벽한 레이스 드라이버는 레이스 기술을 갖고 있다.

경험과 관찰은 위대한 레이서들보다 빠른 드라이버들이 더 갖고 있다는 것을 말해준다. 고인이 된 위대한 캐롤 스미스는 "드라이버가 있고 그 다음에 레이서가 있다."고 말하곤 했다. 드라이버는 빠르게 운전할 수 있는 사람이고 레이서는 조금 느린 차량을 운전하더라도 레이스에서 이길 수 있는 사람이다.

질 빌르너브는 캐나다인으로 페라리의 포뮬러 원 레이서였으며 1982년 사고로 사망했는데 역대 가장 위대한 레이서 중 한 명이었다. 그는 절대 이길 수 없었던 레이스에서 우승했었다. 1981년 스페

카레이싱 최후의 비밀 : 드라이빙 하이테크닉

인 그랑프리에서 페라리로 절대 이길 수 없는 시합에서 승리했다. 그가 탄 차는 직선에서는 총알처럼 빨랐지만 당시 제작된 포뮬러 원 차들 중에서 핸들링이 가장 좋지 않았다. 질이 그날 피니시 라인을 통과했을 때 그의 뒤엔 4대의 다른 차들이 길게 꼬리를 물고 늘어서 있었다(1등과 5등은 불과 1.24초밖에 차이가 나지 않았다). 모두가 그를 추월하려고 애썼으며, 만약 그들이 질을 추월했더라면 그들 모두 더 빠른 랩타임을 기록할 수 있었을 것이다. 그러나 질은 포기하지 않았다. 코너에서 페라리를 강하게 밀어붙였고 그 차로는 더 이상 잘 할 수 없도록 만들었다. 질의 레이스 기술은 전설이다.

1979년 프랑스 그랑프리의 마지막 두 랩을 또 다른 예로 들어보겠다. 르노를 타던 레니아노와의 2위 싸움은 오토 레이싱 사상 가장 흥미진진하고 멋진 경쟁으로 간주되고 있다(스스로 찾아보기 바란다. 질 빌르너브/레니아노(Gille Villeneuve/Rene Arnoux)라고 검색해보면 그 유명한 경쟁의 비디오 영상을 찾을 수 있을 것이다).

SPEED SECRET

레이서의 사고방식을 가져라:
의식하고 공격적이며 차량의 흐름을 유리하게 이끌어라.

나란히 붙어서 레이싱하는 것과 위대한 레이스 기술은 대부분 우리의 사고방식에 대한 것이다. 물론 여기엔 위대한 레이서들이 사용하는 테크닉들이 있지만 진짜 배틀에 맞닥뜨리게 되면 그것은 가장 원하는 드라이버에게 간다. 위대한 레이서들은 단지 그것을 다른 사람들보다 조금 더 많이 원하는 것처럼 보인다. 그러므로 그것을 해결하는 방법을 발견할 수 있게 된다. 그들은 다른 드라이버들을 조금 더 쪼아야 할 때를 알고 있다. 그들은 코너의 안쪽에 더 가깝게 가는 것보다 다른 차 바로 옆에 붙어가는 것이 만약 두 차가 접촉했을 때 충격이 훨씬 더 적고 코너에서 그에게 더 좋은 라인을 줄 것이라는 것을 안다. 그들은 만약 안쪽에서 멀리 떨어진다면 다른 드라이버들에게 추월을 허용하고 코너를 장악하지 못하게 된다는 것을 안다.

위대한 레이서들은 다른 차를 밀어내려고 할 때 자신이 그 차 옆에 있어야 한다는 데 모든 것을 건다. 사실 여러분이 더 멀리 갈 수 있음에도 불구하고 라인을 열어 다음 코너에서 추월을 당하도록 기회를 제공하는 것이다.

위대한 드라이버는 코너를 빠져 나와 직선 구간의 끝 어디에선가 추월을 위한 준비과정으로 속도

레이스(결승)

를 줄여야 하는 시기를 알고 있다. 그들은 만약 다른 차 뒤에 바짝 붙었다면 그들이 추월하려고 하는 차보다 더 일찍 가속을 시작할 수 없고 오히려 그 차보다 더 늦을 것이라는 것을 안다. 요점은 다른 차들보다 얼마나 더 뒤에 있어야 하는지 판단할 줄 알아야 한다는 것이다. 너무 멀다면 그 거리를 좁힐 수 없을 없을 것이고 너무 가깝다면 가속도를 잃게 될 것이다.

위대한 레이서들은 다른 차량들이 항상 어디에 있는지 의식하고 있다. 그들은 '커다란 눈'을 갖고 운전하는 법을 배우는데 다른 드라이버들보다 더 멀리 보고 주변을 더 많이 본다. 도로에서 운전할 때 더 많이 보는 연습-이것은 레이싱할 때 더 많은 것을 인지하게 되기에 중요한 부분이다-을 할 수 있으며 심상을 통해 이 능력을 향상시킬 수 있다. 여러분은 남보다 먼저 스스로 플레이할 수 있는데, 항상 여러분 주변에서 일어나는 일을 인지하고, 거울에 비치는 아주 작은 움직임까지 보고, 어떻게 반응할지 알며, 언제 어디서 다른 차를 추월할지 정확한 예측을 하고, 추월할 준비를 한 다음 결단력있게 해치운다. 여러분은 완전히 의식적으로 프로그램을 할 수 있고 해야 한다.

위대한 레이서들은 차량들 속에 섞여있을 때에도 운이 따르는 것처럼 보인다. 다른 드라이버와 레이싱할 때 그들은 다른 차를 우연히 만나는데 그 차들은 마치 더 느린 차들이 그들과 함께 주행하는 것처럼 보인다. 위대한 레이서들은 저속차량이 코너에서 다른 드라이버를 막을 때 그들을 미끄러지듯 지나칠 것이다. 그들은 다른 드라이버의 추월을 판단하고 시간을 알아 저속차가 다른 드라이버에

카레이싱 최후의 비밀 : 드라이빙 하이테크닉

게 하듯 막아서지 못하게 할 수 있는 것처럼 보인다. 관람객에겐 위대한 드라이버들이 하는 행동이 마치 차의 무리 속에서 남들보다 운이 더 좋은 것처럼 보일 것이다. 그러나 그것은 그들의 마음가짐 덕분이다. 위대한 드라이버들은 다른 드라이버들이 남들이 아닌 자신을 도울 거라고 믿는다. 이것은 그들의 신념 체계의 일부이다. 그들은 그들 뜻대로 될 것을 알고 있고 보통 그렇게 된다. 그리고 심지어 뜻대로 되지 않더라도 그것이 신기하게도 그들을 괴롭히지 않는다. 그들은 계속 적극적으로 달려들고 추월을 시도한다.

드라이버가 '어택 모드'에 있을 때 즉시 알아보고 이야기할 수 있었던 적이 지금껏 있었는가? 드라이버와 차는 마치 그들이 움직이는 것을 여러분이 보는 것처럼 태도를 취하는 것 같다. 만약 이것을 알아채지 못했다면 더 가까이 다가가서 보면 보일 것이다. 여러분이 만약 알아챘다면 다른 드라이버들이 왜 그것을 감지했는지 알게 된다. 만약 여러분이 태도, 마음가짐, 그리고 어택 모드를 갖고 있다면, 다른 드라이버들도 알아챌 것이다. 여러분은 그들이 어떻게 반응하는지를 보고 놀랄 것이다. 드라이버가 그러한 태도를 취할 때 마치 모든 사람들에게 "비켜! 내가 지나간다"고 외치는 것과 같다. 그리고 어떤 일이 일어날까? 그것을 알아채기도 전에 그들은 추월이 약간 더 쉬워지는 경향이 있다.

다시 말해 여러분은 그 태도 또는 마음가짐을 심상을 통해 개선시킬 수 있다. 어택 모드 마음가짐을 갖고 머리 속으로 레이스를 미리 그려보아라. '혼잡한 무리 속의 주인'이 되어 스스로 보고 느끼고 들어라.

위대한 레이서들은 바로 그러하다. 그들이 레이서들이다. 다시 말해 최고는 단지 빠른 드라이버 그 이상이다. 위대한 레이스 드라이버는 경쟁자만큼 빠르지 않은 차를 운전하면서도 그저 더 나은 레이스를 펼쳐 경기에서 이길 수 있다.

SPEED SECRET

**얼마나 간절히 원하는가?
욕망은 레이스 경쟁에서 승리하게 한다.**

43 완벽한 드라이버

모터스포츠에서 드라이버가 최고가 되기 위해서, 빨리 드라이빙하는 능력보다 더 중요한 사실들을 받아들인 것은 오래되었다. 일부는 늘 어느 정도는 이런 식이었다고 이야기하고 있지만, 대부분 예전보다는 지금이 더욱 많이 적용되고 있다는 것에 동의한다.

오늘날 모터스포츠의 세계에서 챔피언 레이서가 되기 위해서는 드라이빙을 빨리 하는 능력 외에 많은 것이 필요하다. 완벽한 레이스 드라이버는 그림43-1에 나오는 것처럼 마치 각 구성요소들로 만들어진 패키지이다.

이 그림은 완벽한 레이스 드라이버 또는 챔피언, 슈퍼스타가 될 드라이버에 대한 가상의 능력에 대한 특징들을 보여준다.

이 책이 여러분의 모든 분야의 스킬을 개선시키도록 도와주긴 하지만, 모든 독자들이 레이스 드라이버라는 직업에 대해 관심을 갖지는 않을 것이다. 많은 드라이버들은 취미로서 재미있는 레이싱을 하기를 원한다. 만약 이것이 여러분의 접근이 스포츠라고 표현한다면 이 단원에서 논의한 스킬의 일부를 얻을 수 있다고 생각하면 안 될 것이다. 하지만 장담하건데 더 나은 이해력의 조건을 가지고 있다면 여러분의 레이싱 참가 수준이 무엇이라 할지라도 더 좋은 결과를 보게 될 것이다.

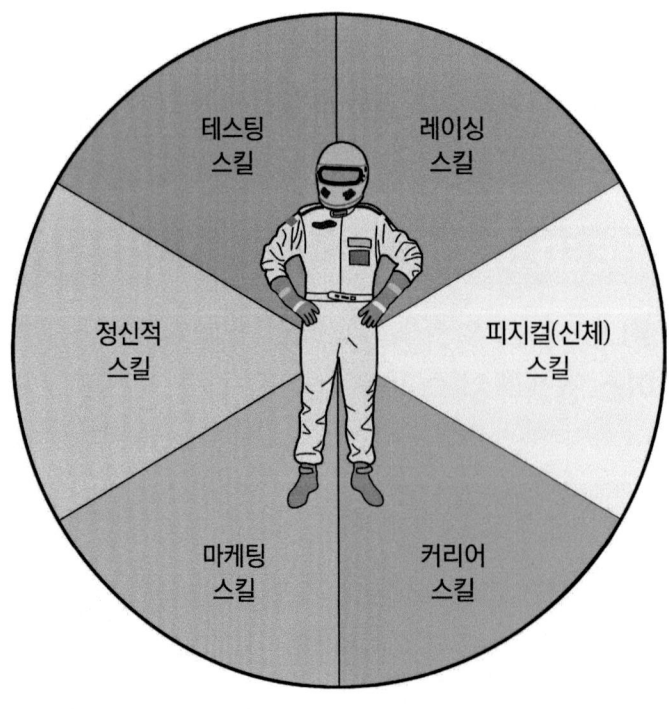

그림43-1: 오늘날 챔피언 레이스 드라이버는 여기 보여지는 속성들로 만들어졌다. 그것들이 동일한 구성의 경우는 드물다. 일부 구성요소들은 다른 것들보다 더 중요한데 이것은 레이싱의 수준과 타입 그리고 특정한 상황 또는 어느 특정 팀에 있는지에 달려있다.

카레이싱 최후의 비밀 : 드라이빙 하이테크닉

완벽한 드라이버는 다음과 같은 구성으로 이루어진다.

- 레이싱스킬
- 테스팅 스킬
- 피지컬(신체) 스킬
- 정신적 스킬
- 마케팅 스킬
- 커리어 스킬

현재 포뮬러원, 나스카 또는 인디카를 타며 레이싱을 하고 있지만, 대체로 중간이나 후미권에서 달리는 드라이버를 한 명 생각해보자. 그 드라이버가 그 위치에서 드라이빙하는 것이 드라이빙 스킬이 부족해서일까?

완벽한 드라이버를 구성하는 6가지 스킬 리스트를 보자. 여러분의 대표적인 드라이버는 6가지 중 어느 것이 약한 것일까? 어느 것이 강한 것일까? 지금부터 다른 드라이버를 생각하여 그 사람의 약점과 강점을 골라보자. 그 드라이버는 레이싱 스킬에는 강하지만 테스팅과 마케팅 스킬이 떨어지는가? 아니면 마케팅과 커리어 스킬은 강하지만 가장 빠른 드라이버가 아니라면?

미하엘 슈마허를 자세히 보자. 그의 약점과 강점은 무엇일까? 생각해보라. 약점을 찾는 것은 어렵지 않은가? 그는 위대한 레이서이며 레이싱을 할 때만큼은 빠르고 뛰어나다. 그는 그의 차를 테스트하고 튜닝하는 것에 관한 한 최고 중 한사람이다. 그는 피지컬 스킬, 그리고 그의 멘탈 스킬에 관한 가장 강한 사람일 것이다. 그가 좋든, 싫든 그는 마케팅을 하는 사람의 꿈을 실현시켰다. 그리고 그는 어떻게 적절한 시기에 적절한 자리에 위치하는지 아는 것을 확실하게 증명해주었다: 그는 커리어 스킬을 가졌다.

아니면 지미 존슨을 자세히 보자. 그의 약점은 무엇일까? 약점을 가지고 있는가?

이 훈련의 요점은 여러분이 더욱 더 패키지를 완성하도록 하여 더 좋은 결과를 보도록 증명하는 것이다. 미하엘 슈마허와 지미 존슨은 완벽하기 때문에 성공적이다.

중간 순위 드라이버들을 평가할 때 적어도 그 무리 안에 계속 있는 드라이버들에 관심을 가져라. 만약 성과를 내지 못하는 일부 드라이버들을 평가할 수 있었다면, 그들의 약점을 알아내는 것을 훨씬 쉬울 것이다. 사실 그들이 해내지 못하는 이유는 그것이다: 그들의 약점이 그들을 패배하도록 한다.

43 완벽한 드라이버

> **SPEED SECRET**
>
> **여러분이 더욱 완벽한 드라이버일수록 좀 더 성공적인 길을 걷게 될 것이다.**

드라이버 유형

수많은 논쟁 세션은 누가 역대 최고의 레이스카 드라이버 인지를 두고 논쟁해 왔다. 여러분도 이 논쟁에 가담했었을 것이다. 슈마허, 세나, 안드레티, 존슨, 언하트, 페티, 포이트, 스튜워트, 클락, 그리고 판지오와 같은 이름들이 이 세션에서 대해 가장 자주 입에 오르내렸다.

지난 몇 년간 우리 스피드 시크릿 드라이버 코치들 또한 이에 대해 논의했었지만 그것은 주로 다른 이유에서였다. 그것이 토론하기 재미있는 주제이기는 하지만 우리들은 이 위대한 사람들로부터 무엇을 배울 수 있는지의 관점에서부터 보았다. 다행히도 우리들은 꽤 흥미로운 관점을 가지고 있었다. 우리들 중 다수는 높은 수준의 레이스를 하였고 심지어 일부는 언급했던 위대한 사람들과 경쟁하며 레이스를 해왔다. 우리들은 또한 인디500에서 우승한 것처럼 엄청난 것들을 이루어낸 일부 어린 드라이버들을 가르쳤다.

그 과정 중에 나는 완벽한 드라이버의 개념을 발전시켰다. 역대 위대한 챔피언 중 한사람이 되기 위해 레이스 드라이버가 무엇에 집중하는지 정의하는데 있어 우리는 챔피언 레이스 드라이버의 6가지 타입을 알아냈다. 그 6가지 타입은 아래에 나열되어있다:

- 노력파
- 선천적 재능형
- 저돌형
- 유명세
- 전문가(교수)
- 완벽한 드라이버

이 드라이버 타입들을 일부 예시들과 함께 정의 하겠다.

카레이싱 최후의 비밀 : 드라이빙 하이테크닉

노력파

　노력파 드라이버는 수많은 노력을 통해 챔피언이 되고 정상에 오른 사람이다. 이 드라이버들은 연습을 통해 스킬을 발전시켰고 노력과 투지를 통해 그들의 경력을 키웠다.

　여러분이 「보비 라할」과 「지미 바서」, 「나이젤 만셀」과 「데이비드 쿨사드」, 또는 「테리 라본테」와 「리키 러드」와 같은 드라이버들을 생각할 때는 이들이 노력을 통해서 성공했다고 생각해라. 일부 사람들은 이 드라이버들이 똑같은 천부적인 재능을 가지고 태어나지 않았다고 말할 것이다(당연히 논쟁 가능성이 있는 점이다). 하지만 그들은 헌신, 투지 그리고 연습을 통해서 성공했다.

선천적 재능형

　순수하게 천부적인 스킬, 재능을 가지고 태어났다. 그 재능과 스킬이 그들의 스피드가 쉽게 이르게 되는 것처럼 보이게 만든다. 이것이 타고난 사람이 가지고 있는 것이다.

　「아일톤 세나」가 천부적임을 전형적으로 보여주는 인물일 것이다. 하지만 후안 「파블로 몬토야」, 「스콧 딕슨」 그리고 「캐시 칸」 같은 다른 이들도 동일한 선천적인 재능을 보였다.

저돌형

　저돌형은 승리하거나 사고가 나는 성향이 있다. 대단한 용기(과감함)를 장점으로 돌리는 것은 대개 공격적인 드라이버들이 명성을 얻는 이유이다. 「질 빌르너브가」가 가장 저돌적이었을 것이다. 하지만 폴 트레이시는 샘 호니시와 토니 스튜워트가 그랬듯이 분명히 그를 본받은 것 같아 보인다.

유명세

　일부 드라이버들이 단순히 그들이 누구인지, 그리고 그들 주변 사람들을 어떻게 상대하는지 만으로 시장성과 유명세를 얻고 정상에 오를 수 있었을까? 아니면 그들의 집안, 즉 "2세대 드라이버"이기 때문일까? 챔피언이 항상 드라이빙 재능을 가지고 있어야만 하는 것에 반하여 유명세와 행운이 같이 왔기 때문에 많은 길을 열어주고 상당한 기회들을 만들어낸 몇몇 드라이버들도 있다.

　대니 설리반, 자크 빌르너브, 그리고 마이클 월트립은 그들의 이름과 마케팅 능력 없이 그들의 재능을 보여줄 수 있는 기회를 가졌는가? 알렉 자나르디와 데이먼 힐은 그들의 유명세와 집안 때문에 성공했는가? 틀림없이 그들 모두 굉장한 드라이빙 재능을 가지고 있었지만 분명히 다른 요소들이 유명인의 성공에 기여했다.

43 완벽한 드라이버

전문가(교수)

전문가는 생각하는 드라이버이다. 그들은 보통 "저속력"에서 계산된 진입을 사용하여 우승한다. 그들의 차량은 그들의 분석적 접근법 때문에 더 나은 셋업이 된다.

재키 스튜워트의 전략은 그의 차량을 아끼기 위해 가장 느린 페이스로 우승하는 것이었다. 알랭 프로스트는 두 번째로 가장 많이 우승한 F1 드라이버로 "Professor(교수)"라는 별명을 가졌었다. 릭 미어스는 레이스를 우승하기 위한 그의 계산적인 접근법으로 인해 최고의 인디카 오벌 레이서였을 수도 있다.

심지어 NASCAR의 거친 세계 속에서 앨런 쿨워키는 다른 사람들보다 조금 더 "영리함"으로 인해 챔피언십에서 우승했다.

완벽한 드라이버

위에 있는 모든 특성들을 합친 완벽한 조합을 가진 드라이버들은 드물다. 하지만 저것이 모든 드라이버의 궁극적인 목표이거나 최소한 그러해야 한다.

「미하엘 슈마허」는 가장 완벽한 드라이버일 것이다. 하지만 「마리오 안드레티」의 전성기 때도 같았다. 그리고 「지미 존슨」도 그랬다.

슈마허를 보자: 그는 노력파인가? 그렇다. 그는 그 어느 드라이버보다 그의 기술에 노력한다. 그는 천부적인 재능을 가지고 태어났는가? 물론이다. 그는 공격적인가? 그가 선두를 빼앗기 위해 몬토야, 하키넨 그리고 빌르너브와 함께 수년간 경쟁했었다. 그는 시장성과 유명세가 있는가? 좋든 싫든 슈마허는 대단한 사람이고 주변 사람들에게 동기부여를 하는 그의 능력은 전설적이다. 전문가인가? 세부적인 사항들에 대해 그의 주의력과 분석적 접근법은 그가 성공한 비결 중 하나이다. 완벽한 드라이버인가? 아마도 역대 최고일 것이다.

수년간 완벽한 드라이버의 정의가 변화하긴 했지만 우리는 마리오 안드레티만이 역대 드라이버들 중 유일하게 미하엘 슈마허의 완벽함에 필적할 수 있는 드라이버라고 믿는다. 마리오는 노력했고, 천부적인 재능도 갖췄으며 저돌적이고 시장성이 있으며(세상에 안드레티 이름을 모르는 사람이 있는가?) 영리한 드라이버였다.

어느 한가지 유형의 드라이버가 다른 것들 보다 낫다고 제안하는 것이 아니라는 것을 이해하길 바란다. 그렇다고 한 가지 유형에 압도적인 드라이버가 다른 것에는 강하지 않다고 말하는 것 또한 아니다. 예를 들어 천부적인 재능을 가지고 태어났다고 하더라도 노력파와 다름없다. 실제로 노력파가 그가 가지고 태어난 것을 가지고 천부적인 재능을 가진 사람만큼 성장하고 더 잘한 것을 주장할 수 있다.

카레이싱 최후의 비밀 : 드라이빙 하이테크닉

저돌적인 타입은 전문가만큼 지능적이지 못한 반면 전문가는 적극적이거나 경쟁심이 강하지 못하다. 이것은 그의 뛰어난 특성에 각각 사용되어 그의 퍼포먼스를 극대화시켰다.

만약 이제 여러분이 되고 싶은 한 가지를 골라야 한다면, 그것은 당연히 완벽한 드라이버가 되는 것이 유리할 것이다. 이것은 여러분이 전문적인 레이스 드라이버처럼 만들 가능성을 높여준다. 만약 여러분이 완벽한 드라이버가 아니라면 해낼 수 있는가? 그럼 수많은 챔피언들이 완벽한 드라이버이지 않고서 해낸 사실이 그렇게 해낼 수 있다는 것을 말해준다. 그러나 내가 예로 들었던 각 드라이버 타입의 챔피언들조차 완벽한 드라이버인 것에 매우 가깝다. 이것은 어느 하나에 약한 특성이나 타입을 찾는 것이 매우 어렵다.

성공한 드라이버를 분류하려고 시도할 때 한 유형 또는 다른 유형으로 분별 한다는 것이 어렵다는 것을 알아차렸을 것이다. 그것은 그들이 다재다능하거나 완벽한 드라이버에 가깝기 때문이다. 드라이버가 완벽할수록 성공 가능성은 커진다. 내가 여기 언급했던 모든 드라이버들은 완벽한 드라이버에 가깝다. 그들은 또한 모두 챔피언들이다.

메이저 챔피언십에서 우승하지 못한 드라이버들을 한번 보라. 그들을 분류하는 것이 훨씬 쉽다는

43 완벽한 드라이버

것은 참 재미있는 사실이다. 그 이유는? 왜냐하면 그들은 그만큼 완벽하지 않기 때문이다. 우연일까? 난 그렇게 생각하지 않는다.

모든 어린 드라이버는 장점과 단점을 검토해 볼 필요성을 느끼며 레이스카를 주행하는 경력을 만들고 싶어 한다. 타고난 사고력이 한 사람의 단점을 향상 시키는 데에 작용함에도 불구하고-장점으로 바꾸기- 이것은 항상 필요하다거나 가능한 것은 아니다. 그렇다 누군가는 발전시킬 수 있고 그것이 중요한 것이다. 하지만 드라이버들은 자신들의 장점을 이용하는 것과 그것을 더욱 강력하게 만드는 것에 집중할 필요가 있다.

마케팅 조언 중 "차별화 하라, 아니면 죽든지"라는 좋은 말이 있다. 무엇이 여러분을 다르게 만드는지 집중하는 것은 여러분의 "브랜드" 즉 대중, 레이싱 커뮤니티, 미디어, 그리고 스폰서에게 여러분이 누구인지 정의하는 것에 도움이 되며 알기 쉽게 알아볼 수 있는 브랜드는 자기 자신을 파는 것을 훨씬 쉽게 만든다. 이것은 다른 사람들을 연관시키고 여러분을 기억하기 쉽게 해준다. 자신의 장점에 집중하고 그것을 강조하는 것은 자신의 브랜드를 만드는 것을 쉽게 함으로써 드라이버로서 자신의 서비스를 팔 수 있는 문을 열게 한다. 예를 들어 여러분이 만약 이성적인 드라이버로-전문가-명성을 가지고 있다면 아마도 여러분은 이것을 강조하여 이 명성을 가지고 팀에 자기 자신을 팔 수 있을 것이다.

여러분은 스스로를 어떻게 정의하는가? 한 영역에는 매우 강하고 다른 것에 그렇지 못하는가? 아니면 여러분은 다재다능하고 완벽한 드라이버인가? 아마도 잘 모를 것이다. 만약 그렇다면 자신과 가까운 사람들 그리고 레이싱쪽 사람들에게 물어보라. 어떤 성공한 프로와 여러분을 비교하였는가? 그 드라이버의 커리어를 조사하고 그가 성공한 사람으로 활동한 해에 무엇이 그렇게 그를 만들었는지 그리고 그 중 여러분에게 적용할 수 있는 것이 무엇인지 살펴보아라. 여러분이 완벽한 드라이버일수록 더욱 위대한 챔피언으로 만든다. 여러분은 더욱 완벽한 드라이버가 되기 위해 무엇을 하는가? 솔직해져라. 여러분이 얼마나 천부적인 재능을 가지고 있더라도 분석적이지 않고, 공격적이지 못하고, 시장성 있는 유명세 없이 이 모든 특성을 발전시키려는 노력조차 없다면 천부적인 능력이 떨어지지만 다른 모든 특성을 가진 누군가가 여러분을 쓰러트릴 것이다. 그것을 유념하라. 그 다음 여러분 스스로에게 그것에 대해 무엇을 하는지 물어라.

SPEED SECRET

여러분이 더욱 완벽한 패키지일수록 여러분은 더 성공할 것이다.

카레이싱 최후의 비밀 : 드라이빙 하이테크닉

완벽한 드라이버에 대한 최종 고찰

　레이싱에서 하나의 사상은 끊임없이 바뀐다. 그 의미는 오늘날의 완벽한 레이스 드라이버에 대한 정의는 전적으로 5년은커녕 지금으로부터 1년도 유효하지 않을 것이다. 하지만 여러분이 만약 오늘 나의 핵심 요소들 중 두 가지를 가지고 있다면 – 적응력과 배우려는 불타는 욕구 – 여러분은 이 정의가 진화하는 것처럼 발전할 것이다.

　모든 드라이버들은 자신의 장점과 단점을 가지게 될 것이다. 여러분은 이것을 두 가지 방법으로 볼 수 있다. 첫 번째로 한 영역에서 약하다면 그 영역은 진정으로 성공하기 위해서 여러분이 노력하고 향상시켜야하는 부분이다.

　반대로 만약 여러분이 어느 한 영역에 약점을 가지고 있다면, 여러분의 강점을 가지고 다른 영역에서 어느 정도 만회할 수 있을 것이다. 예를 들어 만약 여러분이 마케팅 스킬에 강하지 않다면 그것을 만회하기 위해 다른 모든 영역에서 강하면 된다. 만약 여러분이 팀을 만드는데 매우 강하다면 팀원들에게 동기부여를 하고 여러분의 마케팅 업무를 요청하도록 할 수 있다.

　그렇지만 대개 가장 완벽한 패키지인 드라이버는 – 모든 영역들 사이에서 전반적으로 최상의 타협 – 가장 성공할 것이다.

　나는 여러분이 빨리 드라이빙하는 능력이 필요하지 않다거나, 다른 스킬들이 부족한 스피드를 만회할 수 있다고 이야기하는 것이 결코 아니다. 레이싱은 속도가 전부이고, 그 어떤 드라이버도 이 능력 없이는 앞으로 나아갈 수 없다. 나는 어떻게 주행을 빨리하는지 그리고 만약 문제가 되지 않는다면, 이 지식을 어떻게 통과하는지에 대해 배우기 위해서 나의 인생을 바쳤던 것은 아니다. 현 시대의 모터스포츠는 속도와 함께 다른 모든 요소들을 합치지 않고서는 여러분이 더 나아갈 수 있도록 만들어줄 것 같지는 않다.

44 엔지니어링 피드백

드라이버가 아무리 빠르다 하더라도 경주차가 경쟁자보다 성능이 떨어진다면 불리할 수밖에 없다. 자동차 경주의 역사에서 챔피언에 올랐던 수많은 레이서가 있었던 반면 그렇지 않은 사람도 많았다. 챔피언이 되기 위해선 빨라야 하지만 여기서 빠진 사람도 있다. 여기엔 과거 로니 피터슨, 대니 온가이스, 그리고 로베르토 구에레로 같은 드라이버가 포함된다. 그리고 나는 최근의 데일 언하트 주니어, 마르코 안드레티, 그리고 펠리페 마사 같은 드라이버에 대해서도 많은 궁금증을 갖고 있다.

분명히 챔피언이 되지 못하는 데는 여러 가지 이유가 있다. 많은 사람들이 말하길 팀을 잘못 만나 헛고생해서 그렇다고 하는데 그것은 사실이다. 그러나 무엇이 팀을 잘못 만나 헛고생하도록 만들었을까? 이들 드라이버들은 빠른데도 불구하고 다른 드라이버들처럼 자신의 차를 손봐줄 능력자를 갖지 못해서일까? 같은 출발점과 같은 차가 주어지지만 챔피언처럼 드라이버 능력뿐만 아니라 자동차도 개발하지 못해서인가? 그것은 사실이다. 일부 드라이버들은 자동차가 챔피언십을 제패하는데 필요한 성능을 가져야 하는데 그 느낌과 상호교감을 갖지 못하곤 한다.

여기서 가장 중요한 질문은 "왜?"일 것이다. 왜 드라이버들은 차가 실제로 어떻게 반응하는지를 느끼고 엔지니어나 자기 자신에게 그 상황을 어느 정도 표현할 수 있으며, 나아가 차를 더 좋게 향상시키기 위해 무엇을 만져야 하는지 알 수 있어야 하는가? 그리고 만약 드라이버가 이 능력이 부족하면 배울 수 있을까? 내 의견으론 실질적인 경험에 바탕을 두어 말하자면 두 번째 질문은 "그렇다"이다. 나는 드라이버가 자동차가 어떻게 반응하는지 말로 그 느낌을 어떻게 설명할 수 있는지에 대한 그들의 감각 능력을 개발하는 것을 봐왔고 도와주었었다.

이 문제를 세밀하게 나눠보면 자동차의 핸들링을 발전시키지 못하는 드라이버들에겐 두 가지 문제가 있다.

- 드라이버가 차에서 일어나는 것에 대해 감각이 없다.
- 드라이버가 자신이 느끼는 것을 상세히 소통하지 못한다.

나는 이것을 감각 입력을 향상시키는데 집중함으로써 발전시킬 수 있다고 본다. 잠시 동안 레이싱을 떠나서 이야기해보면, 만약 사람이 시각을 잃게 되면 일정 시간 동안 촉감을 향상시키는데 집중함으로써 점자를 읽을 수 있게 된다. 같은 방법으로 만약 드라이버들이 차의 반응을 감지하는 능력을 향상시키는데 집중하게 되면 그들은 드라이빙을 더 잘할 수 있게 된다. 이것을 해내는 내가 아는 가장 좋은 방법은 감각 입력 세션을 사용하는 것이다.

그것은 차가 필요한 것을 느끼는 것이 먼저다. 그러나 차량성능을 향상시킬 필요가 있는 내용을 다

카레이싱 최후의 비밀 : 드라이빙 하이테크닉

른 사람들이 알아낼 수 있도록 말로 바꾸어서 설명할 수 있어야 한다. 지식은 이렇게 중요하다. 여러분이 자동차 동역학, 섀시 세팅, 그리고 섀시 세팅을 어떻게 조정을 하는지 알면 알수록 설명을 더 잘할 수 있을 것이다. 여러분의 기술적 지식이 좋으면 좋을수록 여러분의 말은 더 정확해질 것이며, 나아가 대화내용도 더 좋아질 것이다. 다행스럽게도 이러한 것은 캐롤 스미스의 '승리 준비하기, 승리로 전환하기, 승리로 엔지니어하기'(이것들은 반드시 읽어야 한다) 같은 몇몇 책을 읽음으로써 배울 수 있다.

일부 드라이버들이 갖는 오해 한가지는 그들이 엔지니어나 진행요원(크루)에게 자동차에게 무엇이 적합한지 말할 필요가 있다는 것이다. 만약 여러분이 진정한 엔지니어라면, 그리고 여러분이 그 차의 실질적인 튜닝에 책임이 있는 사람이라도 된다면, 여러분의 업무는 여러분이 느끼는 것을 간단히 보고하는 일일 것이다. "앞 쇽업소버의 리바운드를 2클릭 단단하게 해주세요" 라고 말하기 쉽지 않다. 그렇게 하면 엔지니어는 단지 여러분이 느낀 것을 추정만 하고 조정을 하는 것을 배우지 못할 것이다. 그리고 많은 엔지니어는 여러분이 자신의 자리까지 침범하려 한다고 느끼기 때문에 그와 같은 코멘트에 의해 기분이 상할 것이다. 오히려 말해야 할 때, "차가 브레이크를 뗀 후에 언더스티어가 생기고, 브레이크를 풀 때 너무 빨리 차 앞이 들리는 듯한 느낌이 든다. 만약 여러분이 차의 앞부분(front end)이 들리는 비율을 조절할 수 있다면 내 생각엔 언더스티어를 줄이게 될 것 같다"라고 말하면 엔지니어는 필요한 것을 결정할 수 있을 것이다. "만약 여러분이 앞쪽 리바운드를 강화하면 내가 느끼는 것을 컨트롤할 수 있을 것 같다고 생각한다"고 여러분이 덧붙일 수 없을 거라고 말을 하는 것이 아니다. 그것은 엔지니어에게 심지어 더 많은 정보를 전달하게 될 것이다.

그 범주의 다른 끝에서 "언더스티어가 난다" 혹은 더 안 좋은 표현으로 "열라 재수없어"라고 말하는 드라이버들도 있다. 만약 여러분이 두 번째 표현을 사용한다면 훌륭한 엔지니어는 여러분이 말하는 바를 찾아내기 위해 더 많은 질문을 하기 시작할 것이다. 그러나 만약 그렇지 않다면, 여러분은 몇 가지 질문을 여러분 자신에게 물어볼 필요가 생길 것이다. 그럴 때 나는 다음 절차를 제안한다:

44 엔지니어링 피드백

빠른 보고

- 핸들링 : 더 좋았다 혹은 더 나빴다?
- 만약 자동차가 단지 한가지가 좋아졌다면 그것은 무엇인가?

자세한 보고

- 자동차는 어떠했는가? 언더스티어, 오버스티어, 혹은 뉴트럴?
- 어디에서 그러했는가? 몇 번 코너?
- 턴 어느 지점에서 그러했는가? 진입, 중간, 혹은 탈출?
- 자동차가 그랬을 때 나는 어떤 행동을 취했는가?
  - ~ 브레이킹?
  - ~ 트레일 브레이킹?
  - ~ 브레이킹 풀기?
  - ~ 클러치는 단절했는가?
  - ~ 스로틀은 유지했는가?
  - ~ 파워는?

카레이싱 최후의 비밀 : 드라이빙 하이테크닉

- ~ 스티어링 휠을 천천히 돌렸는가?
- ~ 스티어링 휠을 빨리 돌렸는가?
- ~ 스티어링을 유지했는가?
- ~ 스티어링 휠을 풀었는가?
- 그것이 자동차인가 나인가? 나의 핸들링 문제를 포함하는가, 아니면 차가 문제인가?

> **SPEED SECRET**
> 여러분 자신에게 물어라. 만약 내 차에서 한가지가 좋아질 수만 있다면 그것이 무엇일까? 그리고 그 대답이 분명해질 때까지 질문을 파고 들어라.

이들 질문을 여러분 자신에게 함으로써, 여러분이 문제의 핵심을 파고들어 가다 보면 결론은 아주 간단하다. 여러분 자신에게 질문을 더 많이 하면 할수록 피드백의 질은 더 좋아질 것이다.

자동차를 아주 잘 세팅하는 것으로 유명한 드라이버들은 이처럼 타고난 것은 아니다. 그들은 단지 그들 자신에게 더 많은 질문을 한다. 그렇게 함으로써 그들은 그들 자신에게 질문을 파고들게 되고 그들에게서 피드백을 이끌어낸다. 그들의 호기심은 자동차가 그들에게 이야기하는 것을 어떻게 더 자연스럽고 세심하게 보이는 것처럼 이끌어내는 가이다. 자동차 동역학과 섀시 셋업에 대한 훌륭한 기술적인 지식을 더하게 되면 여러분은 차량 세팅에 있어서 아주 대단해질 것이다.

눈과 몸과 눈을 통해 더 많은 감각 정보를 취하는데 집중함으로써, 여러분은 무엇을 하더라도 더 섬세해질 것이다. 여러분은 그것과 더 조화를 이루게 될 것이다. 다른 말로 하면 감각 입력 세션을 함으로써 그렇게 된다는 것이다. 그렇게 무슨 일이 일어났는지 의사 소통하는 것은 아주 간단하다. 머릿속에 그 상황을 재현하고, 무슨 일이 일어났는지, 어디에서 일어났는지, 여러분은 무엇을 했는지, 언제 일어났는지, 그리고 여러분이 만약 다른 일을 했다면 그것이 일어났을 지에 대해 생각한다.

> **SPEED SECRET**
> 여러분이 두뇌에 더 좋은 정보를 전달할수록, 여러분은 차가 무엇을 하고 무엇이 필요한지에 대해 더 예민해진다.

44 엔지니어링 피드백

보고

　여러분이 참가하는 레이싱의 유형이나 수준이 어떠하더라도 매 세션 후에는 보고를 들어야 한다. 이것은 단지 1, 2분밖에 걸리지 않을 수도 있고, 혹은 몇 시간이 걸릴 수도 있다. 주 목적은 다음 세션에 더 발전하기 위해 목적을 어디에 두어야 할지를 결정하는 것이다.

　보고 세션에서 여러분이 해야 할 첫 번째 것 중 하나는 트랙지도를 만들고 그것을 보고하는 것이다. 트랙 지도에 노트를 하는데 코너별 기어단수와 각 코너별 브레이킹 존과 코너 진입, 중간, 탈출 지점에서의 자동차의 움직임 등을 기록한다. 그 다음 트랙별 각 세션에서 1부터 10까지 점수를 매겼을 때 여러분의 주행 점수를 기록하는데, 차가 한계에서 드라이빙하는 것을 10으로, 한계에서 많이 멀어진 것을 1로 표현한다.

　트랙의 각 세션에서 얼마나 한계에 가깝게 주행하는지 실제적인 숫자로 나타내는 것은 중요하지 않다. 각각의 드라이버들은 조금씩 다르게 한계를 감지할 것이다. 그래서 그것은 여러분이 어느 드라이버와 다른 드라이버를 비교할 수 있는 무엇이 아니다. 목표는 단순히 한계에서 트랙 전체를 주행할지 여부를 확실하게 깨닫도록 도와주는 것이다.

카레이싱 최후의 비밀 : 드라이빙 하이테크닉

　흥미로운 것은 대부분의 드라이버들이 그들이 향상됨으로써 그들의 상황을 재측정할 필요가 있다는 것이다. 종종 여러분은 자신이 잠깐 동안 한계상황의 9 혹은 10으로 주행하고 있다고 믿을 것이다. 그런데 조금 더 경험이 쌓이고 트랙션 한계에 대해 감각이나 느낌이 더 좋아지게 되면, 여러분은 같은 코너링 속도를 단지 6 혹은 7로 감지하게 될 것이다.

　여러분의 랩타임이 다른 사람과 비교해서 어떠한지 알아내기에 앞서 이 과정을 검토하는 것이 중요하다. 한번 여러분이 경쟁을 하고 비교하는 방법에 대해서 생각하기 시작하면 인지 및 피드백의 정확성이 흔들리게 된다.

　여러분이 이 과정을 검토함으로써, 여러분은 자동차의 움직임을 더 많이 인지하게 될 것이다. 그것을 기록하는 행동은 여러분이 상황을 완전히 인지할 수 있도록 이끌 것이다.

　트랙의 각각의 영역에서 자동차를 주행하는 한계에 얼마나 근접한지 숫자로 표기하는 연습을 통해 여러분은 향상의 여지가 얼마나 있는지 완전히 깨닫게 될 것이다.

45 팀 역동성

자동차 레이싱은 팀 스포츠인가 아니면 개인 스포츠인가? 일부 레이스 드라이버들은 자동차 레이싱이 마치 완전히 개인 스포츠 인양 행동하기도 하지만, 자동차 레이싱은 분명히 팀 스포츠이다. 그렇긴 해도, 피트 스톱을 제외하고 일단 레이스가 시작되면 자동차 레이싱은 개인 스포츠가 된다. 물론, 거기까지 가려면 팀이 필요하지만 그 시점에서 모든 것은 전적으로 드라이버에게 달려 있다. 팀 역동성, 팀의 열정, 의사소통, 팀원들의 협력적 능력 등은 레이스에서 실적을 결정하는 요인들이다.

자동차 레이싱의 역사를 살펴본다면, 훌륭한 역동적인 2인조들이 많이 있다는 것을 알게 된다. 즉, 드라이버와 엔지니어 및 팀 관리자가 하나로 결합된다면 레이스와 선수권 대회에서 예상되는 것보다 더 좋은 성과를 거두게 된다. 가장 훌륭한 팀으로는 콜린 챕맨과 짐 클라크, 콜린 챕맨과 마리오 안드레티, 로저 펜스케와 마크 도나휴, 로저 펜스케와 릭 미어스, 로스 브라운과 미하엘 슈마허, 스티브 챌리스와 그렉 무어, 모 년과 알렉스 자나르디, 모 년과 후안 몬토야, 레이 에번헴과 제프 고든 등을 꼽을 수 있을 것이다.

「콜린 챕맨」, 「로저 펜스케」, 「모 년」이 각각 두 번씩 언급된다는 사실은 단순한 우연이라고 생각하지 않는다. 이러한 전설적인 팀 소유자, 관리자, 엔지니어들은 드라이버들과 의사 소통하는 방법을 잘 알고 있다. 사실, 그것은 전설적인 존재가 되는 데에 가장 중요한 요인일 수 있다.

의사소통

의사소통은 드라이버와 엔지니어 간의 성공적인 관계 유지에 있어서 가장 중요한 요소일 것이다. 엔지니어가 드라이버의 마음을 읽을 수 없듯이 드라이버도 엔지니어의 마음을 읽을 수 없는 것이다. 여러분은 자신이 선호하는 학습 스타일을 이해해야 하며 엔지니어는 여러분이 가장 선호하는 학습 스타일을 파악해야 하는데, 이는 효과적인 의사소통의 근간이 된다. 여러분은 어떻게 가장 효과적으로 의사 소통할 수 있는지에 대해 이야기할 필요가 있다. 경청하는 것은 더욱 중요하다.

그러한 방식으로 충분히 실행한다면, 여러분과 엔지니어는 서로의 마음을 읽을 수 있다는 느낌이 들기 시작할 것이다. 일부 엔지니어들의 문제는 오직 듣고 싶은 것에만 귀 기울인다는 것이다.

카레이싱 최후의 비밀 : 드라이빙 하이테크닉

    그들은 차량의 상태에 대한 이야기에만 귀 기울이려 하지만 그것 만으로는 불충분하다. 가장 좋은 엔지니어들은 드라이버의 말을 경청할 것이다. 동시에, 여러분은 여러분의 말에 어떻게 귀 기울이고 여러분과 의사 소통할 수 있는지에 대하여 엔지니어를 교육시켜야 한다. 다시 한번 말하자면 나는 그가 여러분의 마음을 어떻게 읽을 수 있을지가 매우 궁금하다. 따라서, 여러분과 어떻게 의사 소통할 수 있는지에 대하여 엔지니어에게 말해야 한다. 여러분이 청각 중심적이라면 차량 상태가 어떤지에 대하여 엔지니어에게 원하는 데로 말을 할 수 있다.

    시각 중심적 성향이 있다면 차량의 상태를 보여주는 그림을 그리거나 글을 쓸 수 있다. 운동 감각 중심적 성향이 있다면, 차량 거동을 보여주는 모델을 사용하거나 도로 주행용 차량(street car)에 탑승하여 트랙을 주행함으로써 차량 상태를 엔지니어에게 보여줄 수 있다. 드라이버가 엔지니어에게 기대할 수 있는 것에 대하여 불확실하다면 엔지니어와 협력할 수 있는 능력은 약화된다. 또한, 엔지니어가 드라이버에게 기대할 수 있는 것에 대하여 불확실해 할 때도 상호 협력할 수 있는 능력은 약화된다. 즉, 서로의 역할과 책임에 대하여 불확실해한다면 상호 협력할 수 있는 능력은 약화된다.

    차량에서 내려 차량에 대한 피드백을 제공하고자 한다면 방해가 되지 않게 그에게 말하라. 주위에 서성이면서 팀의 사기를 북돋우거나 상세한 설명을 듣고자 한다면 여러분이 돕고 있다는 것을 그가 알게 해야 한다. 무엇보다도, 드라이버에게 기대하는 것에 대한 오해로 인하여 훌륭한 관계가 망쳐질 수 있다. 다시 한번 말하자면 그 반대도 성립된다. 엔지니어는 드라이버가 자신에게 무엇을 기대하는지에 대해서도 확실히 알고 있어야 한다. 차량에서 내려 "제기랄!"이라는 말을 내뱉고 떠나 버린다면 엔지니어와의 협력 관계는 와해된다. 그것은 차량을 향상시키는 생산적인 방식이 아니다.

    차량 상태에 대한 여러분의 의견이 아니라, 차량 상태 자체를 엔지니어에게 이야기하라. 또한, 엔지니어가 원하는 유형의 정보가 무엇인지를 파악하라. 차량의 향상에 필요한 변경을 파악하는 일이 전적으로 엔지니어에게 맡겨지도록, 일부 엔지니어들은 차량 상태에 대한 설명 만을 듣고자 한다.

    반면, 차량의 향상을 위해 드라이버가 어떠한 변경을 제안하는 것을 반기는 엔지니어들도 있다. 그러나 엔지니어와의 협력 관계가 저하되는 또 다른 상황은 엔지니어에게 작업을 지시하는 경우이다. 엔지니어에게 작업을 지시하고자 한다면, 엔지니어가 무슨 필요가 있는가? 독자는 이 모든 것에서 가장 중요한 것이 평범한 전통적인 대화 임을 이해했을 것이다.

    드라이버에게 더 많은 것을 말하고, 드라이버에게 더욱 많이 경청한다면, 드라이버와 엔지니어 간의 이해는 더욱 깊어질 것이다.

45 팀 역동성

성격적 특성

성격적 특성에 대한 장을 다시 상기하고 특히 자신의 행동적 특성에 대하여 구체적으로 생각해본다면, 문제가 어디에서 발생할 수 있는지 파악할 수 있을 것이다. 예를 들어, 여러분이 매우 지배적이고 매우 외향적이고 그다지 인내심이 없고 세부사항에 대하여 신경 쓰지 않는다고 가정하자. 동시에, 지배적인 특성은 엔지니어에게는 그다지 중요하지 않을 수 있다. 그 엔지니어는 보다 내성적이고 인내심이 많고 세부사항에 집착하는 경향이 있다. 잠재적인 갈등이 어디에서 발생하는지 알 수 있는가? 엔지니어는 경쟁의 시간이 될 즈음 차량 상태가 완벽해지길 원하지만, 드라이버로부터 상세한 내용을 추출해내는 것은 치아를 빼내는 것처럼 힘든 일이다. 여러분은 친구나 경쟁자, 또는 여러분에게 귀를 기울이는 다른 사람들과 담소를 나눈다. 그러나 여러분의 지배적인 스타일로 인하여 여러분은 차량의 설정, 팀, 팀원들의 투숙할 호텔, 저녁 식사 장소 등에 대하여 결정권을 갖길 원한다. 그것이 바로 여러분의 행동이며 엔지니어의 행동이다. 이제, 레이스 팀원들의 나머지 인원들과 한데 섞여보자.

이러한 문제는 얼마나 심각한가? 그 문제는 여러분이 방치하는 만큼 심각해진다. 여러분은 자신의 성격적 특성을 바꿀 수 있는가? 그것은 정신적 프로그램을 통해서 가능하다. 그것은 여러분이 실천해야 하는 것이다. 그러나 팀 환경 내에서 가장 중요한 요인은 반드시 사람들의 특성을 변화시키는 것이 아니다. 사람들을 이해하는 것이 가장 중요하다. 예를 들어, 여러분과 엔지니어가 서로의 인내심 수준에 대하여 알고 있다면, 상호 협력하고 실제적으로 서로 보완해주는 것은 훨씬 더 수월해진다. PDP 또는 마이어스 브릭스 등 전문 펌웨어 또는 소프트웨어 패키지를 사용하여 각 팀원을 유형화 할 수 있을 것이다. 그러나 이는 필요하지 않을 수 있다. 제27장에 제시된 것과 유사한 차트를 사용하여 팀원들에게 단순히 자기 평가를 하게 한다면, 필요한 것을 얻을 수 있을 것이다. 자기 평가를 하는 팀원들이 "각각의 특성이 실제적으로 의미하는 것"을 완전히 이해하게 해야 한다.

지배, 외향성, 인내심 및 순응성 등 각각의 범주에서, 각 팀원들은 주관적으로 자신에 해당하는 척도에 표시하여 스스로를 평가한다. 모든 팀원들이 차트를 완성하면, 팀원들은 자리에 앉아 각 팀원들의 프로필에 대하여 논의한다. 여기에는 두 가지의 목적이 있다. 하나의 목적은 다른 사람들로부터

카레이싱 최후의 비밀 : 드라이빙 하이테크닉

의견을 받아들인 후에 자신에 해당하는 척도를 조정하는 것이다. 다른 하나의 목적은 더욱 중요한데, 이는 모든 사람들이 서로의 성향이 어떤지 파악하게 하는 것이다. 여기에서 성공의 열쇠는 연습에 있다. 이는 개인들의 행동 성향에 관련하여 모든 관여된 사람들의 이해를 촉진할 뿐만 아니라 이러한 정보를 염두에 두고 가장 효과적인 방식으로 서로를 관리할 수 있는 방법을 이해할 수 있게 해준다.

팀의 열정

여러분은 어떠한 사람을 그룹의 일원이 되게 했을 때 그 사람의 열정이 전체 구성원들의 사기를 고취시키거나 저하시키는 것을 본 일이 있을 것이다. 단 한 명이 전체 그룹에 끼칠 수 있는 영향은 놀랄 만 하다. 어떤 한 사람이 드라이버의 실적에 어떤 영향을 끼칠 수 있는지는 감탄할 만큼 정도로 놀랍다. 드라이버 주변에 드라이버의 열정과 실적에 부정적인 영향을 끼치는 사람이 있다면, 그러한 사람은 드라이버로부터 떼어 놓아야 한다. 물론, 그러한 사람이 가족 구성원이거나 가까운 친구인 경우 상황은 미묘해진다. 그러한 사람이 팀원인 경우 팀에서 그러한 사람을 제거하는 것이 팀에 가장 큰 이득이 될 것이다. 실제적으로, 긴밀한 협력 관계에 있는 일방 당사자는 상대방에게 자신을 어느 정도 반영하게 마련이다. 이는 드라이버와 엔지니어 간의 관계에서도 발생한다. 드라이버의 실적에 대하여 어떠한 수준의 좌절을 표현하면 드라이버도 동일한 좌절감을 표현할 것이다. 드라이버의 실적에 대하여 확신한다면, 드라이버는 자신감을 보여줄 것이다.

팀과의 협력

팀을 구성하라. 팀의 리더가 된다는 것은 팀 전체에 동기를 부여하고 뒤에서 북돋워주는 역할을 하는 것이다. 나는 이것을 슈마허 효과라고 부르는데, 그 이유는 미하엘 슈마허가 이러한 특성과 기술에서 최고이기 때문일 것이다. 여기에서 구체적으로 논의하는 것은 팀원들과 협력하는 방법에 관한 것이다. 커리어의 어떠한 시점에서, 동일한 팀에 한 명 이상의 드라이버가 있을 가능성이 크다. 그러한 경우, 다루게 될 문제를 살펴보자.

첫 번째 질문은 협력하는 경우 팀원들과 정보를 공유해야 하는 가에 관련한다. 공유해야 한다면 어떠한 방식으로 정보를 공유해야 하는가? 일부 드라이버들은 팀원을 가장 먼저 물리쳐야 할 대상으로 간주하기 때문에 팀원들에게 아무런 정보도 제공하지 않는다. 다른 드라이버들은 팀원들에 대하여 마음을 열 때 이득을 얻는다고 생각하며 자신들이 보유한 모든 정보를 공유한다. 드라이버들의 정보 공유를 권장하는 팀이 있는 반면에 정보 공유를 좌절시키는 팀이 있다.

팀원들과의 정보 공유에 대한 결정권이 팀이 아니라 여러분에게 있다면, 이는 분명히 어느 정도 도

45 팀 역동성

덕적 결정의 문제이며 오직 여러분만이 내릴 수 있는 결정이다. 여러분은 결정하는 것을 편안하게 느껴야 한다. 여러분이 팀원보다 우위를 차지할 목적으로 팀원들을 엉망으로 만들 수 있는 모든 것을 실행하기로 결정한다면, 이는 여러분이 흐뭇하게 느낄 그 어떤 것 일 것이다. 반면에, 팀원에게 모든 것을 주고 결과적으로 팀원들에게 패배한다면 여러분은 어떤 기분을 느낄 것인가? 여러분은 다음과 같은 접근방법을 취할 수 있을 것이다. 팀원이 요구하는 정보를 팀원과 기꺼이 공유할 의향을 보일 뿐만 아니라 팀원에게도 마찬가지로 정보를 요구하고 기대하라. 그런 후 팀원이 여러분에게 요구하는 것보다 더 많은 정보를 팀원에게 요구하라. 사실, 팀원으로부터 배울 수 있는 모든 정보를 상세하게 획득하라. 주행 기술에 대하여 질문하고 팀 보고서에 제시된 모든 것에 주목하면서 데이터 공유 요청을 통해 배워야 한다. 우위를 차지하기 위한 노력을 해야 하지만 완전히 공명정대한 방식이어야 하며 최고의 드라이버(준비된 드라이버)가 우승할 수 있게 해야 한다.

SPEED SECRET

모든 팀원들의 상황을 자신에게 이득이 되게 활용한다.

팀 충성에 대한 짧은 글: 균형을 유지해야 하는 상반적인 힘이 있다. 충직하고 정직하며 믿을 수 있는 사람이라는 명성을 쌓는다면 레이싱 분야에서 경력을 쌓을 가능성이 크게 높아진다. 만약 사람들과 팀을 정상을 향해 밟고 올라가기 위한 디딤돌로 간주한다면 여러분은 팀의 지원을 그다지 오랫동안 받지 못할 것이다. 반면, 여러분의 목표 달성을 위한 더 좋은 기회가 있을 수 있으며 그러한 목표 달성을 돕는 사람이 있을 수 있다는 것을 항상 염두에 두어야 한다. 상당히 충성스럽기는 하지만 더 우수한 사람이나 팀을 자신에게 이득이 되게 이용하지 못하는 드라이버들도 있다. 그러한 드라이버들은 팀원들에게 너무 우호적이거나 감정적인 유대감을 갖는다. 앞서 언급한 것처럼 이러한 분명히 상반적인 힘과 생각은 균형 있게 유지해야 할 필요가 있다. 이러한 상반적인 힘과 생각 중 어느 것에 과다하게 치중하면 커리어는 꽃을 피우지 못하게 된다. 기존 팀원들과 상호 존중적 관계의 형성에 기반하여 여러분이 더 좋은 기회를 얻도록 팀원들이 지원하는 상황은 이상적이며 상반적인 힘과 생각이 균형을 이루는 상황이다. 팀 구성이 완료된 후 팀원들은 여러분이 떠나는 것을 원하지 않을 것이지만 여러분이 다음 발걸음을 내디딜 수 있도록 용기를 북돋워주고 행운을 빌 것이다.

카레이싱 최후의 비밀 : 드라이빙 하이테크닉

SPEED SECRET
여러분을 위한 가장 좋은 기회를 발견하도록 팀원들이 용기를 북돋워주고 심지어 그러한 기회를 발견하도록 도와줄 정도로 팀 관계를 구축해야 한다.

팀 선택

팀을 선택할 수 있는 권한을 보유하는 것은 문제일 수 있다고 말하는 사람이 있다. 팀의 명성을 고려하는 것부터 시작하자. 물론 그것은 결과, 효과적인 관계의 수월함, 재무적 처리, 신뢰성 등 많은 영역을 포괄한다. 결과를 어떻게 어디에서 달성해야 하는 지를 고려해야 하지만 결과는 판단하기가 매우 수월하다. 몇몇 팀들은 선수권 대회에서 우승할 능력이 있다는 대단한 명성을 획득하겠지만 또 다른 시리즈로 옮겨가면 고군분투한다. 어떠한 수준에서 성공은 다른 수준에서 성공을 보장하지 않는다. 그러나 경쟁하는 모든 수준과 모든 시리즈에서 우승할 능력이 있는 것처럼 보이는 팀들도 있다. 그러한 팀들은 여러분이 관리하기 원하는 팀들이다. 명성을 고려할 때, 팀이 상승 추세인지 아니면 하향 추세인지를 판단해야 한다. 대부분의 팀들과 심지어 페라리, 윌리엄스, 맥라렌, 펜스케, 가나시, 헨드릭, 로시 조차도 기복이 있다. 그것은 순환적이다.

가끔 순환적인 기복은 인원의 변경 또는 인원의 적절한 결합을 모색함에 따라 발생한다. 그러한 기복은 가끔 기술적인 사유로 인한 경우가 있다. 다른 경우, 이는 팀의 동기부여 정도가 얼마나 강력한가의 문제이다. 요점은 사이클에서 상승 추세인 팀이 있는가 하면 하향 추세인 팀이 있다. 어떤 팀에 합류하고 싶은가? 물론 이는 판단하기 쉽지 않다. 팀 소유자에게 질문한다면 통찰력을 어느 정도 얻을 수 있겠지만 그러한 사안은 팀 소유자에게 질문할 수 있는 유형이 아니다. 과거 및 현재의 결과를 살펴보고 스포츠 분야의 다른 사람들(특히 시리즈 선수들)과 이야기를 나눈다면 이러한 중요한 요인을 판단하는 데에 도움이 될 수 있을 것이다. 팀의 재정 능력, 돈을 관리할 수 있는 능력, 여러분과 협력할 수 있는 팀의 능력 등 일부 다른 고려사항들은 확인이 훨씬 더 어렵다.

약간의 숙제를 해야 할 필요가 있다. 해당 지식을 가진 사람들, 특히 관련 경험이 있는 드라이버들과 이야기 해야 한다. 다른 사람들과 팀원들에게 많은 질문을 하라. 만약 여러분이 돈을 지출하는 당사자인 경우 지출 확대를 두려워하지 말라. 그것은 정당한 금액일 가능성이 크기 때문에 시간을 들여 정확하게 일을 처리하라. 그렇게 하지 않으면 나중에 후회할 것이다. 팀의 동기부여 상태를 판단하라. 목적은 선수권 대회에서 우승하고 젊은 드라이버들을 돕고 돈을 벌고 소유자의 자존심을 높여주

45 팀 역동성

는 것이다. 이러한 사유들 중 그 어떤 것도 반드시 배타적이지 않은데 그 이유는 어느 정도 중복이 존재하기 때문이다. 그러나 대개 팀이 현재 실행하고 있는 것에 대하여 하나의 주요한 이유 또는 동기가 존재한다. 나는 어떠한 이유가 다른 이유보다 더 낫다고 시사하는 것이 아니지만, 여러분의 목표에 일치하거나 부합해야 함을 언급한다.

예를 들어 소유자의 이름을 매체에 삽입함으로써 팀의 존재가 소유자의 자존심을 강화시키기 위한 실제적인 수단이라면, 이는 실적의 결과인 커버리지를 최대화하는 것이 목적인 경우 해당 목표에 부합하지 않을 수 있다.

팀은 돈을 위해서 여기에 참여하는가? 최소한 어느 정도까지 그렇게 희망하자. 팀이 이윤을 목표하지 않은 경우, 팀은 시즌 동안에 어느 정도 재정적으로 고군분투하게 되고 그 결과로서 여러분의 실적에 악영향이 끼쳐질 수 있는 가능성은 더 높아진다. 팀 소유자가 돈을 목표로 하지 않는다고 말하고 돈을 버는 것이 문제가 되지 않는다면 우려해야 한다. 팀 소유자가 이 세상의 모든 돈을 전부 갖고 있더라도 그것은 문제가 된다. 팀 소유자가 상당한 돈을 보유하고 있는 데는 이유가 있다. 그는 지출을 할 만큼 어리석지 않다. 레이스 팀이 '팀 소유자'에게 과도한 비용을 발생시키기 시작하면 팀 소유자는 비용을 절감할 것이다. 여러분이 팀 소유자의 지원에 의지해왔지만 그 지원이 사라지면 어려움을 맞이하게 될 것이다. 나는 여러분의 프로그램을 지원할 의향이 있는 팀이 없다는 것을 말하는 것이 아니다.

돈을 버는 것은 어떤 사람들에게는 선결과제가 아니다. 실제적인 동기부여는 드라이버들을 돕는 것일 수 있다. 드라이버 계발을 동기부여로 삼은 팀 소유자들이 있다. 발견할 수 있다면 잘 된 일이다. 그러나 조심해야 한다. 실제적인 동기부여가 없을 때 팀 소유자에게 이러한 동기부여가 이루어졌다고 자동적으로 생각하면 안 된다. 다시 한번 말하자면 그것은 숙제를 하고 팀에 실제적 동기부여를 해야 하는 이유이다. 여러분과 여러분의 프로그램에 부합한지 확인하라.

팀의 동기가 무엇인지 파악되면, 다음 단계는 목표 달성을 위해 팀이 얼마나 동기부여 되었는지를 확인하는 것이다. 목표가 선수권 대회에서 우승하거나 사망하는 것이고 팀의 시리즈 참가에 문제가 없더라도 그것은 목표에 그다지 잘 부합되지 않는다. 그들의 동기부여를 강화할 수 있는가? 그들이 동기부여를 촉진할 수 있는가? 그들이 승자가 되도록 도울 수 있는가? 그것은 가능하고 실제적으로 이루어졌던 반면에 미하엘 슈마허가 베네통과 페라리에 대하여 어떻게 했는지를 살펴보자). 주니어 포뮬러 등급에서는 흔하지 않다. 팀이 승리하지 않았다면, 팀이 승자가 되게 하는 것이 일종의 도전 임을 깨달아야 한다. 다시 한번 말하자면 나는 그것이 불가능하다고 말하는 것이 아니다. 나는 그것이 쉽지 않으며 팀 선택을 위한 결정 시에 고려해야 할 필요가 있음을 말하고 있다. 여러분이 승자

카레이싱 최후의 비밀 : 드라이빙 하이테크닉

가 되도록 돕기 위해 팀은 무엇을 할 의향이 있는가? 또한, 여러분이 팀에 어떻게 부합한지를 고려하라. 팀은 즐기는 것을 얼마나 중시하는가? 팀은 얼마나 윤리적인가? 팀은 승리를 위해 규칙을 위반할 것인가? 그들은 얼마나 사업가처럼 행동하는가? 그들은 얼마나 헌신하는가? 이러한 특성들은 여러분의 특성과 어떻게 맞물리는가? 이러한 질문들에는 정답이나 오답이 존재하지 않는다. 적합한지의 여부만이 중요하다.

팀은 인원이 얼마나 잘 충원되었으며 각 팀원은 적격자인가? 나는 주니어 포뮬러 등급에 속한 팀들이 몇몇 IRL 팀들보다 더 많은 인원을 보유했지만, 능력의 한계로 인하여 우승하지 못하는 것을 보았다. 또한, 나는 그 반대의 경우도 보았다. 1인으로 구성되었지만 맹렬함을 보여주는 팀들도 있었다. 다른 팀들은 적격의 인원으로 완벽하게 충원된 것 같았지만 여전히 우승하지 못했다. 여타 스포츠처럼 최고의 선수들이더라도 최적으로 결합되지 않으면 훌륭한 팀을 구성할 수 없다

팀의 자원 수준은 어떠한가? 그 질문은 팀들이 일부 예상하지 못한 문제들을 신속하게 해결하기 위한 재정적 능력을 보유하고 있는지 또는 결과에 영향을 줄 수 있는 뭔가를 희생시키더라도 예산을 절감할 것인지에 관련한다. 팀의 재무적으로 파산에 직면하여 존립 자체가 위협을 받는다면 여러분은 그러한 위험을 감수하겠는가? 나는 지난 몇 차례의 시즌 레이스 경기에서 위험에 직면했던 어떤 드라이버를 지도했다(그 팀은 재정 상황이 좋지 않아 차량 정비 비용을 상당히 삭감했다). 그 팀은 시즌 동안에 예상치 못한 비용에 대하여 준비하지 않았다. 레이싱에서 예상할 수 있는 유일한 것은 예상치 못한 비용이 발생한다는 것이다. 팀이 그러한 비용을 충당할 수 있는 재무적 능력이 있는지 고려해야 한다.

팀의 존립 자체가 위태로운 상황에서 팀원을 충원할 것인가? 그것은 바람직하거나 전혀 바람직하지 않을 수 있지만, 고려해야 할 문제이다. 팀원들은 팀을 혼란스럽게 하거나 여러분의 상황을 호전시키는 데 도움이 될 수도 있다. 팀에 드라이버들이 많지 않은 경우 누가 특별 대우를 받는지를 규정하는 성문 규율 또는 불문 규율이 있는가? 시즌이 시작될 때 드라이버에 대한 특별 대우에 관한 성문 규율

팀원들은 장점임에 틀림없다. 즉, 팀원들은 여러분이 더 높은 수준의 실적을 달성하도록 지원하고 벤치마크로부터 배우도록 지원할 뿐만 아니라 벤치마크를 제공한다. 그러나 팀원들과 협력하는 방법을 배우지 않는다면 팀원들은 여러분을 불리하게 할 수 있다. *Shutterstock*

45 팀 역동성

이나 합의된 규율이 없더라도 다른 드라이버들에 비해 더 낮은 대우를 받는 드라이버가 반드시 한 명은 있기 마련이다. 물론 그것은 무엇보다도 인간의 특성에 더욱 관련되어 있다. 어느 한 드라이버가 팀에 대하여 더 많은 헌신을 보이고 일관적으로 더 좋은 결과를 달성하거나 다른 사람들보다 팀원들을 더 우대한다면 궁극적으로 그러한 드라이버는 팀원들로부터 더 좋은 대우를 받게 될 것이다. 다시 한번 말하건대 그것은 인간의 본성이다.

팀원이 있는 팀에 합류하는 것을 고려한다면 여러분은 그 팀을 "통제"할 수 있는가? 여러분은 팀의 리더로 간주될 수 있는가? 여러분은 특별 대우를 받을 수 있는가? 그렇지 않다면 다른 팀을 물색해보는 것이 더 좋을 것이다. 이는 겉보기와는 달리 어려운 문제이기 때문에 숙고해야 한다.

2인자로 팀에 합류하기를 원한다면, 팀의 리더가 되는 것에 대하여 걱정할 필요가 없다. 우승하고 싶다면 팀의 리더가 되어야 한다.

자신의 커리어 단계를 감안할 때 경험이 더 많은 팀원에게 배우는 것이 유용한 경우를 제외하고, 팀 내에서 리더가 될 수 있는 확신이 들지 않으면 다른 곳을 물색하는 것이 좋다.

이는 팀 소유자 또는 가족 구성원이 팀을 대표하여 레이스 카를 주행하는 경우에 고려해야 할 민감한 문제로 직결된다. 항상 그런 것은 아니지만 이해관계의 갈등이 초래될 수 있다. 팀 소유자가 레이스 카를 주행하거나 팀 소유자의 가족 구성원이 팀을 대표하여 주행하는 경우 여러분이 아무리 공정하게 대우 받더라도 여러분은 어느 시점에서 적절한 대우를 받지 못한다는 생각이 들게 될 것이다. 일이 원하는 방식으로 풀리지 않으면 무언가를 탓하는 것이 인간의 본성이다. 팀 내에 팀 소유자의 가족 구성원이 있다면 여러분은 반드시 어느 정도의 불공정함을 감지하게 된다. 우리의 경험에 의하면 그러한 상황에서 대부분의 팀 소유자들의 행동은 공정한 것 이상이다. 사실 팀 소유자들은 고객(여러분)에게 날을 세우는 경우가 많지만 항상 인식과 현실이 있기 마련이다. 그러한 상황을 피하려면 발생할 수 있는 모든 가능한 상황에 대하여 계약적인 명시가 필요하다. 그러나 상대하는 사람들

에 대하여 완전한 확신을 느끼는 것이 가장 중요하다. 팀 소유자가 올바른 일을 할 것이라는 완전한 신뢰감이 들지 않는다면 이 세상의 그 어떤 계약으로도 그것을 바로 잡을 수 없을 것이다. '팀 소유자' 또는 '팀 소유자의 가족 구성원'이 팀의 드라이버인 경우 여러분은 조심해야 하고 스스로를 보호해야 한다.

카레이싱 최후의 비밀 : 드라이빙 하이테크닉

팀 선택 과정에서는 장비를 확실하게 고려해야 한다. 여러 개의 섀시 또는 엔진 패키지를 사용할 수 있는 시리즈를 모색하는 경우 가장 좋은 패키지로 주행할 수 있다는 확신이 들어야 할 것이다. 그러한 결정은 겉보기와는 달리 더욱 어려운데 이는 경험과 지식이 상당한 많은 팀들이 결국 경쟁력이 낮은 섀시와 엔진 패키지를 구동시키는 처지에 처한 상황으로 증명된다. 그러한 팀들은 가장 경쟁력이 있는 것이 무엇인지에 관련하여 좋지 못한 결정을 했다. 여러분은 이러한 결정을 평가해야 하며 향후 구동시킬 패키지가 가장 좋은 것이라는 완전한 확신이 들어야 한다.

장비 요인은 가장 중요하지만 차량에 국한되지 않는다. 후원자가 있더라도 팀의 수송 차량 및 접대 옵션은 고려해야 할 여타의 요인들이다. 팀의 상점은 고려해야 할 다른 사안일 수 있다. 궁극적으로 팀이 장비, 결과, 인력과 같은 "하드웨어"를 여러분에게 제공할 수 있을 것이라고 확신한다면, 여러분의 가치, 목적, 열정("소프트웨어")은 여러분이 고려하는 팀에 부합해야 한다. 그것은 여러분에게 편안한 느낌을 주어야 한다. 일단 팀을 선택했다면 다음 단계는 공통의 목적, 목표, 책임을 정의하고 이를 계약에 모두 확실히 명시하는 것이다. 책임이 무엇인지 분명해 보일 수 있지만 실제로 책임이 분명한 경우는 드물다. 여러분의 고객들을 위한 입장권 등 판매는 누가 주선할 것인가? 누가 보도 자료를 배포할 것인가? 누가 주말 후에 여러분의 드라이빙 슈트를 세탁할 것인가? 참가 신청서 발송은 누가 담당할 것인가?

지출하는 모든 금액에 관련하여, 지출에 따라 무엇을 얻는지를 반드시 정확하게 파악해야 한다. 계약에 모든 것을 포함시키는 팀들이 있는 반면에, 여러분이 주의하지 않으면 여러분을 야금야금 우려 먹는 팀들도 있다. 따라서 레이싱 커뮤니티 주변에서 떠돌아다니는 많은 팀 예산은 거의 아무것도 아닌 경우가 많다. 실제적인 비교를 하는 경우는 드물다.

참가료(시즌 전체 시리즈 참가료 및 개별적인 대회 참가료), 크루 패스 및 자격, 급여, 타이어, 엔진 재조립, 소모품(기어, 브레이크 패드, 유동액 등), 운송비, 팀 출장비, 드라이버 출장비, 드라이버 라이선스 요금, 드라이버 안전 장비 비용을 비롯하여 거액이 드는 충돌사고 손해배상금을 누가 충당하는지에 대하여 확실히 알고 있어야 한다.

팀 구성 및 운영

팀 내에서 차량을 대여하기 보다는 직접 자신의 팀을 구성하여 운영할 수 있다. 앞서 언급한 요인들에 더하여 여기에는 고려해야 할 몇 가지 추가적인 사안들이 있다.

직접 자신의 팀을 운영하는 목적이 무엇인지 스스로에게 질문하라. 이윤을 벌어들이기 위한 것인가? 단지 자신이 통제할 수 있는 힘을 강화하기 위한 것인가? 팀의 장비와 참가 신청서에 자신의 이

45 팀 역동성

름이 기재된 것을 보기 위한 것인가? 여러분 또는 다른 누군가에게 이득을 가져다 주기 위한 것인가? 이러한 접근법을 통해 레이스에서 더 많이 우승할 것이라고 생각하는 이유가 있는가? 만약 그렇다면 그러한 접근법은 무엇인가? 여러분이 팀 소유자나 관리자 또는 드라이버가 되기 원하는지 스스로에게 질문하라. 어떤 것이 가장 중요한가? 레이스에서 주행하는 것이 우선과제이더라도, 그것은 좀더 중요한가 아니면 훨씬 더 중요한가?

팀과 함께 차량을 대여하는 옵션과 자기 자신의 팀을 구성하여 운영하는 옵션 중에서 결정하는 경우, 중요한 고려사항은 다음 단계로 나아갈 때 차량과 장비로 무엇을 해야 하는 가에 관련된다.

다음 시리즈 수준으로 올라가기 위해 현재의 차량을 매각하지 못하는 경우 드라이버는 자신의 커리어가 막히는 것을 경험한다. 한 시리즈를 위해 많은 장비에 이미 투자했고(트레일러, 견인차, 피트 장비, 도구, 차량) 다음 단계로 올라가기 원한다면, 우선 이 장비를 매각해야 하는가?

만약 그렇다면 수반되는 어려움은 어느 정도일까? 다음 단계로 올라가기 위한 능력이 저해되거나 기회 포착을 위한 유연성이 제약 받게 될까?

적절한 시기에 매각 불가능한 장비에 모든 자본을 투자한 많은 드라이버들은 자신의 커리어에 큰 영향을 끼칠 수 있는 기회를 상실했다. 그것에 대해 숙고하라. 향후 계획을 수립하라.

자본 투자에 관련하여 여러분은 어떤 장비에 투자할 필요가 있을까? 차량 1대 또는 여러 대, 견인차, 도구 및 기타 장비를 매입해야 하는가? 근무할 숍에 투자해야 하는가? 만약 그렇다면 그러한 자본은 무엇을 위해 사용될 수 있는가? 그러한 자본은 후원 기회를 개발하기 위한 목적으로 마케팅 직원을 고용하는 데 사용될 수 있는가? 실제적으로 여러분은 자신의 이름으로 운영되는 팀 또는 여러분의 드라이빙 경력에 투자하는가?

나는 사업에 관련된 중요한 조언을 받은 일이 있다. 그 조언은 다음과 같다. 사업에서 10개의 문제들 중에 7개는 다음에 관련한다.

1. 사람 2. 사람 3. 사람 4. 사람
5. 사람 6. 사람 7. 사람

즉, 사업을 성공적으로 구축하고 운영하려 할 때 가장 큰 어려움은 '관련된 사람들'이다(다른 나머지 3개의 문제가 무엇인지 궁금하다면 문제될 것 없다. 사람들을 잘 선택하여 관리한다면 다른 모든 것은 수월하게 풀릴 것이다!) 레이스 팀을 운영하는 것도 다를 것 없다. 팀을 구축하는 데 있어서 사람은 핵심적이다. 따라서 레이스 팀을 구성 및 운영하는 데 있어서 중요한 도전과제는 적합한 사람을

카레이싱 최후의 비밀 : 드라이빙 하이테크닉

선택하고 끌어들이고 고용하고 관리하는 것이다. 랩 타임에서 일초의 1/10을 단축하는 것이 어렵다고 생각한다면 레이스 팀원들을 선택하고 관리할 때까지 기다려야 한다!

예산 수립은 레이스 팀을 성공적으로 운영하는 데 있어서 분명히 중요한 부분을 차지한다. 그것이 여러분의 개인적인 장점이 아니라면, 팀을 운영하는 것은 여러분의 적성에 맞지 않을 수 있다.

팀을 구성하고 팀을 위한 예산을 유지하는 방법에 관한 세부사항은 이 책에서 다룰 수 없지만, 경험으로 비추어 봤을 때 시즌에 대한 총 비용을 정확하게 추정한 후에 다른 50%를 추가하는 것이 좋다. 특정적인 시리즈에 대한 예산 수립 경험이 풍부하지 않고 예산 관리를 잘 하지 않는다면 50% 추가 규칙은 최소한의 요구사항이다.

SPEED SECRET
레이스 팀을 구축하고 운영하는 데 필요한 것들을 과대 평가해야 실제적으로 정확성을 유지할 수 있다.

다음은 레이스 팀을 운영하는 것에 대한 마지막 설명이다. 내가 만나봤던 모든 팀 소유자들은 성공적인 팀의 구축과 운영에 필요한 것을 과소평가하는 경향이 있었다. 팀의 구축과 운영은 어렵지만 분명히 실행 가능하다. 그러나 성공하지 못한 사람들은 수백 명에 달한다. 성공적으로 팀을 구축하고 운영하는 사람들은 소유자가 원래 계획했던 것보다 더 많은 노력과 돈을 쏟아 부을 뿐만 아니라 더 많은 우수한 사람들을 관여시켰다.

내가 팀 구축 및 운영을 단념시키려는 것처럼 보인다면 그것은 내가 의도한 것이 전혀 아니다. 나는 현실적이 되려 할 뿐이다. 여기에서는 드라이버, 여러분의 주행 능력과 커리어에 집중하기 때문에 드라이버의 실적에 가장 유용한 것에 집중하는 것이 합당할 것이다. 레이스 팀을 운영한다면 주행 기술을 발전과 커리어 계발에 대한 초점은 흐려지게 될 것이다. 그것은 사실이다.

물론, 레이스 팀을 구축하거나 운영하는 것에는 장점이 있다. 대부분의 레이서들은 "통제권", 언젠가 회수 가능한 "장비에 대한 투자" 등 이득이 무엇인지 확실히 알고 있다. 대부분의 레이서들에게 매우 어려운 이러한 접근법에는 '도전'과 '불리한 점'이 수반된다. 따라서, 여기에 언급된 핵심적인 내용들을 충분히 고려할 것을 시사한다. 이 책에 수록된 모든 내용처럼 여기에 제시된 모든 조언들은 동일한 근원에서 나온다. 그 근원은 바로 우리 자신의 경험과 다른 많은 사람들의 경험이다.

46 데이터 획득

대부분의 레이스 팀은 데이터 획득 장비(데이터 로깅 시스템)를 사용한다. 데이터 획득 장비로부터 모든 정보를 획득하여 해석하는 방법을 배운다면, 이 데이터 획득 장비는 매우 소중한 장비일 수 있다. 많은 사람들은 데이터 획득 장비를 위해 많은 돈을 지불하지만, 그 장비를 최대로 활용하는 방법은 결코 배우지 못한다.

데이터 획득 장비의 실제적인 장점들 중의 하나는 이 장비가 드라이빙 코치로 사용될 수 있다는 것이다. 대부분의 시스템들은 트랙의 어느 곳에서 제동을 시작해야 하는지를 비롯하여 스로틀 위치, 회전 시에 발생하는 g-포스, 속도, rpm, 엔진 기능 등을 정확하게 보여줄 것이다. 시스템은 특히 팀원 또는 유사한 차량에 탑승한 다른 드라이버와 비교가 가능한 경우 속도를 어느 정도 올리는 것이 가능한 곳을 파악하는 데 유용할 수 있다.

데이터 획득 시스템은 많은 이유로 인하여 멋진 도구로 간주된다. 우선, 데이터 획득 시스템은 주행 및 차량에 대하여 여러분이 알아차리지 못한 무언가를 말해주는 경우가 많다. 또한, 데이터 획득 시스템은 여러분이 이미 생각한 것을 훌륭하게 확인해준다. 데이터 획득 시스템은 드라이버 코치가 될 수 있으며 얼마나 속도를 높여야 하는지를 결정할 때 도움을 줄 수 있다.

가장 중요한 것은 데이터 획득 시스템은 거짓말을 하지 않는다는 것이다. 여러분은 전속력으로 가야 한다고 생각하더라도 컴퓨터는 스로틀에서 지긋이 발을 떼야 함을 알려준다는 사실은 놀랄만하다.

모든 연습 또는 예선전 또는 레이스 후에 나는 자리에 앉아 컴퓨터에 저장된 모든 세부사항들을 검토한다. 나는 그렇게 하는 것이 더 빠른 속도

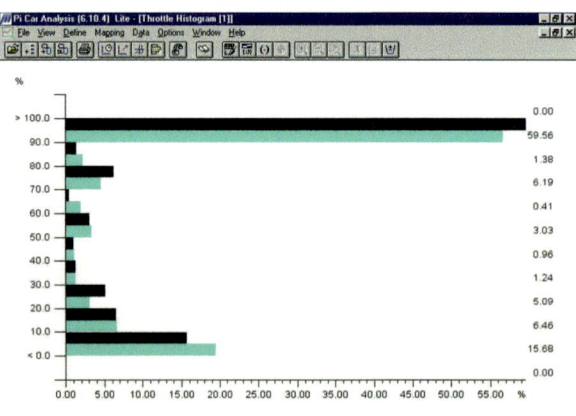

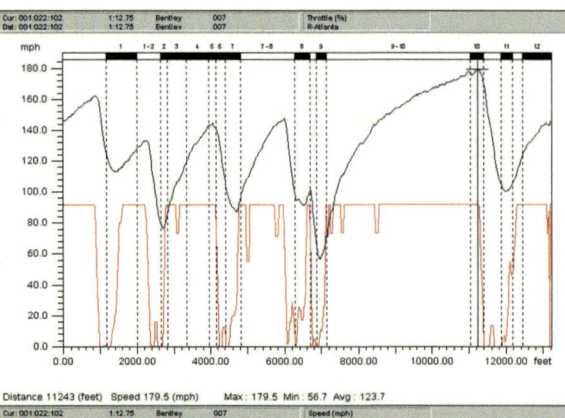

그림46-1: 데이터 획득 시스템을 이해하는 것은 드라이버들에게는 필수적이다. 상단의 스로틀 히스토그램 그래프는 별도의 2개 랩(lap)에 대하여 스로틀 개방 비율(%)을 비교한다. 하단의 그래프는 랩(lap)을 도는 동안 속도와 스로틀 위치를 보여준다.

카레이싱 최후의 비밀 : 드라이빙 하이테크닉

달성에 도움이 될 것이라는 것을 알고 있다. 컴퓨터에 저장된 정보를 활용하지 않는다면 나는 경쟁자들에 의해 낙오될 것이다. 나는 여기에서 데이터 획득 시스템의 기술적 측면에 대하여 이야기하려는 것이 아니다. 이 장에서 내가 논의하고자 하는 것은 데이터 획득 시스템을 드라이버인 여러분에게 도움이 되는 방식으로 활용하는 방법에 관한 것이다. 내가 말하려는 가장 중요한 요점은 데이터 획득 시스템은 아무리 정교하더라도 여러분의 피드백을 대신할 수 없다는 것이다. 가장 성공적인 자동차 엔지니어들은 그러한 사실을 알고 있다. 그들은 드라이버의 피드백이 더욱 중요하다는 것을 알고 있다.

여러분의 피드백이 데이터 획득 시스템보다 더 정확하다는 말인가? 그렇지 않다. 내가 말하려는 것은 데이터가 보여주는 것에 비해 자동차가 다르게 느껴지거나 인식된다면 그러한 느낌과 인식이 맞는다는 것이다. "인식은 현실이다"라는 속담이 레이스 드라이버의 경우에도 확실히 적용된다. 물론, 모든 엔지니어들이 이 주제에 관련하여 여러분의 의견에 동의하는 것은 아니다. 많은 사람들은 데이터가 가장 중요하고 여러모로 데이터가 절대적으로 정확하다고 느낀다. 그러나 대부분의 경우 한계와 신뢰 수준을 감지하는 드라이버의 능력을 향상시키는 선택과 자동차의 전반적 성능을 향상시키는 선택 중에서 전자의 선택은 대개 최대 향상으로 이어질 것이다. 즉, 자동차가 기술적으로 속도가 더 빠르지만 초조하게 하고 판독하기 어려운 경우에 비해 드라이버가 자동차를 신뢰하고 자동차가 말하는 것을 감지할 수 있을 때 드라이버는 더 빠른 속도를 달성할 가능성이 더 크다.

여러분은 내가 레이스 카에 대한 데이터 획득 시스템을 그다지 사용하지 않는다고 생각할 수 있을 것이다. 그것은 결코 사실이 아니다. 데이터 획득 시스템은 드라이버가 사용할 수 있는 가장 중요한 도구들 중 하나이다. 나는 드라이버를 지도할 때 자동차에 데이터 획득 시스템이 장착될 것을 매번 요구하다시피 한다. 가장 성공적인 차량 엔지니어들은 데이터 획득 시스템이 차량에 대한 공학적 정비를 용이하게 할 뿐만 아니라 드라이버에게도 도움이 되는 매우 소중한 도구라는 것을 알고 있다.

사용자와 데이터 획득 시스템 간의 연동

데이터 획득 시스템을 사용하는 첫 번째 단계는 데이트 획득 시스템에 여러분 자신을 연동시키는 것이다. 이러한 연동이 이루어지지 않으면, 사용자와 데이터 획득 시스템은 상호 일치하지 않게 되어 문제를 초래할 수 있다.

연동은 무슨 의미인가? 이는 데이터 획득 시스템이 가리키는 것에 일치하는 방식으로 트랙과 자동차를 판독하는 훈련이 필요하다는 의미이다. 또한, 여러분이 보고하는 것에 일치하는 방식으로 데이터를 해석하는 방법을 배워야 한다는 의미이다. 그렇게 한다면, 주행 실적과 차량 성능이 모두 향상될 수 있다. 나는 여러분과 데이터 획득 시스템이 항상 상호 일치해야 한다고 말하고 있는가? 그렇지

46 데이터 획득

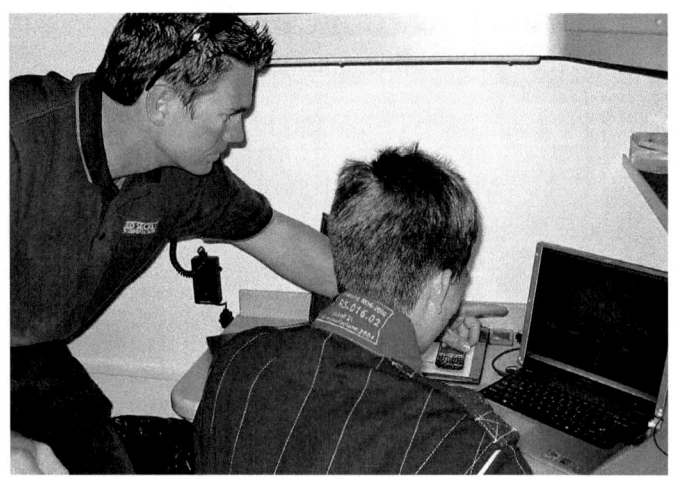

않다. 여러분의 느낌, 판독과 인식, 데이터 획득 시스템의 보고 방식에 관련하여 상황의 양쪽 측면을 모두 확인하는 것은 잘못된 일이 아니다.

자동차의 성능 향상을 위해 요구되는 정보는 두 개의 근원에서 제공되는 피드백의 형태이다. 나는 이에 대해 앞서 언급했지만 다시 한번 설명할 것이다.

레이스 카의 속도를 더 높일 수 있는 때는 많아 졌지만 드라이버는 불편함을 느낄 것이다. 불편함을 느끼는 드라이버는 뒤처진다. 가끔, 데이터는 변화의 필요성을 보여주는데 이는 궁극적으로 자동차의 속도를 더 높이기 위한 것이다. 그러나 여러분은 자동차에 대하여 편안함과 자신감을 불어 넣어 주는 변화를 원한다. 십중팔구, 원하는 데로 나아간다면 드라이버의 실적과 차량 패키지의 성능이 최대로 향상될 것이다.

드라이버가 없는 레이스는 없으며 차량이 없는 레이스도 없다는 사실을 잊지 말아야 한다. 이는 패키지이기 때문에 어떠한 한 부분이 전체적 성능을 결정하지 않는다. 차량과 드라이버 패키지의 성능은 가장 약한 절반에 의해 제한된다. 그러나 패키지의 한쪽 절반은 인간이다. 인적 요인은 성능 향상을 달성하는 데 있어서 가장 도전적인 구성요소일 것이다.

데이터 판독 및 해석

나는 차량의 공학적 관점에서 데이터 해석 방법에 관련하여 어떠한 유형의 논의도 의도하지 않지만 드라이버인 여러분에 엄밀하게 관련된 몇 가지 영역에 대해서는 간략하게 언급하고자 한다. 여기서 나는 여러분이 주시해야 할 몇 가지 성향들을 파악하도록 돕고자 한다. 왜냐하면 그러한 성향들은 주행에 대하여 많은 것을 말해주기 때문이다.

카레이싱 최후의 비밀 : 드라이빙 하이테크닉

스로틀-브레이크-스로틀 이행

데이터 획득 시스템에서 확인 가능한 가장 분명한 주행 특성들 중 하나는 코너 출구를 통과한 후에 직선 코스가 종료되는 지점부터 스로틀과 브레이크를 사용하여 실행하는 것에 관련한다.

- 제동을 하기 전에 스로틀에서 발을 떼고 클러치를 단절한 채 타성으로 주행하는 경우
- 브레이크를 너무 급작스럽게 해제하는 경우
- 브레이크를 완전히 해제하는 순간과 스로틀을 적용하는 순간 사이에 시차가 너무 긴 경우
- 스로틀 적용이 너무 급작스러운 경우

"스로틀에서부터 브레이크까지" 및 "브레이크에서 스로틀까지" 양 방향으로 제동과 스로틀이 부드럽고 원활하게 중복되게 한다. 제동과 스로틀 사이에 시차가 있으면, 시간을 낭비하고 있는 것이다. 브레이크 또는 스로틀의 적용이나 해제가 너무 급작스러우면 속도가 실제적으로 상승할 만큼 충분히 부드럽지 않은 것이다. 브레이크 또는 스로틀의 적용이나 해제가 느리고 점진적이면 속도는 매우 느려진다.

제동력

일관성 없는 제동력을 주의해야 한다. 일반적으로, 제동력은 빠르게(종종 더 이상 증강되지 않을 정도로 빠르게 증강되어야 하고 최대 제동 압력에 거의 순식간에 도달해야 함) 증강되어야 하며, 일관성 있게 한계에서 유지되고 부드럽게 서서히 감소해야 한다. 최초에 브레이크에 발을 올려 놓은 상태를 유지하다가 지긋이 발을 떼기 시작하는 드라이버들이 있는가 하면 그 반대로 실행하는 드라이버들도 있다. 드라이버들은 페달 상에서 압력을 완전히 쥐어 짜낼 때까지 오랜 시간을 들이지만 결국 회전하여 코너로 진입하기 바로 전에 '최대 한계 제동'에 다다른다.

자신이 주행하는 차량의 유형과 성능을 고려해야 한다. 차량에 작용하는 공기역학적 다운포스가 상당히 크면 브레이크를 최초에 강하고 빠르게 적용해야 한다. 이후, 속도와 함께 다운포스가 감소하면 차량의 트랙션이 약화함에 따라 압력도 그만큼 감소시켜야 한다.

차량에 공기역학적 다운포스가 작용하지 않는다면, 제동은 제동 구간을 통틀어 상대적으로 일관성이 있어야 한다. 제동 구간을 통틀어 압력을 변경해야 하는 이유는 트랙 표면의 변화 및 그에 따른 트랙의 노면 그립 수준 때문이다. 제동 구간이 편평하고 부드러우면 데이터 획득 시스템 상에서 브레이크 압력 흔적도 편평하고 부드러워야 한다.

46 데이터 획득

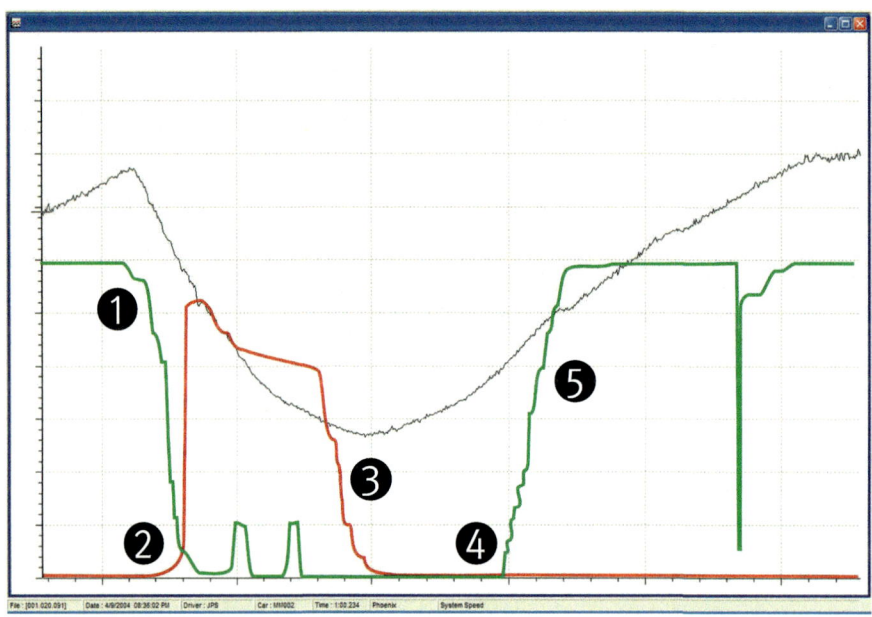

그림46-2: 이 데이터 흔적은 다음과 같은 문제를 보여준다. (1) 드라이버는 스로틀을 너무 느리고 너무 부드럽게 완화했다(녹색 선). (2) 스로틀을 해제하는 순간과 제동을 시작하는 순간 사이에 시차가 너무 길다(적색 선). (3) 드라이버가 브레이크를 충분히 부드럽게 서서히 해제하지 않았다. (4) 제동이 종료되는 순간과 가속이 시작되는 순간 사이에 시차가 너무 길다. (5) 스로틀 적용이 너무 급작스럽다.

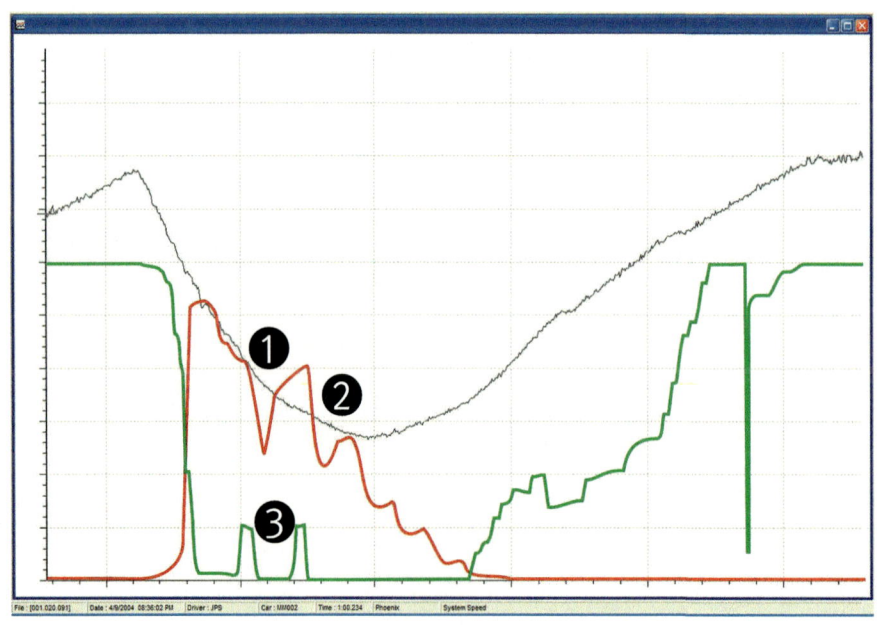

그림46-3: 이 그래프에서 제동 흔적(적색 선)은 드라이버가 제동력을 일관성 없는 방식으로 적용한다는 것을 보여준다 (1 및 2). 이 경우 스로틀 저단 변속 블리핑(blipping)(3)을 실행하면 제동력이 감소한다.

카레이싱 최후의 비밀 : 드라이빙 하이테크닉

조향 입력

조향 입력 흔적을 조사하면 자신감 부족을 감지할 수 있는 경우가 많다. 예를 들어, 선회하여 코너로 진입할 때 (즉각적인 오버스티어 또는 언더스티어를 우려하여) 차량의 반응에 대하여 자신감이 결여되어 있다면, 드라이버는 정확하고 부드럽게 차량을 회전시키지 않고 스티어링 휠을 너무 서서히 돌리게 될 것이다. 이상적인 턴인 지점에 도달하기 전에 드라이버는 스티어링 휠을 너무 느리게 돌리기 시작할 것이다.

여러분이 보고하는 것(인간이 인식한 것)을 데이터 흔적(컴퓨터가 인식한 것)과 비교하고 연동시킨 다면, 시간이 경과함에 따라 여러분은 차량에 대한 자신감이 부족하다는 것을 깨닫게 될 것이다. 데이터 흔적을 살펴본다면 차량에 대한 자신감의 결여를 확인할 수 있을 것이다.

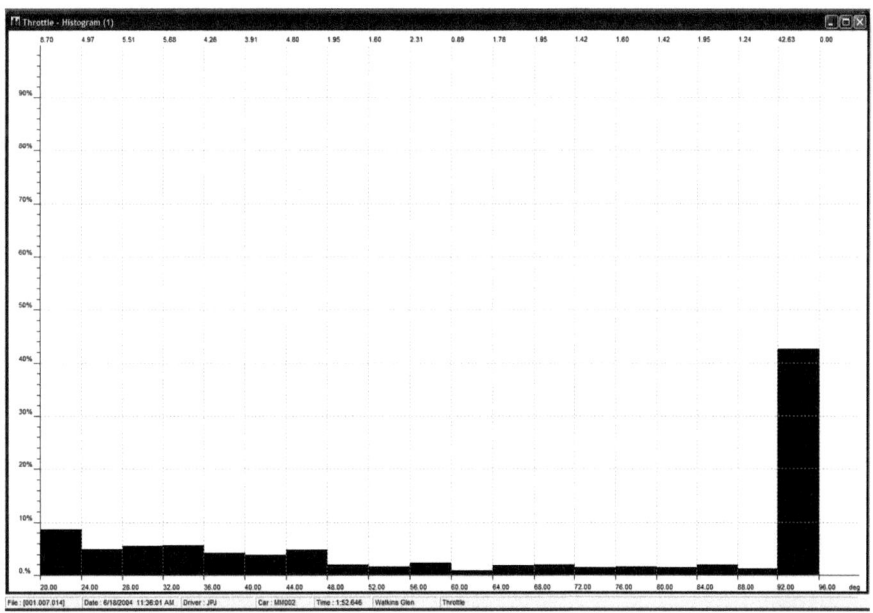

그림46-4: 스로틀 히스토그램(throttle histogram)은 차량 설정(setup) 변경 또는 주행 기술 변화에 따라 '풀 스로틀'에서 더 많은 시간을 보내는지 판단하기 위한 유용한 도구이다. 그러나 부분적인 스로틀 상태에서 경과되는 시간이 감소하고 풀 스로틀 상태에서 보내는 시간이 증가함에 따라 랩타임이 실제적으로 느려질 수 있기 때문에 해당 정보에 대한 과도한 판독을 하지 않도록 유의해야 한다.

일단 문제를 확인하고 그 원인과 해결책을 파악한다면, 이는 분명히 매우 유용한 정보이다. 아울러, 데이터 흔적를 확인한다면 차량에 대한 이러한 자신감의 부족을 깨달을 수 있을 것이다.

46 데이터 획득

스로틀 히스토그램

많은 드라이버들과 엔지니어들은 차량에 대한 변경이나 주행 기술의 변화가 긍정적 또는 부정적 변화를 초래하는지를 판단하기 위해 스로틀 히스토그램을 사용한다. 풀 스로틀에서 더 많은 시간이 경과되면서 스로틀이 바닥에 편평하게 유지되는 시간이 더 길어진다면 그것은 향상에 해당한다. 나는 어떤 드라이버의 현재 랩을 과거 랩에 비교하는 대부분의 경우 그러한 개념에 동의하지만, 여러분이 극단으로 흐르지 않기 바란다. 풀 스로틀이 랩의 대부분을 차지하게 할 수는 있지만 속도는 여전히 더 느리다. 어떻게 그런가? 그것은 심지어 제동하는 동안에도 스로틀을 적용하지 않는 '무(無) 스로틀 상태'에서 훨씬 더 많은 시간을 보냄으로써 가능해진다. 풀 스로틀에서 랩의 몇 퍼센트(%)가 경과하는지를 비교할 때, 스로틀이 적용되지 않는 상태에서 랩 시간의 몇 퍼센트가 경과하는지를 비교하라. 풀 스로틀에서 경과하는 랩타임이 1% 증가하는 경우, 드라이버가 스로틀이 전혀 적용되지 않는 상태에서 경과하는 시간을 5% 늘리면 랩타임은 더 단축되지 않을 것이다.

또한, 스로틀 히스토그램을 사용하는 1인 이상의 드라이버들을 비교하는 경우, 주행 스타일이 중요한 요인이라는 것을 이해해야 한다. 스로틀을 작동시키거나 해제하는 드라이버들이 있는가 하면, 풀 스로틀에서 경과하는 시간을 전체적으로 줄이고도 여전히 속도가 더 빠른 드라이버들도 있는데 이는 미드레인지에서 스로틀을 쥐어짜듯 감소시키는 동안 더 많은 시간을 보내기 때문이다. 나는 로드 아틀란타에서 유사한 차량을 주행했던 다른 드라이버의 스로틀 히스토그램을 나의 스로틀 히스토그램과 비교했다. 그는 나에 비해 랩의 거의 10% 이상을 풀 스로틀에서 보냈지만 랩 타임은 동일했다. 나는 차량의 균형을 유지하면서 스로틀을 부분적으로 적용한 상태에서 더 많은 시간을 보낸 반면에 그는 스로틀을 작동시켰다가 해제하고 '포인트 앤 슛' 스타일로 주행을 하는 경향이 있었다.

스로틀 히스토그램을 사용하는 최선의 방법은 평균 비율(%) 스로틀을 비교하는 것이다. 이러한 경우, 드라이버가 스로틀을 적용한 상태에서 주행하는 전체 시간을 비교하기 때문에 비율(%)이 더 높을수록 좋다.

이론적인 최고속도 랩

대부분의 고급 데이터 획득 시스템은 이론적인 '최고속도 랩'을 예측하는 세션 후에 보고서를 작성할 수 있다. 이는 세션을 통틀어 트랙의 각 부분에서 가장 빠른 시간들의 합계를 계산함으로써 이루어진다.

시스템이 예측하는 랩 타임은 가끔 다소 비현실적일 수 있지만 선택할 수 있는 랩들이 충분히 있다면 이는 드라이버의 일관성을 평가할 수 있는 최선의 방법이다. 세션에서 가장 좋은 랩과 이론적인 최

카레이싱 최후의 비밀 : 드라이빙 하이테크닉

고속도 랩 간의 편차가 1% 이하이면, 드라이버가 차량을 일관적인 방식으로 최대로 활용 할 수 있다는 의미이다(차량의 전체적 한계에서 주행하지 않은 경우 속도가 분명히 느리지 않다면). 그 편차가 1%를 훨씬 상회한다면 그러한 비일관성에 대하여 어떠한 이유가 있어야 한다. 이는 드라이버가 자신의 주행 기술을 실험하고 있거나, 차량의 반응에 대하여 자신감이 부족하거나 하나 이상의 랩에서 실수하여 데이터 왜곡이 초래된 경우에 해당한다.

47 통신 및 기록

연습이든 예선이든 또는 결승이든 트랙에서 주행할 때 랩타임, 레이스 또는 예선전에서 현재 순위, 바로 앞 또는 뒤 경쟁자와의 거리, 예선에서 남은 시간, 레이스에서 남은 랩수 등을 파악하는 것은 중요하다. 대개 그러한 정보는 무선으로 드라이버에게 전달되거나 가끔은 피트 보드를 통해 전달된다.

피트 보드를 작동시키는 드라이버와 팀원은 각 신호의 의미를 간파하는 것이 중요하다. 보드 맨 (board man)은 드라이버가 다양한 때에 어떤 정보를 원할 것인지를 파악하는 것이 매우 중요하다. 이에 대하여 미리 논의해야 한다.

시합 중에 나는 랩타임에 대하여 그다지 신경 쓰지 않는다. 나는 현재 나의 위치, 앞 또는 뒤에서 달리는 차량과의 거리, 피트인해야 하는 시점, 현재의 랩에 대해서만 알려고 한다. 물론 예선에서 내가 신경 쓰는 모든 것은 나의 랩타임과 세션에서 시간이 얼마나 남았는가에 대해서이다. 개인적으로 나는 시간이 있든 없든 상관 없이 모든 랩에서 보드를 보거나 약간의 무선 통신을 하길 원한다. 나는 내가 현재의 상황을 좀 더 통제하고 있다는 느낌을 받는다. 나는 트랙으로 들어가기 전에 피트 보드 또는 무선을 담당하는 사람이 내가 원하는 것을 정확하게 파악하도록 한참 동안 시간을 보낸다.

한 때, 나는 예선에서 트랙을 질주하는 동안 랩타임을 전광판에 표시하거나 내게 알리지 않게 했다. 드라이버들은 시간에 과도하게 집중하기 쉽다. 나의 경우, 시간에 대한 과도한 집중 때문에 가끔 더 빠른 주행을 시도하거나 특정 시간을 '넘어야 할 장벽'으로 간주했다. 드라이버는 랩 타임을 모르는 상태로 예선에서 트랙을 질주하고 싶을 수 있다. 그것이 자신에게 효과적인지 생각해 봐야 한다.

카레이싱 최후의 비밀 : 드라이빙 하이테크닉

양방향 무선은 정보 전달을 위한 최선의 방법일 것인데, 이는 드라이버 또한 입력을 할 수 있기 때문이다. 그러나 무선에는 혼선이 많은 경우가 종종 있기 때문에 무선에 항상 의존할 수는 없다.

그러한 이유로 많은 팀들은 피트 보드에 의존하며 무선은 기본적인 정보를 위한 백업용으로만 사용된다. 무선의 가장 중요한 용도는 차량에 문제가 있는 경우 피트인을 해야 할 때 또는 녹색 깃발이 내려졌을 때 등 더욱 자세한 정보를 얻기 위한 것이다.

팀원이 타이어 공기 부족, 엔진 문제, 연료 부족, 특히 무선 기능 불량 등에 대하여 이해하도록 기본적인 수신호를 몇 개 사용하는 것도 좋은 아이디어이다.

기록 및 메모

드라이버는 각각의 레이스, 연습, 테스트 또는 예선에 관한 세부사항이 적힌 기록 또는 일지를 유지해야 한다. 동일한 트랙에 돌아갈 때 또는 특정적인 주행 구역에 문제가 있을 때 기록된 내용을 확인하여 교훈을 얻을 수 있다.

나는 각 세션이 시작되기 전에 해당 세션에 대한 '목표', '주행 기술' 또는 '주행 기술을 획득하기 위한 계획'을 적었다. 각 세션이 종료된 후 알고 있는 트랙과 상태, 차량에 실시한 변경의 내용, 차량에 필요한 변경, 세션의 결과 등에 대한 언급을 메모했다.

그림47-1: 차량에 대한 인식 향상(차량에 대한 드라이버의 피드백 향상)을 위해 가장 중요한 방법들 중 하나는 트랙 지도에 메모하는 것이다. 그러한 메모는 자신이 보고 느끼고 듣는 것, 차량의 핸들링 상태, 자신이 차량에 대하여 실시하고 있는 것 등에 대하여 매우 자세한 정보를 포함해야 한다.

47 통신 및 기록

차량에 대하여 실시한 변경을 메모하지 않는 자동차 엔지니어는 얼마나 효과적인가? 그다지 효과적이지 않을 것이다. 이는 드라이버에게도 동일하게 적용된다. 주요 목표들 중 하나는 동일한 실수를 두 번 다시 반복하지 않도록 주의하는 것이다. 그렇지 않으면 동일한 일을 두 번 겪어야 할 것이다.

그러므로, 어떠한 양식의 일지에 상세한 메모를 기록하고 유지해야 한다. 나는 주행하는 각각의 트랙에서 자신만의 트랙 지도를 그리도록 권장한다. 자신만의 트랙 지도를 사용하는 것이 트랙 자체 또는 데이터 획득 시스템에 의해 제공된 '인쇄된 트랙 지도'에만 의지하는 것보다 더 좋은 이유는 무엇인가? 그 이유는 트랙을 보이는 그대로 그리는 것이 중요하기 때문이다. 트랙을 항상 사실대로 그릴 필요는 없다. 자신의 그린 지도에 대한 백업으로서 추가적인 참조로서 비교를 위해 '인쇄된 트랙'의 사본을 보유할 수 있다.

각 선회 시에 사용되는 기어, 특정적인 기준점('도로에 균열이 있을 때 선회', '코너가 끝날 때 정점이 나타남' 등), 고도 및 노면의 변화, 통과하기 좋은 장소 등 주행 방법에 관련된 지도에 메모해야 한다. 또한 트랙에서 특히 어려운 부분과 그 이유에 대하여 메모해야 한다. 뿐만 아니라, 드라이버는 날짜, 차량, 가장 좋은 랩타임, 가장 빠른 차량의 랩타임, 기상 상태 등을 기록할 수 있다. 이러한 정보는 동일한 차량을 주행하든 상관 없이 다음에 해당 트랙에서 레이스할 때 귀중한 정보가 될 것이다.

트랙에서 일상적으로 배운 모든 것을 메모해야 한다. 아주 자세하게 메모하지 않으면 일에 충분한 주의를 기울이지 않게 된다. 경험이 많든 적든 상관 없이 드라이버는 항상 뭔가를 배우게 된다. 분명히 배운 것을 적어두면 잊어 버릴 가능성이 줄어들고 (대부분의 경우 큰 비용을 들여) 처음부터 다시 배워야 할 필요가 없을 것이다.

마지막으로, 레이스 주말(또는 테스트의 날)에 각 세션에 대하여 1~10의 척도를 기준으로 실적을 평가하고 '무엇을 느꼈고' '무엇이 그러한 느낌이 들게 했는지'에 관하여 메모해야 한다. 그러한 방식으로 일정 기간 동안 패턴이 나타나기 시작할 것이다. 그러한 패턴은 일관적으로 훌륭한 실적을 가져오는 일상을 구체화한다. 예를 들어, 주행 전에 항상 어떠한 종류의 신체적 워밍업을 실행했거나 자기 자신이나 다른 팀원이 어떠한 특정 문구를 사용했을 때, 결과적으로 실적 척도에서 '9'로 평가되는 것을 알게 된 경우 여러분은 향후 무엇을 계속 해야 하는지 알 것이다.

마음 상태, 에너지 및 열정 수준, 지난 1~2일 동안 섭취한 음식, 주변에 있는 사람들, 그들에게 말한 내용, 자신감 또는 불안의 정도 등을 메모하면 훌륭한 실적을 달성하기 위해 레이스 전에 실행할 절차를 훨씬 더 용이하게 개발할 수 있다. 메모를 하지 않으면, 패턴을 놓치기 쉬워진다.

카레이싱 최후의 비밀 : 드라이빙 하이테크닉

48 안 전

레이싱은 의심의 여지 없이 위험하다. 그러나 그 위험은 통제 가능하며, 통제되어야 한다. 부상에 관련하여 나를 포함하여 대부분의 드라이버들은 '다른 사람들이 부상을 당할지라도 나는 부상을 당하지 않는다'라는 태도를 갖고 있다. 그러한 태도는 어느 정도 필요하다고 생각한다. 그렇지 않으면 빠르게 주행하는 것에 대하여 과도한 두려움이 생길 것이다.

그러나 그러한 태도는 안전을 소홀히 하는 태도에 대한 변명이 될 수 없다. 레이싱 경력이 쌓이면서 최소한 한두 번의 충돌 사고는 불가피하다. 이러한 충돌 사고에 대한 대처는 다양한 안전 장비와 시스템을 얼마나 중요시하는가의 문제일 수 있다. 안전을 중요시하는 것은 겁쟁이라는 의미가 아니다. 안전을 중요시하는 것은 영리하고 전문적인 드라이버임을 의미한다. 안전을 더 많이 강조할수록 레이싱 경력을 더 길게 이어나갈 수 있고, 더 많은 성공을 달성할 수 있을 것이다.

인디카와 포뮬러 원에 탑승한 드라이버들이 안전을 얼마나 진지하게 생각하는지 살펴보자. 천천히 주행하면 더 안전한 것은 아니다. 사실, 그 반대인 경우가 많다.

인디카와 포뮬러 원에 내장된 안전장치와 그 수준에 해당하는 안전 관리자(safety personnel)는 훌륭하다. 따라서, 레이싱 커리어를 시작하는 드라이버는 안전에 대하여 진지하게 생각해야 한다.

안전 장비

앞서 말한 것처럼, 당분간 레이스를 한다면 경상 또는 중상을 초래할 수 있는 사고를 당할 가능성이 있다. 이는 자신과 차량의 모든 안전 장비에 주의를 기울여야 하는 이유이다.

SPEED SECRET

가능한 한 가장 좋은 안전 장비를 구매하라.

저렴한 드라이빙 슈트를 구매했는데 심한 화상을 당하고 병원에 입원했다면, 그것은 그다지 저렴한 것이 아니다. 이는 헬멧에도 동일하게 적용된다. 값싼 헬멧을 구매하는 것은 경제적으로 정말 잘못된 것이다. 나는 "값싼 머리를 갖고 있다면 값싼 헬멧을 구매하라"라고 자주 말하곤 한다.

가능한 가장 좋은 장비를 구매한 후에는 관리해야 한다. 헬멧을 떨어뜨리거나 바닥에 거꾸로 세워 놓으면 안 된다. 드라이빙 슈트를 청결하게 유지해야 한다. 기름이나 먼지로 덮이면 내화 성능이 약화된다.

카레이싱 최후의 비밀 : 드라이빙 하이테크닉

SPEED SECRET
좋은 안전 장비를 구매할 여유가 없다면 레이싱을 할 여유가 없는 것이다.

가장 좋은 장비를 보유하고 잘 관리하는 것은 생명을 지키는 데 도움이 될 뿐만 아니라 여러분의 태도를 반영한다. 프로답게 보이고 행동하면, 후원을 받거나 프로팀의 눈에 띄게 될 확률도 높아진다. 또한 가족이나 친구의 도움으로 부상의 확률을 최소화할 수 있다.

주행을 시작하기 전에 모든 귀금속을 몸에서 제거해야 한다. 금속 목걸이, 금속 팔찌, 금속 반지를 하고 있는 상태에서 화재가 나면 어떻게 될지 상상해 보자. 금속이 가열됨에 따라 치료 절차가 더 복잡해질 뿐만 아니라, 화상이 얼마나 더 심해지는가에 대해서는 말할 필요가 없을 것이다. 장비가 표준에 적합한지 판단하기 위해 현재의 규정을 확인하라. 표준은 지속적으로 업그레이드되고, 빈번하게 변경되기 때문에 여기에서 표준을 인용하지는 않겠다.

모든 장비의 예비 부품을 반드시 확보하라. 레이싱에만 너무 많이 지출하면 안전 장비의 고장이나 손실로 인하여 트랙에서 계속 주행할 수 없게 될 수 있다. 레이스 프로그램에는 수천 달러를 지출했지만 장갑을 잃어버리거나 헬멧의 바이저(얼굴 가리개)가 손상되어 레이스를 할 수 없다면 어리석은 것이다.

헬멧

머리에 착용한 헬멧은 단 한 번만 사용하도록 만들어졌다. 떨어뜨리거나 어떤 것에 세게 부딪힌 헬멧은 이미 사용된 것으로 간주된다. 헬멧은 변형을 통해 충격 에너지를 흡수하면 구조적 강도가 파괴되도록 설계된다. 손상이 눈에 보이지 않더라도, 충격을 받은 헬멧은 제조업체의 확인이 요구되거나 교체해야 한다

감정적이거나 미신적인 이유로 인하여 많은 드라이버들은 헬멧에 집착하고 결코 포기하려 하지 않는다. 그것은 좋은 생각이 아니다. 이미 사용되었는지의 여부에 상관 없이 1~2년 마다 헬멧을 교체해야 한다. 헬멧은 노화됨에 따라 특히 내부 안감에 피로가 쌓인다.

헬멧은 섬유유리(파이버글래스), 케블라(타이어나 고무 제품의 강도를 높이기 위해 사용되는 인조 물질) 및 탄소 섬유 또는 그 배합물로 제작된다. 케블라 또는 탄소섬유(카본파이버)는 훨씬 더 경량이

48 안전

고 가격이 좀 더 비싸다. 추가적인 비용은 그 가치가 있다. 긴 레이스 코스를 주행하는 동안 목을 움직이기 쉬울 뿐만 아니라 충돌사고 시에 목에 압력이 덜 가해진다.

많은 드라이버들은 쇼룸 스톡카 등 상대적으로 느린 차량을 주행하기 때문에, 케블라 또는 탄소 섬유 헬멧에 더 많은 돈을 지출할 필요가 없다고 말한다. 충돌 사고에서 차량이 얼마나 느린가는 문제가 되지 않는다. 문제는 지포스가 높을 것이라는 것이다. 헬멧이 무거울수록 목에 더 많은 힘이 가해진다. 이는 부상의 여부를 결정한다.

헬멧이 완벽하게 맞는지 충분히 시간을 들여 확인해야 한다. 편안하게 잘 맞아야 하지만 너무 꽉 끼면 안 된다. 헬멧을 턱 끈을 묶지 않은 상태에서 머리를 축으로 헬멧을 돌릴 수 있거나 헬멧을 옆 또는 앞 뒤로 돌릴 수 있으면 안 된다. 불편함을 초래하는 압통점(壓痛点)이 있으면 안 된다.

뚜렷한 목적이 있지 않는 한 헬멧에 페인트를 칠하면 안 된다. 우선 헬멧 제조업체에 문의해야 한다. 드라이버들은 헬멧이 멋지게 보이도록 페인트를 칠하곤 하는데, 많은 헬멧들은 페인트의 종류에 따라 강도가 약화된다. 나는 드라이버가 닫힌 차량 안에서도 얼굴 전체를 덮는 헬멧을 착용해야 한다고 믿는다. 헬멧은 안면 부위가 개방된 헬멧보다 훨씬 더 많은 보호를 제공한다.

안면 부위가 개방된 헬멧을 선택할 때, 항상 안구 보호 장비를 착용해야 한다. 버블 고글(수영이나 스키 등을 탈 때 사용하는 밀폐형 고글)이 가장 좋을 것이다.

헬멧의 시험과 평가를 담당하는 기관은 스넬 또는 S.F.I. 파운데이션스이다. 표준은 몇 년 마다 업그레이드된다. 이러한 시험에 합격한 헬멧만이 레이싱에서 합법적으로 사용될 수 있다. 헬멧을 구매하기 전에 규정집을 확인하여 헬멧에 대한 최근 표준이 어떠한지 살펴봐야 한다. 구식 헬멧을 저렴한 가격에 구매할 수 있겠지만, 그러한 헬멧은 꽃을 심기 위한 화분으로 밖에 쓸 수 없을 것이다.

머리와 경추 보호대

이 섹션은 그럴만한 이유로 인하여 '머리와 경추 보호대' 라는 제목이 적용되었다. 내가 절대적으로 신뢰하는 유일한 시스템이 있는데 그것은 바로 한스(HANS:head and neck support) 장치이다. 레이스 시리즈에서 한스 장치 사용의 의무적이지 않을지라도, 한스 장치를 사용하여야 한다. 생명을 보호할 수 있는 최신 장비를 구매하고도 허락받을 때까지 사용을 미룰 수는 없다.

내가 알고 있는 대여섯 명의 드라이버들은 한스 장치를 사용하지 않았더라면 지금 과연 살아 있을지 의문이다. 어리석게 굴면 안 된다. 그러한 보호 장비를 사용해야 한다.

카레이싱 최후의 비밀 : 드라이빙 하이테크닉

드라이빙 슈트

무엇보다도 드라이빙 슈트는 내화성능을 갖고 있어야 한다. 드라이빙 슈트는 화재시에 탈출 또는 소화(消火)가 가능하도록 불에서 발생하는 열에 충분히 오랫동안 저항하고 그 열로부터 드라이버를 보호할 수 있도록 설계·제작된다. 경험에 기초하여 말하자면 좋은 드라이빙 슈트는 내화성을 갖고 있다. 나는 저렴한 드라이빙 슈트(저렴한 슈트를 찾을 수도 없겠지만)도 내화성능을 갖고 있는지에 대해서는 잘 모른다.

드라이빙 슈트를 구매하기 전에 몸에 잘 맞는지 확인하라. 맞춤 드라이빙 슈트가 가장 좋다. 슈트 제조업체가 제공하는 차트를 사용하여 신체 치수를 주의 깊게 측정하라. 몸에 잘 맞지 않으면 반송하여 치수를 변경해야 한다. 잘 맞지 않는 슈트는 불편하고 심지어 위험할 수 있다.

슈트의 등급을 확인하라. S.F.I. 파운데이션은 FIA(국제자동차연맹)처럼 드라이빙 슈트의 인증과 등급 평가를 담당한다. SFI 3.2A-1 등급은 이론적으로 약 2초 동안 보호를 제공한다. SFI 3.2A-5는 약 10초 동안 보호를 제공하며 SFI 3.2A-10은 약 20초 동안 보호를 제공한다(화상을 당하기까지 내화성능 유지 시간(초)에 기초한 등급 기준의 2배). 이것은 보증이 아니라 지침(가이드라인)임을 기억하라. SFI 또는 FIA의 등급을 받지 않은 슈트를 정말 구매하기를 원하는가? 성능이 얼마나 좋은지 알고 있는가? 그러한 슈트는 가격이 매우 저렴할 수 있지만 값싼 가격은 자신의 신체를 담보하는 것일 수 있다.

적절하게 맞고 품질이 좋은 슈트를 갖고 있다면, 잘 관리해야 한다. 차량에 탑승하기 전에 슈트를 갈아 입는 습관을 들여야 한다. 드라이빙 슈트는 상하 일체형일 필요는 없다. 슈트는 난연성이어야 하며, 오일·그리스·연료가 묻어서는 안된다.

1993년 인디애나폴리스 500을 위한 연습을 하는 동안 4번턴(turn 4)에서 시속 30km 이상으로 주행하는 동안 연료 조절기에 균열이 생겼다. 연료가 조정석 안으로 분사되어 발화되었다. 갑자기 나는 섭씨 1,200도의 메탄올 불에 에워싸였다. 다행히 나는 바로 앞에서 차를 멈췄고 빠져 나갔으며 몇몇 팀원들이 불을 끄기 시작했다. 나는 거의 40초 동안 이 불 안에 있었지만 슈트가 나를 완벽하게 보호했다.

나는 얼굴 가리개에서 내뿜어지는 열 때문에 얼굴에 화상을 입었다. 그때 나는 바람을 쏘이기 위해 얼굴 가리개를 잠깐 열려고 했다. 목에 화상을 입었는데 두건(balaclava)을 속옷 사이로 밀어 넣었던 부분에 불이 붙었다. 두 가지 이유로 인하여 손에 심한 화상을 입었다. 첫째, 장갑이 땀에 절었다. 손은 증기 화상을 입었다. 둘째, 내가 착용하고 있었던 장갑은 손바닥에 노멕스(내열성 합성섬유)막이 없었다. 그것은 단지 가죽이었다.

48 안전

좋은 장비를 착용하고 있지 않았더라면, 나는 어쩌면 지금 이 글을 쓰지 못하고 있었을 것이다. 슈트의 대부분은 안쪽까지 새까맣게 탔다. 노멕스 재질의 속옷조차도 일부가 새까맣게 타버렸다. 그러나 나의 피부까지 타 들어가지는 않았다.

나는 그 경험으로부터 어느 정도 좋은 교훈을 얻었다. 이제 나는 항상 노멕스 안감이 있는 장갑을 건조한 상태로 착용하고 두 겹으로 이루어진 두건을 착용하고 적절하게 슈트 안으로 밀어 넣는다.

드라이버를 위한 기타 장비

헬멧과 드라이빙 슈트에 더하여 드라이빙 슈즈, 내화성 장갑, 두건, 속옷, 양말 등 기타 장비가 요구된다. 여기에서도 동일한 규칙이 적용된다. "가장 좋은 것을 구매하고 잘 관리해야 한다".

나의 경험상 내화성 속옷을 슈트 속에 착용하는 것은 절대적으로 중요하다. 속옷과 함께 두 겹으로 된 슈트를 착용하면 속옷 없이 3겹 슈트를 착용할 때보다 보호 효과가 더 크다. 이것을 무더운 날에는 착용할 기분이 들지 않겠지만, 차량에 탑승하여 주행을 시작하면 더운지 아닌지를 결코 알 수 없을 것이다. 맨 살과 슈트 사이에 속옷을 착용하면 좀 더 편안하게 느껴진다. 땀도 더 잘 흡수한다. 대부분의 규정집에서는 한 겹 보다는 두 겹을 요구한다.

'손'과 '가죽 손바닥 표면' 사이에는 내화성 안감이 덧대어진 장갑만을 착용해야 한다. 대부분의 장갑에는 내화성 안감이 없다. 손바닥 부분에 가죽 만이 있을 뿐이다. 확실히 확인하려면 안을 밖으로 뒤집어 보면 된다. 일부 레이스 인허가 기관들은 안감을 요구하지만, 다른 인허가 기관들은 요구하진 않는다. 규정집을 확인해 보라. 내화성 안감이 덧대어진 장갑을 구매하면 더 좋을 것이다.

드라이빙 슈즈의 경우도 마찬가지이다. 내화성 안감이 덧대어진 드라이빙 슈즈를 구매하라. 볼링 신발이나 조깅화보다 보호 효과가 훨씬 더 크고 더 편안하다. 포뮬러 유형의 차량을 주행할 것이라면 실제로 드라이빙 슈즈 이외의 다른 신발을 착용한다면 운전석의 발을 움직일 수 있는 공간이 좁아서 페달을 적절하게 조작할 수 없을 것이다. 의무화되어야 한다고 생각하는 다른 품목은 귀마개이다. 귀마개는 수년 간 청력을 보호해줄 뿐만 아니라 실제적으로 차량의 소리를 더 잘 들을 수 있게 해주고 집중력을 강화시켜 줄 것이다.

카레이싱 최후의 비밀 : 드라이빙 하이테크닉

이는 빨리 피로해지지 않을 것이라는 의미이다.

　주행 시에 청각적 입력은 중요한 피드백이다. 청력에 문제가 있다면 차량이 말하는 것에 민감하게 기울일 수 없을 것이다. 작은 폼 귀마개도 대부분의 상황에서 적절하게 기능을 발휘하지만, 가장 좋은 귀마개는 자신의 귀에 맞도록 맞춤 제작된 제품이다.

안전 벨트

　레이스에서 안전 벨트(세이프티 하니스) 또는 좌석 벨트는 가장 중요한 안전 요소들일 것이다. 가장 좋은 좌석 벨트를 사용하고 잘 관리해야 한다. 궁극적으로 좌석 벨트는 드라이버의 생명을 지켜준다. 또한, 좌석 벨트는 가장 효율적으로 주행할 수 있도록 조정석에서 드라이버의 몸을 지지해준다.

　모든 벨트는 최소한 1년에 2번씩 교체하거나 다시 손을 봐야 한다. 안전 벨트는 빠르게 열화 되는데 기상조건 및 자외선에 노출되기만 해도 효과가 최대 80%까지 감소한다. 충돌사고를 당할 때마다 안전 벨트를 즉시 교체하거나 다시 손을 봐야 늘어나거나 약해지는 것을 막을 수 있다. 또한, 버클 장치를 정기적으로 점검 및 청소하고 필요에 따라 윤활유를 바른다.

　주행을 시작하기 전에 벨트는 팽팽한 상태이어야 한다. 그런 후, 주행 시에 최소한 숄더 벨트를 팽팽하게 할 수 있는지 점검한다. 종종, 숄더 벨트는 레이스 중에 느슨해지는 경향이 있다. 충돌 시에 안전 벨트가 실제적으로 얼마나 멀리 늘어나 드라이버가 생각보다 강하게 사물에 부딪히는지를 알게 된다면 놀랄 것이다.

　서브마린 현상(벨트 밑으로 빠져 핸들 아래로 쏙 들어가는 현상) 방지 벨트는 충돌 시에 몸이 앞으로 미끄러지는 것을 막을 뿐만 아니라 급제동 시에 몸을 지지해준다. 따라서 이 벨트는 적절하게 조정되어야 하고 몸에 잘 맞고 편안하게 느껴져야 한다.

　벨트를 재빠르게 풀고 차량을 신속하게 탈출하는 것을 연습해야 한다. 이는 중요한 연습이다. 많은 차량들은 신속하게 탈출하는 것이 실제적으로 불가능하다. 벨트가 단단하게 장착되고 정확한 위치에 있는지 확인한다. 가끔 숄더 벨트는 설치 간격이 너무 넓어서 충격이 심한 충돌 시에 벨트로부터 어깨가 빠져 나갈 수 있다. 숄더 벨트는 충돌 시에 몸이 앞으로 쏠리는 것을 방지할 뿐만 아니라 몸을 고정시킬 수 있도록 설치하는 것이 좋다.

49 운동 선수로서의 드라이버

"레이스 드라이버는 운동 선수인가?" 지난 수 년 동안 그 질문에 대한 답이 모색되었다. 누가 상관이라도 할까? 레이스카를 주행하는 것은 불굴의 정신력뿐만 아니라 상당한 신체적 기술과 지구력을 요구한다.

레이싱에서 조금이라도 성공하고 싶다면 신체적으로 건강해야 한다. 승자가 되거나 레이싱을 커리어로 추구하고 싶다면 신체적으로 좋은 상태에 있어야 한다.

레이스카를 주행하는 것은 유산소성 신체단련, 근력, 유연성, 적절한 영양 섭취 습관 등을 필요로 한다. 이러한 것들이 없다면 성공을 달성하기 위해서뿐만 아니라, 안전한 레이스를 위해 필요한 힘과 지구력이 결여될 것이다. 제어 장치(스티어링, 브레이크, 스로틀, 클러치, 변속 레버)를 사용하고 몸에 작용하는 많은 지포스를 다루는 것은 특히 엄청난 열이 발생하는 경우이며 사람들이 생각하는 것보다 훨씬 더 많은 것을 요구한다.

레이싱 라이선스(자격증)를 취득하려고 하거나 라이선스를 취득한 후 1~2년 마다(라이선스의 종류에 따라 다름) 의사가 실시하는 완전한 신체검사를 받아야 한다. 의사가 건강하다고 평가할지라도 나는 신체적으로 얼마나 건강한 것일까? 체력은 어떠할까? 유연성은 어떠할까?

레이스 중에 몸이 피곤해지면, 신체적 능력뿐만 아니라 정신적 능력에도 영향이 미친다. 신체적으로 피로해지고 통증을 느끼기 시작할 때(심지어 느끼기 전에) 무엇을 해야 하는지(즉, 가능한 빠르게 주행하는 데 집중하는 것)에 대하여 마음이 산만해진다.

몸 상태가 좋을수록 정신적으로 더 기민하게 반응할 수 있으며, 스트레스와 집중력의 수준을 효과적으로 다룰 수 있다.

끝없이 유지해야 하는 집중력은 체력을 소진시키는 주요한 요인이다. 잠시라도 집중력이 약화되면 재앙이 초래될 수 있다. '브레인 페이드(머리가 갑자기 어지러워지는 상태)'라는 표현이 변명을 위해 사용되는 것을 몇 번이나 들어 보았는가?

드라이버의 랩 타임이 레이스의 종점을 향해 가면서 서서히 느려지기 시작하는 것이 얼마나 자주 있는 일인지에 주목해보자. 드라이버는 브레이크 페이딩(브레이크를 빈번하게 사용함으로써 브레이크 패드가 과열되어 일시적으로 제동성능을 잃는 현상) 또는 엔진의 동력 약화 등을 탓한다. 사실이 밝혀진 경우 페이딩 되거나 피로로 인하여 힘을 잃는 주체는 바로 드라이버이다.

레이싱을 하면 건강을 유지할 수 있다고 주장하는 드라이버들은 스스로를 속이는 것이다. 매주 레이싱을 통한 운동은 그다지 충분하지 않다. 그러한 운동은 규칙적인 건강 증진 프로그램으로 보충되어 한다.

카레이싱 최후의 비밀 : 드라이빙 하이테크닉

건장 증진

훈련을 하면 건강이 향상된다. 달리기, 역기 들기 등을 통해 통제되는 방식으로 몸에 스트레스를 가하면 근육 섬유가 서서히 파열된다. 그런 후, 휴식을 하면 근육은 회복되어 더 강해진다. 운동을 할 때마다 휴식을 취하면 몸이 더 강해진다.

협응력, 근력, 유연성, 지구력의 향상을 위한 정기적인 건강 증진 프로그램을 활용하라. 조깅, 테니스, 라켓볼 등의 스포츠는 심혈관 건강과 협응력 향상을 위해 매우 좋다.

특별하게 계획된 웨이트 트레이닝과 스트레칭 프로그램에 더하여 이러한 활동은 레이싱에서 승자가 되는지 패자가 되는지를 판가름지을 수 있다. 또한, 이러한 대부분의 활동들은 반응 기술도 향상시킨다.

현대의 지면 효과가 있는 차량을 주행할 때 체력은 특히 중요하다. 따라서 웨이트 트레이닝이 매우 중요하다. 포뮬러 유형의 차량을 주행할 경우 운전석이 비좁기 때문에 근육이 너무 두꺼워지는 것을 원하지 않을 수 있다. 내구력 등 근지구력 강화에 집중하라.

이제 차량이 보이는 징조에 민감하게 반응하고 제어장치의 사용을 연습하는 것이 얼마나 중요한지 이해해야 한다. 이 시험을 시도해보라. 연필을 사용하여 기름종이 위에 그림을 정확하고 매우 자세히 베껴보자. 그런 후 '팔굽혀펴기'를 50회 실시한다. 그림을 다시 베낀다. 어떤 일이 일어났는가? 팔 근육이 피로해지면 제어의 정밀성이 감소한다. 레이스카를 주행할 때는 정밀한 제어가 필요하다.

레이싱을 할 때 심혈관 계통은 심한 운동을 한다. 휴식을 취할 때 일반인의 분당 심박수(BPM:beats per minute)는 50~80회인데, 이는 분당 최대 심박수의 잘반에도 미치치 못하는 것이다. 대부분의 선수들은 스포츠 활동 시에 분당 심박수가 최대심박수 60~70%에 이르며 휴식 시간은 단지 몇분 뿐이다. 연구에 따르면 전체 레이스에서 드라이버들의 분당 심박수는 최대 심박수의 80%에 이른다.

에어로빅 운동(유산소 운동)은 승자가 되는지 아니면 패자가 되는지를 판가름시켜줄 것이다. 심혈관 계통의 건강을 향상시키기 위한 유일한 방법은 조깅, 사이클링, 스테어마스터(계단 오르기 운동)를 비롯하여 가급적 최소한 20분 동안 이상 BMP를 최대치의 60~70%에서 유지할 수 있는 스포츠 등 유산소 훈련을 통해 건강을 유지하는 것이다.

운동 선수로서의 드라이버

스쿼시, 라켓볼, 탁구 등의 스포츠는 손과 눈의 협응력 및 반사 신경을 향상시키는 데 매우 좋다. 컴퓨터 및 비디오 게임 또한 멘탈 프로세싱과 반사 신경의 향상을 위해 좋다.

나는 최근 몇 년이 되어서야 유연성의 이득을 깨닫기 시작했다. 규칙적인 훈련 프로그램의 일환으로 나는 스트레칭을 하고 유연성을 향상시키는 데 상당한 시간을 들이고 있다. 이러한 운동을 시작한 이후 나는 근육과 통증이 감소했고, 근육경련이 일어나는 일이 훨씬 많이 줄어들었으며 레이싱 후에는 온종일 기분이 매우 좋아진다. 충돌이 발생하면 신체는 더욱 부드러워지고 부상당할 확률은 줄어든다. 신체가 유연해지면 근육은 충격에 더욱 효과적으로 대응할 수 있다.

체중은 어떻게 되는가? 과체중인 경우 체중 감량을 위해서는 드라이버 자신 뿐만 아니라 차량 및 차가 모두 관여된다. 차량의 무게를 가능한 가볍게 만들기 위해 팀이 노력하는 이유는 무엇인가? 그러나 신체의 초과 지방은 단열재의 역할을 하기 때문에 가열되어 뜨거운 레이스 차량 운전석 환경에는 필요 없다. 체지방을 줄이는 것은(또는 이미 충분히 날씬하다면 유지하는 것은) 훈련 프로그램의 일부를 형성해야 한다.

사실, 열은 레이스 드라이버에게는 최대의 적이다. 내화성 옷의 착용, 지속적으로 격렬한 신체적 움직임, 레이스 차량 자체에서 발생하는 열 등은 그다지 이상적인 주행 환경이 아니다. 드라이버의 체온은 약 38도를 초과할 수 있다.

이러한 열은 종종 탈수를 초래한다. 일부 드라이버들은 레이스 동안에 땀으로 체중의 최대 5%를 잃는다. 이는 근육 약화와 경련, 멘탈 프로세싱의 효과성 저하로 이어질 수 있다.

체중의 2%만을 땀으로 상실해도 작업능력은 15% 감소할 수 있다. 탈수에 대한 해결책은 오직 한 가지이다. 물을 마시는 것이다. 레이스가 펼쳐지는 주말, 특히 날씨가 따뜻할 때는 가능한 물을 많이 마시되 레이스가 진행되는 주말에는 일일 최소한 4리터를 마시도록 해야 하다.

운동선수의 식사는 운동선수의 실적에 매우 중요하다는 것은 잘 알려진 사실이다. 마라톤 선수들은 경주를 시작하기 전에 카보 로딩(탄수화물 함량이 높은 식품을 섭취하여 탄수화물을 축적함)을 하는 것으로 유명하다. 레이스 드라이버도 마찬가지이다. 레이스에서 승자가 되길 원한다면 적절한 식사가 필요하다. 의사 또는 영양사와 상담하라. 최소한 레이스가 개최되는 주말에는 고지방 함량 식품을 피해야 한다. 탄수화물과 단백질 간의 균형이 잘 잡힌 가벼운 식단을 고수하라.

마지막으로, 여러분은 생각을 많이 하는가? 흡연을 하는가? 우리 모두는 술과 담배가 건강에 영향을 준다는 것을 알고 있다.

그러한 영향으로 인하여 반응이 느려지거나 시야가 나빠지거나 심혈관 기능이 약화될 수 있는 가능성이 '백만분의 일'이라도 있다면 여러분의 그러한 위험을 기꺼이 감수할 것인지에 대하여 숙고하

카레이싱 최후의 비밀 : 드라이빙 하이테크닉

라. 여러분은 성공을 달성하기 위해 얼마나 전념하는가?

술이 몸과 정신에 끼치는 영향은 오랫동안 지속될 수 있다. 반응 시간이 느려지게 하고 감각을 무디게 하고 신속하게 결정하는 능력을 저하시킨다. 실적 향상을 위해 약물을 복용하는 것은 큰 실수이다. 도움이 되지 않을 뿐만 아니라 매우 위험하기 때문이다.

SPEED SECRET

차량과 기술이 동일하다면, 신체가 가장 건강한 드라이버가 승자가 될 것이다.

재능이 부족한 드라이버가 종종 신체적 건강에 힘입어 승리하는 경우가 있다. 따라서 레이스에서 지속하길 원한다면 드라이버는 가능한 한 신체적 건강을 위해 노력해야 한다.

50 깃발과 경기 진행 요원

많은 드라이버들이 경기 진행 요원(오피셜)들을 상대할 필요를 느끼지 못하며, 깃발에 그다지 주의를 기울이지 않는 것처럼 행동하는데 그들은 기회를 잃고 있는 것이다. 플랙 마샬이 보여주는 깃발에 철저하게 주의를 기울여야 한다. 그들은 여러분을 돕고 여러분이 가능한 빠르게 질주하도록 돕고 안전을 보장하기 위해 그곳에 서 있는 것이다. 실제적으로 앞으로 여러분이 경주할 모든 레이스 트랙에서 플랙 마샬과 경기 진행 요원들은 자원봉사자로서 거기에 있는 것이다.

그들은 동일한 이유 때문에 그곳에 있다. 그들은 레이싱을 사랑한다. 이유가 어떠하든 간에 참여를 위해 선택한 스포츠 영역 만이 여러분과 그들 간의 차이점이다. 플랙 마샬(기를 흔드는 운영요원)은 아직 레이스에서 경주할 준비가 되어있지 않기 때문에, 그렇게 하고있는 것이며 구경꾼보다는 쓸모 있는 일을 수행하고 있는 것이다. 사실 플랙 마샬로 일하는 것은 레이싱 커리어에서 종종 도움이 된다. 레이싱을 플랙 마샬의 관점에서 보는 것은 멋진 경험이다. 플랙 마샬과 경기 진행 요원들이 없다면 레이스를 할 수 없을 것이다. 깃발, 플랙 마샬, 경기 진행 요원들을 방해물로 생각하면 안 된다는 것을 기억하라. 레이스를 자신에게 유리한 방향으로 이끄는 데 깃발, 플랙 마샬, 경기 진행 요원들이 도움이 된다고 생각하라.

드라이버로서 레이스 트랙으로 향하기 전에 모든 깃발의 의미와 사용방법을 파악하고 이해하는 것은 절대적으로 중요하다. 깃발의 용도와 해석이 변경되었다고 알려졌기 때문에 레이싱을 규제하는 규정집을 충분한 시간을 들여 읽고 이해해야 한다. 최신 규정을 계속 파악하고 있어야 한다.

모든 깃발들을 주시하고 따를 뿐만 아니라 플랙 마샬들이 의미하는 것을 파악하는 것도 중요하다. 드라이버는 이것을 자신에게 유리하게 활용할 수 있다. 경험이 있다면 먀샬들이 깃발을 흔드는 방식에 차이가 있다는 것을 알 것이다. 예를 들어 먀샬이 황색 깃발을 조용히 흔든다면(주의, 감속을 의미하며 근처에서 사고가 발생했음을 알림) 사고는 심각하지 않을 것이다.

경쟁자들이 속도를 상당히 늦추는 경우 약간 뒤로 물러선다면 경쟁자에 비해 다소 유리해 질 수 있다. 그러나 속도를 줄일 준비가 되어있어야 한다. 플랙 마샬이 황색 깃발을 열정적으로 흔든다면 감속을 많이 해야 한다.

플랙 마샬들은 드라이버들의 안전을 위해 자신의 생명을 위태롭게 한다는 것을 기억하라. 이미 위험에 노출되어 있는 플랙 마샬들을 더 큰 위험에 빠뜨리는 행위를 해서는 안 된다. 레이싱 속도를 시속 30~50km 감속하면 차량이 거의 정지한 것처럼 느껴질 수 있다는 것을 이해해야 한다. 그러나 트랙 또는 트랙 근처에서 플랙 마샬들이 다른 드라이버를 돕고 있는 중에 여러분은 여전히 매우 빠른 속도로 주행하고 있다.

플랙 마샬의 결정이나 행동이 여러분에게 얼마나 불리한지에 상관 없이, 그러한 결정이나 행동을

카레이싱 최후의 비밀 : 드라이빙 하이테크닉

여러분은 무엇보다도 체커기를 보고 싶겠지만 모든 깃발들이 잠재적 도구이다. 깃발을 보고 그 의미(심지어, 깃발이 흔들리는 방식의 미묘한 차이)를 간파하고 이해하는 능력은 레이서(racer)의 승리 또는 패배에 결정적인 역할을 할 수 있다. *Shutterstock*

받아들이고 레이싱을 잘 해내도록 노력하라. 부당한 대우를 받고 있다고 확신한다면 적절한 방식으로 문제를 제기해야 한다(방법에 관해서는 규정집을 읽는다). 플랙 마샬에게 개인적으로 항의하면 안된다. 그렇게 하면 상황이 더 악화될 것이다.

경기 진행 요원들은 자신들의 일을 하고 있을 뿐이다. 그들과 더 잘 지낼수록 레이싱이 더욱 성공적이고 즐길만해 질 것이다. 경기 진행 요원들을 지속적으로 존중하는 마음으로 대한다면 판결은 여러분에게 유리한 방향으로 이루어질 수 있을 것이다.

51 레이싱 비즈니스

　오늘날 레이싱은 30년 전과 크게 다르며 심지어 10년 전에 비해서도 매우 다르다. 과거 프로 스포츠 세계에서 선수는 철저하게 능력에 기초하여 팀을 대표하여 드라이브하도록 선택되었다.
　이제는 더 이상 그렇지 않다. 오늘날에는 레이스에서 승리할 수 있는 능력을 가진 드라이버들이 많이 있다. 따라서 팀이 드라이버를 찾아 나설 때 능력이 뛰어날 뿐만 아니라 팀에 후원 수익을 안겨줄 수 있는 홍보 및 마케팅 가능한 선수(PR 담당자의 꿈)를 선택하는 것이 어떤가?
　이는 불공정할 수 있다. 이러한 사실은 커리어를 유지해나가는 평생 동안 받아들여야 하는 것이다. 그러한 사실을 최대로 활용하고 그것을 추가적인 도전과제로 받아들이든지 아니면 자신의 몫을 받을 수 없다는 이유로 비참하게 느끼는가는 선택의 문제이다.
　자신이 대접받을 자격이 있는 훌륭한 드라이버라는 생각 때문에 편안히 앉아 팀이 나에게 오기를 기다릴 수만은 없다. 차량 소유주가 직접 찾아와 문을 두드리는 것은 가뭄에 콩 나듯 드물다. 요즘 차를 몰려면 스스로 차를 구해야 한다. 그리고 뭔가를 탁자 위로 가져와야 할 것이다
　나는 경력을 통틀어 레이싱을 하려면 돈을 지불해야 한다는 것을 말하는 것이 아니다. 심지어 오늘날에도 일부 드라이버들은 주로 능력에 기초하여 최고의 팀을 대표하여 드라이브하도록 선택된다. 그러나 그들조차도 회비를 지불해야 한다. 그들은 소속된 최고의 팀에 개인적으로 지불하거나 후원금을 지불해야 할 것이다 이러한 관행이 암암리에 이루어진다고 생각할 것 없다. 후원, 전문성, 홍보가 경력에 중요하다고 믿지 않는다면 오직 텔레비전을 통해서만 많은 레이싱을 보게 될 것이다.

카레이싱 최후의 비밀 : 드라이빙 하이테크닉

경력 이동

앞서 말한 것처럼 레이싱에서 성공을 달성하려면 운전기술 이외에 많은 것이 요구된다. 한결같이 승리자가 되려면 '프로그램'의 모든 적절한 요소들을 갖고 있어야 한다. 요소들이란 적절한 장비(차량, 예비 부품 등), 우수한 팀원(작은 규모의 팀에서 한 명이 여러 가지 일을 하더라도 기계공, 엔지니어, 팀 관리자 등), 충분한 예산('충분한'은 상대적인 용어임), 적절한 테스트 프로그램 등을 말한다. 이러한 모든 구성요소들은 함께 그물처럼 짜여야 한다. 사람들이 하나의 팀으로 일하는 것은 특히 중요하다. 그렇지 않으면 실력이 아무리 뛰어날지라도 정기적으로 승리할 수 없다.

많은 드라이버들은 프로 레이싱에서 최정상의 자리에 오르기 위해 노력하는 데 관심이 없다. 그들은 아마추어 이벤트에서 재미를 위해 레이스를 하고 싶어 한다. 그것은 전혀 잘못된 것이 아니다. 나는 수년 동안 아마추어 레이싱을 해왔고 경쟁의 스릴, 자기 만족감, 깊어지는 동료애 및 우정, 여유로움 등 때문에 레이싱에 매료되는 많은 사람들을 알고 있다.

개인적으로, 나는 이 세상에서 레이싱이 가장 여유롭다고 본다. 레이싱을 할 때 아무것도 문제 될 것이 없다. 나는 내 인생에서 일어나고 있는 다른 일을 신경 쓰지 않고 레이싱에 집중한다. 그러는 동안 나는 다른 모든 것을 잊는다. 나는 긴장을 풀고 주행을 즐긴다. 그러한 이유로 레이싱의 스포츠적인 수준은 중요하지 않다. 그러나 스포츠적인 수준이 어떠한지에 상관 없이 레이싱은 많은 노력을 필요로 할 것이다. 차량을 주행할 때마다 그렇게 노력을 하는 것은 가치가 있을 것이다. 프로 레이싱에서 성공하려면 아마추어 레이싱에 비해 훨씬 더 많은 노력을 해야 한다. 그러한 사실을 알고 있어야 한다. 아마추어 레이싱에서 시간과 노력을 관리하는 것이 어렵다면, 프로 시리즈에서 레이싱을 시작할 때는 좀 더 수월해질 것이라고 기대하면 안 된다.

프로 레이싱 세계에서 최정상에 오르고자 한다면, 최정상에 도달하기 위해 권장되는 여정은 굉장히 다양하다. 그것은 드라이버들마다 다르지만 대개 어느 정도 공통점이 존재한다. 이는 여러분의 거주지(또한, 이사할 의향이 있는지의 여부), 개인적 재무 상황, 돈을 마련하는 수완(후원, 기부 등), 프로페셔널한 접근법(프로팀에서 여러분이 팀을 대표하여 드라이브하기를 원하는지의 여부), 레이싱에서 여러분의 궁극적인 목표(포뮬러 원, 인디카, NASCAR, 스포츠카, 스프린트카 등)에 따라 결정되는 경우가 많다. 성공한 드라이버들에게 이야기하라. 훌륭한 드라이버들의 자서전을 읽어보라. 다른 사람들에게 효과 있었던 방법을 배워보라.

과거에는 로드 레이서들은 도로에서만 레이싱을 했고 오벌 트랙 레이서들은 오벌 트랙에서만 레이싱을 했으며, 양자가 섞이는 일은 결코 없었다. 그러나 도로 코스와 오벌 트랙을 모두 주행하는 인디카가 등장하면서 많은 레이싱 시리즈들이 뒤따랐다. 도로 레이싱 경험을 가진 사람들 중에는 NA-

51 레이싱 비즈니스

SCAR 드라이버가 더 많다. 오늘날 두 유형의 코스 모두에 대하여 경험이 없으면, 레이싱의 최정상에서 성공을 거둘 수 있는 가능성은 줄어든다.

모든 유형의 트랙에서 레이싱할 수 있는 기회를 찾자. 어떤 시리즈에 탑승하여 경쟁할 것인지를 결정할 때 위에서 언급된 내용을 고려하자. 시리즈가 타원형 트랙과 도로 코스를 결합하고 프로 레이싱 세계로 올라가는 것이 목표라면, 어느 한 트랙 유형에서만 레이스를 하는 시리즈보다는 양자를 결합하는 시리즈를 선택하라. 그렇게 하는 것이 장기적으로 이득이 될 것이다. 운이 좋다면 레이스카를 한 대 구매하든지 아니면 프로페셔널 레이스카 대여업체나 레이싱 스쿨에서 레이스카를 대여하는 결정을 해야 할 것이다. 내가 '운이 좋다면'이라고 말한 것은 많은 드라이버들이 두 번째 옵션을 선택할 여유가 안 되어 레이스카를 구매하고 유지관리해야 하기 때문이다. 두 옵션에는 각각 장점과 단점이 있다.

첫째 최소한 경력의 일부를 위해서라도 자신만의 차량을 주행하는 것이 가장 좋다. 그렇게 할 때 많은 기본적인 기술을 배울 수 있고 차량에 대하여 기계적 민감성을 향상시킬 수 있다. 즉, 자신이 소유한 차량을 가지고 배우는 것이 좀 더 쉬울 것이다. 반면, 차량에 너무 많은 시간을 쏟고 집중하기 때문에 주행에는 시간을 거의 보내지 않을 수 있다는 것이 단점이다. 전문 레이스카 대여업체에서 레이스카를 대여하면, 주행에 더욱 집중할 수 있고 기계적 문제가 있다면 해당 전문가에게 문제해결을 의뢰할 수 있다. 그러나 좋은 차량 대여업체가 있는가 하면 그렇지 못한 대여업체도 있다는 것을 염두에 두어야 한다.

선택하기 전에 조사부터 해야 한다. 과거에 해당 차량을 사용한 경험이 있는 사람과 이야기 하라.

좋은 대여 프로그램을 발견했다면 주행에 완전히 집중할 수 있을 것이다. 그러면 좋지만 기계적 측면을 잊으면 안 된다. 차량이 실행하고 있는 것을 해석할 수 있고 기계적으로 민감하고 엔지니어나 정비사과 의사소통 한다면 최상의 프로 팀을 대표하여 주행 하는 데 성공할 것이다.

레이싱스쿨 시리즈들 중의 하나에 탑승하여 경쟁하는 것은 엄격하게 주행의 관점에서 볼 때 가장 좋은 선택일 것이다. 레이싱 스쿨은 레이스 이벤트 동안에 코치로 일하는 지도자(인스트럭터)를 보유하고 있기 때문에 학습 속도가 상당히 빨라 질 수 있을 것이다. 대개 그러한 차량들은 모두 동일한 유형인 '스펙' 시리즈들이다. 타인에 대하여 자신을 평가하고 진척 상황을 가늠할 수 있는 좋은 방법이 있다. 이때, 주의를 기울여야 한다. 좋은 스쿨 시리즈가 있는가 하면 나쁜 스쿨 시리즈도 있다. 일부 레이싱 스쿨들은 여러분의 돈에만 관심이 있다. 먼저, 사전 조사를 하는 것이 좋다. 과거에 해당 시리즈를 레이스에서 주행해본 사람들과 이야기 하라.

오픈 휠(포뮬러 유형) 또는 클로즈드 휠(시판용 또는 스포츠 레이스용)을 주행할 것인가를 선택하는 것은 여러분이 스포츠에서 추구하려는 것에 기초하는 결정이어야 한다. 커리어에서 클로즈드 휠

카레이싱 최후의 비밀 : 드라이빙 하이테크닉

차량을 몰고 레이싱하는 것에 대하여 확신이 있다면 그러한 확신을 고수하라. 그러나 여러분의 차가 어디에서 주행할 것인지에 대하여 확실하지 않다면, 오픈 휠 차를 몰고 레이싱 하면서 시간을 보내는 것이 좋다. 클로즈드 휠 차량을 주행해본 경험만 있다면 기회가 있더라도 오픈 휠 차량에 주행하는 것이 더욱 어려울 것이다. 오픈 휠 차량을 주행해본 경험이 있다면, 어떠한 유형의 차량이라도 더 쉽게 다룰 수 있다.

프로 드라이버로 커리어 쌓기 원한다면 가능한 모든 종류의 차량을 주행해보라는 것이 나의 조언이다. 속도가 가장 느린 스톡카에서부터 가장 세련된 포뮬러카에 이르는 모든 차량들을 주행하다 보면 뭔가 다른 것을 배울 수 있을 것이다. 더욱 많은 것을 배울수록 적응하기가 더욱 쉬워질 것이며 성공의 확률이 더 커질 것이다.

또한 좋은 교육은 드라이버의 커리어에 중요하다. 공학 학위가 있다면 레이싱의 기술적 측면에 도움이 되겠지만, 나는 고급 비즈니스 및 마케팅 교육이 오늘날 가장 중요하다고 확신한다. 노력을 적게 하더라도 엔지니어링에 관련된 측면을 충분히 배울 수 있다. 오늘날의 레이스 드라이버들은 레이싱에 성공적인 커리어를 위해 비즈니스 및 마케팅 지식에 더욱 의존하는 경향이 있다.

레이싱에서 최정상에 도달하기 위해서는 많은 것을 희생해야 한다. 스스로에게 "나는 정상에 이르기 위해 모든 것을 포기할 의향이 있는가"라고 질문하라. 자신의 도로용 자동차를 판매할 의향이 있는가? 스테레오를 팔아버릴 의향이 있는가? 여자친구나 부인을 포기할 의향이 있는가(나는 이것이 의무적이라고 시사하는 것이 아니지만 이러한 일들은 레이싱 때문에 생겼던 일이다). 그렇지 않다면, 스스로에게 진실되어야 한다. 얼마나 희생할 의향이 있으며 어디까지 희생할 수 있는지를 깨달아야 한다. 희생과 헌신 없이도 향후에 세계 챔피언이 될 것이라고 스스로를 속이지 않는 한, 재미를 즐기기 위한 목적으로 하는 아마추어 레이싱에 잘못된 것은 전혀 없다.

최정상에 도달하길 정말 원한다면 100% 헌신해야 한다. 시간적으로 하루에 24시간, 일주일에 7일을 투자하고 지출도 해야 한다. 대개 가지고 있는 모든 것을 장기간에 걸쳐 쏟아부어야 한다.

51 레이싱 비즈니스

성공을 위해 해야하는 것에 전념한다면, 나는 모든 사람들이 슈퍼스타는 아니어도 성공적인 레이서가 될 수 있다고 믿는다. 상당한 인내력이 요구된다. 보비 라할은 "레이싱에서 성공을 거두려면 10%의 재능과 90%의 인내력이 필요하다."고 언급했다. 그는 재능이 필요없다고 말한 것이 아니다. 인내력이 매우 중요하다는 것을 강조한 것이다.

나는 나 자신을 예로 들 수 있다. 물론 스포츠 역사에는 재능이 뛰어나서 더욱 성공적인 드라이버들이 많다. 그러나 나는 근면, 인내, 결심, 희생, 지식과 어쩌면 약간의 재능을 토대로 최정상까지 올라 갈 수 있다는 것을 증명했다.

그러나 레이싱 그 자체를 목적으로 여러분의 현재 수준에서 레이싱을 즐기는 것이 좋다. 다음 세계 챔피언이 되는 것을 목표로 설정할 필요는 없다. 최선을 다하고, 만약 일이 잘 풀린다면 성공할 것이다. 그렇지 않으면 다시 아마추어 레이싱으로 되돌아가 즐기자. 선택의 문을 활짝 열어두자.

후원(스폰서십)

후원은 자동차 레이싱이 제대로 이루어지게 하는 것이다. 후원을 설명하자면, 책 한 권으로 다 쓸 수 있다(내가 보았던 최고의 관련 서적은 가이 에드워즈의 《후원과 자동차 레이싱의 세계》이다). 따라서 나는 내 경험에 비추어 몇 가지 중요한 것만을 간략하게 설명하고자 한다.

첫째, 후원사 헌팅의 첫 번째 규칙은 다음과 같다. 후원은 여러분이 알고 있는 것에 관한 것이 아니라 여러분이 알고 있는 누군가에 관한 것이다. 판매 후원의 90%는 의사 결정자를 대상으로 한다. 적절한 사람을 만나는 데 집중해야 한다. 모든 성공적인 후원 기업에서는 이득을 파악할 수 있고 추진할 수 있는 핵심적인 사람이 최소한 한 명 있다. 그러한 사람을 찾을 필요가 있다. 여러분이 알고 있는 사람에게 말하고 그들이 누구를 알고 있는지 파악하라.

그것이 제1의 규칙이라면 다음은 제1.5의 규칙이다. 여러분이 원하는 것은 중요하지 않다. 중요한 것은 "여러분이 접근하는 회사가 무엇을 원하는가?"이다. 레이싱에서 너무 많은 사람들이 잠재적 후원자가 되며 회사로부터 금전을 받는 조건으로 무엇을 하겠다고 말한다. 그들은 회사가 거절하면 이유가 무엇인지 의아해 한다. 그들의 입장에서 생각하라. 그들이 무엇을 원하는지 파악하고

카레이싱 최후의 비밀 : 드라이빙 하이테크닉

그들이 원하는 것을 어떻게 줄 수 있는지 생각하라.

귀를 기울이라. 말을 많이 하지 말고 경청을 더 많이 하라. 그들이 원하는 것이 무엇인지 알아 내야 한다. 그들이 이득을 얻기 위해 레이싱을 어떻게 활용하는지 파악하라. 가끔 그들이 원하는 것은 여러분이 생각하는 것과 항상 일치하지는 않는다. 그들이 원하는 것 또는 필요로 하는 것이 무엇인지 깨닫도록 도와야 한다. 가능하다면 레이싱 후원 프로그램이 그들에게 어떻게 이득이 되는지에 관하여 여러분에게 설명하도록 요청하라. 그들이 설명을 하면 주의 깊게 경청하라. 이는 그들이 스스로를 홍보하고 있기 때문이다. 그들에게 후원의 비전을 제시할 수 있다면 그들은 "아니오"라고 거부할 수 없을 것이다. 그것은 그들의 아이디어였다.

차량에 새겨진 후원자의 이름('모바일 전광판')은 프로그램이 시작될 때 제시되어야 한다. 대개 프로그램이 실제적으로 효과적으로 만드는 것은 트랙에서 기업의 엔터테인먼트, 공동 후원자와의 비즈니스 파트너십의 기회, 직원 사기 고취 프로그램, 대외 홍보, 매체 노출 등이다. 후원은 전체적인 마케팅 프로그램으로서 회사 로고가 부착된 레이스카의 테마에 연계되어 제품이나 서비스의 판매를 촉진하고 기업 이미지를 강화한다.

과거에 기업들은 노출, 이미지 또는 홍보적 가치를 위해서 드라이버나 차량을 후원했다. 그러나 이는 오늘날 더 이상 적용되지 않는다. 직접적으로 기본적인 매출을 상승시키지 않는다면, 기업들은 무리하지 않으려 할 것이다.

여러분은 자신이 얼마나 훌륭한 드라이버이고 어떻게 전례없는 최고의 마케팅 프로그램인지에 대하여 열변하는 색다른 프레젠테이션, 팸플릿 및 패키지에 수천 달러를 지출할 수 있어야 한다. 그러나 십중팔구로 의사 결정자는 개인으로서의 여러분과 프로그램의 실제적 핵심에 기초하여 결정할 것이다. 기업들은 단지 좋은 프레젠테이션뿐만 아니라 좋은 프로그램을 통해 좋은 사람들을 설득한다.

나는 프로답게 보이는데 돈을 더 많이 쓰면 안 된다고 말하는 것이 아니다. 그런 목적으로 지출을 해야 한다. 나는 그것이 여러분이 가진 모든 것이라면, 여러분은 그것을 파는 데 어려움을 겪을 것이라는 것을 말하는 것이다. 잠재적인 후원자에게 가치를 제공하는 좋은 프로그램을 개발하는 데 시간을 사용하라.

이는 어느 한 후원자의 자원을 사용하여 다른 후원자에게 이득을 주거나 후자를 사용하여 전자에게 이득을 준다는 의미일 때가 많다. 예를 들어 여러분이 요구하는 달러 가치와 정확히 동등한 '지역신문 광고란'을 구매하여 팀을 후원할 수 있다. 이는 신문사에 실제적으로 비용이 거의 들지 않지만 여러분은 프로그램을 통한 후원에 따른 기타 모든 이득을 포함하여 차량에 대한 로고 노출이 가

51 레이싱 비즈니스

능하다. 그런 후, 여러분은 여러분이 요구하는 예산을 대가로 다른 회사에 완전한 후원과 신문 광고를 제안하다. 이는 윈-윈-윈(win-win-win) 프로그램이다.

우편으로 수백 개의 제안을 잇달아 제시하는 것보다는, 여러분의 프로그램으로부터 이득을 얻을 수 있다고 생각하는 기업들을 표적 특정적인 기업으로 공략한다면 더욱 효과적일 것이다. 시간을 충분히 들여 해당 기업에 대한 연구를 하고 전화를 걸고 개인적으로 만나야 한다. 대충하는 방식의 접근법을 사용한다면 시간과 돈을 낭비하는 것이다.

레이싱에서 다른 모든 것과 마찬가지로 후원을 구하려 할 때 인내는 필수적이다. 아무리 거절을 당하더라도 결코 포기하면 안 된다. 그러나 거부당할 때 무턱대고 또 다른 사람에게 접근하면 안 된다. 각각의 판매 시도로부터 교훈을 얻어야 한다. 그들이 왜 거절했는지 이해해야 하며 향후 어떻게 거절을 피할 수 있는지 파악해야 한다.

사실, 후원을 구하는 것은 훌륭한 학습 경험이다. 여기에서 배운 것을 향후 경력에서 유용하게 활용할 수 있을 것이다. 여러분은 후원자 헌팅 전문가에게 의뢰하고 싶을 수 있을 것이다. 그러나 이것을 알아 두자. 여러분의 시간과 돈을 낭비하고 여러분의 명성을 훼손시킬 수 있는 소위 '전문 후원사 헌터'들이 수백 명 있다. 따라서, 이른바 전문 후원사 헌터들을 확인해야 한다. 그들에게 서비스를 받아본 경험이 있는 사람들과 먼저 이야기하라.

카레이싱 최후의 비밀 : 드라이빙 하이테크닉

경력 초반에 누구를 활용할 것인지에 대하여 선택의 폭은 넓지 않을 수 있기 때문에 거래관계에 밀착해야 한다. 여러분 자신과 명성을 판매하고 있다는 사실을 항상 기억해야 한다. 그들이 어떻게 지내고 있는지, 여러분의 명성에 대하여 어떻게 이야기하는지, 그들이 여러분 대신에 어떤 약속을 하는지 등에 대하여 편안하게 느끼도록 해야 한다.

일단 '후원 계약'이 체결되면, 단지 그들의 돈을 받는 것에 그치지 말고 레이싱을 해야 한다. 후원자를 얻는 것은 단지 시작에 불과하다. 후원자와 함께 일하면서 후원 프로그램을 활용해야 한다. 그렇지 않다면 결별하라. 그들에게 효과가 없는 것이다. 그들의 기본적 매출이 향상되지 않으면 그들은 계속 관여하지 않을 것이다. 계속 관여한다면 그들은 단지 자신의 이름을 차량 측면에 부착하는 것 보다 더 많은 것을 해야 한다. 여러분은 그들이 원하는 것을 주기 위해 더욱 열심히 노력해야 할 것이다.

후원사가 있다면 그 후원사와 의사소통해야 한다. 의사결정에 관여된 개인들과 맺은 인적 관계로 인하여 후원 프로그램이 계속적으로 추진되는 경우가 많다. 그러한 인적 관계를 발전시켜야 하지만 속이거나 너무 심하게 강요하면 안 된다. 성공적인 사업가들은 꿰뚫어볼 수 있을 것이다.

후원사와 함께 진전을 이루도록 노력하라. 백만 달러 후원을 즉시 구하는 것은 어렵지만 시간이 경과함에 따라 여러분의 능력을 보여줄 수 있는 기회가 온다면 그것은 가능한 일이다. 사실 여러분의 후원사를 교육시키는 것은 중요하다. 여러분과 레이싱이 그들에게 무엇을 해줄 수 있는지를 보여주어야 한다.

특히 여러분의 결과에 관련된 경우 여러분이나 여러분의 '에이전트'가 후원자에게 약속하는 것에 대하여 주의해야 한다. 눈에 들어오는 모든 레이스에서 승리하겠다고 약속하면 신뢰를 상실하고 그들의 지원을 받지 못할 수 있다. 모든 레이스에서 항상 가장 늦게 피니시 라인을 통과하겠다고 약속하면 그들은 관여하기를 원하지 않을 것이다. 그들이 현실적인 기대를 할 수 있게 해야 한다. 이는 프로그램을 통한 노출과 마케팅 결과에도 적용된다. 마지막으로, 후원 프로그램은 트랙 밖에서 실행되어야 한다. 후원 프로그램은 여러분이 레이스카를 몰고 트랙을 주행하기 전에 이미 후원자에게 좋은 가치가 있어야 한다. 특히 여러분이 레이싱에서 선두를 달리면서 추가적인 노출을 창출한다면 여러분이 트랙에서 하는 모든 것은 보너스가 된다.

후원사 헌팅에 관련된 사업윤리에 대한 나의 의견은 다른 드라이버들 또는 다른 팀의 후원자들을 도둑질하지 말라는 것이다. 그런 시도를 하면 모든 사람들이 상처를 입는다. 스포츠에도 해가 된다. 레이싱 후원자로서 이미 관여된 어떠한 기업을 사냥한다면 여러분은 모터스포츠에서 사람들이 얼마나 프로답지 못하게 행동하는지를 증명하게 될 것이다. 결과적으로 기업은 모터스포츠에 관여하

51 레이싱 비즈니스

지 않기로 결정할 수 있다. 모든 사람들은 손해를 보게 되는 것이다.

또 다른 팀의 기존 후원자가 여러분에게 다가와서 현재의 상태에 불만족하고 있으며 여러분이 제안할 수 있는지 들어보는 데 관심이 있다고 말한다면 그것은 공명정대한 게임이다. 그렇지 않다면 그들에게 그냥 내버려 두는 것이 현명한 일이다. 다른 잠재적 후원자들이 많이 있다. 이는 차를 모든 것에 비유할 수 있다. 경쟁자들에 집중하기 보다는 자신의 실적에 집중한다면 결국 승자가 될 것이다.

전문성 및 개인적 이미지

외부 세계(비즈니스 커뮤니티, 매체 등)와 레이싱 커뮤니티가 여러분에 대하여 갖고 있는 인식은 여러분의 커리어에 큰 영향을 끼칠 수 있다. 프로 레이스 드라이버가 되고 싶다면 프로답게 보이고 행동해야 한다. 이는 여러분의 옷차림(각각의 행사에 대하여 적절한 옷차림), 개인적 외관, 말투, 사람들 앞에서 행동하는 방식 등을 의미한다.

여러분과 관계있는 어떠한 서신이나 후원 제안은 1등급(first-class)이어야 한다. 그것은 잠재적인 후원자, 팀 또는 매체 기자에 대한 여러분의 첫 인상이 되는 경우가 많을 것이다. 여러분은 그들이 첫 인상에 대하여 무어라고 말할 지를 알고 있다.

여러분이 차량 밖에서 하는 일은 차량에 탑승하는 일처럼 중요하다. 레이스 드라이버로서 여러분이 하는 일에서 중요한 부분은 동기 부여자 및 팀 리더로서의 역할이라는 것을 기억하라. 여러분은 이 세상에서 모든 능력을 보유할 수 있지만, 주위에서 여러분을 위해 응원하고 돕는 사람이 전혀 없다면 여러분은 이 스포츠에서 성공하지 못할 것이다. 능력 있는 드라이버들이 운전석 밖에서의 행동으로 인하여 경력을 일찍 그만 둔 많은 사례들이 있다.

차량 밖에서 어떻게 스스로를 보여주는가는 향후 레이싱에서 가장 중요한 영향을 끼칠 것이다. 주위에 사람들이 있을 때 어떻게 행동하고 반응 및 상호작용하는가는 향후 여러분이 레이싱에서 얼마나 자주 승자가 될 것인지를 결정할 것이다.

여러분의 행동이 여러분의 정비사, 엔지니어, 팀 소유자, 후원사, 매체 등에게 동기부여를 하지 못하고 오히려 의욕을 꺾는다면, 여러분은 경쟁력있는 레이싱을 할 수 없고 패자가 될 것이며 우위를 상실할 것이다. 승리하기 위해 모든 노력을 하지 않는다면 여러분의 경쟁자들이 그렇게 할 것이라는 것을 항상 기억해야 한다. 여러분이 타고난 재능이 있더라도, 경쟁자들이 그렇게 노력한다면 여러분은 패배할 것이다. 차량 밖에서 스포츠 정신을 망각하고 행동한다면 후원자들은 여러분을 떠날 것이며 팀 소유자, 정비사, 매체 등 여러분이 옆에 있길 바라는 사람들도 여러분을 멀리할 것이다.

카레이싱 최후의 비밀 : 드라이빙 하이테크닉

홍보

홍보는 현대의 레이싱에서 필수적인 부분이다. 여러분은 이 세상의 모든 능력을 획득할 수 있지만, 아무도 여러분이 누구인지 알지 못한다면 여러분의 커리어는 오래가지 못할 것이다. 다른 누군가 또한 역동적인 PR 담당자를 보유하고 전세계에서 여러분을 홍보하기 위한 프로그램을 갖고 있을 수 있다. 트랙에서 경쟁하길 원한다면 우선 트랙 밖에서 경쟁해야 한다. 여러분의 레이싱 프로그램을 지원할 후원자를 원한다면, 매체와 홍보에 대한 모든 것을 배워야 할 것이다.

자신을 홍보하는 것이 비천하다는 생각을 하면 안 된다. 또한 여러분이 훌륭한 드라이버이기 때문에 매체가 여러분에게 찾아와야 한다는 생각을 해서는 안 된다. 그러한 시대는 지나갔다. 오늘날 드라이버는 트랙에서 유능할 뿐만 아니라 홍보에서도 수완이 있어야 한다. 만약 재정적 여유가 있다면 전문적인 홍보업체를 활용하면 커리어에 이득이 될 수 있다. 그러나 후원사 헌터처럼 좋은 사람들을 찾아야 한다는 것을 염두에 두어야 한다.

나는 대중 연설 강의를 들어보라고 강력히 권장한다. 레이싱에서 성공을 달성하고 커리어를 계속 밀고 나가길 원한다면, 언젠가는 대중 앞에서 연설을 해야 할 것이다. 기회를 가장 잘 활용하는 방법을 배워야 한다.

또한 라디오, TV에 출연하거나 기자들과 많은 인터뷰를 해야 할 것이다. 강조하건대 최대로 활용하는 방법을 배워야 한다. 인터뷰 진행자가 원하는 것만을 이야기 하는 것이 아니라, 인터뷰에서 여러분이 원하는 메시지를 효과적으로 전달하는 방법을 가르치는 교육과정이 있다. 그러나 인터뷰를 하거나 연설을 하거나 대중 앞에 나타날 때는 자연스럽게 행동해야 한다.

오늘날, 상당히 많은 드라이버들은 과도하게 세련되고 연출된 모습을 보이는 경향이 있다. 그들이 하는 말은 '즉석' 언론 보도처럼 들린다. 스포츠에 대한 여러분의 열정과 개성이 빛을 발하게 되면, 매체와 후원자들은 여러분의 말에 더욱 많은 관심을 갖고 경청할 것이다

52 완벽한 드라이버

「헬리오 카스트로네베스(인디500 2회 우승자)」가 언짢아하는 것을 얼마나 자주 보았는가? 그의 언짢아하는 표정을 한 두 번쯤은 봤을 수 있지만(주요한 개인적 도전 및 진행요원의 논란 많은 판정이 생각날 수 있겠지만), 레이스의 모든 랩에서 선두를 지켜 시상대 제일 높은 곳에 우뚝 서든 아니면 레이스에서 탈락하든 그는 실제적으로 모든 일에서 긍정적인 태도를 유지한다. 그에게 중요한 것은 지속적인 향상이다. 그에게 한계는 없다.

카스트로네베스가 그렇게 성공적으로 보인 이유는 얼마나 성공적이든 실패하든 상관 없이 그의 태도와 마음가짐이 늘 한결같기 때문이다. 뒤처질 때 그는 즐거운 마음으로 상황을 좀 더 향상시키는 데 집중한다. 선두를 달릴 때 그는 기쁜 마음으로 더 잘하기 위해 집중한다. 레이스에서 충돌로 인하여 이탈했을 때 그는 유쾌한 마음으로 다음 레이스에서 더 잘하기 위해 집중한다. 레이스에서 승리한다면 그는 어떻게 했더라면 훨씬 더 빠른 기록을 달성할 수 있었을 가에 대하여 기쁜 마음을 갖고 생각한다.

완벽한 드라이버는 더 좋은 기록을 달성하기 위해 부단히 노력한다. 포뮬러 원 세계 챔피언, 인디 500 챔피언, 또는 NASCAR 챔피언이 되고자 한다면, 그것은 기정 사실이 될 것이다. 기정 사실이 아닌 것은 자세인데, 심지어 가장 낮은 수준의 레이스에서 우승을 갈구하거나 아님 단순히 레이스를 즐기더라도 마찬가지이다. 더 좋은 드라이버가 되기 위해 더 많은 노력을 할수록 레이스를 더 많이 즐길 수 있다는 것은 아무리 강조해도 지나치지 않다. 카스트로네베스와의 인터뷰를 회상하자. 그가 변명하는 것을 몇 번이나 들어봤는지 스스로에게 질문해보자. 그가 변명하는 일은 드물다.

「질 데페란」, 「에머슨 피티팔디」, 「릭 미어스」 등 이전의 펜스케(Penske)팀 드라이버들을 생각해보자. 그들이 변명하는 것을 몇 번 들어보았는가? 거의 들어보지 못했을 것이다.

펜스케팀이 성공을 할 수 있었던 것은 예산과 전문 기술보다는 태도에 더 많은 관련이 있다고 말할 수 있는가? 전체 팀원들은 좋은 일이든 나쁜 일이든 모든 일

레이싱에 대한 태도는 여러분의 실적과 주변 사람들의 실적에 상당한 영향을 끼친다. 헬리오 카스트로네베스(Helio Castroneves)는 실제적으로 주변에 있는 사람들에게 긍정적인 영향을 끼치고 있으며 긍정적인 마음가짐은 자신의 실적에도 도움이 되고 있다. *Shutterstock*

카레이싱 최후의 비밀 : 드라이빙 하이테크닉

에 대하여 완전한 책임을 지는 반면에 변명의 여지는 전혀 없을까? 그들에게 중요한 것은 발생한 어떠한 일에 대하여 타인을 탓하기 보다는 최선을 다하고 향상을 달성할 수 있는 방법을 배우는 것이다.

의심의 여지 없이 펜스케팀이 자주 승리하게 되는 또 다른 요인은 철저한 준비이다. '펜스케' 및 '준비'라는 단어들이 항상 함께 사용될 정도로 팀은 전설적이다. 카스트로네베스, 질 데페란, 피티팔디, 미어스는 트랙에 처음 나설 때 레이스를 위한 준비를 하지 않았다. 분명히 그들은 트랙에 들어가기 오래 전에 심상을 했다. 그러나 이 모든 것은 깨어 있는 시간 내내 승리를 위한 준비를 하는 프로 레이서들에게는 괜찮은 자세이다.

실제적인 예를 몇 개 더 들어보자. 몇 년 전에 나는 3년 동안 레이싱을 했던 클럽 레이서와 함께 일하기 시작했다. 그에게 레이싱은 실생활의 스트레스를 해소하기 위한 취미이다. 지난 3개월 동안 특정 기술에 대한 집중교육과 어느 정도의 멘탈 프로그래밍 훈련을 통해, 그는 홈 트랙에서 자신의 최고 랩타임을 4초 이상 단축했다. 또한 그는 트랙에서 경험이 훨씬 더 풍부한 드라이버들과 막상막하로 주행하는 방법을 배우며 자신의 레이스 기술을 향상시켰다. 그러나 가장 중요한 것은 그가 여느 때보다 레이싱을 더 즐겼다는 것이다. 사실, 이 드라이버는 코치와 함께 일하기 전에는 기록향상을 이루지 못했기 때문에 매우 좌절하여 레이싱을 계속 해야 할지 고민하기 시작했다고 말한다. 현재 그는 매우 기뻐한다.

소형 경주용 자동차를 몰면서 성공을 거뒀던 어떤 젊은 드라이버는 나의 지도를 받아가면서 레이싱카를 몰기 시작했다. 그는 첫 번째 레이스에서 사람들은 그의 빠른 속도와 레이스 기술, 전체적인 태도에 놀랐다. 그러나 뭔가가 발생했다. 그는 더 이상 코치 비용을 감당하지 못할 정도로 예산이 소진되었고 그의 태도는 많은 젊고 성공적인 드라이버들처럼 변했다. 그는 자신의 성공이 타고난 재능의 결과라고 생각했다. 결국 어떻게 되었는지 짐작해보자.

그는 더 이상 사람들에게 좋은 인상을 주지 못했다. 사실 프로 드라이버가 되겠다는 꿈을 포기하고, 대학에 진학하고 레이싱은 단지 재미를 위한 취미로 삼겠다고 마음을 바꿀 정도로 더 이상 성공을 달성하지 못했다. 왜냐하면 레이스 드라이버에게 교육은 중요하기 때문에 그의 결정이 좋지 않은 생각이라고 말하는 것이 아니지만, 그는 그것이 가장 좋은 생각이기 때문에 마음을 바꾼 것이 아니다. 그가 마음을 바꾼 것은 일찍이 거뒀던 성공을 토대로 커리어를 쌓아 나가기 위한 노력을 할 의향이나 능력이 없었기 때문이다. 애석하게도 그는 그러한 태도를 유지한다면 인생에서 무엇을 하기로 선택하든 성공할 수 있을지 의심스럽다. 그가 이 상황에서 교훈을 얻었다면, 그는 트랙에서뿐만 아니라 더 많은 장소에서 승자가 될 수 있었을 것이다

내가 몇 년 전에 지도 했던 드라이버는 40대 중반에 레이싱을 시작했다. 그는 사업에서 매우 성공

52 완벽한 드라이버

적이었고 거의 퇴직한 상태였다. 그는 시즌을 위해 코치에게 지도를 받았고 몇 가지를 배웠지만 그는 코치라기 보다는 강사였다. 그 강사는 그에게 해야 할 것을 지시했지만, 학습을 위한 장기적인 전략은 알려주지 않았다. 내가 이러한 전략을 제시했을 때 그는 곧바로 차량에 탑승하여 그 전략을 활용했고 하루에 한 번이나 두 번씩 마음속에 이미지를 그리는 훈련을 했다. 그는 믿기 어려울 정도로 발전을 이루었다.

마지막 예에서 언급된 드라이버는 학습을 즐겼을 뿐만 아니라 학습을 갈망했다. 학습은 그에게 중독과 같았다. 학습에 대한 그의 욕구는 준비를 위해 필요한 것을 하도록 촉진했기 때문에 성공을 위해 매우 중요한 요인이었다. 흥미롭게도 이러한 모든 준비에 소요되는 시간은 하루에 30분을 넘기지 않았다. 이에 여러분은 "나는 레이싱에 시간을 들일 만큼 한가하지 않다"라고 말할 수 있을 것이다. 만약 그렇다면, 문제될 것 없다. 준비를 위해 시간을 어느 정도 투자하지 않으면 향상을 그다지 달성할 수 없다는 것을 깨달았다면 말이다.

다른 드라이버들(준비를 위해 시간을 투자할 가능성이 많은 드라이버들)에 비해 그다지 향상되지 않거나 빠르게 향상되지 않는다고 씁쓸해 하거나 좌절하지 않는 한 문제 될 것이 없다.

SPEED SECRET

**기대치를 설정하지 마라.
가능성과 자신의 잠재력에 집중하라.**

내가 몇 년 전에 지도했던 드라이버는 결과에 매우 집중했다. 훌륭한 드라이버들은 최고의 실적을 달성하는데 더욱 많은 힘을 쏟으며, 노력에 대한 신뢰를 토대로 무엇보다고 결과에 더 집중할 것이다. 훌륭한 드라이버들은 결과를 통제할 수 없다는 것을 알고 있지만, 자신의 실적을 관리할 수 있으며 궁극적으로 결과를 결정하는 것은 실적이다. 따라서 이러한 드라이버들은 레이스에서 주행할 때 결과 뿐만 아니라 랩타임을 염두에 둔다. 그 드라이버는 "28초 중반부를 달성할 수 있다면 적어도 3위는 할 정도로 유리한 자리를 점할 수 있을 것이다"라고 생각하곤 한다. 그는 주말에 레이스에 참여할 것을 기대했다.

우선 우리는 정신적 상상 훈련을 통해 그의 초점을 결과에서 실적으로 전환하는 일부터 시작했다 나는 그가 랩타임을 28초 중반부에 끊는 것을 상상하게 하지 않았다. 오히려 나는 그가 한계에서 차

카레이싱 최후의 비밀 : 드라이빙 하이테크닉

량을 주행하는 장면을 상상하게 했다. 따라서 그는 기대를 하기 보다는 잠재적 능력과 가능성에 집중했다. 그는 랩타임 또는 레이스에서의 위치에 집중하기 보다는 조건과 경쟁 수준에 상관 없이 최고의 성적을 달성하는 모습을 시각화하고 느끼고 귀로 들었다.

그는 차량을 한결같이 한계에서 주행하면서 최선을 다할 때 어떤 일이 생기는가에 대하여 마음의 문을 열었다. 그는 랩타임 또는 레이스 결과에 기초하여 자기 자신과 능력을 평가하지 않았기 때문에, 레이싱을 좀 더 즐길 수 있었을 뿐만 아니라 실적이 향상되었다. 사실 그는 실적이 너무 좋았기 때문에 레이스에서 우승하기 시작했다. 그가 결과에 집중했다면, 그의 실적이 그렇게 좋았을 가능성은 없었을 것이다. 그는 레이싱을 그다지 즐기지 않았을 것이고, 자신이 설정한 기대치를 항상 쫓아가야 했을 것이다.

앞서 나는 스타 만이 존재하는 어떠한 스포츠에서 슈퍼스타가 되기 위한 핵심 요소는 신속하게 배울 수 있는 능력이 아닐 수 있다고 시사했다. 즉, 남들 보다 타고난 재능이 더 많아야 하는 것이 아니라, 타고난 재능으로 무엇을 해왔는지가 중요하다. 슈퍼스타는 동일한 양의 재능을 갖고 인생을 시작했을 수 있지만 그러한 재능을 개발하기 위해 더 열심히 더 영리하게 노력한다. 나는 그것을 확신한다. 사실 초보자부터 경험이 풍부한 드라이버들, 재능이 있고 노력하지 않는 것 같은 드라이버들, 이해하려고 애쓰는 드라이버들, 단지 지역의 클럽 레이싱 트랙에서 재미로 레이스카를 몰고 싶어하는 나이 많은 드라이버들, 포뮬러원에 나가보려고 노력하는 젊은 드라이버들에 이르기까지 많은 드라이버들을 지도하면서 내가 애초에 가졌던 신념은 더욱 굳건해졌다. 중요한 것은 타고난 재능이 어떠한 차이를 만들어 내는 것이 아니라는 것이다. 즉 그러한 재능을 가지고 무엇을 하는지가 중요하다.

SPEED SECRET

부단한 향상을 위해 마음의 문을 열어 놓아야 한다.

재능을 가지고 무엇을 하려면 항상 성장을 위한 방법을 모색하는 열린 마음가짐 또는 성장 중심적 마음가짐을 갖고 시작할 필요가 있다. 다른 사람들보다 더 우수한 실적을 달성하기 위해, 기꺼이 더욱 열심히 노력하는 마음가짐이 필요하다. 현재 여러분이 갖고 있는 재능이 뭔가 특별한 것으로 변모시키기 위해서는 노력을 해야 한다.

지금까지 성공하는 것이 얼마나 수월했더라도 최정상에 오르기 위해서는 다른 사람들보다 더 열

52 완벽한 드라이버

심히 노력해야 한다는 것은 당연하다. 그러한 태도는 모든 훌륭한 챔피언이나 슈퍼스타들이 보여주었던 태도이다. 모터스포츠 세계에는 커리어 초반에 성공을 거두고 "나는 훌륭하기 때문에(나는 재능이 있기 때문에) 타고난 재능을 갖고 최정상에 설 수 있을 것이다"는 태도를 갖는 드라이버들이 있다. 모든 수준의 드라이버들과 긴밀하게 협력할 수 있는 이 세계에서 나는 너무나 많은 이러한 유형의 드라이버들을 보았지만, 원하는 성공을 달성하기 위해 전념하는 드라이버들은 충분히 보지 못했다.

한편, 나는 필요한 노력을 하지 않고 성공을 원하는 드라이버들을 가엾게 생각하지 않을 수 없다. 학습과 성장을 위해서는 열망이 아니라 노력과 열린 마음가짐이 요구된다. 또한, 여러분을 도울 수 있는 다른 사람들도 필요하다.

내가 한 말에 대하여 마음을 닫기 전에 "와! 젊은 드라이버들이 차세대 미하엘 슈마허 또는 지미 존슨이 되길 열망하는 것은 좋은 일이다. 나는 단지 내 수준에서 즐기기 원할 뿐이다"라고 생각해보라. 젊고 유망한 세계 챔피언들이 있는 것처럼 성장을 위해 노력하는 사람들 중에는 레이스를 즐기려는 사람들도 많이 있다. 사실, 나는 그것을 매일 확인한다 아마추어 레이싱 드라이버들, 나이 많은 드라이버들, 세계 챔피언이 될 생각은 없지만 향상될 수 있다는 태도를 유지하면서 성공을 위해 기꺼이 필요한 노력을 하는 드라이버들이 있다. 왜 그럴까? 그것은 다음과 같은 한 가지 때문이다. 그것은 더 재미있다!

카레이싱 최후의 비밀 : 드라이빙 하이테크닉

 결국 그것이 바로 사람들이 레이싱을 하는 까닭이며, 성공을 위해 필요한 노력을 하면서 레이싱을 즐겨야 하는 까닭이기도 하다.

53 진정한 승리자

 이 책을 통틀어 나는 특히 미하엘 슈마허 등 많은 훌륭한 레이스 드라이버들에 대하여 이야기하고 예를 사용했다. 나는 미하엘 슈마허 팬클럽의 회장이거나 창립자가 아니다. 3년 간의 휴식을 마치고 F1에 힘겹게 귀환했음에도 불구하고 그는 시대를 통틀어 최고의 드라이버로 인정된다. 따라서 롤 모델이나 비교의 대상으로 「미하엘 슈마허」보다 더 낳은 사람이 있을까? 내가 그를 뭔가 특별하다고 생각하는가? 그렇기도 하지만 아니다.

 나는 우리 모두(여러분, 나, 미하엘 슈마허)는 동일한 정도의 운전 재능을 타고 났다고 믿는다. 우리 모두는 슈퍼스타가 될 능력을 갖고 있다. 만약 여러분이 키를 2m까지 성장시키는 DNA 구성을 갖고 태어났다면, 여러분이 F1 차량 주행을 직업으로 삼을 것인지에 대해서는 의심의 여지가 있다. 그러나 여러분이 기본적인 체형을 갖고 있다면 여러분도 레이싱 슈퍼스타가 될 수 있다. 즉, 슈마허가 특별하게 태어난 것이 아니다. .

 오늘날 여러분과 미하엘 슈마허 간에 다른 점이 있다면, 그것은 여러분이 타고난 재능을 갖고 무엇을 해왔는가의 결과일 뿐이다. 그렇다. 그것이 바로 슈마허를 특별하게 만드는 것이다. 요점은 다음과 같다. 슈마허의 인생에는 타고난 재능을 현재의 슈퍼스타 능력으로 변모시킬 수 있었던 많은 사건들이 있다.

 이제, 여러분은 최고의 실적을 달성하기 위해 신체적 움직임을 통합(신체 움직임과 뇌 활동의 통합)하는 가치에 대하여 알고 있을 것이다. 많은 아동들은 아기처럼 신체적 움직임을 충분히 통합하지 못하는 반면에 슈마허는 그러한 통합이 충분히 가능했다. 아동은 신체 움직임을 통합할 때 각 움직임의 조율을 느끼며 그러한 방식으로 행동하는 경향이 강하다. 이는 각 움직임이 조율되고 있다는 신념 체계로 이어져 아동의 신체 움직임이 촉진된다. 이러한 신념 체계는 외부 소스(부모, 친구 등)들의 코멘트에 의해 강화된다. 이 모든 것은 아동들의 신체적 움직임을 촉진하여 두뇌 통합 등을 향상시킨다. 이것은 자기 충족적 예언이 된다.

 물론, 그 반대도 참이다. 예를 들어 '교차하여 기어가기'를 그다지 하지 않는 아기는 아직 젊은 때에 신체 움직임이 통합되지 않을 수 있는데 이는 신념 체계에 영향을 줄 수 있다. 결과적으로 아동은 "난 그것을 잘 못해"라고 생각하기 때문에 신체 활동을 멀리하게 된다.

 따라서 슈마허는 통합적이고 조율적인 수준에서 아동기에 들어간다. 나는 이에 따라 슈마허가 많은 스포츠에 참여하여 감각 입력 기술을 개발할 것인지에 대하여 잘 알지 못한다. 그의 집에 소형 경주용 자동차 트랙이 있었다는 사실은 분명히 해가 되지 않는다.

 그의 유년기를 볼 때, 그는 소형 경주용 자동차 안에서 많은 시간을 보냈을 뿐만 아니라 소형 경주용 자동차를 몰면서 많은 시간 동안 명확하고 전략적이고 신중하게 연습했다. 즉, 그는 성장을 위

카레이싱 최후의 비밀 : 드라이빙 하이테크닉

해 특정적인 전략을 실행하면서 소형 경주용 자동차 트랙을 주행했다. 그의 타고난 재능의 개발은 대부분 성장 환경의 결과였다. 지금, 나는 슈마허가 의식적인 수준에서 이러한 능력들을 필연적으로 발전시켰다고 시사하지 않는다. 사실, 많은 사람들이 물리적 작업에 익숙해지는 과정과 같이 슈마허도 대부분의 기술을 우연히 발견했을 것이라고 짐작된다. 게다가 나는 슈마허가 몇몇 기술들을 매우 특정적인 방식으로 교육받았을 것이라고 추측한다.

슈마허를 다른 슈퍼스타들과 구분되게 하는 것들 중의 하나는 학습 능력이 뛰어나고 대부분의 사람들에 비해 더 빠르게 배울 수 있는 능력이다. 그가 주위의 다른 사람들과 동일한 재능을 가지고 레이싱 커리어를 시작

그림53-1: 많은 드라이버들은 미하엘 슈마허가 '신체 동작-뇌 통합' 운동을 하는지에 대하여 질문했다. 나는 슈마허가 '크로스 크롤' 등 특정적인 운동을 하는지는 모르지만 축구공으로 워밍업을 한다는 것을 알고 있는데, 이 운동은 '신체 동작-뇌 통합' 운동과 매우 유사하며 효과가 동일할 것이다.

했다고 가정한다면 그는 자신의 재능을 개발하고 더욱 빠르게 향상시킬 수 있는 능력이 있었다.

그러한 능력은 슈마허의 경쟁력을 강화시켜주었다. 물론, 그것은 희망하고 아무런 노력없이 바라기만 하여 얻어진 것이 아니다. 슈마허는 운동에 많은 시간을 쏟아 붙는 것으로 유명하다. 그는 정신적 준비를 할 때에도 비슷한 노력을 했다. 또한, 아일톤 세나의 경우도 마찬가지였다. 그들이 능력을 개발하기 위해 기울였던 모든 노력에 대하여 생각해 본다면 "현재의 그들을 있게 한 것은 타고난 재능인가 아니면 부단한 노력인가?"라는 질문을 해야 할 것이다.

SPEED SECRET

학습하는 방법을 배우고 부단히 향상을 위해 노력하라.

53 진정한 승리자

　내가 말하려는 요점은 타고났다고 생각하는 재능이 어느 정도인가가 중요한 것이 아니라, 그 재능으로 무엇을 하는가가 중요하다는 것이다. 재능이 비슷한 사람들보다 더 빨리 배우는 방법을 배운다면, 몇 마일 더 앞설 것이다.

　물론 그것은 내가 의도한 것이다. 드라이버를 챔피언으로 만드는 예술, 과학, 기술에 대하여 더 많은 것은 지속적으로 배워야 한다.

　자동차 레이싱은 사업 또는 인생과 다르지 않다. 자동차 레이싱에는 성쇠와 「승리의 짜릿함」과 「패배의 고통」이 있으며 실제적인 삶에서 경험하는 것과 동일한 교훈과 감정, 좋은 측면과 나쁜 측면이 있다. 그러나 레이싱은 현실의 삶 속에서 많은 사람들이 경험하는 것보다 더 많은 것을 어느 한 시즌에서 경험하게 해주는 경우가 많다.

　눈과 귀와 마음을 열어두면 인생의 다른 측면에서 도움이 될 수 있는 많은 소중한 교훈을 얻을 수 있을 것이다. 이는 레이싱 프로그램이 생각대로 진행되지 않을 때 기억해두면 좋다. 레이싱에는 트랙을 주행하며 할 수 있는 것보다 더 많은 다채로움이 있다. 진정한 승자가 되느냐의 여부는 트랙에서 배운 것을 어떻게 매일 활용할 수 있는가에 따라 결정된다.

　레이싱을 통해 나는 전 세계에서 가장 진실하고 흥미롭고 흥분을 자아내는 많은 사람들과 만나고 친구가 되었다. 나는 레이싱을 하지 않았다면 결코 가보지 못했을 장소들을 방문할 수 없었을 것이다. 나는 가장 보람 있고 기억할 만한 체험을 했다.

　마지막으로 나는 레이싱을 통해, 더욱 온전한 사람이 되었다. 레이싱은 내가 팀 플레이어가 되도록 도움을 주었다. 나는 레이싱을 통해, 사람들과 함께 일하고 그들에게 동기를 부여하는 방법뿐만 아니라 사업, 엔지니어링, 광고 및 마케팅에 대하여 배우는 방법을 학습했다.

　레이싱을 통해, 나는 금전을 더 잘 관리하게 되었고 대중 앞에서 연설하는 기술이 향상되었으며 희망컨대 좋은 코치와 저자가 되는 데에도 도움이 될 것이다.

SPEED SECRET

레이싱을 즐겨라!

appendix A:
RESOURCES

DirtFish Rally School. www.dirtfish.com.

Driver Coach. www.apps.gedg.com.au/drivercoach.

Performance Rules! www.performance-rules.com.

PitFit Training. www.pitfit.com.

Speed Secrets Driver Development Services. www.speedsecrets.com.

Virtual GT. www.virtualgt.com.

Books

Alexander, Don. *Performance Handling*. Wisconsin: Motorbooks International, 1991.

Colvin, Geoff. *Talent Is Overrated*. New York: Penguin Books, 2008.

Csikszentmihalyi, Mihaly. *Flow*. New York: Harper & Row, 1990.

Dennison, Paul E., and Gail E. Dennison. *Brain Gym, Teacher's Edition*. California: Edu Kinesthetics, 2010.

Donahue, Mark with Paul Van Valkenburgh. *Unfair Advantage*. Massachusetts: Bentley Publishers, 2nd edition, 2000.

Dweck, Carol. *Mindset*. New York: Random House, 2006.

Edwards, Guy. *Sponsorship and the World of Motor Racing*. Surrey, UK: Hazelton Publishing, 1992.

Fey, Buddy. *Data Power: Using Race car Data Acquisition*. Tennessee: Towery Publishing, 1993.

Gallwey, Timothy. *Inner Tennis*. New York: Random House, 1974.

Gelb, Michael J., and Tony Buzan. *Lessons from the Art of Juggling*, New York, New York: Harmony Books, 1994.

Haney, Paul, and Jeff Braun. *Inside Racing Technology*. Wisconsin: Motorbooks International, 1995.

Hannaford, Carla. *Smart Moves*. Utah: Great River Books, Revised & Expanded edition, 2007.

Hannaford, Carla. *The Dominance Factor*. Virginia: Great Ocean Publishers, 1997.

Huang, Al Chungliang, and Jerry Lynch. *Thinking Body, Dancing Mind*. New York, New York: Bantam Books, 1992.

Hunter, Dr. Harlen, and Rick Stoff. *Motorsports Medicine*. Lake Hill Press, 1992.

Jackson, Susan A., and Mihaly Csikszentmihalyi. *Flow In Sports*. Illinois: Human Kinetics, 1999.

Kaplan, Robert-Michael. *The Power Behind Your Eyes*. Vermont: Healing Arts Press, 1995.

Markova, Dawna. *The Open Mind*. California: Red Wheel / Weiser, 1996.

Martin, Mark, and John Comereski. *Strength Training for Performance Driving*. Wisconsin: Motorbooks International, 1994.

Smith, Carroll. *Drive to Win*. Pennsylvania: SAE International, 1996.

Smith, Carroll. *Engineer to Win*. Wisconsin: Motorbooks International, 1985.

Smith, Carroll. *Prepare to Win*. California: Aero Publishers, 1975.

Smith, Carroll. *Tune to Win*. California: Aero Publishers, 1978.

Turner, Stuart, and John Taylor. *How to Reach the Top as a Competition Driver*. Wisconsin: Motorbooks International, 1991.

Valkenburgh, Paul Van. *Race Car Engineering and Mechanics*. California: Published by author, 1992.

Wise, Anna. *The High Performance Mind*. New York: G.P. Putnam's Sons, 1997.

appendix B:
셀프코칭 질문

- 나는 고속도로에서 주행할 때 얼마나 멀리 바라보는가? 그렇다면 시내 주행에서는 어떠한가? 레이스 트랙에서는? 나는 더 멀리 볼 수 있는가?
- 나의 코너진입 속도는 얼마나 일관성이 있을까? 턴인 포인트에서 나의 속도는 각 랩마다 차이가 시속 1km 이내일까? 아니면 3km? 5 또는 더 많은 km?
- 마지막으로 트랙션-센싱 스킬을 향상시키고 연습하는데 노력한 것이 언제인가? 마지막으로 스키드 주행 연습장이나 레이스 트랙에서 차를 미끄러트리는 연습을 한 것이 언제인가?
- 나는 도로에서 주행할 때 스티어링을 얼마나 타이트하게 쥐는가? 그렇다면 레이스 트랙에서 주행할 때는 어떠한가? 잡는 방식을 약간 풀어도 될까?
- 나는 지속적 학습 과정 루프의 어디에 있는가? 나는 라인을 완벽하게 만들었는가? 그렇다면 탈출 페이스는 어떠한가? 코너진입은? 미드코너 속도는?
- 나는 라인을 향상시키기 위해 무엇을 할 수 있을까? 나의 코너 탈출은? 코너 진입은? 미드 코너는? 턴인을 나중에 해야 할까 아니면 더 일찍 해야 하나? 더 부드럽게 아니면 거칠게? 가속을 일찍 해야 할까 아니면 같은 곳에서 스로틀을 강하게 밟아 주어야할까? 코너를 진입하면서 속도를 더 가지고 가야할까 아니면 시속 1km 정도 감속해야 차량이 코너를 더 잘 돌 수 있을까? 브레이크에서 스로틀로 부드럽게 옮겨가야 할까? 스티어링 휠을 덜 돌려야 할까 아니면 코너를 나오면서 좀 더 일찍 스티어링을 풀어야 할까?
- 만약 1 또는 2미터 늦게 턴인을 하면 어떤 일이 생길까? 아니면 더 일찍 하면? 그렇게 하기 위해서는 나의 코너 진입 속도를 바꿔야 하는가? 나의 턴인 기준점은 정확히 어디일까?
- 나는 정점을 너무 일찍 잡았는가? 너무 늦게? 정점을 지날 때 차량이 알맞은 각도와 내가 원하는 포인트를 향해 바라보고 있는가?
- 나는 탈출하는 정점에서 스티어링을 풀어주고 있는가? 코너에서 차량을 "놔버려" 탈출에서 자유롭게 달리도록 하는가?
- 랩타임과 스피드 관점에서 트랙 위의 가장 중요한 코너는 어느 것인가? 두 번째로 중요한 코너는? 세 번째? 기타 등등
- 어느 코너가 드라이버들이 가장 어려워하는가? 어느 코너가 나에게 가장 큰 이득을 얻게 해 주는가?
- 차량 셋업 작업을 하는데 있어 어느 코너를 가장 먼저 집중해야 하는가?
- 나는 코너를 탈출하여 가속할 때 모든 타이어의 트랙션을 사용하는가?
- 내가 만약 가속을 일찍 한다면 어떤 일이 생길까? 만약 스로틀을 재빨리 쥐어짠다면? 가속을 지나치게 급격하게 또는 강하게 하는 것으로 인해 차량이 언더스티어 또는 오버스티어가 발생하게 하는가? 나는 스로틀을 부드럽게 쥐어짤 수 있는가?
- 나는 차량을 코너에서 너무 오랫동안 유지하는가? 스티어링 휠을 일찍 풀 수 있는가?
- 나는 정점에 다다르기 전에 탈출 포인트를 찾고 그것을 지나 직선 구간을 가려고 하는가?
- 나는 코너를 들어갈 때 시속 1km 더 가지고 갈 수 있는가? 2km는? 3km는? 만약 내가 코너를 들어갈 때 속도를 더 가지고 간다면 어떻게 될까? 나는 차량을 타인하게 만들어 정점을 향해 "회전"하게 할 수 있을까? 이것이 내가 가속을 시작할 때 더디게 만들까?
- 나는 나의 차에서 왼발 브레이크를 사용할 수 있는가? 내가 왼발을 가지고 브레이킹할 수 있을 만큼의 섬세함을 갖고 있는가? 나는 나의 왼발을 그렇게 하기위해 프로그래밍할 필요가 있는가?
- 나는 브레이크 페달에서 발을 '성급히' 지나치게 빨리 떼는가? 나는 페달을 더 부드럽게 뗄 수 있는가? 그렇게 한다면 어떤 느낌일까? 얼마나 부드럽게 브레이크를 뗄 수 있을까?
- 나는 브레이크 페달을 지나치게 늦게, 트레일 브레이킹을 너무 길게 떼는가? 그것이 차량을 너무 빨리 회전하게 하거나 진입 동안 오버스티어를 발생시키는가?
- 나는 스티어링 휠을 너무 빨리 또는 느리게 돌리는가? 차량이 초기에 스티어링을 돌리는 것에 반응하는가? 내가 만약 스티어링을 좀 더 빨리 또는 느리게 돌린다면? 내가 스티어링 휠을 부드럽게 돌린다면 어떤 느낌일까? 더 느리게 돌리는 느낌은 어떠할까? 더 빨리? 나는 느린 조작을 하는가 아니면 빠른 조작을 하는가?
- 나는 진입에서 차량의 속도를 지나치게 줄이는가? 이것이 내가 스로틀을 너무 강하게 밟는 결과를 초래하여 '속도 변화에 의한 오버스티어'를 일으키는가? 나는 차량이 턴인할 때 속도를 더 가져가기 위해서 무엇을 해야 할까? 나는 트레일 브레이크를 더욱 또는 덜 사용해야 할까? 나는 라인을 조금 바꾸고 턴인을 일찍 또는 늦게 해야 할까? 나는 스티어링 휠을 더 거칠게(재빨리) 또는 느리게 계속해서 돌려야 할까?
- 나는 스로틀을 충분히 쳐주고 부드럽게 다운시프트를 할 수 있게 하는가? 알맞은 타이밍에? 지나치게 많이 쳐서 차량이 앞으로 울컥하게 만드는가?
- 코너의 진입페이스 동안 차량의 밸런스는 어떠한가? 미드 코너 페이스에서는 어떠한가? 차량의 밸런스를 향상시키기 위해 나는 무엇을 할 수 있는가? 브레이크를 좀 더 부드럽게 떼야 하나? 핸들링을 계속해서 해주어야 하나? 스로틀을 좀 더 부드럽게 쥐어짜야 하는가? 브레이크에서 스로틀로 이행하는 것을 더 부드럽게 해야 할까?

드라이빙 하이테크닉
카레이싱 최후의 비밀 Ultimate Speed Secrets

초 판 발 행 | 2016년 5월 14일
제1판4쇄 발행 | 2026년 1월 10일

발 행 인 | 김길현
발 행 처 | ㈜골든벨
등 록 | 제1987-000018호
I S B N | 979-11-5806-084-8
가 격 | 32,000원

ⓤ 04316 서울특별시 용산구 원효로 245(원효로1가 53-1) 골든벨빌딩 6F
- TEL : 도서 주문 및 발송 02-713-4135 / 회계 경리 02-713-4137
  내용 관련 문의 02-713-7452 / 해외 오퍼 및 광고 02-713-7453
- FAX : 02-718-5510   • http :// www.gbbook.co.kr   • E-mail : 7134135@ naver.com

본 도서의 내용(텍스트, 도해, 도표, 이미지 등)은 저작권자의 사전 서면 승인 없이 아래와 같은 행위는 금지되며, 위반 시 「저작권법」 제125조(손해배상의 청구) 및 관련 조항에 따라 민·형사상 책임을 질 수 있습니다.
① 개인 학습 목적을 넘어 도서의 전부 또는 일부를 무단 복제·배포하는 행위
② 학교·학원·공공기관·기업·단체 등에서 영리 또는 비영리 목적을 불문하고 허락 없이 복제·전송·배포하는 행위
③ 전자책, PDF, 스캔본, 사진 촬영본, 클라우드 공유, 온라인 커뮤니티 게시, SNS 업로드, 파일 공유 서비스 등을 통한 무단 이용
④ 기타 디지털 복제·전송 수단(USB, 디스크, 서버 저장, 스트리밍 등)을 이용한 무단 사용

※ 파본은 구입하신 서점에서 교환해 드립니다.